2020

中国渔业年鉴

China Fisheries Yearbook

农业农村部渔业渔政管理局 主编

中国农业出版社
北 京

中国渔业年鉴理事单位

中国水产科学研究院（2020–2022）
中国渔业互保协会（2019–2021）
广东省农业农村厅（2020–2022）
上海海洋大学（2020–2022）
广东海洋大学（2019–2021）
大连海洋大学（2019–2021）
宁波大学海洋学院（2019–2021）
江苏省淡水水产研究所（2019–2021）
水利部中国科学院水工程生态研究所（2019–2021）
山东东方海洋科技股份有限公司（2020–2022）
河北皓海生物科技有限公司（2020–2022）
盘锦光合蟹业有限公司（2018–2020）
宏东渔业股份有限公司（2019–2021）
中水集团远洋渔业股份有限公司（2018–2020）
山东安源水产股份有限公司（2018–2020）
杭州众测生物科技有限公司（2018–2020）
山东宝来利来生物工程股份有限公司（2019–2021）

中国渔业年鉴编辑部

通讯地址　北京市朝阳区麦子店街18号楼418室
邮政编码　100125
电　　话　(010) 59194981
　　　　　59194435
传　　真　(010) 65005665

中国渔业年鉴编辑部

2019年1月21日，农业农村部就内陆禁渔期制度及长江流域重点水域禁捕情况举行新闻发布会，农业农村部副部长于康震出席会议并回答记者提问。

2019年4月30日，农业农村部在秦皇岛市启动“中国渔政亮剑2019”全国海洋伏季休渔暨渤海综合治理专项执法行动，农业农村部副部长于康震出席活动。

2019年7月17日，中菲渔业联合委员会第三次会议在北京举行。中国农业农村部渔业渔政管理局局长张显良与菲律宾农业部副部长兼渔业和水生资源局局长宫戈纳共同主持会议。

2019年8月8日，第三届稻渔综合种养产业发展高峰论坛在宁夏银川举行，农业农村部渔业渔政管理局局长张显良出席论坛并致辞。

2019年10月16日，第三届中国水族馆发展论坛在浙江湖州举办，农业农村部渔业渔政管理局一级巡视员李书民出席论坛并致辞。

2019年10月10日，中国远洋鱿钓发展30周年总结大会暨可持续发展高峰论坛在浙江舟山举行，农业农村部渔业渔政管理局副局长刘新中出席会议并讲话。

2019年9月20日，2018年度水生野生动物保护海昌奖评优活动表彰大会暨2019年水生野生动物保护海昌奖启动仪式在海南省三亚海棠湾海昌海洋公园举行，农业农村部渔业渔政管理局副局长韩旭出席活动。

2019年9月10日，大水面生态渔业科技创新联盟在浙江省淳安县召开成立大会，农业农村部渔业渔政管理局二级巡视员江开勇出席会议。

中国水产科学研究院

与联合国粮农组织合作开启新篇章

中国水产科学研究院作为国家级水产科研机构，担负着全国渔业重大基础、应用研究和高新技术产业开发研究的任务。全院现有13个独立科研机构及院部、5个共建科研机构，学科齐全、布局合理、国内外影响广泛。全院以解决渔业产业发展过程中基础性、方向性、前沿性、关键性重大科技问题为使命，依靠科技创新不断提升渔业发展质量、效益和竞争力，在现代渔业的前沿科学研究、核心技术研发及成果转化应用等方面充分发挥作用，为我国渔业快速发展、渔民持续增收、渔村渔港的建设做出了应有贡献。

截至2019年年底，全院在职职工3 093人，其中科技人员1 950人，基本形成了由院士、国家级专家、部级专家、院首席科学家以及中青年优秀人才组成的层次结构较为合理的科研团队。共有各类科技平台155个，其中国家实验室功能实验室1个、联合实验室1个，国家地方联合工程实验室（中心）2个，国家水产种质资源平台2个；世界动物卫生组织（OIE）参考实验室2个；部重点实验室19个，水产品质量安全风险评估实验室7个；海洋渔业生物种质资源库1个（在建）；千吨级以上调查船4艘，300吨级调查船4艘；综合性和专业性科研试验基地39个，面积约7 400亩（1亩=1/15公顷）。研究内容涵盖渔业资源保护与利用、渔业生态环境、水产生物技术、水产遗传育种、水产病害防治、水产养殖技术、水产加工与产物资源利用、水产品质量与安全、渔业工程与装备、渔业信息与经济等十大学科领域。

建院以来，全院科技工作者攻克了渔业发展中的一系列基础性、关键性技术难题，取得了一大批对产业发展具有较大推动作用的成果。全院共取得各类科研成果近4 000项，有700多项成果获国家和省部级奖励，其中国家奖58项。

2019年，全院聚焦乡村振兴、创新驱动和渔业转型升级，立足单位性质定位，全面推进科技创新、科技支撑、院所建设“三个一体化”进程，形成了集学科、项目、平台、团队、成果于一体的创新发展格局。新编制完成了院学科体系表，遴选组建了首批86个科技创新团队。全年新上包括国家重点研发计划“蓝色粮仓科学技术创新”第二批项目等科研项目1 286项，合同经费总额达10亿元。获得省部级成果奖励58项，其中国家科技进步奖二等奖1项，省部级一等奖6项；发表论文1 818篇，其中SCI或EI收录566篇；出版专著29部；获得软件著作权165项；获国家授权专利440件，其中发明专利240件；通过国家审定发布水产新品种2个。扎实推进科技扶贫，助力脱贫增收。与联合国粮农组织签署合作备忘录，建立战略合作伙伴关系。

院士专家团开展哈尼梯田“稻渔共作”扶贫调研和冬闲田生态养殖测产

积极推进我国重点水域资源环境调查

2艘3 000吨级海洋渔业综合科学调查船“蓝海101”“蓝海201”正式交船

长江水生生物保护与生态修复科技创新联盟成立

国际渔业科技与创新大会在上海召开

中国渔业互保协会

中国渔业互保协会（以下简称协会）是经中华人民共和国民政部批准、农业农村部主管，由从事渔业生产经营或为渔业生产经营服务的单位和个人以及开展渔业互助保险的社会组织自愿组成，实行互助保险的全国性、非营利性社会组织，是我国首个具备独立法人资格的全国性农业互助合作保险组织，总部位于北京。

渔业互助保险系统在农业农村部及各级渔业行政主管部门的关心指导和正确领导下，秉承“互助共济、服务渔业”宗旨，推进我国渔业互助保险事业从小变大、由弱变强，不断发展壮大，目前业务范围涵盖所有沿海、内陆主要省份和香港、澳门特别行政区，保险种类包含渔船保险、渔民人身意外伤害保险、雇主责任保险和水产养殖保险等，成为现代渔业发展和渔区经济社会的“稳定器”和“安全阀”。

2019年，渔业互助保险全系统水产养殖保险保费收入首次突破亿元大关。这是自2004年启动水产养殖保险试点以来，历经16年的实践探索取得的成绩，标志着水产养殖保险业务迈入新的发展阶段。

辽宁省渔业互保工作转隶签约仪式在大连举行

渔业互助保险事业发展25周年座谈会召开

第三届“大美渔村、平安渔业”中国渔业摄影展系列宣传活动在江苏省海安市成功举办

2019年，渔业互助保险全系统水产养殖保险保费收入首次突破亿元大关

广东省渔业综合发展情况

广东省2019年渔民减船转产项目渔船集中报废拆解暨渔业普法现场活动

2019年，广东省渔业工作在广东省委、省政府的坚强领导和农业农村部的正确指导下，全省各级渔业主管部门坚持以习近平新时代中国特色社会主义思想为指导，深入学习贯彻习近平总书记对广东工作的重要讲话和指示批示精神，坚持围绕中心、服务大局，贯彻落实“提质增效、减量增收、绿色发展、富裕渔民”的目标任务，加快推进渔业转型升级和供给侧结构性改革，全省渔业保持平稳较快发展，为脱贫攻坚、乡村振兴提供了重要支撑。

2019年，全省渔业经济总产值3 623.94亿元，增长4.96%。

其中渔业产值1 524.78亿元，增长3.8%；渔业工业和建筑业（第二产业）产值421.17亿元，增长15.95%；渔业流通和服务业（第三产业）产值1 677.99亿元，增长0.24%；其中休闲渔业118.80亿元。

2019年，广东省水产品总产量866.4万吨，比上年增长2.84%。其中海洋捕捞产量（不含远洋）119.57万吨，下降5.97%；远洋渔业6.78万吨，增长28.42%；内陆捕捞产量10.90万吨，下降5.46%；全省水产养殖产量729.14万吨，增长4.41%，位居全国首位，其中海水养殖产量329.13万吨，增长3.92%；淡水养殖产量400.01万吨，增长4.78%。

水产养殖面积略有下降，其中海水养殖16.50万公顷，下降0.38%；淡水养殖31.3万公顷，下降0.02%。

2019年10月10日，以“保护水生野生动物，共建和谐美丽中国”为主题的“2019年广东省水生野生动物保护科普宣传月”活动在湛江市广东海洋大学举行

2019年开渔节

现场发放减船转产项目补助资金

上海海洋大学

上海海洋大学是一所以海洋、水产、食品学科为特色，农、理、工、经、管、文、法等学科协调发展的多科应用研究型大学，是上海市人民政府与农业农村部、国家海洋局共建高校。2017年9月入选国家“世界一流学科建设高校”。

学校前身是张謇、黄炎培创建于1912年的江苏省立水产学校，1952年升格为新中国第一所本科水产高校——上海水产学院，1985年更名为上海水产大学，2008年更名为上海海洋大学。学校的校训是“勤朴忠实”，创校使命是“渔界所至，海权所在也”，办学传统是“把论文写在世界的大洋大海和祖国的江河湖泊上”。

学校现有上海市浦东新区沪城环路、杨浦区军工路2个校区，设14个学院（部），截止到2019年年底，拥有全日制在校本科生近12 000人、全日制在校研究生3 600余人。

学校拥有1个国家重点学科、9个省部级重点学科，学校水产学科入选国家“世界一流学科”建设行列，在全国第四轮学科评估中获A+评级；植物与动物科学、农业科学两个学科跻身ESI国际学科排名全球前1%。拥有水产、海洋科学、食品科学与工程、生物学4个一级学科博士学位授权点，13个一级学科硕士学位授权点，7个硕士专业学位授权点；拥有42个本科专业（含专业方向），其中国家特色专业5个，国家级一流本科专业建设点6个。形成了“本科—硕士—博士”较为完备的人才培养体系。

学校现有教职工1 200余人，其中，教学科研人员800余人，具有高级专业技术职务490余人，校内博士生导师、硕士生导师450余人。拥有国家级各类人才26人次、省部级各类人才173人次、国务院第七届学科评议组成员2人、享受国务院特殊津贴人员57人、农业部现代农业产业技术体系岗位科学家10人。

学校建有国家级实验教学示范中心、国家级虚拟仿真实验教学项目等实践教学平台，国家远洋渔业工程技术研究中心、国家海洋生物科学国际联合研究中心等30余个省部级及以上平台。拥有远洋渔业资源调查船“淞航”号，获得CNAS、CMA、DNV GL和USCG多重资质认证的船舶压载水实验室。创办水产类英文期刊*Aquaculture and Fisheries*，主办的《水产学报》获“中国百强期刊”“中国精品期刊”“百种中国杰出学术期刊”等称号。

学校“十二五”以来以第一完成单位获省部级及以上奖励36项，注重发挥学科与科研特色优势，服务社会成果显著。2011年以来辅导中国台湾苗栗县农户养殖大闸蟹，开创两岸农业合作范例；组建渔业科技教授博士服务团遍及全国开展科技服务，助力西藏、新疆、陕西、贵州等地精准扶贫，项目入选教育部第二届省属高校精准扶贫精准脱贫典型项目；远洋渔业国际履约团队入选教育部首批全国高校黄大年式教师团队。

学校已与31个国家和地区的125所高校、科研机构签署合作协议，与联合国粮农组织、亚洲水产学会等国际组织建立了长期友好合作关系，为师生进一步拓展国际化视野、培养国际交往能力、提升国际竞争力提供了平台。

学校新时代的发展目标是：2035年，将学校建设成为在国际上有重要影响的高水平特色大学；到21世纪中叶，将学校建设成为世界一流特色大学。

广东海洋大学

广东海洋大学是广东省人民政府和自然资源部共建的省属重点建设大学，是一所以海洋和水产为特色、多学科协调发展的综合性大学，是教育部本科教学水平评估优秀院校，是具有学士、硕士、博士完整学位授权体系的大学，是广东省高水平大学重点学科建设高校。

学校坐落于祖国大陆最南端美丽的海滨城市——湛江市，校园总面积4 892亩。现有全日制本科生、研究生、留学生3.5万人，成人高等教育学生1.2万人。

学校坚持“人才强校、质量立校、学术兴校、特色扬校”的办学理念，秉承“坚韧不拔、自强不息”的海大精神，实施“内涵发展、特色发展、创新发展”战略，立足广东，面向南海，辐射全国，以建设国内一流、国际知名高水平海洋大学为目标。

学科专业齐全。学校现有水产、海洋科学、食品科学与工程三个广东省高水平大学重点建设学科和6个省级重点学科，有7个专业入选国家级一流本科专业建设点、6个专业入选省级一流本科专业建设点、5个国家级特色专业、1个国家级综合改革试点专业、4个国家首批卓越农林人才教育培养计划改革试点专业。

师资力量雄厚。学校现有教职工2 116人，其中专任教师1 495人、副高以上职称人员750人、博士学位者589人；博士生导师79人、硕士生导师339人；特聘院士3人，双聘院士1人。

教学科研平台优良。学校现拥有1个国家级实验教学示范中心——水产科学与技术实验教学示范中心；拥有广东省水产经济动物病原生物学及流行病学重点实验室、广东省水产品加工与安全重点实验室、国家贝类加工技术研发分中心（湛江）等38个省部级科研平台。

办学条件设施完备。学校现有校舍总建筑面积80.37万平方米，固定资产值20.68亿元，教学科研设备值5.51亿元，图书馆藏书392万册（含电子图书）。建有规模可观、覆盖面广、方便快捷的校园网。

人才培养成效显著。建校85年来，学校为国家及地方输送了20多万名各类高素质专门人才，涌现出了以新中国第一位远洋船长陈宏泽、中国四大家鱼全人工繁育之父钟麟、中国珍珠大王谢绍河为代表的一大批社会英才。

科技创新能力显著增强。近五年，学校承担包括国家重点研发计划、国家自然科学基金、国家社会科学基金等科研项目共2 318项，科研经费达8.6亿元；获得授权专利1 042项；出版著作、教材146部；获得计算机软件著作权706件；发表学术论文6 444篇，获得市厅级以上科研奖励71项。

大连海洋大学

大连海洋大学是我国北方地区以海洋和水产学科为特色，农、工、理、管、文、法、经、艺等学科协调发展的多科性高等院校。学校创建于1952年，前身为东北水产技术学校，1958年升格为大连水产专科学校，1978年升格为大连水产学院，2000年由农业部划转辽宁省管理，2010年经教育部批准更名为大连海洋大学。

学校坐落于美丽的海滨城市大连。有黄海校区、渤海校区和瓦房店校区3个校区，占地面积74万平方米，教学、科研使用海域面积67万平方米，总建筑面积40万平方米。学校现设有15个学院、1个教学部。有教职工近1 200人，全日制在校生15 000余人。拥有一级学科硕士学位授权点13个、二级学科硕士学位授权点47个，有硕士专业学位授权领域12个，分布在农业、法律、翻译、土木水利、机械、电子信息等6个类别；有46个本科专业。2017年，学校入选辽宁省一流大学重点建设高校。

学校优势特色学科明显，其中水产一级学科为辽宁省“双一流”建设学科，在教育部第四轮学科评估中并列第四。学校拥有国家级多学科协同创新平台——大连海洋大学新农村发展研究院。学校承担了国家重点研发计划、国家“863”计划、国家科技支撑、国家自然科学基金、国家海洋公益专项等各级各类科研项目2 530余项。获批中间球海胆大金、菲律宾蛤仔斑马蛤、菲律宾蛤仔白斑马蛤和虾夷扇贝明月贝4个水产新品种。

学校拥有一支结构相对合理，学科领域覆盖较全的师资队伍，有专任教师869人，其中高级职称414人。目前，有“双聘院士”5人，国家杰出青年基金获得者1人，国家“万人计划”科技创新领军人才1人，国务院水产学科评议组成员1人，“863”项目首席科学家1人，国家百千万人才工程人选2人，全国优秀教师1人，教育部新世纪优秀人才支持计划1人，教育部教学指导委员会副主任委员2人、委员2人，农业农村部农业科研杰出人才3人，农业农村部产业技术体系岗位专家5人，辽宁攀登学者1人，辽宁特聘教授5人，辽宁杰出科技工作者2人，享受各级政府特殊津贴17人。

学校先后与世界13个国家（地区）的72所院校（机构）签订了友好协议，与新西兰奥塔哥理工学院合作举办机械设计制造及其自动化专业“3+1”本科教育项目。

学校拥有浓厚的蓝色育人氛围，形成了以“学贯江海、德润方厚”的校训精神和“兼容并蓄、追求卓越”的大海大精神为核心的蓝色大学文化特色。站在新的历史起点，学校将全力贯彻落实党的十九大提出的“实现高等教育内涵式发展”“加快建设海洋强国”的战略部署，以建设“蓝色大学”为发展理念，朝着“特色鲜明、国家一流研究应用型海洋大学”的目标加速迈进!

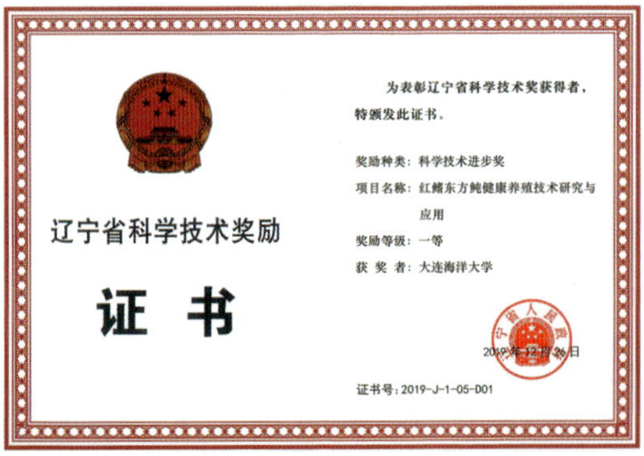
辽宁省科学技术奖励

证　书

为表彰辽宁省科学技术奖获得者，特颁发此证书。

奖励种类：科学技术进步奖

项目名称：红鳍东方鲀健康养殖技术研究与应用

奖励等级：一等

获 奖 者：大连海洋大学

2019年12月26日

证书号：2019-J-1-05-D01

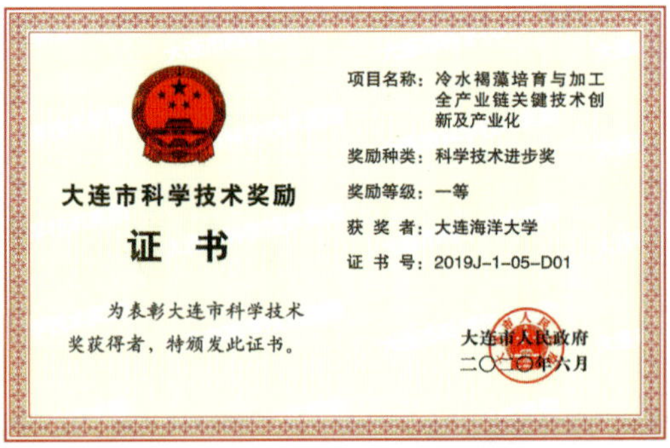
大连市科学技术奖励

证　书

为表彰大连市科学技术奖获得者，特颁发此证书。

项目名称：冷水褐藻培育与加工全产业链关键技术创新及产业化

奖励种类：科学技术进步奖

奖励等级：一等

获 奖 者：大连海洋大学

证 书 号：2019J-1-05-D01

大连市人民政府

二〇二〇年六月

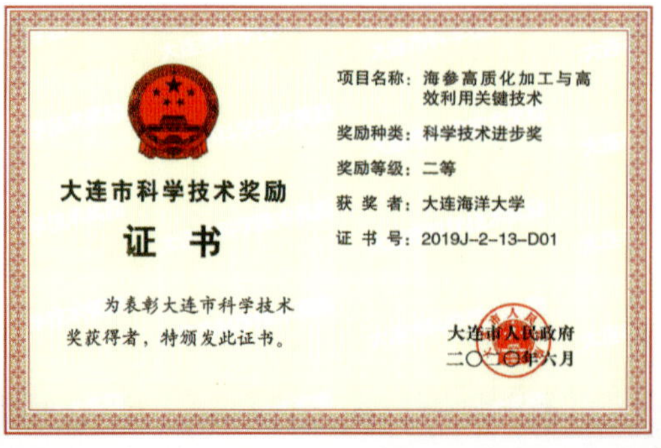
大连市科学技术奖励

证　书

为表彰大连市科学技术奖获得者，特颁发此证书。

项目名称：海参高质化加工与高效利用关键技术

奖励种类：科学技术进步奖

奖励等级：二等

获 奖 者：大连海洋大学

证 书 号：2019J-2-13-D01

大连市人民政府

二〇二〇年六月

宁波大学海洋学院

宁波大学海洋学院是宁波大学国家一流学科建设群支撑学院、全国高校党建工作标杆院系。学院成立于2011年11月，因国家海洋局与宁波市政府共建宁波大学涉海学科而改名。前身为生命科学与生物工程学院，由原浙江水产学院水产系(1958年创办)和原宁波师范学院生物系（1988年创办）合并而成。学院紧紧围绕国家“蓝色粮仓”和乡村振兴战略，坚持党建、学科融合，不断凝练学科特色，实现快速发展。

学院现有教职工159名，其中正高职称43名、副高职称45名；博士生导师33名、硕士生导师75名。拥有全职院士、共享院士各1名，具国家级荣誉、兼职与人才称号22人次，省级41人次。

学院拥有水产、生物学两个一级学科，有水产一级博士点、生物学一级硕士点、农业专业学位硕士点。以水产学科为主的动植物学科、农业学科均进ESI前1%，水产学科总体水平位居全国前列。

学院拥有农产品质量安全危害因子与风险防控国家重点实验室等国家、省部级科研、教学平台16个，科学研究注重基础与产业融合，“十三五”分别承担国家、省部项目146、141项，经费超1亿元；发表核心期刊论文1 500余篇；研究成果获奖35项，其中省部级及以上奖项12项；获发明专利400多项。在三疣梭子蟹、拟穴青蟹、大黄鱼、银鲳、缢蛏、乌贼、紫菜等东海区物种养殖产业链技术系列研究方面颇具特色。

学院拥有水产养殖学、生物技术两个国家一流本科专业。年招博士生30余名、硕士生100余名、本科生180余名。人才培养注重立德树人、创新创业训练，“十三五”期间，“挑战杯”“创青春”“互联网+”等全国性学科竞赛获得的成绩位居全国同类学科学院前列，本科升硕士比率超50%，就业率保持在97%以上，创业率逐年递增。

学院致力地方服务，先后组建了60支科技服务团队，派出70余位省市及以上科技特派员，入驻地方生产一线，已有数百项科研成果得到产业化应用，其中海洋病原微生物检测系列技术与设备成果转让费超千万元，为地方经济建设做出重大贡献。

江苏省淡水水产研究所

锦鲤奖杯

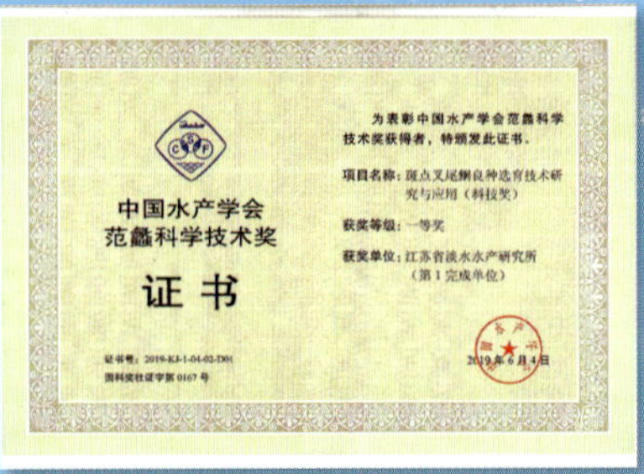

中国水产学会
范蠡科学技术奖

证书

为表彰中国水产学会范蠡科学技术奖获得者，特颁发此证书。

项目名称：斑点叉尾鮰良种选育技术研究与应用（科技奖）

获奖等级：一等奖

获奖单位：江苏省淡水水产研究所（第1完成单位）

证书号：2019-KJ-1-04-02-D01

国科奖社证字第0167号

2019年6月4日

斑点叉尾鮰良种选育技术研究与应用获中国水产学会范蠡科学技术奖一等奖

江苏省淡水水产研究所围绕公益科研业务定位，积极谋划发展新思路，不断巩固科研特色和优势，紧扣江苏渔业产业发展亟待解决的难题，科学规划科研发展方向，确立了中华绒螯蟹、斑点叉尾鮰、克氏原螯虾、沙塘鳢、观赏鱼5个优势品种。

新品种选育及推广成果显著。中华绒螯蟹长江1号（GS-01-003-2011）是2011年通过审定的淡水蟹类新品种；中华绒螯蟹长江2号（GS-01-004-2013）2013年通过新品种认定。两个新品种均以生长速度、个体规格、形态特征为指标选育而成，生长快，个体规格齐，雌、雄体重变异系数小，遗传性状稳定。已累计在江苏推广养殖超过600万亩，亩均增收效果显著。两个新品种分别在单、双数年份繁苗，在时间上完美衔接，对促进江苏乃至全国河蟹产业持续稳定发展具有重要意义。斑点叉尾鮰江丰1号（GS-02-003-2013）是我国培育出的具有自主知识产权的鮰鱼新品种。该品种个体间生长差异性小，同步性较好，适宜在我国各地人工可控的淡水水体中养殖。目前良种已覆盖包括国家级良种场在内的多家繁育场，在江苏、湖北、北京等7个省份建立新品种扩繁基地10个，建立了斑点叉尾鮰良种育繁推体系。2014年以来，共繁育江丰1号良种6.57亿尾，推广养殖32.85万亩，为我国鮰鱼产业的持续、健康、高效发展提供了新的优质种源保障。

特色品种硕果累累。克氏原螯虾精准育苗技术取得突破。形成并熟化了适合江苏区域特点的“秋苗早繁”“春苗迟繁”及“温室育苗”等技术模式，与常规育苗相比，可实现提早出苗45天或推迟出苗50天，为克氏原螯虾二茬养殖提供了苗种保障，在江苏克氏原螯虾主产区大面积推广示范，推进了江苏克氏原螯虾产业的健康发展。沙塘鳢规模化繁育技术达到国内领先水平。建立了沙塘鳢大规格苗种培育技术，创新创建河蟹、小龙虾、青虾等套养及沙塘鳢稻鱼综合种养等多种高效生态养殖模式，使江苏省沙塘鳢养殖业占据中国半壁江山。多年来，繁育优质沙塘鳢苗种超过6 500万尾，累计推广面积超11万亩。观赏鱼引育种研究与筛选顺利起步。依托禄口基地建成进境水生动物检验检疫隔离场（A类）及进境甲壳类动物检验检疫隔离场（B类），通过接收日本福冈县捐赠的锦鲤，使日本锦鲤与本土锦鲤更好融合，繁育出的锦鲤品种先后获得多个锦鲤大赛大奖。同时借助举办各类论坛等活动的契机，形成“以鱼为媒、以鱼会友、以鱼招商、以鱼兴业”的发展思路，完成从产品到产业的升华，走出一条立足江苏、面向世界、以特取胜的发展之路。

江苏省农业技术推广奖

证　书

为表彰在农业科技推广工作中做出显著成绩者，特授予第八届江苏省农业技术推广奖。

项目名称：“长江1号”河蟹养殖技术示范与推广

奖励等级：二等

获奖单位：江苏省淡水水产研究所

2018年1月4日

证书号：JSTGJ(2017)-2-02-D01

长江1号河蟹养殖技术示范与推广获江苏省农业技术推广二等奖

2019年度江苏省科学技术奖

证　书

为表彰江苏省科学技术奖获奖单位，特颁发此证书。

项目名称：池塘绿色高效养殖技术研发与应用

奖励等级：三　等

获奖单位：江苏省淡水水产研究所

2020年3月4日

证书号：2019-3-116-D2

池塘绿色高效养殖技术研发与应用获江苏省科学技术奖三等奖

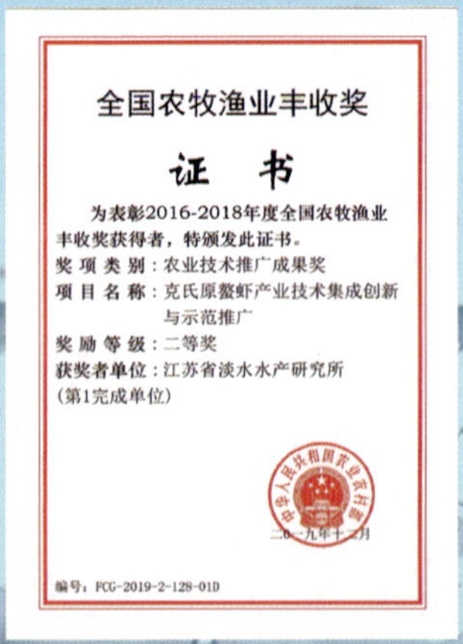

全国农牧渔业丰收奖

证　书

为表彰2016-2018年度全国农牧渔业丰收奖获得者，特颁发此证书。

奖项类别：农业技术推广成果奖

项目名称：克氏原螯虾产业技术集成创新与示范推广

奖励等级：二等奖

获奖者单位：江苏省淡水水产研究所

（第1完成单位）

二〇一九年十二月

编号：FCG-2019-2-128-01D

克氏原螯虾产业技术集成创新与示范推广获全国农牧渔业丰收二等奖

南京市科学技术进步奖

证　书

为表彰南京市科学技术进步奖获得者，特颁发此证书。

项目名称：沙塘鳢规模化繁育及养殖技术示范与推广

奖励等级：三等奖

获奖者：江苏省淡水水产研究所

南京市人民政府

2017年1月

证书号：20162201-1

沙塘鳢规模化繁育及养殖技术示范与推广获南京市科学技术进步奖三等奖

水利部中国科学院水工程生态研究所

"973"项目验收会现场

水利部中国科学院水工程生态研究所（以下简称水生态所）成立于1987年，是专门从事水生态保护与修复的科研事业单位，现有职工160人。研究范围涉及水生态保护规划、水生态监测评价、水工程环境影响评价、水工程生态效应基础研究、生态流量与生态调度、河湖水生态保护与修复、栖息地保护与修复、过鱼设施、水生动物繁育与增殖放流、水环境生物监测预警与治理等水生态环境保护修复关键技术研究与应用。现有2个省部级研究平台、1个部级试验基地、1个委级研究平台、1个科协培训中心、1个监测中心、1个学术组织、1本学术杂志。此外，水生态所建有博士后科研工作站，是农业农村部濒危水生野生动植物种鉴定单位；是水利部三峡库区生态环境监测系统水生生态的负责单位、农业农村部全国渔业生态环境监测网的全国水库渔业生态环境监测站成员；是国际河流科学学会、世界鲟鱼保护学会理事成员，世界水理事会单位会员，以及中国水利学会、中国环境科学学会、中国水产学会和中国科学技术院所联谊会水利水电分会等学术机构的理事单位，《水利发展研究》杂志常务协办单位。2015年通过计量认证，持有中华鲟、达氏鲟驯养繁殖许可证，中华鲟、达氏鲟湖北省苗种生产许可证。

建所30多年来，积极响应国家改革开放战略，紧紧围绕国家、行业发展需求，以水利工程建设引起的生态与环境问题及其相关减缓措施的基础与应用研究为主攻方向，开展了大量的水生态保护与修复科研与实践，为我国尤其是长江水生态保护提供了重要科技支撑。是国务院批复的"三峡后续工作总体规划"、《长江流域综合规划（2012—2030年）》以及长江重要支流和主要湖泊规划的编制单位。以水利水电工程影响区为重点开展了大量水生态监测工作，积累了近20年水生态的系列基础资料，为流域规划、水电工程建设等提供了重要的基础支撑。承担了"973"项目、国家科技支撑计划、国家自然科学基金等国家和地方各类重大科研计划项目或课题100多项，重点研究探讨了水文要素对不同层次生态系统组分的影响及作用机理。已完成各类项目500余项，获得省部级等各项奖励67项；发表学术论文600余篇，其中百余篇论文被SCI收录；申报并获得专利软著58项；出版专著及标准30余部。

澜湄水生态监测与评价技术培训班开幕式

牵头承办过鱼设施效果监测技术国际研讨会

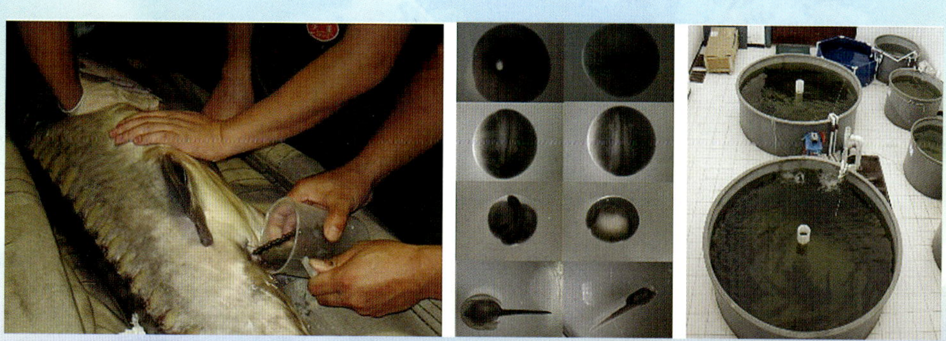
中华鲟全工繁殖和大规格幼鱼人工驯养

河北皓海集团

河北皓海集团（以下简称集团），前身是河北农业大学水产学院饲料药物添加剂厂（1986年），在河北省畜牧局、兽药监察所和政府相关部门的大力支持下于2001年1月成立。为响应农业部关于兽药生产企业符合兽药GMP标准生产的要求，集团于2007年通过农业部GMP认证，生产剂型有粉剂/散剂/预混剂、杀虫剂（固体、液体）、消毒剂（固体、液体）、中药提取、水质改良剂等，分别于2013年和2018年两次通过GMP复检。先后获得秦皇岛市知名商标企业、河北省质量诚信AAA品牌企业、AAA重合同守信用企业、中国国际智慧渔业博览会金奖企业、中国水产动保最具成长性企业。

集团旗下有河北皓海生物科技有限公司、南京景晨生物科技有限公司、天津慧农惠渔生物科技有限公司、沧州美新生物科技有限公司、九鑫农业生物科技有限公司5家全资子公司。另外在全国设置东北销售分公司、华北销售分公司、华东销售分公司、华中销售分公司、华南销售分公司以及西南销售分公司等6个销售分公司。

集团于2020年11月投资1.95亿元开工新建欧盟标准GMP净化工厂，占地60余亩，受到了河北省各级领导关心与支持！在《当代水产》杂志社举办的中国水产动保行业峰会上，荣获中国水产动保年度优秀企业称号。集团已经着手启动天津慧农惠渔生物科技有限公司新零售电商网络销售平台，更高效、快捷地服务终端客户。集团相信，通过严格的质量把关和优良的技术服务，定能为广大养殖户步入小康生活、建设和谐社会，贡献水产人应有的力量。

地址：河北秦皇岛市海港区海阳温家洼工业园
电话：0335-8386099
传真：0335-8383277
邮编：066000
网址：www.hhswkj.com
E-mail:haohaishengwu@163.com

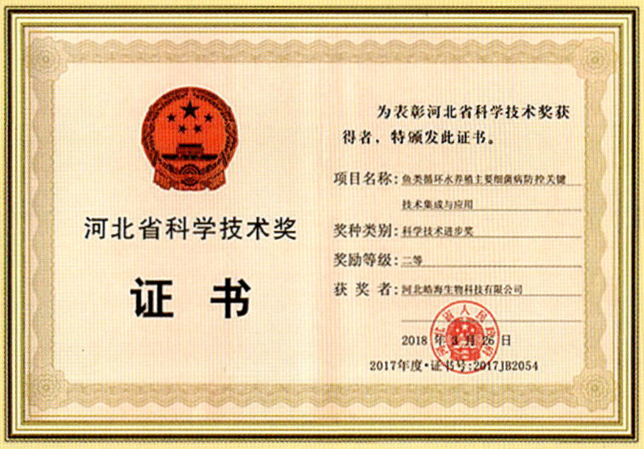

盘锦光合蟹业有限公司

光合
GUANGHE

盘锦光合蟹业有限公司始建于1999年。是一家集提供水产优质苗种、生产、养殖、加工、销售、技术服务、科研、旅游于一体的民营科技企业。经过多年潜心经营，公司先后被认定为农业产业化国家重点龙头企业、国家高新技术企业、全国守合同重信用企业、全国科普示范基地、辽宁省博士后科研基地、省级技术研发中心及中小企业技术服务平台、国家级河蟹健康苗种繁育基地、国家级河蟹良种场、全国现代渔业种业示范场、农业农村部健康养殖示范场、全国稻渔综合种养示范场、全国休闲渔业示范基地。公司拥有“东”牌、“蟹稻家”牌等多个自主品牌。

公司成立以来，在技术创新上取得了显著成绩，创新采用稻田养蟹技术、河蟹生态育苗技术及海蜇工厂化育苗技术；承担国家“863”计划中华绒螯蟹良种培育、国家“十二五”科技支撑计划河蟹新品种选育技术研究、辽宁省科技计划渔业新品种引进开发等国家、省部级科研课题。目前已获得通过验收和鉴定的科技成果有46项，其中获得国家科学技术进步奖二等奖1项，农业农村部科技推广项目一等奖1项，省级科技进步奖一等奖1项、二等奖5项，市厅级科技进步奖一、二等奖9项。公司开创“公司+农户+基地+服务站”的经营模式，通过订单农业带动农民达10 000多户，稻田养蟹技术推广以来，养殖面积达1 000万亩。为农民增收500多亿元，靠养蟹解决农村剩余劳动力就业近万人。不仅为广大养殖户带来滚滚财源，创造了极大的社会效益，同时企业也取得了长足的发展。

宏东渔业股份有限公司

宏东渔业股份有限公司创立于1999年，位于福州市自由贸易试验区，现有员工3 100人。旗下拥有宏东国际（毛塔）渔业发展有限公司、福州宏东食品有限公司、福建宏东控股有限公司、福州宏东海产品贸易有限公司、连江宏东水产品市场管理有限公司、福州瀚麟渔业有限公司、香港（辰宇）海运有限公司、越泽企业有限公司、福州瀚麒渔业有限公司等分支机构。目前公司拥有各类作业船舶170艘，常年在太平洋公海、印度洋公海、毛里塔尼亚等海域进行捕捞作业。有围网、拖网、笼捕、流网、延绳钓等多种作业方式，捕捞鱼种达90多种，公司产品为纯天然远洋捕捞产品，深受国内外水产贸易和水产食品加工、餐饮、商超、电子商务等客户及消费者的青睐，产品远销欧洲、非洲、东南亚、俄罗斯、日本、韩国、澳大利亚、美国等国家和地区。公司在马尾工业园区内拥有约10 000平方米加工厂房、万吨冷库、办公楼、物资仓库及相关附属设备楼等；在连江县分别投资建设占地逾33公顷的宏东远洋渔业产业园区（涵盖水产品加工、海洋生物、冷链仓储等产业）与70 000多平方米的连江海产品交易市场。公司是一家集远洋捕捞、远洋渔业基地运营、冷链物流服务、水产品加工、海洋生物为一体的具有完整产业链的远洋渔业企业。公司贯彻落实“一带一路”国家战略，着眼世界丰富渔场资源的持续性开发，已经与毛里塔尼亚建立合作，并将以其合作模式为蓝本，继续扩大与产业链上下游的合作共赢，开发更多优秀世界渔场资源，力求稳定持续地为客户提供更多营养、安全、健康、美味的纯天然海洋水产食品。

董事长兰平勇向毛里塔尼亚总统阿齐兹介绍公司渔获产品

董事长兰平勇介绍公司产品

宏东毛里塔尼亚渔业基地全景

中水集团远洋股份有限公司

金枪鱼钓船

鱿鱼/秋刀鱼船

昌荣4号

中水集团远洋股份有限公司是由中国农业发展集团有限公司控股的主要从事远洋渔业和国际经贸合作开发的股份制上市企业。公司股票于1998年2月在深圳证券交易所A股市场挂牌交易（股票代码000798）。

公司主要从事远洋捕捞生产和经营,是我国较早开发太平洋、大西洋金枪鱼和南美鱿鱼资源的龙头企业之一，拥有各类远洋渔船近70艘,在大西洋、印度洋、太平洋从事捕捞生产。主要产品有阿根廷鱿鱼、秘鲁鱿鱼、秋刀鱼和金枪鱼及兼捕鱼种等海产品及加工制品。目前,公司在境内外设有12个分支机构，在北美、南美、南太平洋地区设有5家代表机构及控股公司。此外，公司还开展水产品贸易、船舶修理、渔船渔机和渔需物资进出口等业务。

公司依靠良好的资金保障、扎实的主业基础、强大的股东依托，资产规模位居我国远洋渔业企业前列，是目前国内最大的专业金枪鱼捕捞公司及我国三大远洋渔业上市企业之一。凭借良好的资源获取能力、突出的集约管理能力以及良好的经营管理团队和企业文化，公司致力于将自己打造成海洋渔业资源开发的现代化企业、我国境外远洋渔业基地管理运营创新的示范者以及水产品市场消费的引领者。

金枪鱼

中国水产（斐济）控股有限公司

中水北美公司

山东安源水产股份有限公司

山东安源水产股份有限公司成立于2006年，是集刺参育苗、养殖、加工、饲料销售和休闲渔业为一体的现代化大型企业。现有员工230人，总资产4.2亿元，建筑面积约为160 000平方米，育苗净水体80 000立方米，省级海洋牧场246公顷，年产优质多刺海参苗种180万斤（1斤=0.5千克）、成品多刺海参100万斤、海参饲料5 000余吨。公司始终坚持绿色、有机生产，采取室内育苗、室外育养、海上网箱、深海底播等多种形式和技术措施，刺参养殖技术在全国处于领先地位，完成了4项科技成果鉴定，主要产品均已通过了农业部无公害农产品认证。

该公司是农业部健康养殖示范场、国家级刺参原种场、中国渔业协会常务理事单位、山东省农业产业化重点龙头企业、山东省刺参协会副会长单位。2015年“刺参健康养殖综合技术研究及产业化应用”项目获得国家级科技进步二等奖，“刺参生态苗种培育与健康养殖技术建立与应用”项目获得山东省级科技进步二等奖。

该公司注册的“蓬安源”牌刺参被评为烟台市名牌农产品。2014年“蓬安源”牌刺参被评为济南市“精品海参”；2015年“蓬安源”牌刺参被评为烟台市“海参十大品牌”；2017年该公司荣获烟台市海参行业“匠心企业”称号，同年该公司“蓬安源”牌成品参和“蓬安源”牌刺参饲料获得“山东省知名农产品品牌”称号。

山东安源水产股份有限公司未来将继续坚持科学化育养、推进品牌与商标建设，大力发展科技创新健康刺参产品，最终实现“追求人类梦想，造福人类健康”的奋斗目标。

新品种介绍

山东安源水产股份有限公司多年来始终坚持科技创新发展，重视良种培育工作，通过群体选育的方式培育出具有稳定遗传性状的新品种“安源1号”。新品种的优点：体重较对照组提高14.37%，疣足数较对照组增加59.67%。三年在山东、福建、辽宁等地推广3 600余亩，平均亩产增加15%以上，平均疣足数量45个以上。鉴于新品种生长速度快、棘刺数量多、加工出成率高的特点，同等规格的商品参的销售价格比普通商品参高10%以上，提高了刺参养殖的经济效益，具有广阔的推广前景。目前该公司每年可提供亲参10万头以上，苗种30万斤以上，可以满足我国海参主产区养殖生产的需要。

海参专用配合饲料

纯淡干特级海参

Baolai-leelai®
宝来利来
致力于生态养殖与食品安全
Devoted to Ecological Aquaculture and food safety
中国水产微生
★新三板挂牌企业(证券代码：831827)
★国家级高新技术企业
★CCTV-7《农广天地》上榜品牌
★2018年度领军水产动保企业
★中国水产动保产业40年功勋企业
★中国水产学会渔药专业委员会委员
★中国渔药产业技术创新战略联盟副理事长单位
★中国水产业最值得信赖动保品牌
★中国水产行业推动企业
★应用航天育种技术
★承担六项国家“863”项目

态行业的领跑者
★六项国家重点新产品
★菌种保藏中心库存菌株7 000余株
★山东省级企业技术中心
★山东省农业产业化重点龙头企业
★山东名牌产品3个
★承担一项原国家经济贸易委员会“双高一优”项目
★承担一项工业和信息化部重点产业振兴和技术改造项目
★承担一项原国家发展计划委员会高新技术产业化推进项目
★承担一项国家发展和改革委员会绿色农用生物高技术产业化专项
★中国饲料工业协会“全国重承诺守信用”企业
★获取科技部“科技型中小企业技术创新基金”
山东宝来利来生物工程股份有限公司
SHANDONG BAOLAI-LEELAI BIO-TECH. CO.,LTD
Add: No.28 ChuangYe Street Taian City Fax: +86-538-8068171
Tel: +86-538-8068669 538-8068197 Http://www.BLLL1996.com

杭州众测生物科技有限公司

杭州众测生物科技有限公司（以下简称“众测生物”），是一家以重组酶介导链替换核酸扩增技术（简称RAA技术）为核心的多方向应用、研发、生产、技术服务为一体的生物技术领域研发型的国家高新技术企业。

企业管理理念

公司始终坚持走“以人为本、科技创新、品质卓越”的发展之路，将产品质量视为企业的生命。该公司以科技为先导，弘扬尊重员工、鼓励创新、努力拼搏、积极合作的企业精神。以“严格管理、质量管理”为公司的管理理念，以“诚实、诚恳、诚信”为公司的企业文化，以“客户至上”为公司的宗旨。

企业发展近况

该公司于2016年入选杭州市高新区5050计划企业；2017年12月，入选杭州市高新技术企业；2018年3月，入选浙江省科技型中小企业；2018年11月，入选国家高新技术企业；2019年8月，入选杭州市企业高新技术研发中心，为杭州高新区重点培育企业。

浙江省科技型中小企业

证书

企业名称：杭州众测生物科技有限公司

证书编号：20183301000425

浙江省科学技术厅

浙江省科技型中小企业

在水生动物疫病防治领域，公司基于RAA技术，开发了虾病、鱼病系列诊断产品，具体如下。

虾类水产：对虾白斑综合征病毒（WSSV）分子检测试剂、传染性皮下及造血组织坏死病毒（IHHNV）分子检测试剂、虾肝肠胞虫（EHP）分子检测试剂、虾虹彩病毒（SIV）分子检测试剂、对虾急性肝胰腺坏死病（AHPND）分子检测试剂、虾肝胰腺细小病毒（HPV）分子检测试剂、哈维氏弧菌（VHV）分子检测试剂、虾桃拉病毒（TSV）分子检测试剂、传染性肌肉坏死病毒（IMNV）分子检测试剂、对虾偷死野田村病毒（CMNV）分子检测试剂、虾黄头病毒（YHV）分子检测试剂等。

鱼类水产：鲤春病毒血症病毒(SVCV)分子检测试剂、草鱼出血病I型病毒(GCRV I)分子检测试剂、草鱼出血病II型病毒(GCRV II)分子检测试剂、锦鲤疱疹病毒（KHV）分子检测试剂、锦鲤疱疹病毒II型（CyHV-2）分子检测试剂、传染性造血器官坏死病毒（IHNV）分子检测试剂、病毒性出血败血症病毒（VHSV）分子检测试剂、传染性脾肾坏死病毒（ISKNV）分子检测试剂、淡水鱼细菌性败血症分子检测试剂等。

杭州市企业高新技术研发中心（工业类）

证书

研发中心名称：众测生物检测开发与应用市级企业高新技术研究开发中心

依托单位：杭州众测生物科技有限公司

辖　区：滨江区

批准文号：杭科高［2019］124号

杭州市科学技术局

2019年8月16日

杭州市企业高新技术研发中心

高新技术企业

证书

企业名称：杭州众测生物科技有限公司　证书编号：GR201833000591

发证时间：2018年11月30日　有效期：三年

批准机关：

国家高新技术企业

编 辑 说 明

一、《中国渔业年鉴》由农业农村部主管，农业农村部渔业渔政管理局主持编撰，中国农业出版社有限公司中国渔业年鉴编辑部负责编辑、出版。

二、本年鉴是一部反映中国渔业年度基本情况的权威性资料工具书，每年出版一卷，以出版年份标序。

三、本年鉴所载资料全部截止到2019年年底。

四、年鉴文稿主要由全国渔业行政机构、企事业和科研单位、水产院校等部门的管理人员和专业技术人员撰写。全部文稿由中国渔业年鉴编辑部负责编辑修改或删节，由农业农村部渔业渔政管理局审定后发表。

五、各省、自治区、直辖市及计划单列市，按全国行政区划顺序排列。

六、各类资料数据均未包括台湾省和香港与澳门特别行政区。

七、本年鉴在编撰过程中，得到全国各级渔业行政主管部门和有关单位的大力支持，在此表示衷心感谢。

目　录

发展综述

渔业管理

长江流域渔政管理

各 地 渔 业

全国渔业重点事业单位

渔业社会团体

法律法规文献

渔业经济统计

领 导 讲 话

2019 年渔业大事记

索 引

发展综述

全国渔业发展概况

【概况】 2019年，我国渔业经济发展稳中有进，形势良好，为"菜篮子"产品稳价保供做出了贡献。渔业供给侧结构性改革持续推进，绿色发展加快推进，产业结构进一步优化，提质增效成效显著。全国水产品总产量6 480万吨，比上年增长0.35%，渔民人均纯收入2.11万元，比上年增长6.15%。

1.渔业生产总体稳定 水产养殖产量5 079万吨，同比增长1.76%，捕捞产量1 401万吨，同比下降4.45%，养殖产品与捕捞产品的产量比例为78∶22；海水产品产量3 282万吨，同比下降0.57%，淡水产品产量3 198万吨，同比增长1.32%，海水产品与淡水产品的产量比例为51∶49。远洋渔业产量217万吨，同比下降3.87%，占水产品总产量的3.35%。全国水产品人均占有量46.45千克，比上年增加0.17千克、增长0.37%。

2.水产品市场健康运行 水产品供应充足、价格稳中有降，据对全国80家水产品批发市场成交价格统计，全年综合平均价格23.14元/千克，同比下降1.44%。其中，海水产品价格上涨0.32%，淡水产品价格下降3.92%。另据可对比的47家水产品批发市场的成交情况监测统计，水产品交易成交量同比上涨1.43%、成交额同比下降0.48%。

3.水产品国际贸易规模继续扩大，顺差收窄 据海关总署统计，我国水产品进出口总量1 053.31万吨、进出口总额393.59亿美元，同比分别增长10.28%和5.42%。其中，出口量426.79万吨、出口额206.58亿美元，同比分别下降1.38%和7.96%；进口量626.52万吨、进口额187.01亿美元，同比分别增长19.94%和25.57%。贸易顺差19.57亿美元，比上年同期减少55.93亿美元。

4.水产养殖业绿色发展迈出坚实步伐 出台政策文件引领绿色发展。2019年1月11日，经国务院同意，10部委联合印发了《关于加快推进水产养殖业绿色发展的若干意见》，在国务院新闻办公室举办新闻发布会，在浙江德清召开现场会，举办高峰论坛，掀起了水产养殖业绿色发展的热潮。国家10个部委及地方有关部门认真贯彻《意见》，11个省（自治区、直辖市）出台了贯彻落实配套文件。划定重要养殖水域滩涂空间。全国1 430个县级人民政府发布了养殖水域滩涂规划，基本覆盖了全国所有水产养殖主产县。加快水产养殖设施装备建设步伐，共建设池塘循环水跑道式养殖水槽3 000余条，"深蓝1号"等深远海大型智能养殖渔场相继建成投产。扎实推进水产健康养殖。创建国家级健康养殖示范场945家、健康养殖示范县10个，在27个省份开展水产养殖用药减量行动。水产苗种产地检疫试点由6个省份扩大到24个省份，基本覆盖了水产苗种生产大省。规范发展稻渔综合种养。新增稻渔综合种养20多万公顷，全国总面积达230多万公顷，生产优质稻米1 750万吨、水产品200多万吨，仅水产品一项就带动农民增收超过600亿元，稳粮增渔、保供增效作用明显。

5.产业融合发展取得显著成效 大水面生态渔业成为融合发展的新热点。联合生态环境部、国家林业和草原局出台了《关于促进大水面生态渔业发展指导意见》，召开了大水面生态渔业现场推进会。各地充分挖掘当地民俗、历史等文化资源，推动大水面渔业与观光、旅游、体验等融合发展，涌现出查干湖、千岛湖、庐山西海等一大批渔业生产生态融合发展的典型。休闲渔业产业规模不断壮大。全年全国休闲渔业产值超过940亿元，同比增长12.3%，接待人数超过2.7亿人次。"休闲渔业＋海洋牧场""休闲渔业＋田园综合体"等产业融合模式不断涌现。新业态新模式发展势头良好。举办水产品电商消费论坛暨网上销售平台推广活动，大力推动"互联网＋渔业"新业态新模式，水产品电商成交量持续攀升。

6.渔业产业扶贫扎实推进 打造渔业扶贫典型模式。以集中连片、深度贫困等地区为重点，利用稻渔综合种养、盐碱水渔农综合利用、集装箱循环水养鱼、冷水鱼养殖等方式开展渔业产业扶贫，被誉为获利最直接、见效最快、持续增收最稳定的扶贫模式。甘肃景泰的盐碱水养殖模式，辐射 1 600 户贫困户，户均增收 2 400元，带动 2 000 多名贫困人口脱贫。广西三江的“一季稻＋再生稻＋金边鲤＋田螺”稻渔模式，亩（1 亩＝1/15 公顷）增收稻谷 250 千克，亩增收 4 000 元，带动形成了 60 亿元的螺蛳粉产业。稻渔综合种养使云南哈尼梯田成为既带动区域经济发展的“景观田”，又帮助农民脱贫致富的“增收田”。首次组织扶贫产销对接活动。充分发挥渔业行业协会作用，在广东珠海举行全国渔业扶贫产销对接活动，160 多家企业参加，免费为来自 37 个贫困县（市）的 45 家渔业企业提供产品推介展位。活动现场举行了产销对接签约仪式，意向成交金额达 3 000 余万元。援疆援藏持续推进。支持新疆、西藏种业建设，打牢产业发展基础。开展组团式科技援藏，西藏“三江四湖”渔业资源调查和卤虫科学考察取得丰硕成果。新疆渔业资源调查和冷水鱼养殖取得显著进展，尼勒克县水库冷水鱼网箱养殖水下机器人清污在全国首次取得成功。

7.资源养护事业再上新台阶 长江禁捕平稳有序推进。联合 10 部委成立了长江水生生物保护暨长江禁捕工作协调机制，落实《长江流域重点水域禁捕和建立补偿制度实施方案》，累计安排中央资金 72 亿元、地方资金 39.04 亿元，全力推进长江禁捕工作。截至 2019 年年底，约 4.74 万艘渔船完成船证回收，约8.32万名渔民实现转产转业或得到安置保障，长江水生生物保护区实现全面禁捕。休渔禁渔实现全覆盖。发布海河、辽河、松花江和钱塘江 4 个流域禁渔期制度，实现内陆重点流域、主要江河湖海休禁渔“两个全覆盖”。全国共放流近 400 亿尾水生生物苗种，新建 24 个国家级海洋牧场示范区。渔业资源总量管理制度改革进展顺利。2019 年国内海洋捕捞产量约 1 000万吨，同比下降 4％左右。累计压减渔船20 414 艘、功率 123.7 万千瓦，提前完成“十三五”减船数量、压减近海捕捞产量的目标。捕捞限额试点范围扩大到沿海 9 个省份。渔船渔港综合改革取得进展。全面实施渔船进出港报告制度，启动定点上岸渔港申报工作，试点推进渔获物可追溯和渔船船员记分管理制度。在浙江台州开展渔港改革试点，44 个渔港实行县、乡两级“港长制”，推动综合执法关口前移，促进依港管船、管人、管渔获。水生野生动物保护取得新进展。发布鼋保护拯救计划，查处特大斑海豹幼崽盗猎案件，严肃处理湖北荆州中华鲟死亡事件，加强行刑衔接，加大司法打击和政务追责力度，在社会上形成有效震慑和保护效果。

8.法治及安全保障进一步强化 《中华人民共和国渔业法》修订加快推进。全国人大常委会首次组织开展《渔业法》执法检查，4 位副委员长带队赴 8 个省份现场检查，提出将《渔业法》修改列入全国人大常委会 2020 年工作计划的建议。“中国渔政亮剑 2019”取得新战果。全年累计查处涉渔违法违规案件 3.24 万件、查获违法人员 4.32 万名，向司法机关移送涉嫌犯罪案件 2 909 件、移送涉案人员 4 709 名。清理取缔涉渔“三无”船舶 10 586 艘、“绝户网”110.33 万张（顶），同比分别增长8.63％和 106％。渔业安全生产形势保持平稳，首次举行全国渔业安全技能大比武，渔业互助保险体制改革方案已经国务院批准。

9.渔业“走出去”和国际合作进一步拓展 远洋渔业有新成效。全年产量保持在 200 万吨以上，为“菜篮子”产品稳产保供做出了积极贡献。首次发布中国国际鱿鱼可持续发展指数，深入推进远洋渔业互利共赢合作，召开中国南太平洋渔业合作论坛并发布楠迪宣言，我国与瓦努阿图、加纳、巴布亚新几内亚签署了渔业合作备忘录。强化远洋渔业规范发展，加强远洋渔船监督管理，继续“零容忍”严厉打击违法捕鱼，首次建立履约评价制度，协调外交部、交通运输部、海关总署，推动落实打击非法捕鱼的港口国措施。国际合作持续深化。中韩渔业联合委员会年会顺利召开，在韩管控水域作业渔船规模保持基本稳定；与越南联合发表了《〈中越北部湾渔业合作协定〉实施十五周年总结会联合声明》；妥善处理与菲律宾间的渔船碰撞事件；成功举办中韩、中俄、中老联合增殖放流活动。继续与欧盟、美国、太平洋岛国开展渔业合作，积极参与国际渔业治理。

水产养殖业管理

【概况】

1.加强顶层设计推动出台国务院文件，多措并举推进绿色发展 在多方共同努力下，2019 年 1 月 11 日，经国务院同意，农业农村部会同生态环境部等 10 部委联合印发了《关于加快推进水产养殖业绿色发展的若干意见》（以下简称《意见》），这是中华人民共和国成立以来第一个经国务院同意、专门针对水产养殖业的规范性文件，是当前及今后一段时期水产养殖业绿色发展的纲领性文件。落实任务分工，积极协调制定出台了《意见》的部委、部内、局内三个层次分工方案，细化任务措施，明确责任主体和进度安排，合力推进水产养殖业绿色高质量发展。

强化宣传引导，2 月 15 日在国务院新闻办公室召开了《意见》专题新闻发布会，农业农村部副部长于康震、农业农村部渔业渔政管理局局长张显良出席发布会并答记者提问。3 月 27 日，农业农村部渔业渔政管理局在南京举办全国水产养殖业绿色发展专题培训班，增强各地水产养殖业行政管理工作人员的能力水平。9 月 23 日依托农业农村部管理干部学院举办以水产养殖业绿色发展为主题的全国县级农业农村部门负责人培训班，让县域成为政策落实的主阵地。10 月 17 日在浙江德清召开水产养殖业绿色发展现场会，全面贯彻落实《意见》各项要求，农业农村部副部长于康震作重要讲话，生态环境部、自然资源部等联合发文单位积极参会。唐启升院士、戈贤平研究员等专家在《农民日报》等媒体发表了解读文章，为水产养殖业绿色发展营造良好的社会氛围。

2.加快落实养殖水域滩涂规划制度 养殖水域滩涂规划制度是水产养殖业发展的基本制度，对稳定水产养殖业发展空间，促进行业规范有序发展至关重要。2019 年继续督促各地扩大规划编制发布范围，推进地(市)级、省级养殖水域滩涂规划全覆盖。截至 2019 年年底，全国已有 1 430 个主产县人民政府发布规划，占应发布规划总数的 95%。

3.推行水产健康养殖制度

(1)深入开展水产健康养殖示范创建。完善制度建设，编制《水产健康养殖示范创建管理办法》。组织开展国家级水产健康养殖示范场创建，新创建和综合提升水产健康养殖示范场 945 家、渔业健康养殖示范县 10 个。开展示范创建“回头看”，组织各省份对已命名的国家级示范场进行全面核查，发文取消 327 家已不符合要求的单位资格。

(2)推进深远海大型智能养殖装备试验示范。修订油补深水网箱项目补助标准，将深远海大型智能化养殖装备纳入补助范围。2019 年各地深远海养殖方兴未艾，“长鲸 1 号”“振渔 1 号”“福鲍 1 号”“澎湖号”等深远海大型智能养殖渔场相继建成投产，推进了深远海养殖产业的转型升级。

4.强化水生动物疫病防控能力

(1)有力推动产地检疫。印发《农业农村部关于进一步扩大水产苗种产地检疫试点的通知》，2019 年首次实现了水产苗种产地检疫 24 个水产养殖重点省份全覆盖。加大宣传力度，编发了《水产苗种产地检疫试点工作参阅材料》和《水产苗种产地检疫十问十答挂图》。

(2)严格实施疫病防控。组织实施《2019 年国家水生动物疫病监测计划》，在全国范围监测鲤春病毒血症、白斑综合征等 12 种重大水生动物疫病，监测样品 4 575 个，阳性样品检出率 10%，均进行了妥善处置。组织开展全国防疫体系实验室能力验证。

(3)加强结果运用。编写发行《2019 中国水生动物卫生状况报告》和《2019 我国水生动物重要疫病状况分析》2 本公开出版物，首次出版英文版报告，向世界展示负责任水产养殖大国在水生动物疫病预防控制中的工作成效。首次公布了 2018 年国家水生动物疫病监测阳性和阴性场名单，为无规定疫病苗种场创建和增殖放流等工作提供有力支撑。

5.强化水产苗种管理

(1)完善新品种审定评价指标和程序。组织修订《水产新品种审定管理办法》，公告 14 个经审定通过的水产新品种，水产新品种已达 215 个，编写出版《2019 水产新品种推广指南》。成立第六届水产原种和良种审定委员会，组建新一届专家委员会。完善《中国水产种业发展报告》，开展水产新品种生产性能测试体系研究。积极发挥国家级场“头雁效应”，新增 2 个国家级水产原良种场，公布 13 个复查合格的国家级水产原良种场并规范命名。

(2)加强水产苗种进出口管理。依法取消鳗鱼苗进口需要提供中国渔业协会鳗业工作委员会介绍信的环节，推进行政审批“三减一优”。支持符合条件的养殖生产者享受免征水产苗种进口增值税优惠政策，全年共批准免税进口对虾种虾 33.6 万尾、鳗鱼苗 27 吨、虹鳟鱼卵 1 900 万粒等，为企业(合作社)免税 4 500 余万元。

6.严格水产养殖用兽药使用的监督管理

(1)全力推进产地水产品兽药残留监控工作。3 月启动实施《2019 年国家产地水产品兽药残留监控计划》，全年抽检样品 5 112 个，监测合格率 99.5%，连续 7 年保持在 99%以上。9 月以来，按照四部委关于在“不忘初心、牢记使命”主题教育中开展整治食品安全问题联合行动的总体部署，农业农村部渔业渔政管理局牵头组织开展了产地水产品兽药残留专项整治行动，对于检出不合格样品的养殖场已督促有关地区进行了依法查处。10 省份无害化处理不合格水产品和苗种共计 2.3 万千克和 9.1 万尾(粒)，罚款共计 3.7 万元，其中 3 宗案件已移交司法机关追究刑事责任，有效震慑了水产养殖违法用药行为。

(2)积极开展水产养殖规范用药宣传。印发《2019 年全国水产养殖用药减量行动方案》，试点企业养殖用药量普遍呈下降趋势，精养鱼塘用药量平均减少 10%左右，试点企业抗生素使用量减少 30%左右。针对水产养殖企业对禁用药品等不熟悉的情况，编发了《水产养殖用药明白纸》宣传材料，并组织开展规范用药科普下乡活动，全年参加活动科技人员1万多人，入户3万余次，印发《水产养殖用药明白纸》和技术资料5.2万余份，举办各类技术培训班1 981次、共培训11万余人次，接受培训及下乡惠及渔民20.8万余人，有效提高了养殖者规范用药水平。

近海捕捞

1.近海海洋捕捞生产量减值减 据全国海洋捕捞动态采集网络监测数据分析，2019年我国海洋渔业总体状况好于2018年，全国海洋捕捞产量和产值评估结果为788.16万吨和837.44亿元，比2018年的760.02万吨和681.01亿元，分别增长3.70%和22.97%。拖网、流刺网、张网和围网渔业构成全年海洋渔业的主体；鳀鱼、带鱼、鲹类、小黄鱼、青鳞鱼、鲐鱼、马鲛鱼、鲳鱼、二长棘鲷和叫姑鱼等资源种类是我国海洋渔业的主要利用对象，但资源利用结构仍以当龄和低龄鱼为主；分品种渔获量与2018年相比，鳀鱼、鲹类、小黄鱼、青鳞鱼、鲳鱼和叫姑鱼产量均有明显增加，带鱼、马鲛鱼和二长棘鲷有小幅增加，而鲐鱼有明显下降。与2018年相比，全国各渔港多数渔获种类的销售价格有所上涨，经济鱼类比例有所提高，渔业生产燃油成本和人力成本均有所增加，捕捞渔民的总体收益明显增加。

2.近海主要作业类型生产特点

单拖作业：黄渤海产量相对较高水域出现在吕四渔场、辽东湾渔场和大沙渔场。东海产量相对较高水域出现在鱼外渔场、舟山渔场和舟外渔场。南海产量相对较高水域出现在东沙渔场、西沙西部渔场和南沙中部渔场。全国单拖作业整体生产情况好于2018年。

双拖作业：黄渤海产量相对较高水域出现在辽东湾渔场、石岛渔场和烟威渔场。东海产量相对较高水域出现在舟外渔场、台东渔场和舟山渔场。南海产量相对较高水域出现在北部湾南部及海南岛西南部渔场、粤东渔场和北部湾北部渔场。全国双拖作业整体生产情况差于2018年。

桁杆拖虾作业：黄渤海产量相对较高水域出现在海州湾渔场（1 927千克/天）、沙外渔场（1 342千克/天）和吕四渔场（1 085千克/天）。东海产量相对较高水域出现在长江口渔场、温台渔场和鱼山渔场。南海产量相对较高水域出现在东沙渔场、粤西及海南岛东北部渔场和北部湾南部及海南岛西南部渔场。全国桁杆拖虾作业整体生产情况好于2018年。

围网作业：黄渤海产量相对较高水域出现在沙外渔场、连青石渔场和石岛渔场。东海产量相对较高水域出现在台北渔场、闽中渔场和闽东渔场。南海产量相对较高水域出现在其他渔场、粤西及海南岛东北部渔场和台湾浅滩渔场。全国围网作业整体生产情况差于2018年。

光诱敷网作业：黄渤海产量相对较高水域出现在连青石渔场、连东渔场和石岛渔场。东海产量相对较高水域出现在温外渔场、鱼山渔场和舟外渔场。南海产量相对较高水域出现在南海大陆架外侧水域、南沙中部渔场和南沙西北部渔场。全国光诱敷网作业整体生产情况差于2018年。

流刺网作业：黄渤海产量相对较高水域出现在吕四渔场、连青石渔场和石岛渔场。东海产量相对较高水域出现在鱼外渔场、舟山渔场和江外渔场。南海产量相对较高水域出现在东沙渔场、其他渔场和北部湾南部及海南岛西南部渔场。全国流刺网作业整体生产情况差于2018年。

帆式张网作业：黄渤海产量相对较高水域出现在大沙渔场、沙外渔场和莱州湾渔场。东海产量相对较高水域出现在江外渔场、长江口渔场和舟山渔场。南海没有该作业生产。全国帆式张网作业整体生产情况差于2018年。

定置张网作业：黄渤海产量相对较高水域出现在连青石渔场、吕四渔场和大沙渔场。东海产量相对较高水域出现在闽东渔场、舟山渔场和温台渔场。南海产量相对较高水域出现在北部湾南部及海南岛西南部渔场和北部湾北部渔场。全国定置张网作业整体生产情况好于2018年。

钓具作业：黄渤海2019年和2018年均未出现生产。东海产量相对较高水域出现在闽南渔场。南海产量相对较高水域出现在东沙渔场、珠江口渔场和台湾浅滩渔场。全国钓具作业整体生产情况好于2018年。

笼壶作业：黄渤海产量相对较高水域出现在石岛渔场、吕四渔场和大沙渔场。东海产量相对较高水域出现在鱼山渔场、温台渔场和舟山渔场。南海产量相对较高水域出现在台湾浅滩渔场、其他渔场和北部湾北部渔场。全国笼壶作业整体生产情况好于2018年。

3.近海主要经济渔业种类资源动态

带鱼：全年主要汛期为9—12月和1月。生产情况相对较好的水域分布在大沙渔场、长江口渔场和舟山渔场。整体资源状况比2018年小幅增加。

小黄鱼：全年主要汛期为9—12月和2月。生产情况相对较好的水域分布在沙外渔场、石岛渔场和石东渔场。整体资源状况比2018年大幅增加。

鲳鱼:全年主要汛期为8—12月。生产情况相对较好的水域分布在沙外渔场和长江口渔场。整体资源状况比2018年增加。

马鲛鱼:全年主要汛期为9—12月和2月。生产情况相对较好的水域分布在莱州湾渔场、中沙东部渔场。整体资源状况与2018年持平。

鲐鱼:全年主要汛期为8—10月、1月和12月。鲐鱼生产情况相对较好的水域分布在台北渔场、温外渔场和闽外渔场。整体资源状况比2018年减少。

鲹类:全年主要汛期为8—12月。生产情况相对较好的水域分布在东沙渔场、台东渔场和台北渔场。整体资源状况比2018年增加。

鳀鱼:全年主要汛期为2—3月和9—11月。生产情况相对较好的水域分布在舟山渔场、舟外渔场和鱼山渔场。整体资源状况比2018年增加。

虾蟹类:全年主要汛期为8—12月。虾类生产情况相对较好的水域分布在闽东渔场、温台渔场和舟山渔场。蟹类生产情况相对较好的水域分布在舟山渔场、长江口渔场和滦河口渔场。整体资源状况比2018年略有增加。

头足类:全年主要汛期为9—12月和4月。生产情况相对较好的水域分布在南沙中西部渔场、中沙东部渔场和西中沙渔场。整体资源状况比2018年小幅减少。

4.近海渔业资源养护措施实施效果显著 休渔期结束后首月全国总产量可用作对比历年休渔效果的差别。据全国海洋捕捞动态采集网络监测数据结果,2019年9月全国海洋捕捞产量与2018年同期基本持平,仅略有减少(－0.62%),可见2019年伏季休渔期对资源的整体养护效果与2018年相当。不过三大海区伏季休渔期前后的产量变化却差别明显。其中,黄渤海区伏休前后产量差别最大,伏休后(9月)产量比伏休前(4月)增长367.96%;其次为东海,伏休后(9月)产量比伏休前(4月)增长242.14%;而南海差别最小,伏休后(8月)产量比伏休前(4月)增长36.86%,且其全年最高产量未出现在伏休开捕后的首月,而是如同2018年一样出现在9月。

(全国海洋捕捞动态采集网络)

远 洋 渔 业

【概况】

1.远洋渔业发展总体平稳有序 据统计,2019年获得农业农村部远洋渔业企业资格的企业共178家,比上年增加8家。新增加的远洋渔业企业系前几年获得远洋渔船船网工具指标、在2019年完成渔船建造投产后获得的从业资格。作业远洋渔船2 701艘,同比增加47艘。受公海鱿鱼资源波动、金枪鱼产品价格低迷以及亚洲远洋渔业项目产量、产值下降影响,远洋渔业总产量和总产值分别为217万吨、244亿元,同比分别下降4%和7.2%。

2.大洋性渔业产量有所波动 公海作业渔船1 589艘,同比增加72艘;产量149万吨、产值175亿元,同比分别下降1%和5%。受公海鱿鱼资源大幅度波动影响,鱿鱼钓产量、产值同比分别下降23%和22%。金枪鱼资源较为平稳,产量、产值稳中有增,同比分别增长7%和3%。公海拖网、围网作业平稳,产量、产值同比分别增长15%、3%。秋刀鱼产量、产值均与上年持平。大型拖网加工船产量、产值分别增长22%和33%,其中南极磷虾产量3万吨。

3.过洋性渔业产量小幅下降 入渔他国专属经济区海域的过洋性渔业项目共28个,作业渔船数量1 112艘,同比减少25艘;产量68万吨、产值69亿元,同比分别下降8%、12%。亚洲项目遇到的困难进一步加剧,产量15万吨、产值12亿元,同比分别下降21%、37%。受部分亚洲入渔项目停滞影响,一些渔船继续向非洲国家转移,非洲项目作业船数达到历史最高,产量50万吨,产值50亿元,均与2018年持平。南美洲项目产量3万吨,产值7亿元,同比分别下降50%和30%。

【主要工作】

1.加强政策研究与制度建设,强化产业发展保障 一是加强政策规划研究。启动编制《“十四五”全国远洋渔业发展规划》工作,在初步总结“十三五”规划实施情况的基础上,组织召开“十四五”规划编制调研座谈及启动会,征集“十四五”发展思路和措施,委托专家开展“十四五”规划编制、经济运行分析等前期研究工作。二是加快推动《远洋渔业管理规定》修订。按程序在司法部网站征求意见,并根据征求意见情况进行完善,形成了《远洋渔业管理规定(修订草案)》、修订说明及条文对照表,提请农业农村部常务会议审议。修订重点主要是接轨国际管理规则、强化涉外安全管理、加大违规处罚力度、梳理行政审批流程。三是试行开展远洋渔业履约评价工作办法。为提高远洋渔业企业履约能力,促进远洋渔业规范有序高质量发展,组织研究拟定远洋渔业企业履约评估办法,目的是充分发挥经济杠杆调节作用,通过正向激励、反向倒逼,引导企业完善管理制度，严格执行监管措施，切实提高履约能力，避免发生违规行为。

2.持续强化监督管理，促进产业规范化发展 一是推进完善现代化远洋渔业管理措施。研究制定公海渔船电子渔捞日志管理办法，推动企业试点建立远洋渔船远程视频监控系统；扩大科学观察员招聘范围，加强招聘选拔和培训工作，逐步建立职业化科学观察员制度；联合外交部将各区域组织 IUU 渔船名单转发各部门、各商港和渔港，推动港口布防，落实港口国措施。积极协调推动中国海警局开展公海执法，以有效打击非法捕捞，维护我远洋渔船合法权益。二是突出加强远洋渔船船位监测管理。为适应国内外渔业管理形势要求，进一步强化远洋渔船监管，履行国际义务，对 2014 年发布的《远洋渔船船位监测管理办法》进行修订，主要是增加地方渔业部门职责、提高渔船报位频率、减少手动报位天数、增加渔船越界预警功能，特别是将远洋渔船报位频率提高到 1 小时 1 次，这是全球渔船监控的最高水平。三是继续以“零容忍”态度严厉打击各种非法捕捞行为，坚持“有报必查、查实必处、处则必严”的原则，对有关方面反映的所有涉及我远洋渔船违规线索进行调查处理。2019 年以来，共发出调查函 20 余份，发出 4 份处理通报，依法对涉嫌违规的 33 家企业、85 艘渔船和主要责任人提出处理意见。积极应对“华翔 801”“震远渔 819”等涉外事件，均已妥善处理。

3.持续强化支撑保障，促进产业可持续发展

一是以鱿鱼产业为抓手，研究推进公海鱿鱼产业可持续发展。委托专家研究建立并发布中国远洋鱿鱼发展指数，组织召开远洋鱿钓 30 周年纪念大会及研讨会，推动开展国际鱿鱼民间组织对话。深入研究拟定鱿鱼产业可持续发展政策措施并报农业农村部领导批准，推动提升我国鱿鱼产业竞争力和发展质量，促进全球鱿鱼产业可持续发展。二是组织开展远洋渔业资源探捕和海外基地建设。经专家评审，组织 4 家企业所属 4 艘渔船和中国水产科学研究院东海水产研究所资源调查船实施 2019 年远洋渔业资源探捕工作；支持福建省启动建设福州国家远洋渔业基地，初步同意 3 家企业启动建设远洋渔业海外基地，提高我远洋渔船后勤保障能力。派出 2 艘渔船实施南极磷虾捕捞，生产作业情况良好。三是积极研究协调解决企业面临困难。组织专家对部分企业更新改造主捕鲨鱼渔船、引进外籍渔船、新增公海渔船以及调整渔船参数范围等政策的解释和适用问题进行专题论证，妥善解决企业长期面临的困难，积极推进远洋渔业转型升级。

4.持续推进对外合作，改善产业发展国际环境

一是加强双边入渔合作。配合召开中国-南太平洋岛国农业部长会议、渔业合作论坛和远洋渔业企业座谈会，农业农村部部长韩长赋出席并签署楠迪宣言、中国瓦努阿图渔业合作备忘录。加强沟通协调，推动我国与巴布亚新几内亚签署渔业合作备忘录。推动与伊朗、莫桑比克、桑给巴尔合作，研究解决入渔企业遇到的困难。顺利召开中国阿根廷渔业分委会，就双方关心问题进行磋商并达成共识。配合落实塞拉利昂、圣多美和普林西比、萨摩亚等有关国际发展合作项目。二是加强多边渔业合作。组织开展我国加入的南太平洋区域渔业管理委员会、北太平洋渔业委员会、印度洋金枪鱼委员会、东太平洋金枪鱼委员会、养护大西洋金枪鱼委员会、中西部太平洋渔业委员会、南极海洋生物资源养护委员会等 7 个区域渔业管理组织履约事务，根据区域组织要求进行渔船注册、船位监控、产量统计、数据报送、观察员派遣、违规处理、科学研究等大量日常工作。积极参与区域组织各类会议谈判磋商，维护我远洋渔业合法权益，逐步提高我参与和履约能力。配合做好加入南印度洋渔业协定、港口国措施协定批约等工作。

水产品加工业

【概况】 截至 2019 年年底，我国拥有水产加工企业 9 323个，其中规模以上加工企业 2 570 个。水产品加工能力 2 888.2 万吨/年，水产加工品总量达 2 171.4 万吨，其中淡水加工产品 395.3 万吨、海水加工产品 1 776.1万吨。

2019 年 4 月，指导国家水产品加工技术研发中心在厦门组织召开国家水产品加工技术研发体系技术交流会，同期发布了《水产品绿色加工技术目录》。研发体系成立了由朱蓓薇院士任主任委员，19 名国内知名专家组成的专家委员会。完成国家水产品加工技术研发体系简讯汇编 2 期。

支持中国水产流通与加工协会牵头组织召开中国水产加工大会，为产学研各方开展对接和交流提供平台。开展水产品加工景气指数采集试点，完成 2019 年水产品加工业景气报告，为产业发展提供战略分析与规划依据。组织开展养殖河豚加工企业审核和养殖河豚加工企业运营情况调查。

水产品市场运行

受水产养殖产量持续增加和进口快速增长等因素影响，2019 年全国水产品市场交易量增价跌，交易价格稳中有降、保持低位，为稳定居民消费价格指数起到了重要作用。

【水产品市场价格总体稳中有降】 据可对比的47家水产品批发市场成交情况统计，2019年全国累计成交水产品1 069.37万吨，同比增长1.43%，成交额2 255.01亿元，同比下降0.48%。据对全国80家水产品批发市场成交情况统计，水产品综合平均价格总体下行，同比下降1.44%，达到23.14元/千克。在监测的49个品种中，20个品种价格下跌，占比40.8%，其中，蛙、紫菜、中华绒螯蟹和扇贝等跌幅在10%以上水平；有20个品种价格上涨，占比40.8%，其中，只有蓝圆鲹和田螺价格同比上涨幅度超过10%；9个品种价格稳定，涨跌幅度在1%以内(表1)。总体来看，价格下跌品种与价格上涨品种的数量持平，但下跌幅度均超过上涨幅度，导致价格总水平呈明显下行趋势。

表1 2019年涨跌幅度较大的品种

品种	均价(元/千克)	同比增减(%)
蓝圆鲹	12.44	10.32
虾蛄	80.45	8.80
牡蛎	17.15	8.28
田螺	9.65	7.63
黄颡鱼	26.47	6.85
带鱼	29.28	6.43
黄鳝	60.16	5.95
青虾	119.71	5.18
罗非鱼	15.89	4.96
青蟹	144.91	4.59
蛙	14.18	−28.57
紫菜	75.88	−12.98
中华绒螯蟹	99.10	−12.03
贻贝	4.85	−11.81
扇贝	41.68	−8.93
草鱼	11.84	−8.58
鲍鱼	142.04	−7.40
乌鳢	21.37	−7.08
小黄鱼	71.04	−6.44
克氏原螯虾	58.72	−6.25

与其他肉禽、蛋产品和食品大类的居民消费价格比较，水产品价格波动极其平稳。与上年同期相比，价格波幅基本在2%以内，特别是7月之后，全部稳定在1%左右，足见水产品对稳定“菜篮子”价格水平起到重要的支撑作用，同时也反映出水产品市场呈现“旺市不旺”的反常状态(图1)。

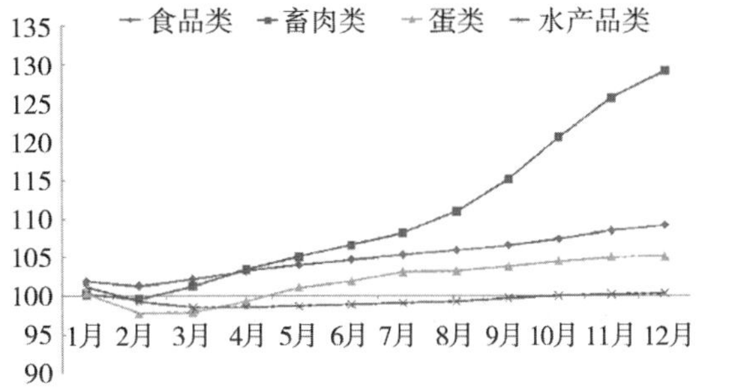

图1 2019年食品大类、肉禽、蛋及水产品居民消费价格指数(上年同期=100)

【淡水产品对价格总水平下降起到主要作用】 2019年，淡水产品综合平均价15.56元/千克，同比下跌3.92%，对价格总水平贡献率为107.5%；海水产品综合平均价42.67元/千克，与上年度基本持平，对价格总水平贡献率为−7.5%。在八大类监测品种中，海水藻类价格下降，海水甲壳类价格上涨，海水贝类、海水鱼类和海水头足类产品价格总体稳定；淡水产品的所有大类，淡水鱼类、淡水甲壳类和淡水其他类价格产品均同比下跌(表2、图2)。

表2 各品类涨跌幅度及对价格总水平的贡献率

	同比涨跌幅(%)	对价格总水平的贡献率(%)
水产品总体	−1.44	
海水产品	0.32	−7.5
海水鱼类	−0.40	2.7
海水甲壳类	2.22	−23.0
海水贝类	−0.70	6.3
海水头足类	−0.30	0.3
海水藻类	−5.83	6.2
淡水产品	−3.92	107.5
淡水鱼类	−2.15	40.0
淡水甲壳类	−7.09	60.7
淡水其他类	−6.40	6.7

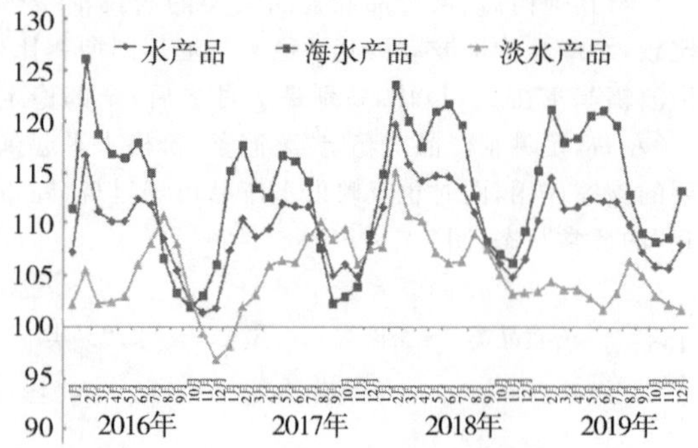

图 2 2016—2019 年水产品价格指数
（2015 年为基期）

【海水产品价格上涨品种略多于下跌品种】 在 29 个监测海水品种中，有 12 个品种价格上涨和 10 个品种下跌，分别占比 41.4%和 34.5%，7 个品种与上年同期基本持平。海水鱼类、海水贝类和海水头足类产品价格基本稳定，同比分别下跌 0.40%、0.70%和 0.30%；海水甲壳类价格同比上涨 2.22%；海水藻类价格下跌，同比跌幅达到 5.83%（图 3）。

1.海水鱼类价格持平略跌 海水鱼类价格总体稳定。从具体品种变化来看，监测的 10 个海水鱼品种中，小黄鱼（71.04 元/千克）、大黄鱼（35.03 元/千克）、银鲳（112.10 元/千克）和鲐鱼（7.00 元/千克）价格同比下跌幅度分别为 6.44%、5.65%、3.63%和 2.82%，马鲛鱼（36.44 元/千克）价格与上年基本持平，蓝圆鲹（12.44元/千克）、带鱼（29.28 元/千克）、大菱鲆（53.73元/千克）、海鳗（41.10 元/千克）和马面鲀（30.86 元/千克）价格同比分别上涨 10.32%、6.43%、3.74%、3.65%和 1.21%。从涨跌品种数来看，价格上涨的海水鱼品种占到一半，但受小黄鱼、银鲳等高价值品种跌幅较大影响，海水鱼类价格总水平持平略跌（图 4）。

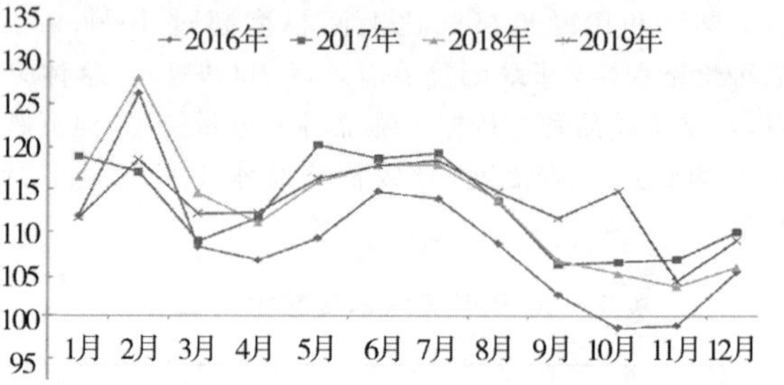

图 4 2016—2019 年海水鱼类价格指数
（2015 年为基期）

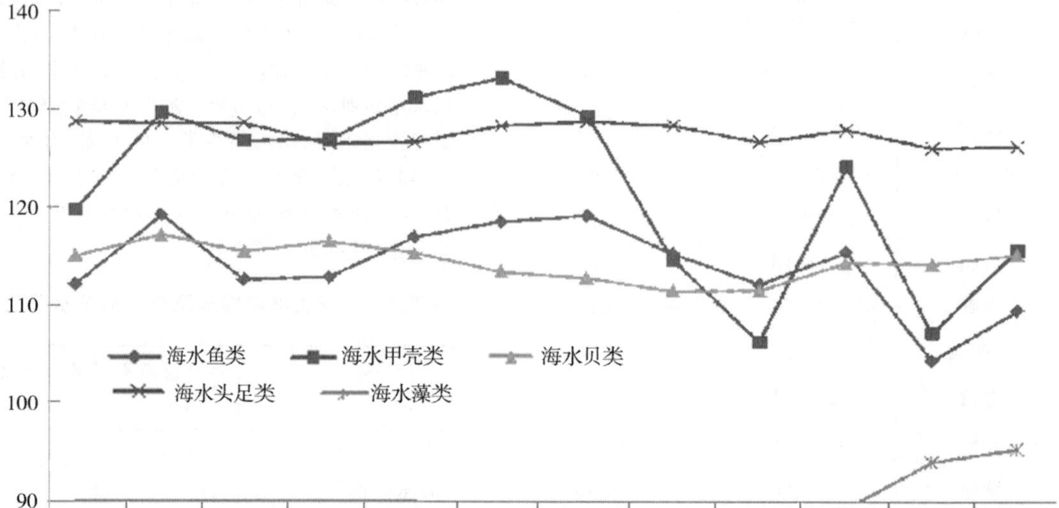

	1月	2月	3月	4月	5月	6月	7月	8月	9月	10月	11月	12月
海水鱼类	111.8	118.9	112.3	112.5	116.6	118.2	118.8	114.9	111.8	115.1	104.2	109.2
海水甲壳类	119.4	129.2	126.3	126.4	130.7	132.7	128.8	114.3	106.1	123.8	106.9	115.3
海水贝类	114.7	116.9	115.1	116.2	115.0	113.1	112.5	111.2	111.2	114.0	113.9	114.8
海水头足类	128.2	128.0	128.0	126.0	126.2	127.8	128.3	127.8	126.2	127.4	125.6	125.7
海水藻类	90.0	90.0	90.0	90.0	90.0	88.48	88.31	88.3	88.5	89.3	93.9	95.3

图 3 2019 年海水类产品价格指数（2015 年为基期）

2.海水甲壳类价格稳中有涨　海水甲壳类品种总体稳中有涨，一定程度上提振了水产品价格总水平。虾类产品方面，2019 年受天气、苗种等多重因素影响，南美白对虾中途发病较多，产量低，南美白对虾(71.96 元/千克)价格同比上涨 3.72%；虾蛄(80.45 元/千克)涨幅明显，同比上涨幅度达到 8.80%，是涨幅最高的海水甲壳类品种；斑节对虾(190.54 元/千克)价格同比下跌 1.70%，鹰爪虾(44.68 元/千克)价格同比上涨 2.17%，日本对虾(244.35 元/千克)价格与 2018 年同期基本持平。蟹类产品方面，青蟹(144.91元/千克)价格涨幅较高，同比上涨 4.59%，梭子蟹(153.91 元/千克)和花蟹(150.53 元/千克)价格与上年基本持平(图 5)。

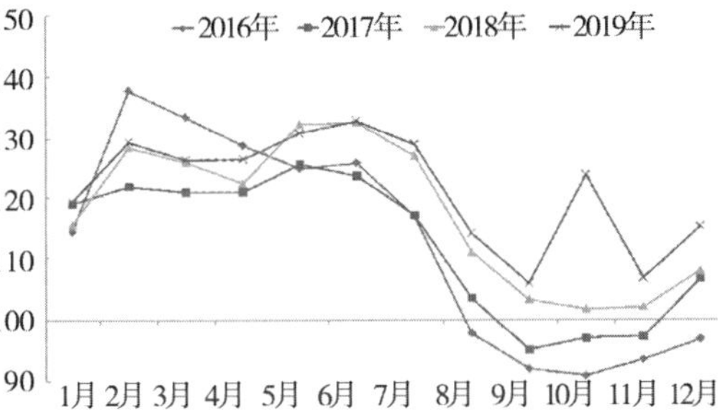

图 5　2016—2019 年海水甲壳类价格指数
(2015 年为基期)

3.海水贝类和海水头足类价格持平略跌　海水贝类价格持平略跌。分品种看，海水贝类产品涨跌参半，监测的 6 个贝类品种中，鲍鱼(142.04 元/千克)、贻贝(4.85 元/千克)和扇贝(41.68 元/千克)价格同比下跌幅度均超过 7%；牡蛎(17.15 元/千克)、蛏(27.53 元/千克)和杂色蛤(14.70 元/千克)价格同比上涨幅度均超过 3%(图 6)。

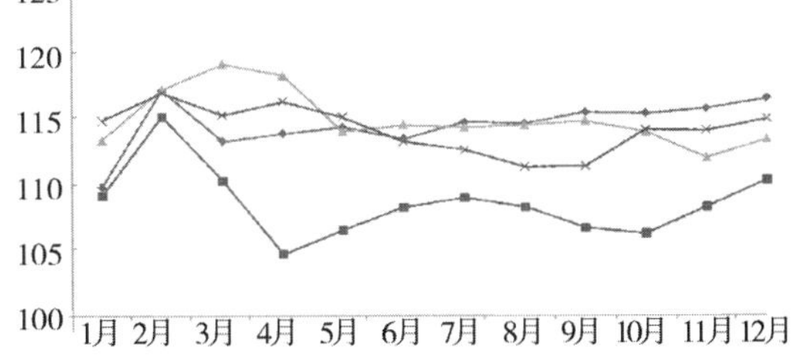

图 6　2016—2019 年海水贝类价格指数
(2015 年为基期)

海水头足类产品持平略跌，对价格总水平贡献率为 0.3%。海蜇(39.07 元/千克)和鱿鱼(34.05 元/千克)价格与上年同期基本持平。墨鱼(35.68 元/千克)价格同比下跌 2.22%(图 7)。

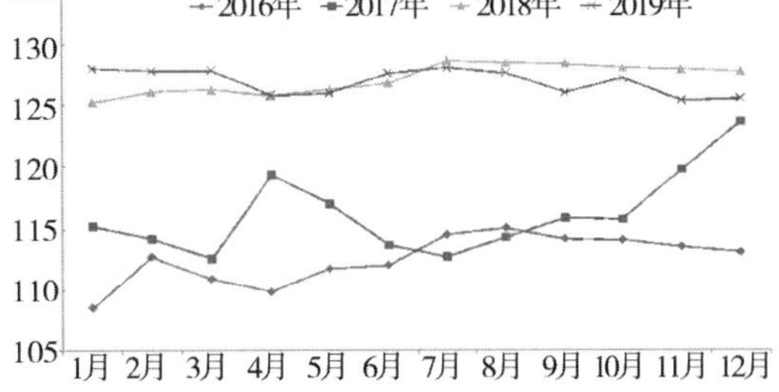

图 7　2016—2019 年海水头足类价格指数
(2015 年为基期)

4.海水藻类价格大幅下跌　受紫菜价格大幅下跌影响，海水藻类价格同比跌幅较大，同比下降53.8%。海带价格(7.05 元/千克)与上年同期基本持平，紫菜(75.88 元/千克)价格同比下跌 12.98%(图 8)。

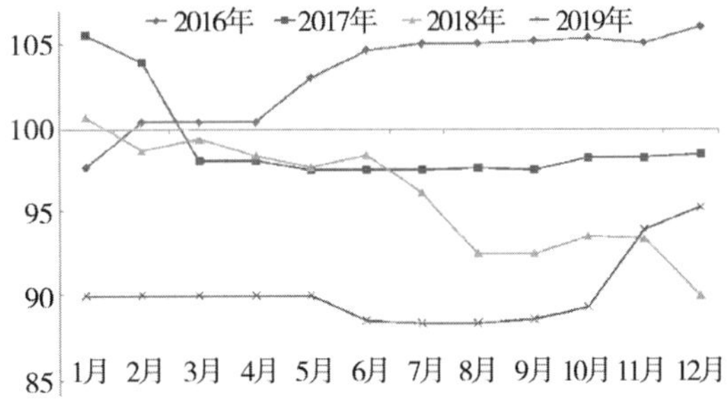

图 8　2016—2019 年海水藻类价格指数
(2015 年为基期)

【淡水产品三大类监测品种价格全面下跌】　监测的 20 个淡水品种中，半数品种价格下跌，8 个品种价格上涨，2 个品种与上年同期基本持平。按类别分，淡水鱼类价格、淡水甲壳类和淡水其他类产品价格全面下跌，同比跌幅分别为 2.15%、7.09%和 6.40%(图 9)。

1.淡水鱼类价格持续低迷　2019 年淡水鱼行情持续低迷，6 月之后价格略有回升，但成鱼陆续上市后价格逐渐回落。整体而言，与往年相比，仍处于较低水平。据价格权重测算，淡水鱼类对水产品价格总水平的贡献率达到 40.0%，是拉低水产品价格总水平的重要因素。14 个淡水鱼监测品种里有 6 种淡水鱼价格下挫，且跌幅都较大。其中，草鱼(11.84 元/千克)价格跌幅最大，同比下跌超过 8%；鳙鱼(13.22 元/千克)和乌鳢(21.37 元/千克)价格跌幅较大，同比下跌分别达到 3.45%和 7.08%；鲢鱼(6.86 元/千克)、鲫鱼(13.98元/

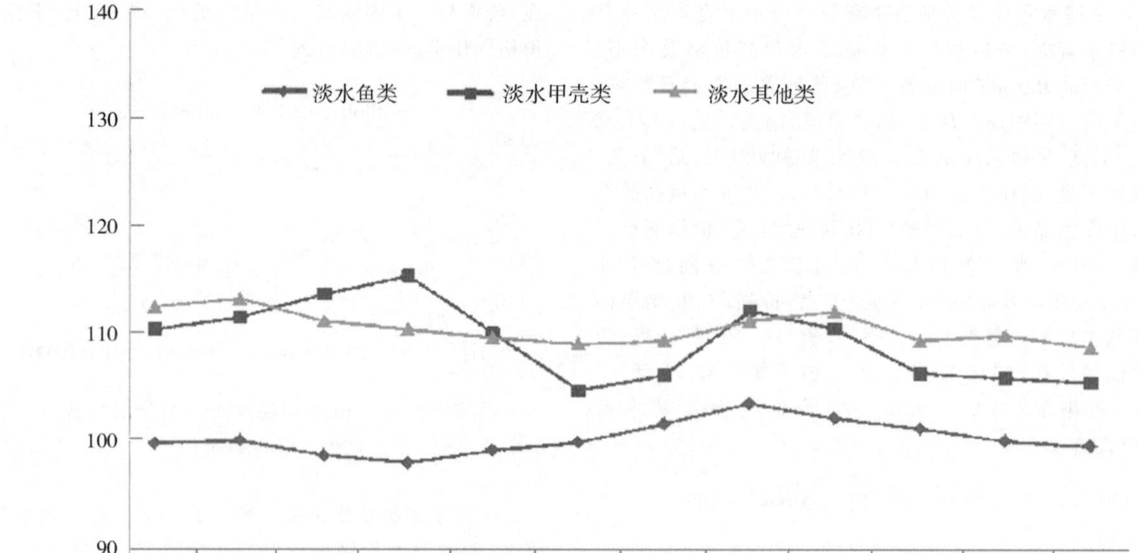

	1月	2月	3月	4月	5月	6月	7月	8月	9月	10月	11月	12月
淡水鱼类	99.8	100.1	98.7	98.0	99.1	99.9	101.7	103.5	102.2	101.2	100.1	99.6
淡水甲壳类	110.4	111.5	113.7	115.4	110.1	104.7	106.2	112.1	110.5	106.3	105.9	105.5
淡水其他类	112.5	113.2	111.1	110.4	109.6	109.1	109.3	111.2	112.0	109.4	109.8	108.7

图 9　2019 年淡水类产品价格指数(2015 年为基期)

千克)和鲤鱼(11.13 元/千克)价格小幅下跌,同比分别下跌 1.86%、1.65%和 2.11%。鳜鱼(70.74 元/千克)和鲈鱼(28.31 元/千克)价格与上年同期基本持平。罗非鱼(15.89元/千克)、黄鳝(60.16 元/千克)和黄颡鱼(26.47 元/千克)价格涨幅较大,同比分别上涨4.96%、5.95%和 6.85%。鳊鲂(16.25 元/千克)和虹鳟(38.63 元/千克)价格小幅上涨,同比分别上涨1.81%和1.71%(图 10)。

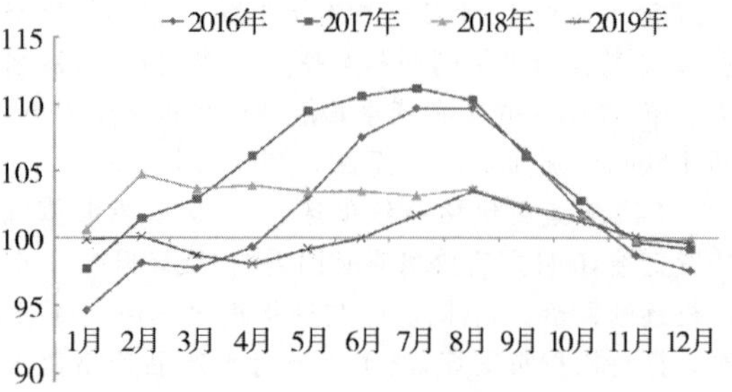

图 10　2016—2019 年淡水鱼价格指数
(2015 年为基期)

2.淡水甲壳类和淡水其他类价格大幅下跌　淡水甲壳类价格同比下跌 7.09%,依据价格权重测算,对价格总水平的贡献率为60.7%,对水产品价格总水平贡献率最高,是拉低水产品价格总水平的重要因素。淡水其他类产品价格同比下跌 6.40%。其中,蛙(14.18 元/千克)和中华绒螯蟹(99.10 元/千克)下跌幅度很大,同比分别下跌 28.57%和 12.03%。克氏原螯虾(58.72 元/千克)、甲鱼(56.60 元/千克)价格跌幅较大,分别为 6.25%和 5.28%。罗氏沼虾(67.57 元/千克)、青虾(119.71 元/千克)和田螺(9.65 元/千克)价格上涨,同比涨幅分别为 3.65%、5.18%和7.63%。由于中华绒螯蟹、甲鱼和克氏原螯虾所占权重较大,这几类产品价格的大幅下跌,直接拉低了淡水甲壳类和淡水其他类产品的价格总水平(图 11)。

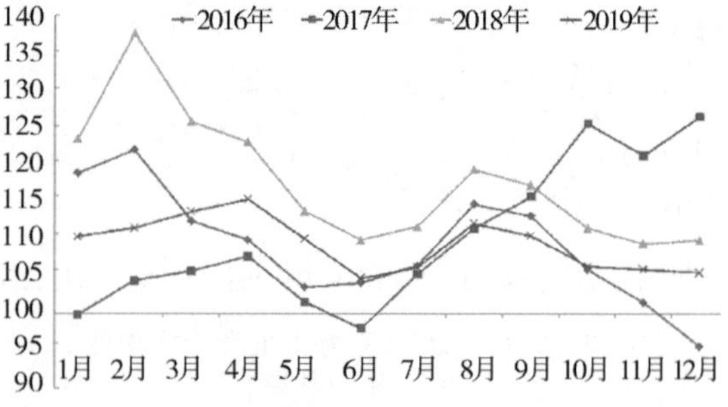

图 11　2016—2019 年淡水甲壳类价格指数
(2015 年为基期)

【市场价格变化的原因】 2019年水产品市场供给总体较为充足，在肉禽价格大幅上升的背景下，水产品价格却持续低迷。具体分析，主要有以下三方面原因。

一是宏观经济方面。经济、贸易环境的变化对水产品特别是大宗产品造成影响。在国内外经济下行压力较大、贸易保护主义抬头的复杂环境下，水产业面临的风险挑战不断增多。中美贸易谈判的曲折历程和数次反复变化对水产品出口造成冲击，也间接影响到国内水产品市场。而进口关税的持续走低又加快了国外产品对国内产品的替代，国内水产品市场受到进、出口贸易双向挤压。

二是供给方面。市场供给相对充足，这是鱼价较低的根本原因。首先，价格低迷、成本上升导致养殖户惜售心理严重，存塘比例一直处于高位。2017年淡水鱼类价格走高，造成2018年养殖户养殖热情高涨，加大了投苗量，增加了市场供应，价格相应回落甚至低迷。此外，近年来，在环保高压态势、农村产权制度改革和村集体经济发展压力下，部分地区塘租上涨，饲料企业、养殖户成本大幅增加。在价格低迷、成本上升的"两板挤压"下，淡水鱼等水产品价格徘徊在成本线边缘，养殖户惜售心理严重，存塘比例居高不下。其次，大宗品种养殖技术的成熟保障了水产品供给能力。近年来，虽然政府不断加大环境保护力度，收紧禁(限)养政策，对水产养殖规模扩大形成阻力。但由于水产品高效、精养技术不断改进，水产品存活率和养殖效率相应上升，一定程度上弥补了规模下降带来的产量损失，水产品供给能力仍有稳定保障。最后，跟风养殖和政策引导造成部分品种短期内供应量大幅增加。例如，小龙虾是近年来消费市场的爆品，养殖规模也急速膨胀，2011—2018年产量年均增长率高达19%。随着稻渔综合种养技术的推广，稻田养虾面积仍在持续扩张。

三是消费方面。加工技术发展跟不上消费需求变化。随着生活节奏的加快，消费者的偏好越来越从活鱼转为易于烹调的半成品，市场对带刺的鲜活大宗品种的消费能力逐步下降。巴沙鱼、鳕鱼等低值进口无肌间刺白肉鱼也对国内淡水鱼消费产生替代效应。此外，同样受消费偏好制约，猪肉供应减少对肉蛋类产品的价格利好明显优于水产品。

水产品进出口贸易

据中国海关统计，2019年我国水产品进出口总量1 053.31万吨，进出口总额393.59亿美元，同比分别增长10.28%和5.42%，进出口总量、总额均创历史新高。其中，水产品出口量额双降，进口量额双增，全年贸易顺差19.57亿美元，同比收窄55.93亿美元(74.09%)。

【出口情况】 2019年水产品出口量426.79万吨，同比减少1.38%，出口额206.58亿美元，同比减少7.96%。

1.一般贸易出口量额双减 2019年水产品一般贸易出口量305.12万吨，出口额148.82亿美元，同比分别减少1.13%和9.84%。一般贸易仍是出口的主要方式，分别占全部出口量额的71.49%和72.04%。头足类、对虾、罗非鱼、贝类等是一般贸易主要出口品种(表1)。

表1 一般贸易主要出口品种

出口品种	占一般贸易出口额比例(%)	2019年		同比增减(%)	
		数量(万吨)	金额(亿美元)	数量(万吨)	金额(亿美元)
头足类	20.74	45.78	30.87	−9.07	−7.98
对虾	9.70	12.16	14.43	−24.51	−26.13
罗非鱼	8.63	43.62	12.84	−2.19	−7.08
贝类	7.15	21.03	10.65	−3.00	−12.18
鳗鱼	6.69	4.46	9.95	−3.80	−11.96
金枪鱼	4.85	15.34	7.22	26.26	14.24
鲭鱼	4.82	34.03	7.18	6.49	8.08
蟹类	2.91	5.06	4.33	−18.66	−45.18
藻类	2.80	7.21	4.17	−0.57	−15.82
大黄鱼	1.94	3.79	2.88	−2.83	0.48
淡水小龙虾	1.12	1.49	1.67	36.53	−11.80

2.来(进)料加工贸易出口量额双减 2019年我国来(进)料加工贸易出口量104.83万吨，出口额54.96亿美元，同比分别减少1.11%和1.47%，主要品种包括鳕鱼、比目鱼和鱿鱼等。细分来看，进料加工出口量84.34万吨，出口额40.82亿美元，同比分别减少2.79%和4.18%。来料加工出口量20.49万吨，出口额14.15亿美元，同比分别增长6.48%和7.30%，出口额占来(进)料加工总额比例为25.75%。

3.主要出口市场总体稳定，对美、对台等出口明显减少 前七大出口市场为日本、东盟、欧盟、美国、韩国、中国香港和中国台湾。对日本、东盟、欧盟的水产品出口量同比分别增长5.41%、2.03%和9.13%；对美国、韩国、中国香港、中国台湾的出口有不同程度减少，出口量分别减少 18.72%、4.69%、4.56% 和 16.17%（表 2）。

表 2 主要出口市场

出口市场	数量（万吨）	同比增减（%）	金额（亿美元）	同比增减（%）
日本	64.37	5.41	39.34	−2.94
东盟	61.79	2.03	29.28	5.73
欧盟	60.64	9.13	26.68	5.38
美国	45.64	−18.72	25.03	−27.01
韩国	51.48	−4.69	17.41	−8.58
中国香港	17.56	−4.56	15.45	−12.39
中国台湾	11.96	−16.17	13.96	−28.20

4.出口区域布局基本稳定 福建、山东、广东、辽宁、浙江、海南等沿海省份仍是我国水产品主要出口区，出口量额之和分别占全国水产品出口总量额的 99.34%和 98.59%。福建和山东继续分别位居主要出口省份水产品出口额和出口量排名首位。内陆省份中，吉林、江西和湖北依旧位列出口额前三。受淡水小龙虾出口增长影响，湖北全年水产品出口量同比增长 66.51%（表 3）。

表 3 主要出口省份

地区	数量（万吨）	同比增减（%）	占出口总量（%）	金额（亿美元）	同比增减（%）	占出口总额（%）
沿海						
福建	87.06	−4.34	20.40	55.51	−12.93	26.87
山东	114.29	3.55	26.78	51.27	−0.65	24.82
广东	57.81	−4.32	13.54	32.05	−10.65	15.51
辽宁	83.94	−1.76	19.67	29.31	−5.87	14.19
浙江	48.49	−3.21	11.36	18.93	−8.92	9.17
海南	15.79	8.86	3.70	4.83	6.66	2.34
江苏	4.67	−15.19	1.09	3.65	−24.91	1.77
河北	2.85	−10.08	0.67	2.40	−8.06	1.16
广西	4.19	−1.08	0.98	1.92	−5.61	0.93
内陆						
吉林	3.13	6.24	0.73	1.38	5.96	0.67
江西	0.61	−21.74	0.14	1.36	−36.62	0.66
湖北	1.14	66.51	0.27	1.05	10.64	0.51

（续）

【进口情况】 2019 年我国水产品进口量 626.52 万吨，进口额 187.01 亿美元，同比分别增长 19.94% 和 25.57%。

1.在进口结构方面，食用水产品进口大增，鱼粉进口有所下降 来（进）料加工原料进口量 112.52 万吨，进口额 27.64 亿美元，同比分别减少 1.15%和3.65%。鱼粉进口有所下降，进口量 141.87 万吨，进口额 19.70 亿美元，同比分别减少 2.88%和 11.30%。其他以一般贸易方式进口（主要供国内食用）产品进口量 265.64 万吨，进口额 117.90 亿美元，同比分别增长65.63%和 53.07%。其他方式（边境小额贸易、保税区仓储等）进口量 106.50 万吨，进口额 21.77 亿美元，同比分别增长 4.34%和 3.62%。

2.在进口来源地方面，大多实现量额双增 各主产国纷纷布局中国市场，自印度和厄瓜多尔进口额同比分别增长 210.02%和 261.09%；自东盟进口量额同比分别增长 39.02%和 38.95%，其中越南增幅最大（59.78%和 56.53%）；自俄罗斯进口量额同比分别增长 6.91%和 3.22%（表 4）。

表 4 主要进口国家和地区

国家和地区	占进口总额比例（%）	2019 年		同比增减（%）	
		数量（万吨）	金额（亿美元）	数量（万吨）	金额（亿美元）
东盟：	16.35	117.15	30.57	39.02	38.95
越南	6.12	50.88	11.45	59.78	56.53
印度尼西亚	4.49	38.87	8.40	11.35	15.21
俄罗斯	12.24	124.15	22.88	6.91	3.22

（续）

国家和地区	占进口总额比例(%)	2019年		同比增减(%)	
		数量（万吨）	金额（亿美元）	数量（万吨）	金额（亿美元）
厄瓜多尔	10.31	37.46	19.28	247.17	261.09
秘 鲁	8.11	93.53	15.17	5.58	2.46
印 度	6.65	33.17	12.44	144.39	210.02
加拿大	6.08	13.57	11.37	14.04	12.18
美 国	5.65	39.04	10.57	−11.82	−25.72
智 利	4.18	18.28	7.81	−8.57	9.01
澳大利亚	4.15	2.37	7.76	35.31	14.09
挪 威	3.75	18.18	7.01	3.43	19.28

国际交流与合作

【概况】 2019年，渔业国际交流合作工作围绕贯彻党的十九大精神，以服务渔业转型升级和农业对外合作为目标，以维护我国渔业权益和周边稳定为重点，全面加强周边、双边和多边渔业合作，不断开创新局面，取得积极成效。

【稳定周边秩序，在周边协定谈判中突出维护权益】

1.做好《中韩渔业协定》谈判、执行及相关工作 一是组织做好协定实施工作。为落实第18届中韩渔业联合委员会(以下简称中韩渔委会)年会纪要，及时组织协调有关省份渔业部门做好渔船入渔组织和管理工作，指导中国渔业协会，按照新的入渔作业程序和规则，重点做好渔船进出水域通报、渔获物报告、渔船避风以及保证金缴纳等工作，保障入渔工作顺利开展。2019年入韩渔船作业秩序总体稳定并继续好转，总体违规率和严重违规率双双下降，特别是严重违规大幅下降，且未出现暴力抗法及重大涉外事件，得到各方肯定。二是举办中韩渔业高级别会谈和联合增殖放流。2019年6月25日召开了第九届中韩渔业高级别会谈，对《中韩渔业协定》执行、黄海渔业资源养护、国际渔业立场协调等议题进行了沟通，并签署了会议纪要。三是筹备并完成第19届中韩渔委会谈判工作。根据双方商定，筹备并召开了第19届中韩渔委会第一次和第二次筹备会，并参加中韩海洋生物资源专家组第十六届会议和2019年度中韩渔业执法工作会谈，为顺利举行中韩渔委会年会奠定了坚实基础。农业农村部渔业渔政管理局有关负责同志率团出席关键会议，以维护国家利益、外交大局和渔民权益为宗旨，统筹兼顾、把握大局、据理力争，与韩方进行了艰苦会谈，最终就入渔规模和捕捞配额达成共识，并签署了会议纪要。

2.做好《中越北部湾渔业协定》到期后相关工作 2019年上半年，中国越南双方分别举办协定实施总结评价活动，并积极磋商协定到期后北部湾渔业合作方式，双方达成一致意见。一是参加在越南举行的协定实施十五周年评价活动，并开展联合增殖放流。农业农村部副部长于康震在活动上致辞，产生良好反响。双方就“合作比不合作好、有机制比没机制好、继承发展比推倒重来好”这三点意见达成一致。二是举办《中越北部湾渔业协定》实施十五周年总结会议。农业农村部副部长于康震、越南农业与农村发展部副部长黎国营共同主持会议。双方认为，协定实施15年来，为沿湾经济发展和渔区社会稳定做出了重要贡献。会议发表了《〈中越北部湾渔业合作协定〉实施十五周年总结会联合声明》，一致同意积极推进在现有机制下尽快签订新的合作协议，并在达成新协议前，继续执行现行协定，采取切实措施继续维持在协定水域渔船作业规模和管理机制不变。三是参加中越有关海上合作磋商。参与外交部牵头与越方进行的海上共同开发磋商、湾口外海域划界磋商和低敏感领域合作相关磋商会谈，提供渔业相关材料和会谈口径。四是会同中央外事工作领导小组办公室、外交部、中国海警局和相关省份、中国水产科学研究院南海水产研究所开展协定后续谈判调研工作，积极协调越方将现有协定延期一年，保证我北部湾渔船顺利入渔。

3.做好中俄渔业合作混委会谈判及相关工作 一是筹备并召开第28次中俄渔业合作混合委员会会议。双方就黑龙江、乌苏里江两江渔业资源养护、海洋捕捞合作、实施打击IUU协议达成一致，并顺利签署会议纪要。同时，还参加了第五届国际北极论坛以及北极渔业圆桌会议，展示了中国负责任的渔业态度，并进一步密切了中俄渔业合作关系。二是统筹推进中俄渔业全面合作。会同黑龙江省组织举办2019年中俄边境水域联合增殖放流活动，协助俄方参加中国国际渔业博览会，推动中俄双边贸易合作。

4.做好《中日渔业协定》谈判、执行及相关工作 因日方提出苛刻条件，第18次中日渔业联合委员会(以下简称中日渔委会)磋商至今未果。中方对此高度重视，多次进行会商，召集各有关单位集中研究，呼吁从高层和外交层面加强交涉，切实维护国家渔业权益和渔民实际利益。

【加强双边合作，在服务外交大局中突出渔业特色】

1.继续推动中菲渔业合作 一是召开中国菲律宾渔业联合委员会第三次会议。会议高度评价了中菲渔业合作取得的成就，并就中方继续向菲方赠送东星斑等鱼苗、渔业技术培训和交流、南海渔业资源养护合作、渔业资源开发、水产品冷储加工和市场贸易、海洋藻类科技与产业合作、打击IUU捕捞、中菲南海问题磋商机制渔业事务工作组合作等内容进行了广泛深入交流，并签署了会议纪要。二是参加中菲南海问题双边磋商机制会议，并牵头与菲方开展渔业事务工作组会谈，就推进和深化合作交换意见，达成一致共识，共同推动中菲渔船相撞事件调查和后续处置工作。三是积极推动中菲企业间合作，协调支持菲律宾渔业与水生资源局组织国内水产龙头企业首次参加在青岛举办的中国国际渔业博览会，宣传菲律宾优质水产品，为推动中菲水产品贸易搭建平台。

2.全面推进中欧渔业合作 一是参加中国欧洲联盟第四次渔业高级别对话。双方交流了各自渔业政策最新发展情况，就落实中欧《蓝色伙伴宣言》、设立南极海洋保护区、打击IUU渔业活动、国际渔业治理等议题广泛深入交换意见。通过对话，双方深化理解和互信，为中欧渔业合作打下良好的基础。二是参加中欧打击IUU工作组第四次会议。双方交流了各自打击IUU渔业活动的政策措施和欧盟通报的中国远洋渔船违规调查处理等情况，并就中国输欧水产品合法性认证进行了研究和审议。通过交流，双方梳理了工作程序，共享了执法信息，密切了工作层的沟通联络。三是参加中国波兰渔业会谈。双方就水产养殖与气候变化、海水养殖技术与装备等渔业科技合作进行了交流，同意优先推进两国在渔业科技领域合作。四是推进中国挪威渔业合作。双方回顾了两国渔业合作历史，商定尽快修订签署部门间渔业合作备忘录，为两国渔业合作规划新的方向。五是积极推进中欧蓝色伙伴关系。参加中欧2019年蓝色海洋伙伴关系论坛，并作开幕式主旨发言和闭幕式总结发言。参加“可持续渔业的国际合作”专题会议，在会上介绍了我国渔业可持续发展、参与国际渔业治理和打击IUU渔业的情况，并代表该专题会议向大会报告讨论情况和下一步行动建议。

3.继续巩固并深化中美渔业对话机制 2019年8月，召开第四次中国美国双边渔业会谈。双方各自通报了国内渔业管理最新情况，就国际组织和区域性渔业组织框架下重点关切议题交换了意见，同意将中美海洋养护生物资源协调工作组纳入中美渔业对话机制，进一步推动中美渔业科技务实合作。双方还就海上执法合作、打击IUU捕捞和签署中美渔业合作备忘录深入交换了意见。

4.继续开展与大洋洲国家渔业合作 一是继续开展中国澳大利亚渔业对话。2019年11月，召开中澳双边渔业会谈第三次会议。双方就两国渔业管理体制、全球渔业治理、打击IUU措施、科技交流、区域渔业组织立场等议题广泛交换了意见。二是推进中国新西兰渔业合作。2019年11月，召开中国新西兰双边渔业会谈第三次会议。双方就打击IUU措施、海鸟保护、渔业补贴改革、区域渔业组织、国内和国际市场发展等议题广泛交换了意见。

5.首次启动中马渔业技术工作组会谈 2019年10月，召开中国马来西亚渔业技术工作组会谈，商定工作组职责范围，并就共同打击IUU渔业，推进水产养殖合作交换意见，会后签署了会议纪要。

【加强多边合作，在参与国际渔业治理中突出中国声音】

1.多方位参与国际渔业治理规则顶层设计 全力维护我国渔业利益，先后参加联合国国家管辖海域外海洋生物多样性协定(BBNJ)谈判、预防中北冰洋不管制公海渔业协定会谈、联合国大会可持续渔业决议磋商，并与外交部、驻联合国使团等加强协调沟通，在磋商中表达我国立场和重要关切。协调办理农业农村部渔业渔政管理局领导和专家参加联合国粮食及农业组织亚太渔委会会议，发出中国声音，推动形成公平合理、可持续的国际渔业治理机制。

2.做好《南印度洋渔业协定》相关工作 一是组织协调加入南印度洋渔业委员会有关事宜。我国于2019年10月23日成为《南印度洋渔业协定》缔约方，将进一步加强我国与印度洋相关国家和地区多边合作，拓展和维护我国在南印度洋的渔业利益和发展权利，确保我国渔船在协定水域合法生产。二是以观察员身份参加南印度洋渔业组织第6次缔约方大会，积极做好相关方工作。

3.参加有关国际渔业会议 派员参加亚太经合组织(APEC)海洋渔业工作组(OFWG)第13次会议。会议审议通过了《APEC打击IUU渔业路线图》和《APEC预防海洋垃圾路线图》，将作为会议成果列入2019年粮食安全部长会议声明。派员参加东盟峰会可持续渔业发展研讨会并做专题发言，着重介绍了中国自改革开放以来以科技为基础的渔业发展成就和管理政策，特别是科技在支撑渔业政策制定、水产养殖业发展、水生生物资源保护、休(禁)渔制度、资源养护与增殖等方面的成效与经验。派员积极参加南太平洋渔业管理委员会年会，会同外交部条法司、远洋处和有关单位认真研究制定与会方案，会议期间积极参加大会和会间双边谈判，引导会议走向。

4.组织筹备第四届全球水产养殖大会 会同上海海洋大学、全国水产技术推广总站、中国水产学会多次就会议筹备工作进行专题研究，并与联合国粮食及农业组织、农业农村部国际合作司等有关部门进行了反复沟通和多次协商，确定会议方案。

此外，根据工作需要，继续为我国参与的国际渔业组织申报会费与捐款预算并做好缴纳工作。

【加强归口管理，在保障渔业发展大局中突出统筹服务】 重点是根据工作需要，申报出国团组计划，继续积极争取出国经费和指标，服务我国渔业发展大局。召开渔业国际联席交流会，统筹渔业系统国际合作工作，形成整体合力，做好归口管理和服务工作。

休闲渔业

【概况】 2019年，我国全年休闲渔业产值达943.18亿元，占我国渔业经济总产值的3.57%，占涉渔第三产业产值的12.45%，同比增长12.34%，增幅有所回落。其中，休闲垂钓及采集业营业额约284.16亿元，同比增长8.53%；旅游导向型休闲渔业营业额约446.16亿元，同比增长24.19%；观赏鱼产业产值约85.19亿元，同比降低6.35%，休闲钓具、钓饵、观赏鱼渔药及水族设备等营业额约122.59亿元，同比增长7.59%。2019年休闲渔业经营主体、从业人员和游客接待数量快速增长，全国休闲渔业经营主体达134 101个，同比增长8.19%，全国接待游客2.74亿人次，同比增长5.44%，游客人均消费达344.83元。2019年休闲渔业进出口贸易额约2.59亿元。其中，进口额约0.34亿元，占总量的13.06%；出口额约2.25亿元，占总量的86.94%。

一是休闲渔业领域不断拓展。随着城乡居民日益多样的文化、旅游、休闲、体验等消费需求，我国休闲渔业领域也在不断拓展。2019年4月，农业农村部办公厅发布《关于规范稻渔综合种养产业发展的通知》，要求各地加强支持引导，推动三产融合发展，促进稻渔综合种养与美食餐饮、特色民宿、渔事体验、休闲垂钓和科普教育等旅游业态充分融合，提升稻渔综合种养经济效益和产业竞争力。同年12月，农业农村部、生态环境部、国家林业和草原局联合发布《关于推进大水面生态渔业发展的指导意见》，提出要围绕高质量发展目标，提升水产品品质，实施品牌战略，提高质量效益；要发挥大水面渔业优势特点，大力发展精深加工和休闲渔业，推进一二三产业融合发展，不断延伸产业链，提升价值链。

二是都市渔业的社会关注度不断提高。都市渔业是传统渔业的升级与扩展，其中一个重要内容就是发展休闲渔业，包括垂钓、饮食文化、旅游观光、民俗风情、观赏鱼养殖等。目前，在我国沿海及内陆经济发展相对较快的大城市及周边地区，都市现代渔业的发展初见端倪，各类休闲渔业展会层出不穷。据不完全统计，2019年我国各类休闲渔业展会近50场，其中休闲垂钓相关展会近40场。由全国水产技术推广总站联合北京市农业农村局、故宫博物院、劳动人民文化宫等单位主办的宫廷金鱼展，让更多人认识、了解了国粹金鱼的发展历史与文化传承，体现了都市渔业城市服务功能与休闲展示功能，在业内引起较大反响。

三是休闲渔业规划布局日趋规范。发展休闲渔业是渔业转型升级的重要推手，是促进渔民转产转业有效增收的重要手段，也是实现渔村振兴的重要举措。2019年1月，农业农村部等10部门联合发布的《关于加快推进水产养殖业绿色发展的若干意见》提出，要"完善利益联结机制，推动养殖、加工、流通、休闲服务等一二三产业相互融合、协调发展""推动传统水产养殖场生态化、休闲化改造，发展休闲观光渔业。"2019年，海南省印发《海南省休闲渔业发展规划(2019—2025年)》，广东省也已启动休闲渔业发展规划编制。政府部门引导政策的制定将为休闲渔业发展提供支撑，为我国休闲渔业规模的进一步扩大提供动力。

渔 业 管 理

渔业法制建设

2019年，各级渔业主管部门和渔政监督管理机构紧紧围绕实施乡村振兴战略，积极推动修改《中华人民共和国渔业法》(以下简称《渔业法》)，持续完善渔业法律法规相关制度，为渔业绿色高质量发展提供有力法治保障。

1.加快推进《中华人民共和国渔业法》修改进程 2019年，在农业农村部渔业法修改工作领导小组的领导下，农业农村部渔业渔政管理局加快推动渔业法修改工作。经深入调查研究、广泛征求意见，完成了《中华人民共和国渔业法(修订草案征求意见稿)》。2019年3月和8月，农业农村部分别向中央机构编制委员会办公室、交通运输部等20个相关部委和社会公众征求了意见，并根据相关意见进行了修改完善。12月27日，农业农村部常务会议审议通过了《中华人民共和国渔业法(修订草案送审稿)》。该修订草案增补了水产种质资源管理、国际渔业合作、海洋渔业权益保护、涉渔“三无”船舶清理、海洋牧场建设、渔获物合法性追溯、渔业安全生产、行政强制措施、失信联合惩戒等规定，完善了法律责任类型，根据经济社会发展水平，大幅提高了处罚限额，强化了法律的可操作性、可执行性和震慑性。

2.配合做好全国人大常委会《渔业法》执法检查 2019年7月，全国人大常委会专门组成检查组，对《渔业法》开展执法检查。这是自1986年《渔业法》颁布实施以来，全国人大常委会首次对该法开展执法检查。执法检查组由全国人大常委会副委员长曹建明、吉炳轩、万鄂湘、武维华担任组长，成员包括全国人大常委会委员、农业农村委组成人员、部分全国人大代表共29人。8月26日，执法检查组召开第一次全体会议，部署检查工作，听取农业农村部、国家发展和改革委员会、财政部、交通运输部、中国海警局关于贯彻实施《渔业法》有关情况的汇报，公安部、自然资源部、生态环境部、海关总署等部门提供书面汇报材料。9—10月，4位副委员长带队，赴天津、辽宁、上海、浙江、福建、山东、湖北、海南8省(直辖市)开展执法检查；同时，委托河北、江苏、安徽、江西、湖南、广东、广西7省(自治区)人大常委会对本行政区域内法律实施情况进行检查。11月22日，执法检查组召开第二次全体会议，总结工作、讨论报告。12月24日，十三届全国人大常委会第十五次会议第二次全体会议在北京召开，全国人大常委会副委员长武维华做全国人大常委会执法检查组关于检查《中华人民共和国渔业法》实施情况的报告。

执法检查期间，农业农村部渔业渔政管理局配合检查方案制定、推荐讲解专家，局领导派员全程参加执法检查。

3.配合做好涉渔法律的立法协调工作 全国人大常委会法律工作委员会、全国人大环资委等委员会和司法部等立法部门先后就《武装警察法》《海警法》《海上交通安全法》《生物安全法》《长江保护法》等涉渔法律制(修)订草案送农业农村部征求意见。就其中涉及渔业的相关条款与相关部门进行了立法协调。

渔业标准化

【基础工作】

1.完善标准体系建设 围绕渔业绿色发展积极组织开展调研和标准体系研究。重点围绕海洋牧场建设与管理、大水面生态渔业、深远海养殖、稻渔综合种养等开展调研。在此基础上，组织全国水产标准化技术委员会及各分技术委员会开展了2019年水产国家标准的遴选和2020年水产行业标准立项项目的推荐工作。

2.加强渔业标准化队伍建设 2019年，组织召开了全国水产标准化技术委员会年会和8个分技术委员会及水生动物防疫标准化工作组会议。为提高标准制(修)订水平，组织编写了水产标准化知识培训教材，举办了水产标准起草人员培训班。

【水产标准制(修)订】 围绕渔业工作重点积极组织开展标准立项推荐和标准审查工作。2019 年下达立项计划 85 项,其中水产国家标准 5 项、行业标准 80 项。对已送审标准及时组织审定。组织召开了 9 次标准审定会,审定标准 44 项,其中,审定国家标准 5 项、行业标准 39 项。制(修)订了大水面增养殖容量计算方法、渔业船载天通卫星终端技术规范以及水生生物病害防治等标准,为行业管理和产业发展提供了有力支撑。

【技术性贸易措施通报评议(官方评议)】 持续组织开展 WTO/TBT－SPS 技术性贸易措施通报评议,对收到的 93 项通报进行了初评,并对其中 30 项重要通报进行了深入评议,对外提出 18 项评议意见,对内提出 18 项预警建议。评议意见全部被 WTO/TBT－SPS 国家咨询中心农业农村部联系点采纳,有 9 条对外评议意见被中国 WTO/SPS 国家通报咨询中心采纳报出。

【国际交流合作】 2019 年 7 月派专家参加了在瑞士召开的国际食品法典委员会(CAC)第 42 届大会,就水产品组胺议题研究提出相关建议。2019 年 11 月派员参加了在瑞士召开的 WTO/SPS 委员会第 76 次会议。举办水产品技术性贸易措施通报评议培训班,强化官方评议队伍能力建设。

【国家和行业标准目录】

2019 年发布的国家标准和行业标准目录

序号	标准号	标准名称
		一、国家标准
1	GB/T 37746—2019	草鱼呼肠孤病毒三重 RT－PCR 检测方法
2	GB/T 18108—2019	鲜海水鱼通则
		二、行业标准
1	SC/T 1137—2019	淡水养殖水质调节用微生物制剂质量与使用原则
2	SC/T 1139—2019	细鳞鲫
3	SC/T 1140—2019	莫桑比克罗非鱼
4	SC/T 1141—2019	尖吻鲈
5	SC/T 1142—2019	水产新品种生长性能测试　鱼类
6	SC/T 1143—2019	淡水珍珠蚌鱼混养技术规范
7	SC/T 2099—2019	牙鲆人工繁育技术规范
8	SC/T 2092—2019	脊尾白虾亲虾
9	SC/T 2093—2019	大泷六线鱼亲鱼和苗种
10	SC/T 2095—2019	大型藻类养殖容量评估技术规范　营养盐供需平衡法
11	SC/T 2096—2019	三疣梭子蟹人工繁育技术规范
12	SC/T 2097—2019	刺参人工繁育技术规范
13	SC/T 2098—2019	裙带菜人工繁育技术规范
14	SC/T 9433—2019	水产种质资源描述通用要求
15	SC/T 9434—2019	水生生物增殖放流技术规范　金乌贼
16	SC/T 9435—2019	水产养殖环境(水体、底泥)中孔雀石绿的测定　高效液相色谱法
17	SC/T 7002.15—2019	渔船用电子设备环境试验条件和方法温度冲击

（续）

序号	标准号	标准名称
18	SC/T 3053—2019	水产品及其制品中虾青素含量的测定　高效液相色谱法
19	SC/T 3110—2019	冻虾仁
20	SC/T 3124—2019	鲜、冻养殖河豚鱼
21	SC/T 3213—2019	干裙带菜叶
22	SC/T 7016.13—2019	鱼类细胞系　第13部分:鲫细胞系(CAR)
23	SC/T 7016.14—2019	鱼类细胞系　第14部分:锦鲤吻端细胞系(KS)
24	SC/T 7229—2019	鲤浮肿病诊断规程
25	SC/T 4046—2019	渔用超高分子量聚乙烯网线通用技术条件
26	SC/T 4047—2019	海水养殖用扇贝笼通用技术要求
27	SC/T 4050.1—2019	拖网渔具通用技术要求　第1部分:网衣
28	SC/T 4050.2—2019	拖网渔具通用技术要求　第2部分:浮子
29	SC/T 5108—2019	锦鲤售卖场条件
30	SC/T 7228—2019	传染性肌坏死病诊断规程
31	SC/T 7230—2019	贝类包纳米虫病诊断规程
32	SC/T 7231—2019	贝类折光马尔太虫病诊断规程
33	SC/T 5709—2019	金鱼分级水泡眼
34	SC/T 6017—2019	水车式增氧机
35	SC/T 6093—2019	工厂化循环水养殖车间设计规范
36	SC/T 4048.1—2019	深水网箱通用技术要求　第1部分:框架系统
37	SC/T 4049—2019	超高分子量聚乙烯网片绞捻型
38	SC/T 6137—2019	养殖渔情信息采集规范
39	SC/T 3211—2019	盐渍裙带菜
40	SC/T 9429—2019	淡水渔业资源调查规范　河流
41	SC/T 9430—2019	水生生物增殖放流技术规范　鳜
42	SC/T 9431—2019	水生生物增殖放流技术规范　拟穴青蟹
43	SC/T 9432—2019	水生生物增殖放流技术规范　海蜇

渔业安全生产与渔港监督管理

【渔业安全生产】 2019年,农业农村部和地方各级渔业主管部门深入贯彻党中央、国务院关于安全生产的重要部署,不断加大工作力度,采取有力措施,狠抓责任落实,渔业安全生产总体稳定。

一是强化工作部署,推动责任落实。2019年年初,组织召开视频会议,对全年渔业安全生产工作进行总体部署。同时,还对庆祝中华人民共和国成立70周年、伏休、防台、开渔等重要时间节点的安保工作进行专题部署。组织召开渔船渔港综合管理改革现场会,在浙江省台州市开辟"依港管船管人管安全"的综合管理改革试验田,落实驻港监管,推进实施"港长制",全面提升了渔业管理能力和治理水平。印发渔业安全生产工作指导文件,从提高防范意识、狠抓责任落实、堵塞监管漏洞等10个方面细化政策措施,提出明确要求,压实渔业安全生产属地管理责任、行业"三管三必须"监管责任和船东船长主体责任,严防渔船"带病"出海作业。

二是实化能力建设,提升防范水平。组织开展渔业安全生产业务轮训,共举办5期专题培训班,240余名基层主管领导、业务骨干和新入职人员参加了培训并通过相关考核。还组织举办了首届全国渔业安全技能大比武活动,来自全国各地的23支队伍、200余名选手参加了活动,达到了以赛促学、提升能力的目的。创新了船员培训、考试和发证方式,并通过全国统一的管理系统核发了66.7万本新版证书,同时还争取落实了远洋渔业船员个人所得税新增减税3.5亿元。开展渔业无线电规章制度制(修)订,部署开展渔业无线电专项整治,逐步实现"一船、一码、一设备"目标。渔业"人防物防技防"的能力和水平得到了很大提升。

三是细化日常监管,消除安全隐患。组织开展"安全生产月"、渔船渔港和消防安全专项执法检查、渔业安全生产大排查大整治,派出8个工作组开展交叉督导检查,深入开展渔船险情事故督查督办,及时通报、提醒、约谈相关责任人,及时消除了渔业安全生产重大隐患,确保了渔业安全形势总体稳定。

四是深化部门合作,增强风险保障。继续和相关部门深化完善商渔船安全工作会商机制,着力化解海上商渔船碰撞风险,认真落实国家海上搜救和溢油应急处置部际联席会议部署,共同开展"走进搜救一线"专题调研和联合搜救演习,建立完善海洋气象灾害预警预报信息共享机制,及时为渔民提供气象预警和避险信息服务,切实保障渔民群众生命财产安全。同时,全国渔业系统常年坚持24小时应急值守,强化应急救援。2019年各地渔业部门共组织参与救助的渔政船123艘次、渔船1 250艘次,救助渔业海难险情事故1 046起、救起渔民8 048人、渔船1 093艘,挽回经济损失5.79亿元。还专门落实海难救助资金1 554万元,对1 189艘(次)渔船、渔政船予以适当补助,进一步提升了渔船渔民自救互救的主动性和积极性。组织召开渔业互保事业发展25周年座谈会,形成了渔业互助保险系统体制改革工作方案。

【渔港监督管理】 2019年,我国渔港综合管理改革工作稳步推进,实施了进出港报告制度,启动了渔获物定点上岸渔港申报工作,开展了渔港环境综合整治,召开了渔船渔港综合管理改革现场会,渔港管理改革工作顺利推进。

1.实施渔船进出渔港报告制度 1月21日,印发《农业农村部关于施行渔船进出渔港报告制度的通告》,加强渔船进出渔港管理,落实安全生产主体责任,启动实施渔船进出渔港报告制度及配套报告程序,要求自2019年8月1日起,进出我国渔港的大中型(船长12米及以上)海洋渔业船舶施行进出渔港报告制度。同时,农业农村部渔业渔政管理局组织开发了渔船进出渔港报告系统并自2019年3月1日起上线运行,对省级及重点地(市)级渔业主管部门进行政策宣传及系统操作培训,并要求各级渔业主管部门组织引导渔民主动下载渔船进出渔港报告系统,开展渔民教育培训活动。

2.启动渔获物定点上岸渔港申报工作 3月25日,印发《农业农村部关于组织开展渔获物定点上岸渔港申报工作的通知》,明确渔获物定点上岸渔港申报工作自2019年开始,2021年年底前完成,采取各地自主申报、农业农村部组织评审认定公布的方式进行,评审通过后农业农村部正式公布渔获物定点上岸渔港名录。研究制定渔获物定点上岸渔港申报审查标准,推动实施渔获物定点上岸制度,强化捕捞产出管理,推进渔业高质量发展。召开渔获物可追溯和合法性标签研讨会,邀请电商、渔港、市场、加工企业、行业协会等一道研究如何推进渔获物可追溯以及合法性标签认证工作。

3.召开了渔船渔港综合管理改革现场会 2019年4月,农业农村部在浙江省台州市召开渔船渔港综合管理改革现场会,于康震副部长出席并讲话,充分肯定了渔船渔港建设和综合管理改革取得的成绩,全面总结了试点经验,指出要进一步深化渔船渔港综合管理改革:一是加快渔港现代化建设步伐,建立渔港建设工作协调机制,完善渔港建设布局,将渔港经济区打造成为渔村振兴增长极;二是不断健全渔港管理制度,明晰渔港所有权、使用权、管理权、经营权,促进渔港建、管、护的良性循环;三是深化渔船渔港管理机制改革,进一步优化渔业执法资源配置,探索试行渔港"港长制",推进驻港监管;四是坚持不懈抓好渔业安全生产,建立依站查港、定船守港、港海联动的执法机制。会上还交流研讨了国内外渔港管理典型案例,为推广台州试点成果，进一步深化渔船渔港综合管理改革，提供了国外先进的理念。

4.开展沿海渔港环境整治工作 按照《渤海综合治理攻坚战行动计划》部署要求，2019 年 7 月 22 日，印发《农业农村部办公厅关于做好渤海渔港环境综合整治和渔船污染防治工作的通知》，制定渔港认定和污染防治设施设备配备标准、渔港水域环境监测标准和水(陆)域环境评价标准，全面部署渤海渔港环境综合整治工作；在此基础上，制定了《沿海渔港环境监测评价规程(试行)》《沿海渔港水域环境监测评价技术规程(试行)》等一系列管理制度，组织沿海渔业主管部门和有关科研单位按照评价规程要求，启动了沿海二级及以上渔港的环境状况监测和评价工作，以强化对全国沿海渔港的管理，改善渔港环境状况。

渔业船舶水上安全事故及救助情况

【事故情况】 2019 年全国共发生渔业船舶(不含特殊船舶)水上安全事故 165 起、死亡(或失踪)170 人。其中：水上生产安全事故发生 150 起、死亡 118 人；水上交通事故 9 起(未按《统计规定》减半)、死亡 34 人；自然灾害事故发生 6 起、死亡 18 人。

1.按事故分类划分

(1)生产安全事故。生产安全事故发生 150 起、死亡 118 人，分别占全年水上安全事故总数的 90.91% 和 69.41%，沉船 36 艘。同比事故起数增加 5 起，死亡人数增加 14 人。

在生产安全事故中，触损 6 起、死亡 0 人；风损 3 起、死亡 0 人；火灾 26 起、死亡 9 人；机械损伤 25 起、死亡 16 人；碰撞 17 起、死亡 1 人；溺水 36 起、死亡 37 人；自沉 9 起、死亡 5 人；其他 28 起、死亡 50 人。2019 年各类生产安全事故所占比例与上年同期比较情况见图 1～图 4。

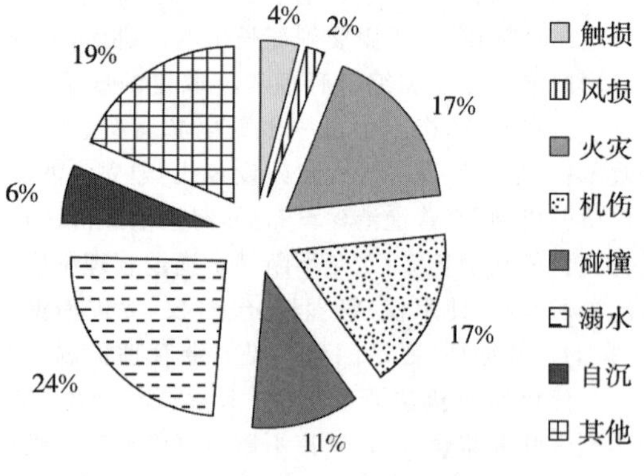

图 1 生产安全事故起数比例

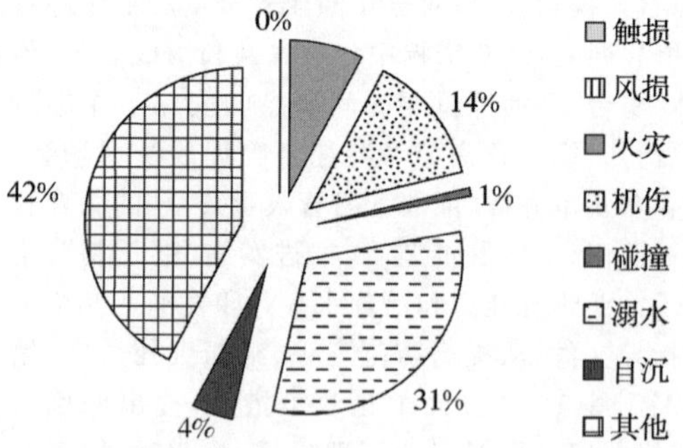

图 2 生产安全事故死亡人数比例

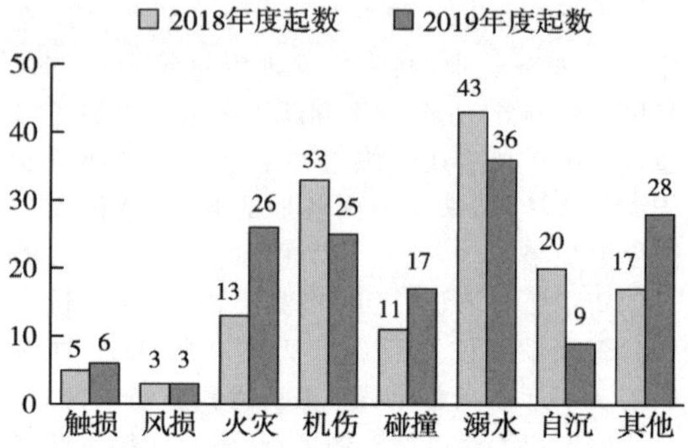

图 3 生产安全事故发生起数比较

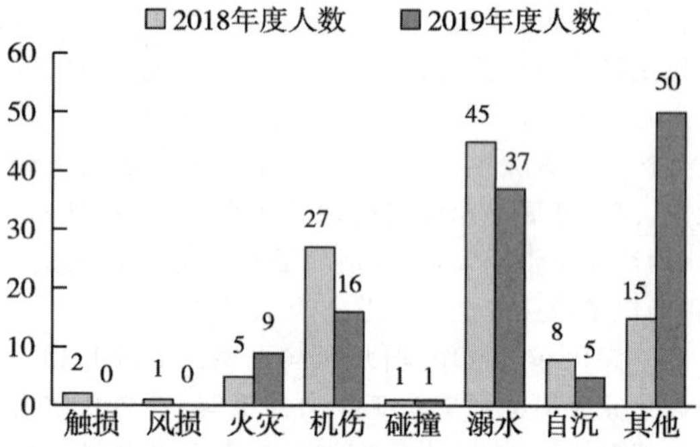

图 4 生产安全事故死亡人数比较

(2)水上交通事故。水上交通事故发生 9 起、死亡 34 人，分别占水上安全事故的 5.45% 和 20.00%，沉船 5 艘。同比事故减少 3 起、减少 11 人。

(3)自然灾害事故。自然灾害事故共发生 6 起、死亡 18 人，分别占水上安全事故的 3.64% 和 10.59%，沉船 5 艘。同比事故减少 12 起、死亡减少 42 人。其中，大风造成事故 5 起、死亡 18 人；其他原因造成事故 1 起，无人员伤亡。分别占自然灾害事故的 83.33%、100%，16.67%、0%。

2019 年事故分类与 2018 年比较和所占比例情况见图 5～图 8。

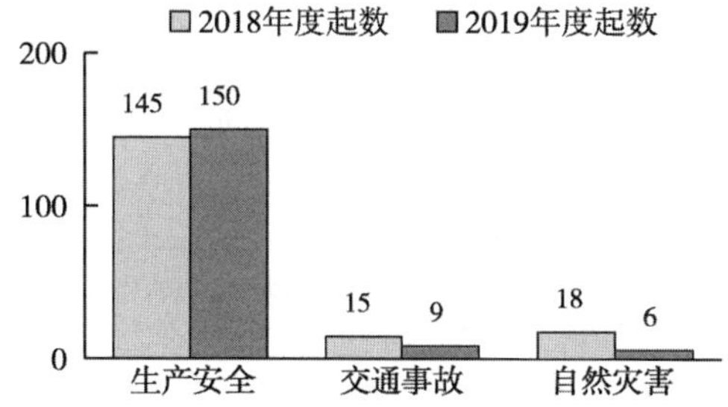

图 5　事故发生起数比较

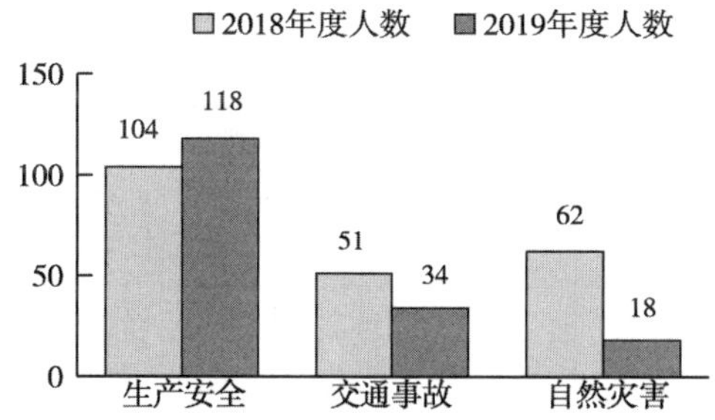

图 6　事故死亡人数比较

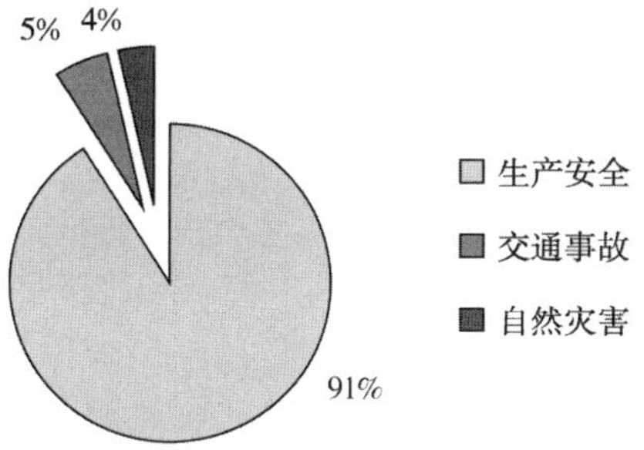

图 7　事故分类起数比例

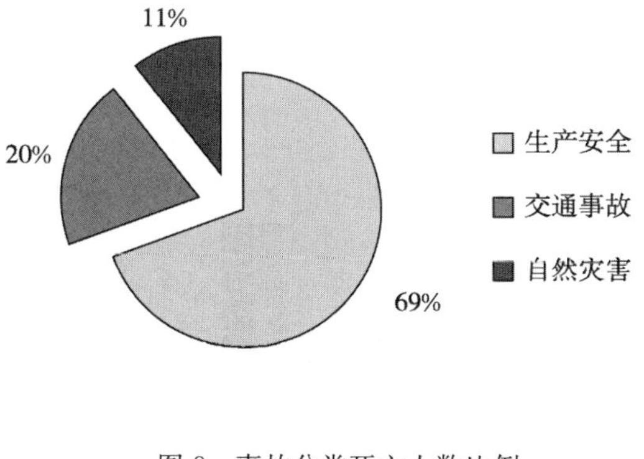

图 8　事故分类死亡人数比例

2.按事故等级划分

(1)一般事故。一般事故发生 149 起、死亡 85 人，分别占 2019 年事故总数的 90.30%和 50.00%。同比事故起数减少 10 起、死亡人数减少 26 人。

(2)较大事故。较大事故发生 16 起、死亡 85 人，分别占 2019 年事故总数的 9.70%和 50.00%。同比事故起数减少 1 起、死亡人数持平。

(3)重大事故。无重大事故发生。

(4)特别重大事故。无特别重大事故发生。

2019 年事故等级与上年比较和所占比例情况见图 9～图 12。

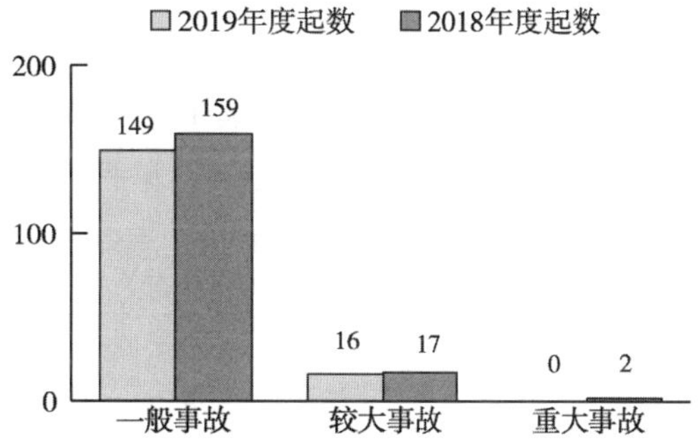

图 9　事故等级发生起数比较

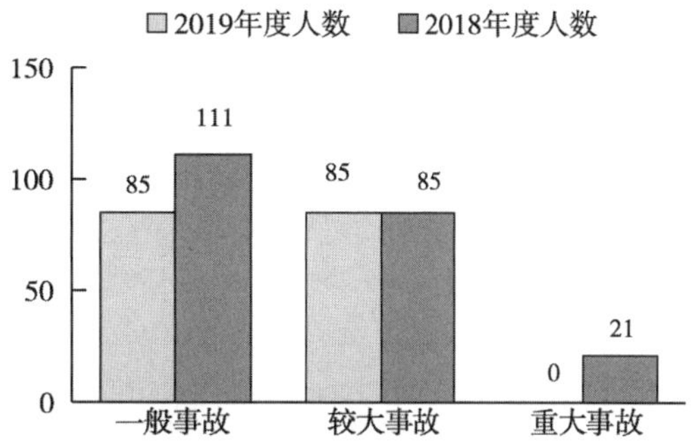

图 10　事故等级死亡人数比较

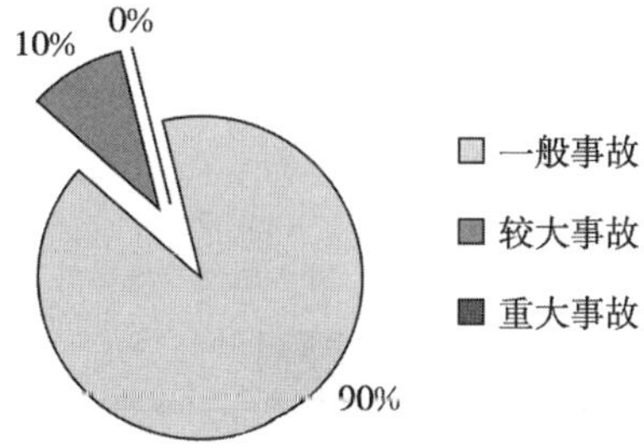

图 11　事故等级起数比例

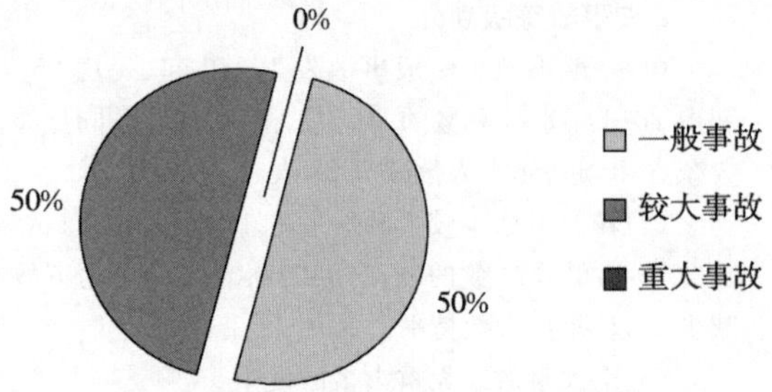

图 12 事故等级死亡人数比例

3.按照事故发生省份划分 2019 年度各省份渔业船舶水上安全事故发生情况如表 1。

【事故特点与原因】

1. 按事故类型分析

(1)生产安全事故最多。2019 年共发生 150 起，死亡 118 人，分别占事故总数的 90.91%和死亡人数的 69.41%(图 13 和图 14)。安全生产意识淡薄是造成生产安全事故的最大隐患，另外，违反安全操作规程也是安全事故的重要原因之一。

(2)溺水事故多发。溺水事故共发生 36 起，死亡 37 人，分别占第二季度生产安全事故的 24.00%和 31.35%，死亡人数历年来一直占比较大。溺水事故多发主要与内陆劳务人员出海作业缺少专业培训，防范风险意识低，以及违章操作等因素有关。

表 1 2019 年度渔船水上安全事故汇总表

地区	事故总数		生产安全事故		水上交通事故		自然灾害事故	
	事故起数(起)	死亡人数(人)	事故起数(起)	死亡人数(人)	事故起数(起)	死亡人数(人)	事故起数(起)	死亡人数(人)
辽宁	39	56	31	23	2	15	6	18
河北	1	5	0	0	1	5	0	0
天津	1	0	0	0	1	0	0	0
山东	3	1	3	1	0	0	0	0
江苏	36	20	36	20	0	0	0	0
上海	2	1	2	1	0	0	0	0
浙江	39	54	38	49	1	5	0	0
福建	19	16	18	8	1	8	0	0
广东	8	4	8	4	0	0	0	0
广西	12	2	10	2	2	0	0	0
海南	5	11	4	10	1	1	0	0
合计	165	170	150	118	9	34	6	18

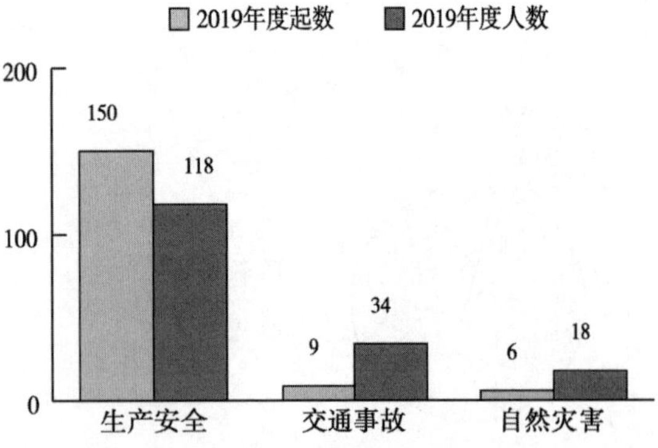

图 13 渔业安全事故

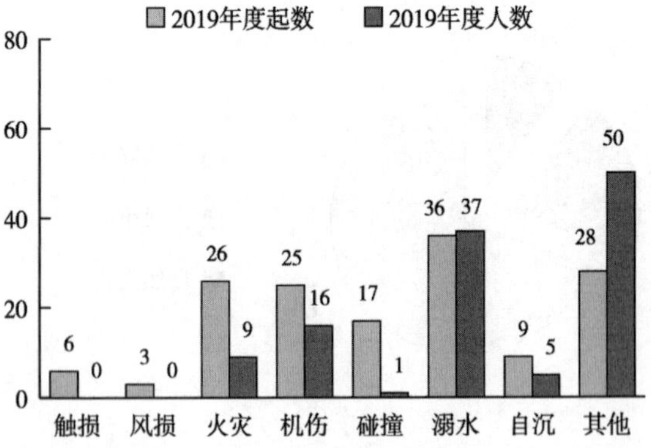

图 14 水上生产安全事故分类

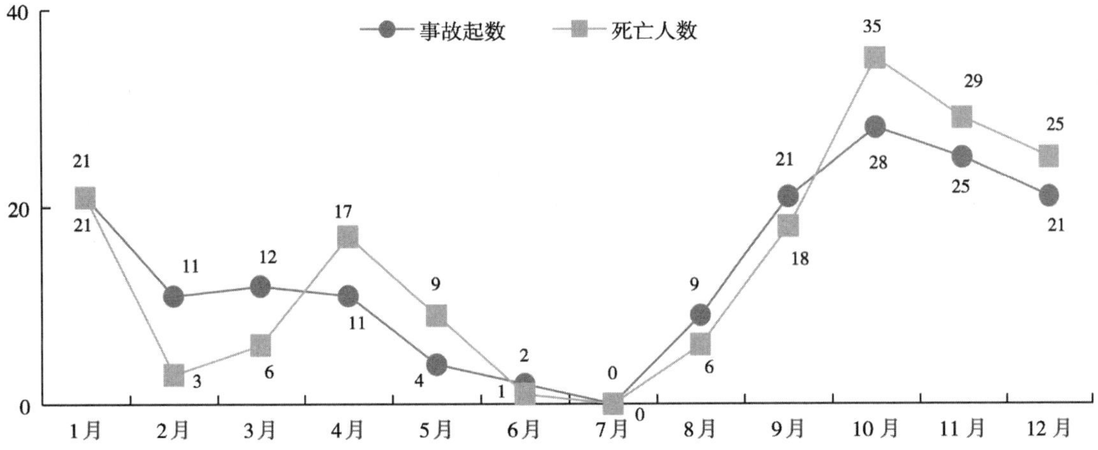

图 15　2019 年渔船水上安全事故时态分布

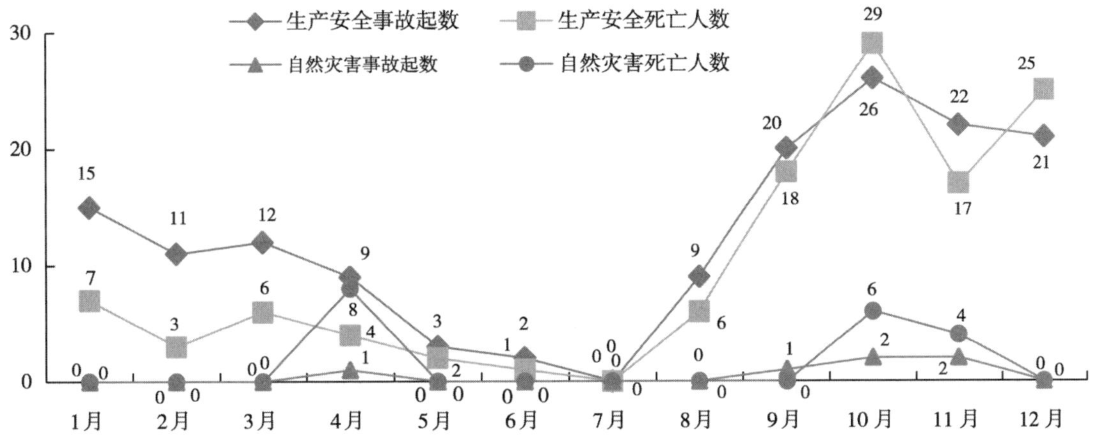

图 16　2019 年渔船生产安全事故、水上交通事故时态图

(3)自然灾害事故伤亡严重。自然灾害事故发生6起，死亡18人，沉船5艘，平均每起事故导致3人死亡，而且自然灾害事故导致的沉船率也比较高，其中由于大风导致的事故占83.33%。自然灾害具有突发性和不可预测性，但自然灾害事故的伤亡和损失也与船员的出海经验和航海技能等人员的综合素质有一定的关系。

2.按事故发生时态分析　2019 年渔业船舶水上安全事故时态分布如图 15 所示，全年平均每月发生事故13.75起，死亡14.17人。10月事故最多，发生28起，7月事故最少，无事故发生；10月死亡人数最多，35人死亡，7月死亡人数最少，无人员死亡。上半年发生事故61起、死亡57人；下半年发生事故104起，死亡113人。下半年事故数量较上半年增长70.49%，死亡人数较上半年增长98.25%。

事故发生起数和死亡人数折线图走势基本吻合，其中1、9、10、12月4个月是事故高发的月份，伤亡人数较多。渔船生产安全事故和自然灾害事故发生时态趋势与以上折线趋势也有相似之处，见图16。

3.按捕捞渔船作业类型分析　刺网渔船发生事故64起、死亡55人，拖网渔船发生事故49起、死亡52人，分别占事故总数的38.79%、32.55%和29.70%、30.59%。刺网渔船和拖网渔船是捕捞渔船事故中发生事故数量和死亡人数最多的两种渔船，这主要与两种

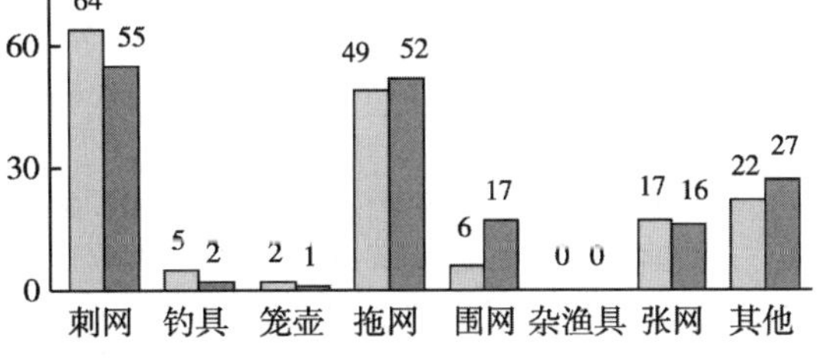

图 17　不同作业类型渔船事故起数及死亡人数

渔船的数量较多，基数较大有关(图 17)。

【渔业海难救助概况】 2019 年全国各级渔业行政主管部门及其渔政渔港监督管理机构共组织渔业救助 1 065起；渔业行政执法船艇参与救助 122 艘次，渔船参与 1 270 艘次；救助渔船 1 113 艘，救助渔民 8 207 人；实际投入救助费用 2 304.88 万元，挽回经济损失 57 933万元。2019 年渔业海难救助具体情况见表 2。

表 2 2019 年渔业海难救助情况表

地区	救助起数（起）	救起渔民（人）	救起渔船（艘）	调度救助船舶(艘)		投入救助费用（万元）	挽回经济损失（万元）
				公务船	渔船		
天津	2	6	3	0	3	0.50	40
河北	12	18	15	10	19	9.70	0
辽宁	27	119	15	15	76	86.00	4 685
山东	15	63	18	8	12	38.60	838
上海	11	67	11	4	8	13.30	660
江苏	30	130	34	16	23	125.50	3 706
浙江	868	7 114	919	42	938	1 797.58	30 791
福建	42	437	48	5	57	189.10	16 755
广东	16	52	12	15	17	20.20	0
广西	6	50	9	0	9	9.50	105
海南	36	151	29	7	108	14.90	353
全国总计	1 065	8 207	1 113	122	1 270	2 304.88	57 933

捕捞许可和渔船管理

1.海洋捕捞渔船数量压减任务提前完成 进一步推动各地渔业部门加大海洋捕捞渔民减船转产和渔船更新改造工作力度，配合财政部门审核下达 2019 年减船转产、报废拆解和更新改造油补资金，审核并提前下达 2020 年报废拆解和更新改造油补资金。11 月 1 日，在北京召开了海洋捕捞渔民减船转产和渔船更新改造研讨会，明确了 2020 年沿海各地海洋捕捞渔船更新改造资金分配和工作任务，要求各地统筹油补中央专项转移支付和一般性转移支付资金，并做好政策解读和解释工作，维护渔区社会稳定。截至 2019 年年底，“十三五”以来全国已累计拆解渔船 20 414 艘，提前一年完成“十三五”全国海洋捕捞渔船船数压减任务。

2.有序推进渔船管理改革 按照新修订的《渔业捕捞许可管理规定》要求，明确渔船分类分级分区管理，编制出版《〈渔业捕捞许可管理规定〉简要释义》，加强对《渔业捕捞许可管理规定》的宣传贯彻，同时组织有关专家对规定进行培训，加快推进渔船管理改革。印发《农业农村部办公厅关于进一步明确渔船和捕捞许可业务办理有关事项的通知》，明确船网工具指标批准书和捕捞许可证书办理的有关事项。组织开展休闲渔船管理制度研究，起草休闲渔船管理办法初稿并征求意见，为下一步办法出台做好前期准备工作。

3.进一步提升渔船管理信息化水平 开展全国海洋渔船动态管理和数据应用集中研讨，以信息化手段推动渔船渔港综合管理改革进程。在上海市和浙江省开展渔船管理“一网通办”试点，推行全国一体化在线服务和线上线下融合。上海市依托全流程一体化在线政务服务平台和线下办事窗口，整合公共数据资源，加强业务协同办理，优化政务服务流程，推动渔民群众办事线上一个总门户、一次登录、全网通办，实现与全国渔船动态管理系统的有效衔接，线下只进一扇门，最多跑一次。浙江省组织开发了“渔小二”自助办证系统，直接将自助终端设备投放到渔港渔村和渔业组织，渔民可直接在终端设备自助办理相关业务，打通了面向群众的“最后一公里”，实现了“不见面审批”“无纸化办公”，审批时间从原来的 20 天压缩到“即审即批”，极大缩减了审批办证时间，受到渔民群众的广泛欢迎。

4.积极推动海上渔业设施检验工作 根据农业农村部渔业渔政管理局“不忘初心、牢记使命”主题教育要求，积极推进海上渔业养殖设施纳入检验工作。加强与交通运输部海事局和中国船级社协调交流，就海上渔业养殖设施管理、分类、行业标准、法律依据，以及远洋渔船和养殖工船检验、渔船渔港污染防治、休闲渔船管理等达成初步共识。

5.优化南海渔业管理 按照有效维权和符合渔业资源承载能力的原则，对相关管理规定进行修订，明确新的管控思路，以进一步加强南海渔业生产管理，维护南海渔业正常生产秩序。指导地方加强渔民培训教育，加强专项许可和监督管理，加强渔船船位监控，做好资金审核和下拨，以及涉外事件应急处置，保持了南海渔业生产形势稳定。

6.完善港澳流动渔民管理机制 为进一步协调做好港澳流动渔船渔民管理和渔业发展工作，根据工作需要和机构改革实际情况，经国务院同意，将“农业部港澳流动渔民工作协调小组”调整为“港澳流动渔民工作协调小组”，对协调小组工作机制进行调整完善，并于6月5日在珠海召开新协调小组的首次工作会议，农业农村部副部长于康震和国务院港澳事务办公室副主任宋哲参会并做了讲话。根据会议要求，组织开展了《港澳流动渔船渔民管理规定》修订工作，以进一步加强对港澳流动渔船渔民的规范管理，养护和合理利用渔业资源，保障港澳流动渔民的合法权益。推动解决港澳流动渔船渔民存在的一些历史遗留问题及可持续发展诉求。

7.规范开展渔船审批工作 渔船和捕捞许可审批是一项涉及面广、任务量大、政策性强的工作，农业农村部始终秉持公平公正公开的原则，向广大渔民群众提供优质服务。据统计，全年共受理审核远洋渔船船网工具指标审批90件，涉及渔船203艘，审核办理《渔业船舶燃油污染损害民事责任保险或其他财务保证证书》457单，《渔业船舶残骸清除责任保险或其他财务保证证书》663单，制作《船上油污应急计划》305套。同时，贯彻落实全国深化“放管服”改革转变政府职能的要求，清理编制新的行政许可事项清单，建立行政许可事项档案，规范行政许可管理。

渔具管理

1.加强工作部署 2019年3月26日印发《农业农村部办公厅关于做好2019年违规渔具清理整治“清网”行动的通知》，要求各地对前期渔具管理工作认真总结，积极谋划，努力抓好2019年违规渔具清理整治工作。《通知》要求，各地要完善工作方案，明确工作措施和目标任务；加强法规制度宣传，营造良好的“清网”护渔氛围；因地制宜，完善管理制度，加快构建国家和地方渔具管理一体化机制；做好辖区内的执法检查，适时开展辖区内联合、交叉执法检查工作。

2.开展专项行动 违规渔具清理整治工作已经到了爬坡过坎的关键节点，按照“全覆盖、零容忍、严执法、抓重点、重实效”的总体要求，结合“中国渔政亮剑2019”系列专项执法行动开展“清网”行动，全面清理禁用渔具，开展渔具使用情况大检查，重点打击海洋主要捕捞作业方式拖网、张网网目尺寸违规行为；组织开展环渤海区违规渔具专项清理整治行动；强化源头和市场监管，努力做到执法关口前移，加强对渔具生产、经营和流通环节的管理，对海洋渔具的生产、经营、使用情况进行全面排查。2019年共清理违规渔具110.3万张（顶），自2013年开始累计清理违规渔具255万张（顶）。

3.推动改革创新 组织召开2次渔具专家委员会会议，对《全国海洋捕捞准用渔具目录（草案）》进行审议，研究准用渔具管理思路，明确准用渔具与限定渔具最小网目尺寸、渔具规格、渔具携带数量等条件，加快推进准用渔具管理制度建设。启动我国渔具标识技术研究，推动渔具实名制与渔具标识管理制度建设，派员参加联合国粮农组织关于减少废弃渔具最佳实践国际研讨会，交流中外渔具标识实践现状。

4.规范废弃渔具管理 应对国际社会对“幽灵渔具”的关注，组织开展我国废弃渔具现状调研。了解废弃渔具产生的原因、废弃渔具材料组成、渔民对废弃渔具的认识，分析研究废弃渔具回收现状及经济效益情况，提出减少废弃渔具的措施及建议，为下一步海洋渔具管理及海洋生态环境保护提供新的思路。

5.强化支撑保障 印发《农业农村部办公厅关于公布第二届农业农村部捕捞渔具专家委员会名单的通知》，公布新一届渔具专家委员会人员名单，并要求各位专家委员充分认识专家咨询和技术支撑的重要性，切实增强责任感和使命感，以认真的态度和扎实的作风履职尽责，打造高水平、专业化、有担当的中国渔具管理智库，为渔具管理提供强有力的智力支撑。

渔业节能减排

2019年，农业农村部渔业渔政管理局继续通过实施渔业节能减排项目，开展水产养殖节能减排宣传、技术示范和渔船能耗、环境污染及节能减排情况调研等工作，持续推进渔业绿色可持续发展。

1.加强宣传，开展水产养殖节能减排技术示范 2019年，组织编印了4期《渔业节能减排通讯》，报道了国内渔船和水产养殖节能减排的最新进展，介绍了国外在水产养殖、渔业捕捞和水产品加工等方面的关于节能减排的最新研究进展。构建了基于"Biofloc+RAS"组合工艺的零换水零用药陆基工业化对虾养殖系统，分别在山东和安徽建设了3 000米^{2}和1 000米^{2}的示范点。以新型陆基工业化对虾养殖系统为原型，开展了零换水零用药条件下的凡纳滨对虾高产优质养殖工艺集成，节水效果均在60%以上。重点在天津、河北、江苏、浙江等地实施了工厂化循环水养殖、零用药零排放生态养殖节水技术模式示范。

2.开展渔船能耗、环境污染及节能减排情况调研 组织开展全国性渔船能耗与节能减排情况调研，通过对获得的基本数据进行对比和分析，初步了解掌握目前全国海洋渔船能耗现状及节能减排技术利用情况，遴选出渔船能耗领域节能减排的共性关键技术，提出防止渔船污染措施的具体建议。

水生生物资源养护与水域生态环境修复

1.完善渔业资源保护管理制度 一是完善内陆重要水域禁渔期制度。以农业农村部公告形式发布了海河、辽河、松花江禁渔期制度，实现了我国内陆七大重点流域禁渔期制度全覆盖和我国主要江河湖海休（禁）渔制度全覆盖两个"全覆盖"。制度发布后，通过召开新闻发布会、印发宣传材料等形式，组织做好宣传贯彻。5月，组织举行海河、辽河、松花江流域禁渔期制度同步启动活动。在河北设主会场，天津、辽宁和吉林设分会场，3个流域10个省（自治区、直辖市）同步举行，农业农村部副部长于康震出席主会场活动并讲话。二是继续推进限额捕捞试点。组织沿海各省（自治区、直辖市）渔业主管部门开展集中调研，总结交流限额捕捞管理经验和做法，继续推动实施限额捕捞管理，河北、天津、辽宁、山东、上海、江苏、浙江启动限额捕捞试点。发布2019年伏季休渔期间专项捕捞许可及捕捞辅助船许可有关事项通告。三是开展海洋伏季休渔制度调研。根据胡春华副总理的批示精神，组织赴沿海地区开展海洋伏季休渔制度调研，形成制度调整的三个初步方案。12月，在全国海洋渔业资源评估专家委员会成立大会上，组织专家对调整方案的科学性和可行性进行了深入研究。

2.开展水生生物资源养护和水域生态修复行动 一是组织做好2019年重大水生生物增殖放流活动。4月11日，农业农村部与辽宁省人民政府在大连市联合举办斑海豹放归活动；5月16日，与河北省人民政府在白洋淀举行增殖放流活动；6月6日，与广东省人民政府、香港特别行政区政府和澳门特别行政区政府联合在广东珠海举办"全国放鱼日"主会场暨粤港澳大湾区增殖放流活动；活动期间，各地共举办增殖放流活动近300场，增殖各类水生生物苗种约20亿尾。二是牵头推动渤海综合治理攻坚战渔业行动。根据渤海综合治理攻坚战行动计划部署安排，就贯彻落实渔业领域相关任务与有关部委和环渤海三省一市渔业部门进行沟通，制定了工作方案。4月30日，农业农村部在河北省秦皇岛市召开渤海综合治理攻坚战渔业工作座谈会，对渤海综合治理攻坚战渔业工作再部署、再动员。会后，印发《渤海综合治理攻坚战渔业工作座谈会会议纪要》，对贯彻落实渔业领域各项工作任务做出明确要求。及时调度工作进展情况，分季度、半年、全年等时间节点，对渤海攻坚战实施情况进行总结。11月，组织对三省一市行动计划贯彻落实情况进行集中调度，指导督促地方渔业部门完成好渔业各项工作任务。三是大力推进海洋牧场建设。农业农村部组织开展调研，全面总结全国海洋牧场发展情况，深入分析存在的问题及原因，并提出推动海洋牧场科学有序、高质量发展的对策建议。同时，对《国家级海洋牧示范区建设规划》《国家级海洋牧场示范区管理工作规范》进行修改完善，制定《人工鱼礁建设项目验收管理办法》；对海洋牧场建设专家咨询委员会进行扩充，增补61名委员；特别是加强对海南省海洋牧场建设的技术指导，成立专家咨询委员会海南分委会。组织实施渔业油价补贴人工鱼礁建设项目，对人工鱼礁建设项目资金使用比例进行调整，适当增加对海洋牧场监测系统建设的支持力度。四是继续组织开展渔业资源和生态环境调查监测。总结2014—2018年近海渔业资源调查和近岸产卵场调查情况，组织编制近海渔业资源状况公报和近海海域主要鱼类产卵场分布图。联合生态环境部发布2018年渔业水域生态环境状况公报。及时跟踪水产养殖面源污染普查进展。

3.加大水生野生动物保护力度 一是完善水生野生动物保护制度。分别以农业农村部令和农业农村部通告的形式印发了《水生野生动物及其制品价值评估办法》和《人工繁育水生野生动物名录（第二批）》。《水生野生动物及其制品标识管理办法》和《罚没和收容救护水生野生动物处置管理办法》已报农业农村部法规司审核，国家重点保护野生动物名录修订已在积极推进。《水生野生动物保护实施条例》《水生野生动物特许利用办法》已经多轮修改完善。二是专题研究部署水生野生动物保护工作。11月，在珠海召开水生野生动物保护工作座谈会，组织各地总结交流水生野生动物保护经验，分析面临的新形势新问题，研究部署下一步水生野生动物保护工作。组织开展水生生物保护区管理调研，与生态环境部、国家林业和草原局等部门做好机构改革后水生野生动物及其栖息地保护相关工作衔接。三是查处斑海豹盗猎案件。农业农村部会同公安部、自然资源部、国家林草局和辽宁省人民政府，对年初发生的特大斑海豹幼崽盗猎案件进行督办，同时部署进一步加强水生野生动物保护工作，案发现场救护成功的61头斑海豹幼崽全部放归野外。四是优化水生野生动物进口审批管理。农业农村部会同自然资源部、海关总署研究，提出进一步优化水生野生动物进口审批制度的对策措施。同时，加强对地方主管部门指导，通过开展专题培训、座谈等方式，提升业务能力和服务水平。积极做好"双随机、一公开""互联网＋监管""证照分离"改革，优化营商环境。五是组织开展各类科普宣传活动。指导成立珊瑚保护联盟，集合渔业主管部门、保护区管理机构、科研教学单位、协会组织以及水族馆等各方力量，参与水生野生动物保护工作。同时，结合世界野生动物日、世界海龟日、中华白海豚保护日、全国放鱼日、水生野生动物保护科普宣传月等重要时间节点，开展形式多样的宣传活动，扩大水生野生动物保护的社会影响。六是做好对外履约和国际交流合作。农业农村部积极做好CITES公约履约工作，加强与有关国家和地区的沟通协调，推动水生野生动物保护对外交流合作。参与黄海大海洋生态系项目，继续做好与自然资源保护协会（NRDC）等国际NGO组织的交流与合作。加强与UNDP、世界银行等国际组织机构的沟通协调，争取国际资金项目。财政部已基本同意农业农村部申报的海洋生物保护GEF项目。

周边渔业协定执行情况

【《中韩渔业协定》实施情况】 《中韩渔业协定》是在中韩两国尚未完成海域划界的情况下，就两国渔业问题做出的临时性安排。近年来，中韩双方在《协定》框架下开展了一系列务实渔业合作，对于稳定黄海渔业秩序起到了积极作用。

根据第十八届中韩渔委会年会纪要，2019年韩方许可中方渔船赴其管辖水域作业的生产渔船为1 450艘、运输船等辅助船为54艘，捕捞配额57 750吨。全年共有1 372艘生产渔船、50艘辅助船申请了入渔许可证。全年实际入渔的生产渔船为1 184艘（入渔率86.3%）、辅助船为40艘（入渔率80%）、完成配额42 885吨（配额完成率74.3%）。

中方渔业管理部门在强化渔船管理方面开展了大量工作，严格管理入渔韩国管辖水域的中方渔船，同时严厉打击涉渔"三无"船舶和违规网具。2019年，农业农村部继续组织开展"亮剑"渔政执法行动，取缔涉渔"三无"船舶10 586艘，清理"绝户网"等违规渔具110.3万张（顶）。据不完全统计，2019年，韩方共抓扣中国渔船196艘、同比下降23.74%，其中：有证渔船161艘、同比下降23.33%，无证等严重违规渔船35艘、同比下降25.53%。

【《中日渔业协定》执行情况】 从2017年开始，因日方在中国渔船入渔规模、条件和渔船管理等方面提出了苛刻条件，双方未就渔船入渔等重要问题达成共识，未签署会议纪要。2019年，中方积极与日方有关部门对接，多次召集有关单位集中研究，进行会商，尝试从多种渠道加强对日交涉，切实维护我渔业权益和渔民实际利益。

【《中越北部湾渔业合作协定》执行情况】 2019年是《中越北部湾渔业合作协定》实施的第十五年，《协定》于2019年6月30日到期。2019年10月，中国同越方以互换照会方式达成协议，商定继续执行《协定》至2020年6月30日，并在此之前商讨续签或重签事宜。

根据中越北部湾渔业联合委员会第十五届年会纪要，2018—2019年度允许进入北部湾共同渔区己方一侧水域的对方作业渔船数量和总功率分别为1 190艘和126 201千瓦。中方安排到共同渔区越方一侧生产的渔船数量为383艘、占允许指标的32.18%，总功率为104 387千瓦、占允许指标的82.72%；越方安排到共同渔区中方一侧生产的渔船数量为563艘、占指标47.31%，渔船总功率126 088千瓦、占允许指标的99.91%。捕捞许可证有效期为2018年12月1日至2019年6月30日。协定执行过程中，双方作业渔船基本遵守协定有关规定，悬挂有效标志牌，凭捕捞许可证生产，渔业生产秩序良好。双方渔民实际申请进入共同渔区对方一侧水域船数和渔船总功率均未达到纪要限制数。

2019年3月30日至4月1日，《协定》实施15年评价研讨会及中越北部湾渔业资源联合增殖放流活动在越南举行，农业农村部副部长于康震和越南农业与农村发展部副部长冯德进共同主持相关会议和活动。2019年6月5日，《协定》实施十五周年总结会在中国举行，农业农村部副部长于康震和越南农业与农村部副部长黎国营出席会议，会上发布了《〈中越北部湾渔业合作协定〉实施十五周年总结会联合声明》。双方一致同意，《协定》到期后，继续深化和完善北部湾渔业合作关系，继承和发展北部湾渔业合作机制。

渔情统计监测与渔业信息化

【渔情统计监测】 2019 年，全国各级渔业部门适应新时代新要求，树立和贯彻落实新发展理念，以服务和推动渔业高质量发展为目标，强化制度建设、队伍建设，扎实开展渔情监测统计工作，推动渔情监测统计服务渔业发展宏观决策取得新成效。

1.充分履行职责任务，渔业统计工作得到新提升 2019 年，为落实中共中央、国务院《关于深化统计管理体制改革提高统计数据真实性的意见》有关精神，提升渔业统计服务渔业高质量绿色发展水平，农业农村部与国家统计局联合印发了《关于进一步加强渔业统计工作的意见》，提出了进一步完善渔业统计体制机制、加强渔业统计工作的意见和要求。各地在实际工作中，大力加强组织领导、队伍建设和资金保障，在地方机构改革过程中，实现了渔业统计工作的职能不减、队伍不乱、人心不散、工作不断。

2.强化大渔情格局，重点领域监测工作有新进展，顺应新时代新要求 2019 年，各地围绕渔业高质量发展，在做好渔业生产法定统计工作的同时，聚焦养殖生产、海洋捕捞、休闲渔业、水产品市场、渔民家庭收支等重点领域，大力开展信息监测和抽样调查，完善优化监测指标，充分反映渔业转型升级、高质量发展和产业融合等情况。2019 年推动将市场信息采集体系纳入联合国粮食及农业组织构建的全球水产品价格指数体系中，增强了我国水产品在国际市场上的竞争力和话语权。海洋捕捞抽样统计调查创造性地设计“固定捕捞信息船＋面上捕捞信息采集”的技术路线，实现了我国海洋捕捞动态信息采集网络业务化运行，及时向农业农村部报送我国分时、分区、分鱼种、分作业类型的捕捞生产与资源状况评估结果，为渔业统计工作提供了技术支撑。

3.加强研究，推动渔情监测统计工作改革创新 2019 年年底，农业农村部制定了国家级渔情监测统计工作方案，完善了数据材料和分析材料的上报制度，成立了渔情监测专家支撑团队，启动了渔业高质量发展产值核算的课题研究工作，积极推动渔情监测统计工作改革创新。各地适应渔业新产业、新业态、新模式发展变化和监测统计需求，不断探索工作新理念、新思路、新办法。浙江、福建等地通过物联网、大数据等先进技术手段，创新数据采集方式，拓宽采集渠道，建立完整的渔情监测、数据分析和发布制度。

【渔业信息化】

1.理顺机制，规范信息系统安全 2019 年，农业农村部渔业渔政管理局组织制定了《渔业渔政管理局网络安全和信息化工作机制》，统筹推进网络安全和信息化工作。对现有的信息系统进行全面调查，摸清底数，针对未进行信息安全等级保护定级的信息系统开展定级备案，加强网络安全防护。

2.重点突破，实施好海洋渔船通导与安全装备项目建设 2019 年，在渔业油价补贴资金项目调整中央转移支付项目中安排渔船通导与安全装备建设项目 2.1亿元，用于各地渔船渔港、岸台相关装备配备和升级改造。积极推进渔船渔港动态监控管理系统异地容灾备份中心项目建设，2019 年 9 月，容灾备份中心进入试运行阶段，妥善储存了沿海各地渔船渔港动态数据，为渔船管理、渔政执法、应急安全等渔业渔政管理工作提供了有效支撑。

3.服务渔民，着力提高渔业行政管理效率 2019 年，中国渔政管理指挥系统拥有各类用户 25 000 多个。全年系统共计办理相关业务 32 万件(次)，其中渔船证件 21 万件、养殖证 2 万件、渔业油价补助申报 9 万次。

渔 政 执 法

2019 年，在党中央、国务院的关怀下，在农业农村部党组和地方各级党委政府的领导下，各级渔业主管部门和渔政执法机构积极适应新时代新形势对渔政执法工作的新要求，多措并举、深入推进，以“中国渔政亮剑 2019”系列专项执法行动为载体，继续保持最严格执法，坚决打非治违，推动渔业绿色高质量发展。

【工作成效】 2019 年，各级渔业主管部门和渔政执法机构继续实施以“中国渔政亮剑”为统一代号的系列专项执法行动，针对非法捕捞、违反休(禁)渔秩序、跨区作业等突出问题，持续加大查处打击力度，有力保障了海洋及内陆大江大河(湖)休(禁)渔制度和其他各项资源养护措施有效落实，渔业生产秩序持续向好。

执法力量方面：各级渔业渔政主管部门及渔政执法机构共出动执法人员 143.11 万人次、车辆 28.14 万辆次、船艇 18.20 万艘次，检查渔港(水产交易市场、渔船网具修造厂等)28.1 万个次，水上巡查 250.5 万海里，力量投入和检查数量较 2018 年均有大幅提升。

执法机制方面：完善渔政海警协作机制，会同中国海警局印发了《海上渔业执法协作配合办法》，加强渔政与海警之间的执法联动、协作配合和信息共享。完善渔政区域协作机制。完善京津冀、粤闽、粤桂琼等区域间渔政联动执法，向沿海各省（自治区、直辖市）、市和重点县渔政执法机构开放了中国渔政指挥系统内全国渔船动态信息数据库查询权限，提高各地协同办案能力和执法效率。

执法结果方面：各地清理取缔涉渔“三无”船舶 10 586艘、清理“绝户网”110.3 万张（顶）；查办违规违法案件 32 424 件，行政处罚 1.63 亿元，查获涉案人员 43 211 人，向公安机关移送涉嫌犯罪案件 2 909 件、人员 4 709 人、涉黑涉恶线索 125 条。

队伍建设方面：农业农村部对全国 50 个渔业执法工作先进集体和 100 名先进个人进行公开表彰。此次表彰是经中央批准、农业农村部在时隔 12 年后对渔业执法队伍进行表彰。表彰活动将公安、海警和交通运输等部门的渔业执法人员纳入其中，农业农村部部长韩长赋、副部长于康震出席表彰活动并为先进集体和先进个人代表颁奖，有力鼓舞凝聚了渔政队伍士气，激发了广大渔业执法机构和执法人员再接再厉、奋勇前行的干劲。

【主要做法】 一是强化完善顶层设计。根据渔业发展的新形势、新任务，“中国渔政亮剑 2019”在保留了伏季休渔、打击“三无”船舶、大江大河禁渔、整治违规渔具等重点内容的同时，强化了对渤海攻坚战、水生野生动物保护、打击电鱼、安全生产等四个方面执法，行动总数由 2018 年的 9 个增加到 2019 年的 10 个。组织召开了全国渔业执法工作座谈会暨渔业执法工作先进集体和先进个人表彰会，并邀请中央外事工作领导小组办公室、外交部、公安部、交通运输部和中国海警局等相关领导出席会议。会上，农业农村部部长韩长赋、副部长于康震做了重要讲话，对新时代渔业执法工作进行了全面部署安排。

二是推动重大执法行动开展。4 月，在宁夏回族自治区举办了“中国渔政亮剑 2019”黄河全流域禁渔期执法启动活动；联合河北省人民政府在秦皇岛市举办“中国渔政亮剑 2019”全国海洋伏季休渔暨渤海综合治理专项执法行动启动活动，农业农村部副部长于康震、河北省人民政府副省长时清霜出席活动并讲话。5 月，联合河北省人民政府在白洋淀主会场举办了海河、辽河、松花江流域禁渔期制度暨执法行动同步启动活动，天津、辽宁、吉林分会场活动同步举行，农业农村部副部长于康震、河北省人民政府副省长时清霜出席主会场活动并讲话。6 月，开展黄河禁渔联合交叉执法行动。7 月底至 8 月初，开展海洋伏季休渔联合交叉执法行动。9—10 月，派员参加全国人大常委会渔业法执法检查。10 月，在长江流域开展打击电鱼活动专项执法行动。此外，还组织实施了休（禁）渔秩序评估工作，委托中国水产科学研究院所属 9 家科研单位开展休（禁）渔秩序评估，动态掌握各地休（禁）渔秩序动态信息，为做好休（禁）渔执法提供了重要支撑。通过重大行动开展，督导各项行动执法任务落实。

三是营造亮剑执法良好氛围。召开“中国渔政亮剑”新闻发布会，通报“亮剑 2018”执法成果，发布 2018 年渔政执法十大典型案例，介绍了“亮剑 2019”行动方案，农业农村部副部长于康震出席新闻发布会。发布会在各大媒体引起强烈反响，《新闻直播间》《经济新闻联播》以及《人民日报》、新华社、《经济日报》等进行了报道。黄河禁渔启动活动上了《新闻联播》；伏休执法也在《新闻直播间》《人民日报》等进行了报道。组织编制了《中国渔政画册》和《中国渔政大事记》，从不同角度全面系统展现了中国渔政 70 年的光辉发展历程。开通了“中国渔政”微信公众号，及时发布渔政执法工作动态 699 篇，阅读人数达 41 万人次。通过各方共同努力，亮剑专项执法行动已经成为中国渔政的靓丽名片，受到各级领导和社会各界的高度关注和肯定。

四是加强渔政执法队伍建设。举办全国渔政执法骨干人员能力培训提升活动，各地渔政监督管理机构以及农业综合执法机构内从事渔政执法工作的骨干人员，休（禁）渔秩序评估工作负责同志共计 330 余人参加。启动 2019 年全国渔业行政执法人员执法资格统一考试工作。开展了渔业执法案卷评查，提升渔政执法办案规范化水平。依托上海海洋大学成立了渔业法律研究与咨询中心，为渔业可持续发展提供智力支撑。

渔业政务信息与宣传

1.主动加强对外宣传，展现渔业发展成就 2019 年，全国渔业系统贯彻新发展理念和中央“三农”决策部署，以转方式调结构为主线，着力推进渔业供给侧结构性改革，创新渔业资源管理举措，渔业发展延续和巩固了党的十九大以来的好形势。全国各级渔业主管部门充分利用各类信息渠道和各种新闻媒介，积极宣传汇报新成果和新成就，使渔业工作得到社会各界的关注、重视和支持。为更加全面、准确、及时地向国内外公众介绍我国渔业的重大政策、重要部署、执行情况和取得的成效，增进国内外公众对我国渔业发展情况的了解，农业农村部渔业渔政管理局专门组织召开由中央主流媒体记者参加的媒体通气会，加强媒体与政府部门之间的对接；通过召开新闻发布会、局领导书面文章等形式积极对外宣传行业重大政策，扩大宣传效果；组织协调《中国渔业报》《中国水产杂志》、中国渔业政务网进一步发挥渔业宣传的主渠道作用，及时、全面反映全国渔业经济发展和渔业渔政工作开展情况。一年来，农业农村部渔业渔政管理局组织的渔业高质量发展推进会、6月6日全国同步放鱼日活动、水产养殖业绿色发展现场会、“中国渔政亮剑2019”渔政执法行动、全国渔业安全生产大检查等重大会议和重要活动得到媒体广泛宣传报道，效果明显。据不完全统计，一年内，渔业工作先后10余次在中央电视台《新闻联播》播出，《人民日报》、新华社、《经济日报》、中央电视台、中央人民广播电台等中央主流媒体有关渔业的正面宣传报道达200多次。

2.专题总结70年成就，回顾渔业崛起历程 为进一步展示中华人民共和国成立70年来，我国渔业发展取得的历史性变革和举世瞩目的巨大成就，农业农村部渔业渔政管理局积极动员各方渔业系统力量，围绕“中国渔业70周年”，组织开展了系列宣传活动。提出并制定宣传工作方案，编制《中国渔业70年大事记》《新中国渔业70年》宣传画册和《年年有鱼 年年有余——新中国七十年 大国渔业的崛起》宣传片等，向社会展现了我国渔业在保障农产品供给和国家食物安全、增加农民收入和农村就业、维护国家海洋权益、加强生态文明建设等方面发挥的重要作用。组织邀请老领导、老专家结合个人经历，从我国渔业发展历程、行业成就亮点和经验启示等方面撰写主题文章，在媒体上组织刊发，受到多方好评。宣传活动通过回顾发展历程、介绍取得的辉煌成就，展现了我国渔业为世界渔业发展贡献的“中国智慧”“中国方案”和“中国力量”。

3.强化信息报送，反映渔业实时动态 农业农村部渔业渔政管理局持续加强信息报送力度，积极开展渔业政务信息报送活动，充分调动全体人员的积极性，信息报送工作取得明显进步。报送每日要情76条，采用60条；农业农村部信息19篇，采用10篇。有的信息被中共中央办公厅、国务院办公厅有关信息刊物采用，或得到农业农村部领导批示。除上报信息外，还组织全国渔业系统向农业农村部渔业渔政管理局报送信息，通过编写《渔业情况》、渔业渔政管理局大事记和编发中国渔业政务网等途径，及时报告和通报渔业发展重大情况和工作进展。一年来，共编辑印发《渔业情况》15期，编发渔业渔政管理局网站信息200余条，为各级领导了解渔业发展情况、部署有关工作、制定有关措施政策提供重要参考，有效促进了相关工作的开展。

4.规范信息公开，保障公众合法权益 农业农村部渔业渔政管理局严格执行《中华人民共和国政府信息公开条例》和《农业农村部信息公开规定》等有关制度，坚持以“公开为原则，不公开为例外”的原则，加大主动公开力度，并就工作难点不断改进工作方式，保障信息公开工作全面、准确、按时完成。按照农业农村部政务公开领导小组统一部署，切实把行政审批信息作为政务公开的重要内容，按规定将每项行政许可的法律依据、办事条件、办理程序、承诺时限、收费标准和审批进程等通过农业农村部网站予以公开，并及时将审批内容、审批条件等制度要求变化情况书面告知农业农村部法规司行政审批办公室，杜绝网上信息与实际办理脱节，所有审批项目的相关信息均做到规范公开。全年共主动公开信息70余条，主动公开率、按时公开率达100%。办结申请公开事项18件，依申请公开率达到100%，均做到按规定的方式及时答复申请人，有效保障人民群众知情权、参与权、表达权和监督权；做好与农业农村部法规司行政审批办公室的协调工作，多次协助农业农村部法规司审批办清理、整合行政审批事项，按时保质完成行政审批工作。

长江流域渔政管理

【坚持顶层设计,构建水生生物保护政策新体系】 一是会同财政部、人力资源和社会保障部联合出台了《长江流域重点水域禁捕和建立补偿制度实施方案》(以下简称《禁捕方案》),明确了禁捕安排、补偿措施和工作机制。二是积极参与《中华人民共和国长江保护法》立法工作,多次参与全国人民代表大会常务委员会法制工作委员会组织的调研、会议,并提供立法建议条款 24 条。积极参与《中华人民共和国渔业法》的修改完善,推动长江大保护法制建设逐步建立健全。三是强化长江专项捕捞品种管理,严禁捕捞刀鲚、凤鲚及河蟹野外资源,推进钱塘江禁渔期制度实施。组织起草《长江水生生物资源保护管理规定(草案)》。四是根据国家"十四五"规划编制的整体要求,起草完成《长江珍稀水生生物保护工程"十四五"建设规划(征求意见稿)》。

【坚持多措并举,推动长江流域禁捕取得新成果】 一是成立协调机制,推进工作落实。根据中央领导同志批示要求和农业农村部部长韩长赋召开专题会议精神,联合发展改革、公安等 10 部门成立长江水生生物保护暨长江禁捕工作协调机制,组织协调各相关部门、沿江各地政府和渔业主管部门,围绕长江禁捕,召开禁捕专题会、禁捕工作视频会、马鞍山现场观摩推进会等,协调指导各地按照《禁捕方案》要求,推动工作落实落地。二是开展调查研究,破解难点热点。2019 年,集中组织了 3 次大规模的长江禁捕专题调研,厅局级干部带队深入沿江各地,通过听汇报、渔民座谈会、个别访谈等形式,全面了解和掌握各地在推动长江禁捕工作中面临的突出矛盾,推动解决长江禁捕面临的各种困难和问题,上报的调研报告获得农业农村部副部长于康震肯定性批示,《长江禁捕蹲点调查报告》(第 176 期)被中共中央办公厅《每日汇报》采用。三是协调资金保障,完成退捕任务。根据《禁捕方案》的总体要求,协调配合财政部加强资金保障,完成中央财政补助资金拨付。2019 年,中央财政 62 亿元一次性补助资金已全部下达各地,第一批过渡期奖补资金 10 亿元根据第三方绩效考核评价结果已拨付到位,各地地方财政配套资金 39 亿元。截至 2019 年年底,332 个保护区实现全面禁捕,相应渔船和渔民退出捕捞。2019 年 12 月 27 日发布实施《农业农村部关于长江流域重点水域禁捕范围和时间的通告》,标志着长江禁捕已如期完成第一阶段任务。

【坚持舆论引导,营造长江水生生物保护新氛围】 一是健全宣传工作机制。建立长江水生生物保护宣传联络机制,正式上线运营"长江水生生物保护"微信公众号,向全社会宣传推广长江水生生物保护的政策措施、行动方案和专业知识,社会关注度较高,初步实现了目标。二是开展政策宣传培训。在 2019 年 1 月 21 日举行专题新闻发布会的基础上,5 月,举办《国务院办公厅关于加强长江水生生物保护工作的意见》《禁捕方案》宣传贯彻培训班,9 月,组织流域渔业行政主管部门、相关科研机构和专家开展水生生物和水域生态保护工作培训研讨,重点研讨保护规定、工程规划、珠江保护意见、澜湄合作等,并形成专家论证意见。三是组织公益宣传活动。会同中国农业出版社、中央电视台、中国长江三峡集团有限公司等启动了《保护长江——拯救江中"精灵"》《生命·长江》等专题纪录片拍摄工作;联合水利部长江水利委员会、交通运输部长江航务管理局、WWF 等开展为期一个月的"行走长江母亲河·谱写保护新篇章"宣传系列活动;联合《光明日报》《中国新闻周刊》《人民日报(海外版)》开展长江禁捕专题宣传;协调央视、北京地铁运营有限公司等平台播放《保护中华鲟——从了解开始》《建设生命长江》等多部公益宣传片;农业农村部副部长于康震接受新华社专访,对长江禁捕工作作出了全面权威的解读。通过一系列宣传引导,全社会对长江大保护的关注度越来越高,理解和支持度越来越高,全民参与长江大保护的热情越来越高,长江大保护影响力越来越大。

【坚持目标导向，强化珍稀濒危物种保护新举措】 一是规范专项捕捞，实现休（禁）渔全覆盖。根据《农业农村部关于调整长江流域专项捕捞管理制度的通告》《关于实行海河、辽河、松花江和钱塘江等4个流域禁渔期的通告》，印发《关于做好调整长江流域专项捕捞管理制度贯彻实施工作的通知》，有效完善禁渔期制度及配套措施，基本实现所辖流域休（禁）渔全覆盖。二是继续实施行动计划，保护珍稀濒危物种。实施中华鲟、长江江豚、长江鲟拯救行动计划，开展中华鲟等珍稀濒危物种人工繁殖情况摸底普查；开展中华鲟天然产卵场监测；建立人工保护群体数据库，实施珍稀濒危物种保护动态管理；大力开展水生生物增殖放流活动，积极探索长江鲟野外种群重建放流，据统计，仅6月6日全国"放鱼日"前后，黄河流域以南内陆水域共开展放流活动250余场，放流鱼苗超过10亿尾（粒）；开展鼋保护拯救工作，推动发布《鼋拯救行动计划（2019—2035年）》，推进成立鼋保护联盟；严肃查处湖北荆州中华鲟死亡事件，落实中央领导批示精神，形成《湖北荆州中华鲟死亡事件处理情况报告》报送中央领导；积极推进鄱阳湖江豚抢救性保护工作，及时部署开展摸底排查，研究制定了《2019年冬季鄱阳湖长江江豚抢救性保护方案》，督促落实抢救性保护措施。三是扎实推进基础性保护。同步推动生态修复、资源监测、生态补偿、禁捕效果评估、环境影响评价等基础性工作落实落地，夯实生态保护工作基础。

【坚持开拓创新，探索渔政管理和资源养护新路径】 一是拓宽合作领域，提升合作成效。与上海市崇明区人民政府、海南省琼海市人民政府、中国水产科学研究院、中国科学院水生生物研究所、自然资源部第一海洋研究所等签署战略合作协议，整合各方力量，统筹推进长江水生生物保护；组织召开长江流域渔业资源管理委员会和珠江流域渔业管理委员会工作会议，完成委员会换届；主动协调农业农村部机关有关司局和中国水产科学研究院，推动成立了4个渔业保护研究中心。二是落实"两法衔接"，强化执法震慑。在严格落实与公安部治安管理局签订《共同开展长江大保护执法合作备忘录》、联合长江航运公安局印发《关于做好2019年长江水域打击涉渔违法犯罪行为工作的通知》基础上，组织起草《渔业行政执法与刑事司法衔接工作办法》，进一步拓展"两法衔接"制度基础，强化渔政执法震慑作用。三是持续开展执法行动，执法成效明显增强。以长江渔政特编执法船队为依托，组织开展长江流域禁渔期同步执法行动、打击长江口非法捕捞专项整治行动、打击电鱼专项执法行动、涉保护区工程执法行动、边境水域联合执法行动等各类执法行动，取得显著成效；协调流域相关各省（自治区、直辖市）、各部门，成立长江口水域非法捕捞专项整治行动协调组，制定行动方案、发布专项整治通告，开展长江口非法捕捞行为集中清理整治行动，取得丰硕成果；组织开展电鱼违法活动典型案件公开审判旁听，开展电鱼器具集中销毁，有效提升渔政执法震慑作用。四是加强能力建设，夯实执法基础。根据机构改革后渔政执法队伍面临的新情况新问题，组织流域省份两级渔政执法人员开展2期渔政执法能力建设培训班，重点培训相关政策法规、执法技能等，有效提升执法人员业务能力和办案水平；根据长江全面禁捕和渔政执法装备实际，组织编制并上报《长江流域渔政执法船艇建设项目计划》《渔政船建设项目可行性研究报告》等材料，经多次协调国家发展和改革委员会、农业农村部机关相关司局，部分项目已落实落地，有效缓解了新形势下执法装备不足的问题。

【坚持交流合作，凝聚国际水生生物保护新合力】 在加强传统对外交流合作的基础上，不断拓展新的合作渠道，努力推动全方位、多层次的水生生物保护国际合作。抓好澜湄流域水生生物保护早期成果项目，组织开展2019中老澜沧江-湄公河联合执法暨增殖放流活动，派员赴柬埔寨参加第二届湄公河国家反对非法捕捞的区域行动策略研讨会，赴泰国、老挝对接澜湄流域水生生物合作事项。赴欧洲参加CITES履约会议、世界水周活动、联合国粮食及农业组织渔业可持续发展国际研讨会等国际合作交流活动。赴日本开展日本鳗鲡等水生生物资源保护工作交流。在各种双边、多边合作交流中，维护了中国负责任大国的形象，吸收了各方的成功做法，逐步形成大河流域水生生物保护的中国经验。

（农业农村部长江流域渔政监督管理办公室）

各 地 渔 业

北京市渔业

【概况】 2019年，北京渔业系统以习近平新时代中国特色社会主义思想为引领，以渔业供给侧结构性改革为主线，以精品高端、节水高效、生态安全为目标，牢固树立绿色发展理念，落实高质量发展要求，全力提升都市型养殖业现代化水平，助力乡村振兴战略。

2019年全市渔业水域面积3.37万公顷，比2018年增加了0.25万公顷。其中淡水养殖面积0.22万公顷，比2018年减少0.04万公顷，水生生物资源养护面积3.15万公顷，比2018年增加0.28万公顷。水产品总产量2.1万吨，比2018年减少0.2万吨，渔业总产值25亿元，与2018年持平，其中休闲渔业产值6.78亿元，比2018年减少了0.52亿元。

1.积极推进渔业转型升级 以需求为导向，转变向产量要效益的传统生产方式，休闲渔业在养殖总面积中占比超过40%，经营方式呈现多元化趋势，能够提供休闲垂钓、特色餐饮、文化体验、儿童娱乐等个性化服务。京渔匠、京城老渔等品牌逐步打开市场；调减养殖面积，提质增效，以中科天利为代表的一批以"园林化设计、现代化设施、智能化管理、品牌化经营、融合性发展"为基本理念的渔业企业崭露头角。全市6.7公顷以上的企业56家，年利润100万元以上的27家，在渔业转型升级过程中，发挥了龙头企业带动与示范作用；引进发展市场竞争力强、适销对路的养殖品种，鲟鱼苗种市场供应占有率达到60%以上，宫廷金鱼拥有73个花色，发展潜力巨大，锦鲤养殖产能达到30亿尾，发展后劲十足。

2.深入推进绿色生态养殖 贯彻落实农业农村部等10部门《关于加快推进水产养殖业绿色发展的若干意见》精神，开展池塘标准化改造和渔业设施设备提升工程，推广工厂化、温室循环、标准化池塘养殖和生态养殖，截至2019年年底，共改造养殖场203家，改造面积667公顷。建成一批"水循环、机智能、鱼安全、场美化"的节水高效健康养殖基地，改善了鱼场的自然景观和生态功能，促进渔业由生产型向融合发展、生态保护型转变；清理超养殖容量的流水养殖，引导规模小、易污染、高耗水的养殖户退出养殖生产，通过池塘湿地化建设，发挥改善空气质量、调节湿度、固碳释氧、美化环境的作用。怀柔和密云分别制定了水源保护区内水产养殖场腾退政策，按照适当经济补偿原则，引导有序退出，已完成腾退水产养殖场139家、面积约67公顷；实施了多项绿色生态养殖主推技术，其中水产养殖精准用药技术已累计推广2 000公顷，显著改变了不合理用药方式；池塘高效循环推水养殖技术在6个区建立示范点，示范养殖系统30套；利用生物浮床治理池塘富营养化技术在10个区开展了示范推广；宫廷金鱼小池精养技术在5个区累计推广面积2万米^{2}以上，取得了较好的效益。

3.充分发挥渔业生态功能 2019年全市投入资金2 406万元，在密云水库、官厅水库等2.67万公顷水面，增殖放流滤食性鱼类和地方濒危鱼类1 606.74万尾，发挥了削减水中氮磷、固碳释氧、调节水域生态平衡的重要作用；成功举办全国"放鱼日"活动，于6月6日在延庆玉渡山水域，放流北京市二级保护鱼类瓦氏雅罗鱼、细鳞鱼4.5万尾。增殖放流工作程序更加规范，资金使用管理更加严格，确保了增殖数量与质量；落实禁渔区、禁渔期制度更加严格，发布《北京市农业农村局关于调整禁渔区、禁渔期的通告》，全市179条河流、41个水库纳入禁渔制度管理。渔政执法力度不断加强，"中国渔政亮剑2019"系列渔政专项执法行动取得丰硕成果，严厉打击了电鱼、炸鱼、销售以及使用禁用网具等破坏渔业资源的行为；委托中国科学院动物研究所承担北京鱼类增殖放流生态评估项目，对密云水库、延庆野鸭湖、通州大运河等水域的水体生产力、浮游植物、浮游动物、底栖动物和鱼类样本开展调查，形成评估报告并提出相应增殖放流计划建议。

4.依法履职，严格执法 根据农业农村部相关规定，对原有禁渔制度进行调整，蓟运河、潮白河、北运河、永定河和大清河等179条河流和密云水库内湖全年禁渔。密云水库（不含密云水库内湖）、怀柔水库、海子水库等40处水库、湖泊，每年4月1日0时至9月24日24时禁渔。全市渔政执法人员贯彻落实"中国渔政亮剑2019"系列专项执法行动，以双随机检查和日常巡查相结合的方式开展执法，严厉查处违反禁渔制度的捕捞行为。全年组织执法检查11 132次，办理案件388起，行刑衔接33起，罚款105.96万元。其中，市渔政站组织执法检查389次，办理案件9起，其中行刑衔接3起。

4月1日，"北京渔政亮剑2019"系列专项执法行动活动在密云水库成功启动。5月16日，全市主要水域禁渔启动活动在潮白河畔成功举办。北京电视台、《北京日报》等新闻媒体进行了多角度、全方位宣传报道，营造了良好的禁渔氛围。

稳步推进和完善有北京特色的"3811"水产养殖质量安全监管模式，严管水产养殖投入品使用。连续7年在农业农村部产地抽检中，合格率保持100%。

5.水产品质量安全监管工作卓有成效 认真落实"不忘初心、牢记使命"主题教育水产品质量安全问题专项整治行动，制定《水产品质量安全问题专项整治方案》，强化自查整改，完善养殖场户监管档案1 181套，新建养殖场户档案15套，注销养殖场户档案107套。全年完成孔雀石绿速测筛查525个，完成任务100%，合格率99.8%。完成监督抽检650个，完成任务100%，合格率98%。认真落实日常执法监管，执法检查1 233次，下发《责令整改通知书》34份，立案8起，结案7起，销毁武昌鱼125.5千克，罚款11 200元。为保障春节、国庆等特殊时段养殖环节的水产品质量安全，对鲜活水产品特供单位多次进行专项执法检查。加强药残超标案件的督办、参办，对通州等区违禁药残超标案件进行了重点督办，使案件得到及时有效处理。

以水产苗种监督为重点，组织落实农资打假工作。开展农资打假宣传培训，有效提高养殖户的识假辨假能力；以孔雀石绿、硝基呋喃代谢物等违禁药物为重点，强化水产苗种质量安全监管。

完成农业农村部、市农业农村局各项监测检测任务，完成全国两会、世园会、庆祝中华人民共和国成立70周年等重大活动水产品供应保障检测任务，共计抽检样本1 153个，检测样本量15 042项（次）。完成49家无公害复查换证和19家首次申报工作，开展内检员及相关技术培训，对10个区60家养殖场进行了监督检查和跟踪督导工作，随机抽样检测。对各区80家渔场进行了风险调查实地考察，对各区75家渔场进行了风险评估实地考察，掌握新进入的投入品和新技术措施等可能形成的风险点。

继续开展休闲渔业文化工作，带动产业发展。宫廷金鱼文化与故宫博物院院藏金鱼题材文物联展取得很好反响。历时4个月筹备，7月30日至8月31日正式展出，活动共汇集全国12个地区的42个品种近200条宫廷金鱼、34件故宫院藏文物和500余件金鱼历史文化相关展品，每天接待游客约5万人以上。这是首次将农产品（宫廷金鱼）与故宫这个高端文化平台结合，联展活动得到了农业农村部、故宫、媒体、游客和业者的肯定，也为探索局院合作办展的新模式积累了宝贵经验。

继续开展观赏鱼文化宣传。在教辅中心、小学、公园、展览馆等地点开展了观赏鱼品评交流活动、观赏鱼进社区活动19次，建立观赏鱼交流站、观赏鱼景观2处；通过12316热线、现场服务等方式解答市民观赏鱼问题170余次，接待外地业者参观北京观赏鱼产业发展15次。

6.多渠道深化水生野生动植物科普宣传教育 积极开展各类特色科普宣传活动，助力水域生态文明建设，取得显著成效。2019年北京市水生野生动植物救护中心展馆接待团体和散客共计约10 000人次；展馆外开展9次主题宣传，受众达20 000余人次，发放宣传材料20 000余份。在2019年5月7日的全国水生野生动物保护分会第二届十次理事会上，被评为2018年度水生野生动物保护优秀会员单位，是唯一一家连续3年在全国培训活动中向各地介绍科普活动经验的单位。

积极组织开展特色科普活动，在"世界地球日"开展科普宣传进校园活动。4月22日，第50个世界地球日，该中心携手全国水生野生动物保护分会赴北京大兴第二小学举办水生野生动物科普宣传活动，展出国家重点水生野生保护物种标本和图片；参加第十届中国国际现代农业博览会，通过展板及材料发放，宣传普及北京原生鱼类和水域生态修复知识、水生动物经营利用及国际贸易相关法律法规；在水生野生动物博物馆内开展了2019年科技周宣传活动，着重向公众介绍水生生物在仿生学、生物医药、材料学等方面对科技创新所起到的启发、促进作用；和富国海底世界共同举办了"珍稀水生野生动物科普互动展"，展览期间提供各类标本58种，共计85件。通过各种展览、活动，提高了公众关注度和保护野生动物的意识，取得较好的宣传效果。

7.存在问题 一是养殖规模逐渐萎缩。由于养殖效益差和环保压力的影响，规模化养殖场逐渐消失，现有养殖场平均规模在2公顷以下，全市养殖总面积已下降到2 000公顷左右。二是渔业基础设施仍有待提高。现有水产养殖场整体效益较差，对增加养殖设施、改善养殖环境进行投资的动力不足，缺少政府资金的投入和引导，水产养殖场基础设施相对较差。

【重点渔业区基本情况】

北京市重点渔业区基本情况

地区	总人口（万人）	渔业产值（万元）	水产品产量（万吨）	其中		养殖面积（公顷）
				捕捞	养殖	
平谷	46.2	10 196	0.86		0.86	569
通州	167.5	5 929	0.43		0.43	610
顺义	122.8	6 219	0.42		0.42	391
房山	125.5	3 759	0.12		0.12	193
密云	50.3	3 298	0.25	0.25		97

【大事记】

[1]3月14日，应中国石化燕山石化公司邀请，北京市水生野生动植物救护中心工作人员赴房山牛口峪湿地公园进行调研，对湿地各处的水质进行了采样，并就牛口峪湿地水生生物种群恢复、水域生态修复等方面进行了研讨。

[2]3月19日，北京市渔政监督管理站组织邀请北京市水文总站总工程师黄振芳，讲解北京市水系、水环境和水生态等情况。

[3]3月20日，北京市渔政监督管理站对全市渔政执法骨干开展业务培训，邀请专家对CITE履约和常见濒危水生野生动物物种的辨识进行了讲解。

[4]4月1日，北京市渔政监督管理站在密云水库举行了北京市禁渔启动暨"北京渔政亮剑2019"系列专项执法行动启动式。

[5]4月15日，全市在怀柔区怀沙河、怀九河自然保护区内举办"增殖珍稀水生生物 修复水域生态环境"放流活动，放流中华多刺鱼4万尾。

[6]6月4日，市委农工委书记、市农业农村局局长李志军到北京市渔政监督管理站开展调研，深入科室慰问一线渔政执法人员。

[7]6月6日，全国放鱼日，在玉渡山自然保护区放流瓦氏雅罗鱼、细鳞鲑共2.5万尾。

[8]7月30日至8月31日，北京市水产技术推广站承办"观鱼知乐——宫廷金鱼文化与故宫博物院院藏金鱼题材文物联展"（简称宫廷金鱼回宫展），活动共汇集全国12个地区的42个品种近200条宫廷金鱼、34件故宫院藏文物和500余件金鱼历史文化相关展品，每天接待游客约5万人以上。

[9]8月1日，农业农村部公告（第196号）批准发布共123项农业行业标准，北京市水产技术推广站主编的《鲤浮肿病诊断规程》自2019年11月1日起正式实施。

[10]8月20—21日，为持续提升全市渔政执法人员案卷制作能力，北京市渔政监督管理站组织开展了渔业行政处罚案卷评查工作。

[11]10月21日，北京市水生野生动植物救护中心和富国海底世界共同举办了"珍稀水生野生动物科普互动展"。展览期间提供各类标本58种，共计85件。本次展览持续半年的时间，也是首次将珍贵水生动物标本在北京城区集中展示。

[12]11月22日，北京市水产技术推广站、中国水产流通与加工协会联合主办的"第六届鲟鱼、鲑鳟鱼产业发展形势研讨暨企业交流会"在北京举行。来自北京、黑龙江、云南、贵州、吉林、河北、天津等地的鲟鱼、鲑鳟鱼产业专家和技术人员共80人齐聚一堂，共同探讨国内外鲟鱼、鲑鳟产业发展形势，鲟鱼产业面临的机遇和挑战，交流学习产业发展经验，推进鲟鱼、鲑鳟鱼产业技术的发展。

（北京市农业农村局 杜英杰）

天津市渔业

【概况】 2019年，天津市水产品产量26.22万吨，同比减少20.28%；渔业产值73.40亿元，同比减少0.39%；渔民人均纯收入2.80万元，同比增长8.53%。全市水产养殖面积2.39万公顷，同比减少21.90%，其中：淡水养殖面积2.31万公顷，海水养殖面积0.08万公顷。投入远洋渔业生产渔船16艘，捕捞产量0.80万吨，产值

0.67 亿元。

1.现代渔业建设　全市引进国内选育的南美白对虾良种 4.4 万对，开展南美白对虾半咸水健康养殖技术推广。全市南美白对虾海淡水养殖面积 1.47 万公顷，占养殖总面积的 61.5%。全市稻渔立体种养保持良好发展势头，稻渔立体种养面积达到 0.38 万公顷，较上年增长 15.5%。创建 50 个优质高效渔业养殖生产基地。建设 2 个工程化水产养殖示范区。组织实施水产种业扶持发展项目 3 个，涉及海、淡水种业项目补助资金 350 万元。投入 8 385 万元，组织实施农业重点投资项目天津市宁河区名优淡水鱼繁育基地建设项目和天津市宝坻区水产品可追溯储养场建设项目。启动高标准池塘建设试点，确定天津农垦渤海农业集团有限公司、天津市永威水产养殖专业合作社 2 个点位先行试点，打造成可示范、可复制、可参考的典型样板区域。

2.水产健康养殖　贯彻实施农业农村部等 10 部门联合印发的《关于加快推进水产养殖业绿色发展的若干意见》，与市生态环境局等 9 部门联合出台《天津市关于加快推进水产养殖业绿色发展的实施意见》。组织各区参与水产健康养殖创建活动，全年完成创建和复查 15 家，其中：新创建健康养殖示范场 1 家，复查验证 14 家。开展养殖尾水排放专项整治，实施渤海综合治理，完成重点流域水产养殖清退 1 973 公顷（滨海新区 1 840 公顷、西青区 133 公顷）；付庄排干污染治理项目，滨海新区完成 15 家工厂化养殖尾水治理项目；大沽排水河污染治理项目，津南区完成八里台镇大韩庄水产生态养殖示范场 23 公顷建设任务。组织开展养殖尾水处理科技攻关，研究水产养殖尾水处理模式，推进水产生态健康养殖。

3.渔业资源养护　积极开展渔业资源增殖放流，组织实施增殖放流项目 4 个，在渤海湾近岸和内陆重要渔业水域放流中国对虾等各类经济苗种共 21.94 亿单位。推进海洋牧场建设，在开展地质勘查的基础上编制《天津市“十四五”现代海洋牧场建设规划》；丰富海洋牧场建设内容，底播贝类 1.5 亿粒。制定《2019 年天津市国内渔业捕捞和养殖业油价补贴政策调整总体实施方案》，对 7 046 万元市级统筹资金和 2 505 万元中央专项转移支付项目资金使用方向进行了调整优化。严格落实海洋捕捞管控制度，按照农业农村部双控工作部署，至 2020 年全市需压减国内海洋捕捞机动渔船 60 艘。截至 2019 年年底，共拆解渔船 68 艘，核减功率 6 655 千瓦。加快推进渔船更新改造，更新改造海洋渔船 50 艘。

4.水产品质量安全监管　强化水产养殖用饲料、兽药等投入品质量监管，严厉打击制售假劣水产养殖用饲料、兽药的行为。将水环境改良剂等制品依法纳入管理。依法建立健全水产养殖投入品使用记录制度，加强水产养殖用药指导，严格落实质量安全监管，确保全市产地水产品合格率保持在 98%以上。组织开展以水产养殖“三项记录”、禁用药物和有毒有害物质残留为重点的执法督查、交叉互查工作。开展水产品“三鱼两药”专项整治行动。2019 年建立水产养殖用药减量行动试点单位 3 个，养殖规模 154 公顷，涉及养殖品种 6 个，用药量和用药成本较上年度降低 27.4%。对东丽区、北辰区、宁河区、蓟州区 4 个国家农产品质量安全创建区抽检样品 200 个，对 93 家放心水产品基地抽检样品 700 个。

5.渔政管理　从 5 月 1 日起，实施海洋伏季休渔，联合海警、公安（边防）等部门，构建海陆联合执法机制。组织全市渔政联合执法行动 4 次，联合河北省渔政执法部门在天津市与河北省交界海域渔政联合执法行动 2 次、津冀海蜇专项品种执法行动 1 次。全市共出动海洋执法船艇 260 艘次，航行 7 000 余海里，出动执法人员 3 900 余人次，处罚违规渔船 69 艘，共计罚款 28 万余元，清理网具 6 630 条，移送天津海警局涉嫌非法捕捞水产品案件 13 起，制止非法捕捞行为 23 起 40 人次。联合市林业、公安部门开展 2 次水生野生动物经营利用联合执法行动。强化海河禁渔，制定并印发《海河流域（天津）禁渔工作方案》，加强执法巡查和宣传活动，彻底清理在西站西大桥、辛庄桥、小刘庄桥、海津桥下多年来滞留涉渔船舶近 30 艘，查扣 3 艘无证捕捞渔船。海河禁渔期间，全市共查处非法电捕案件 38 起，收缴电鱼器具 29 套，查处涉案船舶 28 艘，行政处罚 24 起，罚款 2.65 万元，移送司法机关追究责任 7 起 14 人。通过开展一系列执法行动，海河市区段内河道上涉渔“三无”船舶基本取缔，天津市第一年海河流域禁渔工作取得较好效果。

6.渔业科技与推广　组织开展重要海水经济动物育种及病害诊断技术开发和应用研究，高质量完成淡水鱼生态健康养殖、河蟹遗传育种、观赏鱼设施化健康养殖及产业经济科研任务。2019 年科技项目立项 13 项，成果登记 24 项，申报农牧渔业丰收奖 2 项，获天津市科技进步奖二等奖 1 项、三等奖 1 项、范蠡科学技术奖二等奖 1 项。从 2016 年开始实施的“做强做大渔业重点龙头企业试点项目”圆满完成，3 年内完成了1 550户联农带农建设任务和观赏鱼苗种繁育车间、活鱼物流安全设施、高端水产风味调理食品加工流水线、保温阳光大棚、工厂化育苗养殖车间等建设内容。

【重点渔业区基本情况】

天津市重点渔业区基本情况

地区	总人口（万人）	渔业产值（万元）	水产品总产量（吨）	其中				养殖面积（公顷）	
				海洋捕捞	海水养殖	内陆捕捞	淡水养殖	海水	淡水
宁河区	41	135 590	53 236			165	53 071		4 113
滨海新区	98	177 793	46 276	26 952	5 155	60	14 109	813	3 355
宝坻区	65	119 424	45 701			1 159	44 542		4 047
武清区	80	96 979	32 683				32 683		2 766
静海区	61	63 105	24 242			113	24 129		2 359

【大事记】

[1]2018 年 11 月，根据《天津市机构改革实施方案》组建天津市农业农村委员会，不再保留天津市农村工作委员会水产办公室（市渔业发展服务中心）。2018 年 12 月，根据天津市农业农村委员会职能配置、内设机构和人员编制规定，设立渔业管理处，原天津市农村工作委员会水产办公室（市渔业发展服务中心）职责由渔业管理处承担。2019 年 2 月，天津市农村工作委员会水产办公室（天津市渔业发展服务中心）党委正式撤销。

[2]9 月 23—25 日，以全国人大常委会副委员长万鄂湘为组长的执法检查组对天津市贯彻落实《中华人民共和国渔业法》实施情况进行执法检查。

（天津市农业农村委员会　陈　莹）

河北省渔业

【概况】 2019 年，河北省渔业系统把加快渔业绿色发展作为渔业渔政重点工作，不忘初心、砥砺前行，加快转方式、调结构，积极推动渔业供给侧结构性改革不断深化。积极发展水产健康养殖，促进水产养殖从量的增长到质的提升；积极发展远海远洋捕捞，推动捕捞业从资源依赖型向环境友好型转变；积极开展渔业资源增殖放流、海洋牧场建设，渔业资源和水域生态环境保护工作力度不断增强；积极发展渔业二、三产业，大力发展休闲渔业，持续发力解决发展不平衡和不充分问题，促进渔业产业绿色高质量发展；积极做好渔业安全生产检查督导、强化渔船渔港信息化建设、着力加强休渔禁渔管理，全省渔业安全水平又上新台阶。全省渔业经济发展呈现稳中向好、质量效益同步提高的有利局面。全省全年水产品总产量为 93.42 万吨，同比减产9.36%。其中海洋捕捞 19.09 万吨，同比减产10.09%，超额完成年度压减 5%的目标任务；海水养殖产量44.88万吨，同比下降 8.38%；淡水捕捞产量 3.55 万吨，同比下降15.69%；淡水养殖产量 25.9 万吨，同比下降9.57%。渔业经济增长潜力不断被发掘，实现稳步增长。全省全年渔业经济总产值 279.4 亿元，同比增长 5.6%；渔民人均纯收入 18 443 元，同比增长 9.84%。

1.**养殖业**　水产养殖业更趋生态高效。全省各级渔业渔政主管部门统筹中央、省级、地方财政及渔业油价补贴调整资金，集中打造沿海高效渔业产业带，加快培育扇贝、对虾、河豚等主导特色品种优势产区，构建高质量的产业体系，提高区域品牌影响力。唐山、沧州等 5 个市（县）相继完成养殖水域滩涂规划编制，筹备履行发布程序。河北省农业农村厅起草了《关于加快推进水产养殖业绿色发展的实施意见》，已征求自然资源、生态环境、水利等有关部门意见，并进一步修改完善。在全国率先开展养殖尾水综合治理试点工作。新批准扇贝、褐牙鲆、半滑舌鳎等 3 个品种良种场，原良种培育供给能力进一步增强。池塘工程化循环水、工厂化循环水、养殖尾水处理技术示范推广面积不断扩大，示范推广面积 5 万多公顷。全省制定并印发《水生动物疫病监测计划方案》《水产苗种产地检疫试点工作方案》，完成抽样监测 240 个，举办了首届河北渔业官方兽医资格培训班。

2.**捕捞业**　捕捞业结构进一步优化。按照“减少一批、转移一批近海渔船”的思路，以“优生态、抓转型、促发展”为核心，以保护资源和减量增收为重点，积极开展海洋捕捞渔民减船转产工作，疏导、转移、压减捕捞过剩产能，扎实推进海洋捕捞生产结构调整。截至 2019 年年底共完成减船 851 艘、减少功率32 994.13千瓦，更新改造渔船 129 艘，进一步降低了近海捕捞强度。规范发展远海远洋渔业，全年 23 艘渔船从事远洋渔业生产；西非等过洋性远洋渔业生产进一步巩固，大洋性鱿钓生产逐步拓展，远洋渔业总产量、效益稳步增长。到东黄海生产渔船数量达到 600 艘以上，走出去步伐加快，捕捞业结构进一步优化。

3.资源养护 渔业资源养护力度不断加大。全省各级渔业渔政部门，整合财政、油补调整、生态补偿等各类资金 2 978.75 万元，在全省沿海海域及白洋淀、衡水湖、潘大水库、官厅水库、岳城水库等内陆湖库水域，增殖放流中国对虾、三疣梭子蟹、海蜇、牙鲆、鲢鱼、鳙鱼、草鱼、青虾等各类水生生物苗种21.99亿单位。着手编制全省海洋牧场规划和修订《人工鱼礁管理规定》，督导国家级海洋牧场示范区项目实施进度，推进海洋牧场信息化管理平台、海洋牧场海上平台建设。统筹省级财政资金对 6 处国家级水产种质资源保护区建立予以支持，进一步完善保护区基础设施，调查评估保护区渔业资源现状。参加农业农村部组织的水产种质资源保护区专题评审 6 次，涉及渔业资源补偿资金 2 000 多万元。白洋淀水域生态修复工作取得阶段性进展。制定并印发了《白洋淀水域生态修复专项工作方案》等 3 个工作文件，配合省内有关厅局制定了《白洋淀水生生物外来物种监测预警体系方案》等 2 个文件。组织有关单位对白洋淀开展了 5 次水生生物调查监测，协同省生态环境厅指导地方政府对外来物种的蔓延进行处置，参加了涉及水域巡回督导以及处置工作调度会，并就生物防治工作赴湖北省考察学习。在雄安新区白洋淀举办了"海河、辽河、松花江流域禁渔期制度暨执法行动同步启动活动和 2019 年白洋淀水生生物增殖放流活动"，农业农村部副部长于康震、河北省副省长时清霜等领导出席。

4.休闲渔业 休闲渔业发展加快，经济产值比重得到提高。10 月在唐山、秦皇岛两市举办了全省休闲渔业发展大会，会议以"渔旅融合、冀续精彩"为主题，通过观看宣传片，实地观摩休闲渔业示范基地，集中展示了近年来全省休闲渔业的发展成效，副省长时清霜出席会议并讲话。全省各市渔业渔政主管副市长、渔业主管部门负责同志及分管负责同志，重点县（区）渔业渔政主管领导、渔业主管部门负责同志参加会议并进行现场参观考察。积极开展休闲渔业示范基地和美丽渔村创建工作，下发了创建通知，2019 年创建省级休闲渔业示范基地 21 家，省级以上示范基地累计达到 54 家，示范引领作用不断凸显。举办垂钓比赛数十场，在石家庄市首次举办了 1 场锦鲤比赛，有 20 余家观赏鱼养殖企业参加。休闲渔业发展促进了全省渔业一二三产业深度融合，休闲渔业经济继续保持良好的发展势头，休闲渔业企业及经济主体总数达 918 个，各经营主体全年接待游客总数达 842 万人次，休闲渔业经济总产值达 8.13 亿元，同比增长 21.39％。

5.安全生产 全省重点从隐患排查、执法检查、依港促安、扫黑除恶专项斗争、渔船信息化建设 5 个方面加强渔业安全管理工作，渔业安全形势进一步稳定。但渔业安全事故仍有反弹，全年发生渔业安全生产事故 4 起，死亡失踪 18 人。开展了渔业"安全生产月"宣传活动，组织水上突发事件应急演练，提高了渔业生产经营者和管理者的安全生产意识及综合管理业务能力。协调山东省渔业、海警部门成立联合工作组，开展渔事纠纷调解工作，及时化解纠纷隐患。坚持科技兴安，经过近几年的建设，全省已经为大部分渔船配备了 AIS、北斗定位设备，建设了部分岸基雷达、渔港视频监控，截至 2019 年年底，已进入全省渔船动态监管系统建设阶段，建设完成后将初步实现省、市、县三级联网、互联互通。组织开展扫黑除恶、隐患排查、渔业安全专项执法检查，常态化对异地作业渔船进行实地登船检查。截至 2019 年年底，全省组织专项安全检查 856 次，检查渔港 367 座次，检查渔船 3 200 多艘次，查处整改渔船安全隐患和风险点 205 处（起），化解调处网地渔事纠纷 7 起，确保了海上安全生产形势的稳定。

6.渔政执法 渔政执法进一步规范。广泛宣传渔政管理法律法规，全年发放各类宣传资料 35 000 余份；深入贯彻《渔政执法处罚自由裁量基准和细则》，严格落实"双随机、一公开"制度，不断完善"一单两库"行政执法程序，规范渔政执法人员行为；印发《"中国渔政亮剑 2019"河北系列专项执法行动方案》，认真开展伏季休渔，内陆禁渔，全省共出动执法人员 28 719 人次、执法车 5 656 辆次、执法船艇 1 729 艘次，查办违法违规案件 243 起，向海警、公安等司法机关移交涉刑案件 40 起；严厉打击涉渔"三无"船舶、绝户网，坚决落实渤海综合治理攻坚行动、渔业安全生产等专项执法行动，通过海陆联合执法检查、交叉执法检查、实地登船检查和夜间巡查等行动，全省清理、取缔各类违法违规渔具 6 955 台（套）；加大对海洋馆、水族馆的监管检查力度，组织开展"水生野生动物保护宣传月"活动，查处 1 起非法收购斑海豹案件，配合全国水生野生动物保护分会将涉案的 4 头斑海豹放归大海；严格开展水产养殖执法行动，组织各级水产养殖执法检查1 076次，发放宣传资料 1 000 余份，检查水产养殖场 920 家。组织水产养殖执法培训班 42 次，培训养殖人员1 097人次、渔政执法人员 225 人次。

7.渔业科技 全省科研部门全年完成在研项目共计 38 项，包括农业农村部项目 9 项、省科技厅项目 3 项、省农业农村厅项目 10 项，其中研究类项目 10 个，调查类项目 17 个，规划编制、政策调研、管理类项目 3 个，委托横向项目 7 项。其中新上科研项目（课题）16 项。全年验收项目 2 项，成果评价项目 1 项，发表论文 13

篇，编写专著2部，发明专利6个。共研发新技术20多项，引进新品种11个，推广集成技术30多项，建立示范场(点)40多家，示范面积近万亩，带动1万多公顷，增效5%以上。截至2019年年底，全省名特优养殖水产品产量已占淡水养殖产量的28%，较2013年提高20%，为调整养殖结构、增加渔农民收入作出了积极贡献。

8.协同发展 京津冀渔政执法协同发展进一步深化。一是京津冀渔政协同执法逐步常态化。2019年海河、辽河流域首次实施禁渔制度，京津冀渔政执法机构逐步完善协同执法机制，加大联合执法力度，使京津冀渔政协同常态化，共同维护了渔业水域的生产秩序。3月，京津冀三地渔政监督管理机构在邢台市召开京津冀渔政协同执法工作会议，交流总结了京津冀渔政执法情况，部署三地渔政联合执法行动，制定了在官厅水库、潮白河、拒马河等交界共管水域开展联合执法的行动计划。5月至9月，京津冀渔政部门深化京津冀协同执法，对交界水域联合开展执法检查，重点打击拒马河水域违法电毒炸鱼及使用违规渔具捕捞行为，累计出动执法人员2 222人次，检查渔港码头453个次，共清理迷魂阵、小网目地笼等违规渔具1 289套，有力震慑了违法捕捞行为，有效保护了交界水域渔业资源和生态环境，促进了京津冀水域生态文明建设。二是环渤海三省一市协作日益紧密。省渔政执法总队与山东、辽宁、天津渔政执法部门协作机制逐步完善，坚持信息共享与通报制度，在春季渔业生产秩序稳控、海洋伏季休渔执法等工作中根据工作实际需要，定期或不定期开展渔政执法信息交流，互相通报渔业动态信息及渔船违法情况，共同维护了交界海域生产及伏休秩序。海蜇专项捕捞期间，与天津市渔政机构共同制定海蜇联合执法方案，开展交界海域联合执法，有力打击了各类违法违规捕捞行为，确保了海蜇专项捕捞顺利进行。与国家大宗淡水鱼体系、京津创新团队分别签订了新品种选育繁育、疫病防控、发展休闲渔业等方面的合作协议，并共同开展交流观摩活动20余次。

9.存在问题

一是基础设施升级改造和重点项目推进缓慢。全省现有渔业基础设施老旧、能耗高、科技含量低等问题突出，养殖池塘老化，苗种生产车间破旧，道路及电网等配套设施不健全，机械化装备水平低，阻碍了现代渔业的快速发展。渔业重点项目、重点任务落实还不到位。个别市(县)对渔业油价补贴政策调整适应慢，重视程度和思想认识不足，工作措施不力，虽经多次督导，相关项目推进仍较迟缓，带动效应未达预期。

二是水产养殖绿色发展推动迟缓。涉海工程、工业开发等占养殖用海用滩面积不断扩大，湖库网箱养殖逐步清理退出。水产养殖业数量规模和质量效益不平衡，大路货多，优质品牌产品少，二、三产业发展滞后。产业链短，附加值低，渔业发展新动能不足。池塘养殖尾水排放技术落地需要一定的设施和设备，增加了养殖成本，养殖户积极性不高。渔业养殖尾水处理关键技术研发还需要加大试验示范的力度，如池塘工程化循环水养殖技术落地，还有多个环节需要熟化和验证。

三是渔业安全保障能力仍需进一步提升。渔业安全生产仍是短板，渔船渔港等基础设施建设落后，渔业信息化工作有待进一步提升。远海渔船和载人10人以上渔船安全风险依然较大，监管责任落实和源头治理措施有待进一步加强。养殖病害监测与应对能力仍待加强。2019年，多地突发疫病，虽然规模不大，但是死亡严重，造成的危害不小。突发疫病因病因不清，防控措施缺乏，其潜在的危险不容小觑。水产品质量安全不容忽视，药残仍然是全省水产品质量安全的主要风险因素，应提高监督抽查的覆盖面。育苗环节违规用药的风险更高，是质量安全的薄弱环节。

四是科技支撑能力仍需进一步提升。渔业科技研发和服务现代渔业发展的支撑能力较弱，科研创新成果和推广能力在全国排名靠后。一线科研人员总量不足、高层次科技人才匮乏。科研机构和人员还存在重应用轻基础研究的思想，企业对新技术、新机械、新方式的接受能力弱，科研成果产业化程度不高，向生产一线转化能力弱，科技和产业“两张皮”现象依然存在。再者，全省缺乏吸引或引进优秀人才的相应机制和待遇，特别是在重大项目争取过程中仍处于弱势地位。

【重点渔业市(县、区)基本情况】

河北省重点渔业市(县、区)基本情况

市(县、区)	渔业户(户)	渔业人口(人)	水产品产量(万吨)	其中				养殖面积(公顷)	其中	
				海洋捕捞	海水养殖	内陆捕捞	淡水养殖		海水	淡水
北戴河新区	6 195	24 445	161 704	10 669	150 916	16	103	19 817	19 712	105

（续）

市（县、区）	渔业户（户）	渔业人口（人）	水产品产量（万吨）	其中				养殖面积（公顷）	其中	
				海洋捕捞	海水养殖	内陆捕捞	淡水养殖		海水	淡水
曹妃甸区	5 268	22 890	150 815	14 757	54 743	12	81 303	14 369	6 916	7 453
乐亭县	369	8 120	131 219	30 350	98 668	251	1 950	28 618	28 319	299
滦南县	3 349	12 679	73 306	28 078	30 925	592	13 711	14 388	13 404	984
昌黎县	3 500	12 200	70 452	3 735	66 590	19	108	13 877	13 780	97
丰南区	2 908	11 529	58 967	14 036	661	920	43 350	3 563	740	2 823
黄骅市	14 632	52 916	56 680	48 520	6 250		1 910	5 678	4 965	713
唐山湾国际旅游岛			38 013	7 635	30 378			13 762	13 762	
渤海新区	2 956	10 235	22 207	22 112	95					
迁西县	68	680	12 875			700	12 175	423		423

【大事记】

[1]3 月 7 日，河北省农业农村厅副厅长吴更雨带队对乐亭县渔港建设管理情况进行调研。

[2]4 月 3 日，“全国渔业体系信息采集调查人员和养殖渔情信息采集调查人员培训班”在石家庄举办，河北省水产技术推广站会上做了典型发言，省农业农村厅副厅长吴更雨参会并致辞。

[3]4 月 23 日，河北省休禁渔管理工作会议在石家庄召开，省农业农村厅副厅长吴更雨出席并讲话。

[4]4 月 30 日，农业农村部在北戴河组织召开渤海综合治理攻坚战渔业重点工作会议，省农业农村厅厅长王国发、副厅长吴更雨参加会议。

[5]4 月 30 日，“中国渔政亮剑 2019”全国海洋伏季休渔暨渤海综合治理执法行动启动仪式在秦皇岛举办，省农业农村厅厅长王国发、副厅长吴更雨参加活动。

[6]5 月 16 日，农业农村部在白洋淀举办海河、辽河、松花江流域禁渔期制度同步启动仪式，省农业农村厅厅长王国发、副厅长吴更雨参加活动。

[7]5 月 28 日，河北省农业农村厅、财政厅联合印发《河北省 2018 年度渔业油价补贴政策调整中央一般性转移支付资金实施方案》。

[8]6 月 6 日，河北省农业农村厅主办，秦皇岛市海洋和渔业局承办的“2019 年全国‘放鱼日’河北同步增殖放流活动”在北戴河举行。省农业农村厅总渔业师闫建民出席活动并致辞。

[9]6 月 18 日，2019 年渔业“安全生产月”宣传及防范商渔船碰撞宣传教育活动在秦皇岛举办，省农业农村厅副厅长吴更雨参加活动并讲话。

[10]7 月 17—19 日，省农业农村厅副厅长吴更雨陪同农业农村部督导组对唐山市农业领域扫黑除恶专项斗争进行调研。

[11]7 月 18 日，省农业农村厅副厅长吴更雨为河北省渔政执法总队全体党员上题为“坚定理想信念 改进工作作风 做新时代渔政执法标兵”的党课。

[12]7 月 24 日，河北省水产良种站、河北省渔业资源与环境养护总站机构改革完成，成立河北省水产良种与渔业环境监测保护总站，路仁杰任站长。

[13]8 月 4 日，河北省渔政执法总队成立暨揭牌仪式在秦皇岛举行，省农业农村厅副厅长吴更雨出席活动并讲话。。

[14]8 月 19—22 日，河北省农业农村厅总渔业师闫建民带队对秦皇岛、唐山、沧州三市渔业油价补贴政策调整工作进行集中调度。

[15]10 月 11—12 日，全省休闲渔业发展大会在秦皇岛、唐山举办。

[16]10 月 25 日，河北省海洋与水产科学研究院与河北农业大学海洋学院、中国水产科学研究院北戴河中心实验站联合实施的“鲆鲽类产业关键技术创新与应用”项目，获 2019 年度河北省科学技术进步奖二等奖。

[17]11 月 26 日，省农业农村厅副厅长吴更雨在秦皇岛参加渔政海警执法座谈暨执法协作签约活动。

[18]11 月 27 日，省农业农村厅副厅长吴更雨出席全省渔政执法队伍能力提升活动开班仪式并讲话。

[19]12 月，经逐级申报并综合评审，全省评选出了第三批省级休闲渔业示范基地 21 家。

[20]12 月 27 日，全省集中研讨部署渔业重点工作暨渔业领域安责险实施工作会议在石家庄召开，省农业农村厅副厅长吴更雨出席会议并讲话。

[21]12 月 27 日，河北省渔业互保协会第三次会员代表大会在石家庄召开，省农业农村厅副厅长吴更雨出席会议并致辞。

（河北省农业农村厅　周栓林）

山西省渔业

【概况】 2019 年，在山西省农业农村厅党组的正确领导下，山西渔业系统干部职工不忘初心，牢记使命，深入学习贯彻落实全国渔业工作会议、农业农村部等 10 部委印发的《关于加快推进水产养殖业绿色发展的若干意见》和省委省政府、省农业农村厅党组关于农业绿色发展的精神，坚持“提质增效、减量增收、绿色发展、富裕渔民”的总目标，围绕乡村振兴战略，加快推进渔业转方式调结构，各项工作顺利推进。

全省水产品总产量 46 307 吨，较上年减少3.07%，其中：养殖产量 44 040 吨，较上年减少3.10%；捕捞产量 2 267 吨，较上年减少 2.37%。养殖产量中池塘产量 31 747 吨，减少 1.85%，占养殖产量的72.09%，位居第一；水库产量 12 101 吨，减少1.87%，占养殖产量的 27.48%，位居第二。水产养殖总面积 12 418 公顷；渔业经济总产值 9.85 亿元，其中：渔业产值 7.07 亿元，渔业工业和建筑业产值 0.89 亿元，渔业流通和服务业产值 1.86 亿元；渔民人均纯收入 10 954 元。

1.积极推进水产养殖绿色发展

一是加快落实养殖水域滩涂规划制度。全省各市及渔业重点县严格落实《养殖水域滩涂规划》，克服困难，力争在年底前完成市级规划的编制和发布工作，科学划定禁止养殖区、限制养殖区和养殖区，统筹生产发展与环境保护，稳定水产健康养殖面积，保障养殖生产空间。严格控制限养区养殖规模。将法律法规禁止养殖以及水域环境受到污染不适宜养殖的区域划入禁养区，撤出和转移禁养区内的养殖设施。完善重要养殖水域滩涂保护制度，严格限制养殖水域滩涂占用，严禁擅自改变养殖水域滩涂用途。截至 2019 年年底，朔州市率先完成了规划发布工作，其他 10 个市的规划初稿已完成，进入了规划征求意见和专家论证阶段。

二是加强水产品质量安全监督管理。按照《2019 年水产品质量安全专项整治与日常执法监管实施方案》和《2019 年山西省产地水产品和水产苗种质量安全监督抽查计划》，将水产健康养殖示范场、水产原良种场、无公害水产品产地等主要水产品生产基地和大中城市水产品批发市场全部纳入水产品质量安全药残监控范围。水产品质量安全监控范围覆盖全省 11 个市和 51 个县。全年开展两批产地水产苗种、三批产地水产品质量安全监督抽查，合格率 100%。同时，配合农业农村部相关质检单位完成了虹鳟人鱼共患寄生虫检验产地抽查、4 次市场水产品质量安全例行监测、2 次产地水产品质量安全监督抽查、1 次产地水产苗种质量安全监督抽查任务，并制定了第二届全国青年运动会产地水产品监督检验方案。

2.持续加强渔业资源环境养护

一是积极组织开展“世界野生动植物日”宣传活动。在晋中市海立方海洋公园举办了“世界野生动植物日”宣传活动，现场对水生野生动物保护相关知识进行了讲解，并发放了科普宣传手册。在全省各类海洋馆、水族馆、养殖场、公园等开展了繁育展演场所在养水生野生动物执法专项检查。

二是规范开展年度渔业资源增殖放流工作。6 月 6 日，在山西省汾河二库举办全国“放鱼日”山西同步增殖放流活动，投放鲢鳙、草鱼种 5 万余尾。同时，在黄河运城段、灵丘唐河水库等水域设立放流点，同步开展放流活动。组织各市制定 2019 年山西重要水生生物增殖放流活动计划，共投放鲢鳙、草鱼、赤眼鳟等鱼类 40 余万尾，通过增殖渔业资源，达到促进养护资源、修复生态的目的。

三是扎实推进物种保护、利用和防控管理。2019 年，组织开展了水生野生动物保护专项整治行动。完成了太原市海之韵观赏鱼店、阳泉市三晋项尚特种养殖场的水生野生动物人工繁育、经营利用许可证的核发。安排部署了农业资源及生态保护补助项目实施情况调研，完成了 2018 年度山西省水生生物资源养护绩效评价。配合农业农村部完成水生哺乳动物情况调查、海河流域山西段限捕区禁捕区划定调研核查工作。

四是加强渔业生态环境监测。2019 年分别于 5 月、8 月对汾河二库、漳泽水库、小浪底水库及主养鲤鱼、草鱼的两个养殖场开展了渔业环境监测工作，全年共监测水域 8 600 公顷。继续开展《山西渔业志》编纂工作。

3.全力开展渔业综合执法能力建设

一是打击非法捕捞，加强黄河禁渔期、禁渔区管理。赴宁夏参加了农业农村部开展的“亮剑 2019 渔政执法活动”集中研讨，制定并印发了《山西省“渔政亮剑 2019”系列专项执法行动实施方案》，并于 4 月 3 日，在垣曲县小浪底水库举行了山西省“渔政亮剑 2019”系列专项执法行动启动仪式。全年发放宣传资料 36 000 份，张贴通告 1 000 份，召开各类会议 12 场次，电视广告 13 次，挂宣传横幅 41 条，出动执法人员 800 人次，车辆 289 辆次，出动执法船艇 25 艘次，检查渔港码头及渔船自然停靠点 31 个次，检查渔船 184 艘次，检查市场 25 个次，水上巡查里程 500 海里；说服、劝返违法捕捞作业人员 18 人次，清理违规网具约 300 米，查处非法捕捞渔船 2 艘，未发现“三无”渔船。在查办违规案件方面，太原市查办的汾河二库非法捕捞案件 2 起，查获涉案人员 4 人，已移交公安部门处理。5 月 16 日，同步农业农村部举办海河流域禁渔期制度暨执法行动启动仪式。参加农业农村部召开的全国渔业执法工作座谈会暨渔业执法工作先进集体和先进个人表彰会。山西省一个集体和两名个人受到表彰。垣曲县小浪底渔政码头基本完工。

二是参与农业农村部交叉执法行动。5 月底，选派两名渔政执法人员赴山东省参与黄河禁渔交叉联合执法行动，依次对沿黄重点水域进行了巡查。同时，配合甘肃省渔业局 4 名渔政执法人员在山西省小浪底水库垣曲段开展此项行动，对黄河垣曲段等重点水域展开巡查，劝返垂钓人员 5 名，没收网具 2 张。

三是继续开展渔船检验工作。全年渔船受检率达到 100%，渔业安全事故“零”发生。

4.存在的主要问题

一是渔业发展空间大幅萎缩。湿地自然保护区以及基本农田的划定、相关环保新规的出台，使得山西省传统的池塘养殖、冷泉水流水池塘养殖、大水面养殖面积大幅度缩减，相对于种植业与畜牧业，渔业在山西省农业产业中所占比重相对较小，部分生态保护制度和生产发展政策不协调，一些保护制度没有充分考虑渔业的生态和生产功能，没有给予渔业充分合理的发展空间，一些地方“一刀切”地禁止渔业发展，不仅政策明确禁止的渔业生产水域被禁止，政策允许发展的水域比如有养殖功能的水库等也被禁止，连增养殖也被全面禁止，造成水域资源的严重浪费。

二是规模化、标准化、组织化水平不高。山西省水产养殖存在“小而散”的特点，水产养殖大多以分散经营为主，养殖区域分布不集中，养殖规模小，池塘老旧，相关配套基础设施老化，传统、粗放养殖模式仍为主导，绿色、生态养殖技术推进缓慢。新型农业经营主体的带动能力和集群优势没有得到充分发挥，专业合作社运行机制尚需完善。

三是一二三产业融合不足。山西省渔业产业结构短板明显。渔业经济总产值中，以养殖生产为主的第一产业产值占比超过 90%，以水产品加工为主的第二产业几近空白，作为第三产业的休闲观光渔业特色不明显，产业带动能力不足。市场及信息服务网络不完善，“渔企合作”“渔超对接”“渔旅结合”的路径不畅，新形态、新业态不多。水产特色优势品牌不多，经营理念落后，品牌对产业发展提升作用发挥不足。

四是资金扶持、科技支撑不足。省级财政安排的现代渔业建设资金有限，落实到地（市）级的省级财政现代渔业建设资金不足以满足当前渔业转型发展的形势。且市、县两级财政均没有对照省财政预算科目设置将现代渔业建设资金列入地方财政预算。专项金融产品缺乏，养殖主体融资渠道不畅。特色水产品养殖示范基地建设滞后。在这次机构改革中，渔业行政管理职能由水利部门划归农业部门，致使原来完整的省、市、县三级渔业管理体系被打破，各市（县）原本独立的渔业管理机构被整合，原有的各级渔业管理机构由于属代行行政职能的事业单位性质，一批具有丰富实践经验的渔业管理和专业技术人员大部分不能划转，或因转隶单位编制等原因，不能再从事渔业工作，整合后熟悉渔业工作的人员配备不足，造成了渔业专业技术人员的空缺和断档。

【重点渔业市（县、区）基本情况】

山西省重点渔业市（县、区）基本情况

市（县、区）	总人口（万人）	渔业产值（万元）	水产品产量（吨）	其中		养殖面积（公顷）
				捕捞	养殖	
永济市	45.89	25 384.60	16 880	840	16 040	543
万荣县	45.89	2 128.48	1 379	3	1 376	213

（续）

市(县、区)	总人口(万人)	渔业产值(万元)	水产品产量(吨)	其中		养殖面积(公顷)
				捕捞	养殖	
曲沃县	24.87	2 405.99	1 617		1 617	219
尧都区	99.25	1 650.59	1 097		1 097	140
垣曲县	24.16	1 743.61	948	689	259	14
清徐县	35.85	2 185.89	1 487		1 487	291
襄汾县	45.15	1 439.44	952		952	205
芮城县	41.23	2 002.11	1 258	233	1 025	45
沁水县	21.66	1 385.70	910		910	31
沁县	17.89	1 545.57	1 031		1 031	355

【大事记】

［1］3月27日，省农业农村厅农垦与渔业渔政管理局开展全省渔业安全生产集中检查工作。

［2］4月3日，省农业农村厅联合垣曲县人民政府在小浪底水库举办山西省“渔政亮剑2019”系列专项执法行动启动仪式，省农业农村厅副巡视员张红星出席。

［3］5月16日，省农业农村厅农垦与渔业渔政管理局在大同市文瀛湖生态公园举办海河、辽河、松花江流域禁渔期制度同步启动活动。

［4］5月28日，根据山西省副省长王成安排，省农业农村厅组织专门人员对山西省沿黄的忻州、吕梁、临汾、运城4市19县渔业发展进行深入调研。

［5］6月9—15日，农业农村部黄河禁渔联合交叉执法行动第七组，由甘肃省农业农村厅副厅长妥建福率领对山西省开展为期一周的执法行动。

［6］9月10日，农业农村部在浙江省淳安县召开大水面生态渔业现场推进会，省农业农村厅巡视员陈明昌参加了会议。

［7］10月21—22日，省农业农村厅农垦与渔业渔政管理局举办了农垦与渔业渔政管理业务培训班。

［8］11月21日，省农业农村厅农垦与渔业渔政管理局带队参加在北京举办的2019年中国技能大赛—第二届全国农业行业职业技能大赛，一名选手获“全国技术能手”称号。

［9］12月5日，省农业农村厅农垦与渔业渔政管理局举办了全省渔业统计调查人员培训班。

［10］12月8—13日，省农业农村厅农垦与渔业渔政管理局集中举办了渔政执法能力提升、水产健康养殖新技术、《关于加快推进水产健康养殖绿色发展的若干意见》宣传贯彻培训班。

（山西省农业农村厅　王毅欣）

内蒙古自治区渔业

【概况】 2019年，内蒙古自治区渔业系统认真贯彻落实党的十九大精神，围绕实施乡村振兴战略、农牧业高质量发展十大行动计划和生态优先、渔业绿色高质量发展，加快渔业转方式调结构，统筹养殖业、增殖业、捕捞业、休闲渔业、加工业协调发展，优化水产养殖空间布局，发展水产生态健康养殖，发展休闲渔业，加大水生生物资源养护力度，加强渔政执法，强化水产品质量安全和渔业生产安全，抓好科技支撑和带动，推进一二三产业融合，推动渔业转型升级。2019年，全区水产品总产量12.63万吨，渔民人均收入13 320元。

1.大力发展水产生态健康养殖 全区各地加快渔业转方式调结构步伐，持续推进水产生态健康养殖，积极推广清洁生产。一是根据农业农村部等10部(委、局)《关于加快推进水产养殖业绿色发展的若干意见》要求，自治区农牧厅起草了《关于加快推进水产养殖业绿色发展的若干意见》，11月经自治区政府同意，自治区10厅(局、委)会签正式印发。二是开展农业农村部水产健康养殖示范创建活动，新创建国家级健康养殖示范场14个。三是推进养殖水域滩涂规划编制发布工作。四是调整养殖结构，扩大名优特养殖规模，引进了福瑞鲤2号、中科3号异育银鲫、津新鲤2号、南美白对虾、长丰鲢、豫选黄河鲤等名优品种。五是发展稻田综合种养、盐碱水渔农综合利用、池塘标准化养殖、大水面生态增殖。六是推进一二三产业融合发展，大力发展休闲渔业，促进渔业转型升级。各地依托良好的资源条件和产业基础，开展以垂钓、观赏、餐饮为主题的休闲渔业活动，发展潜力大、带动能力强、品牌优势明显的休闲渔业实体得以壮大，休闲渔业呈现出蓬勃发展态势，成为渔业新产业、经济发展新亮点。七是全区渔业企业和渔民专业合作社以品牌建设为抓手，提升产品知名度和竞争力。同时发展线上线下直销、专卖店专销等方式，不断拓宽销售渠道，提高生产经营效益，推进质量兴渔、品牌强渔。9 月 25—28 日，兴安盟水产工作站参加了自治区商务厅、农牧厅在上海举办的"内蒙古味道"绿色农畜产品展览交易会，宣传推介了科右前旗森淼水产有限责任公司和科右中旗翰嘎利水库生产的绿色有机水产品。呼和浩特市托克托县注册了"托克托黄河鱼"商标，利用合作社的影响力推广品牌效益。2019 年，全区推广大宗淡水鱼提质增效养殖模式，开展鱼菜共生技术示范与推广 50 公顷，推广池塘节水减排健康养殖模式示范、推广共计 433 公顷，提质增效养殖示范、推广面积 267 公顷，微生态制剂调控推广应用面积达到 1 033 公顷，"生物絮团"调控水质技术应用面积达 230 公顷。加大水生生物疫病防控力度，引导渔民不用或少用药，有效防控养殖用药污染，确保水产品质量安全。

2.保护渔业资源和水域生态环境 一是按照农业农村部办公厅《关于做好 2019 年增殖放流工作的通知》要求，6 月 6 日，全区 12 个盟(市)在 14 个放流点同步开展了水生生物资源增殖放流活动。自治区农牧厅同巴彦淖尔市人民政府于 6 月 6 日联合举办"2019 黄河巴彦淖尔段增殖放流活动"。9 月 10 日，由农业农村部渔业渔政管理局主办，中国水产科学研究院、自治区农牧厅和呼伦贝尔市人民政府承办的"2019 年呼伦湖水生生物资源增殖放流活动"在呼伦湖举行。全区共放流各类鱼类苗种 7 000 万尾。二是 8 月，自治区农牧厅渔业渔政管理局同自治区水产技术推广站对尼尔基水库开展渔业资源养护调研，形成尼尔基水库调研报告，并向农业农村部渔业渔政管理局上报了有关情况，向呼伦贝尔市提出具体工作要求。三是 9 月 20 日至 10 月 20 日，在全区开展水生野生动物保护科普宣传月活动，普及水生野生动物保护知识和法律法规，提高社会公众对野生动物的保护意识。加强水生野生动物保护，强化水生野生动物特许利用管理，严格履行审批程序。加大了相关法律法规的宣传力度，进一步强化水生野生动植物保护工作。

3.强化渔业科技支撑能力 一是自治区水产技术推广站开展了鱼菜共生技术、微生态制剂调控水质技术示范、池塘增产增效健康养殖模式试验。引进福瑞鲤 2 号、中科 3 号异育银鲫、津新鲤 2 号、南美白对虾以及长丰鲢、豫选黄河鲤等新品种共计约 1 500 万尾，并面向全区，开展了池塘高效健康养殖模式、良种规模化培育技术示范、推广工作，累计面积达 2 000 多公顷，增效达 10%以上。二是 5 月 17—19 日，自治区农牧厅渔业渔政管理局组织兴安盟农牧局赴珠海参加 2019 亚太水产养殖展览会暨珠海国际水产品交易会、全国渔业扶贫产销对接活动，推销兴安盟特色水产品。兴安盟水产企业同江苏贝斯特水产高新技术有限公司签订了产销意向合约。8 月 26—28 日，由全国水产技术推广总站主办、兴安盟农牧局承办的北方地区稻渔综合种养模式现场观摩培训活动在兴安盟举办，来自北方省份的 90 多名领导、专家和一线技术人员参加了活动。组织全区具有稻鱼综合种养的盟(市)参加了培训。

4.渔政管理持续加强 按照农业农村部《关于印发〈"中国渔政亮剑 2019"系列专项执法行动方案〉的通知》要求，制定了《关于印发〈"中国渔政亮剑 2019"内蒙古自治区系列专项执法行动方案〉的通知》，各盟(市)在全区开展"中国渔政亮剑 2019"内蒙古自治区系列专项执法行动，持续开展违规渔具渔法清理整治，严厉打击非法捕捞行为。

一是开展渔业法宣传月活动。3 月，自治区农牧厅印发了《关于开展 2019 年渔业法律法规宣传月活动的通知》，在全区开展以《中华人民共和国渔业法》《中华人民共和国野生动物保护法》(2016 年修订)和《内蒙古自治区实施〈渔业法〉办法》等法律法规为主要内容的宣传教育活动。共发放宣传册和宣传页 4 万份，张贴《内蒙古自治区 2019 年禁渔期禁渔区渔政管理通告》4 000 余张。

二是实施禁渔期、禁渔区制度。为加强全区渔业资源养护工作，保障渔业绿色、安全、规范、可持续发展，根据《中华人民共和国渔业法》《中华人民共和国野生动物保护法》(2016 年修订)、《内蒙古自治区实施〈渔业法〉办法》等有关规定，自治区农牧厅印发了《关于印发内蒙古自治区 2019 年禁渔期禁渔区渔政管理通告的通知》，规定内蒙古自治区天然水域禁渔期为 5 月 1 日至 7 月 31 日；天然水域鱼类产卵场和洄游河道划为常年禁渔区；黄河内蒙古段禁渔期为 4 月 1 日 12 时至 7 月 31 日；黄河干流和大黑河、无定河等 2 条主要支流的干流河段为禁渔区。海河、辽河、松花江流域首次在国家层面实施全流域禁渔。5 月 16 日，按照农业农村部在海河、辽河、松花江流域同步开展禁渔制度启动活动的要求，自治区农牧厅同乌兰察布市在兴和县举办海河、辽河、松花江内蒙古段禁渔制度启动活动和海河流域乌兰察布段的禁渔执法检查。同日，松花江流域呼伦贝尔、兴安盟段，辽河通辽、赤峰段，海河流域锡林郭勒段同步开展了启动活动。

三是开展专项执法检查。4 月 17—19 日，自治区农牧厅渔业渔政管理局同包头市、巴彦淖尔市、乌海市农牧局及相关单位有关人员在黄河包头段、巴彦淖尔段、乌海段开展了黄河禁渔期执法检查。配合农业农村部开展黄河联合执法行动。历时 7 天的“中国渔政亮剑 2019”黄河执法行动于 6 月 9—15 日在沿黄 9 个省(自治区)同步展开，由河南省农业农村厅副厅长赵耕带队的第五交叉检查组对黄河巴彦淖尔段开展了执法检查。自治区农牧厅和山东省农业农村厅组成第四工作组，对宁夏回族自治区开展了交叉执法检查。

5.渔业安全生产不断强化 为深入贯彻落实全国渔业安全生产工作视频会议、自治区安全生产电视电话会议精神，按照农业农村部《关于开展 2019 年全国渔业安全生产隐患排查工作的通知》、自治区安全生产委员会《关于印发 2019 年工作要点的通知》和自治区农牧厅《关于加强渔业安全生产工作的通知》文件要求，自治区农牧厅印发了《关于开展 2019 年渔业安全生产检查和隐患排查的通知》等安全生产工作文件，制定了《2019 渔业安全生产宣传教育活动实施方案》《2019 年渔业“安全生产月”活动实施方案》。组成 3 个检查组对全区 12 个盟(市)渔业安全生产工作进行了检查。7 月 17—20 日，由江苏省农业农村厅副厅长张建军带队的第六检查组对赤峰市达里湖进行了渔业安全生产隐患检查。自治区农牧厅渔业渔政管理局派员参加由海南省农业农村厅带队的第十检查组对陕西省、福建省和上海市进行了渔业安全生产隐患检查。推动生产者主体责任、部门监管责任和地方政府属地管理责任的进一步落实，确保全年未发生渔业安全生产事故。

【重点渔业市(旗、县、区)基本情况】

内蒙古自治区重点渔业市(旗、县、区)基本情况

市(旗、县、区)	总人口(万人)	渔业总产值(万元)	水产品产量(吨)	其中		养殖面积(公顷)
				捕捞	养殖	
莫力达瓦达斡尔族自治旗	31.9	11 565.00	9 252	3 435	5 817	5 000
磴口县	12.3	12 978.00	8 714		8 714	13 322
土默特左旗	36.5	8 653.40	6 181		6 181	2 885
达拉特旗	33.1	12 199.14	5 180	62	5 118	878
九原区	20.1	9 791.29	4 884	188	4 696	516
临河区	55.0	6 479.50	4 129		4 129	2 170
托克托县	20.0	7 231.59	4 047	495	3 552	637
杭锦后旗	31.3	6 521.20	3 795		3 795	2 073
准格尔旗	37.7	9 446.76	3 608	8	3 600	2 043
五原县	30.0	5 765.40	3 567		3 567	1 931

【大事记】

[1] 4 月 1—30 日，内蒙古自治区农牧厅组织全区开展《中华人民共和国渔业法》宣传月活动。

[2]5 月 1 日至 7 月 31 日，内蒙古自治区农牧厅组织各盟(市)渔业主管部门，在黄河内蒙古段，贝尔湖、额尔古纳河等边界水域，自治区重要河流、湖泊、水库开展禁渔期渔政综合执法行动。

[3]5 月 16 日，内蒙古自治区农牧厅同乌兰察布市在兴和县举办海河、辽河、松花江内蒙古段禁渔制度启动活动和海河流域乌兰察布段的禁渔执法检查。同日，松花江流域呼伦贝尔、兴安盟段，辽河通辽、赤峰段，海河流域锡林郭勒段同步开展了启动活动。

[4]5 月 17—19 日，兴安盟农牧局赴珠海参加 2019 亚太水产养殖展览会暨珠海国际水产品交易会、全国渔业扶贫产销对接活动，推销兴安盟特色水产品。

[5]6 月 6 日，内蒙古自治区农牧厅组织全区 11 个盟(市)在 16 个放流点同步开展水生生物增殖放流。同日，内蒙古自治区农牧厅与巴彦淖尔市人民政府联合举办了“2019 黄河巴彦淖尔段增殖放流活动”。

[6]6 月 9—15 日，由河南省农业农村厅副厅长赵耕带队的第五交叉检查组对黄河巴彦淖尔段开展了执法检查。

[7]7 月 17—20 日，由江苏省农业农村厅副厅长张建军带队的第六检查组对赤峰市达里湖进行了渔业安全生产隐患检查。

[8]8 月 26—28 日，由全国水产技术推广总站主办、兴安盟农牧局承办的北方地区稻渔综合种养模式现场观摩培训活动在兴安盟举办，来自北方省份的 90 多名领导、专家和一线技术人员参加了活动。

[9]9 月 10 日，由农业农村部渔业渔政管理局主办，中国水产科学研究院、自治区农牧厅和呼伦贝尔市人民政府承办的“2019 年呼伦湖水生生物资源增殖放流活动”在呼伦湖举行。

[10]9 月 20 日至 10 月 20 日，在全区开展水生野生动物保护科普宣传月活动，普及水生野生动物保护知识和法律法规，提高社会公众对野生动物的保护意识。

(内蒙古自治区农牧厅渔业渔政管理局　冯阁春)

辽宁省渔业

【概况】 2019 年，辽宁渔业工作在农业农村部的大力支持帮助下和省委、省政府统一安排部署下，以省《政府工作报告》、省政府“重强抓”专项行动目标任务为重点，坚持稳中求进总基调，以渔业供给侧结构性改革为主线，坚持提质增效、减量增收、绿色发展、富裕渔民，进一步深化渔业供给侧结构性改革，综合实施“加减乘除”，加快推进全省渔业高质量发展。

2019 年，全省实现渔业经济总产值 1 329.9 亿元，同比增长 2.2%。其中，渔业产值 669.6 亿元，比上年增加 41.1 亿元，同比增长 6.5%；渔业增加值 427.2 亿元，同比增长 6.3%。

全省水产品产量 455 万吨，比上年增加 4.2 万吨，同比增长 1%。其中，海洋捕捞产量 48.7 万吨，比上年减少 3.7 万吨；远洋渔业 26.5 万吨，比上年减少 1.7 万吨；海水养殖产量 294.7 万吨，比上年增加 8.3 万吨；淡水捕捞产量 3.9 万吨，比上年减少 0.1 万吨；淡水养殖产量 81.1 万吨，比上年增加 1.2 万吨。

1.在海水养殖上做加法，提高海水养殖效益 一是恢复海参养殖生产。辽参在国内外享有盛誉，受 2018 年夏季罕见持续高温影响，海参损失严重。2019 年通过采取积极有效措施，投放网箱苗种和避开高温季节秋季投苗，海参养殖面积达到 15.1 万公顷，产量达到 4.47 万吨。二是综合发展复合渔业。充分利用生物间不同栖息特性和食物链关系，实施鱼虾蟹贝蜇多营养层级海水池塘立体生态健康养殖，降低单一品种养殖风险，实现水面、水体、底泥综合利用，提高综合水产养殖效益。丹东市开展池塘立体生态养殖面积达到 0.67 万公顷，实现了水体上层养海蜇、中层养对虾、底层养缢蛏的立体高效养殖模式，并实现了低污染排放的生态循环。三是巩固发展碳汇渔业。海水贝类是辽宁海水养殖的主要品种，养殖面积占全省海水养殖面积的 70%，产量占全省海水养殖产量的 80%。海水贝类养殖除投苗外，无须添加任何投入品，生产方式纯自然绿色生态，在产出优质水产品的同时，充分发挥贝类养殖碳汇功能，固碳除氮，净化修复海洋生态环境。2019 年全省贝类养殖面积 45.8 万公顷，产量达到 223.8万吨，进一步满足了国内外市场对贝类的需求。

2.在海洋捕捞上做减法，推进捕捞业结构调整 一是控制近海捕捞。全省累计减船转产渔船 2 387 艘(其中 2019 年 101 艘)，压减功率 10.8 万千瓦(其中 2019 年 8 413 千瓦)，海洋捕捞产量 48.7 万吨，同比下降 7.0%。二是拓展外海捕捞。全省累计更新改造渔船 353 艘(其中 2019 年 79 艘)，鼓励、引导到外海作业，积极争取入渔中韩协定水域渔船指标和配额，减轻近海捕捞压力，2019 年取得中韩渔业协定水域入渔渔船 554 艘。三是发展远洋渔业。2019 年全省获批远洋渔业企业 23 家，执行远洋渔业项目 24 个，外派远洋渔船 324 艘，捕捞作业区域涉及全球 28 个国家及地区海域，航迹遍及四大洲、三大洋。2019 年远洋捕捞产量 26.5 万吨。

3.在稻渔种养上做乘法，提高农业综合效益 全省积极探索“用地不占地，用水不占水，一地两用、一季双收”立体生态农业模式，大力发展稻蟹、稻鳅、稻虾、稻蛙综合种养，打造出“大垄双行、早放精养、种养结合、稻蟹双赢”的稻田种养“盘山模式”，在全国水稻种植区大面积推广应用，农业生产综合效益显著提升。实施稻渔综合种养，化肥、农药使用量减少 30%以上，亩效益增加 2 000 元以上，成为农民增收致富的重要手段之一，2019 年全省新增稻田河蟹、小龙虾综合种养面积 7 500 公顷，同比增长 14.6%，总面积达 5.9 万公顷，稻田养殖小龙虾取得突破性成功。

4.在资源养护上做除法，推动渔业绿色发展

一是推行健康养殖方式。摒弃高投喂、高密度、过度养殖模式，积极推行生态、绿色、健康养殖模式，促进水产养殖由数量增长型向质量效益型转变。据统计，截至2019年，全省共创建农业农村部水产健康养殖示范场360家，示范场面积累计达到64.4万公顷，占全省水产养殖面积的比重达到76%。

二是改善水域生态环境。积极主动配合开展环渤海生态环保专项审计工作，开展渤海综合治理三年攻坚战。扎实推进养殖水域滩涂规划编制工作，依法科学划定养殖区、限制养殖区和禁止养殖区。截至2019年年底，庄河等37个县（市、区）已发布实施，辽中区养殖水域滩涂规划已编制完成。盘锦市从2015年启动“退养还湿”工作，到2019年已收回海域0.13万公顷，着力恢复湿地原貌。

三是综合管理渔业资源。坚持“最严格的伏休制度”和“最严格的伏休管理”，加强海洋伏季休渔和内陆禁渔期管理，重点打击网目尺寸不合规，清理销毁伏休期间滞留在海上的地笼网、割焊网、铁架网、拖网、丝挂网等违禁网具，2019年清理整治违规网具10万余张；持续开展清理取缔海洋涉渔“三无”船舶专项整治行动，全省累计清理取缔涉渔“三无”船舶3 128艘（其中2019年146艘），取得了显著成效，渔区秩序总体稳定。全国人大常委会《中华人民共和国渔业法》执法检查期间，吉炳轩副委员长充分肯定了辽宁省渔业发展工作成效，指出辽宁贯彻渔业法责任明确、落实到位，现代渔业发展措施有力，成效明显。

四是大力开展增殖放流。持续开展渔业资源增殖放流，2019年，首次争取社会资金投入放流事业，该项措施被省直机关内部刊物采编。2019年，全省科学开展渔业资源增殖放流工作，严格把关，充分利用国家和地方资金，积极争取社会资金开展放流工作，累计放流中国对虾、三疣梭子蟹、褐牙鲆、大竹蛏、池沼公鱼、鲢、鳙等符合要求的苗种达到80.6亿单位，其中海水苗种44亿单位（含大连30.4亿单位），淡水放流36.6亿单位。经调查，2019年辽东湾中国对虾回捕总产量为543吨，增殖放流产值9 231万元，回捕率1.50%，投入产出比1∶12.20。辽东湾三疣梭子蟹增殖放流回捕产量为283吨，增殖放流产值1 981万元，回捕率11.88%，投入产出比1∶13.75。

五是加强水生野生动物保护工作。积极开展水生野生动物宣传、保护、救助等系列工作，积极审慎应对“211”非法盗猎斑海豹案件，农业农村部对辽宁省在案件侦破、舆情管控、部门配合、救助安置等方面工作给予充分肯定，最大的亮点是发现及时，响应及时，救助及时。2019年，全省共救助并顺利放归斑海豹、江豚、绿海龟等多种水生野生动物84只（头），成功举办省部联合放归活动，分两批放归“211”非法盗猎斑海豹案件斑海豹61头，得到社会各界的积极评价和农业农村部等相关国家部委的肯定，对社会公众起到了良好的宣传作用。完善水生野生动物的管理工作，印发《辽宁省斑海豹保护行动计划（2019—2026年）》，明确全省斑海豹保护4项重点工作和8项重点任务。先后制定了《斑海豹野外放归方案》《斑海豹放归后跟踪监测与评估方案》《斑海豹放归活动组织方案》等工作方案，规范了水生野生动物救助、救治、放归工作。

5.存在的主要问题

一是全省渔业行政机构职能弱化。沿海6市渔业部门全部撤销，整合至农业农村局，渔业科室编配人员不足；内陆8市渔业渔政职能全部整合至农业农村局，几乎没有独立的渔业渔政科室，有的将渔业渔政工作划归事业单位，有的有职能无人员。全省渔业专业人员转隶大量流失，人手严重短缺。

二是全省渔业执法体系亟待理顺。本轮农业综合行政执法改革，省级不设执法队伍，原辽宁省海监渔政局大连、锦州分局分别划转到大连市、锦州市。沿海6市渔政执法机构转隶不一，渔业渔政管理职责与执法机构分离，协调难度大，执法力量分散。

三是养殖业结构调整面临较大压力。养殖布局不合理、方式粗放、密度过大、污染严重等现象在某些地区仍然不同程度存在。淡水大宗品种总体上供大于求，鲤、鲢等传统品种产量居高不下，出现结构性过剩，市场需求不足，产品销路遇阻，价格降低。

四是产业链条延伸和三产融合任务艰巨。全省渔业标准化程度较低，产业化经营总体水平不高，渔业社会化服务不足，缺乏新型商业业态。渔业二、三产业发展相对滞后，水产品加工附加值不高，水产品冷链物流体系尚不健全，休闲渔业发展档次需要提升。

【重点渔业市（县、区）基本情况】

辽宁省重点渔业市（县、区）基本情况

市（县、区）	渔业产值（万元）	水产品产量（吨）	其中				养殖面积（公顷）	
			海洋捕捞	海水养殖	内陆捕捞	淡水养殖	海水	淡水
庄河市	971 536	541 004	52 752	487 358		894	57 306	805

（续）

市 （县、区）	渔业产值 （万元）	水产品产量 （吨）	其　中				养殖面积（公顷）	
			海洋捕捞	海水养殖	内陆捕捞	淡水养殖	海水	淡水
长海县	666 332	527 824	112 553	415 271			287 750	
东港市	480 211	452 473	111 620	312 601	681	27 571	64 492	5 391
金州区	450 014	349 805	33 760	316 045			42 911	
绥中县	131 950	233 597	23 359	194 400		15 838	12 243	1 926
旅顺口区	245 294	203 975	31 110	172 857		8	12 000	1
兴城市	176 367	191 576	22 411	166 279		2 886	20 372	1 067
盖州市	183 539	187 864	23 998	159 794		4 072	5 900	844
大洼区	290 294	158 130	19 500	30 480	1 500	106 650	17 200	23 023
普兰店区	291 438	140 102	22 257	114 782		3 063	12 278	5 122

【大事记】

［1］2 月 11 日，辽宁省破获非法猎捕斑海豹案件，案发现场发现 100 头非法猎捕斑海豹幼崽，引起社会广泛关注。现场发现的 71 头活体斑海豹幼崽，经科学救治成活 61 头，成活率达到 86%，并于 4 月 11 日和 5 月 10 日分两批在大连市旅顺口区虎平岛附近海域全部放归大海。

［2］12 月 25 日，辽宁省丹东市东港孤山镇海域大鹿岛获批为国家级海洋牧场示范区，全省（不含大连）国家级海洋牧场示范区达到 6 个。

［3］12 月 31 日，盘锦市盘山县成功创建国家级渔业健康养殖示范县，实现了全省国家级渔业健康养殖示范县零的突破。

（辽宁省农业农村厅　沙　爽）

吉林省渔业

【概况】　2019 年，吉林省以实施乡村振兴战略为抓手，以加快推进渔业高质量发展为目标，持续深入实施渔业“321”规划，大力发展渔业经济，东部冷水鱼、中部名优鱼、西部生态鱼的发展格局加快形成，渔业产业发展再上新台阶，全省渔业渔政工作取得明显成效。

2019 年，吉林省水产养殖面积已达 33.02 万公顷，较上年增长 1.45%；完成水产品产量 23.66 万吨，较上年增长 1.08%，其中养殖产量 21.75 万吨，增长8.21%。实现渔业总产值 145.49 亿元，较上年增长6.19%；渔民人均纯收入达到 15 515 元，较上年增长10.7%。水产品加工出口 3.13 万吨，占全国出口总量的 0.73%；出口额 1.38 亿美元，占全国出口总额的0.67%，位居全国内陆省份第一位。推广稻渔综合种养面积 4.67 万公顷，较 2018 年扩大 6%。

1.大力推进渔业转型升级　一是组织发展稻渔综合种养等循环农业，在全省范围内大面积推广稻田养殖鱼、蟹、鳅等，印发了《稻渔综合种养增收工程实施方案》，2019 年，通过核心示范区示范推广，全省共实施稻-鱼、稻-蟹、稻-鳅、稻-虾等养殖模式 4.67 万公顷，较 2018 年扩大 6%，在第三届全国稻渔综合种养模式创新大赛暨 2019 年度优质渔米评比推介活动会上，吉林省获得模式创新特等奖 1 项，二等奖 2 项；获优质米评比金奖 1 项，银奖 1 项。二是推进冷水鱼提档升级，扶持以东部长白山区为优势区的名优冷水鱼养殖，标准化流水养殖和网箱养殖规模持续扩大，地产三文鱼、细鳞鱼、花羔红点鲑等名优鱼类实现规模上市。三是积极发展休闲渔业，查干湖、月亮湖、大安嫩江湾等地休闲旅游蓬勃发展，全省休闲渔业产值达到 25.9 亿元，同比增长 22.4%。

2.加快促进水产养殖业绿色发展　一是为贯彻落

实农业农村部等部门出台的推进水产养殖业绿色发展的政策文件，在认真调研和征求相关单位意见后，联合吉林省生态环境厅等10部门于5月底出台了《关于加快推进水产养殖业绿色发展的实施意见》，成为指导吉林省未来一段时间水产养殖业发展的重要政策文件。二是按照农业农村部要求，继续将落实养殖水域滩涂规划制度作为推进水产养殖业绿色发展的根本举措，督促指导各地编制发布养殖水域滩涂规划，科学划定禁养区、限养区、养殖区。继2018年按期完成32个重点县(市)养殖水域滩涂规划编制出台任务后，2019年又推进完成了8个市(州)及长白山保护开发区管理委员会规划编制出台工作，同时，完成了省级规划初稿编制。三是组织开展了水产健康养殖示范创建活动，新创建8家国家级水产健康养殖示范场，首次将大水面、稻渔综合种养等纳入创建范围，丰富了创建内容。四是推进渔业健康养殖和科技创新，印发《乡村振兴战略下加强吉林省水产技术推广工作的实施方案》，在全省组织实施了稻渔综合种养等21项省级水产技术推广项目。五是组织开展了水产养殖兽药残留和非法投入品专项整治活动，制定并下发了活动方案，组织开展了检查活动。

3.扎实开展水生生物资源养护工作 一是加强禁渔管理，及时制定发布了2019年禁渔期通告，自然江河禁渔时长达到两个半月，较往年延长1倍，并首次实现了松花江和辽河全流域禁渔管理，联合黑龙江省开展了松花江渔政联合执法活动。联合省生态环境厅、省水利厅印发了《吉林省松花江、辽河流域水生生物多样性保护方案》。二是组织开展"中国渔政亮剑2019"系列专项执法行动，在白山湖举办了行动启动仪式，组织各地开展了形式多样的禁渔宣传和执法检查活动，严厉打击破坏渔业资源违法行为。全省共印发宣传材料111 575份；出动执法人员9 728人次，执法车辆2 672台次，执法船艇1 756艘次；检查渔港码头及渔船自然停靠点2 211个次，检查船舶网具修造厂(点)62个次，检查市场492个次，检查水生野生动物繁育利用场(点)43个次；检查渔船4 842艘次，水上巡查里程23 566海里，陆上巡查里程173 631千米。清理整治违规网具2 525张(顶)，排查发现安全生产隐患渔船59艘，整改完成安全生产隐患渔船49艘；查办违规违法案件62件，查获涉案人员86人，移送司法案件26件，移送司法人员30人，涉案渔获物2 213.6千克，涉案渔获物价值0.913万元，行政处罚7.79万元。三是增殖水生生物资源，4月与延边朝鲜族自治州和珲春市政府共同在图们江组织放流大麻哈鱼40万尾，6月6日"放鱼日"当天，在查干湖与松原市政府联合举办了以"养护水生生物资源 促进生态文明建设"为主题的放流活动。全年组织放流活动42次，在松花江、图们江、鸭绿江、嫩江、东辽河等水域放流鱼苗达到1 425万尾。四是加强水生野生动物保护，做好《中华人民共和国野生动物保护法》宣传贯彻工作，组织开展野生动物保护宣传月活动。加大执法力度，强化对濒危水生野生动物人工繁育和经营利用管理，规范行政审批流程，强化证后监管，共办理野生动物利用特许证件6件，加强对水族馆、海洋馆、动植物园等展演场馆的监督管理。组织开展了在养水生野生动物专项执法检查活动，对全省相关场所进行了摸底排查。五是加强水产种质资源保护区管理，落实了4个保护区工程补偿措施。六是开展全国渔业执法工作先进集体和先进个人申报，吉林省2名渔业执法人员和省图们江边境渔政管理站获农业农村部表彰。七是深入贯彻新《渔业捕捞许可管理规定》，制订工作方案，推进各地认真落实。

4.全面提升渔业管理服务能力 一是积极争取资金，加强项目管理，完善渔业基础设施，提升生产能力。2019年省级水产专项资金增加到2 000万元，实现翻番；对2018年项目进行了总结调度，按程序组织实施了2019年中央财政增殖放流、渔港建设、油价补贴等资金项目。嫩江月亮泡渔港、大安市渔港顺利通过农业农村部验收，成为全国首批通过验收的内陆渔港。二是加强渔业安全生产管理，组织开展隐患排查和冬捕专项检查活动，严格落实渔业船员管理有关工作措施，与省交通运输厅做好渔业船舶检验业务交接工作，在农业农村部组织的全国渔业安全生产隐患排查交叉检查活动中受到表扬。全面深入开展渔业安全生产月活动。全省共举办安全专题讲座5期，设置宣传专栏35处，张贴宣传挂图600余张。通过发放宣传品、召开会议、举办讲座、组织观看警示教育片、警示教育展等多种形式，组织开展渔业安全宣传咨询和安全生产科普宣传。开展渔业安全生产应急演练活动23次，参演人数700余人，参演船只82艘，为渔区安全生产提供了有力保障。积极组织参加全国首届渔业安全生产大比武活动，并以优异成绩获得内陆组第一名。三是及时承接扫黑除恶、大棚房整治、河湖长制等工作，有效落实推进措施。四是做好渔业统计和调研工作，准确按时报送渔业统计数据、分析渔业生产形势。

5.持续提升渔业科技创新水平 实施国家、省科研项目和专项22项，获得省部级奖项4项，通过专家验收成果8项，在中文核心期刊发表论文12篇，获授权实用新型专利1项。完成了吉林省重要渔业水域生态环境监测工作，将松花江、图们江、鸭绿江及4个国家级水产种质资源保护区纳入监测范围。完成了新版体系文件(《质量手册》《程序文件》《作业指导书》)的修订,并通过了省技术监督局的资质认定评审和农产品质量检测机构的"二合一"评审。

水产技术推广体系改革与建设稳步推进。全省38个市(县)共获得680万元资金扶持基层农技推广体系改革与建设,较上年增长28%。组织全省9个地区开展鲤春病毒血症等6种疫病75个样本的专项监测工作,未检测出阳性样本,全年未发生水生动物重大疫病。实施了水生动植物疾病预报测报工作,监测面积达到0.87万公顷。组织实施了"鲑鳟鱼健康养殖技术""池塘养殖精准用药示范"等推广示范项目21项,示范总面积达5.05万公顷,有效推动了渔业绿色发展技术示范应用和乡村振兴战略的实施。全省实施稻渔综合种养4.67万公顷,涵盖8个市(州)、39个县(市、区),建立12个核心示范区,示范面积达1 000公顷以上,稻田养鱼(蟹、泥鳅、虾)每公顷产量225千克,稻谷增收7%,每公顷综合增效1.5万元以上,稻渔综合种养技术已成为新形势下吉林省稻区增产增效、农业脱贫攻坚的主要措施和重要抓手,成为全省农业新的经济增长点,在第三届全国稻渔综合种养模式创新大赛暨2019年度优质渔米评比推介活动中,代表吉林省参展的吉林省镇赉县庆江种植养殖农民专业合作社获得全国稻渔综合种养模式创新大赛特等奖,吉林省舒兰市吉米粮食有限责任公司获得粳米米质金奖和模式创新二等奖、吉林省四平辽河农垦管理区大林子种植农民专业合作社获得粳米银奖和模式创新二等奖。

6.持续做好渔业扶贫、渔业援疆工作 一是紧紧围绕脱贫攻坚任务总要求,持续加大政策和资金投入,因地制宜扶持发展渔业生产。二是积极响应农业农村部号召,积极而为,主动对接新疆维吾尔自治区水产局,签订对新疆阿勒泰地区"援助优质冷水鱼苗、互派技术、管理人员交流"等渔业援疆项目协议,2019年援助优质冷水品种美洲红点鲑发眼卵13万粒。三是按照吉林省农业农村厅包保扶贫工作"四个联系、五个帮扶"总要求,与包保户主动对接,为包保户解决实际困难,将党的温暖及时送到贫困户手中,让包保户对党的政策有信心,对党的干部有信心,对完全脱贫有信心。

7.存在的主要问题 尽管渔业渔政工作取得了一定成效,但是,也存在一些突出问题:一是渔业经济总量不大,与资源潜力发达省份相比,还有较大差距;二是发展方式相对粗放,生产经营分散,品种结构不优,组织化程度和产业化水平偏低;三是部分水域资源环境安全、渔业生产安全、产品质量安全隐患仍然存在;四是历史遗留的渔业基础薄弱、装备落后问题仍然是制约产业发展的重要因素。

【重点渔业市(县、区)基本情况】

吉林省重点渔业市(县、区)基本情况

市(县、区)	总人口(万人)	渔业经济总产值(万元)	水产品总产量(吨)	其中		养殖面积(公顷)
				捕捞	养殖	
镇赉县	29.50	40 447.40	23 300	2 666	20 634	30 667
前郭尔罗斯蒙古族自治县	60.00	62 846.61	20 500	911	19 589	41 415
扶余市	77.17	37 730.47	17 135	3 586	13 549	7 154
大安市	43.00	25 739.53	10 461	828	9 633	31 390
吉林市	179.00	13 447.95	6 562		6 562	35 471

【大事记】

[1]4月3日,省农业农村厅制定发布《吉林省2019年禁渔通告》,全省所有自然江河实行禁渔期管理,禁渔时长达到两个半月,较往年延长1倍,并首次实现了松花江和辽河全流域禁渔管理。

[2]4月3日,省农业农村厅印发方案,在全省组织开展"中国渔政亮剑2019"系列专项执法行动,重点针对清理取缔涉渔"三无"船舶,违规渔具渔法清理整治,宣传大江大河(湖)禁渔期、禁渔区,打击电、

毒、炸鱼及边境交界水域非法捕捞、越界捕捞行为，渔业安全生产，水生野生动物保护等方面开展执法活动。

[3]5月16日，农业农村部印发《关于表彰全国渔业执法工作先进集体和先进个人的决定》，吉林省赵刚、于国华2名渔业执法人员和省图们江边境渔政管理站受到先进个人和先进集体表彰。

[4]5月30日，省农业农村厅等10部门联合印发《关于加快推进水产养殖业绿色发展的实施意见》，对吉林省未来一段时间推进水产养殖业绿色发展作出部署。

[5]12月26—28日，省农业农村厅组织参加由农业农村部渔业渔政管理局举办的“2019年全国渔业安全技能大比武”，并以优异成绩获得内陆组第一名。

（吉林省农业农村厅　常　悦）

黑龙江省渔业

【概况】 2019年，黑龙江省围绕渔业高质量发展目标，克服自然灾害严重、捕捞产量大幅度压减、水产品价格下跌等不利因素影响，扎实推进各项工作，全省渔业经济发展继续保持稳中有进、持续向好的良好态势。全省水产品产量达到64.8万吨，同比增长3.8%；渔业经济总产值148.8亿元，同比增长15.2%；渔民人均纯收入达到19 724.6元，同比增长8.6%。

1.养殖生产 建设11个河蟹扣蟹苗种繁育示范基地，7个哈大绥水产苗种繁育基地，5个水产品出口基地和10个特色水产品养殖基地，特色水产品养殖产量比上年增长5.2%。探索“接力养”和“塘育湖出”模式，大中水面生态养殖产量增长16%。建设22个稻渔综合种养示范县，稻渔综合种养面积5.92万公顷，比上年增长26%。冰雪渔业成为新的经济增长点，80余家企业、40多万人参与了冰雪休闲渔猎活动，实现了渔业一产首季度开门红。

2.生产加工 水产品加工企业不断壮大，年加工水产品2万吨以上，加工产品由冷冻、初加工产品向即食产品、罐头、熏制品、鱼肉水饺、鱼肉红肠等产品转变，鲟鳇、七彩鲑、大马哈鱼籽酱等高附加值产品形成一定规模。引进北京正泓顺业食品科技有限公司投资6 000万元，建设连环湖鳙鱼分割加工项目，9个分割产品年加工能力1 800吨。镜泊湖白鲢半成品年加工能力5万条。

3.品牌销售 实施“子母品牌”战略，积极培育“龙江鱼”品牌，打通省外销售市场。评选出的“黑龙江省十大地产特色名鱼”在农民丰收节、黑龙江绿色食品产业博览会上展览。“连环湖鳙鱼”被评为2019年全国最受市场欢迎名优农产品和全国农产品区域公用品牌。与阿里巴巴盒马鲜生、北京水产公司等企业合作，设立了龙江鱼进京驿站，4 000多吨优质龙江鱼进京销售，部分水产品成功走上了70周年国庆阅兵部队餐桌，100余吨龙江鱼首次走进盒马鲜生北京连锁店。通过顺丰平台在全国销售水产品2 000余万元。

4.科技创新 建立完善省级淡水鱼产业技术协同创新体系，创建2个省级现代渔业产业园、5个省级现代渔业科技园区、1个“渔光一体”新能源养殖基地。与黑龙江水产研究所、盘锦市光合蟹业有限公司、苏州湖八鲜生态养殖有限公司签订科技合作协议，小龙虾越冬繁殖技术获得成功，河蟹大眼幼体培育扣蟹技术得到推广。黑龙江省8个项目分别获第三届中国国际现代渔业科技博览会金奖、突出贡献奖和特色渔业优势区域奖。

5.资源养护 首次争取山水林田湖草项目资金833万元，引入阿里巴巴、永续基金会公益基金300万元，用于鲟鳇、大麻哈鱼资源保护。举办“全国放鱼日”活动和中俄鲟科鱼类放流活动，全省总计增殖放流1.09亿尾。争取250万元资金用于东宁大麻哈鱼放流站灾后修复重建，投资200万元用于逊克鲟鳇鱼救治救护中心建设。捕捞机动渔船减船转产451艘，压减捕捞产量13%。扩大松花江流域禁渔范围，延长禁渔期1个月。针对俄罗斯过度捕捞大麻哈鱼问题，通过3年中俄会谈的不懈努力，敦促俄方采取了禁渔制度、降低捕捞强度、加大处罚力度等措施，维护我国鱼源国应有的权利。

6.渔政执法 组织开展“渔政亮剑”系列专项执法行动，首次与吉林省开展联合执法行动。为8个边境市(地)、15个边境县(市)配备了夜视仪、船用雷达等先进装备，有效提升管控效能。为全省1.1万艘机动渔船安装卫星监控系统，对三江口渔政站进行信息化升级改造，对嫩江、松花江流域38个县配备执法装备。

开展了春、秋两季边境水域中俄联合执法检查，召开了中俄渔政工作会议，加强中俄互信与合作。加大打击涉渔“三无”船舶力度，渔民越界捕捞事件为历史最低，为国庆70周年庆典活动营造了良好的政治氛围。

7.存在的主要问题 虽然全省渔业工作取得了一定成效，但在渔业发展上，还存在一、二、三产比重失调，二、三产比重小；新型经营主体发育不足，组织化程度不高；思想观念陈旧，养殖效益不高；科技到位率不高，推广体系不健全；资金投入不足，基础设施老化等突出问题。

【重点渔业市(县、区)基本情况】

黑龙江省渔业重点市(县、区)基本情况

市(县、区)	总人口(万人)	渔业总产值(万元)	水产品产量(吨)	其中		养殖面积(公顷)
				养殖	捕捞	
肇东市	94	83 727	43 992	43 744	248	15 125
杜尔伯特蒙古族自治县	25	122 103	35 647	31 044	4 603	65 123
北林区	88	52 195	33 334	33 281	53	7 417
密山市	44	67 179	27 283	25 637	1 646	20 625
肇源县	45.1	56 215	26 709	23 345	3 364	20 913
哈尔滨市区	473.6	27 525	25 814	25 240	574	8 829
巴彦县	59	32 782	19 874	19 520	354	4 900
大庆市区	132	36 864	19 115	19 115	0	19 049
安达市	47.3	28 422	18 761	17 566	1 195	16 000
同江市	21.16	21 584	14 639	13 865	774	5 073

【大事记】

[1]2 月 23 日,省农业农村厅副厅长孙文志带领厅渔业渔政管理局、省水产技术推广总站、有关市(县)和养殖企业负责同志赴辽宁省盘锦市就 2019 年河蟹蟹苗采购及河蟹养殖产业发展等相关事宜进行了对接洽谈,就蟹苗繁育流程、苗种供应量、供应品质和供货时间等进行了详细洽商。

[2]2 月 26 日,由黑龙江省农业农村厅、黑龙江省顺丰速运有限公司共同主办的"龙江鱼 · 鲜天下"生态龙江渔业品创经济论坛在哈尔滨举办。

[3]4 月 19 日,黑龙江省农业农村厅在哈尔滨举办了全省推进渔业高质量发展培训班,省农业农村厅与中国水产科学研究院黑龙江水产研究所签订了渔业科技战略合作协议。

[4]4 月 19 日,"同心聚力 · 共促龙江渔业高质量发展论坛"在哈尔滨举行。省农业农村厅渔业渔政管理局、省水产技术推广总站、全省各地渔业主管部门及省渔业协会会员代表 140 余人参加了论坛。省农业农村厅副厅长孙文志出席论坛并致辞。

[5]4 月 20 日,黑龙江省渔业协会召开了第三次会员(代表)大会。大会选举产生了第三届理事会,并召开了三届一次理事会议。

[6]5 月 23 日,省农业农村厅厅长王金会在 2019 年全国渔业执法工作座谈会暨全国渔业执法先进集体和先进个人表彰会上做了"坚持党政军警民联动,维护边境水域渔业生产秩序"的典型发言。

[7]6 月 6 日,省农业农村厅在密山市举办了以"养护水生生物资源,促进生态文明建设"为主题的 2019 年全国"放鱼日"黑龙江省同步增殖放流活动,在兴凯湖水域放流鱼类苗种 303 万尾。

[8]6 月 20 日,省农业农村厅在抚远市举办全省渔政管理、渔业安全生产暨兴边富民培训班,省农业农村厅、省委军民融合办公室、省农垦总局、省公安厅、省政府外事办公室、黑龙江海事局、黑龙江水产研究所等单位相关同志以及各市(地)、县(市、区)农业(渔业)部门领导出席培训班。

[9]6 月 21—23 日,第三届中国国际现代渔业暨渔业科技博览会暨首届中国国际智慧渔业博览会在合肥滨湖国际会展中心举行。黑龙江省获得最佳组织奖、特色渔业区域金奖、系列产品金奖和绿色发展突出贡献奖等 8 项荣誉。

[10]7 月 23 日,省农业农村厅在抚远市边境水域组织开展中俄联合增殖放流活动,农业农村部渔业渔政管理局副局长刘新中和俄罗斯联邦渔业署有关代表出席活动,活动中放流达氏鳇 10 万尾、施氏鲟 30 万尾,有效养护濒危水生野生动物资源。

[11]8 月 15 日,中央农村工作领导小组办公室主任,农业农村部党组书记、部长韩长赋一行到黑龙江省抚远市调研边境水域渔政管理工作。农业农村部办公

厅、计划财务司、渔业渔政管理局、种植业管理司、农垦局、农田建设管理司等司局领导陪同调研。黑龙江省省委常委、副省长王永康，农业农村厅厅长王金会等陪同调研。

[12]8月28日，省农业农村厅渔业渔政管理局在哈尔滨市组织开展了“黑龙江省十大地产特色名鱼”评选活动。最终入选的有：大麻哈鱼(秋鲑，抚远市鲟鳇鱼繁育养殖有限公司)；五大连池矿泉鲤(五大连池风景名胜区自然保护区日河渔业有限公司)；正银鲫(哈尔滨方正银鲫原种场)；兴凯湖大白鱼(翘嘴鲌，农垦震达兴凯湖大白鱼研究所、省兴凯湖水产养殖有限公司、密山市渔业协会)；松花江鳌花(翘嘴鳜，大庆市连环湖水产养殖有限公司、省青花湖渔业集团有限公司)；虹鳟(宁安市钻心湖虹鳟渔场)；龙江花鲢(鳙，大庆市连环湖水产养殖有限公司、省镜泊湖水产养殖场)；黑龙江鲟(施氏鲟，黑河华之宝鲟鱼有限公司)；黑龙江鳇(达氏鳇，抚远市鲟鳇鱼繁育养殖有限公司)；镜泊湖红尾鱼(蒙古鲌，省镜泊湖水产养殖场)。

[13]9月，2019中国农民丰收节“千企万品助增收”活动在北京市顺义区举办，国务院副总理胡春华，农业农村部部长韩长赋、副部长于康震，中国农产品市场协会会长张玉香等领导出席。黑龙江省“连环湖鳙鱼”在全国2 000多家企业万余个品牌中脱颖而出，荣获参展资格并被授予“最受市场欢迎的名优农产品”荣誉。

[14]9月23日，“龙江鱼进京驿站”揭牌仪式和黑龙江省渔业协会与北京市渔业协会战略合作框架协议签约仪式在中国农民丰收节北京市房山区石楼镇分会场举行。

[15]9月23日，“黑龙江省十大地产特色名鱼”在中国农民丰收节·方正主会场上亮相。省委书记张庆伟、省长王文涛、省委副书记陈海波、副省长王永康在省农业农村厅厅长王金会的陪同下，先后来到“十大地产特色名鱼”品鉴区，详细了解“黑龙江省十大地产特色名鱼”及优选企业情况，对近年来全省渔业发展取得的可喜成就给予充分肯定。陈海波副书记为“十大地产特色名鱼”优选企业颁发奖牌和证书。

[16]10月14日，省农业农村厅渔业渔政管理局联合省水产技术推广总站在哈尔滨举办了全省水产养殖规范用药等质量安全知识师资培训班，全省各市(县)承担水产养殖质量安全管理指导工作和16家水产原良种场及部分部级水产养殖健康示范场的负责同志130余人参加培训。

[17]10月14—15日，负责阿里巴巴集团盒马鲜生北京与上海区域采购业务的商品采购中心采购总监万久根及采购专家王国柱一行，到黑龙江省考察洽谈水产品进驻盒马鲜生平台销售合作事项，并与行业主管部门和企业代表进行了座谈。

[18]10月14—15日，阿里巴巴集团盒马鲜生全国区及华北区采购部门负责人到黑龙江省实地考察，省农业农村厅副厅长孙文志主持召开座谈会，青花湖集团与阿里巴巴集团盒马鲜生正式签署“全国淡水鱼供应”合作协议，首批2.75吨龙江鲤鱼、鲫鱼、花鲢、草鱼于11月8日进入盒马鲜生北京27家超市。

[19]11月，中国水产科学研究院黑龙江水产研究所大银鱼研究基地暨博士工作站在杜蒙县龙虎泡水产养殖场揭牌成立，标志着杜蒙县大银鱼产业发展正式进入到院县共建、科研推广的新阶段。

[20]2019年，黑龙江省渔业渔政管理局被农业农村部授予全国渔业执法工作先进集体。

(黑龙江省农业农村厅渔业渔政管理局　宁　博)

上海市渔业

【概况】 2019年，上海市水产品总产量达28.04万吨，比2018年增长6.09%，其中淡水水产品产量8.3万吨，同比减少13.47%；海水水产品产量19.74万吨，同比增长17.23%。2019年全市渔业总产值达52.88亿元，比2018年减少2.07%。2019年上海渔民收入达28 669元，同比增长0.3%。2019年全市拥有淡水养殖面积1.18万公顷，捕捞渔船和渔业辅助船等各类渔船563艘。圆满完成全国人大常委会《渔业法》贯彻实施情况执法检查组来沪检查接待工作，在有关材料、检查内容和行程安排上做了扎实充分准备，市委、市政府、市人大主要领导参加了检查活动，全市《渔业法》贯彻实施工作得到全国人大领导和检查组高度肯定。

1.水产养殖绿色发展取得新成效 加强水产养殖绿色生产方式推广，2019年全市按照水产养殖绿色生产操作规程生产的养殖场达304家，池塘面积达5 167公顷，覆盖率达44.3%，完成了覆盖率40%的目标。实施水产养殖场尾水治理设施建设和改造，印发《上海市水产养殖尾水排放操作规程(试行)》，加强指导、培训和组织现场推进会，做好尾水治理项目评审、立项等项目建设前期工作，全面完成2019年全市2 000公顷水产养殖场尾水治理设施建设和改造任务。开展水产养殖环境(养殖水与底泥)监测，对全市大宗淡水鱼、中华绒螯蟹、南美白对虾等200家水产养殖场的外源水、池塘水、尾排水进行同期监测，评估水产养殖尾水对环境影响的程度。开展全国水产健康养殖示范场创建，至2019年全市共有65家水产养殖场获得全国水产健康养殖示范场称号，面积达 4 076 公顷。保障种源渔业稳定和发展，印发《上海市市级水产原、良种场资格认定办法》，2019 年累计下达 16 家苗种场（种源企业）水产原种和亲本更新补贴资金 529.17 万元。完成《上海市养殖水域滩涂规划（2018—2035 年）》编制任务。

2.渔业生态资源养护迈上新台阶 推进长江大保护，提前完成 2019 年年底长江水生生物保护区退出捕捞和 2020 年年底长江干流全面禁捕的任务；加强长江退捕后的社会稳定和管控工作，印发《上海市长江口水域打击非法捕捞专项整治行动工作方案》，组织开展长江口水域打击非法捕捞专项整治行动，已清理整治外来渔船、"三无"船舶 1 574 艘，43 处聚集点已基本清零，并通过封港关闸等措施建立长效管控机制，得到市领导充分肯定；会同相关部门联合印发《关于进一步加强长江上海段水域禁捕管理和落实补偿制度的通知》；完成 2018—2019 年长江流域重点水域禁捕工作绩效考核。持续压减近海捕捞强度，全市已完成海洋渔船拆解 84 艘，总功率 7 239.1 千瓦，提前完成"十三五"国家下达上海市的减船任务目标。研究制定伏休期间海蜇限额捕捞试点方案，在杭州湾开展海蜇专项捕捞试点，2019 年全市共有 21 艘本地渔船申请，捕捞海蜇 107.8 吨，生产秩序总体稳定，未发生渔船超配额捕捞现象。严格落实休（禁）渔制度，严格海洋伏休、长江禁渔、内陆水域禁渔期执法监督管理，实现了"船进港、网入库、人上岸"的管理目标。加强水生生物增殖放流和生态修复，2019 年全市共投入各类增殖放流资金 3 059万元，在重要渔业水域放流各类苗种 15 439 万尾（只）；同时有序推进长江口国家级海洋牧场示范区建设，完成项目建设任务。开展濒危物种专项救护，2019 年全市共救护中华鲟、大鲵、江豚等各类水生野生动物 150 尾（只）。中华鲟保护区二期基地建设纳入崇明世界级生态岛建设重点项目，已正式开工建设。长江中华鲟保护立法列入市人大立法正式项目，《上海市长江中华鲟保护条例（草案）》已经市政府常务会议通过。

3.渔业安全监管效能得到新提升 加强渔业安全生产监管，完善和加强渔港渔船监管信息系统应用，进一步提升了渔业安全监管效能。2019 年全市共发生各类渔业安全事故 4 起，死亡 1 人，伤残 4 人，直接经济损失 126 万元；实施渔业海难救助 10 起，救助渔民 59 人，救助渔船 10 艘，调度救助公务船和渔船 11 艘次，投入救助经费 11.8 万元，挽回经济损失 560 万元，无重特大渔业安全事故发生，渔业安全生产形势平稳可控。加强地产水产品质量安全监管，2019 年全市组织抽检 208 家水产养殖场 304 份地产养殖水产品样品，合格率达 100%。

4.渔业产业融合和功能拓展取得新进展 休闲渔业稳步发展，2019 年第十四届上海国际休闲水族展览会成功举办，上海休闲水族产业影响力和知名度进一步提升。横沙渔港开放功能初步显现，2019 年由俄罗斯直航上海横沙渔港帝王蟹达 12 艘次，卸货量 800 余吨，货值 4 亿余元。远洋渔业稳步推进，产业外扩和产品回国战略实施取得新成效，2019 年全市远洋渔业企业共回运自捕水产品 14.37 万吨，占远洋捕捞总产量的 77.76%，比 2018 年增长 47.54%，更多优质、高档的深海水产品供应市民餐桌。

【重点渔业区基本情况】

上海市重点渔业区基本情况

地区	渔业人口（人）	渔业产值（万元）	水产品产量（吨）	其中				养殖面积（公顷）	
				海洋捕捞	海水养殖	内陆捕捞	淡水养殖	海水	淡水
崇明区	8 471	116 211	43 366	11 998			31 368		3 415
奉贤区	4 312	47 699	11 534	170			11 364		2 547
青浦区	2 373	46 117	10 905			437	10 468		1 587
浦东新区	1 164	24 201	12 327	2 592			9 735		1 845
金山区	1 906	16 026	5 610	32		149	5 429		808

【大事记】

[1]3 月 22 日，市农业农村委员会召开 2019 年上海市水产工作会议。市农业农村委党组成员、副主任王国忠出席会议并讲话。

[2]3 月 28 日，市委副书记、市长应勇和副市长

彭沉雷到市水生野生动植物保护研究中心基地调研。

[3]4 月 12 日，市农业农村委员会与青浦区政府联合举办以“共抓大保护 共护一湖水 共创生态城”为主题的水生生物增殖放流活动。农业农村部长江流域渔政监督管理办公室副巡视员董金和、市农业农村委副主任王国忠、青浦区副区长金俊峰以及社会各界代表出席活动。

[4]4 月 18 日，市委常委、市纪委书记、市监委主任廖国勋到市水生野生动植物保护研究中心基地调研。

[5]5 月 10 日，农业农村部渔业渔政管理局局长张显良在市农业农村委副主任王国忠等陪同下到上海横沙渔港经济区上海鱼我所欲供应链管理有限公司调研。上海市长兴岛开发建设管理委员会办公室副主任陈波、中国水产科学研究院东海水产研究所所长庄平等参加调研。

[6]5 月 10 日，市农业农村委为贯彻落实全市扫黑除恶专项斗争工作要求，维护渔业行业正常生产工作秩序，召开涉渔领域扫黑除恶专项斗争推进会。市农业农村委党组成员、副主任王国忠出席会议并讲话。

[7]5 月 10 日，农业农村部渔业渔政管理局局长张显良到市水生野生动植物保护研究中心基地调研。

[8]5 月 28 日，市委常委、统战部部长郑刚森到市水生野生动植物保护研究中心基地调研。

[9]6 月 6 日，上海市副市长彭沉雷在市农业农村委主任张国坤、市长兴岛开发办副主任陈波等陪同下，到上海横沙渔港经济区调研。

[10]6 月 6 日，主题为“同筑生态文明之基 共享乡村振兴之美”的 2019 年长江口珍稀水生生物增殖放流活动在长江口水域举行。上海市副市长彭沉雷、市政府副秘书长赵祝平、市农业农村委主任张国坤、市长兴岛开发办副主任陈波等出席活动。

[11]6 月 18 日，市农业农村委党组书记、主任张国坤在中国渔政 31001 船上组织召开上海市渔业捕捞领域扫黑除恶第二次专项联合执法行动部署会。

[12]9 月 19—20 日，以海南省农业农村厅总农艺师黄正恩为组长的全国渔业安全隐患排查第七工作组一行来沪开展渔业安全隐患排查工作。市农业农村委副主任王国忠等陪同。

[13]9 月 21—23 日，由上海水产行业协会主办、上海市龟业协会(筹)协办，上海波蒂咨询管理有限公司承办的 2019 第十四届上海国际休闲水族展览会在上海农业展览馆举行，2019 龟谷世界名龟展和中国爬宠狂欢节同期同地举办。

[14]9 月 24 日，市政协副主席方惠萍、张恩迪到市水生野生动植物保护研究中心基地开展专题调研。

[15]9 月 27 日，上海市长江禁捕管理工作会议召开。上海市副市长彭沉雷、市农业农村委主任张国坤和相关部门、相关区领导出席会议，市政府副秘书长赵祝平主持会议。

[16]10 月 15—18 日，全国人大常委会副委员长曹建明率全国人大常委会《渔业法》执法检查组在上海进行执法检查。市委书记李强同执法检查组一行举行座谈，市委副书记、市长应勇，市人大常委会主任殷一璀参加座谈并在执法检查汇报会上致辞。全国人大常委会委员、全国人大农业与农村委员会副主任委员王宪魁、廖晓军参加。

[17]10 月 30 日，由市农业农村委主办，市水产技术推广站承办的 2019 年上海市水产技术推广职业技能竞赛暨 2019 年中国技能大赛——第二届全国农业行业职业技能大赛(上海选拔赛)顺利举办。市农业农村委党组成员、副主任王国忠出席开幕式并宣布大赛开幕。

[18]11 月 12 日，中央扫黑除恶第 16 督导组组长吴玉良在市委副书记、政法委书记尹弘等陪同下，到市水生野生动植物保护研究中心基地调研。

[19]12 月 7 日，主题为“生态优先，共享未来”的 2019 年长江口珍稀水生生物增殖放流活动在崇明举行。上海市委副书记、市长应勇参加增殖放流活动，副市长彭沉雷讲话。

(上海市农业农村委员会　田青霄)

江苏省渔业

【概况】 2019 年，全省水产养殖面积 60.3 万公顷，同比减少 7.08%；水产品总产量 484.12 万吨，同比下降 2.17%，其中海洋捕捞 44.56 万吨、同比下降 6.23%，淡水捕捞 29.21 万吨、同比增长 1.7%，海水养殖 91.53 万吨、同比下降 0.33%，淡水养殖 317.89 万吨、同比下降 2.28%，远洋渔业 0.94 万吨、同比下降 36.73%。渔业产值 1 741 亿元，同比下降 1.93%；渔民人均收入 2.87 万元，同比增长 6.64%。

1.持续推动产业结构调整 落实养殖规划制度，全省 13 个设区市养殖水域滩涂规划全部编制完成；73 个主产县(市、区)以政府名义发布了养殖水域滩涂规划，划定了养殖区、限养区和禁养区。强化基础设施建设，大力实施池塘标准化改造，推广应用微孔增氧、渔业物联网等技术，全省新建和改造标准化池塘面积超过 2 万公顷。实施《特色水产产业千亿级发展规划》，溧阳青虾获评“中国特色农产品优势区”，河蟹、青虾等特色水产养殖面积占比达79%。推进稻田综合种养发展，省农业农村厅、省自然资源厅、省水利厅联合出台《关于加快推进稻田综合种养发展的指导意见》，全省稻田综合种养面积达10万公顷。

2.大力推进生态健康养殖 深入推进水产健康养殖示范创建，新建国家级水产健康养殖示范场81家。大力推广生态健康养殖技术和模式，制定池塘养殖尾水排放强制性标准，组织开展全省池塘生态化改造实施方案编制工作，在南京、苏州等地开展试点示范，逐步推进尾水达标排放或循环利用。强化产地水产品质量安全监管，加大抽检力度，强化执法监管，全省抽检产地水产品合格率达98%以上，抽检不合格样品查处率100%，未发生重大水产品质量安全事件。

3.扎实推动长江流域重点水域退捕工作 科学拟定实施方案，明确补偿标准、资金来源、补偿措施等，为做好退捕工作提供政策依据。加大协调推进力度，指导各地全面推进退捕渔船渔民建档立卡、发布退捕补偿和转产安置方案、退捕渔民登记、第三方评估渔船渔具、签订退捕协议等各项工作。

4.加强湖泊渔业综合整治 按照中央环保督察要求，全面拆除太湖0.3万公顷、滆湖0.153万公顷围网。有序推进湖泊退养还湖工作，全省重点湖泊网围养殖面积压减到4.66万公顷以内。推进大水面生态养殖，加强对保留的网围养殖管理，提升生态养殖水平。

5.加强水生生物资源养护 加大渔业增殖放流力度，修改完善了《江苏省水生生物增殖放流工作规范》，组织开展6月6日全国“放鱼日”等渔业增殖放流活动，在江河湖海等水域放流各类苗种达20亿尾（粒、只）。强化水产种质资源保护区建设，加强涉渔工程管理，提升水生生物资源保护水平。

6.加强渔业安全生产监管 推动实施渔船进出港报告制度，开展高速艇、浮子筏整治专项行动。从主体责任、制度机制、安全投入、隐患排查、严格执法、应急救援、宣传培训等方面推动各项措施落实，不断加强平安渔业建设。贯彻落实“中国渔政亮剑2019”部署要求，牵头开展海洋伏季休渔、长江禁捕等专项行动，加强渔政执法监管，在重点区域、重点时段开展联合执法、联动执法，打击涉渔违法违规行为。

7.存在的主要问题 一是资源约束紧，随着城市化进程加快，渔业发展空间日益受到挤压，水生生物资源衰退趋势还没有根本扭转。二是环保要求严，生态环境保护要求越来越严，传统渔业生产方式难以为继，亟待转型升级。三是渔业安全管理能力亟待提升，海上安全执法、应急救援力量薄弱，难以满足渔业安全生产管理需求。

【重点渔业市（县、区）基本情况】

江苏省重点渔业市（县、区）基本情况

市（县、区）	总人口（万人）	渔业产业（万元）	水产品总产量（吨）	其中				养殖面积（公顷）	
				海洋捕捞	海水养殖	内陆捕捞	淡水养殖	海水	淡水
赣榆区	119.8	1 228 444	438 717	108 249	247 697	1 154	81 617	23 610	4 830
启东市	110.35	796 404	304 509	158 275	109 045	7 440	27 229	18 121	4 510
如东县	101.24	762 110	304 501	40 910	208 146		55 445	48 551	5 311
兴化市	154.26	1 091 247	286 664			12 053	274 611		32 349
射阳县	94.51	452 901	222 999	27 421	74 492	7 311	113 775	5 927	10 000
东台市	108.86	429 965	185 913	24 611	72 516	10 651	78 135	21 070	7 300
高邮市	80.27	698 535	175 141			4 512	170 629		27 296
大丰区	69.95	355 789	173 725	11 218	60 313	13 790	88 404	17 750	9 400
宝应县	87.97	659 801	145 242			14 006	131 236		18 917
盐都区	63.63	237 835	107 000	58		3 400	103 542		8 333

【大事记】

[1]3月27日,农业农村部学习贯彻《加快推进水产养殖业绿色发展的若干意见》培训班在南京市举办。全国各省(自治区、直辖市)及计划单列市渔业主管部门、水产技术推广机构相关负责同志和技术人员等参加培训。农业农村部渔业渔政管理局副局长李书民、全国水产技术推广总站站长崔利锋出席并讲话。

[2]6月6日,按照农业农村部统一部署,全省各地同步开展渔业增殖放流活动,省、市、县有关管理部门、社会各界代表、渔民代表以及志愿者等参加放流活动。2019年在江河湖海等水域放流各类苗种达20亿尾(粒、只)。

[3]6月10日,江苏省农业农村厅、江苏省生态环境厅联合印发《关于开展全省养殖池塘生态化改造实施方案(2019—2022年)编制工作的通知》,启动全省13个设区市、73个主产县(市、区)池塘生态化改造方案编制、养殖尾水达标排放试点工作。

[4]7月29日,江苏省农业农村厅、江苏省财政厅、江苏省人力资源和社会保障厅联合印发《江苏省长江流域重点水域禁捕和建立补偿制度实施方案》,部署2019年年底前完成全省范围内水生生物保护区以及长江干流的退捕工作(长江干流退捕比国家部署提前一年完成)。

[5]8月19日,江苏省完成了中央环保督察指出的“太湖围网养殖”问题整改工作,全面拆除太湖0.3万公顷围网。

[6]8月30日,江苏省省长吴政隆主持召开省长办公会议,研究全省重点水域退捕禁捕工作,审定通过了长江流域重点水域退捕工作省级补助资金方案,并对全省重点水域退捕禁捕工作提出了明确要求。

[7]11月9日,“滆湖网围养殖影响湖泊水质”省级突出环境问题整改工作完成,全面拆除滆湖0.153万公顷围网。

[8]11月21日,江苏省农业农村厅印发了新修订的《江苏省水生生物增殖放流工作规范》,进一步加强水生生物增殖放流管理。

[9]11月26日,江苏省农业农村厅、江苏省自然资源厅、江苏省水利厅在盱眙联合召开全省稻田综合种养工作推进会,正式发布《江苏农业农村厅 江苏省自然资源厅 江苏省水利厅关于加快推进稻田综合种养发展的指导意见》。2019年全省稻田综合种养面积达10万公顷。

[10]11月,江苏省农业农村厅联合地方人民政府发布了《关于收回太湖水域部分渔民捕捞权的公告》《关于收回高宝邵伯湖水域部分渔民捕捞权的公告》《关于收回洪泽湖水域兼业渔民捕捞权的公告》《关于收回骆马湖水产种质资源保护区内捕捞渔民捕捞权的公告》。

[11]12月26日,全省73个水产养殖主产县(市、区)全部以政府名义发布了养殖水域滩涂规划,划定了养殖区、限养区和禁养区。

[12]12月31日,江苏省各设区市政府上报的长江干流、湖泊保护区退捕任务按计划完成了船网证移交,全部实现了证上缴、船靠岸、网集中。

(江苏省农业农村厅 蒋泽敏)

浙江省渔业

【概况】 2019年,浙江省水产品总产量600.4万吨,同比增长0.8%。其中:国内海洋捕捞产量272.4万吨,同比下降5.2%;海水养殖产量127.0万吨,同比增长5.1%;内陆捕捞产量16.0万吨,同比增长22.4%;淡水养殖产量117.1万吨,同比增长3.4%;远洋渔业产量67.9万吨,同比增长11.2%。全省渔业经济总产值2 232.6亿元,同比增长2.4%,渔业一、二、三产占比49∶25∶26。全省水产品批发市场72个不同品种(规格)综合均价监测表明,主要水产品综合均价下降3.2%。全省拥有机动渔船2.96万艘,减少2 252艘;总功率448.6万千瓦,减少1.5万千瓦。全省水产品进出口总量32万吨,进出口贸易总额12.7亿美元,同比分别下降19.2%和24%。全省渔民人均纯收入2.99万元,同比增长8%。

1.水产养殖 2019年,浙江省深入推进水产健康养殖和规范化管理。实施养殖水域污染整治一揽子举措和渔业水域生态保护,污染较大的养殖主体逐渐退出,全省水产养殖面积总体下降。全年水产养殖面积25.5万公顷,比上年减少2.2%。其中海水养殖面积8.2万公顷,同比增长1.4%;淡水养殖面积17.3万公顷,同比减少3.7%。省农业农村厅出台《关于加快推进水产养殖绿色发展的实施意见(2019—2022)》《浙江省渔业健康养殖示范创建实施方案》《浙江省稻渔综合种养百万工程(2019—2022)实施意见》。建成国家级健康养殖示范县5个、省级渔业健康养殖示范场300个,启动首批14个省级渔业健康养殖示范县建设。清理整顿违规海水养殖面积1.16万公顷,养殖尾水处理面积4.67万公顷。建设省级新型稻渔综合种养示范基地25个,核心示范面积633.33公顷,辐射推广2.77万公顷。实施配合饲料替代幼杂鱼行动,全年推广配合饲料面积1.41万公顷、海水网箱8.4万只,减少投喂冰鲜幼杂鱼32.5万吨。推广池塘内循环流水养殖模式，发展全省“跑道”养鱼主体 169 个、“跑道”905 条，其中海水“跑道”55 条。

2.国内海洋捕捞 2019 年，全省国内海洋捕捞产量 272.37 万吨，比上年下降 5.2%。全年海洋捕捞渔船减少 715 艘，累计减少 2 991 艘，压缩功率 43.2 万千瓦，提前 1 年完成国家下达的 5 年压减产能任务。渔民人均燃料及冰费支出 1.46 万元，同比增长 2.8%。主要捕捞产品产量下降。其中：梭子蟹产量 16.3 万吨，同比下降 5.2%；带鱼产量 37.6 万吨，同比下降 3.1%；对虾产量 6.6 万吨，同比下降 16.3%；毛虾产量 16 万吨，同比下降 10.7%。

3.远洋渔业 2019 年，全省持有远洋渔业捕捞资格企业 44 家。远洋渔业总产量 67.9 万吨，比上年增长 11.2%。加快舟山国家远洋渔业基地建设，推动远洋渔业企业“走出去”。成立舟山远洋渔业基地（南美）服务有限公司，新建基里巴斯远洋渔业和水产养殖基地，入渔国家 12 个。发展以东南太平洋、西南大西洋为主的大洋性鱿钓作业，拓展北太平洋、印度洋公海围网作业，发展伊朗、安哥拉、乌拉圭等过洋性远洋项目，增加远洋作业类型，生产区域布局和产业结构更加优化。台州两家远洋企业整体迁往舟山，汇聚集群发展优势。

4.渔港建设 2019 年，全省渔港建设完成投资 4.20亿元。沈家门中心渔港扩建、路桥金清港渔船避风锚地建设、苍南石砰渔港升级改造、象山石浦中心渔港改扩建等 21 个续建项目速度加快；开工新建嵊泗洋山大岙渔港、临海东矶二级渔港、象山高塘林门二级渔港等 6 个升级改造项目；玉环鸡山渔港、瑞安北麂渔港等 5 个项目通过竣工验收。4 月 19 日，全国渔船渔港综合管理改革现场会在温岭举行，会上推广了台州渔船渔港综合管理“港长制”改革试点经验。年内，全省 202 座渔港均建立“港长制”，创建“依港管渔、依港促安、依港管船、依港兴业”渔业综合管理新模式。

5.渔业资源养护 2019 年，浙江省首次全面实施钱塘江干流禁渔和“生态修复百亿放流”行动。全省投入资金 8 000 多万元，放流各类水生生物苗种 40.6 亿单位。推进海洋牧场建设，椒江大陈海域人工鱼礁建设项目获批国家级海洋牧场示范区。开展水生野生动物救助保护，全年收缴、处理水生野生动物 56 头（尾），救护、放生天然水生野生动物 125 头（尾）。组织实施“海上安全攻坚战”“伏休成果保卫战”“幼鱼资源保护战”行动，清理取缔涉渔“三无”船（筏）和违禁渔具，对各类违反伏休管理行为进行坚决打击。全年检查渔船 5.2 万艘，清缴违禁渔具 27.2 万顶（张），查处各类违法违规案件 6 381 件、违禁渔获物 57.9 万千克。其中，清理取缔涉渔“三无”船（筏）1 278 艘，移交刑事处理案件 610 起、涉案人员 1 033 人。

6.渔业安全生产监管 2019 年，浙江省完善基层渔业应急指挥体系。成立浙江省渔业应急处置指挥中心，沿海市（县）也相继建成 19 个渔业应急处置指挥中心，有效实现渔业应急事件“全天候、全时段、全区域”实时监管。打赢海上渔船防台攻坚战。全年“利奇马”等 6 个台风影响浙江沿海，省渔业应急处置中心均第一时间启动应急响应，按照应急预案实施防台应急值班、渔船回港避风，严管“抢跑道”等行为，台风期间渔民无一人死亡。提升渔业安全监管服务水平。制定“海上安全事故专项整治”“预防海上安全事故专项督查”行动方案，组织实施海上安全“铁拳”整治行动，全面开展渔船安全隐患排查整治，省级挂牌督办的 68 艘涉氨渔船整治任务全面完成。

7.存在主要问题 一是渔业安全生产风险隐患依然存在，渔港和避风锚地等渔业防灾减灾设施建设仍然不足，渔船安全事故多发，特别是商渔船碰撞事故仍居高不下；二是深入推进浙江渔场修复振兴暨海上“一打三整治”的长效管理机制尚待完善，渔港“港长制”推进各地不平衡，渔区治理体系和能力现代化步伐不快；三是渔业绿色发展、转型升级进程不快，科技支撑不足，新业态新产业新动能有待培育；四是油补政策调整带来的渔民转移性收入不断减少，加之捕捞业效益稳中趋降，渔民持续增收压力加大。

【重点渔业市（县、区）基本情况】

浙江省重点渔业市（县、区）基本情况

市（县、区）	总人口（万人）	渔业总产值（万元）	水产品产量（吨）	其中					养殖面积（公顷）	其中	
				国内海洋捕捞	海水养殖	内陆捕捞	淡水养殖	远洋渔业		海水	淡水
普陀区	31.58	1 116 383	817 910	368 044	41 346			408 520	1 555	1 555	

（续）

市（县、区）	总人口（万人）	渔业总产值（万元）	水产品产量（吨）	其中					养殖面积（公顷）	其中	
				国内海洋捕捞	海水养殖	内陆捕捞	淡水养殖	远洋渔业		海水	淡水
温岭市	122.21	1 042 487	524 299	409 728	80 463		8 848	25 260	5 623	4 908	715
象山县	54.66	1 003 624	572 630	369 350	140 096	2 000	12 284	48 900	12 699	11 114	1 585
岱山县	17.64	748 435	381 627	318 957	54 151		4 836	3 683	855	777	78
玉环市	43.66	613 507	245 768	143 284	96 183	3 258	3 043		4 231	3 543	688
三门县	44.72	554 011	296 425	13 982	279 383	360	2 700		13 994	13 564	430
嵊泗县	7.44	553 237	394 380	208 088	186 292				1 510	1 510	
宁海县	63.39	362 536	160 348	5 700	148 350	408	5 890		15 219	13 133	2 086
临海市	120.48	318 758	119 361	82 136	11 828	10 025	15 372		4 040	1 243	2 797
椒江区	55.56	314 348	209 471	193 170	12 000		4 301		395	236	159

【大事记】

[1]1 月 10 日，召开全省渔业安全生产管理工作紧急视频会议，省农业农村厅厅长林健东、副厅长童加朝出席会议并讲话。

[2]2 月 22 日，农业农村部在北京召开全国渔业高质量发展推进会，省农业农村厅厅长林健东代表浙江省做典型交流发言。

[3]3 月 1 日至 6 月 30 日，钱塘江流域首次实施禁渔制度。涉及浙江省杭州、衢州、金华、绍兴、嘉兴等市 20 多个县(市、区)捕捞渔船 2 700 余艘。

[4]3 月 5—6 日，农业农村部渔业渔政管理局副局长韩旭赴台州温岭调研国家渔船渔港综合管理改革试点，省农业农村厅副厅长童加朝随同调研。

[5]3 月 26 日至 4 月 12 日，开展全省渔业安全生产大检查，厅领导及相关处室(单位)组队参加。

[6]4 月 19 日，全国渔船渔港综合管理改革现场会在温岭召开，农业农村部副部长于康震讲话，农业农村部渔业渔政管理局局长张显良，省农业农村厅厅长林健东、副厅长童加朝出席会议。

[7]4 月 19 日，全省“一打三整治”暨渔业安全生产工作现场会在台州温岭召开，省委副书记郑栅洁讲话，省委副秘书长李波，省农业农村厅厅长林健东、副厅长童加朝出席会议。

[8]6 月 4 日，由浙江省农业农村厅、杭州市人民政府主办，杭州市农业农村局和淳安县人民政府联合承办的 2019 年“全国放鱼日”暨浙江水生生物增殖放流活动在杭州市淳安县千岛湖金山鱼湾举行。农业农村部长江流域渔政监督管理办公室副主任董金和、浙江省农业农村厅副厅长童加朝、杭州市农业农村局副局长倪成良、淳安县县长董毓民等有关领导参加了活动。

[9]6 月 10 日，由省农业农村厅、舟山市政府联合举办的 2019 年“全国放鱼日”暨浙江省海洋水生生物增殖放流主会场活动在舟山普陀举行。农业农村部党组成员、中央农办秘书局局长吴宏耀宣布放流活动正式启动；省农业农村厅厅长林健东出席活动并讲话；舟山市市长何中伟，省农业农村厅副厅长童加朝、刘嫔珺，副巡视员陆元林等参加活动。

[10]6 月 18 日，全省远洋渔业可持续高质量发展专题座谈会在舟山召开，省农业农村厅、省财政厅及有关市、县、区渔业行政主管部门负责同志，省(市)远洋渔业协会和重点企业代表参加会议。

[11]8 月 5—10 日，省农业农村厅全力做好“利奇马”台风防御工作，厅领导带班通宵值守，部署落实防台减灾工作，其间无涉渔人员死亡。

[12]8 月 18—19 日，美国捕虾业考察团赴舟山考察桁杆拖虾渔业及珍稀水生动物保护情况，农业农村

部渔业渔政管理局、中国水产科学研究院东海水产研究所、省农业农村厅、舟山市海洋与渔业局等部门派员陪同。

[13]8 月 22—25 日，省农业农村厅全力做好“白鹿”台风防御工作，厅领导带班通宵值守，部署落实防台减灾工作，其间无涉渔人员死亡。

[14]9 月 2—3 日，根据农业农村部《关于开展 2019 年全国渔业安全生产隐患排查工作的通知》要求，省农业农村厅副厅长童加朝带领第二检查组赴贵州省开展渔业安全生产隐患排查工作。

[15]9 月 3—7 日，省农业农村厅全力做好“玲玲”台风防御工作，厅领导带班通宵值守，部署落实防台减灾工作，其间无涉渔人员死亡。

[16]9 月 10 日，全国大水面生态渔业现场推进会在杭州淳安召开，农业农村部副部长于康震出席会议并讲话，省农业农村厅厅长林健东参加会议并致辞。

[17]9 月 16 日，2019 中国农民丰收节系列活动——第二十二届中国(宁波象山)开渔节开船仪式在象山石浦港举行，省农业农村厅厅长林健东出席仪式并发出开船号令。

[18]9 月 16—20 日，根据农业农村部《关于开展 2019 年全国渔业安全生产隐患排查工作的通知》要求，省农业农村厅副巡视员陆元林带领第二检查组赴湖北、广东两省开展渔业安全生产隐患排查工作。

[19]9 月 19—23 日，省农业农村厅全力做好“塔巴”台风防御工作，厅领导带班通宵值守，部署落实防台减灾工作，其间无涉渔人员死亡。

[20]9 月 17—22 日，省农业农村厅副厅长童加朝带队赴西藏那曲对接农业农村援藏工作，并与那曲市人民政府签署了《浙江那曲农业农村战略合作协议》，实地考察了浙江省产业援藏精准脱贫示范项目和双湖丰年虫卵开发情况，并看望慰问了浙江省第九批援藏干部。

[21]9 月 24—27 日，全国人大常委会副委员长曹建明带队来浙江省开展渔业法执法检查，副省长彭佳学汇报浙江省渔业法实施情况，省农业农村厅厅长林健东、副厅长童加朝等陪同检查。

[22]9 月 29 日至 10 月 2 日，省农业农村厅全力做好“米娜”台风防御工作，厅领导带班通宵值守，部署落实防台减灾工作，其间无涉渔人员死亡。

[23]10 月 17 日，全国水产养殖业绿色发展现场会在湖州德清召开，农业农村部副部长于康震出席会议并讲话，省农业农村厅厅长林健东出席会议。

[24]10 月 30 日，全省稻渔综合种养工作推进会在嘉兴海盐召开，省农业农村厅副厅长童加朝、二级巡视员陆元林，全国水产技术推广总站副站长于秀娟出席会议并讲话。

[25]12 月 12 日，省农业农村厅与省自然资源厅签署《关于共同加强海洋渔业防灾减灾战略合作协议》，省农业农村厅副厅长童加朝、省自然资源厅副厅长沈仁华出席仪式。

(浙江省农业农村厅　杨亮杰)

安徽省渔业

【概况】 2019 年，安徽各级渔业部门坚持以习近平新时代中国特色社会主义思想为指导，围绕乡村振兴战略，加快推进高质量绿色发展，全省渔业经济继续保持稳中向好发展态势，特别是强化渔业绿色发展绩效考核、渔业统计、渔业安全生产、稻渔综合种养等工作成绩突出，分别获得农业农村部、省政府通报表扬，或在全国渔业高质量发展推进会议上做典型发言。

从综合指标看，2019 年全省水产养殖面积 48.3 万公顷，同比下降 0.8%；水产品总产量 231.5 万吨，同比增长 2.9%；渔业经济总产值 890 亿元，同比增长 4.2%。

1.水产养殖业绿色发展开启新征程 经省政府同意，省农业农村厅等 10 部门出台了《关于加快推进水产养殖业绿色发展的实施意见》，提出了 2022 年和 2035 年水产养殖业高质量绿色发展的总体目标；7 月 29—30 日，在铜陵市召开全省渔业高质量发展推进会。2019 年，全省水产健康养殖面积达 30 万公顷，其中大水面生态渔业面积 17 万公顷，创建 83 个部级水产健康养殖示范场。

2.稻渔综合种养发展迈上新台阶 实施稻渔综合种养百千万工程，在六安市举办了现场观摩调度活动，召开了全省稻虾综合种养春夏季关键技术、全省稻虾综合种养高温季节关键技术视频培训会，督导各地推进稻渔综合种养规范发展。2019 年，全省新增面积突破 10 万公顷，总面积达 21.1 万公顷，超出省政府下达任务 1.1 万公顷，带动农民亩均增收 1 000 元。

3.长江流域重点水域禁捕取得新突破 经省政府同意，省农业农村厅会同省财政厅、省人力资源和社会保障厅印发了《安徽省长江流域重点水域禁捕和建立补偿制度实施方案》；11 月 7 日，召开了全省长江流域重点水域禁捕工作视频会；11 月 25 日，承办了农业农村部长江禁捕工作现场观摩推进会，推广马鞍山市禁捕经验做法。2019 年年底，全省 44 个水生生物保护区率先实现全面禁捕。

4.水生生物资源养护展现新作为 出台了 2019

年增殖放流工作指导意见，连续14年开展了大规模水生生物增殖放流行动。6月6日，在宿松县举办"增殖水生生物、共建美丽中国"为主题的全国"放鱼日"同步增殖放流活动，全年放流水生生物4.9亿尾(粒)；主动推动安庆市江豚自然保护区提高等级，大力实施以中华鲟等为代表的濒危生物抢救性保护行动，改善了水域生态环境，养护了渔业资源，维护了水生生物多样性。

5.渔政管理和安全生产推出新举措 印发了《安徽省"中国渔政亮剑2019"系列专项执法行动实施方案》，开展了"盘羊四号行动"(渔业)、"双随机、一公开"专项检查活动，清理取缔涉渔"三无"船舶2 771艘，查办案件1 058件、涉案人员1 250人，移送司法机关93人，形成了从严治理电捕鱼等违法行为的高压态势。开展了2019年"全省渔业安全生产隐患排查工作""全省渔业安全生产月和安全生产渔区行""渔业安全生产攻坚行动"等系列活动，全年未发生渔业安全生产责任事故。

6.渔业油价补贴调整政策目标提前实现 2019年，全省机动渔船油价补贴总体标准降至2014年的30%，退减捕捞机动渔船6 293艘，占全省总数的30%，提前1年完成省政府批准方案规定渔船补贴标准降至40%、减船数量20%的绩效目标，有效压减了捕捞产能；积极利用渔业油价补贴"退坡"资金，建成稻渔综合种养示范面积1.2万公顷、改造老旧养殖池塘面积5 000公顷、山泉流水养鱼面积3.5万$米^2$、工厂化养殖面积7.8万$米^2$，补足了渔业供给侧结构性改革资金短板，示范引领了渔业高质量发展。

7.存在的主要问题 一是安徽省种苗、养殖、加工、休闲、流通等渔业产业相对齐全，但三产融合发展能力不强，一产独大的局面难以扭转。二是资源约束和环境压力加大。大水面"三网"养殖设施拆除，城市郊区水产养殖面积持续减少，渔业发展空间受到挤压，保障水产品供给压力增大。三是渔业基础设施建设亟待加强。70%的水产养殖池塘出现老化淤积现象，养殖尾水处理设施建设滞后，亟须财政给予扶持。四是渔政监管形势依然严峻。随着禁捕退捕工作的全面推进，渔政执法人员、装备和经费不适应形势要求，跨区域和夜间执法难度大，禁捕后监管工作综合机制、长效机制需要进一步强化。

【重点渔业市(县、区)基本情况】

安徽省重点渔业市(县、区)基本情况

市(县、区)	总人口(万人)	渔业产值(万元)	水产品总产量(吨)	其中		养殖面积(公顷)
				捕捞	养殖	
巢湖市	80.3	695 161	39 846	1 678	38 168	3 987
当涂县	48.0	433 241	59 571	1 603	57 968	8 050
宿松县	62.4	421 564	86 601	5 140	81 461	40 007
庐江县	101.4	379 230	52 950	3 940	49 010	10 200
无为县	106.2	314 540	64 589	4 781	59 808	12 913
枞阳县	71.9	304 050	64 000	5 650	58 350	16 014
天长市	62.9	288 413	74 750	2 300	72 450	10 785
望江县	55.4	280 648	68 968	1 799	67 169	19 762
霍邱县	120.5	240 718	111 247	5 200	106 047	10 480
寿　县	105.3	234 421	98 892	15 060	83 832	21 057

注：1.渔业总产值排名前10名的县(市、区)；

2.渔业数据来自2019年度安徽省渔业统计年报；

3.人口数据(2019年年末常住人口)抄自省统计局。

【大事记】

[1]4 月 15 日，农业农村部办公厅下发《关于 2018 年度渔情监测统计工作情况的通报》，安徽省农业农村厅被评为“渔业全面统计工作表现突出单位”。

[2]7 月 24 日，农业农村部下发《关于公布 2018 年度专项工作延伸绩效管理结果的通知》，安徽省农业农村厅被评为“强化渔业绿色发展延伸绩效管理优秀单位”。

[3]7 月 29—30 日，省农业农村厅在铜陵市召开全省渔业高质量发展推进会，研究部署 2019 年和 2020 年渔业渔政重点任务，进一步推进全省渔业高质量发展。副厅长陈卫东出席会议并讲话，各市及水产(水稻)大县渔业主管部门等近百人参加会议。

[4]8 月 5 日，经安徽省政府同意，省农业农村厅等 10 部门印发了《关于加快推进水产养殖业绿色发展的实施意见》，提出了 2022 年和 2035 年全省水产养殖业的发展目标，推出绿色发展重点工作举措。

[5]11 月 25 日，农业农村部长江禁捕工作现场观摩推进会在马鞍山市召开，总结推广马鞍山市禁捕经验做法，对下一阶段重点工作进行了再部署、再推进。农业农村部渔业渔政管理局局长张显良，农业农村部长江流域渔政监督管理办公室主任马毅、副主任董金和，省农业农村厅副厅长杨增权等出席会议，马鞍山市市长袁方、副市长杨善斌出席会议或陪同观摩。

[6]12 月 4 日，农业农村部渔业渔政管理局在合肥市召开全国水产养殖业绿色发展座谈会，农业农村部渔业渔政管理局一级巡视员李书民，全国水产技术推广总站副站长于秀娟出席会议并讲话，安徽省农业农村厅副厅长杨增权致辞，各省、自治区、直辖市渔业工作主要负责同志参会。

(安徽省农业农村厅　何　银)

福建省渔业

【概况】 2019 年，福建省实现渔业经济总产值 3 235 亿元，同比增长 4.35%；水产品总产量 814.58 万吨，同比增长 4.15%；近海捕捞产量 161.16 万吨，同比减少 5.27%；远洋捕捞产量 51.65 万吨，同比增长 12.05%；海水养殖产量 510.72 万吨，同比增长 6.66%；淡水捕捞产量 7.11 万吨，同比增长 1.75%；淡水养殖产量 83.94万吨，同比增长 4.81%。水产品加工产量429.71 万吨，同比增长 4.10%，实现产值 1 104.79 亿元，同比增长 6.43%；水产品出口额 56.41 亿美元，同比减少 11.36%，继续保持全国第一；渔民人均纯收入 23 003 元，同比增长 7.40%。

1.海洋捕捞有序发展 实施海洋渔业资源总量管理，开展捕捞渔船减船转产和更新改造项目，完成渔船减船转产 58 艘、压减功率 4 646.3 千瓦；更新改造国内捕捞渔船 306 艘；在厦漳海域以梭子蟹(包括三疣梭子蟹、红星梭子蟹、拥剑梭子蟹和远海梭子蟹等 4 种混栖混获品种)作为试点品种，开展限额捕捞管理试点工作。农业农村部、商务部等 9 部委联合调研组到福州马尾开展调研座谈会，推广福建省远洋渔业“宏东经验”；福州(连江)国家远洋渔业基地获得农业农村部批准，福建省第一艘磷虾捕捞加工船赴南极海域试生产。全年新增远洋作业渔船 39 艘，完成远洋渔业捕捞产量 51.65 万吨，同比增长 12.05%，跃居全国第一位。实施机动渔船油价补助政策，全年共补助国内渔船 17 961 艘、补助资金 10.1 亿元。

2.水产养殖绿色发展 全面完成全省 67 个县级、9 个市级养殖水域滩涂规划，清退不符合规划养殖设施 2 870 公顷，累计完成清退不符合规划海水养殖面积 19 372.96 公顷。严格落实河湖长制，清退福州市闽侯县闽江流域竹岐段、南平市延平区樟湖水域等淡水流域不符合规划养殖设施 5.23 万米^2。推动养殖证发放工作，全省养殖发证率达 98.38%。开展水产养殖尾水治理，省海洋与渔业局成立水产养殖尾水治理技术指导组，制定下发《福建省水产养殖尾水处理技术方案》，举办“科技专家行—养殖尾水治理活动”，对全省 36 个具有代表性的养殖排放口进行监测，推动养殖尾水处理后排放。

3.设施渔业转型升级 开展海上渔业养殖设施升级改造，全省累计建成环保型塑胶养殖渔排 39.68 万口、深水抗风浪养殖网箱 3 100 多口，塑胶浮球筏式吊养 2 万多公顷，发展稻(莲)鱼综合种养 1.8 万公顷，初步建成宁德三都湾、沙埕港海上设施养殖示范区；拓展湾外养殖空间，沿海各地与装备制造企业合作研发深远海养殖平台，“振渔 1 号”“福鲍 1 号”等深远海机械化智能养殖平台建成投产。

4.加工产业快速发展 全省拥有水产品加工企业 1 179 家，其中国家级农业产业化重点企业 12 家、省级龙头企业 126 家。年产值亿元以上企业 120 多家，年产值 10 亿元以上企业 20 家。新增十大农产品区域公用品牌 2 个、中国特色农产品优势区 1 个、福建省名牌农产品 6 个。举办中国(福州)国际渔业博览会，现场签约项目金额 227 亿元、零售额 6 950 万元、贸易配对额 5.1 亿元。福建东山县海之星水产食品有限公司扩建项目列入省重点项目，累计完成投资 12 亿元，成为全省最大的中上层鱼类精深加工企业。

5.种业发展不断提速 以对虾、海带、河豚等特色品种为重点，实施种业创新与产业化工程，繁育新品系海带苗帘14.8万张，示范推广“连优1号”“海嘉1号”海带良种0.8万公顷；培育东方鲀优质苗种1 071万尾，推广良种养殖面积840公顷；培育虾苗94亿尾，推广选育苗养殖1 667公顷。福建省大黄鱼、石斑鱼、罗非鱼等优势特色养殖品种种业规模已位居全国前列，主要养殖品种良种覆盖率达69.04%。全年新增福建一嘉海带苗业有限公司等9家省级水产原良种场，全省省级以上水产原良种场40家，河豚省级良种场通过专家评审，填补福建省河豚产业良种场的空白。

6.质量安全稳中有升 开展水产行业治理“餐桌污染”，建设“食品放心工程”，建成水产品质量安全“一品一码”全程追溯系统，全省4 153家工商登记注册的食用水产品生产企业、渔业专业合作社、家庭农场等生产主体纳入系统管理，录入“三项记录”19.18万条，水产品赋码销售数量达1.26万条。全年共开展省部级产地水产品质量安全监督抽查706批次，合格率为99.8%。开展水产品质量安全市场例行监测200批次，合格率达96.5%。开展水产养殖病情测报，全省53个县建立175个病害测报点，全年发送病害预测及防控指导信息8万条次。开展水产品质量安全监管培训班6期，培训基层质量监管人员600余人。全年9项地方渔业标准颁布实施，4项地方标准通过专家评审。

7.渔港建设稳步推进 牵头编制《福建省渔港布局与建设规划(2020—2025年)》，联合省发展和改革委员会出台《关于加强渔港建设管理工作的通知》，对新一轮渔港建设的支持政策进行了明确；牵头会同省发改委、财政厅等部门成立渔港建设工作协调小组，成立渔港建设工作专班，加快推进渔港建设。谋划2020—2022年分年度渔港建设目标任务，积极推动渔港项目进展，2019年全省新开工建设渔港6个，提升改造渔港3个，完成工程初步设计(或实施方案)或施工图设计的项目共计19个。配合省公共资源交易管理办公室开展规范渔港工程项目网上电子化招投标工作，进一步规范渔港招投标行为。

8.休闲渔业快速发展 打造“水乡渔村”特色品牌，福清稻香渔港休闲渔业养殖场等11家单位被授予福建省第十二批“水乡渔村”称号，7家“水乡渔村”列入福建省首批“金牌旅游村”宣传对象名单。打造一二三产业创新融合发展交流平台，举办2019第十二届中国(厦门)国际休闲渔业博览会，100多家展商参展，设置休闲渔村旅游及配套、游钓海钓、观赏鱼、海洋娱乐、海洋渔文化等五大主题展区。举办首届闽台休闲渔业研讨会，组织闽台两地专家和相关从业人员，共同交流休闲渔业项目开发、管理与推广方面的经验。

9.科技推广效果明显 “6·18”期间打造特色“海洋渔业馆”，238项省内外海洋与渔业科技成果参展，成功对接项目150项，总投资额约291亿元。举办“福建海洋与渔业项目成果交易会集美大学专场”“福建海洋战略性新兴产业项目成果交易会”“海洋产业项目签约暨厦门大学海洋与渔业成果对接会”，以及“一带一路”洽谈对接会，对接签约项目43个。实施基层水产技术推广体系改革与建设补助项目，共建设拥有自主产权或合同期在10年以上的渔业科技试验示范基地98个，遴选渔业科技示范主体1 159个。选派代表参加“2019年中国技能大赛——第二届全国农业行业职业技能大赛”，荣获团体第一名，3名代表分获个人成绩第一名、第二名及第九名，林功师、林楠获得“全国技术能手”称号、林涛获得“全国农业技术能手”称号。

10.资源养护不断强化 举办以“养护水生生物资源，促进生态文明建设”“江河湖海·年年有鱼”为主题的“6·6八闽放鱼日”全省联动大型增殖放流活动，在13个重要海湾及闽江、九龙江、汀江等主要内陆水域干支流，放流大黄鱼、西施舌、黑脊倒刺鲃等水生生物46.35亿单位。实施宁德官井洋大黄鱼、闽江口西施舌增殖放流效果评估，大黄鱼、西施舌等主要保护物种资源恢复明显。举办“水生野生动物保护宣传月活动”，全面排查省内所有水生野生保护动物展演场所证件及动物来源，规范水生野生保护动物展演企业经营行为。莆田市南日岛海洋牧场被评为国家级海洋牧场示范区，实现福建省国家级海洋牧场示范区零的突破，福清东瀚海域海洋牧场示范区动工建设；连江黄岐半岛人工鱼礁项目通过农业农村部组织的专家审查。

11.防灾减灾成效显著 修订《福建省渔业防台风应急预案》《福建省风暴潮灾害应急预案》《福建省近岸海域赤潮灾害渔业应急预案》，向社会公布《2019年福建省避风渔港 避风锚地防台责任人名册》《2019年福建省海上养殖渔排集中区防台责任人名册》。实施福建省海洋渔船通导和安全装备配备项目，重点推进福建省大中型海洋渔船北斗示位仪(定位终端)、福建省小型海洋渔船北斗示位仪(定位终端)、福建省渔船动态监控管理系统和福建省渔港视频监控等项目，全年完成6 473艘大中型海洋渔船北斗示位仪的安装任务，在线率达98%以上。全年防范应对“利奇马”“白鹿”“米娜”等6个台风和1个热带低压，防范赤潮灾害9起。开展渔业互助保险，福建省渔业互保协会共承保渔工7.24万人次、渔船8 133艘，提供风险保障491.41亿元，支付赔款8 937.11万元；为585户养殖户办理台风指数保险，提供财产保障5.07亿元；开展宁德市塑胶鱼排保险试点，提供风险保障 4.42 亿元。

12.执法能力持续增强 开展“中国渔政亮剑 2019”行动，严厉打击非法捕捞，全省共查处电鱼违法案件 188 起，移送公安机关 16 起 19 人，追究刑事责任 13 人，没收销毁电捕鱼器具 303 台（套）；持续开展涉渔“三无”船舶清理取缔整治活动，拆解大中型涉渔“三无”船舶 217 艘，有效遏制违法违规作业蔓延态势；严格实施海洋伏季休渔及闽江禁渔执法监管，全省共查办违反伏休案件 460 宗，没收渔获物 1 214 吨，39 宗案件移送行刑衔接，南平市延平区将一起涉嫌非法电鱼案件移送公安机关，实现闽江禁渔以来行刑衔接案件“零突破”；开展水产品质量安全监管执法，将日常执法与专项执法相结合，在元旦、春节、国庆节等重大节假日期间开展专项执法行动，共查办案件 16 起，处罚 16.98万元，有力保障人民群众“舌尖上的安全”。

13.安全生产保障到位 通过完善法规制度强化渔业安全工作，公布施行新修订的《福建省实施〈中华人民共和国渔业法〉办法》，印发《福建省渔业安全生产警示通报和约谈制度》；分别在石狮市祥芝、连江县黄岐中心渔港、泰宁金湖渔港开展 3 次省、市、县（区）、镇四级渔船水上突发事件应急救援演练活动，提升应急救援能力和渔民群众自救互救水平。加强渔业安全生产目标管理，开展“防风险保平安迎大庆”渔业消防安全执法检查和渔船安全生产隐患排查治理专项行动。全年发生各类渔业船舶水上生产安全事故 17 起、死亡（失踪）8 人、沉毁渔船 5 艘、直接经济损失 1 018 万元，未发生较大及以上生产安全事故。有效处置各类海洋渔业突发事件（海难救助）38 件，救助遇险船舶 38 起（艘），救助船员 381 人，出动渔船、公务船 63 艘次，挽回经济损失 14 525 万元。

14.存在问题 水产品质量安全仍存在问题隐患，养殖户违规使用禁用药物或未按规定执行休药期现象偶有发生；超规划养殖尚未全面清退，地方因财力有限，造成对清退整治补偿不够到位，清退工作压力较大；非法捕捞行为仍然呈边打边冒态势，涉渔“三无”船舶和违规渔具清理整治工作已进入深水区、攻坚期，进一步清理取缔难度加大；海上生产秩序管控形势不容乐观，涉外涉台渔业事件时有发生。

【重点渔业市（县、区）基本情况】

福建省重点渔业市（县、区）基本情况

市（县、区）	总人口（万人）	渔业产值（万元）	水产品总产量（吨）	其中					养殖面积（公顷）	
				近海捕捞	远洋捕捞	海水养殖	内陆捕捞	淡水养殖	海水	淡水
福清市	133.00	907 182	542 849	18 289		415 143	97	109 320	17 484	5 664
连江县	60.00	2 258 753	1 169 106	213 200	194 837	755 039	639	5 391	18 635	398
秀屿区	59.60	906 254	553 180	61 032		492 148			10 305	
霞浦县	46.70	1 035 435	456 282	76 553	12 231	367 063		435	17 931	107
东山县	22.60	632 933	440 617	124 070	34 034	273 371		9 142	7 131	468
平潭县	46.00	562 493	441 251	111 774	9 710	319 569		198	8 565	46
惠安县	102.00	388 058	225 644	104 932	19 156	100 730	305	521	2 585	159
石狮市	69.40	480 094	408 340	303 380	45 051	59 464		445	1 161	50
龙海市	96.31	675 287	421 188	96 658	34 002	167 054	6 760	116 714	1 928	4 828
漳浦县	86.05	756 703	399 871	46 112		298 075	3 373	52 311	13 832	3 567

【大事记】

［1］1 月 4 日，水产品质量安全“一品一码”全程追溯系统上线运行发布会在福州召开。

［2］1 月 23 日，全省海洋与渔业工作会议在福州召开。

[3]1月28日，全省海洋与渔业执法工作会议在福州召开。

[4]2月23日，福建省渔业行业协会第二届第四次会员代表大会暨第二届第五次理事会、第六次常务理事会在福安召开。

[5]3月3日，2019年世界野生动植物日宣传活动在福州永泰举行。

[6]5月30日，2019海峡（福州）渔业周·中国（福州）国际渔业博览会在福州举办。

[7]5月30日，首届中国水产商贸大会暨全球闽籍水产采购商大会在福州召开。

[8]6月6日，“6·6八闽放鱼日”大型水生生物增殖放流活动在全省联动举行。

[9]6月27日，农业农村部下发《关于同意建设福州（连江）国家远洋渔业基地的函》，同意选址连江县建设福州（连江）国家远洋渔业基地。

[10]7月1日，农业农村部以及中央外事工作领导小组办公室、外交部、人力资源和社会保障部、商务部、海关总署、国家移民管理局、国家外汇管理局、中国海警局等9部委“支持远洋渔业发展”联合调研组到福建调研。

[11]7月29日，2019年渔船水上突发事件应急演练在黄岐开展。

[12]8月2日，全省渔业互保工作会议在福州召开。

[13]8月26日，“亮剑2019·中国渔业执法新闻采访万里行”福建站采访活动在福建举行。

[14]9月18日，“一带一路”渔业洽谈对接会在厦门召开。

[15]9月20日，2019年省、市、县、乡渔业船舶水上突发事件应急救援及渔港火灾事故处置演练在三明市泰宁县金湖渔港举行。

[16]10月8日，全国人大常委会副委员长、九三学社中央主席武维华率全国人大常委会渔业法执法检查组来闽开展执法检查。

[17]10月9日，日本长崎县水产部坂本清一部长率领的访问团一行来福建省海洋与渔业局进行渔业合作交流。

[18]11月1日，以“发展蓝色伙伴关系 构建海洋命运共同体”为主题的2019厦门国际海洋周在厦门开幕。

[19]11月27日，省人大常委会第十三次会议全票通过《福建省实施〈中华人民共和国渔业法〉办法》修正案，并于11月29日公布实行。

[20]12月23日，2019年福建省水产品质量安全专题培训班在华中农业大学举办。

（福建省海洋与渔业局　林　武）

江西省渔业

【概况】 2019年，江西省渔业渔政系统认真贯彻中央和省委、省政府的决策部署，特别是习近平总书记视察江西重要讲话精神，按照“转方式、调结构、提质量，促加工、活流通、稳增长”的渔业发展方针，围绕渔业转型升级高质量发展行动计划，深入推进渔业供给侧结构性改革，加快构建渔业高质量发展的空间格局、产业结构和生产方式，全省渔业经济发展保持良好形势。全年渔业经济总产值达1 050亿元，同比增幅2%。水产品产量达258.81万吨，同比增幅1.13%；名特优水产品产量达95.8万吨，同比增幅4%，占全省水产品总产量36%。水产养殖面积超过41万公顷，保持稳定；稻渔综合种养面积达10万公顷，增幅51%。水产品三大价格综合指数为99.21，略有下跌，跌幅1.5个百分点。渔民人均年纯收入16 020元，增幅8.2%，比2018年度增加1 225元。

1. 渔业绿色高质量发展开启新征程 充分发挥绿色生态优势，加快推进水产养殖绿色高质量发展。一是科学划定水产养殖“三区”。加快推进11个设区市养殖水域滩涂规划编制并以政府名义发布，科学划定禁养区、限养区、可养区。同时，已开展省级养殖水域滩涂规划编制工作。二是制定水产养殖发展意见。经省政府同意，省农业农村厅等10个厅（局）联合印发了《关于加快推进水产养殖业绿色发展的实施意见》，进一步推动全省水产养殖业绿色发展，促进渔业产业转型升级。三是改造提升养殖基础设施。争取农业结构调整水产业发展工程项目资金2 970万元、渔业绿色发展项目资金2 000万元、水产种业项目资金500万元，开展40个优势特色水产品健康养殖基地、4 000余公顷稻渔综合种养基地、5个水产种业基地建设，进一步提升优势特色养殖基础设施。

2. 水产转方式调结构取得新突破 一是名特优水产品比重进一步提升。大力发展名特优水产品养殖，重点打造虾蟹（小龙虾、河蟹）、鳝鳅（黄鳝、泥鳅）、龟鳖（乌龟、甲鱼）等3个百亿元产业。全省小龙虾产量达13万吨、泥鳅产量达8万吨、龟鳖产量达3.6万吨。二是稻渔综合种养规模进一步扩大。召开全省稻渔综合种养新闻发布会，集成创新并推广了稻虾、稻鳖、稻鳅、稻蛙、稻蟹、稻鱼综合种养6种模式，督促各地严格按照《稻渔综合种养技术规范 通则》要求，因地制宜发展稻渔综合种养。全省稻渔综合种养面积达

10 万公顷，亩均增效 1 600 元以上，减少农药化肥使用量 30%以上。三是水产生态健康养殖进一步突显。以示范创建活动引领水产养殖健康发展，推广池塘鱼菜共生、池塘循环流水养殖、集装箱循环水养殖及连片基地养殖尾水处理技术。全省渔业健康养殖示范县已达 6 家、示范场 425 家，示范面积 12.3 万公顷；建成养殖尾水治理示范点 42 个、集装箱循环水养殖 60 个、鱼菜共生 533 公顷、池塘循环流水养殖槽 60 余条。

3. 水生生物资源养护迈上新台阶 一是出台水生生物保护意见。以省政府名义印发了《关于加强全省水生生物保护工作的实施意见》，提出到 2020 年，全省水生生物保护区基本实现禁捕。二是科学实施渔业资源增殖放流。组织实施了 6 月 6 日全国“放鱼日”活动，当日全省放流鱼苗 8 000 万尾以上。全年放流鱼苗近 1.72 亿尾。完成了渔业资源增殖放流效果监测评估工作，增殖放流经济物种检验检疫比例为 95%，四大家鱼平均捕捞增长率为 10.49%，增殖放流民意调查满意度为 85%。三是强化水产种质资源管理。组织举办 2019 年江西省水生野生动物保护科普宣传月活动；开展保护区“三牌一标”设施建设，加强“logo”宣传教育；强化保护区工程环评，开展了 9 处涉及保护区的基础项目的专题环评、2 次江豚监测活动。

4. 渔业三产融合发展取得新进展 以“鄱阳湖”水产品牌建设为重点，坚持三产融合发展，做大渔业经济总产值。一是加强品牌授权管理。按照“主营南昌、覆盖全省、走出江西、网销全国”发展计划，全省授权使用“鄱阳湖”商标企业 87 家，“鄱阳湖”品牌专卖店 107 家，“鄱阳湖”水产品网上旗舰店 2 家，遍布全省 6 个设区市和京、沪、粤、桂、香港等市场，扶持鄱阳湖品牌冠名的节庆活动 2 个。二是加强产销对接。组织水产品生产企业积极参加全省农产品产销对接会、赣粤现代农业合作发展会、中国农产品交易会暨江西“生态鄱阳湖·绿色农产品”博览会等各类农业展会活动，进一步扩大江西省水产品品牌宣传，拓展水产品销路。三是加强水产加工流通能力建设。组织省内外优势企业跨域、跨界合作，共同研发精深加工产品，已开发十大类水产加工产品，进一步延伸产业发展链条。全省水产品加工企业达 190 家，加工品总量近 40 万吨。四是积极推进休闲渔业基地创建。重点规划了城郊、旅游风景带、湖库区和水生野生动物保护区等“四大休闲渔业发展区”，支持 39 家休闲渔业基地建设，创建 6 家国家级休闲渔业示范基地，36 家省级休闲渔业示范基地，助推全省休闲渔业发展。

5.渔业科技服务水平得到新提升 一是加强渔业科研攻关。组织协调参与国家大宗淡水鱼、特种水产产业技术体系，省大宗淡水鱼产业、特种水产、稻田综合种养产业体系以及水产业重大技术协同推广项目，围绕种业、养殖、病害、加工等方面开展科研攻关和技术提升，提高渔业科技支撑能力和服务水平。获得江西省科技进步奖一等奖 1 项、二等奖 1 项，获得神农中华农业科技奖一等奖 1 项。二是示范推广技术模式。编著了《2019 年主导品种与主推技术》，重点示范推广养殖尾水治理、池塘鱼—菜共生、池塘循环水养殖、受控式集装箱循环水养殖等技术，举办十余场农业大讲堂宣讲和水产健康养殖技术培训活动，发放技术资料 5 000册。三是打造技术服务平台。打造了 12316 惠农渔业专家、病害远程诊断网、微信服务、江西省家庭农场联合会稻虾产业联盟等平台，加强了专家与渔民之间的对接，有效解决了生产实际问题。

6.渔业三大攻坚战展现新作为 一是打好脱贫整改攻坚战。成立了领导小组，制定了渔业产业扶贫实施方案和工作要点，采取“四个一”产业扶贫思路，即选中一个产业、创新一批模式、形成一套机制、打造一支队伍，推动渔业产业扶贫。全省贫困户参与的水产养殖面积达 2.78 万公顷。覆盖贫困村 1 433 个，带动贫困户 7 万户，户均增收 1 919 元。二是打好污染防治攻坚战。以江西省生态环境保护委员会名义下发了《江西省污染防治攻坚战水产养殖污染治理专项行动方案》，督促各地依法依规清理河湖水库网箱养殖，打击湖库投肥养殖行为，已排查 26 个水产养殖污染问题，督促整改落实，累计清理湖泊水库围网 6 273 公顷、围栏 4 640 公顷、网箱 350.74 万米^2。三是打好扫黑除恶攻坚战。成立了领导小组，按照任务清单开展扫黑除恶专项斗争工作“回头看”行动，收集摸排全省渔业领域涉黑涉恶线索，及时报送 7 条线索至省农业农村厅扫黑办，打击了渔业领域黑恶势力。

7. 渔业渔政安全生产保持新稳定 一是开展安全生产大排查。组织全省渔业安全生产大排查行动和全国渔业安全生产月活动。截至 2019 年年底，全省渔业安全生产形势稳定，没有发生一起渔业安全生产事故。二是开展水产品质量安全抽检。完善《农业农村部产地水产品质量安全监督抽查生产单位数据库》，配合完成了农业农村部 2019 年国家产地水产品兽药残留监测计划抽检 152 批次和产地苗种抽检 15 批次的任务，以及水生动物重大专项疫病监测任务，抽检合格率 98%，并对 4 个水产品质量安全阳性样品进行执法处理。三是启动水产苗种产地检疫。出台了《江西省农业农村厅办公室关于印发水产苗种产地检疫试点工作方案的通知》，成立了省级水产苗种产地检疫试点工作领导小组，开展了渔业官方兽医资格确认与技术培训工作，健全水产苗种产地检疫制度，推动水产苗种检疫工作。

8.存在的问题

（1）利润空间遭受挤压，渔民生产积极性受挫。2019年以来，随着洪涝、干旱灾害交替出现，全省多地水产品生产受到影响。一边是水产品价格持续走低；一边是养殖成本不断攀升，养殖利润空间越来越小，亏损风险日益加大，渔民的生产积极性严重受挫。

（2）大水面集中禁养退养，湖泊水库产能骤减。全省已清理湖泊水库围网6 273公顷、围栏4 640公顷、网箱350.74万米^2，已有4.454万公顷湖泊水库退出集约化养殖。初步估算，因“三网”清理减少水产品产量达3.7万吨，因湖泊水库退养减少水产品30万吨，两者占水产品总产量12%左右，大水面水产品产量大幅缩减。

（3）尾水排放难达标，部分精养池塘恐遭退出。许多地方生态环境部门按照《地表水环境质量标准》Ⅲ类水标准作为养殖尾水排放要求，相较于《淡水池塘养殖水排放要求》更为苛刻。大多数养殖生产单位即使建设完善养殖尾水处理排放设施，也无法达标排放。

【重点渔业市（县、区）基本情况】

江西省重点渔业市（县、区）基本情况

市（县、区）	渔业人口（万人）	渔业产值（万元）	水产品总产量（吨）	其中		养殖面积（公顷）
				捕捞	养殖	
鄱阳县	143 564	1 086 364	166 122	152 183	13 939	21 901.47
余干县	65 170	708 724	144 686	135 566	9 120	25 601.07
南昌县	38 445	725 056	142 857	130 605	12 252	11 437.33
进贤县	54 138	560 242	125 000	111 900	13 100	28 479.00
丰城市	18 759	299 185	98 617	94 895	3 722	13 307.27
新建区	13 947	366 020	93 201	85 149	8 052	7 554.40
都昌县	28 710	342 261	90 152	77 045	13 107	12 493.93
彭泽县	7 580	225 260	59 303	56 967	2 336	7 396.93
永修县	21 183	229 777	56 875	53 481	3 394	9 568.33
柴桑区	4 745	171 068	47 548	45 665	1 883	8 554.60

【大事记】

［1］2月26日，江西省委办公厅、省政府办公厅印发了《省农业农村厅职能配置、内设机构和人员编制规定》的通知。江西省渔业局更名为江西省农业农村厅渔业渔政局，承接了省鄱阳湖渔政局渔政渔港监督管理、渔业资源与环境管理、水生野生动植物保护区管理及涉渔工程环评、渔业安全生产等工作。

［2］5月14日，江西省人民政府办公厅印发了《关于加强全省水生生物保护工作的实施意见》。

［3］5月31日，江西省政府新闻办公室、江西省农业农村厅在南昌召开江西省稻渔综合种养产业发展情况新闻发布会。省农业农村厅党委委员、副厅长龙宇闻出席发布会并介绍全省稻渔综合种养产业发展有关情况。

［4］7月8日，环境友好型淡水珍珠生态养殖与加工利用关键技术与产业化、江西省重大水生动物疫病监测及流行规律与防控技术的研究分获江西省科技进步奖一等奖、二等奖。

［5］8月19日，江西省农业农村厅办公室印发了《江西省渔业转型升级高质量发展行动计划（2019—2020年）》的通知。

［6］9月29日，江西省人民政府办公厅印发《关于转发省农业农村厅、省财政厅、省人力资源社会保障厅全省长江流域重点水域禁捕退捕工作实施方案的通知》，正式启动了全省长江流域重点水域即长江干流江

西段、35 个保护区和鄱阳湖的退捕禁捕工作。

[7]10 月 15 日，江西省重点水域禁捕退捕工作领导小组办公室印发了《退捕渔民建档立卡工作规程和禁捕退捕船网工具回收处置指导意见的通知》；12 月 17 日，印发了《江西省重点水域渔船退捕任务清单》的通知、《江西省重点水域禁捕退捕工作绩效考核方案》的通知。

[8]11 月 23 日，经省政府同意，江西省农业农村厅等 10 个厅(局)印发了《关于加快推进水产养殖业绿色发展的实施意见》。

[9]12 月 26 日，江西省首次组队参加农业农村部组织举办的渔业安全生产技能大比武，获得良好成绩。

[10]12 月 30 日，江西省农业农村厅印发《关于长江流域重点水域禁捕范围和时间》的通告，涉及全省的 45 个县(市、区)也发布了禁捕通告。

[11]2019 年，江西省组织召开 2 次江豚保护工作会议，组织开展了 3 次江豚数量的监测和科考，3 次调查数据平均 473 头，比上年新增 3 头。救助江豚 10 余头。

（江西省农业农村厅渔业渔政局　傅雪军）

山东省渔业

【概况】 2019 年，山东省渔业经济总产值 4 123 亿元，同比增长 1% ，渔业产值 1 474 亿元，同比下降5.4%，占全省农林牧渔业总产值的 14.4%；水产养殖面积 75.9万公顷，同比减少 3.0%，其中海水养殖面积 56.21 万公顷，同比减少 1.6%，淡水养殖面积 19.7 万公顷，同比减少 6.6%；水产品总产量 823.3 万吨，同比减少 4.4%，其中海水养殖 497.1 万吨，同比减少4.6%；近海捕捞 167.7 万吨，同比减少 1.5%；远洋捕捞 41.4 万吨，同比减少 7.6%；淡水养殖 108.1 万吨，同比减少7.6%；淡水捕捞 8.9 万吨，同比增长7.8%。渔民人均可支配收入为 2.3 万元，同比增长 8.5%。

1.优化水产养殖生产布局 扎实推进“养殖区、限养区、禁养区”三区规划，全省 108 个水产养殖主产县(区)、12 个市级完成养殖水域滩涂规划编制及政府发布工作。深入贯彻落实农业农村部等 10 部委水产养殖绿色发展若干意见，2019 年 11 月 26 日，经省政府同意，省农业农村厅等 12 部门联合印发《山东省加快推进水产养殖业绿色发展实施方案》，加快推进水产养殖业绿色发展，促进产业转型升级。启动了《黄河三角洲百万亩国家生态渔业基地建设规划》的编制工作。启动了近海生态养殖泡沫浮球更新试点。新认定省级以上水产健康养殖示范场 98 家。

2.不断促进种业发展 新认定省级水产原良种场 8 家，省级以上原良种场总保有量达到 80 家，其中国家级水产原良种场 15 家。全省具有规模的苗种场 2 600余家，年育苗 5 000 亿单位以上。2019 年烟台水产种业硅谷建设平稳推进，潍坊南美白对虾联合育种平台建成投产，“南苗北育”苗种基地建设初见成效。持续开展水产苗种产地检疫试点，开发完成电子出证系统。

3.稳步推进海洋牧场建设 认真贯彻落实习近平总书记关于海洋牧场建设的重要指示精神，全力推进现代化海洋牧场建设综合试点工作。2019 年新组织认定 22 处省级海洋牧场示范区项目，总数达到 105 处，新获批国家级海洋牧场示范区 12 处，总数达到 44 处，占全国的 40%。成立了山东省现代化海洋牧场建设专家咨询委员会。会同有关部门先后出台了《关于金融支持海洋牧场建设的若干政策措施》《关于推进海洋牧场产业集群发展的意见》。长岛海洋牧场“保险＋信贷”项目顺利入围农业农村部 2019 年金融支农创新项目政府采购清单，是全国唯一获批的海洋牧场类保险项目。

4.加强水生生物资源养护管理 稳步推进限额捕捞试点工作。扎实开展有益资源调查和增殖放流，全省共放流各类水产苗种约 45 亿单位，约占全国的1/4，秋汛回捕增殖资源 2.8 万吨，实现产值 8.9 亿元。指导各地开展各类放鱼节公益宣传活动，打造 6 月 6 日“放鱼日”群众性生态文明建设品牌。继续开展“测水配方”试验，总结形成 5 种典型模式。不断规范水产种质资源保护区管理，强化涉渔工程水生生物资源保护和补充管理工作。

5.远洋渔业平稳发展 新增农业农村部远洋渔业资管企业 3 家，远洋渔业企业达到 44 家，远洋渔船 525 艘，共外派作业渔船 491 艘，实施了西南大西洋公海鱿鱼钓等 7 个大洋性项目和加纳拖网等 16 个过洋性项目。作业海域分布在太平洋、印度洋和大西洋公海及近 20 个国家专属经济区。全年实现远洋渔业总产量 41.9 万吨，产值 49.9 亿元。雇佣船员总人数 10 965名，其中外籍船员 3 694 名。16 家企业在境外设立了 23 个合资(独资)企业。

6.产业结构进一步优化 全省渔业经济总产值 4 123亿元，同比增长 1% 。渔业产值 1 474.0 亿元，同比下降 5.4%。渔业工业和建筑业产值为 1 408.9 亿元，同比增长 0.3%，渔业流通和服务业产值为1 240.3 亿元，同比增长 6.0%，渔业一、二、三产结构为 36 ∶ 34 ∶ 30，与上年的 37.7 ∶ 34 ∶ 28.3 相比，一产占比减少，三产占比提高。

7.存在的主要问题

(1)渔业生态及空间约束不断加大。临海近水城市的开发和工业生产造成城市垃圾、陆源污染入湖进海,导致湖泊、河流、近海水域生态愈加脆弱,优质渔业资源持续下降;沿海沿湖旅游开发、城镇建设、临港工业等不断挤占传统渔业空间;地下水资源过度开采,部分地区工厂化养殖因水资源不足而受限;近海捕捞产量已连续多年下降,渔获物中优质鱼类比例持续降低;远洋渔业在快速发展的同时,受国际地缘政治、入渔国政策及渔业资源影响,不确定性增大;强化水库饮用水源地保护和自然保护区政策,各类保护区内网箱的分批分类大量清理,工厂化及养殖池塘尾水达标排放政策的加强,这些都不同程度地压缩了渔业发展空间、提高了渔业生产成本,降低了渔民收益,制约了渔业持续健康发展。

(2)产业结构性问题依然突出。随着近年供给侧改革的大力推进,产业升级和结构调整也取得了一定成效。但一产仍然占比较大,资源依赖型、劳动密集型及靠天吃饭的传统渔业发展模式仍占主流,多数渔民和渔业企业仍靠捕捞、养殖及相关产业维持生存,关注如何提高产量、增加产能多,对市场开拓研究少,导致产出多则价格低、价格高时往往手中无渔,抵御市场因素变化能力差、发展动力不足。二产发展层次相对不高,产销缺少热点亮点,市场开拓和带动能力不强。三产发展有热度、有共识,但仓储物流等基础设施投入大,同质化明显,利用效率不高,深度和创新性亟待进一步加强,市场辐射带动面不够大。休闲渔业发展很快,但在基础设施建设、配套措施完善、运营管理水平上还处于起步阶段,主要靠不断新增投入来扩大规模,资金投入大,效益回收慢,客流量和本身创造的利润难以支撑休闲渔业良性持续发展。

(3)集约化程度低、品牌打造能力有待提高。渔业生产以家庭经营、个体经营者局多,组织化程度偏低,无序竞争严重。渔业品牌创建尽管取得明显成效,但真正像“盱眙龙虾”“阳澄湖大闸蟹”等叫得响、传得远、市场认可度高的品牌不多,低端粗加工比重较高,处于产业链、价值链低端,精深加工产品市场开拓能力不足,市场占有率不高,盈利能力受限。行业协会缺少规范化运作手段,不能形成市场竞争合力,品牌打造能力和市场话语权不够,整体竞争力不强。

(4)水产品质量安全方面的“黑天鹅”事件难以避免。渔业生产从苗种到养殖,从饲料到水源,甚至空气和土壤等环节都有被污染的可能,靠现行的水产品质量安全监管体制难以做到全程有效控制和监管。渔民整体素质不高,安全意识不强,受目前鱼病防治手段不足和利益驱动双重影响,使用违禁药物的现象难以完全杜绝。水产品流通环节转手较多,分散收货,集中加工、批发的模式短期难以改变,流通、销售和加工环节为提高产品成色卖相及口感,添加药物成分时有发生。在水产品质量安全问题上仍难以做到全程控制,防患于未然。

【重点渔业市(县、区)基本情况】

山东省重点渔业市(县、区)基本情况

市(县、区)	总人口(万人)	渔业产值(万元)	水产品总产量(吨)	其中			养殖面积(公顷)	
				海洋捕捞	海水养殖	淡水养殖	海水	淡水
荣成市	67.1	2 365 275	1 190 067	345 012	840 533	4 522	37 678	180
乳山市	57.1	399 590	444 125	32 091	405 093	6 941	11 861	336
长岛县	4.2	874 356	403 039	96 798	306 241		54 785	
青岛市黄岛区	160.8	743 069	350 553	62 744	284 607	3 202	11 438	426
环翠区	78.4	545 950	335 001	83 086	251 915		7 800	
海阳市	64.3	668 678	291 729	95 930	194 899	900	12 381	216
文登区	57.4	492 135	291 680	72 299	208 831	10 550	8 073	2 000
即墨区	124.9	608 447	283 896	50 096	233 711	89	10 600	201

(续)

市(县、区)	总人口(万人)	渔业产值(万元)	水产品总产量(吨)	其中			养殖面积(公顷)	
				海洋捕捞	海水养殖	淡水养殖	海水	淡水
莱州市	85.8	655 486	276 665	71 627	204 958	80	51 804	150
日照市岚山区	40.9	418 910	250 849	103 208	142 222	1 174	18 636	209

【大事记】

[1]1月12日,经国家发展改革委、农业农村部批复,省政府印发《山东省现代化海洋牧场建设综合试点方案》,力争用3年的时间,进一步优化全省海洋牧场布局,形成近浅海和深远海协调发展的新格局,为全国现代海洋渔业建设探索可复制、可推广的经验。

[2]2019年,石岛集团有限公司、赤山集团有限公司各获批1艘南极磷虾船建造指标,获批数量占全国50%。

(山东省农业农村厅)

河南省渔业

【概况】 2019年,河南省认真贯彻全国渔业高质量发展推进会和全省水产工作会议精神,围绕实施乡村振兴战略,抓住农业农村优先发展的有利时机,坚持稳中求进工作总基调,按照"提质增效、减量增收、绿色发展、富裕渔民"的要求,积极转变发展方式、调优产业结构,继续落实惠渔政策,重视科技创新,加强技术培训和推广,稳定科学的养殖模式,加强渔业"三大安全"监管,开展资源养护和增殖放流,适时调整养殖品种结构,发展名优和品牌渔产品,渔业生产持续、稳定发展,产品结构进一步优化,质量进一步提高。渔业利用水面291 374公顷,其中养殖面积139 903公顷;水产品总产量990 858吨,同比增长0.7%;渔民人均纯收入16 128元,同比增长7.5%;绿色高质量发展取得较好成效。

1.绿色渔业 围绕高质量发展目标,调低过高的养殖模式,大力推进池塘健康养殖、大水面增殖和稻渔综合种养。

(1)池塘健康养殖。按照农业农村部要求,积极开展全国水产健康养殖示范创建活动,汝南县成功创建为国家级渔业健康养殖示范县;全省25家养殖场成功创建为国家级水产健康养殖示范场。积极探索养殖尾水生态治理,推广养殖小区循环水利用。

(2)大水面增殖。召开全省大水面渔业发展推进会,研究、交流水库渔业绿色发展新路径;合理增殖投放,加强水质监测。

(3)稻渔综合种养。大力发展稻渔综合种养,增渔稳粮,生态环保,助力产业扶贫。省农业农村厅与省扶贫开发工作领导小组办公室联合,落实《2018—2020稻渔综合种养扶贫专项行动方案》,每年安排省级渔业发展资金1 000万元,扶持稻渔综合种养发展,直接带动稻区贫困县增收脱贫。2019年创建3个国家级、15个省级稻渔综合种养健康养殖示范场,发挥示范引路、带动作用,全省稻渔综合种养面积比上年增加2.19万公顷。

2.渔业"三大安全"

(1)水产品质量安全监管。制定全省产地水产品质量安全监管工作方案,加强水产品质量安全监管。农业农村部在河南省抽检鲤鱼、草鱼和鲫鱼共120个样品,合格率为100%;开展省级水产品产地抽检,加强水产养殖投入品监管,对列入水产养殖用药减量行动试点单位的郑州、开封、洛阳、新乡4个省辖市,加强指导督促。

(2)渔业安全生产。加强安全生产宣传,特殊气象事先提醒、防范;举办安全实务培训,参加全国渔业安全大比武活动;开展船舶检查。

(3)渔业生态安全。认真执行《自然保护区管理条例》《水产种质资源保护区暂行办法》《农业农村部办公厅关于进一步明确涉渔工程水生生物资源保护和补偿有关事项的通知》,坚持环境准入制度,完善业主单位自主生态修复模式。对20个国家级水产种质资源保护区内的建设项目开展实地调研。

贯彻落实《中国水生生物资源养护行动纲要》,强化生态意识,履行省水生生物资源增殖放流工作领导小组职责,制定、落实全省增殖放流方案,把增殖放流与"四水同治""河长制"有机结合起来;做好水生生物增殖放流宣传,进一步规范放流行为,加强放流苗种质量监管。

3.渔政管理

(1)"禁渔期"执法。2019年海河流域首次实行禁渔，至此河南省全部流域实行禁渔。自3月1日起，全省长江、淮河、黄河、海河流域依次进入禁渔期，海河流域结束最晚，于7月31日截止；省农业农村厅印发《关于2019年实行禁渔期制度的通告》，加强禁渔期执法。禁渔执法行动期间，全省各地与公安联动执法534次，共出动检查车辆2 657辆次，参加检查船艇542艘次，检查渔船1 486艘次，取缔违禁渔具685套，没收违法渔获物1 805千克，行政处罚402起，查处非法捕捞刑事案件224起，刑事拘留68人，逮捕3人，移送起诉95人。

(2)打击电毒炸鱼和使用绝户网等行为。根据《农业农村部办公厅关于打击电鱼活动专项执法行动的通知》要求，实施"亮剑2019"渔政执法系列活动，制定《河南省打击电鱼专项执法行动实施方案》，并参加沿黄九省份渔政联合交叉执法行动。按照副省长武国定对打击黄河非法电鱼工作批示，由省河长制办公室牵头成立河南省打击电鱼专项执法行动领导小组，省河长制办公室、省公安厅、省农业农村厅、河南黄河河务局、省交通厅等部门分管领导担任成员，建立沿黄省、市、县三级联动，多部门协同配合的工作机制，沿黄省辖市、省直管市根据实际制定打击电鱼专项执法行动实施方案，多次开展联合执法行动，重拳打击非法电鱼行为。

4.涉渔二、三产业　重视水产品加工、休闲渔业发展，认真开展调研，积极宣传引领。

5.渔业基础保障体系

(1)养殖水域滩涂规划编制。按照农业农村部规划编制要求和《河南省养殖水域滩涂规划编制工作方案》及《河南省养殖水域滩涂规划编制工作指导细则》规定，全力推进养殖水域滩涂规划编制工作。全省有119个渔业大县(区、市)编制和发布养殖水域滩涂规划，为本地渔业稳固发展提供了资源和规章保障。

(2)水产良种体系建设。利用中央财政农业发展资金3 000万元，2019年升级改造15个省级水产良种场，提高了全省水产苗种供给能力。

(3)其他。基层推广体系建设、渔政渔港建设稳步推进；信息宣传、渔业互保等工作有序开展，都为全年渔业绿色高质量发展提供了有力支撑。

6.存在的主要问题　名优品种产量占比较低，"三品一标"产品少；池塘标准较低，因受资金限制，标准化改造难度大；渔业信息化、机械化程度低等。

【重点渔业市(县、区)基本情况】

河南省重点渔业市(县、区)基本情况

市(县、区)	总人口(万人)	渔业总产值(万元)	水产品产量(吨)	其中		养殖面积(公顷)
				捕捞	养殖	
潢川县	88.53	57 787	52 800	1 210	51 590	9 417
固始县	110.26	59 140	39 415	3 516	35 899	10 009
汝南县	87.07	41 939	34 336	26 150	8 186	1 364
中牟县	51.04	43 277	34 160	34 160	2 260	
商城县	80.07	57 117	33 694	2 880	30 814	4 450

注：渔业总产值是渔业部门口径，即包含苗种产值。

【大事记】

[1]1月，根据副省长武国定对打击黄河非法电鱼工作的批示，由省河长制办公室牵头成立河南省打击电鱼专项执法行动领导小组，省河长办、省公安厅、省农业农村厅、河南黄河河务局、省交通厅等部门分管领导担任成员，开始实施打击电鱼联合执法行动。

[2]2月，河南省农业农村厅下发《关于加快推进渔业绿色发展的实施意见》，确定了今后一个时期渔业发展原则、目标。

[3]4月，全省水产工作会议在郑州召开，贯彻落实中央和省委1号文件、全国渔业高质量发展推进会和全省农业工作会议精神，总结全省2018年水产工作发展成效，安排部署2019年水产重点工作。

[4]5月16日至7月31日，海河流域首次实施禁渔。

[5]5月，沈丘县农业农村局荣获农业农村部"全国渔业执法工作先进集体"称号。

[6]11月，首届中国郑州"鼎能杯"全国锦鲤若鲤大赛暨观赏鱼博览会在郑州举办，中国休闲垂钓协会

会长魏宝振参加。

[7]汝南县成功创建为国家级渔业健康养殖示范县，全省25家养殖场成功创建为国家级水产健康养殖示范场。

[8]全力推进养殖水域滩涂规划编制工作，漯河、安阳、周口、鹤壁、濮阳完成市级养殖水域滩涂规划编制及发布；全省有119个渔业大县（区、市）编制和发布养殖水域滩涂规划。

[9]在2019年机构改革中，全省除濮阳市外，其余省辖市和各省直管县（市）渔业管理职能都归入农业农村部门。

（河南省农业农村厅水产局）

湖北省渔业

【概况】 2019年，全省水产养殖面积53.5万公顷，与上年基本持平；水产品总产量469万吨，同比增长2.3%，连续24年居全国淡水水产品产量第一位；渔业产值1 152亿元，同比增长4.15%；渔民人均纯收入20 466元，同比增长6.79%。

1.产业发展

（1）绿色发展。经省政府同意，出台湖北省《关于加快推动水产养殖业绿色发展的意见》。优化水产养殖布局，有规划任务的74个县（区）政府全部发布养殖水域滩涂规划，省级规划已发布。10月16日，在全国水产养殖业绿色发展现场会上，湖北省做典型发言，获评农业农村部2018年度强化渔业绿色发展延伸绩效管理优秀单位。

（2）稻渔综合种养。印发《湖北省“虾稻共作、稻渔种养”产业发展规划（2019—2022）》，监利县、潜江市、仙桃市等63个市（县）划为“适宜区”，“适宜区”之外不鼓励和不支持发展该模式。开展“虾稻共作、稻渔种养”规范发展调研，大力推行标准化生产。全省“虾稻共作、稻渔种养”总面积达到46万公顷，新创建国家级稻渔综合种养示范区2个，稻渔综合种养规模全国第一。

（3）健康养殖。通过集中办点示范，大力推广现代绿色养殖技术模式，建成池塘工程化流道200余条、池塘圈养108个、集装箱养殖62个。推进养殖尾水处理，在武汉、鄂州、荆门等地开展池塘养殖排放水水质检测工作，安排财政资金1.05亿元，在47个县（市）开展连片水产养殖尾水处理试点示范建设，已建成50多家集中连片水产养殖尾水处理示范基地，涉及养殖面积0.67万公顷。

（4）示范创建。新创建农业农村部水产健康养殖示范场30家，对第9批84家农业农村部水产健康养殖示范场进行严格现场复查，有50家养殖场通过复查，共取消不合格养殖场34家。

（5）产业融合。贯彻“一鱼一产业”战略，大力发展特色养殖，小龙虾、黄鳝、黄颡鱼等特色品种产量连续多年位居全国第一。小龙虾产量92万吨，占全国近一半，黄颡鱼产量14.8万吨，鳜鱼产量9.2万吨。支持水产品加工健康发展，现有水产品加工企业239家，其中国家级龙头企业9家、省级龙头企业53家，加工产值达400多亿元。促进水产品流通体系建设不断加强，潜江小龙虾交易中心年交易额突破80亿元。积极发展休闲渔业，休闲渔业产值达到130亿元，接待人数超过800万人次。

（6）品牌建设。支持荆州市、潜江市、监利县、洪湖市、汉川市、公安县、大冶市举办中国（国际）小龙虾产业大会、小龙虾节、虾稻产业博览会、河蟹节、鱼糕节等活动，组织企业参加各种展会，加快提升地方特色品牌影响力。引导组建省虾稻产业协会，指导搭建“潜江龙虾”区域公用品牌共建共享平台，举办“龙技术”培训大会等系列活动。配合开展“潜江龙虾”央视强势宣传，“潜江龙虾”品牌价值达到238亿元，位居全国小龙虾区域公用品牌第一。

2.渔业科技

（1）科技成果。省水产科学研究所，获得国家发明专利2项；编制省级标准2项；发现鱼类新种1个，已命名为三峡金线鲃；参加“团头鲂种质资源开发及分子辅助育种技术体系的构建与实践”项目，获2018—2019年度神农中华农业科技奖一等奖；国家大宗淡水鱼类产业技术体系武汉综合试验站全国考评获优秀等次。省水产技术推广总站，组织省内3名水产技术推广员组成湖北代表队参加2019年国家一类竞赛“农业农村部职业技能竞赛——水产技术员竞赛”，襄阳市水产技术推广站梁文艳获得农业技术能手奖；组织全省2家企业参加第三届全国稻渔综合种养模式创新大赛暨2019优质渔米评比推介活动，荣膺3项大奖，赤壁市芙蓉小龙虾专业合作社的“鳖虾鱼稻生态种养模式”获2019年全国稻鱼综合种养模式创新大赛二等奖；咸宁市丰乡源小龙虾专业合作社联合社获2019年全国稻鱼综合种养优质渔米（籼米组）评比银奖，同时获2019年全国稻渔综合种养模式创新大赛和优质渔米评比绿色生态奖；参与编写的《全国主推高效水产养殖技术丛书》获得2018—2019年度神农中华农业科技奖科学普及奖；牵头制定国家行业标准1个，和华中农业大学联合制定湖北省地方标准8个。

（2）示范推广。发布湖北省2019年水产十大主推技术，虾稻生态种养技术、池塘“3+5”分段养蟹可控技术两项技术入选《湖北省2019年农业主推技术指南》。建立稻田综合种养技术示范区25个，示范面积0.247万公顷；池塘“3+5”分段养蟹可控技术示范区4个，示范面积667公顷，推广面积1.13万公顷；池塘网箱生态养鳝技术示范区2个、3.9万口网箱；池塘流道养鱼技术示范面积3 670米^2，推广面积1.9万米^2；池塘“圈养零排放”养殖技术示范区200米^2、16个圈养池，全省推广建立108个圈养池；集装箱生态循环水养殖技术示范基地5个，推广应用集装箱62个。

(3)科技入户。在麻城市举办2019年全省渔业送科技下乡活动启动仪式。省水产技术推广总站主办各类培训班10余期，培训人数1 490人，编印发放技术资料2 500份，先后24次组织专家，深入渔业主产县、市，围绕全省渔业主推技术开展科技下乡活动。

3.水产品质量安全

(1)抽检监测。完成部省级水产品监测任务15次，抽检水产样品1 007批次，含部省例行监测、产地和苗种监督抽查、小龙虾专项监测及“不忘初心、牢记使命”专项整治抽检任务等，综合合格率99%，产地水产品抽检合格率连续9年保持100%。

(2)专项整治。针对渔用投入品、抗生素和禁用化合物残留、重点品种等突出问题开展集中整治，重点打击违法违规使用禁、限用药物行为。联合省公安厅、省市场监管局开展全省小龙虾养殖投入品专项整治行动。全省共出动执法人员5 793人次，检查生产经营企业2 300家次，查处问题34起，涉及金额5万余元。

(3)苗种产地检疫。根据市、县机构改革实际，印发《湖北省水产苗种产地检疫工作方案》，细化部署安排，督导各市、州制定本级检疫工作方案。组织渔业官方兽医申报、确认，完成首批渔业官方兽医确认工作，任命渔业官方兽医224名。

(4)减量用药。印发《2019年湖北省水产养殖用药减量行动方案》，扩大减量用药技术试点规模和范围，确定荆州、黄冈、潜江等6个市共10家单位为省级试点单位。经过一年试点示范，试点企业用药量呈明显下降趋势。组织开展全省水产养殖用药减量调研和规范用药科普下乡活动，举办2019年全省水产养殖用药减量行动推进会暨水产技术推广骨干人员培训班。全年全省共计培训渔民7 000余人次，发放技术资料1万余册。

4.依法治渔和渔业资源环境保护

(1)长江流域重点水域禁捕。省政府专题研究长江禁捕工作，联合省财政厅等4个部门印发《湖北省长江流域重点水域禁捕和建立补偿制度实施方案》，组织省发改委等10个厅(局)成立禁捕工作沟通协调机制，全力推进湖北省长江流域禁捕工作。全年开展5次督导调研，组织核拨中央和省级禁捕资金近14.6亿元。截至2019年年底，全省水生生物保护区渔船全部退出捕捞作业，实现长江流域保护区全面禁捕。在2019年的3次全国性会议上，湖北省禁捕工作都作为典型进行了交流发言。

(2)“绿盾2019”自然保护地强化监督行动。印发《关于开展省级以上水产种质资源保护区人类活动遥感监测问题核查和整改工作的通知》，要求各地按照卫星遥感问题线索，认真开展核查、自查和整改，全面完成836个问题线索的核查工作。印发《关于进一步推进“绿盾2019”自然保护地强化监督工作的通知》，指导各地分门别类制定整改方案，并适时组织督导检查，有力推进保护区问题整改工作。

(3)环保督察问题整改。制发整改方案，安排工作专班，对重点水域进行检查与督导，严厉查处投肥(粪)养殖、珍珠养殖及围栏、围网、网箱等违法养殖行为的反弹。重点督导了汉川刁汊湖退垸还湖、赤壁董塘池投肥养殖等重点问题的整改，严肃查处了通山富水库、荆州长湖、蔡甸知音湖等地网箱、围栏养殖反弹的案件，已基本构建起加强日常巡查、举报快速反应，强化执法监管的长效机制。

(4)落实休(禁)渔制度。2019年禁渔期间，全省各地政府发布禁渔文件通告149个，部署禁渔工作会议270次，发放禁渔宣传资料94 236份，出动宣传车(船)2 547次，张贴禁渔宣传标语3 912幅，各级渔政执法部门和公安机关组织联合执法行动999次，参加执法人员19 654人次，取缔违禁渔具14 757件，收缴电捕鱼器具532套，查处案件626起(其中电鱼案件364起、毒炸鱼案件8起)，行政处罚案件509件，司法移送案件117起、司法移送173人。

(5)“湖北渔政亮剑2019”行动。制定下发《关于开展“湖北渔政亮剑2019”系列执法行动的通知》，成立“亮剑”执法行动指挥部，开展禁渔期执法管理、实施全面禁捕保护区执法管理、违规渔具渔法专项清理整治、打击电鱼专项执法行动、渔业安全生产专项执法行动及其他涉渔违法行为清理整治共六大行动。全省各级渔政执法机构积极联合公安机关，严厉打击各类非法捕捞行为，查处了一大批非法捕捞典型案件，有力震慑了不法分子嚣张气焰。据统计，2019年全省开展“中国渔政亮剑2019”系列专项执法行动期间，各地出动执法车辆6 400台次，出动执法船艇6 317艘次，出动执法人员42 106人次，查办案件1 134起，其中行政处罚案件931件，司法移送案件203起(293人)。

(6)河(湖)长制工作。积极谋划湖泊治理相关工作，多次调研巡查梁子湖和斧头湖生态治理，协调陪同副省长赵海山巡查斧头湖1次，省委常委、组织部部长王瑞连巡查梁子湖2次，严格落实省领导要求。构建沟通协调机制，主动与梁子湖、斧头湖周边各级河（湖）长制办公室保持联系，及时掌握各地工作开展情况，主动调查发现问题，强化信息反馈和督促整改，严格做到河湖管理工作事事有着落、件件有回音。

（7）增殖放流。编制《湖北省2019年水生生物增殖放流项目实施方案》。全省累计投入放流资金2 713万元，其中中央资金1 855万元，地方财政资金638万元，社会资金220万元。开展各类增殖放流活动83场次，放流各种规格鱼类近7亿尾。

（8）水生野生动物保护。经省政府同意，印发《全省长江水生生物保护重点工作分工方案》，配合省推动长江经济带发展领导小组办公室联合制定《全省长江经济带珍稀濒危动植物保护长效机制的行动方案（试行）》。接受全国人大常委会渔业法执法检查，针对检查反馈"六个问题"和"三项工作"，提出整改方案。做好水生野生动物行政审批，2019年，共受理经营利用申请119个，依据程序办理特许利用证件225个，渔业特许捕捞证26个。在神农架林区举行湖北省2019年水生野生动物保护科普宣传月启动仪式，这是湖北省连续第10年开展这一活动。印发《关于进一步加强国家重点水生野生动物保护管理的通知》，开展为期6个月的专项整治行动。印发《关于集中开展展演场所在养水生野生动物专项执法的通知》，组织集中开展展演场所在养水生野生动物专项执法。组织开展中华鲟养殖专项整治行动，对全省中华鲟养殖企业进行逐一摸排，登记造册，排查隐患。

5.渔业水上安全管理

（1）安全生产月活动。印发《湖北省水产局2019年"安全生产月"和"安全生产楚天行"活动方案》，认真开展以"强化渔业安全红线意识，促进渔业安全发展"为主题的渔业安全宣传活动。各地通过渔民讲座、散发传单、摆放展板、制作渔业水上安全警示牌、开展"6·16"安全生产宣传咨询日等多种形式，宣传安全生产知识。

（2）安全宣传培训。按照《湖北省渔业水上安全"十不准"》内容，制作了《渔业水上安全知识宣传片》。编印《渔业船舶安全知识宣传手册》《渔业行政相关法律汇编》，发放给渔民和执法人员。组织开展全省渔业安全大比武活动，在宜昌、黄冈、潜江等渔政机构、企业选派6名队员组队参加农业农村部在上海举办的复赛和决赛。

（3）渔船救助和防污应急演练。2019年9月，在荆门漳河水库举办全省渔船救助和防污应急演练活动，演练渔民落水、遇险报警、渔船互救、渔政机构救援、受伤人员急救、水面防油污等应急救援动作，此项活动已连续开展9年。开展灭火器使用技能知识讲座，进一步强化安全生产意识，提升应急处置能力。

（4）安全隐患排查。对梁子湖、斧头湖等重点水域开展渔船安全检查，对渔船违章载客、违规使用无证渔政船、渔业执法快艇加油等隐患问题均下达了整改通知，并对相关整改内容进行了跟踪督办。配合2019年全国渔业安全交叉检查活动，对洪湖、监利进行了安全检查。

6.渔业产业扶贫

（1）组织领导。成立以省水产局主要领导为组长的扶贫巡视整改领导小组，制定整改方案，印发《整改责任清单》，压实主体责任。

（2）资金投入。2019年安排贫困县生产发展类资金7 908万元，同比增长63%，主要支持贫困县开展现代渔业发展、渔业资源及生态保护、稻田综合种养、池塘升级改造及养殖尾水处理等。

（3）技术支持。在麻城市举办2019年全省渔业产业扶贫送科技下乡活动启动仪式，组织专家开展渔业扶贫科技下乡活动。省水产科学研究所全年组织扶贫技术培训6次、培训315人次，赠送各类技术资料5 300册，赠送鱼苗136万尾。省水产技术推广总站组织专家30余人次，为全省16个贫困地区培训渔民1 729人次，赠送各类技术资料1 100册，渔需物资1吨，鱼种5万尾。

（4）落实扶贫联系点制度。领导带队赴联系点开展产业扶贫调研，先后赴蕲春、英山、麻城、宣恩、大悟、通山、远安、长阳等地调研产业扶贫工作，水产专家现场技术指导。

【重点渔业市（县、区）基本情况】

湖北省重点渔业市（县、区）基本情况

市（县、区）	渔业人口（人）	渔业产值（万元）	水产品产量（吨）	其中			养殖面积（公顷）
				捕捞	养殖	稻渔综合种养	
洪湖市	87 243	3 055 621	392 290	1 104	281 726	109 460	57 500

（续）

市(县、区)	渔业人口（人）	渔业产值（万元）	水产品产量（吨）	其中			养殖面积（公顷）
				捕捞	养殖	稻渔综合种养	
仙桃市	134 107	135 680	294 665	14 247	264 679	15 739	34 281
鄂州市	52 493	986 606	289 313	8 471	272 364	8 478	15 034
监利县	127 445	2 100 483	274 076	1 060	171 490	101 526	31 677
沙洋县	27 370	840 049	180 810	650	138 042	42 118	13 988
汉川市	37 864	452 688	149 188	2 575	117 717	28 896	21 833
钟祥市	33 890	604 229	147 797		126 844	20 953	13 203
潜江市	51 259	2 048 175	142 610		38 726	103 884	9 190
公安县	23 350	590 653	126 450	1 000	81 243	44 207	12 633
阳新县	21 925	90 109	125 148	4 432	112 492	8 224	9 250

【大事记】

[1]2 月 20—28 日，湖北省第二次全国农业污染源普查(水产污染源普查)入户调查和数据采集阶段质量核查专家组会议，在农业农村部渔业环境及水产品质量监督检验测试中心(武汉)举行。

[2]2 月 27 日，印发《关于开展“湖北渔政亮剑2019”系列执法行动的通知》。

[3]3 月 1—7 日，组织湖北省渔政执法特编船队对长江干流湖北段开展禁渔期巡航执法检查行动。

[4]3 月 12—13 日，农业农村部长江流域渔政监督管理办公室副主任赵依民一行，赴湖北省调研督导长江禁捕和中华鲟保护搬迁事宜，省农业农村厅二级巡视员丁锋参加调研。

[5]3 月 19 日，在国家级贫困县麻城市阎家河镇举办 2019 年湖北省渔业产业扶贫送科技下乡活动启动仪式，省水产局二级巡视员林伟华参加。

[6]4 月 1—3 日，省水产局党委书记、局长李水彬到宜昌市、荆州市调研水生野生动物保护和春季渔业重点工作。

[7]4 月，湖北恒升实业有限公司 549 尾子一代中华鲟安全转移搬迁过渡性保护基地，中华鲟搬迁保护工作取得阶段性成效。

[8]4 月 20 日，农业农村部长江流域渔政监督管理办公室主任马毅一行，赴荆州市调研督导水生生物资源保护工作，省水产局局长李水彬参加调研。

[9]4 月 23—24 日，联合省公安厅治安总队，组织地方渔政、公安机关，对汉江兴隆坝区水域开展联合打击非法捕捞专项执法行动。

[10]4 月 29 日，全省中华鲟养殖专项整治暨渔政工作座谈会在武汉召开，省水产局党委书记、局长李水彬出席会议并讲话。

[11]5 月 7 日，印发《2019 年湖北省水产养殖用药减量行动方案》，确定 6 个市 10 家单位为省级试点单位。

[12]5 月 17—19 日，组织企业参加 2019 年亚太水产及渔业产业扶贫产销对接活动，农业农村部副部长于康震到湖北省展台指导。

[13]5 月 20 日，印发《湖北省“虾稻共作稻渔种养”产业发展规划(2019—2022)》。

[14]5 月 26 日，省委常委、组织部部长、梁子湖省级湖长王瑞连巡查梁子湖，主持召开专题会议，省农业农村厅、省水产局主要负责人陪同。

[15]5 月 30 日，副省长、斧头湖省级湖长赵海山巡查斧头湖，主持召开专题会议，省农业农村厅、省水产局主要负责人陪同。

[16]6 月 13 日，省水产局局长、厅河(湖)长制工作领导小组副组长李水彬主持召开河湖生态治理工作联席会议。

[17]6 月 21 日，经省政府同意，印发《省农业农村厅、省生态环境厅、省自然资源厅、省发展和改革委员会、省财政厅、省科学技术厅、省经济和信息化厅、省商

务厅、省市场监督管理局、中国银行保险监督管理委员会湖北监管局关于加快推动水产养殖业绿色发展的意见》。

[18]6 月 26 日，农业农村部联合财政部、人力资源和社会保障部召开长江流域重点水域禁捕工作视频会议，副省长万勇在会上做典型发言。会后，湖北省召开长江流域重点水域禁捕工作视频会。

[19]6 月 28 日，湖北长江水生生物保护暨长江禁捕工作沟通协调机制办公室成员首次碰头会在武汉召开，省农业农村厅副厅长王海涛出席会议并讲话，省水产局局长李水彬主持，省发改委、省财政厅、省公安厅等 10 个省直厅局单位相关人员参加会议。

[20]7 月 23 日，农业农村部渔业渔政管理局副局长韩旭到梁子湖管理局开展“不忘初心、牢记使命”主题调研，省农业农村厅副厅长王海涛陪同调研。

[21]7 月 23 日，省委农办主任、省农业农村厅党组书记、厅长肖伏清结合“不忘初心、牢记使命”主题教育工作，赴武汉市江夏区、咸宁市咸安区调研梁子湖、斧头湖湖长制工作，省水产局局长李水彬，武汉、咸宁、鄂州市等地湖长制工作负责人参加调研。

[22]8 月 7—8 日，湖北省“虾稻共作、稻渔种养”培训班在武汉举办，300 多名新种养户、贫困户参加培训。

[23]8 月 20 日，省委农办主任，省农业农村厅党组书记、厅长肖伏清赴梁子湖调研河(湖)长制工作。

[24]9 月 3—4 日，省水产局党委书记、局长李水彬到扶贫联系点宣恩县调研产业扶贫工作。

[25]9 月 5 日，省水产局党委书记、局长李水彬赴武汉市东西湖区、汉南区调研水产工厂化循环水养殖和休闲渔业。

[26]9 月 5 日，2019 年全省水产养殖用药减量行动推进会暨水产技术推广骨干人员培训班在潜江举办。

[27]9 月 10 日，省水产局党委书记、长李水彬带队到赤壁市神山镇董塘池督办环境整治工作。

[28]9 月 18—19 日，全国水产技术推广总站副站长于秀娟一行到湖北省开展水产养殖业绿色发展调研。

[29]9 月 20 日，省水产局联合神农架林区农业农村局，在神农架林区保护区举行湖北省水生野生动物保护科普宣传月启动仪式暨救治救护大鲵放归自然活动。

[30]9 月 25 日，全省渔业船舶水上安全应急救助演练在荆门市漳河水库举行。

[31]9 月 30 日，印发《2019 年度全省“清江、清湖、清库”渔业执法行动方案》，自 10 月 1 日起至 12 月底，在全省范围内组织开展为期三个月的“清江、清湖、清库”渔业执法行动(简称“三清”行动)。

[32]10 月 12 日，省委常委、组织部部长、梁子湖省级湖长王瑞连巡查梁子湖，调研第七届世界军人运动会赛场水质情况。省委农办主任，省农业农村厅党组书记、厅长肖伏清陪同巡查。

[33]10 月 15 日，省水产技术推广总站参与编写的《全国主推高效水产养殖技术丛书》获得 2018—2019 年度神农中华农业科技奖科学普及奖。

[34]11 月 5 日，省水产局党委书记、局长李水彬带队到监利县、洪湖市调研长江流域重点水域禁捕、打击非法捕捞和水生野生动物保护等工作。

[35]11 月 11—22 日，组织湖北省渔政执法特编船队开展巡航，对长江干流湖北段打击非法捕捞进行执法检查。

[36]11 月 12 日，省水产局党委书记、局长李水彬带队到枝江市调研长江流域重点水域禁捕和打击非法捕捞等工作。

[37]11 月 14 日，省水产局在武汉市召开全省水产重点工作推进会，局长李水彬出席会议并讲话。

[38]11 月 15 日，第十七届中国国际农产品交易会在江西南昌开幕，12 家湖北水产龙头企业携 50 多种产品参展。

[39]11 月 23 日，第十六届中国武汉农业博览会在武汉举行，省水产局组织 5 家贫困地区水产企业参展。

[40]12 月 3 日，省农业农村厅、省市场监管局、省公安厅联合印发《全省小龙虾养殖投入品专项整治行动方案》。

[41]12 月 6 日，湖北省水产科学研究所与华中农业大学联合研究的“团头鲂种质资源开发及分子辅助育种技术体系的构建与实践”，获得 2018—2019 中华农业科技奖科学研究类成果一等奖。

[42]12 月 9—11 日，省水产局在武汉市举办全省现代渔业培训班。

[43]12 月 17 日，驻省农业农村厅纪检监察组组长杨声驰到省梁子湖管理局检查指导工作。

[44]12 月 17 日，印发《湖北省农业农村厅关于发布湖北省养殖水域滩涂规划(2018—2030 年)的通知》。

[45]12 月，全省任命首批渔业官方兽医 224 名。

[46]截至 2019 年 12 月底，全省保护区内所有 8 429艘退捕渔船全部上岸拆解完毕，实现清零。保护区退捕渔民 16 500 人，已安置 14 087 人。中央安排湖

北省的 4 批退捕资金共计 139 612 万元按期足额拨付到位。

[47]截至 2019 年 12 月底，全省各级渔政执法机构共清理取缔涉渔“三无”船舶 258 艘，查办案件 1 134 起(其中电鱼案件 735 起、其他违法案件 399 起)，取缔违禁渔具 36 068 件，收缴电捕鱼器具 1 666 套，行政处罚案件 931 件，司法移送案件 203 起(293 人)。

[48]2019 年，共组织对 17 个涉渔工程开展保护区环境影响专题审查，争取生态补偿资金 3 680 万元。

[49]2019 年，全省各地积极组织推进“绿盾 2019”专项行动，全面完成省级以上水产种质资源保护区 836 个问题线索的核查工作。

(湖北省农业事业发展中心　吕金龙)

湖南省渔业

【概况】

1.渔业主要经济指标

(1)水产品产量。2019 年，湖南省水产养殖总面积 42.57 万公顷，同比增加 0.64 万公顷，增长 1.52%。水产品总产量 254.41 万吨，同比增加 7.47 万吨，增幅 3.03%，其中，水产养殖产量 246.32 万吨，同比增加 8.37万吨，增长 3.52%；捕捞产量 8.09 万吨，同比减少 8 964吨，下降 9.97%。

(2)苗种生产及水产加工。2019 年湖南省生产鱼苗 510.45 亿尾，同比增长 2.10%；鱼种生产 43.27 万吨，同比减少 0.13%；全年投放鱼种 37.27 万吨，同比增长 8.59%。2019 年，湖南省有水产品加工企业 166 家、同比减少 4 家，其中规模以上加工企业 59 家、比 2018 年增加 3 家；水产品年加工能力 36.35 万吨、同比提升 2.78%。水产冷库 219 座、增加 10 座；日冻结能力 4.44 万吨、冷藏能力 9.07 万吨/次、日制冰能力0.36 万吨，同比分别提升 20.93%、11.56%、30.45%。全省水产品加工总量 21.95 万吨、同比增长 44.51%，其中，水产冷冻品加工 15.05 万吨、增长 75.42%，包括冷冻品 7.6 万吨、同比增长 34.96%，冷冻加工品 7.45 万吨、同比增长 152.74%；鱼糜制品及干腌制品 6.16 万吨、同比增长 1.94%；小龙虾加工 7.77 万吨、同比增长 256.38%；鱼粉加工 0.16 万吨、同比增长 400.00%。

(3)渔业经济产值。2019 年，湖南省渔业经济总产值 670.78 亿元，同比增长 10.76%。其中，渔业一产产值 468.85 亿元、增长 5.85%，其中养殖产值 432.23 亿元、增长 7.90%；渔业工业和建筑业等二产产值 80.34亿元、增幅 39.98%，其中水产品加工产值 38.10 亿元、增长 48.82%，渔用药物 2.92 亿元、增长81.01%，渔业建筑业 5.41 亿元、增长 386.39%；渔业流通和服务业等三产产值 121.59 亿元、增幅 15.50%，其中水产品流通 68.29 亿元、水产品仓储运输 15.65 亿元、休闲渔业 26.52 亿元，同比分别增长 13.89%、19.15%、13.06%。

(4)渔业灾情。2019 年，因台风、洪涝、干旱、病害等因素，造成湖南省渔业养殖受灾面积 17.26 万公顷、同比增长 169.24%；水产品损失 14.37 万吨、增长 168.88%，直接经济损失 21.03 亿元、增长 155.14%；损毁渔业设施造成直接经济损失 3.27 亿元、增长 116.71%。

(5)机动渔船。2019 年，湖南省持有机动渔船 34 931艘，其中捕捞渔船 17 250 艘、养殖渔船 17 485 艘、渔业执法船 196 艘；总吨位 79 148 吨，其中捕捞渔船 53 765 吨、养殖渔船 23 892 吨、渔业执法船 1 491 吨；总功率 318 448 千瓦，其中捕捞渔船 203 509 千瓦、养殖渔船 98 977 千瓦、渔业执法船 15 962 千瓦，以上数据均与 2018 年持平。

(6)渔民状况。2019 年，湖南省有渔业乡 5 个；渔业村 235 个、同比减少 58 个；渔业户 262 947 户、同比减少 14 606 户；渔业人口 1 135 035 人、同比减少 96 326人；渔业从业人员 875 186 人、同比减少 32 799 人。渔民家庭人均纯收入 16 771.8 元，同比增长 2.2%；渔民人均可支配收入 16 345.04 元，同比增长 6.08%。

2.养殖结构调整

(1)名优水产品养殖。2019 年，湖南省名特优水产养殖面积 10.43 万公顷，同比增长 13.11%。以虾、蟹、龟、鳖为主的名优水产品养殖持续明显增长，甲壳类养殖产量 33.27 万吨，同比增加 7.43 万吨、增长 28.76%，甲壳类占水产养殖总产量的比重为 13.51%，其中，虾类养殖产量 32.64 万吨，同比增长 29.41%，特别是克氏原螯虾产量 30.68 万吨、同比增长 29.12%。龟鳖等其他类水产养殖产量 4.82 万吨、同比增长6.69%，特别是鳖类养殖产量 2.53 万吨、同比增长 5.63%；蛙类养殖产量 1.57 万吨、同比增长 14.80%。鱼类养殖产量增幅较大的有，黄颡鱼 3.01 万吨、同比增长 4.89%；鳟鱼 0.07 万吨、同比增幅9.72%；鮰鱼0.72万吨、同比增幅 11.89%；长尾鮠0.025万吨、同比增幅 97.06%；鲈鱼 0.76 万吨、同比增幅 102.86%。

(2)池塘和工厂化养殖。2019 年，湖南省池塘养殖面积 25.83 万公顷、同比增长 1.20%；全年池塘养殖产量 174.42 万吨、同比下降 0.36%。推动绿色渔业发展，全省湖泊养殖面积5.5万公顷、同比下降2.12%，水库养殖面积10.15万公顷、同比下降2.51%，网箱养殖面积170.76万米^2、同比下降29.69%；湖泊、网箱养殖产量同比分别下降12.39%、10.96%，水库养殖产量同比增长3.76%。全省工厂化养殖面积42.68万米^{3}水体，较2018年增长7.59%，但工厂化养殖总产量0.53万吨、同比下降27.67%。

（3）休闲渔业。2019年湖南省休闲渔业产值26.52亿元、同比增加3.06亿元。全年全省生产养殖观赏鱼1 304.46万条，同比增长2.46%。

3.养殖方式转型

（1）水产健康养殖。湖南省委农村工作领导小组出台《关于打造农业优势千亿产业促进乡村产业振兴的意见》，重点打造水产千亿元产业。省农业农村厅、生态环境厅、自然资源厅、发改委、财政厅等10部门联合印发《关于加快推进水产养殖业绿色发展打造优势特色水产产业的实施意见》，提出到2023年全省水产健康养殖示范面积达68%以上，产地水产品抽检合格率保持98%以上，渔业科技贡献率提高到60%以上，全省渔业经济总产值突破1 000亿元。开展水产健康养殖示范场创建，2019年组织58家水产养殖企业、合作社和家庭渔场参加示范场创建活动，有46家水产养殖企业通过现场考核验收。

（2）稻渔综合种养。2019年，湖南省发展稻田水产养殖31.30万公顷（不计入水产养殖总面积）、同比增长4.92%，水产品产量39.15万吨、同比增长31.34%。

推进稻渔综合种养产业化发展，6月，省政府在南县组织召开全省稻田综合种养工作推进现场会；组织编印《稻渔综合种养主要模式与技术》，举办技术培训班培训3万人次；加大财政支持，利用产业扶贫资金6 000万元、统筹渔业油补资金8 000万元支持稻渔发展，全省创建稻渔综合种养示范县10个；创新种养模式，主要在池塘探索推广“鱼稻（瓜）轮作”“鱼蟹生态混养”，在稻田开展“稻蟹（虾、鸭）生态种养”“稻蛙（鳅）共生”“稻虾共作”“再生稻＋鱼”“双季稻＋虾”等模式。规范稻渔综合种养行为，清理沟坑占比超过总种植面积10%或水稻亩产量低于500千克等不符合规范要求的稻渔综合种养面积1 769.9公顷，督促各地通过复垦、回填等措施整改。2019年8月辰溪县举办“中国·辰溪稻花鱼文化节”，“辰溪稻花鱼”于2018年获国家农产品地理标志认证，被湖南湘菜协会授为“鱼之珍品”称号。

（3）规范天然水域养殖行为。湖南省人民政府继续将养殖污染治理纳入2019年河长制、湖长制工作重要内容，纳入对市、县、乡镇政府绩效考核，水产养殖污染治理主要涵盖天然水域禁止投肥养殖和拆除饮用水源地网箱养殖等工作。严格规范天然水域养殖行为，全面禁止天然水域投肥投饵养殖；持续推进《洞庭湖生态环境专项整治三年行动计划（2018—2020年）》《“一湖四水”生态环境综合整治总体方案》；对全省十大水库原保留的0.4%网箱全面整治退出，共退出水产养殖面积315.65万米^2，其中拆除网箱154.61万米^2、网片161.04万米^2。湘西土家族苗族自治州龙山、永顺、保靖、古丈县拆除网箱14 731口。持续实施推进《洞庭湖污染防治三年行动整治方案》4.67万公顷精养池塘的升级改造任务，通过油价补贴资金支持、高标准农田建设、精养池塘鱼稻轮作、精养池塘工程化循环水养殖设施改造等方式方法，改造精养池塘1.58万公顷；在岳阳市、益阳市开展养殖尾水治理示范点建设，采取进排水改造、生物净化、人工湿地、种植水生蔬菜花卉等技术措施，实施集中连片池塘养殖区域和工厂养殖尾水处理。东洞庭湖保护区试验区内升级改造鱼池0.09万公顷。汉寿县西洞庭保护区实验区三汊障内外的97处鱼池全部拆除。2019年湖南省珍珠养殖总产量1.76万吨，同比减少5.86万吨、减幅76.93%。

（4）水产品质量安全监管。加强水产品抽样监测和检查，2019年产地抽检水产品210批次，合格率99.5%；在水产苗种繁育场抽检水产苗种15批次，合格率100%。组织开展稻渔综合种养的水产品风险监测等专项监测。开展农产品专项整治，共抽检样品209批次，合格率98.6%；例行抽检1 000批次，合格率97.6%。加强水产疫病防控，在长沙、株洲、湘潭、衡阳、岳阳、益阳、郴州、怀化等地设42个县级测报站、水产养殖场布点132个，监测面积19 219.25公顷，每月监测并预测预报。开展用药减量行动，突出水产优质种苗、疫病防控、精准用药、绿色模式、科学管理等，2019年有2 551家水产养殖企业参与用药减量行动试点，试点企业使用兽药总量及同比平均减少5%，其中使用抗生素类总量及同比平均减少20%以上。组织渔业无公害农产品认证，新认定渔业无公害产品89个。

（5）养殖科技研发推广。举办第三届湖南省水产技术推广职业技能竞赛，1名选手被授予“湖南省技术能手”荣誉称号，并获“湖南省五一劳动奖章”。2019年7月成立湖南省现代水产产业技术体系，省畜牧水产事务中心为牵头实施单位。产业技术体系明确“以池塘健康养殖为主体，以大水面生态养殖和稻田综合种养为两翼”的技术研究与服务总体思路；提出体系各岗位、试验站三年总体目标，确定池塘健康养殖优良品种筛选、生态高效养殖技术模式等六大科研主攻方向，明确各岗位和试验站的试验示范重点，建立体系内岗位、试验站整体合作机制；加强基层技术培训与服务，体系依托“湘农科教云”平台开展线上技术服务3 700多次，提供现场技术指导咨询410多次，举办全省基层水产技术员培训班3期、各岗位专家和试验站组织各类技术培训200余期；积极为产业发展决策提供技术支撑，拟定湖南对接粤港澳大湾区渔业重点工作；做好应急救灾技术服务，年中提出《湖南渔业抗旱救灾措施与建议》；筛选新品种、拟定新标准，审慎筛选与推广通道金背鲤、乌苏里拟鲿、澳大利亚淡水小龙虾等可能适宜但暂未在湖南大面推广的水产品种；推动技术成果转地方标准，体系组织拟定的池塘内循环流水养殖技术规范、稻田养鱼水肥饵料耦合技术规程等8项标准通过省标准化委员会审议，并推荐立项。

4.渔业行政管理

(1)渔业渔政管理机构改革。根据中共湖南省委机构编制委员会印发的《湖南省畜牧水产事务中心职能配置、内设机构和人员编制规定》，原湖南省畜牧水产局、湖南省兽医局、湖南省动物卫生监督所(湖南省动物血防工作站)、湖南省畜牧水产技术推广站(湖南省水生动物防疫检疫站)成建制撤销；设立湖南省畜牧水产事务中心，作为湖南省农业农村厅管理的副厅级公益一类事业单位；湖南省畜牧水产事务中心设8个内设机构：综合部、财务部、科技推广部、质量安全与兽药部、畜牧业发展部、渔业发展部(省水生动物防疫检疫站)、兽医与屠宰行业事务部、动物检疫部(省动物血防工作站)，规格均为正处级。渔业渔政管理方面，在省农业农村厅成立渔业渔政管理处，承担原湖南省畜牧水产局的渔业渔政行政职能；原省畜牧水产局的直属单位湖南省水产科学研究所(省水产原种场)调整到湖南省农业农村厅直管；湖南大鲵国家级自然保护区管理处(省大鲵救护中心)于2018年12月成建制转隶湖南省林业局；渔业船舶管理职能划转至湖南省交通运输厅。

(2)长江流域重点水域禁捕退捕。自2019年12月31日后，湖南省44个水生生物保护区全面禁止生产性捕捞，1.61万户捕捞渔民退出天然捕捞作业。一是加强组织。湖南省人民政府成立禁捕退捕工作领导小组，由分管副省长担任组长；省农业农村厅、省财政厅、省人力资源和社会保障厅等部门为成员单位，联合印发《湖南省长江流域重点水域禁捕退捕实施方案》；在省农业农村厅设领导小组办公室。有相应禁捕任务的县(市、区)均成立工作专班。二是压实责任。湖南省人民政府将禁捕退捕工作纳入对相关市(州)、县(市、区)政府绩效考核及河长制、湖长制考核内容。省农业农村厅为牵头单位，设禁捕退捕工作组，实行厅领导包市(州)督导机制、工作旬报和“一单四制”(退捕清单、报送制、调度制、公示制和问责制)制度。按照属地原则，市、县两级成立相应工作班子。三是落实措施。省、市、县财政先期下达配套资金4亿元，省财政专项安排0.5亿元支持沅江市3个渔民岛村整体搬迁。制定渔民身份精准识别的全省标准，明确持证专业、无证专业、持证兼业、无证兼业“四类”渔民的政策界线；严格每船必查、每证必核、每户必验、联合审核比对、结果公开公示程序，全省认定退捕渔民1.95万户，渔船2.7万艘；无证兼业渔民2.38万户，渔船2.73万艘。抓实船网回收、拆解和补偿补贴资金下发工作。保障退出渔民生计，支持退捕渔民就业、落实基本养老保险政策。此项工作两次在农业农村部召开的全国会议上做典型发言。

(3)打击非法捕捞。开展“中国(湖南)渔政亮剑2019”系列专项执法行动，主要包括重点水域禁捕、清理取缔涉渔“三无”船舶、违规渔具渔法清理整治、打击电鱼活动、渔业安全生产、水生野生动物保护等6个专项执法行动。各级渔政、公安部门加强对天然水域、渔港码头联合巡查和现场执法，全省专项执法行动共查处电鱼案件934起，收缴电捕鱼器具2 519台套，查处涉案船舶856艘，行政处罚案件667起、753人，移送司法案件197起、279人，追刑责182人。衡南县、双牌县、平江县和湘阴县等地公开审理电鱼案件，加强警示教育。强化渔业安全监管，组织各市(州)、县(市、区)按照“党政同责、一岗双责，权责一致、齐抓共管，失职追责、尽职免责”要求，层层压实责任，开展全省渔业安全生产排查专项行动、“安全生产月”和“安全生产三湘行”活动，突出渔业船舶、渔港码头和水产养殖场、加工区、加油作业区等重点部位的检查监管督导。全年检查渔港渔船578批次，出动执法船艇1.4万多批次，没收“三无”船只105艘。严格春季禁渔期制度，各市(州)成立渔政执法领导小组，加强巡查和联合执法，清理整治“绝户网”、取缔涉渔“三无”船舶和打击电炸毒鱼，禁渔期全省出动执法车辆3 853台次、参加执法船艇4 035艘次，取缔违禁渔具4 393件、没收地笼80 338米，行政处罚384人。加强涉水涉渔工程管控，严格涉水生生物保护区建设项目影响专题评价制度，2019年全省落实生态补偿资金3 000万元。

(4)水生生物资源养护。2019年9月，湖南省人民政府出台《关于加强全省水生生物保护工作的实施意见》，系统构建水生生物资源养护机制。全省全年向天然水域人工增殖放流鱼种及亲本10.73亿尾(粒),主要放流“四大家鱼”、银鱼卵等经济物种及大鲵、胭脂鱼、背瘤丽蚌等珍稀物种。6月6日,2019年湖南省大型放鱼活动启动仪式在长沙橘子洲公园战备码头举行,活动以“放鱼养水,绿色潇湘”为主题,现场向湘江放流鱼种2 182.1万尾(只),其中3厘米以上“四大家鱼”夏花、春片鱼种2 155万尾,四大家鱼亲本500组,3厘米以上胭脂鱼10万尾,15厘米以上的湘华鲮2万尾,背瘤丽蚌仔蚌15万只。全省有8个市46个县(市、区)开展同步放鱼活动。据湖南省水产科学研究所鱼类资源增殖放流跟踪监测与效果评估显示,2018年“四大家鱼”在洞庭湖的渔获物比例达20.03%,比2017年提高7.57个百分点,其中湘江增殖放流对洞庭湖湘阴—城陵矶水域0.5~1千克的“四大家鱼”贡献率为3.05%。加大江豚保护,据专业机构调查,洞庭湖江豚数量由2012年的90头增加到2019年110头。

(湖南省畜牧水产事务中心　李书庚)

【重点渔业市(县、区)基本情况】

湖南省重点渔业市(县、区)基本情况

市(县、区)	渔业人口(人)	渔业产值(万元)	水产品产量(吨)	其中		养殖面积(公顷)
				捕捞	养殖	
岳阳市	161 550	1 267 517	515 903	28 580	487 323	74 672
常德市	190 884	1 182 085	455 075	9 040	446 035	81 970
益阳市	106 886	1 076 625	427 142	16 324	410 818	55 619
衡阳县	2 612	91 510	59 376	1 573	57 803	8 947
华容县	30 340	557 850	151 000	10 617	140 383	17 799
湘阴县	52 648	305 141	176 204	880	175 324	19 809
鼎城区	32 298	100 060	62 840	590	62 250	13 375
安乡县	54 500	317 840	132 000	820	131 180	14 933
汉寿县	5 600	328 500	80 662	1 100	79 562	16 440
澧 县	26 570	230 803	66 452	912	65 540	10 200
沅江市	43 378	469 110	156 650	7 500	149 150	13 510
大通湖区	1 800	46 930	36 293	115	3 6178	10 750
资兴市	28019	63 791	32 117	841	31 276	12 884

广东省渔业

【概况】 2019年,广东省渔业工作在广东省委、省政府的坚强领导和农业农村部的正确指导下,全省各级渔业主管部门坚持以习近平新时代中国特色社会主义思想为指导,深入学习贯彻习近平总书记对广东工作的重要讲话和指示批示精神,坚持围绕中心、服务大局,贯彻落实“提质增效、减量增收、绿色发展、富裕渔民”目标任务,加快推进渔业转型升级和供给侧结构性改革,全省渔业保持平稳较快发展,为脱贫攻坚、乡村振兴提供了重要支撑。

2019年,全省渔业经济总产值3 623.94亿元,同比增长4.96%。其中渔业产值1 524.78亿元,同比增长3.8%;渔业工业和建筑业(第二产业)产值421.17亿元,同比增长15.95%;渔业流通和服务业(第三产业)产值1 677.99亿元,同比增长0.24%,其中休闲渔业产值118.80亿元。

2019年，广东省水产品总产量866.4万吨，比上年增长2.84%。其中海洋捕捞产量（不含远洋）119.57万吨，同比下降5.97%；远洋渔业6.78万吨，同比增长28.42%；内陆捕捞产量10.90万吨，同比下降5.46%；全省水产养殖产量729.14万吨，同比增长4.41%，居全国首位，其中海水养殖产量329.13万吨，同比增长3.92%；淡水养殖产量400.01万吨，同比增长4.78 %。

水产养殖面积略有下降，其中海水养殖16.50万公顷，同比下降0.38%；淡水养殖31.3万公顷，同比下降0.02%。

1.水产养殖业绿色发展 2019年，广东省贯彻落实农业农村部等10部委《关于加快推进水产养殖业绿色发展的若干意见》，加快推进广东省水产养殖业绿色发展，全省116个地级市和县（市、区）完成养殖水域滩涂规划编制发布。省农业农村厅于8月启动省级水产健康养殖示范创建活动，保障养殖水产品质量安全，推进现代渔业建设；12月考核验收，全省创建省级以上水产健康养殖示范场271家。佛山市森信农业有限公司等18家生产单位申请的24个渔业产品，经所在县、市及省级无公害渔业产品认定工作机构（省渔业技术推广总站）审查和评审，符合无公害农产品认定要求，由省农业农村厅颁发无公害农产品认定证书。

2.深水网箱和智能渔场建设 2019年，全省共有深水网箱2 163个，年产优质鱼3万多吨，年产值12亿多元。建成“德海1号”半潜式智能渔场、“澎湖号”半潜式波浪能深水网箱养殖平台，入选中国十大深远海智能养殖装备平台。

3.远洋渔业高质量发展 2019年，广东推动远洋渔业企业混合所有制改革，支持远洋基地建设，实施渔业合作项目。广东展海远洋渔业有限公司展海001、展海002两艘大型现代化远洋渔船于4月30日赴北太平洋从事秋刀鱼兼鱿鱼钓作业，成为广东省最早进入北太平洋从事秋刀鱼作业的远洋渔船，且产量和效益良好。

4.水产品质量安全 由于2018年年底机构改革，原省海洋与渔业厅水产品质量安全监管处的职责合并到省农业农村厅农产品质量安全监管处，省农业农村厅于2月14日印发《2019年广东省农产品质量安全工作要点》，要求开展水产养殖用药减量行动，推进水产健康养殖示范，强化水产养殖禁用药物治理。12月13日，省农业农村厅发布2019年广东省水产品质量安全监督抽查情况通报：2019年广东省农业农村厅在全省范围内组织开展了水产品质量安全监督抽查工作，共抽检1 430个水产品样品，涉及鲮鱼、草鱼、鲢鱼、鳜鱼、鳙鱼、平头鲷、黄鳍鲷、珍珠石斑鱼、南美白对虾、河虾、罗氏虾等11个品种，检出不合格样品31个，总体合格率为97.8%。其中：抽检乌鳢品种样品73个，全部合格，合格率为100%；抽检鳜鱼品种样品98个，有7个鳜鱼苗样品不合格，合格率为92.9%；抽检虾类样品302个，有4个南美白对虾苗样品不合格，1个河虾样品不合格，4个罗氏虾样品不合格，合格率为97%；抽检其他品种的淡、海水鱼类样品957个，有15个样品不合格，合格率为98.4%。

5.渔业资源及环境保护 5月19日，在惠州大亚湾海域举行广东省“2019年度农业资源及生态保护人工增殖放流活动”，共向惠州大亚湾大辣甲岛海域投放青斑鱼苗3万尾、斑节对虾600万尾。6月6日，举办全国“放鱼日”暨粤港澳大湾区增殖放流（珠海主会场）活动，是内地和港澳首次在大湾区联合开展的大型增殖放流活动，当天共向珠江口海域放流鲷科鱼类、石斑鱼、对虾、中国鲎、蠵龟、绿海龟、太平洋丽龟等海洋物种近5 000万单位，共计200多人参加活动。10月10日在广东海洋大学组织开展“2019年广东省水生野生动物保护科普宣传月”活动，营造全社会关爱水生野生动物的氛围。

6.实施休渔禁渔制度 3月1日，省农业农村厅在广州举办广东省珠江流域禁渔期同步执法行动启动活动，渔政执法船艇组成编队，沿珠江开展巡航执法；全省各级渔业主管部门和渔政队伍创新执法方式，与流域内其他5个省（自治区）携手联动，共同打击珠江禁渔期间各类非法捕捞行为，维护珠江禁渔期良好秩序。组织珠江禁渔督导组，通过实地明察暗访等形式，及时发现并纠正基层单位在开展行动中存在的问题，确保珠江禁渔工作顺利实施；4月25日在江门召开全省渔业渔政工作暨海洋伏季休渔工作部署会议，5月1日在茂名博贺渔港启动2019年广东省海洋伏季休渔暨同步执法行动，联合海上相关部门开展综合执法、交叉执法，打击违反休渔期制度的捕捞行为。经省政府同意，5月在《广东省政府人民公报》上印发《关于深圳湾部分海域禁渔区有效期延长的通告》，继续施行禁渔区制度，保护深圳湾渔业资源，促进湾区渔业资源修复和生态环境改善。

7.渔业安全生产活动 6月1日，省农业农村厅印发《2019年广东省渔业安全生产工作方案》，6月16日与汕尾市人民政府联合在汕尾市城区举行广东省2019年渔业安全生产月现场活动，300余人参加活动。6月27日印发《广东省农业农村厅关于渔业船舶进出渔港报告的管理办法》，8月1日起施行，明确要求渔船在进出渔港前主动报告，加强渔业船舶进出渔港管理及捕捞渔获物监管，落实安全生产主体责任，实现依港管人、管船、管渔获、管安全。8 月 1 日正式开通“广东渔政通”微信公众号，全省渔船的进出港报告均可在手机端完成。“广东渔政通”公众号还提供证书到期提醒、油补查询、定位查询、天气预报和政策法规等功能服务。10 月 18 日，省农业农村厅关和阳江市人民政府在阳江市联合举办广东省渔民减船转产项目渔船集中报废拆解暨渔业普法现场活动，主题为“减船转产，绿色发展，降低捕捞强度，养护渔业资源”。

8.实施政策性渔业保险 1 月 15 日，省农业农村厅、省财政厅、中国银行保险监督管理委员会广东监管局联合印发经省人民政府批准的《广东省政策性渔业保险实施方案》和《广东省政策性水产养殖保险实施方案（试行）》，承保险种有渔民人身意外伤害保险、雇主责任保险、渔船财产保险、水产养殖保险。6 月 10 日，经省农业农村厅公开招标，广东省渔业互保协会、中国人民财产保险股份有限公司广东省分公司和中国渔业互保协会组成的联合体中标广东省政策性渔业保险和水产养殖保险（试点）项目第一中标人，联合其他 5 家中标人组成共保体，共同承担广东省政策性渔业保险和水产养殖保险（试点）工作。省渔业互保协会被确定为主承保人，负责政策性渔业保险和水产养殖保险开单、收费、理赔等工作。政策性渔业保险工作通过招投标确定承保人，在全国渔业保险领域属于首开先河。8 月 1 日，广东省政策性渔业保险在阳江市东平区开出首单，到年底，共承保渔民 29 119 人，渔船2 091艘，合计提供风险保障 143.43 亿元，应收保费3 838.79万元，其中省财政补贴 1 040.58 万元，市、县（区）财政补贴 458.66 万元。

9.存在的主要问题 虽然全省渔业渔政工作取得了一定成效，但仍然存在不少问题和短板，主要有：一是渔业基础设施建设欠账较多。全省渔港、避风锚地抗风标准低，避风水域面积不足，配套服务设施落后，难以满足渔业安全生产需要。二是渔业生产经营组织化程度低。全省超过 90％的海洋捕捞渔船属于个体经营，跟帮生产、分工合作等制度落实不到位。水产养殖以分散经营为主，抵御风险能力差，质量安全监管难度大，渔业产业化经营仍处于低水平状态，产业整体竞争力不强。三是渔业品牌建设滞后。全省有规模、有实力的渔业专业合作社或龙头企业少，对渔业产业的拉动作用不强，企业品牌建设和营销力度薄弱，缺乏市场竞争力。特别是远洋渔业发展严重滞后，缺乏有效的龙头带动。

【重点渔业市基本情况】

广东省地级市渔业基本情况

市别	总人口（万人）	渔业产值（亿元）	水产品产量（吨）	其中				养殖面积（公顷）	
				海洋捕捞	海水养殖	内陆捕捞	淡水养殖	海水	淡水
广州市	44 767	888 886	465 545	28 882	77 730	35 407	323 526	4 334.80	17 977.32
珠海市	93 271	742 826	324 761	15 408	89 518	1 705	218 130	13 590.50	11 401.87
惠州市	60 951	266 487	158 143	17 875	50 958	932	88 378	3 148.00	14 391.20
汕尾市	197 786	1 008 287	584 035	195 214	338 103	2 233	48 485	13 680.00	4 727.57
江门市	126 312	2 028 094	792 388	77 936	225 632	11 221	477 599	18 539.00	36 750.00
佛山市	168 070	1 375 553	698 118			5 863	692 255		34 590.89
阳江市	164 211	1 879 960	1 186 736	312 171	770 032	7 894	96 639	19 160.00	12 586.80
湛江市	471 373	2 195 594	1 255 442	224 263	843 558	4 740	180 881	56 223.40	27 245.48
茂名市	192 631	1 032 333	922 169	126 090	475 530	2 708	317 841	14 579.00	22 918.82
肇庆市	77 526	775 462	511 325			4 759	506 566		33 917.36

【大事记】

[1]1 月 15 日，广东省农业农村厅、省财政厅、中国银行保险监督管理委员会广东监管局联合印发经省

人民政府批准的《广东省政策性渔业保险实施方案》和《广东省政策性水产养殖保险实施方案(试行)》,承保险种有渔民人身意外伤害保险、雇主责任保险、渔船财产保险、水产养殖保险。

[2]6月10日,经省农业农村厅公开招标,广东省渔业互保协会、人保财险广东省分公司和中国渔业互保协会组成的联合体中标广东省政策性渔业保险和水产养殖保险(试点)项目第一中标人,联合其他5家中标人组成共保体,共同承担广东省政策性渔业保险和水产养殖保险(试点)工作。

[3]3月1日,省农业农村厅在广州举办广东省珠江流域禁渔期同步执法行动启动活动,渔政执法船艇组成编队,沿珠江开展巡航执法;全省各级渔业主管部门和渔政队伍创新执法方式,与流域内其他5个省(自治区)携手联动,共同打击珠江禁渔期间各类非法捕捞行为,维护珠江禁渔期良好秩序。

[4]3月7日,广东省农业农村厅公布广东十佳最美渔港具体名单:阳江闸坡渔港、茂名博贺渔港、广州莲花山渔港、汕头云澳渔港、珠海万山渔港、汕尾渔港、阳江东平渔港、惠州巽寮渔港、汕头海门渔港、湛江乌石渔港。

[5]4月30日,中国海警2019年海洋伏季休渔执法行动启动仪式在广州新洲码头举行。5月1日起,北纬12度以北的南海海域全面进入海洋伏季休渔期,休渔期将持续到8月16日,为期3个半月。

[6]4月30日,广东省两艘大型现代化远洋渔船赴北太平洋从事秋刀鱼兼鱿鱼钓作业,广东展海远洋渔业有限公司展海001和展海002成为广东省最早进入北太平洋从事秋刀鱼作业的远洋渔船,且产量和效益良好。

[7]5月10日,池塘养殖转型升级绿色生态模式示范项目启动及交流研讨会在广东水产高科技园举行。北京通达水产繁育试验中心、安徽有机良庄农业科技股份有限公司、广东佛山市顺德区嘉有得水产养殖有限公司等7家企业被农业农村部授予"池塘养殖转型升级绿色生态模式"示范基地。

[8]5月17日,由农业农村部主办,农业农村部渔业渔政管理局、广东省农业农村厅、珠海市人民政府、中国水产流通与加工协会承办的渔业扶贫产销对接活动在珠海启动,共有37个贫困县(市)、45家企业参与渔业扶贫展销,现场产销对接签约意向成交金额3 000万元。广东广远渔业集团有限公司、广东何氏水产有限公司、广东慧根信息科技股份有限公司等5家企业勇于担当渔业扶贫责任,签约采购贫困地区的特色水产品。农业农村部副部长于康震出席并讲话。

[9]5月19日,为期3天的2019亚太水产养殖展览会暨珠海国际水产品交易会(以下简称"亚太展")、全国渔业扶贫产销对接活动在珠海国际会展中心圆满落下帷幕。本届亚太展展出面积为10 000米^2,共吸引专业观众1.5万人,以及来自全国各地近200家展商、14个水产新品种,7个特色展团参展,还邀请了来自厄瓜多尔、比利时、美国、挪威、意大利、泰国、越南、菲律宾、印度尼西亚、马来西亚、印度、柬埔寨12个国家的100余名海外展商前来参会、参展和采购。

[10]5月20日,2019年全国水产科技活动周在广东省深圳市启动。此次活动由中国科学技术协会科学技术普及部、农业农村部渔业渔政管理局指导,中国水产学会、全国水产技术推广总站、中国水产科学研究院主办,深圳市海洋渔业局、广东海洋大学深圳研究院承办。中国水产学会各分支机构、各省级水产学会、水产技术推广机构及改革开放40周年渔业突出贡献人物、2018年度渔业科技创新和科技服务领军人代表等170余人参加了启动仪式。

[11]6月5日,在珠海召开港澳流动渔民工作协调小组第一次全体成员会议,新的港澳流动渔民单位和广东、广西、海南三省(自治区)人民政府有关部门为成员单位,农业农村部分管领导任组长,国务院港澳事务办公室等10个国家部委局管领导任副组长。协调小组工作办公室设在广东省农业农村厅。

[12]6月5日,《中华人民共和国政府和越南社会主义共和国政府北部湾渔业合作协定》(以下简称《协定》)实施十五周年总结会在广东珠海举行,会议全面总结评价了《协定》实施以来的成效、经验和问题,发表了《〈中越北部湾渔业合作协定〉实施十五周年总结会联合声明》。中越双方一致同意在2019年6月30日《协定》到期后,继续深化和完善北部湾渔业合作关系,继承和发展北部湾渔业合作机制。

[13]6月6日,举办"全国放鱼日"暨粤港澳大湾区增殖放流(珠海主会场)活动,以"增殖水生生物资源,共建生态美丽湾区"为主题,是内地和港澳首次在大湾区联合开展大型增殖放流活动,当天共向珠江口海域放流鲷科鱼类、石斑鱼、对虾、中国鲎、蠵龟、绿海龟、太平洋丽龟等海洋物种近5 000万单位。农业农村部、国务院港澳办、中央人民政府驻香港特别行政区联络办公室、中央人民政府驻澳门特别行政区联络办公室、香港和澳门特别行政区政府、广东省以及珠海市有关方面代表、当地渔政人员和粤港澳渔民群众代表共计200多人参加活动。

[14]6月18—20日，在湛江市举行2019中国国际水产博览会暨中国海鲜食材采购大会，以“水产，让生活更美好”为主题，以“助力中国水产走向世界、让世界共享中国水产”为宗旨，国内外参展商700余家、采购商4 000多家、客商4万多名参展，与上届相比分别增长200%、30%和100%。

[15]6月21日，“广东省鱼（淡水鱼）产业技术体系创新团队建设项目启动会”在中国水产科学研究院珠江水产研究所（以下简称“珠江所”）内举行。该创新团队集结了来自珠江所、华南农业大学、广东海洋大学、汕头大学、中国水产科学研究院南海水产研究所、广东省农业科学院等15位岗位专家；建立了佛山市农业科学研究所、惠州市渔业研究推广中心、梅州市渔业技术推广中心与疫病防控中心、广东梁氏水产种业有限公司、珠海市斗门区河口渔业研究所等5个示范基地。其中珠江所为团队建设依托单位。

[16]6月30日，由中国科学院广州能源研究所、招商局工业集团合作建造的全国首座半潜式波浪能深水网箱养殖平台“澎湖号”在招商工业深圳孖洲岛基地举行交付仪式。“澎湖号”长66米，宽28米，高16米，工作吃水11.3米，可提供1万米^{3}养殖水体，具备20余人居住空间，300米^{2}仓储空间，120千瓦海洋能供电能力。平台还搭载了自动投饵、鱼群监控、水体监测、活鱼传输和制冰等现代化渔业生产设备，可以实现智能化养殖（仅需1人便可承担平台上所有养殖任务）。2019年年底试养出首批高品质海鱼并供给市场。

[17]7月5日，由中国水产科学研究院南海水产研究所主持的广东省现代农业产业技术体系“水产品质量安全和环境协调创新团队”建设项目启动会在广州召开。

[18]7月22—23日，广东省农业农村厅厅长、港澳流动渔民工作协调小组工作办公室主任顾幸伟等赴香港特区出席“香港渔民庆祝国庆70周年及香港回归22周年暨香港渔民团体联会成立21周年联欢宴会”活动。

[19]7月25日，广东省第十三届人民代表大会常务委员会第十三次会议通过《广东省人民代表大会常务委员会关于广东省耕地占用税适用税额的决定》，自2019年9月1日起实施。其中，规定占用园地、林地、草地、农田水利用地、养殖水面、渔业水域滩涂以及其他农用地建设建筑物、构筑物或者从事非农业建设的，按照所在地区的耕地占用税适用税额征收。

[20]8月15—16日，第十七届南海（阳江）开渔节在海陵岛开幕。本届开渔节以“普天同庆迎华诞、南海千帆喜开渔”为主题，举办多项活动，如《海陵岛的呼唤》新歌首发仪式、渔家婚嫁庆典巡游、渔家大宴、祭海典礼、开船仪式、头鱼拍卖等，异彩纷呈。

[21]8月23—25日，第五届中国（广州）国际渔业博览会在广州市举行，以“渔聚广州，商通天下”为主题，来自美国、韩国、伊朗、南非、塞内加尔等国家的25个国际展团，海内外658家水产企业携带千种水产品参展，吸引4万多名专业客商参会。

[22]8月23日，由广东省鳗鱼业协会主办的广东省鳗鱼产业发展论坛举行。

[23]9月22日，2019年“中国农民丰收节”系列活动暨广东·连南第六届“稻田鱼文化节”，成为2019年“中国农民丰收节”广东省内13场最具特色乡村庆丰收活动之一。

[24]9月25日，国联水产（吴川）对虾产业园揭牌暨国联智能化工厂开业典礼在湛江吴川黄坡举行。原农业部副部长齐景发、湛江市市长姜建军、广东省农业农村厅副厅长高庆营等出席了开业典礼，来自全球各地的客商、水产协会代表、媒体记者等近600人共同出席。

[25]10月29日，在广东省梅州市梅县区丙村镇，隆重召开广东（梅州）“稻鱼共生”丰收庆典活动。活动以“发展稻渔综合种养·助力生态绿色养殖”为主题，由广东省渔业技术推广总站主办，梅县区人民政府、梅州市农业农村局联合承办。200多人出席庆典。

[26]11月7日，“中国海鲈之都”授牌仪式暨广东省海鲈协会成立大会在珠海举行。同期，广东省海鲈协会宣布成立，珠海强竞农业有限公司董事长刘强当选首任会长。

[27]11月22日，广东省副省长陈良贤在广州会见加纳总统府办公厅主任弗瑞梅·奥塞-奥佩瑞一行。陈良贤表示，在中加两国友好关系不断发展背景下，广东与加纳高层往来频繁，传统友谊持续深化。愿进一步加强与加纳在经贸、投资、农业、渔业、医疗等领域的互利合作。

[28]11月24日，我国自主研制建造的第一艘渔业捕捞加工一体船——“深蓝号”入列仪式在黄埔文冲举行。“深蓝号”主要用于南大洋渔业捕捞，兼顾海洋科考功能，取得近200项知识产权保护，实现了我国在现代化渔业船舶装备领域的重大突破。

[29]11月28—30日，由广东省水产流通与加工协会主办的“2019年重庆国际渔业博览会”在重庆市举行。广东、重庆、江苏、浙江、福建、四川、上海等省份和香港特区组团参展，同期还举办了渔业绿色发展论

坛、2019年茂名罗非鱼品牌(重庆)推介会等多场活动。

[30]12月16日,广东省农业农村厅厅长、港澳流动渔民工作协调小组工作办公室主任顾幸伟应邀出席“庆祝中华人民共和国成立70周年暨澳门回归祖国20周年澳门渔船海上大巡游”启动仪式。

[31]12月21日,广东水产种业创新联盟成立大会在广东国际渔业高科技园召开。会议选举产生了联盟首届理事会班子成员,吴灶和当选为联盟首届理事长。省农业农村厅二级巡视员陈文到会祝贺,并为联盟首届理事长颁发牌匾。

[32]12月23日,首届广东渔业种业博览会在位于广州市南沙区的广东省渔业高科技园开幕,来自省内外超百家企业的水产种苗品种集中展出。

(广东省农业农村厅　贺书岚)

广西壮族自治区渔业

【概况】 2019年,全区水产品总产量340.3万吨,同比增长3.2%。其中海洋捕捞55.08万吨,同比下降1.48%,海水养殖142.60万吨,同比增长4.61%;淡水捕捞9.10万吨,同比下降2.23%,淡水养殖133.55万吨,同比增长4.12%。近江牡蛎65.9万吨、对虾产量32.1万吨、罗非鱼25.2万吨,全国排名分别位于第1位、第2位和第3位,对虾产值超100亿元以上。渔业产值565.6亿元、渔业经济总产值924.9亿元。渔民人均纯收入、渔业经济总产值、产品产量分别保持在全国第5位、第7位和第8位,渔业一二三产业融合加速发展。

1.渔业顶层设计和制度建设　广西渔业系统全面贯彻落实党中央提出的绿色发展理念和农业农村部等10部委《关于加快推进水产养殖业绿色发展的若干意见》,以推进渔业供给侧结构性改革为主线,以加快产业结构调整和转型升级为重点,扎实推进高效渔业、特色渔业、生态渔业高质量发展,取得了显著成效。广西印发了《关于加快推进广西水产养殖业绿色发展的实施意见》《关于进一步贯彻落实〈关于加快推进广西水产养殖业绿色发展的实施意见〉工作的通知》《自治区农业农村厅办公室关于进一步加强和规范全区规模水产养殖场绿色发展监督管理工作的通知》《自治区农业农村厅关于印发广西水产养殖尾水生态处理设施建设要点(试行)的通知》《自治区农业农村厅关于推动广西集装箱养殖模式高质量发展实施意见的通知》,联合自治区生态环境厅等4部门印发《关于加快推动广西大水面生态渔业发展的实施意见》,从顶层设计及制度建设层面有力推进水产养殖业绿色发展。

2.稻渔综合种养　为加快推进全区水产养殖业绿色发展,广西渔业系统创新稻渔综合种养新模式,大力发展稻田立体式综合种养,成立广西渔稻生态种养产业技术创新战略联盟机构,为稻渔综合种养提供战略支撑,广西稻渔种养模式获得了自治区政府分管领导批示。2019年7月,全国稻渔综合种养产业扶贫现场观摩活动在三江县举办,会议得到了农业农村部领导、各省(自治区、直辖市)农业农村部门领导和企业代表的赞扬和肯定。农业农村部副部长于康震作了批示:三江模式是实现种养结合、农渔循环的有效途径,也是产业扶贫的一种实现形式,值得充分肯定,值得总结推广借鉴。截至2019年,全区稻渔综合种养面积达7.7万公顷,年产水产品产量达5.5万吨,总产值约达20亿元,带动农民增收25亿元以上。全区打造面积达13公顷以上的稻渔综合种养示范基地21个、稻渔综合种养科研基地12个。广西大力推选稻渔企业参加全国稻渔综合种养模式创新大赛,获二等奖1个,全国优质渔米评介获绿色生态奖5个,奖牌总数在全国排名第3。

3.新型设施渔业　围绕“优质高效、绿色安全”的渔业发展理念,广西不断拓展渔业发展方式,加快高效设施渔业建设步伐。据统计,截至2019年年底,全区共有集装箱养殖55个,养殖水体1 375米^3;深水抗风浪网箱811口,养殖水体355.8万米^3,养殖面积和产量居全国第5位;创新跑道式循环水养鱼水槽200条,养殖水体3.14万米^3;陆地圆池循环水养殖池46个,养殖水体1.2万米^3;工厂化循环水养殖车间11个,养殖水体2.8万米^3。2019年设施渔业保持快速发展的势头,通过进一步推广大水面生态增殖,池塘工程化生态养殖、工厂化循环水养殖、稻虾共作等绿色养殖模式,有力推动了全区渔业结构的优化升级。

4.养殖权制度建设　广西在全国率先完成了市、县级养殖水域滩涂规划发布,有力推进了养殖权制度化,进一步优化渔业养殖空间布局。2019年,广西符合条件需独立编制本级养殖水域滩涂规划的县(市、区)共93个,经当地人民政府批准发布的县级养殖水域滩涂规划共98个,规划发布完成率105%,全面完成县级水域滩涂养殖规划,实现了全覆盖。市级养殖水域滩涂规划发布率100%,提前一年完成农业农村部任务要求。养殖水域滩涂规划的发布,依法划定了禁止养殖区、限制养殖区和养殖区,空间格局的精准落地,保障了未来水产养殖业发展空间,为今后水产养殖业有序发展打下了良好基础。广西养殖水域滩涂规划修编发布工作，在全国集中研讨水产养殖业绿色发展有关工作会议上得到了农业农村部渔业渔政管理局领导的肯定。

5.减船更新项目 广西渔业系统大力抓好渔民减船转产和渔船更新改造项目实施，确保国家惠渔政策落实到位。多措并举推进项目实施，通过清算、整合历年结余资金，落实项目资金 48 891.52 万元，确保项目有序推进。2019 年共批复减船 346 艘，压减功率 47 655.86千瓦，补助金额 31 440.24 万元；年内实施大中型渔船更新改造 170 艘，补助金额 31 752.188 万元。项目实施加快推进了捕捞渔民转产转业、渔业"去产能"和转方式调结构，推动渔业生态、绿色、可持续发展。减船更新工作既保障了渔民权益、稳定了生产，又化解了局部不稳定风险。

6.水产品质量安全监管 进一步加强渔业安全生产、水产品质量安全监管，严把水产品质量安全关。2019 年，继续开展海水贝类产品卫生监测和生产区域划型工作，划型总面积 980 公顷，沿海贝类养殖区属二类生产区，海水卫生质量状况良好，所养殖的海水贝类卫生质量有保障，老百姓可放心消费食用。加强国家产地水产品及水产苗种质量安全监督抽查，抽取罗非鱼等 5 个品种 205 个成鱼样品和南美白对虾等 7 个品种的 15 个苗种样品，所有检测品种均未检出阳性样品，检测合格率达到 100%，创历史最好水平；水产苗种产地检疫工作方面，在 30 个县（市、区）开展了产地检疫工作，检疫对虾、罗氏沼虾等 10 多个品种 1 000 多批次，数量超过 40 亿尾。加强水产品质量安全例行监测和专项监测，抽检水产品成品样品 3 501 批次，涉及 39 种养殖水产品。其中，快速检测法检测样品 2 233批次，合格率 100%；定量检测法检测样品 1 268 批次，9 个检测参数，合格率 99.5%。水产苗种定量检测样品 200 批次，涉及 153 个苗种场 18 种水产苗种，4 个检测参数，合格率为 99.5%。对检出违禁药物残留样品养殖场的水产品按规定进行无害化处理，确保水产品质量安全。

7.水生动物疫病监测 对病毒性神经坏死病、草鱼出血病、白斑综合征、传染性皮下和造血器官坏死病、虾虹彩病毒病和虾肝肠胞虫病等 6 种广西水生动物常见疫病进行专项监测，及时掌握水生动物疫病情况，做好水生动物疫病风险预警和防控，避免发生区域性重大水生动物疫情。2019 年年共监测采样 330 个样品，检出疫病阳性样品 11 个。接到疫病阳性报告后，马上行文向相关市和单位发出对检出疫病阳性样品的水生动物迅速组织开展进行无害化处理及养殖场净化工作的通知，随后派出专职人员前往疫病阳性样品所在地，按照国家《染疫水生动物无害化处理程序》有关规定，督促指导相关市、县开展现场调查、对养殖业主进行问询笔录、指导开展对疫病的流行病学进行调查和病原溯源工作，以及对阳性样品养殖场的养殖对象进行隔离、限制流通，及时开展对染病养殖场进行无害化处理等工作，防止疫病蔓延，最后形成疫病处理报告，报送农业农村部。

8.远洋渔业 主动对照"一带一路"建设要求，加强与沿线国家渔业交流与合作，有效地推动了渔业高质量发展。支持帮助广西祥和顺远洋捕捞有限公司和北海龙达渔业捕捞有限责任公司申报远洋渔船国际渔业资源开发利用补助项目，共获得补助资金 3 597 万元。指导和监督两家远洋渔业公司依法依规开展捕捞活动，实现全年远洋渔业捕捞量 1.85 万吨，其中自捕水产品运回量 314.3 吨，比 2018 年增加 24.3 吨。支持和指导广西海世通食品有限公司在文莱实施中国（广西）渔业合作示范区建设项目，开展苗种繁育、深水网箱养殖、水产品加工和技术交流培训等工作。2019 年，农业农村部部长韩长赋在文莱访问期间，到中国（广西）渔业合作示范区进行检查指导，韩长赋部长对项目建设取得的成效给予了充分肯定，他强调要充分发挥示范区引领带动作用，推动中文渔业养殖更深入合作，力争把示范区打造成为中文渔业合作优秀示范项目，助力文莱"2035 宏愿"计划，以实际行动贯彻落实好习近平主席与文莱苏丹关于加强渔业养殖合作的指示精神。

9.渔业环境整治 按照《自治区第 2 号总河长令》分工要求，扎实推进重点江河湖库"四乱"问题整治工作，截至 2019 年 11 月底，全部完成了 29 个重点江河湖库四乱问题的整改任务，清理网箱 1 362 万米^2。配合自治区河长制办公室完成暗访工作，并形成《自治区农业农村厅暗访贵港市江河湖库四乱问题整治完成情况报告》。认真做好中央环保督察"回头看"和国家海洋督察反馈意见整改，针对中央环保督察"回头看"反馈意见和国家海洋专项督察反馈意见问题事项，落实专人负责督促指导相关地（市）制定整改方案，按时间节点、措施要求进行整改，并于 2019 年年底全部完成了反馈意见问题事项的整改销号工作，进一步深化了渔业环境整治，筑牢生态健康养殖根基。

10.振兴南珠产业 广西北海市根据养殖用海审批权限，大力开展南珠养殖专海供海工作。2019 年，新增出让南珠养殖面积 493.3 公顷，总养殖面积达 879.4 公顷，产量为 0.918 吨；新增南珠养殖企业 7 家，建成南珠养殖标准化示范基地 4 个。2019 北海南珠节暨国际珍珠展在北海市举办，搭建了一个国际珍珠交流与展示平台，对促进南珠产业发展壮大发挥了积极作用。

11.存在的主要问题

(1)生产基础设施较薄弱。池塘养殖、工厂化养殖等主要生产设施老化或相对落后，普遍缺乏养殖尾水处理和污染防控设施。养殖(育苗)尾水处理设施建设缺乏相应的技术规范，对各地工作尚未形成有效的指导，同时养殖(育苗)尾水处理水平较低，达标排放的预期效果尚不理想，养殖环境治理压力大。

(2)渔业产业结构不合理。广西水产品总产量和渔业总产值及增加值偏小，渔业企业整体实力不强。第一、二、三产业发展不平衡，一产占比较大，二、三产业占比较小，产品附加值不高。生产组织形式仍以分散农户为主，专业合作组织和龙头企业数量少且实力不强，开拓国际市场和规模化经营的辐射带动作用不足，渔业产业链价值链较短。

(3)渔港建设相对滞后。广西分布有大小渔港23座，其中中心港4座，一级渔港4座，二级渔港2座，三级及以下渔港13座，渔船安全避风容量6 200艘，有效避风率48.05%。渔港建设布局密度低、船多港少容量小的矛盾突出，无法满足渔船避风减灾需求，渔港规划滞后，建设标准低，功能作用单一，制约了现代渔港多元化功能的发挥。

(4)科技创新支撑能力弱。全区仅拥有省级水产科研机构3家、科技人员200多人，获得重大科技成果少、科技成果转化率低，基层科技推广能力建设滞后，现有的水产科技力量难以支撑全区渔业的发展需求，推动养殖升级、捕捞转型、加工提升、三产融合还有待进一步研究。

【重点渔业市(县、区)基本情况】

广西壮族自治区重点渔业市(县、区)基本情况

市(县、区)	总人口(万人)	渔业产值(亿元)	水产品产量(吨)	其中				养殖面积(公顷)	
				海洋捕捞	海水养殖	内陆捕捞	淡水养殖	海水	淡水
合浦县	94.70	829 604.0	461 251	70 043	321 626	3 345	66 237	12 974	4 013
钦州市钦南区	58.36	771 180.0	450 727	80 695	346 891	1 648	21 493	13 760	2 911
北海市银海区	21.14	513 552.2	246 735	107 792	131 392		7 551	2 755	400
北海市铁山港区	15.80	388 322.2	192 454	67 311	118 551		6 592	6 840	695
北海市海城区	38.43	364 787.0	238 104	123 155	110 793		4 156	1 895	246

【大事记】

[1]6月13日，广西壮族自治区农业农村厅等10个厅局联合印发了《关于加快推进广西水产养殖业绿色发展的实施意见》，同时出台了《水产养殖尾水生态化处理设施建设要点》《推动集装箱养殖模式高质量发展的实施意见》等5个配套性文件，从制度设计层面有力地指导水产养殖业绿色健康可持续发展。

[2]7月28日，2019年全国稻渔综合种养产业扶贫现场观摩活动在柳州市三江县举办，出席会议的农业农村部副部长于康震对三江稻渔综合种养模式给予高度评价，还作了批示：稻渔综合种养三江模式是实现种养结合、农渔循环的有效途径，也是产业扶贫的一种实现形式，值得充分肯定，值得总结推广借鉴。

[3]8月16—31日，2019中国北部湾开海节在防城港市举行。

[4]9月20日，首届广西稻渔丰收节暨兴宾区小龙虾美食文化节在来宾市举行；活动期间，还举办了广西稻渔丰收节暨优质渔米大赛，评出优质渔米金奖1个，银奖3个，铜奖5个；绿色生态奖9个。

[5]10月10日，第三届全国水产技术推广职业技能选拔赛暨2019年广西水生生物病害防治职业技能竞赛决赛在南宁市举办，决出团体一等奖1名、二等奖2名、三等奖3名和个人一等奖1名、二等奖2名、三等奖3名。

[6]10月29日至11月30日，2019年钦州蚝情节系列活动在钦州市举行。

[7]11月13日，以科技创新促进渔业绿色发展为

主题的2019年中国水产学会范蠡学术大会暨第四届范蠡科学技术奖颁奖活动在南宁市举办，农业农村部副部长于康震出席大会开幕式并讲话，自治区人民政府副主席方春明在开幕式上致辞。

[8]12月5日，广西作为4个先进省份之一，在2019年全国水生动物防疫工作座谈会上就广西水生动物防疫工作做典型发言。

[9]12月5—6日，首届广西渔业发展大会暨广西现代渔业技术培训班在南宁市隆重召开，邀请了国内知名专家就渔业发展形势、现代渔业技术、生态养殖模式等内容做专题报告。

（广西壮族自治区农业农村厅　韦金贤）

海南省渔业

【概况】 2019年，海南省水产品总产量172.16万吨，同比减少2.08%，其中：海洋捕捞107.91万吨，同比减少0.44%；海水养殖27.10万吨，同比降低7.90%；淡水养殖35.44万吨，同比减少3.4%；淡水捕捞1.71万吨，同比上升28.85%。渔业经济总产值584.52亿元，同比上升3.28%，其中渔业第一、二、三产业产值分别为417.44亿元、125.88亿元和41.2亿元。

1.不断调整海洋捕捞结构 压减近海渔业捕捞强度，缓解近岸渔业资源枯竭压力，推进渔船升级改造，将现有老、旧、木质等不符合国家渔船检验标准且安全和防污染性能较差的渔船，更新改造升级为“安全、节能、经济、环保、适居”的钢质、玻璃钢渔船，公布了7个大中型渔船标准船型和15个小型渔船标准船型。优化捕捞作业方式，鼓励发展外海捕捞，组建外海捕捞生产骨干船队，实现外海常态化、规模化捕捞，科学有度、有序开发南海渔业资源，截至2019年年底，共建造完工154艘南沙生产骨干渔船并投入生产。严格贯彻落实海洋捕捞渔船“双控”制度，加快推进海洋捕捞渔船减船转产项目，当年减船115艘，核减功率15 061.69千瓦，发放补助资金7 530.845万元。严格控制拖网、围网等对资源破坏严重的作业类型，推广刺钓、金枪鱼延绳钓等环境友好型作业方式，养护近岸渔业资源。推动渔民转产转业，加强渔民职业能力培训，培育和发展职业渔民，促进海洋捕捞现代化水平的整体提升。

2.科学发展水产品养殖 坚持由近海养殖为主向深远海养殖为主转变的改革目标。开展无序养殖整治和水产养殖污染治理，印发实施《海南省养殖水域滩涂规划（2018—2030年）》《海南省水产养殖整治工作实施方案（2019—2020年）》，划定了全省水产养殖禁养区、限养区、养殖区，全省清退禁养区水产养殖面积8 600多公顷；出台《海南省2019年村镇周边水产养殖尾水处理工作方案》，全省村镇周边1万公顷水产养殖场已开展养殖尾水处理，覆盖率达65%。发展生态型、高产值深水网箱，2019年建设深水网箱227口（折算为40米周长标准网箱）。开展水产健康养殖示范，2019年，全省5家国家级水产健康养殖示范场通过验收。引导部分养殖户探索新品种养殖，试养沙虫、淡水龙虾、巴沙鱼、黄颡鱼和大闸蟹等品种，促进产业提质增效。

3.全面发展渔业种业 积极推进以水产苗种产业园区和全球动植物种质资源引进中转基地渔业项目为核心的水产南繁“硅谷”建设，文昌市在冯家湾划出133公顷土地用于水产苗种产业园项目，万宁和乐蟹生态产业园示范区项目一期和乐蟹育苗工厂已建成封顶，陵水安马洋科研育种基地水产南繁苗种产业项目、海大文昌水产种业园项目正式签约，项目有序推进；中国水产科学研究院等科研单位进驻三亚南繁科技城，东方市海南晨海水产有限公司和海南中正水产科技有限公司成立院士工作站，助力水产南繁育种技术攻关。积极帮助企业引进良种亲本，2019年已审核协助7家企业免税进口亲虾11 102尾，保障优质水产苗种生产供应。组织开展水产原良种场申报及复查考评工作，现有国家级良种场1家、省级水产良种场16家。完成第三届海南省水产原良种审定委员会换届工作，13名在海南工作的水产种业权威人士被遴选为委员。抓好渔业援疆项目实施，支援新疆5家养殖单位142万尾优质罗非鱼苗。

4.认真抓好疫病防控和养殖信息管理工作 开展水产苗种检疫产地试点工作，组织渔业官方兽医培训，确认海南省第一批渔业官方兽医26人。开展水产苗种产地检疫电子出证工作，12月30日全省开出首单水产苗种检疫合格证。做好养殖病害测报预报及信息发布工作，发布14期测报预报信息。做好水产养殖病害防治工作，多次组织专家现场指导各市（县）开展疫病防控工作。做好水产养殖基础数据录入工作，组织各市（县）在海南省水产养殖信息管理系统录入本地区水产养殖场和苗种场信息，全省录入水产养殖场8 168家和水产苗种场120家。

5.不断加强渔业基础设施建设 加快推进渔港建设，文昌清澜一级渔港升级改造项目主体工程完工，临高美厦渔港、黄龙渔港、黄龙避风锚地升级改造项目实施方案通过专家评审，儋州泊潮二级渔港、白马井中心渔港升级改造项目和白马井避风锚地建设项目建设有序推进，文昌铺前中心渔港、万宁乌场一级渔港、乐东莺歌海一级渔港项目的前期工作进展顺利。开展《海南省渔港建设规划（2019—2030 年）》（含海南省避风锚地建设规划）编制工作。加强海洋牧场建设，三亚蜈支洲岛海洋牧场被评为第五批国家级海洋牧场示范区，海口东海岸海洋牧场、临高头羊湾海洋牧场、文昌冯家湾海洋牧场 3 个海洋牧场项目按计划基本完成人工鱼礁制作工程。开展《海南省现代化海洋牧场布局（2019—2025）》编制工作。

6.认真抓好渔业安全生产 做好防风防汛工作，全年组织渔船台风防御工作 8 次，转移上岸渔船渔排人员约 17 万人次，实现渔船防台风渔民零伤亡。开展全省渔业“安全生产月”活动，组织渔业安全宣传教育活动 67 次，接待渔民和群众咨询 7 000 多人次，发放安全宣传资料近 5 万份。全省举办渔业安全生产培训演练 20 期次，培训渔民 2 500 多人次。全省开展渔业安全检查和安全生产执法行动 389 次，出动执法船艇和执法车辆 573 艘（辆）次，出动检查人员或执法人员 2 906 人次，登船安全检查 4 236 艘次，赴养殖场、渔排等渔业生产场所安全检查 306 次。举办全省渔业安全生产培训班，全省各市（县）渔业部门、省渔业监察总队、公安厅海岸警察、海警局共 110 人参加培训。开展全省渔业消防安全执法检查专项行动，检查渔船消防安全 6 000 艘次，排查渔业企业和合作社消防安全隐患 60 家，发现和督促整改渔业消防安全隐患近 200 处。

7.出台《海南省休闲渔业发展规划（2019—2025 年）》**《关于加快推动休闲渔业试点促进休闲渔业健康发展的指导意见》** 开展休闲渔业试点，推动渔业由传统捕捞向深海智能养殖和休闲渔业转型发展，海口市、三亚市、琼海市、文昌市、万宁市、乐东县等 6 个市（县）作为首批休闲渔业试点。试点市（县）把渔民转产就业增收作为主要目标，探索以渔民合作社为主体，支持创新“渔民＋合作社＋公司”等联合经营模式。2019 年，海南省休闲渔业产值 20 亿元（经营主体 456 个，从业人员 9 492 人），接待人数总计 521.58 万人次。

8.切实加强渔业执法监管 开展“中国渔政亮剑 2019”海南省系列专项执法行动，从严整治违规渔具与非法养殖场点；清理整治限制使用的渔具和不符合最小网目尺寸标准的网具，打击使用禁用渔具渔法捕捞的非法行为，重点查处使用电炸毒、定置网、地笼网等“绝户网”性质的违规渔具进行捕捞的行为，出动执法人员 624 人次、执法车辆 126 车次、执法船艇 208 艘次，清理整治违规网具数量 3 555 张，清理非法养殖场点 280 个。严格执行休（禁）渔制度，采取以空中巡、海上查和港口堵的方式，全面掌握伏季休渔期间渔船动态，严厉处罚违规出海作业渔船，查处休渔期涉嫌违法违规案件 419 件。2019 年全省各级渔业执法部门共印发宣传资料 8 280 份，出动执法人员 7 927 人次、执法船艇 1 136 艘次、执法车辆 473 车次，船艇行驶里程 49 929 海里、陆上巡查里程 22 954 千米，检查渔港 839 个次、渔船 5 459 艘次、市场 145 个次、船舶网具修造厂点 81 个次。

9.存在的主要问题

（1）渔业发展不平衡不充分的问题仍然突出。海洋捕捞品中，优质鱼产量不足四成，水产养殖品种相对单一，抵抗市场风险的能力和养殖效益不高。局部地区存在过度捕捞、过高密度养殖、违规用药、水域环境污染的问题，生态环境压力大。深水网箱养殖项目用海和路域配套用地难以落实，导致项目发展停滞。渔业经济总产值中，二、三产业产值不足 30%，休闲渔业刚刚起步，发展不够充分。

（2）渔业基础设施不适应高质量发展要求。由于历史原因，海南省渔船“老、旧、小、木”问题长期存在，截至 2019 年年底，全省 12 米以下小型渔船仍占全省捕捞渔船总量的 70%。全省渔港建设经费投入不足，海洋渔船和沿海渔港避风能力不匹配，船多港少的问题突出，全省渔船有效避风率约 29.8%，比全国渔船有效避风率低 13.9%。海洋牧场建设起步晚、底子薄，多以政府投资公益性为主，建设规模不大、数量不多，人才短板凸显，扶持政策和资金投入不足，难以达到国家级海洋牧场示范区的标准。

（3）渔业改革开放力度不够。渔业生产要素的市场化流转滞后，制约了社会资本对渔业发展的参与度，阻碍了渔业融资，直接影响渔业的规模化生产和渔民职业化发展，影响到渔业产业化和现代化建设，捕捞业仍存在着对内资和外资的限制。渔港投资建设和管理机制不顺畅，缺少更加灵活的投建管理机制，渔港建设局限于渔业生产保障功能和公益属性，经济和管理功能尚未充分挖掘。渔业发展过多重视生产，忽略市场体系构建，未形成良好业态。

（4）渔业发展面临严格的环保制约。海南省领海内 35.1% 的近岸海域已划定为生态保护红线区，不少市（县）已无深水网箱发展海域空间；因项目发展建设涉及生态保护红线问题，造成项目推进迟缓，部分项目无法验收，部分区域已建的深水网箱不得不迁往别处。受 200 米海岸带保护、生态保护环境红线和水产养殖禁养区限养区划定、退塘还林还湿还滩还海、污染治理等因素影响，各市（县）陆域和近岸海域水产养殖发展空间受到极大限制。

【重点渔业市(县、区)基本情况】

海南省重点渔业市(县)基本情况

市(县)	总人口(万人)	渔业产值(亿元)	水产品产量(万吨)	其中			养殖面积(公顷)	
				海洋捕捞	海水养殖	淡水养殖	海水	淡水
临高县	45	1 272 942	426 513	395 067	26 405	4 347	1 746	1 761
儋州市	100	787 630	321 866	259 862	39 160	21 120	2 770	1 687
文昌市	57	355 366	265 143	30 540	84 711	148 725	4 651	7 583
琼海市	52	162 293	88 869	51 300	8 150	28 703	592	2 300
万宁市	58	193 688	74 959	30 860	30 723	13 065	1 326	1 298
澄迈县		220 889	119 535	50 305	26 409	39 947	1 874	4 097

【大事记】

[1]5月1日,海南省按照农业农村部要求启动2019年海洋伏季休渔管理,休渔期从5月1日12时至8月16日12时,在北纬12°至"闽粤海域交界线"的南海海域(含北部湾),除钓具外的所有作业类型捕捞渔船、为捕捞渔船配套服务的捕捞辅助船,以及定置作业均应按规定实施休渔。全省休渔渔船总数17 000多艘,休渔渔民9万人。

[2]5月27日,海南省农业农村厅派出工作组前往文昌、琼海现场指导渔业执法部门查获869只活体海龟。

[3]11月13—15日,海南省农业农村厅在海口举办2019年渔业官方兽医培训,来自全省拟确认为渔业官方兽医人员和分管水产苗种产地检疫负责人共40余人参加了培训。

[4]12月7日,海南省农业农村厅组织海龟放生活动,在三沙市永兴岛放生450只海龟,农业农村部副部长余欣荣及国家有关部委人员参加。

(海南省农业农村厅　邓韶勇)

重庆市渔业

【概况】 2019年,重庆市强化渔业政策支持,积极推进水产养殖业绿色发展,持续推进渔业安全管理和渔业资源养护,全力推进长江流域重点水域禁捕退捕,渔业经济稳中有增。全市水产品总产量54.2万吨、渔业经济总产值180.5亿元、渔民人均纯收入19 247元,较2018年的52.9万吨、169亿元、18 675元同比分别增长2.5%、6.8%、3.1%。

1.池塘渔业发展方式进一步转变 投入资金10 573万元,其中各级财政资金1 884万元,改造养殖池塘984公顷、新建养殖池塘1 103公顷。示范推广池塘"一改五化"(改造池塘基础设施,水质环境净化、养殖品种良种化、饲料投喂精细化、病害防治科学化、生产管理信息化)技术1.8万公顷,每公顷实现纯利润4.5万元以上;推广鱼菜共生技术6 400公顷,建设市级试验示范鱼菜共生综合种养基地23个,每公顷产值达25.6万元以上、节约支出60%以上。建设尾水处理设施366套、底排污生态化改造池塘571公顷、内循环微流水养殖360公顷,每公顷分别新增纯利润4 845元、2 276元、9 428元;积极探索生态沟渠、生态塘、潜流湿地等养殖尾水治理技术。全市池塘养殖面积53 091万公顷、水产品产量474 686吨,较2018年的53 043公顷、462 070万吨分别增长1%、2.7%,池塘渔业发展方式进一步向依靠科技、挖掘内部潜力方向转变。

2.稻田渔业发展水平稳步提升 主推稻渔综合种养技术,标准化稻渔综合种养示范面积达11 867公顷,建设稻渔综合种养核心示范基地49个1 333公顷,每公顷新增纯利润4 406元,形成了成熟的"稻＋N"(鱼、鳖、蟹、虾、鳅等)模式,建成包括大足铁山、武隆凤来、潼南崇龛、太和、龙形等33公顷以上稻渔综合种养示范基地10余个,其中千亩示范基地4个,稻鳅、稻虾、稻鱼、稻鳖、稻蟹模式示范基地分别实现每公顷产泥鳅600千克、小龙虾1 725千克、鱼2 085千克、鳖3 495千克、大闸蟹750千克,示范区域农药使用量减少30%,化肥使用量减少21%,每公顷产值达3万元以上。全市稻田养鱼面积 35 801 公顷、水产品产量 12 684吨,较 2018 年的 35 295 公顷、9 376 吨分别增长 1.4%、35.3%。

3.大水面生态渔业稳步发展 按照不投饵、不投肥、不投药"三不投"原则,加强监管,发展大水面生态渔业。市农业投资集团三峡渔业公司"三峡鱼"品牌影响力进一步提升;移植水域牧场模式,支持市水利投资集团两江渔业公司发展水库生态渔业,成功打造"渝湖"水库生态渔业品牌,已在 70 多座水库 6 667 公顷水面开展生态渔业利用,年产生态鱼 1 500 吨,产值 5 000万元左右。全市水库养殖面积 28 375 公顷、水产品产量 35 544 吨,分别比 2018 年的 28 629 公顷、38 177吨降低 0.9%、6.9%,但水库水产品质量不断提高,受到越来越多市民青睐。

4.渔业产业结构进一步优化 实施"捕捞渔船只减不增"和水生生物保护区禁捕退捕政策,调整渔业生产养捕结构,水产品总产量养捕比由 2018 年27.1∶1 提高到 2019 年 29.8∶1,促进了鱼类资源保护;在推动渔业生产持续健康发展的基础上,支持有实力的业主发展水产品加工、休闲渔业,打造品牌搞活流通销售,渔业二、三产业产值达到 63.4 亿元,较 2018 年的 57.3 亿元增长 10.6%,其中休闲渔业 18.1 亿元,较 2018 年的 14.6 亿元增长 24%。

5.渔业生产安全工作成绩显著 加强水生动物疫病监测,监测到鱼类病害种类 36 种,分别完成国家、市级水生动物疫病监测抽样 45 个、30 个,分离 53 个致病菌株进行药敏实验 424 个,完成 30 个样品草鱼出血病病原检测,发布《病情月报》9 期,《病害预测预报》7 期,指导各区(县)发布预报 210 期;全面摸排全市信息,完善水产养殖、苗种场部、市两级数据库,部、市级抽检水产品、水产苗种样品 974 个,合格样品 966 个,合格率 99.2%,8 个不合格样品均来源于市场例行抽检;新创建国家级水产健康养殖示范场 12 个,复查合格国家级水产健康养殖示范场 6 个,启动健康养殖示范县创建工作;完成首次渔业官方兽医培训,确认全市首批渔业官方兽医 43 人并报农业农村部备案,检疫水产苗种 1 928 万尾,全市未发生水产品质量安全事故。落实渔业船舶安全生产责任制,加强考核和检查,强化隐患排查整改和应急演练,做好过渡期渔业船舶检验和安全生产责任保险(续保)工作,渔业船舶安全实现"零死亡"。

6.水生生物资源养护持续推进 着力推进增殖放流"科学化、有序化、规范化、常态化",放流水生生物 3 000多万尾,强化放流期间渔政执法,开展临时禁渔、跟踪监测及效果评估,确保放流效果;及早广泛宣传,持续推进渔政执法与刑事司法相衔接,开展"打团伙、端窝点、斩链条"等专项行动,强化执法,禁渔期制度有效落实,全市共组织执法检查 3 200 余次,立案查处 604 件 967 人,其中由司法机关立案追究刑事责任 390 件 620 人;开展水生生物保护区规范化建设,安排市级财政资金 570 万元,专项用于保护区矢量图绘制和界碑、界桩安装等;开展涉保护区水生生物专题影响评价,督促业主落实水生生物保护和补偿措施。

7.长江流域禁捕退捕工作推进有力 强化组织领导和开展宣传发动,在开展风险评估基础上,制定完善市级方案;为保障工作顺利推进,积极争取市级财政支持,落实了 1.2 亿元市级奖补资金,已退捕的区(县)在中央补助资金的基础上,都实行了本级财政兜底。全市有 2 114 艘渔船签订退捕协议,占总任务5 377艘的 39%,其中:保护区 1 681 艘渔船已于 10 月底全部签订退捕协议,其他水域 433 艘已提前签订退捕协议;全市已拆解渔船 1 936 艘,其中:保护区 1 571 艘,其他水域 365 艘。此项工作已纳入 2019 年度区(县)实施乡村振兴战略行动计划考核指标。

8.渔业发展政策支持有力 市政府将生态渔业产业链建设纳入《重庆市国民经济和社会发展第十三个五年规划纲要》;为贯彻落实《国务院办公厅关于加强长江水生生物保护工作的意见》,市政府办公厅印发了《关于加强长江水生生物保护工作的实施意见》;为贯彻落实国家 10 部委《关于加快推进水产养殖业绿色发展的若干意见》,市农业农村委员会、市生态环境局、市规划和自然资源局等 10 部门联合印发了《关于加快推进水产养殖业绿色发展的具体措施》;市农业农村委、市财政局、市人力资源和社会保障局联合印发了《重庆市长江流域禁捕和建立补偿制度实施方案》;安排市级产业发展资金,重点支持发展现代设施渔业、"互联网+渔业"、稻田综合种养、池塘低碳循环养殖、大水面生态渔业及开展品种结构调整等,全力引导转型升级。

9.存在的主要问题 保供增收的主体池塘渔业,尾水处理环保设施极不完善,环保压力巨大;全市有 26.7 万公顷宜渔稻田,仅利用了 13.4%,实现大面积开发有效利用任务艰巨;对增殖渔业的水生生态保护修复功能宣传、鲜活水产品运输加工研究、水产品品牌开发不够,大水面生态渔业发展形势严峻;第二、三产业发展、水产养殖质量效益、生态保护以及市外市场和资源利用不充分;技术推广体系不健全,急需解决人员不足、经费不够、示范基地缺乏等一系列问题;渔业执法面临严峻挑战。

【重点渔业区基本情况】

重庆市重点区渔业基本情况

区	总人口（万人）	渔业产值（万元）	水产品总产量（吨）	其中		养殖面积(公顷)
				捕捞	养殖	
合川区	141.50	115 970	47 674	482	47 192	4 271
永川区	116.00	85 534	43 465	113	43 352	4 807
长寿区	86.50	83 295	42 079	1 150	40 929	10 348
潼南区	75.10	60 807	38 847	330	38 517	4 897
万州区	165.01	60 208	23 273	690	22 583	4 340

【大事记】

[1]1月23日，市农业农村委员会召开全市退捕工作培训部署会。

[2]2月15日，市农业农村委员会印发《关于切实做好我市2019年禁渔工作的通知》。

[3]2月25日，市农业农村委员会召开渔业生态保护及2019年禁渔期工作座谈会。

[4]3月1日，市农业农村委员会联合海事、水利、环保、公检法等单位和反电鱼协作中心，在江北、沙坪坝、江津等9个重点水域开展2019年禁渔期同步执法行动暨巡航执法检查。

[5]4月，按照中共重庆市委、重庆市人民政府办公厅《关于印发市级党政机关和事业单位所属企业集中统一监管实施方案的通知》要求，启动重庆市水产开发总公司关闭注销工作。

[6]4月17日，市政府办公厅印发《关于加强长江水生生物保护工作的实施意见》。

[7]4月24日，市农业农村委员会印发《重庆市开展"中国渔政亮剑2019"专项执法行动实施方案》。

[8]4月23—25日，全国水产技术推广总站书记张锋来渝专题调研重庆渔业发展情况。

[9]4月30日，市生态环境局办公室、市农业农村委员会办公室印发《关于开展全市畜禽和水产养殖污染防治专项整治和检查的通知》。

[10]5月27日，市农业农村委员会主任路伟代表重庆在全国渔政表彰大会上做典型交流发言，重庆市1个执法机构和3名执法人员分别被评为全国渔政先进集体和先进个人。

[11]6月4日，重庆市水产技术推广总站研发的"池塘鱼-水生植物生态循环技术模式创新实践与推广"获范蠡科学技术奖一等奖。

[12]6月11—12日，全国水产技术推广总站站长崔利锋调研重庆渔业绿色发展情况。

[13]6月25日，重庆市生态渔产业技术体系创新团队到巫溪红池坝镇开展渔业技术扶贫。

[14]7月5日，重庆市生态渔产业技术体系首席专家李虹研究员一行赴潼南开展技术服务。

[15]8月，生态环境部公布2018年长江经济带120处国家级自然保护区评估结果，长江上游珍稀特有鱼类国家级自然保护区重庆段得85分，为优等，名列长江上游珍稀特有鱼类国家级自然保护区4个省份之首。

[16]8月5日，市水产技术推广总站等单位完成的"池塘渔业生态循环技术体系构建及推广"项目通过重庆市科学技术研究院组织的科技成果评价。

[17]8月6日，国家大宗淡水鱼产业技术体系首席科学家戈贤平一行来重庆调研渔业绿色发展情况。

[18]9月5日，市农业农村委员会副主任刘保国一行调研永川稻田渔业发展情况。

[19]9月23日，市农业农村委员会、市生态环境局、市规划和自然资源局等10部门联合印发《关于加快推进水产养殖业绿色发展的具体措施》。

[20]9月23日，全国尾水治理教学视频在重庆拍摄完成。

[21]9月24日，市农业农村委员会再次召开全市退捕工作培训部署会。

[22]9月25日，市农业农村委员会、市财政局、市人力资源和社会保障局印发《重庆市长江流域禁捕和建立补偿制度实施方案》。

[23]9月27日，2019年渝北区茨竹镇庆澳洲龙虾丰收系列活动成功举办。

[24]10月10—14日，重庆市农业农村委员会、重庆市人力资源和社会保障局、重庆市总工会联合举办

“巴渝工匠”杯重庆市水产行业职业技能竞赛暨2019年中国技能大赛——第二届全国农业行业职业技能大赛重庆赛区选拔赛。

[25]10月14—18日，重庆市生态渔产业技术体系专家林仕梅教授应邀出席2019年第十二届世界华人鱼虾营养学术研讨会。

[26]10月29日，市人大常委会副主任夏祖相到长寿视察渔业发展情况。

[27]11月6日，市农业农村委员会联合开州区政府组织开展2019年重庆市渔业船舶水上安全突发事件应急救援演练。

[28]11月18—22日，重庆市举办基层农业技术推广体系改革与建设水产专业技术人员知识更新培训。

[29]11月25—29日，重庆市举办渔政执法能力提升及渔业船舶安全管理培训。

[30]11月27日，市农业农村委员会组织召开重庆市渔业绿色发展推进会。

[31]11月28—30日，2019年重庆国际渔业博览会及渔业绿色发展论坛在重庆国际博览中心隆重举行。

[32]12月19日，市农业农村委员会副主任刘保国到丰都县指导渔船安全、禁渔退捕及渔业产业发展工作。

[33]12月30日，市农业农村委员会召开2020年保护区及相关水域打击非法捕捞工作会。

[34]12月，重庆市水产品质量监督检验测试中心和重庆市水生动物疫病预防控制中心改扩建项目建设完成。

（重庆市农业农村委员会渔业处　秦大海　许成帅）

四川省渔业

【概况】 2019年，四川水产行业深入贯彻习近平新时代中国特色社会主义思想，认真落实习近平总书记对四川工作系列重要指示精神，全面贯彻中央、省“三农”工作决策部署，以实施乡村振兴战略为抓手，以渔业供给侧结构性改革为主线，聚焦稳量增收、提质增效、绿色发展、富裕农民的目标不动摇，念好“优、绿、特、强、新、实”六字经，扎实推进“川鱼”振兴、长江流域禁捕等重点工作，保持了全省水产经济持续稳定发展势头。2019年全省水产养殖面积19.3万公顷，同比增长1.59%；水产品产量157.7万吨，同比增长2.74%；渔业经济总产值504.15亿元，同比增长14.11%；全省农民人均渔业收入840元，增收104元。

1.组织保障 省委、省政府出台了《关于加快建设现代农业“10＋3”产业体系 推进农业大省向农业强省跨越的意见》，并召开了全省建设现代农业“10＋3”产业体系推进大会，省委书记彭清华出席会议并讲话，对全省建设现代农业“10＋3”产业体系进行了全面安排部署，并要求建立“省领导分产业推进、市(州)抓县、县管园”的推进机制。“川鱼”作为优势特色产业纳入了“10＋3”产业建设，并明确由省人大常委会副主任刘作明联系指导，“川鱼”发展迎来了难得的发展机遇期。7月30日，省政府在隆昌市召开了全省现代水产业发展现场推进会，对推进“川鱼”产业发展作出了动员和部署。同时，在深入调研的基础上，经过征求包括省委农村工作领导小组正副组长、成员单位及农业农村系统在内的各方意见，提出了《“川鱼”产业振兴工作推进方案》。10月28日，省人大常委会副主任刘作明召开了“川鱼”产业振兴工作情况汇报会，听取了省农业农村厅、省发改委、省财政厅等9部门支持“川鱼”产业振兴的举措及有关工作开展情况汇报，听取了部分水产龙头企业的意见建议，并对下一步抓好“川鱼”产业振兴作出了安排部署，特别是明确要把责任分解到相关省直部门，建立联络协调机制，确保各部门有效配合推进“川鱼”产业振兴。

2.园区建设 2019年择优推荐了6个县参与省级现代农业园区建设，每个园区落实1 000万元先期培育资金，建成了隆昌、开江、新津3个省级星级水产园区，建成以后，隆昌、开江的园区又分别一次性获得奖励补助1 000万元、500万元，促进园区内水产规模化标准化信息化建设，示范引领水产业高质量绿色发展。

3.绿色发展 省内应独立编制养殖水域滩涂规划的108个县(市、区)已经全部颁布实施。推荐邛崃市、隆昌市和资中县参与2020年全国渔业健康养殖示范县创建活动，新增示范面积3.77万公顷、同比增长34.15%，全省示范面积达到14.81万公顷。全省大水面生态健康养殖面积达到8.7万公顷。开展工程化循环水养殖试点，已建成池塘内循环养殖槽165条，建成陆基集装箱式健康养殖、玻璃钢循环水养殖、高低位池塘循环水养殖示范基地50余个。全年新增省级以上原良种场4个，复查换证5个，总数达到45个。完成长吻鮠原种驯化培育任务，采集整理1冬龄长吻鮠原种1 400尾，选育保存2冬龄及以上长吻鮠3 400余尾。

4.品牌建设 截至2019年年底，全省拥有有效期内的无公害水产品950个、绿色水产品3个、有机水产品9个，登记水产品地理标志12个。“雅鱼”为2019年度省级优秀农产品区域公用品牌，“润兆渔业”鱼子酱、"昇鱼尚水"鲢鳙、"弯哥"鱼米为2019年度省级优质品牌农产品。全省水产企业成功推介1个中国百强农产品区域公用品牌、1个省级优秀农产品区域公用品牌和5个省级优质品牌农产品。

5.质量安全监管 2019年，在21个市(州)全面开展水产品兽药残留及非法投入品专项整治行动、渔资打假暨放心渔资下乡活动，部、省级共抽检3 811批次水产品，总体合格率保持在98%以上。新立项9项省级水产地方标准，全省现行有效水产地方标准达到85个。督导15个县(市、区)做好水产品质量安全监管标准化示范基地创建，新创建30个，全省共建成了137个示范基地。完成14个新增水生动物检疫申报点的设置和联网电子出证账号分配、证章制作发放等工作，联网电子出证1 313份，其中跨省运输527份。实施四川地区渔业养殖污染普查，在成都、雅安、宜宾的5个养殖企业开展污染物排放监测，采集养殖水样46批次，完成184项次参数的检测工作。强化渔业生态环境监测，完成32批水样480项次参数的检测工作。

6.长江禁捕退捕 省政府领导高度重视禁捕工作，多次就做好禁捕工作作出批示和要求，责成省农业农村厅牵头推进禁捕工作，并将禁捕工作纳入了河长制绩效考核。省农业农村厅牵头省财政厅、省人社厅制定了《四川省长江流域重点水域禁捕和建立补偿制度实施方案》，明确了市(州)、县(市、区)人民政府的主体责任和农业农村、财政、人社部门的具体责任。牵头省发改委等10厅局建立了《四川省长江流域水生生物保护暨长江禁捕工作协调机制》，制定了《四川省长江流域水生生物保护工作任务分工方案》。省农业农村厅由厅长挂帅，厅级领导包片，分10个小组分别深入基层指导有禁捕工作任务的12个市及县(市、区)推进禁捕工作。截至2019年年底，中央下达四川省禁捕奖补资金3.66亿元、过渡期补助资金6 223万元，已拨付有关县(市、区)；协调省级财政落实了1.16亿元奖补资金。年内全面完成保护区内退捕渔船3 199艘，力争完成长江重要水域退捕渔船3 271艘。

7.资源养护 一是扎实开展禁渔工作。严格落实春季禁渔期、黄河流域禁渔和赤水河十年禁渔制度，深入开展"亮剑2019"系列专项执法行动，强化宣传教育和执法监督，着力保护渔业资源、维护渔业生产秩序。在全年系列专项执法行动中，全省共查处案件792起。全省共出动执法人员107 879人次，出动检查车21 878辆次，出动检查船艇4 530艘次，没收违法捕捞渔获物17 397.32千克，行政处罚案件792件、939人，移送司法案件238件、357人，罚款49.625万元。二是整合各类增殖放流项目资金开展鱼类人工增殖放流活动，全年放流经济鱼类、珍稀鱼类苗种1亿尾以上。三是加强水生生物保护区管理。在水生生物保护区内实施国家重点生态功能区转移支付禁止开发区补助项目，组织开展保护区保护设施建设维护和本底资源调查。四是依法对涉水工程开展水生生物环境影响评价，全年共评价33件，明确补救资金4 054.9万元。五是强化水生野生动物经营利用许可管理。办理省本级水产类行政审批事项358件，另办理水产苗种出口及水生动物特许利用初审14件。六是以拯救长江鲟为重点，深入开展珍稀濒危水生野生动物保护行动。开展长江鲟亲本和苗种放流，放流长江鲟仔一代亲本50尾，幼鱼和鱼苗8万余尾；组织相关部门和单位加强长江鲟栖息地保护、驯养繁殖及人工增殖放流研究。

8.科技创新 一是多项水产科研成果2019年获国家、省科学技术进步奖。其中：由四川农业大学等单位联合完成的"草鱼健康养殖营养技术创新与应用"获国家科学技术进步奖二等奖；"大口黑鲈秋季繁育及生态养殖关键技术创新与集成应用"获四川省科学技术进步奖二等奖；"水电开发流域裂腹鱼类保护关键技术研究与应用""长江上游名优鱼类资源保护与利用"获省科学技术进步奖三等奖。另有3项成果获评中国水产学会范蠡奖。争取到2020年农业农村部农业重大技术协同推广计划试点四川省稻田综合种养关键技术集成与推广应用项目。二是以淡水鱼创新团队为引领推进科技服务。岗位专家团队参与基层技术指导141次，应急处理21次，开展科技培训59次，培训基层技术人员3 921人次；示范推广面积1.47万公顷。三是加强科技交流。通过2019四川小龙虾产业高峰论坛、第三届中国水产科技大会等平台，邀请麦康森、桂建芳院士及中国水产科学研究院、国家大宗淡水鱼创新团队专家来川开展水产科技交流和技术指导合作。四是大力开展新技术新模式试点示范。围绕水产业高质量绿色发展新要求，重点开展种养循环和循环水养殖新技术新模式的试验、试点和示范推广。围绕水产养殖减量增收、提质增效、转型升级，培训水产技术人员800余人。五是完成国家水生动物疫病监测任务。承担了国家水生动物疫病监测任务共75份样本。

9.产业扶贫 一是印发了《四川省2019年渔业产业扶贫工作计划》，分解和压实了全年渔业产业扶贫工作目标任务。二是在贫困地区建设稻渔综合种养、池塘工程化循环水养殖、冷水鱼养殖点等40个，通过试点示范，总结经验，为资源贫乏贫困地区、边远地区以水产业发展脱贫增收提供新经验新模式。三是派出农技人员、专家到深度贫困县挂职和开展产业技术帮扶工作，帮助做好发展规划，并在技术、服务和项目方面全面支持。组织四川淡水鱼创新团队水产专家，深入到贫困地区开展渔业发展指导和培训。四是积极参加产业扶贫优质产品展销对接。组团参加了农业农村部在广东珠海举办的全国渔业扶贫产销对接活动以及2019亚太水产养殖展览会，雷波县马湖优佳莼菜种植有限公司与广东利达隆、佛山洪盛农业有限责任公司共签订供销合同金额200万元。

10.河长制工作 一是建立健全工作机制。成立了省农业农村厅河（湖）长制工作领导小组，设置了长江（金沙江）省级河长联络员办公室，细化责任分工，充实工作人员，确保履责到位。二是牵头做好督查考核。修订完善了《长江（金沙江）一河一策管理保护方案》。协助省河长制办公室对长江干流5个市（州）的2018年度河（湖）长制工作进行考核评估，考核结果均为良好。指导长江流域8个市（州）制定了2019年度目标、问题、任务和责任“四张清单”，进一步压紧压实属地管理责任。三是加大督导检查力度。开展了长江（金沙江）省级河长巡河督导工作，参加了沱江、青衣江、大渡河等河流的巡河督导工作。9月上旬会同省生态环境厅、省住建厅和省水利厅组成5个巡查组，对长江干流5个市、州中央环保督察“回头看”反馈问题的整改落实情况进行实地督查。通过督查督导，有力促进了长江（金沙江）流域河湖治理和保护工作的深入开展。四是积极协调推进河湖治理。先后组织召开了长江（金沙江）河（湖）长制工作推进会和协调会，参加了民革中央和云贵川三省政协联合举办的中国赤水河流域生态文明建设协作推进会。对水电站下泄生态流量整改情况进行了抽查核实，并对川滇两省共同推进长江上游河长制、湖长制工作进行了专题研究，多途径、多渠道协调推进河（湖）长制工作。五是加强农村河湖整治工作。督促长江（流域）各县（市、区）及时出台《农村水环境治理工作方案（2019—2022年）》，进一步加强农村面源污染防治工作。截至2019年年底，长江（金沙江）流域化肥农药连续4年实现零增长，畜禽粪污综合利用率达70%，规模养殖场粪污处理设施装备配套率达88%，废旧农膜回收率达74%以上，农村卫生厕所普及率达到69%，实现了2019年度河长制工作目标。

【重点渔业市（县、区）基本情况】

四川省重点渔业市（县、区）基本情况

市	县、区	总人口（万人）	渔业产值（万元）	水产品产量（吨）	其中		养殖面积（公顷）
					捕捞	养殖	
眉山市	仁寿县	163.00	118 833.70	52 500		52 500	7 641
乐山市	井研县	42.00	95 627.85	42 500	10	42 490	3 765
眉山市	东坡区	86.00	200 132.40	42 100	60	42 040	3 144
泸州市	泸县	106.72	61 042.00	39 052	504	38 548	4 418
乐山市	市中区	63.07	114 162.20	38 716	224	38 492	2 459
成都市	简阳市	150.32	72 228.70	33 159	508	32 651	4 464
宜宾市	翠屏区	91.00	95 646.45	32 896	190	32 706	2 595
内江市	资中县	122.86	119 449.44	31 600	656	30 944	2 607
内江市	隆昌市	76.38	94 374.00	31 506	984	30 522	1 966
内江市	东兴区	88.25	85 076.00	28 530	611	27 919	2 090

【大事记】

［1］2月12日，省农业农村厅党组成员、省纪委监委驻省农业农村厅纪检监察组组长杨晖，省纪委驻省农业农村厅纪检监察组副组长魏毕华，驻省农业农村厅纪检监察组综合处处长刘春天一行到省水产局调研座谈，了解全省水产业发展和省水产局党建及党风廉政建设工作情况。省水产局班子成员和局属各部门负

责人参加调研座谈。

[2]2 月 26 日，省农业农村厅副厅长卿足平率渔业渔政管理处处长夏攀峰、一级调研员陈其非、二级调研员盛大见到省水产局调研工作。

[3]3 月 1 日，省农业农村厅副厅长卿足平率渔业渔政管理处处长夏攀峰等人员到四川省长吻鮠原种场调研工作。

[4]3 月 7 日，全省渔业渔政工作座谈会在成都召开。省农业农村厅副厅长卿足平出席并讲话，渔业渔政管理处处长夏攀峰主持会议。

[5]3 月 12—15 日，农业农村部长江流域渔政监督管理办公室副主任董金和一行来川开展长江禁捕工作专题调研。省农业农业厅渔业渔政管理处、省水产局相关领导陪同调研。

[6]4 月 17 日，农业农村部渔业渔政管理局副巡视员江开勇一行到邛崃市牟礼镇、回龙镇国家级稻渔综合种养示范区调研。

[7]4 月 19 日，中共四川省委任命何强任四川省水产局党委书记(副厅级)。

[8]4 月 22—25 日，农业农村部渔业渔政管理局副局长李书民一行赴雅安市天全县和凉山彝族自治州雷波县开展渔业扶贫及援疆援藏行动调研。

[9]4 月 26 日，2019 第三届中国水产科技大会在成都召开。中国科学院院士朱作言，农业农村部渔业渔政管理局副巡视员江开勇，中国渔业协会会长赵兴武，全国水产技术推广总站、中国水产学会党委书记张锋，通威集团董事局主席刘汉元等出席大会。省委农办主任、省农业农村厅厅长杨秀彬出席开幕式并致辞。

[10]4 月 25—27 日，全国水产技术推广总站书记、副站长张锋一行来到眉山市，调研四川省水产技术推广服务体系建设与改革情况。

[11]5 月 16 日，四川省人民政府任命何强任四川省水产局局长(副厅级)。

[12]5 月 21 日，“长江水生生物保护宣传系列活动”在宜宾市启动。农业农村部长江办主任马毅、省水产局局长何强等出席活动，省农业农村厅副厅长卿足平主持启动仪式。

[13]6 月 6 日，在农业农村部的统一安排部署下，省农业农村厅与泸州市政府在江阳区长江畔联合举行了鱼类增殖放流活动启动仪式。泸州市委常委张文军致辞，省农业农村厅副厅长卿足平讲话并宣布“2019 年四川省'放鱼日'放流活动”开始。省水产局局长何强主持启动仪式。

[14]6 月 6 日，省水产局局长何强、省农业农村厅渔业渔政管理处处长夏攀峰一行，赴宜宾市江安县七彩湖特种水产养殖有限公司调研鳗鱼养殖基地。宜宾市农业农村局局长余江等陪同调研。

[15]6 月 10—13 日，以宁夏回族自治区农业农村厅常务副厅长马新民为组长的农业农村部黄河禁渔联合交叉执法检查组第二组，对黄河上游四川段的若尔盖县、红原县开展黄河禁渔联合交叉执法行动检查。四川省农业农村厅二级巡视员付洪、阿坝藏族羌族自治州农业农村局相关负责人陪同检查。

[16]6 月 23 日，四川小龙虾产业高峰论坛在成都举行。四川省委农办主任、省农业农村厅厅长杨秀彬出席论坛并讲话。省农业农村厅副厅长卿足平、省水产局局长何强、省农业农村厅相关处室负责人、省内主产小龙虾的市(县)主管部门负责人出席。全国各地大型知名企业负责人，银行、担保、保险等金融单位负责人，省内小龙虾养殖企业、小龙虾生产创客以及新闻媒体，共 500 余人参会。

[17]6 月 25 日，省农业农村厅受农业农村部渔业渔政管理局委托，会同中国水产科学研究院、雅安市人民政府在天全县共同举办了全国冷水鱼类养殖模式现场观摩活动。中国水产科学研究院黑龙江水产研究所所长金星、省水产局局长何强、省农业农村厅渔业渔政处处长夏攀峰、雅安市农业农村局党组书记倪林出席会议。

[18]6 月 26 日，省农业农村厅组织召开了全省长江流域重点水域禁捕工作视频会议。受省委农办主任、省农业农村厅厅长杨秀彬委托，省农业农村厅副厅长卿足平对全省禁捕工作作出安排部署。省财政厅、省人社厅有关处室负责同志，省农业农村厅有关处室、直属单位负责同志，17 个市(州)政府分管副秘书长，84 个县(市、区)人民政府负责同志和财政局、人社局、农业农村局有关负责同志参加会议。

[19]7 月 2—3 日，省农业农村厅副厅长卿足平率省水产局局长何强、渔业渔政管理处处长夏攀峰等到内江隆昌市调研全省现代水产产业发展现场会筹备情况。

[20]7 月 22 日，省农业农村厅副厅长卿足平前往新津县花源镇，调研鱼米坊农业科技(成都)有限公司智能化玻璃钢循环水养殖基地。省水产局局长何强、新津县人民政府副县长叶尚敏陪同调研。

[21]7 月 24 日，省委农办主任，省农业农村厅党组书记、厅长杨秀彬带领厅办公室等有关部门负责人赴省长吻鮠原种场调研。

[22]7 月 25—28 日，中国渔业协会会长赵兴武率副会长王德芬、上海海洋大学副校长李家乐、副教授张

福祥等一行4人来四川考察指导水产发展。省水产局局长何强、副局长漆乾余陪同考察。

[23]7月30日，全省现代水产产业发展暨农村人居环境整治工作现场推进会在内江隆昌市召开。省政府副省长尧斯丹出席会议并讲话，省政府副秘书长李君臣主持会议，省委农办主任、省农业农村厅厅长杨秀彬部署相关工作，内江市委书记马波致辞。

[24]7月30日，省农业农村厅厅长杨秀彬带领省水产局等相关部门负责同志到资中调研特色水产发展情况。省农业农村厅副厅长卿足平，省水产局局长何强，内江市农业农村局局长黎兆武，资中县委书记曾廷富陪同调研 。

[25]8月23日，省水产局在成都市新津县举办全省现代水产产业发展任务布置会暨渔业大县部门负责人培训班，21个市（州）水产渔政部门负责人和65个渔业大县部门负责人参加会议（培训）。省水产局党委书记、局长何强出席会议并讲话。

[26]9月2日，省水产局党委书记、局长何强一行到蓬安县杨家镇伏岭村开展调研慰问工作。受省委农办主任、省农业农村厅党组书记、厅长杨秀彬委托走访慰问了其结对帮扶贫困户，详细了解他们当前生产生活和脱贫情况并向他们表达了慰问。

[27]9月17日，省农业农村厅二级巡视员富刚、省水产局副局长漆乾余及有关同志到眉山市调研指导禁捕工作。

[28]9月19—20日，省农业农村厅二级巡视员付洪率种业处二级调研员周孝强、省水产局有关负责同志到宜宾市调研指导禁捕工作。

[29]9月23—24日，农业农村部渔业渔政管理局派出第三调研组全国水产技术推广总站刘忠松副站长一行到四川省开展水产养殖业绿色发展调研。省水产局副局长何川、市（县）有关部门人员陪同调研。

[30]9月24日，省农业农村厅在成都启动“保护水生野生动物，共建和谐美丽中国——四川省2019年水生野生动物保护科普宣传月活动”，省农业农村厅党组成员、副厅长卿足平出席并宣布活动启动，省水产局局长何强出席活动。

[31]9月30日，省农业农村厅二级巡视员王植力、省水产局渔政处处长袁野一行，对广元市退捕转产工作进行调研，广元市农业农村局局长何开莉、副局长李仔贵，广元市人力资源和社会保障局、财政局相关负责人，相关县（区）渔业主管部门分管领导和相关负责人参加调研及座谈。

[32]9月24日，农业农村部中国绿色食品发展中心在北京召开了“2019年第一次农产品地理标志登记专家评审会”，四川省苍溪县水产渔政管理局申报的“苍溪鳖”和盐亭县梓江鳜鱼养殖协会申报的“梓江鳜鱼”顺利通过专家组评审。

[33]10月15—17日，按照省农业农村厅《长江流域重点水域禁捕工作指导方案》的安排部署，二级巡视员周南华率厅乡村宜居处、省水产局相关同志到广安市、遂宁市指导调研禁捕工作。

[34]10月21日，农业农村部长江办主任马毅、副主任董金和、长江航运公安局泸州分局副局长刘军一行5人到四川省调研指导渔业渔政和长江禁捕工作。

[35]10月28日，省人大常委会党组成员、副主任，“川鱼”产业联系省领导刘作明召开“川鱼”产业振兴工作情况汇报会，听取省农业农村厅、省发改委等部门推进“川鱼”产业建设情况汇报，审议《“川鱼”产业振兴工作推进方案》以及《“川鱼”产业建设推进分工方案》。省人大农业农村委主任委员邓良基主持会议。

[36]11月14—15日，农业农村部渔业渔政管理局局长张显良到四川调研水产工作。内江市委书记马波、省农业农村厅副厅长卿足平等先后参加调研，省水产局局长何强陪同调研。

[37]11月19日，2019年度水生生物资源养护信息系统培训班在四川省成都市举办。农业农村部渔业渔政管理局副局长韩旭、全国水产技术推广总站、中国水产学会副秘书长王淑欣、四川省水产局局长何强出席开班仪式。来自各省级渔业主管部门、水生生物资源养护工作重点地（市）或区（县）渔业主管部门以及各省级水产技术推广机构等各地代表共计240余人参加了此次培训。

[38]12月6日，全省水生生物保护区禁捕工作推进会在成都召开。会议传达学习了马鞍山“长江禁捕工作现场观摩推进会”会议精神，听取全省禁捕工作进展的情况汇报，研究部署下一步工作。省水产局局长何强出席并讲话，省农业农村厅渔业渔政处副处长刘霍秋主持会议。

[39]12月12日，省农业农村厅党组成员、省纪委监委驻省农业农村厅纪检监察组组长杨晖一行到省长吻鮠原种场调研座谈，了解生产运行及党风廉政建设工作情况。

[40]12月19日，为传达贯彻全省河（湖）长制工作推进会议精神，四川省农业农村厅在成都召开长江（金沙江）流域河（湖）长制工作总结座谈会。厅党组成员、副厅长卿足平出席会议并讲话，渔业渔政处处长夏攀峰主持会议。

（四川省水产局　王　放）

贵州省渔业

【概况】 2019 年，贵州省渔业部门按照“提质增效、稳量增收、绿色发展、富裕渔民”的总要求，以生态优先、绿色发展理念为引领，以纵深推进农村产业革命为总抓手，以大力发展生态渔业为主线，推动贵州渔业转型升级和高质量发展，取得了较好的成效。全年水产品产量 24.36 万吨、水产养殖面积 6.15 万公顷、渔业生产总产值 57.7 亿元、渔民家庭人均收入达 1.23 万元，同比分别增长 2.66%、29.1%、5.35%、8.76%。

1.强力推动生态渔业发展 将生态渔业纳入全省农村产业革命 12 个重点产业之一，成立了由省人民政府副省长郭瑞民领衔的生态渔业发展领导小组，省水利厅和省农业农村厅分别成立了工作专班。出台了《贵州省人民政府办公厅关于加快推进生态渔业发展的指导意见》《2019 年贵州省生态渔业发展工作方案》。建立全省生态渔业专家库，评聘专家 30 余名，开展生态渔业技术培训 235 次，培训 1.3 万人。

2.扎实推进养殖水域滩涂规划编制 截至 2019 年年底，贵州省养殖水域面积超过 667 公顷或养殖产量超过 3 000 吨的 44 个水产养殖重点县（市、区），32 个县（市、区）完成规划发布工作，规划编制完成率 88.6%。

3.持续推进水产健康养殖 一是新创建国家级水产健康养殖示范场 16 家，复查合格 2 家，累计创建国家级水产健康养殖示范场 64 家。二是创建稻田养殖连片示范基地 305 个，其中 20 公顷以上的 78 个。三是探索推广养殖尾水综合处理技术，全省已建设沉淀池 2.85 万米^2，有效减少了水产养殖污染。

4.加强项目示范引领 在江口、荔波、镇宁县培育建成 3 个年产鲟鱼 500 吨以上的冷水鱼养殖基地，在遵义市播州区等 15 个县（市、区）建设池塘循环水生态养殖基地，建成循环养殖池 128 个，集装箱集约化循环水养殖设施 138 个、陆基循环水养殖系统 500 套。

5.强化水域环境资源养护 全年共增殖放流鱼苗 2 539 万尾。完成 6 个国家级水产种质资源保护区勘界定标试点工作，进一步推进“三线一单”工作的落实落地。

6.进一步加强渔政执法 切实加强全省禁渔期管理工作，禁渔期间，共查处渔业违法案件 203 起，行政处罚 53 人次，行政罚款 4.36 万元；组织开展贵州省“中国渔政亮剑 2019”系列专项执法行动，行动期间，查办违规违法案件 263 件，查获涉案人员 354 人，涉案渔获物 3 157.84 千克，价值 12.54 万元，行政处罚金额 13.98 万元。

7.大力推进贵州省长江流域重点水域禁捕 印发《贵州省长江流域重点水域禁捕和建立补偿制度实施方案》，全面完成 20 个国家级水产种质资源保护区禁捕工作。

8.渔业安全生产总体向好 全年各级渔业主管部门共组织开展渔业安全生产检查 1 035 次，现场检查企业（渔船）4 864 家次，发现隐患 133 个，全部完成整改，全省未发生渔业安全生产事故报告和涉渔黑恶势力事件，渔业安全形势总体良好。

9.积极培育推介品牌 “贵水黔鱼”区域性品牌商标获国家知识产权局商标局批准，“剑河稻花鲤”获得国家地理标志，赤水“月亮湖有机鱼”通过有机认证，市场涌现出“黔湖牌”等水产品牌。

10.存在的主要问题

（1）生态环保潜在压力。网箱养殖全面拆除后，部分地区对发展生态渔业发展认识不到位，“谈鱼色变”，限制了水产养殖业发展。

（2）管理机制面临挑战。贵州省渔民组织化程度不高，生产安全、水产品质量安全管理难度较大。机构改革后，县级渔政执法队伍划入综合执法，对渔业执法、渔业安全有效管理带来较大挑战。

（3）产业融合推进缓慢。水产品加工历来是贵州渔业发展的一个短板，加工业滞后，水产品加工多为粗加工产品，附加值不高，缺少龙头企业带动。

【重点渔业市（县、区）基本情况】

贵州省重点渔业市（县、区）基本情况

市（县、区）	总人口（万人）	渔业产值（万元）	水产品产量（吨）	其中		养殖面积（公顷）
				捕捞	养殖	
遵义市播州区	88	31 029	14 104	472	13 632	3 361
松桃苗族自治县	74	21 794	7 800	29	7 771	2 000
赤水市	32	25 905	7 011	0	7 011	1 169

（续）

市（县、区）	总人口（万人）	渔业产值（万元）	水产品产量（吨）	其　中		养殖面积（公顷）
				捕捞	养殖	
江口县	24	17 658	6 806	54	6 752	430
安顺市西秀区	80	15 800	6 400	155	6 245	1 620
思南县	69	16 166	6 400	170	6 230	1 223
镇宁布依族苗族自治县	41	20 992	5 982	267	5 716	760
锦屏县	24	15 976	5 960	150	5 810	45 582
德江县	56	16 441	5 702	116	5 586	1 265
石阡县	46	14 300	5 500	55	5 445	437

【大事记】

[1]2 月 21 日，农业农村部长江流域渔政监督管理办公室副主任赵依民组织有关专家，对赤水河捕捞渔民转产转业工作进行验收。经审查，仁怀市、赤水市、习水县三地顺利通过验收。

[2]3 月 26—27 日，农业农村部长江流域渔政监督管理办公室副主任董金和赴锦屏县、天柱县开展长江流域退捕调研工作。

[3]4 月 11 日，全省生态渔业发展工作推进电视电话会议在贵阳召开，省政府副省长郭瑞民出席会议并讲话。

[4]4 月 23 日，广西、贵州两省（自治区）在罗甸县红水河镇羊里码头开展联合渔政执法行动。

[5]5 月 15—19 日，省农业农村厅组织剑河县国平生态山泉水产养殖场、剑河县八郎乡田生态养殖场、毕节市鑫有农业综合开发有限责任公司、贵州东亿农业发展有限公司赴珠海参加渔业扶贫产销对接活动。

[6]6 月 21 日，全省生态渔业发展现场推进会在锦屏县召开，省政府副省长郭瑞民出席会议并讲话。

[7]6 月 26—27 日，2019 年全国水产品市场信息员培训班在遵义举办，全国水产技术推广总站副站长胡红浪出席开班式并讲话。

[8]8 月 1—2 日，全国水产技术推广总站副站长胡红浪赴江口县调研冷水鱼产业发展。

[9]9 月 23—27 日，由省农业农村厅、省总工会、省人社厅共同举办，省水产技术推广站承办的第三届全国水产技术推广职业技能竞赛贵州选拔赛在贵阳举行。

[10]10 月 15—16 日，农业农村部长江流域渔政监督管理办公室二级巡视员黄晓发到铜仁市碧江区、沿河县就渔船退捕禁捕及渔政管理工作开展实地调研。

[11]11 月 6 日，中国科学院水生生物研究所在赤水市举行长江上游珍稀特有鱼类保护及赤水河河流生态观测试验站开工仪式，中国科学院院士曹文宣、农业农村部长江流域渔政监督管理办公室主任马毅出席。

[12]11 月 6—7 日，全省生态渔业工作座谈会在遵义市召开，省农业农村厅党组成员、副厅长徐成高出席会议并讲话。

[13]12 月 20 日，全省生态渔业扩面提质增效工作部署会议在六枝特区召开，省政府副秘书长周乐职出席会议并讲话。

（贵州省农业农村厅　余家辉）

云南省渔业

【概况】 2019 年，云南省各级渔业部门深入学习贯彻习近平新时代中国特色社会主义思想和视察云南时的重要讲话精神，紧紧围绕农业农村部和云南省委、省政府的决策部署，坚持“生态优先、绿色发展、增养结合、种养协调”总方针，紧盯“提质增效、减量增收、绿色发展、富裕渔民”总目标，持续推进渔业供给侧结构性改革，以实施“一带一路”、建设“长江经济带”、打造绿色品牌为契机，着力转变渔业发展方式、调整渔业产业结构，努力促进全省渔业转型升级和绿色、安全、融合、开放、规范发展。

2019 年，全省水产品养殖面积 93 939 公顷、同比减少 0.52%，水产品总产量 63.65 万吨、同比减少

0.16%，渔业经济总产值165.8亿元、同比减少2.64%。其中，渔业产值103亿元、同比减少2.21%，渔业加工和建筑业产值达13.4亿元、同比减少10.16%，渔业流通和服务业产值达49.3亿元、同比减少1.32%。渔民人均纯收入10 402.59元、同比增长2.76%。水产品市场运行相对平稳，水产品平均价格为16.2元/千克，较2018年上升1.3元/千克。

1.抓绿色发展，持续推进渔业发展提质增效 一是加强政策创设。经省人民政府同意，省直11个部门印发了《关于加快推进水产养殖业绿色发展的实施意见》，并根据内容进行了细化责任分工。二是加快落实养殖水域滩涂编制和发布工作。全省有99个县（市、区）完成养殖水域滩涂规划编制发布工作，完成率达113%，昆明、昭通、文山、保山、迪庆、临沧、版纳、大理、曲靖、怒江、红河11个市（州）完成了养殖水域滩涂规划编制发布工作。三是推进水产健康养殖创建，双江县成功创建国家级渔业健康养殖示范县；国家级水产健康养殖示范场达15个。四是夯实水产养殖基础。实施传统池塘升级改造，改造和新开挖0.68万公顷；推广池塘工厂化生态养殖和工厂循环水养殖，工厂化池塘面积11.3公顷、池塘工程化循环水面积45.3公顷，集装箱养殖200个、6 000米^3，稻渔综合种养面积11.2万公顷。五是启动水产苗种产地检疫试点工作。制订了实施方案，开展了渔业官方兽医资格确认，印发了《云南省水产苗种产地检疫办法（试行）的通知》。

2.抓资源养护，持续夯实渔业发展基础 一是做好长江大保护。出台云南省贯彻落实国务院办公厅加强长江水生生物保护工作的实施意见，实施长江流域重点水域禁捕，印发《云南省农业农村厅、财政厅、人力资源社会保障厅转发农业农村部财政部人力资源社会保障部关于印发长江流域重点水域禁捕和建立补偿制度实施方案的通知》，推进97艘（含2018年2艘）渔船退捕。二是开展增殖放流。全年投入资金4 218.86万元，举办各级水生生物增殖放流活动75次，在六大水系、九大高原湖泊流域和电站库区，投放淡水经济鱼类和珍稀濒危水生野生动物43种、4 432.82万尾（其中：经济鱼类31种、4 143.76万尾，珍稀濒危鱼类12种、289.06万尾）。三是加强水产种质资源保护区建设。共建有21个水产种质资源保护区，其中国家级15个、省级6个，总面积29 685.79公顷，开展水产种质资源保护区自查整改专项行动，加强水产种质资源保护区管理，完善保护区界碑、界桩、警示牌、宣传牌、路牌及有关保护设施。审查上报了8个涉渔工程环境影响评价项目。四是做好渔业水域生态环境保护。落实长江经济带、赤水河流域、农业面源污染、农业农村污染治理、九大高原湖泊、六大水系及牛栏江、水功能区、水源地保护、污染治理攻坚战、环保督察涉及渔业渔政工作的检查指导。

3.抓三大安全，持续巩固平安和谐渔业局面 一是强化以渔船安全生产为核心的渔业安全生产监督管理。通过召开视频会议、签订目标责任书，开展渔业安全隐患排查和执法，布置平安渔业示范县创建、渔业安全技能比武活动，组织开展“安全生产月”执法检查等措施，渔业生产实现了连续11年零死亡，持续保持平安和谐渔业发展局面。二是加强水产品质量安全监管，开展产地水产品质量安全检测、水产养殖“用药减量”行动和水产养殖规范用药，完成国家产地水产品兽药残留监测，产地水产品质量安全检测、兽药残留检测合格率100%，水产苗种合格率100%。三是确保水生生态安全，没有发生渔业水域污染事故和外来物种入侵事故。

4.抓渔政建设，持续优化渔业发展良好秩序 一是继续开展“中国渔政亮剑”系列专项执法行动，配合省生态环保厅联合开展“绿盾行动”自然保护地强化监督工作。据初步统计，全省共组织执法检查行动1 354次，出动执法车辆6 080辆次，出动执法船艇3 446艘次，参加执法人员33 486人次。查处电鱼案件563件，其中行政处罚297件1 071人次，没收销毁电捕鱼器具366台套，没收违法捕捞渔获物数量1 506千克，罚款23.7万元。二是重点开展扫黑除恶斗争，打击黑恶势力。制定《云南省扫黑除恶专项斗争2019年渔业捕捞领域依法整治专项工作方案》，全面安排部署全省渔业渔政系统扫黑除恶专项斗争工作。以江河湖泊为重点，依法查处和预防“三无”船舶、“绝户网”捕捞、休渔期和禁渔期捕捞、非法越境捕捞、电毒炸鱼、非法收购渔获物以及划地为界等行为。牵头组成两个检查组，分别赴昭通市、曲靖市、楚雄彝族自治州、大理白族自治州、丽江市等金沙江流域云南段重点区域10县开展扫黑除恶专项斗争抽查工作，移交司法机关线索2条。三是指导西双版纳开展与老挝南塔省自然资源与环保厅渔业资源保护合作。积极推进双方合作向更高层次迈进。四是开展渔业政务服务。梳理20项一网通办标准化，受理行政许可事项22件、审批发放许可证20本，协调办理新建海洋馆申报1个，海洋馆品种增补4个，完善审批事项的业务手册和办事指南。

5.抓渔业扶贫，助力脱贫攻坚 紧紧围绕省农业农村厅党组产业扶贫工作部署，承担红河哈尼族彝族自治州元阳、红河、金平、绿春4个深度贫困县产业扶贫工作牵头处室职责。4月和9月，对挂联县组织了2次实地走访调研，渔业渔政管理处组织4个配合部门到红河州深度贫困县27个乡镇36个村委会，走访建档立卡贫困户75户，经营主体40个，召开县级座谈会4次。制定了《渔业产业发展助推深度贫困县脱贫攻坚工作方案》，下发《云南省农业农村厅转发农业农村部关于乡村振兴战略下加强水产技术推广工作指导意见的通知》，提出围绕高原淡水渔业、市场需求和人才队伍建设等重点内容，加强水产技术推广，为全省实施乡村振兴战略作出应有的贡献。组织元阳县、红河县等深度贫困县，参加2019亚太水产养殖展览会暨珠海（国际）水产品交易会，向交易会全面推介和展销云南省哈尼梯田鱼、哈尼梯田红米等优质特色水产品。

6.存在困难和问题

（1）部分地方执行环保政策“一刀切”的做法严重阻碍库区渔业发展。云南省电站库区，为渔业发展提供了良好的基础条件，经多年发展，网箱养殖、生态增殖、休闲渔业、鱼菜共生等多种方式，构成库区渔业经济的重要内容，且云南网箱设置密度符合国家行业标准。但是一些地方面对环境保护的压力简单采取“一刀切”的做法，全部取缔网箱养殖，给养殖户带来了巨大损失。

（2）发展不充分、发展水平不高。众多的优质土著鱼类得不到有效开发，“六大名鱼”形不成商品，水产品供给多为鲜活产品，水产品加工品缺乏，无品牌、无拳头产品，在绿色品牌的打造中不够强；难以提供多层次、多品种、多类别的产品和服务。

（3）渔政执法工作难度大。多地农业综合执法改革改革仍在进行，渔政执法如何改变尚未明确。长江流域水生生物保护区实施全年禁捕，珠江流域延长禁渔期时间、扩大禁渔区范围，使得渔政执法管理、退捕转产安置、捕捞渔民后续产业培植等面临较多的新问题和新挑战。

【重点渔业市（县、区）基本情况】

云南省重点渔业市（县、区）基本情况

市（县、区）	渔业人口（人）	渔业产值（万元）	水产品产量（吨）	其中		养殖面积（公顷）
				捕捞	养殖	
景洪市	0.79	58 436	46 242	362	45 880	3 292
景谷傣族彝族自治县	0.97	48 969	37 419	9 402	28 017	2 047
墨江哈尼族自治县	0.75	42 470	33 000	8 324	24 676	528
双江拉祜族佤族布朗族傣族自治县	0.07	36 776	27 647	4 197	23 450	588
勐海县	0.79	36 122	26 194	775	25 419	1 972
普洱市思茅区	0.35	29 608	24 355	2 375	21 980	2 765
凤庆县	0.08	34 943	21 301	1 331	19 970	6 983
澜沧拉祜族自治县	0.74	32 643	21 280	10 980	10 300	1 159
富宁县	0.48	29 928	21 000	3 200	17 800	3 367
云县	0.23	26 820	19 668	1 080	18 588	651

【大事记】

［1］3月21日，经云南省人民政府同意，云省人民政府办公厅发布《关于加强长江水生生物保护工作的实施意见》。

［2］8月13日，经云南省人民政府同意，省农业农村厅、省生态环境厅、省自然资源厅、省发展和改革委员会、省财政厅、省科学技术厅、省工业和信息化厅、省商务厅、省市场监督管理局、省林业和草原局、中国银行保险监督管理委员会云南监管局共11家单位联合发布《关于加快推进水产养殖业绿色发展的实施意见》。

［3］12月8日，云南省农业农村厅印发《云南省水产苗种产地检疫办法（试行）》。

（云南省农业农村厅　李一朝）

西藏自治区渔业

【概况】 2019年是深入贯彻落实党的十九大精神、实施乡村振兴战略的重要一年，是“十三五”规划承上启下的关键一年。为有效推进西藏渔业绿色发展，促进绿色兴渔，在自治区党委、政府的正确领导和农业农村部渔业渔政管理局、长江流域渔政监督管理办公室的关怀支持下，西藏立足建设生态西藏、美丽西藏的要求，继续加强禁渔休渔制度，积极开展增殖放流工作，加强水产种质资源保护区管理，渔业生产秩序良好，水域生态环境持续保持良好状态。全区水产品产量406吨，比上年增长7.7%，其中淡水捕捞310吨、淡水养殖96吨。

1.强化源头保护和渔业绿色发展顶层设计 为贯彻落实党中央、国务院决策部署和习近平总书记“共抓大保护，不搞大开发”的重要指示，加大水生生物多样性和生态环境保护力度，落实《西藏自治区生物多样性保护策略和行动计划（2013—2030年）》，自治区先后印发了《西藏自治区全面推行河长制工作方案》《西藏自治区关于全面落实湖长制加强湖泊管理保护的意见》《西藏自治区河长制湖长制工作考核办法（试行）》等文件。根据《国务院办公厅关于加强长江水生生物保护工作的意见》，自治区印发了《西藏自治区人民政府办公厅关于加强长江水生生物保护工作的实施意见》，自治区农业农村厅等10部门联合印发了《关于加快推进水产养殖业绿色发展的实施意见》，为推动形成人与自然和谐共生的绿色发展新格局，创新水生生物保护管理体制机制，加快推进全区水产养殖业绿色发展提供了强有力的政策支撑。

2.继续实施禁渔休渔工作 2019年，西藏所有湖泊以及拉萨市、林芝市辖区内所有天然水域实行禁渔制度，禁渔时间为10年。其他地（市）每年的3月1日至7月31日实行休渔制度。通过禁渔休渔制度，全区高原湖泊、河流生态环境得到有效保护，西藏绝大部分水域都是原生态，水域生态环境良好，局部河段有鱼类捕捞生产，但捕捞量低于资源再生能力。

3.加大鱼类增殖放流 2019年度，西藏围绕异齿裂腹鱼、双须叶须鱼、尖裸鲤、拉萨裸裂尻鱼、拉萨裂腹鱼、黑斑原鮡等土著鱼类，研究制定了《2019年西藏渔业资源增殖放流项目实施方案》，分别与自治区农业科学院水产研究所、地（市）农业农村局签订了《鱼类资源增殖放流工作技术服务责任书》，进一步压实了责任，明确增殖放流目标。通过努力，从6月6日开展全国“放鱼日”活动到10月20日，全区增殖放流达到503.98万尾，与2018年相比增加了223.98万尾，同比增长了80%。落实水电站生态环境保护主体责任和渔业行政主管部门监管职责，指导7个水电站开展增殖放流108.98万尾。增殖放流鱼苗规格基本保持在3厘米左右。标记鱼苗3.5万尾。

4.依法开展渔业执法亮剑系列活动 为加强水域生态文明建设，深入推进渔业高质量发展，严厉打击涉渔违法违规行为，确保渔业生产秩序持续好转，保护高原渔业资源及生态环境，依据《西藏自治区“中国渔政亮剑2019”系列专项执法行动实施方案》《2019年西藏自治区打击电鱼活动专项执法行动实施方案》要求，在雅鲁藏布江、怒江、澜沧江、金沙江等江河流域、5个国家级水产种质资源保护区持续开展执法专项行动，严厉查处电毒炸偷等非法捕捞行为，全面清理禁用渔具，依法开展网目尺寸执法检查和“绝户网”专项清理整治行动。各级渔业行政主管部门在执法力量薄弱、执法环境艰苦的情况下，加强了渔业执法工作力度。全年开展渔业执法212次，执法车次150辆次，出动执法人员592人次，查办违规违法案件15起，没收违规渔具12张、鱼箱1个、电瓶4个、电压转换器1个、氧气筒（罐）5个、橡皮船3艘、电捕器具2台，没收违法捕捞渔获物3 000千克，其中放归2 800千克、无害化处理200千克，查获涉案人员15人，处罚6.7万元。

5.提升渔业执法管理能力建设 为提高各地渔政管理能力，10月8—11日在拉萨举办了西藏自治区特有鱼类渔业基础知识及资源保护技术培训班，各地（市）农业农村局及22个重要渔业水域所在县（区）的渔政兼职管理人员共计50余人参加了培训。培训班邀请华中农业大学、中国科学院水生生物研究所专家就“雅鲁藏布江特有鱼类渔业资源保护”“藏北高原湖泊特有鱼类基础知识”“西藏特有鱼类分布及资源”及《西藏自治区实施〈中华人民共和国渔业法〉办法》《水生生物增殖放流管理规定》等法律法规进行了授课，并通过实物比对，详细讲解了尖裸鲤、亚东鲑、拉萨裸裂尻鱼等9种常见特有鱼的外貌特征、特有鱼类与外来鱼类的区别。通过此次培训，学员们基本掌握了常见特有鱼类鉴别方法，进一步了解了外来鱼类对本地土著鱼和水生生物资源的影响，提高了渔政管理人员的专业水平，对加强渔业资源保护、维护良好渔业生产秩序将发挥重要作用。

6.渔业重大科研项目取得阶段性成果 2017年农业部启动的“西藏重大水域鱼类资源与环境调查”专项，经过3年的努力，基本查明了西藏“三江四湖”鱼类组成、分布及资源现状，在尖裸鲤、黑斑原鮡、拉萨裂腹鱼人工繁育关键技术领域取得重大突破，发表相关学术论文26篇、授权实用新型专利15项，初步确定了《西藏重大水域鱼类资源与环境调查》丛书12部的出版计划。11月8—10日，中国水产科学研究院在西藏拉萨市组织召开“西藏重大水域鱼类资源与环境调查”专项中期总结会，充分肯定了3年来专项取得的阶段性成效，分析了存在问题，对下一步西藏专项加强野外调查数据库以及鱼类标本库及活体库的建立、重要鱼类栖息地的勘测与保护规划、完善土著鱼类繁育技术体系、推进渔业资源有效利用等工作提出对策建议。

7.开展水生野生动物保护科普宣传活动 根据《农业农村部渔业渔政管理局关于开展2019年水生野生动物保护科普宣传月活动的通知》要求，10月23日，在拉萨市启动了西藏2019年水生野生动物保护科普宣传活动，自治区农业农村厅、拉萨市农业农村局、自治区科协、自治区农科院、自治区畜牧总站、西藏职业技术学院等单位100多人参加了启动仪式，现场观看水生野生动物保护科普宣传展板、珍稀水生动物和相关法律法规宣传资料。截至11月22日，参加活动人数达1 200人次，发放各类宣传资料3 000余份，开展科普专题讲座2次，有奖活动征集1次。活动对推动西藏水生野生动物保护起到了良好示范作用，提高了全社会水生野生动物保护意识。

8.存在问题 2019年，西藏渔业渔政管理工作取得了较好成绩，但存在的问题也不容忽视：一是渔业管理力量还十分薄弱，西藏无单独的渔业管理机构，渔政管理全部由畜牧兽医人员兼任，队伍不稳定。二是执法经费不足，执法手段比较落后，全区尚无一个渔业环境监测站，不能满足执法工作的需要。三是水产养殖业发展还十分缓慢，水产品需求主要靠区外调运解决。

【大事记】

[1]5月15日，自治区印发了《西藏自治区人民政府办公厅关于加强长江水生生物保护工作的实施意见》。

[2]10月8日，自治区农业农村厅等10部门联合印发了《关于加快推进水产养殖业绿色发展的实施意见》。

[3]10月8—11日，在拉萨举办了西藏自治区特有鱼类渔业基础知识及资源保护技术培训班。

[4]10月23日至11月22日，启动并开展了西藏2019年水生野生动物保护科普宣传月活动。

[5]11月8—10日，中国水产科学研究院在西藏拉萨市组织召开“西藏重大水域鱼类资源与环境调查”专项中期总结会。

（西藏自治区农业农村厅）

陕西省渔业

【概况】 2019年，全省渔业系统紧密围绕“提质增效、减量增收、绿色发展、富裕渔民”的目标任务，以全省农业农村中心工作和渔业绿色高质量发展目标任务为抓手，加快推进渔业供给侧结构性改革，深入推进渔业转型升级，持续推进渔业绿色、安全、融合、开放、规范发展，突出渔业特色产业发展，强化水生野生动物保护、水产品质量安全、水环境质量安全监控和水生动物疫病防控，各项工作扎实推进，并取得显著成效。完成水产品总产量16.62万吨，渔民人均纯收入1.505万元。

1.渔业结构调整 坚持因地制宜，突出地域特色，结合资源禀赋，调整产业结构、养殖结构、品种结构。联合省生态环境厅、省自然资源厅、省发展改革委等10个厅(局)制定《关于加快推进水产养殖业绿色发展的实施意见》，加快构建全省水产养殖业绿色发展的空间格局、产业结构和生产方式，推进全省渔业转型升级，建设具有陕西区域特色的高质量绿色产业。组织召开规划编制发布工作集中督导会议，明确任务时限，落实190多万元专项工作经费，加快推进养殖水域滩涂规划编制发布工作。截至2019年年底，完成规划发布市(县)21个，完成规划编制市(县)10个。精心组织国家级水产健康养殖示范场创建复审工作。经过推荐上报，17个养殖场经农业农村部审核通过被批准为示范场，全省国家级水产健康养殖示范场达到84个。

2.稻渔综合种养 坚持稻渔综合种养产业化发展和品牌培育协调推进，组织召开全省稻渔综合种养产业发展培训暨现场观摩推进会。紧紧围绕实施乡村振兴战略、“3＋X”产业工程和渔业转型升级、提质增效、绿色发展迫切需要，以“稳粮增收，提质增效，三产融合，绿色生态”为目标，走“绿色养鱼、质量兴渔、品牌强渔”的产业可持续健康发展之路，切实发挥稻渔综合种养的产业优势，培育形成特色新产业。通过加大资金扶持和科技服务力度，结合高标准农田改造、稻渔综合种养产业发展等项目，完善稻田基础设施和现代化养殖设施设备。2019年，全省稻田综合种养面积达到0.46万公顷。

3.水产品质量安全 按照《农业农村部关于进一步扩大水产苗种产地检疫试点的通知》精神，组织制定《陕西省水产苗种产地检疫试点工作实施方案》，全面启动渔业官方兽医确认和水产苗种产地检疫试点工作。制定下发了《陕西省渔业环境保护与水产品质量安全监管工作方案》《陕西省农业农村厅2019年水产养殖用药减量行动实施方案》，进一步落实监管责任和主体责任。全年共检验水质、水产品样品 142 个，检测项次 1 068 余次，出具检验报告 142 份，环评报告 5 份。配合农业农村部完成水产品产地交叉抽检工作，共抽检 80 个样品，检测合格率均为 100%。全年未发生重大水产品安全事故。

4.渔业生态环境保护 全面实施黄河流域、汉(丹)江流域禁渔期制度，严厉打击各类违法捕捞行为。落实专项经费 500 万元，在全省江河湖库开展增殖放流活动 50 多次，放流经济鱼类 630 万尾，放流珍稀水生动物大鲵 1.3 万尾、秦岭细鳞和齐口裂腹鱼等 2 万尾，种群数量明显增加，生物多样性得到恢复。实施保护区提升改造工程，积极争取财政资金 380 多万元，用于 6 个国家级水产种质资源保护区和长江流域重点水域的基础设施设备和监督执法手段提升改造。按照省委省、政府打击整治破坏秦岭野生动物资源违法犯罪专项行动安排部署，开展专项行动，围绕濒危水生野生动物、重要栖息地、迁徙通道、渔业资源保护区和重点场所开展专项整治。集中开展海洋馆等繁育展演场所在养水生野生动物执法检查活动，重点核检水生野生动物繁育展演场所的资质、动物来源、养殖条件等。9 月，举办了陕西省 2019 年水生野生动物保护科普宣传月启动仪式和水生野生动物保护培训会，向社会公众普及水生野生动物保护法律法规和科普知识。

5.渔业科技推广 依托国家大宗项目，引进和培育水产良种异育银鲫"中科 5 号"、抗病鲤等共计 700 万尾，自行繁育松浦镜鲤、长丰鲢等共计 9 000 万尾，免费发放各类苗种 1 000 万尾，在全省 5 个示范县和两个贫困县建立核心示范点进行良种养殖试验示范，总计推广面积达 300 多公顷，推动了水产养殖品种结构调整和升级，为提升全省养殖效益奠定了基础。积极开展绿色高效养殖模式研究与示范，在全省主要养殖示范县和贫困县大力推广稻渔综合种养模式，以及生态浮床技术、池塘内循环水养殖等试验示范，促进了全省渔业转型升级和高质量发展。组织实施的"陕西省现代稻渔生态种养技术示范推广"项目，累计示范推广面积 747 公顷，培育出横山河蟹、香草湾大米等品牌，建成了西北唯一的扣蟹基地。加强病害防控技术研究和推广，先后开展草鱼病毒性出血病免疫防治、EM 菌生态调水及鱼病防控应用等试验，示范推广面积 147 公顷，提升了全省渔业病害防控水平。

6.渔政管理 精心组织印发《陕西省农业农村厅"中国渔政亮剑 2019"专项执法行动实施方案》，扎实开展专项执法行动。一年来，召开和参加"中国渔政亮剑 2019 年"专项执法、禁渔和打击整治破坏水生野生动物资源违法犯罪专项行动工作会议 5 次，出动执法人员 8 000 多人次，印发执法宣传材料 6 万多份，出动执法车辆 2 200 余辆次，清理取缔涉渔"三无"船舶 11 艘，清理整治违规网具近 1 200 套，查办违规违法案件 112 件，查获涉案人员 164 人，查获涉案渔获物2 993千克，移送司法机关 21 起，行政处罚 7.5 万元。渔政执法和水生生物资源养护工作取得积极成效。同时推行禁渔警示宣传制度，在重点河段设置了相对固定的禁渔标志、标识，有效遏制了毒鱼、电鱼、炸鱼等破坏渔业资源行为。

7.存在问题 全省渔业产业距离高质量绿色发展要求，还存在一定差距。池塘尾水排放治理滞后，传统养殖品种占比较大，优质品种养殖总量不足，龙头企业数量少，渔业品牌带动养殖业转型升级、提质增效的重要支撑不足，渔业特色品牌数量少，影响力弱；渔业财政资金投入不足，水产苗种繁育、基层技术推广和疫病防控力量不足等问题比较突出；渔业渔政队伍弱化；水生资源养护工作难度大。

【重点渔业市基本情况】

陕西省重点渔业市基本情况

地区	渔业产值（万元）	水产品产量（吨）	其中		养殖面积（公顷）
			捕捞	养殖	
汉中市	209 382	40 826	1 069	39 757	7 246
安康市	151 251	36 489	3 596	32 893	12 166
渭南市	65 314	48 461	249	48 212	6 010
西安市	53 955	11 955		11 955	1 207
商洛市	18 194	4 630	98	4 532	1 182

（陕西省农业农村厅　段荣娟）

甘肃省渔业

【概况】 2019年,全省各级渔业部门全面贯彻中央和省委“三农”工作决策部署,抓住农业农村优先发展的有利时机,主动落实渔业环境保护的新要求,主动谋划渔业绿色发展的新举措,主动担当渔业产业扶贫新任务,推进全省渔业高质量绿色发展。全省养殖面积2万公顷,水产品总产量1.6万吨,渔业产值2.57亿元。

1.持续开展渔业生态环境保护 在全省22个国家级水产种质资源保护区开展生态环境问题治理,全面清理整治保护区内污染环境、破坏自然资源的生产设施;组织17个国家级水产种质资源保护区加强监管能力和条件建设,完善保护区矢量图及界桩、界碑等基础设施。印发了《甘肃省人民政府关于加强长江水生生物保护工作的实施意见》,进一步加强全省长江流域水生生物保护工作。在兰州、天水、甘南等12个市(州)境内黄河、长江、内陆河水系共放流各类淡水经济鱼种2 148.1万尾,放流珍稀濒危物种93.5万尾。参加中国水产科学研究院“西北地区重点水域渔业资源与环境调查”工作,对黑河、石羊河流域渔业资源与环境开展深入调查。

2.持续推进特色渔业转型升级 推动永靖县、灵台县、景泰县、张家川回族自治县、庆阳市西峰区、合水县、庆城县、正宁县、华池县、宁县等10个县(区)和嘉峪关市完成养殖水域滩涂规划并由当地政府发布。扎实开展水产健康养殖,全省农业农村部水产健康养殖示范场达到83家,健康养殖面积达到1 190公顷。经省政府同意,省农业农村厅、省生态环境厅、省自然资源厅等10厅局联合印发了《甘肃省关于加快推进水产养殖业绿色发展的实施意见》,并在永靖县组织召开了全省渔业绿色发展推进会。加强渔业推广体系建设,制定出台全省《关于乡村振兴战略下加强水产技术推广工作的实施意见》,大力推进渔菜综合种养、池塘循环水养殖、环保型网箱养殖和盐碱水生态养殖等健康养殖技术示范和推广应用。

3.持续加大禁渔执法监管力度 认真开展“中国渔政亮剑2019”专项执法行动,在兰州举办了“中国渔政亮剑2019”系列专项执法行动甘肃省启动仪式暨宣传贯彻活动,全年查处非法捕捞案件35起,罚款0.2万元,收缴放归野生鱼类590千克,有力震慑了破坏渔业资源和渔业生态环境的行为。组织开展黄河流域联合交叉执法行动,配合山西省和山东省执法人员,对黄河临夏段及兰州段进行了为期5天的联合执法,推进了黄河水域渔业生态文明建设。协调甘肃、四川、陕西三省相关市、县(区)渔政机构,开展了三省交界水域联合执法专项行动,重点打击禁渔期非法捕捞行为。

4.持续推动盐碱地渔业发展 按照渔农并重、以渔治碱的思路,在景泰县等沿黄灌区盐碱弃耕地发展水产养殖面积达0.1万公顷,水产品年产量达3 000多吨,实现产值9 000余万元。在盐碱区开挖鱼塘后,周边地下水位迅速下降、再造新田pH和盐分符合各种耐碱植物的生长,周边耕地可逐步恢复耕种。截至2019年年底,已抬田恢复耕地800公顷,治理改良盐碱地0.13万余公顷。

5.持续抓好渔业安全管理 认真开展水产养殖环节专项整治和水产养殖用兽药减量行动,全面推进水产苗种产地检疫和监督执法,加强产地水产品质量安全监督抽检和风险检测,产地水产品抽检样品合格率100%。组织对持有省级水产苗种生产许可证和水生野生动物特许利用许可证的47家企业开展“双随机”专项执法检查。落实省、市、县三级渔业安全生产责任书制度和渔业从业人员安全生产告知书制度,坚持每季度开展1次渔业安全生产全面检查督查,每季度开展1次重点渔业水域安全生产拉网式排查,有效遏制了渔业安全生产事故的发生。

6.主要问题 一是水产品供给的数量与质量不平衡,质量发展不充分;二是由于饮用水源地和自然保护地生态环境所限,水产养殖空间缩减;三是渔业规模经营化水平低,经营方式仍以粗放、分散式为主,缺少有辐射带动能力的龙头企业,产业化步伐发展不快;四是渔业生产发展和生态保护不平衡,生态保护不充分;五是从事渔业生产的各类经营主体与新型经营主体不平衡,新型经营主体发展不充分。

【重点渔业市(州)基本情况】

甘肃省渔业重点市(州)基本情况

市(州)	总人口(万人)	水产品总产值(万元)	水产品总产量(吨)	其中		养殖面积(公顷)
				捕捞	养殖	
张掖市	122	3 951	2 509		2 509	839

（续）

市(州)	总人口(万人)	水产品总产值(万元)	水产品总产量(吨)	其中		养殖面积(公顷)
				捕捞	养殖	
临夏回族自治州	207	3 422	1 807		1 807	2 833
酒泉市	113	5 655	2 118		2 118	1 160
陇南市	264	2 266	1 333		1 333	881
白银市	173	2 152	1 392		1 392	790

【大事记】

[1]3 月 8 日，甘肃省农业农村厅在兰州举行了“中国渔政亮剑 2019”系列专项执法行动启动仪式，拉开了“中国渔政亮剑 2019”甘肃系列专项执法行动的序幕，来自全省的渔政执法人员和渔业行业的工作人员共 200 余人参加了启动仪式。

[2]3 月 14 日，甘肃省农业农村厅印发《2019 年甘肃省渔业渔政工作要点》。

[3]4 月 2 日，2019 年全省渔业技术推广工作会议在文县碧口镇召开。

[4]4 月 30 日，甘肃省人民政府办公厅印发《关于加强长江水生生物保护工作的实施意见》。

[5]6 月 18 日，全省渔业渔政工作会议在武都召开。会议贯彻落实全国渔业高质量发展推进会、全省农业工作会议精神，研究部署 2019 年和 2020 年两年全省渔业渔政重点任务。省农业农村厅副厅长妥建福、陇南市副市长张宏出席会议。

[6]6 月 27—28 日，农业农村部原党组成员、中国农村合作经济组织管理学会理事长毕美家、农业农村部渔业渔政管理局科技处副研究员李乐、中国农村合作经济组织管理学会副秘书长邵科、全国水产技术推广总站副处长胡忠军一行到甘肃省临夏回族自治州刘家峡水库调研大水面生态渔业发展情况。

[7]8 月 14—15 日，中国科学院水生生物研究所桂建芳院士到甘肃参加中国科学院水生生物研究所甘肃省水产研究所甘肃省鱼类种质资源创新与修复联合实验室的研讨会，并开展国家级甘肃临夏鲑鳟鱼良种场资格复查。

[8]9 月 17—18 日，第二届甘肃省水产职业技能竞赛水产技术推广员省级决赛在甘肃农业大学举办。经过初赛选拔的 14 支代表队、42 名队员参加了比赛。天水市代表队获得团体成绩第一名；庆阳市、临夏州代表队获得团体成绩第二名；张掖、兰州、白银、金昌市、陇南市代表队获得团体成绩第三名。

[9]9 月 28—29 日，农业农村部渔业渔政管理局局长张显良、一级巡视员李书民，中国水产科学研究院副院长邓伟等一行 16 人到景泰县调研盐碱地渔农综合开发利用情况。

[10]10 月 9—12 日，中国水产科学研究院纪检组组长于书洲一行 5 人到白银市、临夏州调研甘肃渔业发展情况。

[11]10 月 16 日，经省政府同意，省农业农村厅、省发改委、省财政厅、省生态环境厅等 10 厅局联合印发了《关于加快推进水产养殖业绿色发展的实施意见》。

[12]10 月 30 日，全省渔业绿色发展座谈会在永靖县召开。会议贯彻落实国家 10 部委《关于加快推进水产养殖业绿色发展的若干意见》和甘肃省 10 厅局《关于加快推进水产养殖业绿色发展的实施意见》精神，分析研究了甘肃渔业绿色发展面临的新形势、新任务，安排部署了今后一段时期全省渔业绿色发展重点工作，省农业农村厅副厅长妥建福出席会议。

（甘肃省农业农村厅　陈彦龙）

青海省渔业

【概况】 2019 年，青海省渔业渔政工作在农业农村部和青海省委、省政府正确领导下，全面贯彻落实全国渔业渔政工作会议和省农业农村工作会议精神，以渔业供给侧改革和生产结构调整为主线，以渔业绿色发展和资源保护为目标，狠抓工作落实，全面完成各项年度责任目标任务，养殖渔业呈现出强劲的发展势头，开创了高原现代渔业工作的新局面。全年水产品产量达到 1.85 万吨，渔业产值达到 6.06 亿元。实现增加值2.82 亿元。

1. 渔业资源保护 2019 年，成立了渔政亮剑行动领导小组，印发了《关于开展 2019 年渔政系列专项执法行动的通知》,重点安排了以实施长江、黄河干支流全面禁捕、青海湖流域禁捕、打击电鱼活动专项执法和渔业安全生产专项执法等四项工作为主的执法任务,确定了禁渔重点区域、重点时段和重点打击对象,建立了重点任务工作清单。4 月在化隆县黄河岸边举办以“渔政亮剑执法行动,助力渔业绿色发展”为主题的“中国渔政亮剑 2019”系列专项执法行动青海启动仪式,各级渔政执法机构采取联合执法、巡查执法和专项执法整治相结合,对重点区域实行分片包干和高频次巡查的方式加大执法力度。全年共开展联合执法、专项执法 33 次,巡查执法 400 余次,整治重点地区市场 20 次,出动执法人员 2 300 人(次),车辆 560 台(次),执法船 70 余艘(次)。共查办各类违法案件 21 起,其中刑事案件 11 起,涉案人员 20 人;治安案件 3 起,拘留 3 人;渔业行政处罚案件 7 起,行政罚款 5.7 万元;涉案鱼获物 2 501.65 千克,清理和收缴非法网具1 714盘。省渔政执法系统 1 个集体和 2 名个人获得了农业农村部表彰。

2. 渔业环境监测 2019 年,组织对青海湖流域青海湖裸鲤、玛柯河重口裂腹鱼等 3 处国家级水产种质资源保护区,黄河龙羊峡至积石峡段重要鱼类洄游通道,三江源区的长江三源及通天河曲麻莱至玉树段、黄河源区扎陵湖至羊曲段、澜沧江杂多至囊谦段,以及海西鸭湖等重点水域生态环境进行了监测,共设置监测点 110 个,水质监(检)测 16 项、水生生物监测 4 项,监测频次 1～4 次,完成各类监测报告 25 期。监测结果表明,全省重点水域生态环境继续保持良好,均符合渔业水质标准及地表水Ⅱ类标准。其中长江源区设置调查点 18 个,调查内容包括水质、浮游动物、浮游细菌、底栖动物、鱼类等,共调查到土著鱼类 5 种,经初步分析,各调查点鱼类组成较为单一,数量比较丰富,未发现外来鱼类;沿黄网箱养殖区域设置监测点 26 个,监测 4 次,检测水质指标 7 项,水质检测结果基本符合渔业水质标准及地表水Ⅱ类标准,与开展网箱养殖前无明显变化。

3.增殖放流 全年共组织举办增殖放流活动 14 次,放流土著鱼种规模达 1 425 万尾,超额完成年度计划任务的 8.77%,约有 3 万多名当地群众参加了放流活动。据监测数据表明,2019 年青海湖裸鲤资源蕴藏量为 9.3 万吨,同比增长 5.6%,是保护初期的 35 倍;长江源和澜沧江源水域以小头裸裂尻鱼为优势种和广布种,黄河源水域以花斑裸鲤和黄河裸裂尻鱼较为常见,黄河贵德至积石峡段花斑裸鲤数量较增殖放流前明显增多,土著鱼类资源量呈逐年增长态势,水域生态环境状况总体良好。

4. 养殖渔业

(1)渔业生产稳步增长。虽然黄河流域部分养殖场遭受了较为严重的洪水灾害,因渔业生产结构调整和转型升级,绿色渔业发展各项措施陆续落地等有利因素,全年渔业生产仍然保持了稳中有增的态势。据统计,全省各类水产品产量达到 18 526 吨,同比增长 8.53%。其中鲑鳟鱼产量 15 288 吨,同比增长3.37%;池沼公鱼捕捞产量突破 2 500 吨,同比增长76.4%。共和龙羊峡三文鱼被农业农村部评选为中国特色农产品优势区。

(2) 加快绿色发展政策制定步伐。一是发布实施了《青海省养殖水域滩涂规划(2019—2030 年)》,按照农业农村部统一部署,全省在 1 月完成了《青海省养殖水域滩涂规划(2019—2030 年)》编制工作,经青海省人民政府批准同意,于 2 月发布实施;该规划为全省水域禁养区、限养区和养殖区空间区划,科学构建渔业生产布局,稳定养殖水域,保护水域生态环境,推进水产养殖业转方式调结构提供了政策和制度支撑。二是研究制定出台了《青海省加快渔业养殖绿色有机发展实施方案》,明确了今后一段时期全省渔业发展的基本原则、主要目标、重点任务和工作路径、路线图,为全面推进渔业转型升级和绿色可持续健康发展确定了目标。

(3)水生动物疫病防治工作有突破。年内以组织开展苗种产地检疫试点工作为契机,依法加强对苗种生产和养殖生产全过程监管,研究制定了《青海省水产苗种产地检疫实施方案》和《鲑鳟鱼传染性造血器官坏死病疫情应急处置规范》,规范了疫情报告内容与程序,积极探索了疫病风险评估内容与方法,完成了青海省水产苗种检疫电子出证平台建设,建立了苗种检疫信息库,组建了全省第一批 34 名渔业官方兽医队伍,全面启动了水产苗种产地检疫工作,共实施苗种检疫出证 183 个批次。加强与兽医检疫机构合作,利用政府指定公路运输通道和公路动物卫生监督检查站的作用,加强了进入青海省水产苗种“查证验物”等检疫监督工作。2019 年对湟水河流域新出现的 5 家非法养殖场进行了清理取缔工作,对 3 家水库养殖场擅自从省外疫区引种和未经检疫紧急叫停,通过采取应急措施,将违法违规的养殖网箱和设施全部拉上岸集中消毒处理,就近深埋无害化处理水产品 22 吨,没有给违法养殖留下任何余地,树立了法治建设的权威。

(青海省农业农村厅 朱安福)

宁夏回族自治区渔业

【概况】 2019 年,宁夏渔业系统认真贯彻落实中央和自治区各项惠渔政策，以渔业供给侧结构性改革为主线，以渔民增收为核心，以高品质、高效益为目标，不断创新发展机制，培育发展新动能，加快渔业转型升级，渔业高质量发展取得新突破。受禁养区、限养区划定影响，2019 年，全区水产养殖面积 23 494 公顷，政策性同比下降 32.9%；水产品产量 15.77 万吨，同比下降10.9%；渔业经济总产值 36.67 亿元，同比下降 5.8%；全区渔民人均纯收入 14 139.3 元，同比增长 9.9%。

1.加强顶层设计，引领渔业高质量发展 一是研究制定出台了《自治区农业农村厅 生态环境厅 自然资源厅 发展和改革委员会 财政厅 科学技术厅 商务厅 工业和信息化厅 市场监督管理厅 宁夏银保监局关于加快推进全区渔业绿色发展的实施意见》，明确了全区渔业绿色发展的具体任务、时间表和路线图，由自治区农业农村厅牵头，各相关厅局配合，各市、县(区、市)人民政府负责抓好落实，成为指导全区未来一段时间水产养殖业发展的重要政策文件。二是落实养殖水域滩涂规划制度，石嘴山市、中卫市、固原市及 13 个应编制水域滩涂规划的渔业县(区、市)政府均发布了养殖水域滩涂规划，科学划定了禁止养殖区、限制养殖区和养殖区，统筹生产发展与环境保护，稳定水产健康养殖面积，保障养殖生产空间。

2.大力推广生态养殖技术模式，助推渔业转型升级 2019 年，全区加大名优品种设施养殖、池塘工程化循环水养殖、稻渔综合种养等高效养殖模式示范与推广力度，全区渔业转型升级加快推进。推广稻渔综合种养 2 908 公顷，首次引进玻璃缸循环水设备 40 套，实现当年引进、当年生产、当年见效。其中“稻田镶嵌流水槽生态循环综合种养”和“陆基玻璃缸配套稻渔生态循环综合种养” 两种“设施养鱼＋稻渔共作”新模式测产亩产值达到 15 810 元、亩均利润达到4 069元，是单独种植水稻 282 元的 14.4 倍；研究结果显示，化肥用量减少 65.4%，农药用量减少 48.6%，节省人力 50%，节约用水 25%以上，通过稻田循环净化后，养殖水体中的氨氮降解 70%、亚硝酸盐氮降解 69%、总磷降解 49%、总氮降解 40%。建设池塘工程化循环水流水槽 196 条，设施渔业面积达到 50.1 万米^2。改造老旧池塘 773 公顷，新建标准化养殖池塘 42 公顷。新创建国家级水产健康养殖示范场 10 家(其中稻渔综合种养 2 家)，总数达到 77 家，渔业转型升级步伐明显加快。

3.加强水生生物资源养护，促进渔业可持续发展 一是严格落实黄河禁渔期制度。建立部门联动机制，自治区农业农村厅联合自治区公安厅、交通运输厅、水利厅、市场监督管理厅印发《关于做好黄河宁夏段禁渔工作的通知》，于 4 月 1 日至 7 月 31 日，在黄河宁夏段 397 千米及其附属水域开展禁渔，结合“中国渔政亮剑 2019”专项行动，打击各类非法捕捞及违法添加违禁药品行为。二是积极开展鱼类增殖放流。全区共投入各类资金 669.95 万元，在黄河宁夏段、泾河宁夏段及重点湖泊水域放流各类经济鱼类 5 260 万尾，举办不同规格增殖放流活动 18 次。三是强化保护宣传。以实施黄河禁渔、全国“放鱼日”、水生野生动物保护科普宣传月等为抓手，开展渔业生态保护宣传。4 月 1 日，农业农村部在宁夏启动黄河流域禁渔期执法活动，邀请中央电视台新闻频道同步报道，群众的水生生物资源生态保护意识和自觉性显著增强。四是做好涉渔工程渔业生态补偿。组织开展黄河宁夏段二期防洪工程建设项目、银川都市圈城乡西线供水工程生态补偿，放流黄河鲤、黄河鲶等经济苗种 145.6 万尾，投放人工鱼巢 27 511 个，投放人工鱼礁 126 个。

4.加强水产品质量监管，保障消费者“舌尖上”的安全 坚持“产出来”与“管出来”相结合，强化属地管理责任和生产经营者主体责任，加大投入品执法检查力度，提高水体、饲料、苗种、商品鱼的检测频次，保障宁夏水产品“从塘口到餐桌”的安全。本年度农业农村部来宁抽检 6 次，自治区自检 8 次，共检测产地水产品样本 749 个，合格率 99.5%，市场水产品样本 451 个，合格率 97.1%；检测增殖放流苗种样本 46 个，合格率 100%；检疫鉴评外调和本地自繁水产苗种 20 批次，6 个品种，3.56 亿尾(头)，合格率 96%以上；开展鱼类流行性病毒病调查，抽样送检鲤科鱼类样本 20 个，4 000 尾，检测结果全部为阴性。

5.强化渔业安全生产监管，保障渔业安全生产持续稳定 全面落实经营者主体责任，深入贯彻“安全第一、预防为主、综合治理”的方针，加大安全隐患排查治理力度。先后在全区范围内开展了渔业安全生产隐患排查治理工作和“防风险 除隐患 遏事故 保大庆”安全生产百日专项整治行动、渔业消防安全执法检查专项行动、渔业“安全生产月”和“安全生产万里行”活动、渔业安全生产执法专项督查，全区渔业安全生产形势整体良好，全年未发生渔业安全生产责任事故。

6.存在的主要问题 一是发展基础薄弱。缺乏对养殖尾水治理、大水面生态养殖、园区建设等水产养殖业绿色发展的资金支持，发展后劲不足。二是创新能力较低。渔业科技创新能力弱，新技术研发转化普及率低；公益性渔业技术推广服务机构普遍被合并，先进的养殖技术、养殖装备到位率低。三是一些地方一刀切禁养禁排。个别地方政府对鱼—水关系认识不足，甚至认为鱼是造成个别重污染水体的内源性污染因素。特别是环保督查启动后，部分市、县索性对限养区禁止放鱼，养殖尾水禁止排放。长此以往，不仅白白浪费了大量渔业水域资源，还存在水域富营养化和荒漠化隐患，严重影响生态环境和渔民收入，影响产业发展。

【重点渔业市（县、区）基本情况】

宁夏回族自治区重点渔业市（县、区）基本情况

市（县、区）	总人口（万人）	渔业产值（万元）	水产品总产量（吨）	其中		养殖面积（公顷）
				捕捞	养殖	
贺兰县	26.17	59 104.52	52 894	491	52 403	4 066
平罗县	29.04	35 789.92	27 896	552	27 344	5 253
中卫市沙坡头区	41.27	22 455.00	18 340	2 840	15 500	1 467
石嘴山市大武口区	30.69	17 900.15	15 030		15 030	3 327
青铜峡市	29.78	12 927.43	10 580	794	9 786	1 653

【大事记】

[1]3 月 28 日，自治区农业农村厅联合心梦想（共享）商学院、深圳 K2 智库咨询管理有限公司，重点就新时代渔业绿色发展商业创新发展，对灌区各市、县（区、市）农业农村局分管渔业负责人及水产中心主任、渔业企业、养殖大户开展专题培训，探讨适合宁夏新时代渔业高质量发展的商业途径。

[2]3 月 29 日，自治区农业农村厅联合自治区公安厅、交通运输厅、水利厅、市场监督管理厅印发《关于做好黄河宁夏段禁渔工作的通知》，多部门联动推进黄河禁渔。

[3]4 月 1 日，农业农村部渔业渔政管理局联合宁夏回族自治区农业农村厅、银川市人民政府在银川市滨河新区启动“中国渔政亮剑 2019”黄河流域禁渔期执法暨宁夏区专项执法行动。农业农村部渔业渔政管理局副局长刘新中讲话并宣布执法行动启动。

[4]5 月 23 日，在农业农村部召开的全国渔业执法工作座谈会暨渔业执法工作先进集体和先进个人表彰会上，自治区农业农村厅渔业渔政管理局被农业农村部表彰为全国渔业执法工作先进集体，王英斌、周学林 2 名同志被评为全国渔业执法先进个人。

[5]5 月 26 日，全区渔业行业扫黑除恶专项斗争动员大会在贺兰县举行。传达了全国渔业执法工作座谈会暨渔业执法工作先进集体和先进个人表彰会会议精神、自治区农业农村厅关于落实扫黑除恶专项斗争工作的“四项措施”，安排部署了全区渔业行业扫黑除恶专项斗争工作。贺兰县公安局扫黑除恶办公室干警专题解读了扫黑除恶专项斗争基本知识点，通报了近期扫黑除恶专项斗争实例。

[6]6 月 6 日，自治区农业农村厅联合银川市在军博园举办全国“放鱼日”同步增殖放流活动，放流黄河鲤、黄河鲶 62.45 万尾。

[7]6 月 10—14 日，农业农村部黄河禁渔联合交叉执法行动第四组开展黄河宁夏段禁渔联合交叉执法行动，并同步开展了基层渔政执法工作调研。

[8]8 月 2 日，自治区农业农村厅联合生态环境厅等 10 厅局出台了《自治区农业农村厅 生态环境厅 自然资源厅 发展和改革委员会 财政厅 科学技术厅 商务厅 工业和信息化厅 市场监督管理厅 宁夏银保监局关于加快推进全区渔业绿色发展的实施意见》，对全区渔业绿色发展进行顶层设计。

[9]8 月 8—9 日，全国稻渔综合种养集中研讨观摩会暨第三届稻渔综合种养产业发展高峰论坛在银川召开，中国科学院院士桂建芳、中国工程院院士张洪程分别做了主旨报告，现场观摩了贺兰县立岗镇永华村稻渔综合种养基地、贺兰县广银稻渔生态种养示范园区和银川科海稻渔生态农业科技示范园区。

[10]8 月 9—10 日，《中国农业百科全书 · 渔业卷》（第二版）修订编撰第三次工作会议在中卫召开。

[11]8 月 11—13 日，中国工程院唐启升、包振民、张洪程，中国科学院桂建芳等 4 位院士及 80 多位专家学者开展“院士专家技术帮扶宁夏行”活动，调研宁夏

沿黄灌区渔业发展状况。就宁夏渔业绿色发展、稻渔综合种养、大水面生态增养殖、盐碱地渔农综合开发利用等方面进行了广泛深入的交流和探讨，对宁夏渔业高质量发展存在的技术瓶颈、创新体系、人才队伍培养等问题进行了专题研讨。

[12]9 月 11 日，2019 年宁夏鱼类资源增殖放流活动在石嘴山沙湖举办，主题为“养护水生生物资源，促进生态文明建设”，原农业部副部长齐景发、宁夏回族自治区原副主席郝林海出席活动。

[13]9 月 20 日至 10 月 19 日，自治区农业农村厅组织在全区开展为期一个月的 2019 年水生野生动物保护科普宣传月活动。

[14]10 月 17 日，在浙江德清召开的全国水产养殖业绿色发展现场会上，宁夏回族自治区农业农村厅巡视员马新民做题为《创新引领 实干兴渔 努力推动宁夏渔业绿色发展》的大会典型交流发言。

[15]12 月 26—28 日，宁夏组团参加 2019 年全国渔业安全技能大比武，取得内陆组第三名的好成绩，其中船用结绳竞赛和船舶消防竞赛两个单项，在 12 个参赛组中名列第一。

（宁夏回族自治区农业农村厅　马俊花）

新疆维吾尔自治区渔业

【概况】 2019 年，新疆维吾尔自治区渔业工作以党的十九大和十九届二中、三中、四中全会精神为指导，认真落实中央、自治区党委农村工作会议和全国渔业渔政工作会议精神，紧紧围绕新疆社会稳定和长治久安总目标，以实施乡村振兴战略为总抓手，坚持“创新、协调、绿色、开放、共享”的发展理念；以渔业供给侧改革为主线；以渔业“提质增效、减量增收、绿色发展、渔民增收”以及满足人民对优美生态环境的需求为目标，推动形成绿色高效、安全规范、融合开放、资源节约、环境友好的渔业发展新格局。

2019 年，全疆（含兵团）渔业经济总产值 32.79 亿元，同比减少 1.95 亿元，减幅为 5.62%，其中第一产业产值 27.49 亿元，同比减少 1.85 亿元，减幅为6.32%；第二产业产值 2.41 亿元，同比减少 0.02 亿元，减幅为 0.84%；第三产业产值 2.89 亿元，同比减少0.08亿元，减幅为 2.61%。渔民人均纯收入 1.85 万元，同比减少 0.01 万元，减幅为 0.54%。

2019 年，全疆（含兵团）水产品总产量 16.68 万吨，同比减产 0.76 万吨，减幅为 4.35%，其中淡水养殖产量 15.20 万吨，同比减产 0.83 万吨，减幅为5.16%；淡水捕捞产量 1.47 万吨，同比增产 0.07 万吨，增幅为 4.89%。就养殖方式而言，池塘养殖产量11.88万吨，同比减产 0.49 万吨，减幅为 3.93%；水库养殖产量2.54万吨，同比减产 0.06 万吨，减幅为2.33%；其他养殖方式包括湖泊、河沟和坑塘及少量的稻田养鱼、网箱和工厂化合计产量为 1.09 万吨，同比减产 0.32 万吨，减幅为 22.70%。就养殖面积而言，池塘养殖面积为 1.93 万公顷，同比减少 0.2 万公顷，减幅为 9.60%；水库养殖面积为 3.92 万公顷，同比减少 0.06 万公顷，减幅为 1.72%；其他养殖面积如湖泊、河沟和坑塘等合计为 5.59万公顷，同比减少 0.34 万公顷，减幅为 5.73%。就养殖品种而言，草鱼、鲤、鲫、鲢和鳙为主要养殖品种，合计占全疆渔业总产量的81.65%，占全疆池塘养殖产量的 89.61%，合计产量为 13.62 万吨，同比减少 0.55 万吨，减幅为 3.88%；其他鱼类如鮰、鳟和罗非鱼等产量为 1.19 万吨，同比增加 0.05 万吨，增幅为 4.38%；另有少量的甲壳类及贝类，产量为 0.39 万吨，同比增加 0.03 万吨，增幅为 8.33%。

2019 年，全疆（含兵团）淡水鱼苗产量 18 亿尾，淡水鱼种产量 1.49 万吨，投放鱼种 1.42 万吨；拥有水产加工企业 11 家，水产冷库 31 座；拥有机动渔业船舶 1 093艘、总吨位 4 018 吨，其中执法船 33 艘、395 吨；渔业从业人口 16 810 人；全年受灾 0.14 万公顷，损失 0.14亿元。

1.依法监管，确保渔业资源可持续利用

（1）严格执行“中国渔政亮剑 2019”系列专项执法行动，依法保护渔业资源。根据农业农村部渔业渔政管理局《“中国渔政亮剑 2019”系列专项执法行动方案》，制发《“中国渔政亮剑 2019”系列专项执法行动新疆维吾尔自治区实施方案》，部署天然水域禁渔期（区）专项执法行动等 6 项具体执法行动，确保执法成效。

4 月起，以全区常年或季节性禁渔水域为重点，集中开展查处电、毒、炸鱼行为，清理“三无”渔船及违规渔具渔法行动；从制造、销售、捕捞生产等环节入手，斩断“产、供、销、用”电捕鱼器的链条。通过报纸、电视、发放宣传材料等方式，广泛宣传禁渔制度，积极引导广大市民群众和水产品经营者在禁渔期内严格守法。设立举报电话，专人值守，随时接听群众举报。

2019 年禁渔期间全区共出动各级渔政执法人员 1 809人次，执法车 866 次，渔政执法快艇 85 次，确保涉渔水域、人员、场所、船只全覆盖；做到禁渔期间“河中无渔船、岸边无网具、岸上无河鱼”。共处理禁渔违法捕捞案件 61 起，涉案渔获物重量 2 215.4 千克，行政处罚金额 28.81 万元。

（2）监督增殖放流活动，确保水生生物资源养护。

开展水生生物增殖放流活动是提升渔业资源量、改善水域生态环境的关键举措。全区认真贯彻落实《中国水生生物养护行动纲要》,按照《水生生物增殖放流管理规定》要求,组织实施2019年度水生生物增殖放流工作,制发《2019年渔业增殖放流项目实施方案》,将增殖放流活动作为保护水生生物资源、恢复天然水域渔业种群、维护生态平衡工作的重要措施来抓,用好中央财政资金,完成增殖放流计划。全区共利用2019年度中央财政拨付的渔业资源及生态保护资金1 213万元,以重要河流、湖泊、水库为放流地点,完成放流鱼苗(种)2.2亿尾。放流物种包括国家Ⅰ级保护水生野生动物扁吻鱼,自治区级保护鱼类准噶尔雅罗鱼、新疆裸重唇鱼、斑重唇鱼、北极茴鱼、高体雅罗鱼及常规和土著经济鱼类如草鱼、鲢、鳙、鲤鱼、白斑狗鱼、河鲈等。

(3)保护水生野生动物,维护水域生态平衡。9月20日至10月19日在全疆范围组织开展2019年水生野生动物保护科普宣传月活动,活动主题为"保护水生野生动物,共建和谐美丽中国"。宣传内容包括《中华人民共和国渔业法》《新疆维吾尔自治区实施〈渔业法〉办法》《伊犁哈萨克自治州渔业资源保护条例》等涉渔法律法规,并对国家级、自治区级保护水生野生动物开展科普宣传。通过此次活动,使群众了解到保护水生野生动物的重要性,对遏制非法捕捞行为和保护渔业生态安全起到重要作用。2019年全疆开展水生野生动物保护科普宣传活动30余次,发放宣传材料10 000余份,出动渔业管理人员50余人。

根据《中华人民共和国野生动物保护法》的规定,接收海关查获并移交的走私国家Ⅰ级保护水生野生动物红珊瑚制品10.92千克,参考价值336万元,对水生野生动物进行有效保护和监管。

2.依法监管,建立水产养殖业绿色发展新机制

(1)起草关于加快推进新疆水产养殖业绿色发展实施意见。为深入贯彻落实农业农村部等10部委联合印发的《关于加快推进水产养殖业绿色发展的若干意见》,由自治区农业农村厅牵头制定的关于加快推进新疆水产养殖业绿色发展实施意见经多次征求自治区生态环境厅等相关厅(局、委)、各地(州、市)农业农村局及行业主要企业意见建议,已完成起草工作,待呈报自治区人民政府同意后印发。

(2)推动养殖水域滩涂规划编制。养殖水域滩涂规划制度作为渔业生产与管理的基本制度,是水产养殖业发展及水资源高效合理利用的基础。自治区农业农村厅按照《农业农村部关于印发〈养殖水域滩涂规划编制工作规范〉和〈养殖水域滩涂规划编制大纲〉的通知》的要求,成立了新疆养殖水域滩涂规划编制工作领导小组和编写组,相关工作得到全面推进。

(3)建立水产良种繁育体系。水产苗种作为影响渔业发展的关键因素,建立良种选育和繁育体系对促进水产业健康、可持续发展具有重要意义。针对新疆水产苗种产业薄弱,对产业支撑能力差的问题,自治区农业农村厅利用吐鲁番优势的光热条件,在吐鲁番水利局养殖场的基础上投资建设吐鲁番市交河水产苗种场,以满足全疆草鱼、鲢、鳙、鲤鱼等大宗淡水鱼优质苗种的需求,并以此为基础,推动新疆水产苗种繁育体系建设,促进行业健康发展。

(4)摸清家底,促进渔业资源高效利用。渔业资源是水产业得以健康发展的前提,新疆受制于地理位置及自身技术原因,未能系统对各河流水系渔业资源进行普查,限制了渔业资源的有效开发利用。2019年由黑龙江水产研究所主持,新疆维吾尔自治区水产科学研究所及国内14家科研院所和高校参加的农业农村部专项"西北地区重点水域渔业资源与环境调查"正式实施,将对新疆额尔齐斯河、塔里木河、伊犁河,博斯腾湖、艾比湖、乌伦古湖的渔业资源、生态环境等进行系统调查,填补全区主要河流水系渔业资源调查空白,对推动渔业水域资源养护,促进渔业高质量发展起到支撑作用。

(5)举办水产养殖技术培训班。水产养殖技术作为促进水产业发展的主要手段,对推动产业发展具有重要意义。为推进新疆新型水产养殖技术的覆盖率,促进渔民增收,自治区各级农业系统邀请疆内外相关专家就当前主流养殖技术对全疆渔业从业者进行系列培训,全面提升水产养殖水平。2019年共举办各类培训班8期,300余名行业从业者参训。

(6)开展水生野生动物疫病监测。制发《2019年新疆水生动物疫病监测实施方案》,就鲤春病毒血症等7种疫病进行监测,全年监测采样数量20个。重点监测鲤鱼、鲑鳟鱼类和南美白对虾,监测养殖水面126公顷,获得50个检测结果,按期完成本年度疫病监测任务。检测结果中48个为阴性,合格率为96%,阳性样品已按照相关规范,完成了流行病学调查和阳性养殖池处理。

3.依法监管,保障水产品质量安全 加强水产品质量安全监管,部署开展水产养殖用药减量行动和水产养殖非法添加专项整治行动。组织开展投入品规范使用监督检查,督促水产品养殖户建立健全养殖制度和生产日志制度,严格执行渔业用药管理制度,加强科学用药技术的宣传与指导。2019年深入基层、深入池塘开展现场专题技术指导讲座、培训班5期,面向全疆培训人员200人次，发放水生动物防疫系列宣传图册840余册，推广用药减量技术模式、安全用药手册及规范，将法律和技术送到养殖者手中。

加强产地水产品质量安全检测。2019年组织自治区水产科学研究所、乌鲁木齐市农产品检测中心、喀什地区水产技术推广站对鲤鱼、草鱼、白斑狗鱼、河鲈、鲢鱼、虹鳟、金鳟等品种，开展以硝基呋喃类代谢物、孔雀石绿、氯霉素、诺氟沙星、环丙沙星和恩诺沙星等违禁物质添加为重点的产地水产品质量安全监督抽查，全年抽检样品133个，产地水产品抽检合格率达到100%。组织完成农业农村部在新疆开展的国家水产品质量安全例行监测和国家产地水产品兽药残留监测工作，产地抽检合格率达到100%，例行监测合格率为96.5%。

4.依法监管，提升渔业行政管理水平 为做好新疆渔业绿色发展工作，推动渔业行政管理及执法能力建设，提高渔业行政管理及执法人员法制观念、法制素养和执法水平，针对渔业管理职能划转农业农村部门带来的新转隶人员渔业管理和水产养殖相关知识缺乏的问题，自治区农业农村厅为全疆渔业行政管理人员举办了一期培训班，培训班邀请了相关专家学者，采用理论授课加实地观摩的授课方式，为新转隶人员普及了渔业管理知识和水产养殖常识。

5.依法监管，加强渔业安全生产 强化渔业安全生产管理，防范和遏制重、特大事故发生，印发《关于进一步加强春节和两会期间渔业安全生产工作的通知》，与自治区交通运输厅联合印发《关于加强2019年渔业安全生产工作的紧急通知》，结合"中国渔政亮剑2019"新疆专项执法行动，重点对渔业生产、装载危险品、"三无"渔船等开展渔业安全专项隐患大排查。2019年共开展渔业安全生产检查120次，出动人员400人，检查船舶354艘，发放宣传材料21 580份，培训600人次。

6.存在的问题 一是渔政执法人员良莠不齐、装备差。长期驻守一线的基层渔政执法人员，工作任务重、工作环境差。现在许多渔政驻点没有永久性工作用房，只有简易活动板房，隔热保温效果差，致使许多工作人员患风湿、关节炎等疾病，因此，亟须改变一线工作人员工作环境。同时，渔政执法装备落后，人员不稳定，日常渔政巡查所需经费严重不足，渔政执法车辆急需更新。二是水资源不足制约着行业发展。新疆除阿勒泰、伊犁部分地区降水较为丰沛外，全疆绝大部分地区降水严重不足，渔业生产用水主要依靠融雪、水库水和地下水。但近两年受水资源管理政策影响，渔业生产用水已受到严重限制，传统的池塘养殖技术已无法适应，因此，引进、开发适应新疆的节水型池塘养殖技术已迫在眉睫。另外，受制于管理和技术的原因，新疆较为丰富的盐碱水资源和繁多的各类水库一直未得到有效开发利用，阻碍了养殖空间的进一步扩大。三是水产技术推广体系不健全，影响渔业发展。水产推广体系承担着水产新品种、新技术的引进与推广与示范工作，对推动渔业发展起着重要作用。但在2019年度新疆各地(州)的机构改革过程中，原本就寥寥无几的地、县级水产推广机构锐减40%，致使全区水产推广体系接近崩溃。另外受人员编制、经费不足及机构改革不彻底的影响，现存的部分推广机构亦名存实亡，因此，亟须推动建立完善的水产技术推广体系，以促进全区渔业健康发展。

【重点渔业市(县)基本情况】

新疆维吾尔自治区重点渔业市(县)基本情况

市(县)	总人口(万人)	渔业产值(万元)	水产品产量(吨)	其中		养殖面积(公顷)
				捕捞	养殖	
昌吉市	60.00	36 500	10 127		10 127	1 360
福海县	6.56	25 380	9 752	4 542	5 210	9 600
温宿县	26.78	27 733	9 357		9 357	730
伊宁县	42.54	15 604	9 156	2	9 154	660
拜城县	24.71	14 590	6 080		6 080	624

【大事记】

[1]1月，根据机构改革方案，新疆渔业监督管理职能由水利部门划转农业农村部门，新疆维吾尔自治

区农业农村厅首次设立渔业监督处。

[2]2月，制发《关于进一步加强春节和“两会”期间渔业安全生产工作的通知》。

提交2018年度渔业统计数据。

[3]3月，在全疆范围内组织开展“中国渔政亮剑2019”系列专项执法行动。

制发《关于加强2019年渔业安全生产工作的紧急通知》。

制发《新疆维吾尔自治区2019年渔业增殖放流项目实施方案》。

协助开展2019年农业农村部第1次水产品质量安全例行监测工作。

博斯腾湖进入为期112天的禁渔期。

举办贫困地区大宗淡水鱼健康养殖技术培训班。

[4]4月，“中国渔政亮剑2019”新疆专项执法行动正式启动，新疆主要河流、湖泊进入禁渔期。

《关于加快推进新疆水产养殖业绿色发展意见》征求意见稿起草完成。

《伊犁哈萨克自治州渔业资源保护条例》公布实施。

“西北地区重点水域渔业资源与环境调查”专项正式启动。

新疆养殖水域滩涂规划编制工作正式启动。

[5]5月，2019年新疆水生动物疫病监测工作正式启动。

协助开展国家产地水产品兽药残留检测工作(第一次)。

协助开展2019年农业农村部第2次水产品质量安全例行监测工作。

[6]6月，在博斯腾湖等地开展6月6日全国“放鱼日”活动，向博斯腾湖放流经荧光标记的国家一级保护水生野生动物扁吻鱼3万尾；向伊犁喀什河放流经荧光标记的自治区级水生野生保护动物新疆裸重唇鱼1.5万尾、斑重唇鱼0.5万尾。

举办水产健康养殖示范培训班。

[7]9月，自治区水产科学研究所转隶至自治区农业农村厅。

2019年水生野生动物保护科普宣传月正式启动。

协助开展国家产地水产品兽药残留检测工作(第二次)。

[8]10月，自治区水产局转隶至自治区农业农村厅，更名为自治区水产发展中心。

[9]11月，制发《关于开展2019年水产品质量安全监管工作的通知》。

举行国家一级保护水生野生动物扁吻鱼秋季放流活动，向博斯腾湖放流经CWT线码标记的扁吻鱼1万尾，自治区农业农村厅党组副书记、厅长哈尔肯·哈布德克里木，一级巡视员聂新出席增殖放流活动。

举行国家一级保护水生野生动物扁吻鱼放流活动，向克孜尔水库湖放流经荧光标记的扁吻鱼1.9万尾，经PIT芯片标记的扁吻鱼0.1万尾。

举行自治区级保护水生野生动物准噶尔雅罗鱼放流活动，向艾比湖放流经荧光标记的准噶尔雅罗鱼0.2万尾。

举办自治区2019年渔业行政管理及执法人员业务培训班。

组织第十八期新疆渔业行业职业技能培训与鉴定。

(新疆维吾尔自治区农业农村厅　李晓东)

大连市渔业

【概况】 2019年，大连市有甘井子区、旅顺口区、金州区(金普新区)、瓦房店市、普兰店区、庄河市、长海县和中山区8个涉渔区(市、县)，以及高新技术产业园区、长兴岛经济区和花园口经济区3个涉渔对外开放先导区；渔业乡、镇、街道34个，渔业村178个，渔业户5.9万户；渔业人口22万人，其中传统渔民14.1万人；渔业从业人员14.7万人，其中专业从业人员9.7万人。专业从业人员中，从事捕捞业3.9万人，从事养殖业4.5万人，其他1.3万人。

全市地方渔业水产品产量221.2万吨(表1)。全市地方渔业(不含辽宁省属企业在大连分支机构)经济总产值733.75亿元，比上年下降0.09%，其中渔业产值(含苗种)350.39亿元(表2)。

表1　2019年大连市地方渔业产量及产值

地　区	产量(万吨)	产值(亿元)
大连市	221.2	350.4
长海县	52.8	66.6
庄河市	54.1	97.2
金州区(金普新区)	35	45
普兰店区	14	29.2
旅顺口区	20.4	24.5
瓦房店市	12.8	50
高新技术产业园区	6.8	5.4

（续）

地　区	产量（万吨）	产值（亿元）
甘井子区	3.6	5.6
花园口经济区	1.6	2.1
中山区	6.9	10.9
市直单位	12.1	9.7
长兴岛经济区	1.1	4.2

表 2　2019 年大连市地方渔业生产基本情况

项目	数量	比上年增长（%）
渔业经济总产值（亿元）	733.75	−0.09
渔业（含苗种）（亿元）	350.39	1.10
渔业工业和建筑业（亿元）	226.32	−0.95
渔业流通和服务业（亿元）	157.04	−1.45
水产品总产量（万吨）	221.2	2.42
海洋捕捞（万吨）	28.97	−8.68
海水养殖（万吨）	175.79	4.86
淡水养殖（万吨）	0.5	−24.28
养殖面积（万公顷）	45.92	
海水养殖（万公顷）	45.17	−4.44
淡水养殖（万公顷）	0.75	1.38
渔业船舶拥有量（万艘）	2.2	−1.81
渔业船舶总吨位（万吨）	34.85	0.15
渔业船舶总功率（万千瓦）	80.88	0.06

1.渔业基础设施建设　2019 年，大连市严格核查渔业救生消防设备和通导设施，检查救生筏和检测报告。全市渔船实现 AIS（船舶自动识别系统）升级改造 1 705 台。至 2019 年年末，全市有各等级渔港 148 座，其中国家中心渔港 3 座、国家一级渔港 6 座、国家二级渔港 37 座、国家三级渔港和自然渔港 102 座。

2.海洋渔业资源增殖放流　2019 年，大连市放流中国对虾、日本对虾、三疣梭子蟹和牙鲆鱼苗种 30.9 亿尾，放流增殖产量 2 281 吨，增加产值 2.9 亿元。2013—2019 年，累计增殖放流中国对虾、日本对虾、三疣梭子蟹、褐牙鲆鱼、淡水鱼等 218.3 亿尾，增加捕捞产量 2.8 万吨，增加产值 28.8 亿元，财政资金投入产出比 1∶10。

3.海洋牧场建设　2019 年，大连市持续推进海洋牧场建设，金普新区杏树屯海域鹏兴、小长山岛海域中旺、长海县海域联友 3 处海洋牧场获批农业农村部第 5 批国家级海洋牧场示范区。在全国已公布的 110 处国家级海洋牧场示范区中，大连市有 17 处。10 月，农业农村部渔业渔政管理局、全国水产技术推广总站作为指导单位，中国水产学会、中国水产品流通加工协会、农业农村部海洋牧场建设专家咨询委员会、国家海洋牧场科技创新联盟、大连市农业农村局、大连海洋大学共同主办的 2019 中国国际海洋牧场大会在大连世界博览广场举办。

4.海洋捕捞　2019 年，大连市有渔业船舶 22 232 艘，比上年减少 410 艘，下降 1.8%。其中，机动渔船 21 916 艘，非机动渔船 316 艘。机动渔船中，生产渔船 21 456 艘（含捕捞渔船 9 384 艘、养殖渔船 12 072 艘），辅助渔船 460 艘，其他渔船 0 艘。全市有远洋项目渔船 263 艘。全年海洋捕捞产量 29 万吨，比上年下降 8.7%；远洋捕捞产量 16 万吨，与上年持平。海洋捕捞产值 62.6 亿元，比上年增长 0.8%；远洋捕捞产值21.1 亿元，同比增长 3.6%。

5.远洋渔业　2019 年，大连市有远洋渔业资质企业 18 家，与上年持平；远洋项目渔船 263 艘，比上年增加 2 艘，其中金枪鱼钓船 56 艘、专业鱿鱼钓船 4 艘、单拖网船 201 艘、运输船 2 艘。远洋渔业捕捞项目区域新增坦桑尼亚海域，远洋渔业捕捞分布于莫桑比克、坦桑尼亚、毛里塔尼亚、利比里亚、安哥拉、喀麦隆、加蓬、塞内加尔、几内亚比绍、冈比亚、科特迪瓦、几内亚、加纳、塞拉利昂、刚果（布）、阿根廷、太平洋、大西洋、印度洋 19 个项目海域。全年远洋渔业捕捞总产量 16 万吨，比上年下降 1%，产值 21.3 亿元，与上年持平；运回国内水产品产量 5.1 万吨，比上年下降 14.7%。

6.入韩渔船管理　2019 年，大连市有获批赴韩国专属经济区管理海域从事捕捞生产资格渔船 302 艘，其中拖网船 154 艘、流网船 120 艘、围网船 13 艘、运输船15 艘，比上年减少 25 艘。市各级渔业行政主管部门加强入韩渔船日常生产作业管理，汇总上报渔船进出通报 3 700 艘次，通报准确率 100%。组织具有进入中韩协定水域捕捞作业资格船长、船东进行集中培训，举办培训班 16 轮次，培训船长、船东 860 人次。入韩渔船均按照中韩两国渔业协定进行捕捞作业。

7.水产原良种场建设 2019 年，大连市有国家级水产原良种场 3 家、省级水产原良种场 24 家，涵盖刺参、皱纹盘鲍、虾夷扇贝、黄海胆等品种。年内，大连颢霖水产有限公司被新认定为中国对虾、褐牙鲆省级良种场，大连市金州区鹿鸣岛度假村被新认定为三疣梭子蟹省级良种场；大海宝渔业有限公司皱纹盘鲍、裙带菜省级良种场、大连獐子岛渔业集团股份有限公司刺参、虾夷扇贝省级良种场、辽宁省海洋科学研究院中试基地虾夷扇贝省级良种场 3 家单位通过省级良种场复查。加强海参、扇贝等优势水产苗种的疫病检测，全年检测水产苗种 500 样次，各项疫病检测指标均合格，重点养殖品种无重大疫情发生。

8.海水增养殖 2019 年，大连市地方渔业海水养殖面积 45.2 万公顷，比上年下降 4.4%；海水养殖产量 175.8 万吨，比上年增长 4.86%；产值（不含苗种）240.5 亿元；苗种产值 43 亿元。

9.水产健康养殖示范场建设 2019 年，大连含霖岛海洋渔业有限公司获批国家级水产健康养殖示范场，大连壮元海生态苗业股份有限公司、大连长海益德水产养殖有限公司等 5 家养殖场企业通过 2019 年农业农村部水产健康养殖示范场复查认定。至年末，大连市有农业农村部认定的水产健康养殖示范场 70 家，面积 31 万公顷。

10.水产养殖政策性保险 2019 年，大连市水产养殖政策性保险险种包括藻类养殖风力指数保险、海珍品养殖风力指数保险、网箱鱼养殖保险、工厂化鱼养殖保险、海水养殖巨灾保险和水产制种保险。至年末，全市水产养殖政策性保险保额 8.9 亿元，保费 3 196 万元，其中 30%保费由市财政补助。

11.渔业管理 2019 年，大连市各级海洋与渔业主管部门发放水域滩涂养殖证 244 本，发证面积 7 723.4公顷，累计发放养殖证 7 587 本，累计发证面积 45.8 万公顷；市本级新发、换水产苗种生产许可证 16 本，发、换证涉及水体 10.8 万米^3；发放船员证书 3 330 本，其中职务船员证书 1 906 本、普通船员证书 1 424本。

12.渔业安全生产监管 2019 年，大连市加强渔业安全生产监管，召开全市渔业安全工作季度例会 5 次。市农业农村局组织开展渔业安全生产宣传教育 12 场次，受教育船东、船长和基层渔业安全员 6 400 余人。开展防台风督查检查 4 次，组织全市所有渔船进港避风，撤离海上作业人员 54 228 人，无人员伤亡。市农业农村发展服务中心渔港监督部门联合市人民检察院、大连海事局、北海第一救助飞行队、辽宁渔业互保协会在高新技术产业园区、中山区、旅顺口区、瓦房店市、长海县、甘井子区等地举办渔业安全生产宣传教育活动 19 场，受训船东、船长和渔业安全员 1 420 人。加强重点时节、重点时段应急值守工作，全年组织组织协调海上应急救援 21 次，救助遇险渔民 59 人次、渔船 4 艘。

13.渔业监督执法 2019 年，大连市按照《大连市捕捞渔船结构性改革实施方案》《大连市海洋捕捞渔船减船转产项目操作管理暂行办法（试行）》持续推进减船转产项目。至年末，全市拆解国内海洋捕捞渔船 1 924艘，压减功率 89 312.25 千瓦。加强伏季休渔期执法检查。出动执法船艇 4 038 艘次，出动执法车辆 4 353车次，出动执法人员 28 801 人次，航程 77 120 海里，车程 10 万余千米，检查渔港码头及渔船自然停泊点 15 192 个次，检查渔船 27 156 艘次，发放宣传材料 30 394 册，查扣渔船 52 艘，清理整治违规网具数量 16 583张（顶），排查整改安全隐患渔船 492 艘，查获涉嫌违规案件 751 起，涉案渔获物重量 380 多吨，行政处罚 710 余万元。开展斑海豹冬季执法行动，出动执法船执行 26 航次，航程 8 300 海里，参加执法人员 390 余人次，登临检查渔船 100 余艘次，陆域执法派出执法人员 480 人次，执法车次 180 余次，执法里程 4 万余千米，发放斑海豹保护宣传材料 4 800 余份，张贴通告 500 余张，发放单行本 2 500 余册、宣传材料 4 000 份，救助斑海豹幼崽 6 头。

14.水产品质量安全监督管理 2019 年，大连市制定《大连市 2019 年水产品质量安全专项整治工作方案》《大连市 2019 年水产品质量安全监控计划》，加强水产品质量安全全面监督管理。各级渔业执法部门以工厂化育苗为重点整治环节，以海参为重点整治品种，以硝基呋喃类禁用渔药违法使用为重点整治内容，现场检查生产企业，出动执法人员 800 余人次，检查企业 1 000 余家。加强水产品质量安全检验检测。按照《2019 年大连市水产品质量安全监控计划》，抽检全市 10 个涉海县（区）鱼虾贝类藻类 2 494 样次，检测合格率 98.9%。农业农村部在大连市海参产地监督抽检 50 个样品，合格率 100%；批发市场水产品例行监测抽检鱼虾 100 个样品，合格率 96%。辽宁省例行监测大连市产地海参 150 样次，合格率 100%。县、市、区辖区内例行抽检 1 194 样次，合格率 98%。全市主要养殖品种实现监测全覆盖。

（大连市农业农村局 印明昊）

青岛市渔业

【概况】 2019 年，青岛市渔业产业增加值（市统计局口径)116.1 亿元,同比增长 1.4%。国内水产品产量 100.8 万吨,同比降低 2.67%,其中海水养殖产量 79.6 万吨,同比降低 2.95%,淡水养殖产量 1.5 万吨,同比增长 3.4%,国内捕捞产量 19.7 万吨,同比降低 2%。2019 年远洋渔业捕捞产量 10.4 万吨,实现产值 12 亿元,同比分别降低 11.1%与 9.1%。2019 年渔业养殖面积 3.5 万公顷,同比降低 2.3%,其中海水养殖面积 3.2 万公顷,同比降低 2.6%,淡水养殖面积 0.3 万公顷,同比增长 1%。

1.渔业产业政策 青岛市政府制定实施《青岛市现代海洋渔业绿色发展攻坚方案》,确定"一个中心、六个发展"具体任务,提出青岛现代渔业转型升级总体目标。科学规划产业布局,编制《青岛市养殖水域滩涂规划》《青岛市湖泊(水库)渔业专项保护规划》《青岛市海洋牧场建设规划》,优化渔业发展布局,挖掘发展潜力,提升发展层次。发挥财政资金引导作用,研究出台《青岛市新渔业发展建设项目实施方案》《青岛市新渔业发展专项资金管理办法》,争取中央补助资金 4.12 亿元,加快打造国家绿色养殖先行区、海洋牧场示范区和现代渔港经济区,首批确定入库项目 10 个。

2.水产养殖 2019 年青岛市创新实施"南鱼北养+灯光诱饵"接力养殖项目,优选大黄鱼、真鲷等鱼种进行"野化"养殖,年新增海产品 260 吨,渔民产出效益提升 4 倍。积极探索黄海冷水团开发利用,国内首个海上三文鱼大型智能养殖项目"深蓝 1 号"投产,为我国首个集远海养殖、能源供应、智能管护等功能于一体的大型智能网箱,可年产三文鱼 1 500 吨。国信集团投建的全球首艘 10 万吨级智慧渔业移动式养殖工船启动建造招标。推行"科研机构+龙头企业"合作模式,突破关键技术,选育优良品种,"参优 1 号"海参良种成功入选"国家新品种"行列,"海大 3 号"牡蛎新品种实现产业化开发应用,全封闭循环水养殖技术加快推广,全年完成水产良种良法示范苗种培育 5 000 万单位、示范养殖 400 公顷。

3.渔业资源修复 认真贯彻落实国家大力发展海洋牧场的决策部署,根据习近平总书记视察山东时的重要指示精神,加快海洋牧场区建设步伐,按照"一湾六岛"布局,集中打造"七大海洋牧场集群",全年在建 20 处海洋牧场区,其中 13 处被评为国家级海洋牧场示范区。2019 年共投入各级放流资金 2 878 万元,放流优质水产苗种 15.6 亿多单位,近 5 年累计投入放流资金 2.1 亿余元,总放流水产苗种 132.6 亿单位,有效修复了海洋生态环境、增加了海洋生物资源。第二次中韩联合增殖放流活动在青岛市成功举行,中韩双方代表共 100 余人参加活动,共同在黄海海域内放流了总数 40 万尾左右的苗种,活动同期还举办了第九届中韩渔业高级别会谈。

4.远洋渔业 2019 年青岛市远洋渔船共计 157 艘,其中作业渔船 139 艘,已批在建渔船 18 艘。积极推进远洋渔业开发合作,除在太平洋、大西洋、印度洋从事公海捕捞外,9 家企业与缅甸、加纳、塞内加尔、刚果(布)等 10 个国家建立了合作项目。加快推进总投资 200 亿元的中国北方(青岛)国际水产品交易中心和冷链物流基地项目,陆上一期工程 15 万吨冷库建成投产。青岛市远洋渔船安全生产监督管理系统投入使用,开展市属远洋渔业企业安全生产检查活动,促进行业健康有序发展。

5.水产品质量安全 圆满完成了中国人民解放军海军成立 70 周年庆祝活动保障供应和"不忘初心、牢记使命"主题教育水产品质量安全专项整治工作。全年共完成监督抽检和风险监测任务1 016批次,水产品质量安全综合合格率达 99.6%,监控品种包括贝类、海参、鲆鲽鳎、虾蟹类、淡水鱼及海捕产品等。编印《水产养殖用药明白纸及水产品质量法律法规宣传手册》5 万份,下发到全市养殖、育苗场(户),要求养殖、育苗场(户)对禁用药、限用药清单做到应知应会。印发"三项日志"记录本 600 套,指导企业填写,督促完善质量追溯链条。全市首批渔业官方兽医培训上岗。全市水产品质量安全形势总体向好,继续保持较高水平。

6.渔业科技推广 根据水产养殖业绿色发展新要求,积极推进水产良种良法的示范与推广,实施南北接力深海抗风浪网箱灯光诱饵养鱼、池塘生态健康养殖、"参优 1 号"刺参、凡纳滨对虾工厂化循环水养殖等 4 个良种良法,培育苗种 5 000 万单位,示范养殖面积 400 公顷。其中,南北接力深海抗风浪网箱灯光诱饵养鱼从南方引进大黄鱼、真鲷、鲈鱼等品种大规格鱼种 26 万多尾,安装太阳能发电灯光诱饵设备 36 套,商品鱼品质明显提升,价格提高 2~4 倍,经济效益和社会效益明显;刺参"参优 1 号" 培育稚参 4 000 千克,推广养殖面积 330 多公顷,抗病、耐高温、生长速度快等性状良好。

7.渔船管控 围绕渔港安全管理、停港渔船防火、商渔船防碰撞、打捞浒苔渔船安全保障和海上养殖安全等开展风险隐患排查整治。全年安排检查组近 100 个,出动 3 000 多人次,检查渔船 6 500 余艘次,检查渔港和自然停泊点 1 400 多处,整改安全隐患 173 处。举办培训班 28 期,累计培训渔民 5 800 人次。组织修订渔业防台风应急预案和渔船海上应急救援预案,开展渔港消防、渔业防台风和渔船海上应急救援演练活动 12 次,参加人员 381 人次。积极开展渔船压减工作，全年拆解老旧渔船 37 艘，淘汰主机功率 1 959.9 千瓦，补贴资金 979.95 万元。为让渔民生产更有保障，给 3 400 艘渔船发放油价补贴资金 8 000 万元，给近 2 000艘远海捕捞船配备安全救助通信终端，保障 3 万多渔民海上生产安全。

8.渔政执法 圆满完成海军节重大活动海上安全保障任务，派出执法船艇 220 艘次实施海区管控，组织清理警戒区定置网具 2 000 余套。加大水产品质量安全监管力度，检查水产养殖企业 350 多家。促进渔业资源可持续发展，实施史上最严的伏季休渔管理，建立 24 小时动态监控机制，落实重点渔港全时驻守制度，组织"海查、陆巡、港封"，销毁 54 艘涉渔"三无"船舶，清缴"地笼网"3 万多套，查处违规渔船 631 艘，是上年的 3 倍多，为历年最高。坚持阳光执法，规范执法，严格遵守处罚各环节流程，切实做到为渔民服务，参加海上抢险救生行动 9 次，涉及渔船 11 艘、渔民 24 人，海上救助伤员 5 名，为渔民挽回经济损失 70 多万元。

【重点渔业市(区)基本情况】

青岛市重点渔业市(区)基本情况

市(区)	总人口(万人)	渔业产值(万元)	水产品产量(吨)	其中				养殖面积(公顷)	
				海洋捕捞	海水养殖	内陆捕捞	淡水养殖	海水	淡水
崂山区	44.59	92 773.68	39 198	19 727	19 471			986	
西海岸新区	157.73	718 424.22	350 553	62 744	284 607		3 202	11 438	426
城阳区	72.05	240 626.52	231 740	40 120	190 747		873	6 741	264
即墨区	122.45	602 447.36	283 896	50 096	233 711		89	10 600	201
胶州市	90.05	263 627.89	99 290	24 509	67 628		7 153	1 751	691
平度市	137.89	9 726.62	1 120				1 120		430
莱西市	76.42	9 305.41	2 102			178	1 924		932

【大事记】

[1]4 月 23 日，中国人民解放军海军成立 70 周年多国海军庆祝活动在青岛举行，青岛市海洋发展局积极做好水产品保障供应工作。

[2]5 月 16 日，青岛市海洋与渔业行政执法支队被农业农村部表彰为全国渔业执法工作先进集体。

[3]6 月 18 日，青岛市远洋渔业协会暨第一届会员代表大会在青岛召开。

[4]6 月 20—21 日，由中国水产流通与加工协会主办的第四届中国海参产业发展高峰论坛在青召开，农业农村部渔业渔政管理局、全国水产技术推广总站、中国水产学会、山东省农业农村厅、辽宁省农业农村厅等有关领导出席。

[5]6 月 26 日，中韩联合增殖放流活动仪式在青岛奥帆基地举行，农业农村部渔业渔政管理局局长张显良，省农业农村厅副厅长张建东，青岛市副市长朱培吉等领导和韩国海洋水产部水产政策室室长崔完铉出席活动。

[6]6 月 26 日，农业农村部渔业渔政管理局局长张显良、山东省农业农村厅副厅长张建东调研青岛市西海岸海洋牧场建设情况。

[7]6 月 28 日，青岛市海洋渔业协会换届大会在西海岸新区举办。

[8]7 月 25 日，中国水产科学研究院黄海水产研究所"蓝海 101 号"调查船首航仪式在青岛国家深海基地管理中心码头举行。

[9]7 月 26 日，中国北方(青岛)国际水产品交易中心和冷链物流基地 15 万吨冷库建成启用，该冷库是目前世界上最大的单体超低温冷库。

[10]9 月 8 日，农业农村部副部长于康震、渔业渔政管理局局长张显良等一行到青岛考察渔业绿色发展

模式，提出要加快渔业转型，推进渔业由近海向深远海发展，同时注重提升科技含量和装备水平，打造海洋牧场健康发展核心竞争力。

[11]9月26日，丝路国家水产养殖国际论坛在青岛举办。青岛市海洋发展局、中国水产科学研究院黄海水产研究所等10余家国内外单位共同发起成立国际水产养殖科技与产业发展联盟。

[12]10月11日，全国人大常委会副委员长武维华率全国人大常委会执法检查组来青，就《渔业法》贯彻实施情况开展执法检查。

[13]10月15日，青岛市海洋发展局、深圳市腾讯计算机系统有限公司、青岛市海洋渔业协会三方签署战略合作框架协议，确定打造短视频等新兴媒体平台，助力青岛渔业品牌打造营销全新升级。

[14]10月30日，青岛市政府办公厅印发《青岛市现代海洋渔业绿色发展攻坚方案》，明确全市渔业转型升级和高质量发展方向。

[15]10月29日至11月2日，由农业农村部国际合作司主办、中国水产科学研究院黄海水产研究所和青岛市海洋发展局共同承办的2019年农业农村部“扬帆出海”培训工程——渔业“走出去”国际合作能力建设培训班在青岛举行。

[16]10月30日至11月1日，第24届中国国际渔业博览会在青岛国际博览中心开幕，来自53个国家和地区的1 600余家参展商参加。农业农村部副部长于康震出席“中外渔业高端对话”并做主旨演讲，青岛市委副书记、市长孟凡利致辞。

[17]12月13—15日，2019青岛渔业品牌推介会在青岛国际会展中心举办，60多家企事业单位参展，3万余名观众到场参观。

[18]12月25日，青岛市三家海洋牧场企业获批农业农村部国家级海洋牧场示范区称号，全市国家级海洋牧场示范区总数达到13处。

（青岛市海洋发展局　王亚楠）

宁波市渔业

【概况】 2019年，在农业农村部、省农业农村厅的关心支持下，在宁波市委、市政府的正确领导下，全市坚持以党的十九大和十九届二中、三中、四中全会精神为指导，以渔业安全生产为核心，以渔业绿色发展为引领，以渔业资源保护为关键，全面推进渔业各项工作，促进渔民收入不断增长，渔业经济实现稳步发展。

全年水产品总产量99.47万吨，比上年增长2.77%，渔业经济总产值265.06亿元，渔业总产值134.16亿元，分别比上年增长0.48%和5.58%。

1.全力加强渔业安全监管

(1)强化组织领导。切实提高政治站位，认真贯彻落实习近平总书记关于安全生产的重要论述和批示指示精神，按照“党政同责、一岗双责、齐抓共管、失职问责”和“三个必须”要求，成立了以市农业农村局党组书记为主任的农业安全生产委员会，修订完善安全生产委员会工作规则、安全生产责任清单，成立安全工作专班，把渔业安全作为工作的重中之重，建立局党组定期听取、专题研究渔业安全工作，主要领导、分管领导定期带队调研检查渔业安全等工作制度，强化对渔业安全工作的组织领导。

(2)强化工作部署。结合实际，认真部署渔船安全铁拳整治工作，制定印发《关于迅速开展渔船安全铁拳整治行动的通知》《关于开展渔业安全生产“三打三整三提升”专项行动的通知》《宁波市严格落实渔业安全生产管理和敏感水域管控十五条铁律》。多次召开全市性会议，讲评和部署渔业安全监管工作。制定年度渔业安全监管工作要点，层层签订责任书，定期对任务完成情况进行指导督查。海洋捕捞大县象山县专门制定县级领导、部门、镇乡(街道)、村(社)、船东船长责任清单，明晰责任界限，出台《象山县海洋渔业领域监管责任追究办法》《从严从重查处渔业安全生产违法行为“铁律十五条”》。落实政治责任，对每一起事故，倒查追究相关部门、镇乡(街道)、村(社)责任人责任，从严从重处理失职行为。落实经济责任，对工作失职、履职不力，导致发生较大及以上事故的，从县级领导至村(社)负责人均予以经济惩戒。落实船东主体责任，凡发生较大及以上事故的，一律追究船东船长刑事责任，同时出台并严格执行《象山县渔船船东船长记分管理办法》《象山县渔业船舶管理金融联合奖惩操作规程》，累计记分处理85人，56名船东列入“失信”名单、涉及贷款3 600余万元，向社会发布执法通报11期。

(3)强化调研指导。市委副书记宋越舜、副市长卞吉安多次带队到象山、奉化等地督导调研“一打三整治”和渔业安全生产工作。市农业农村局党组书记、局长李强，党组副书记、副局长皇甫伟国等多次带队开展渔业安全生产调研督查。在春节、五一、国庆等重大节假日前，局班子成员分别带队到各地开展安全生产调研指导。在防御“利奇马”“白鹿”“玲玲”“米娜”等台风期间，市农业农村局主要领导每天到市渔业应急处置指挥中心指导防台工作，分管领导全程驻守指挥，班子成员带队赴一线指导，确保了渔业防台“零伤亡”。“海上铁拳”整治行动期间，市农业农村局会同应急、交通、海事等部门对象山县每月开展一次涉海涉渔安全督查调研。

(4)强化隐患排查。根据海上安全铁拳行动任务要求，重点加强对帆张网船、渔运船、蟹笼船、休闲渔船等10人以上高危渔船隐患排查整治；加强修造船厂、隐蔽海域等区域排查，强化海上巡查力度，集中开展清港行动，重拳打击涉渔“三无”船舶；开展外籍挂靠渔船排查核实，加强挂靠渔船排查监管。自铁拳整治行动以来，排查并整改存在隐患渔船1 233艘。加强渔船救生衣配备情况登船检查，严格救生衣穿着执法检查，并赠发救生衣3万余件；推进渔船编组生产制度落实，利用渔船安全救助信息系统实时监控并动态干预渔船编组情况；开展外籍挂靠渔船排查核实，加强挂靠渔船排查监管。8月下旬，全国渔业安全生产隐患排查工作组对宁波市渔业安全隐患排查工作给予充分肯定。

(5)强化执法检查。实施重点渔船安全跟踪检查制度，将涉氨、未按规定年检、挂靠脱管等9类安全隐患较大渔船列为重点，进行动态跟踪执法。组织开展春雾季、秋冬讯和重大节假日渔船安全大检查行动，保持渔船安全检查高压态势。2019年，全市组织渔船安全专项执法检查行动1 662次，检查渔船6 225艘次，立案查处安全违规案件356起，移送公安机关安全类案件18起、涉案人员18人，现场整改渔船863艘，限期整改渔船456艘。象山县以“智慧渔港”建设为依托，积极构建全方位、立体式的渔船安全执法监管体系。象山、奉化等地已基本建立渔船安全生产涉嫌犯罪案件移送机制，移送较为顺畅。

(6)强化应急处置能力。一是强化渔业风险研判。建立市农业农村局党组会、渔船安全专题会、渔船安全例会、防台会商会等安全风险会商机制，增强工作的主动性、针对性和时效性，2019年召开党组会13次、专题会议8次、防台会商会9次，专题研究渔船安全隐患排查整治、渔业安全风险管控、渔业应急处置、秋冬季渔船安全监管等工作。二是强化应急值守。市农业农村局建立“1+1+1+2”(分管领导、值班处长、值班长和2名专职值班员)渔业安全联动值班工作制度，市本级和主要区(县、市)设立渔业应急处置指挥中心。2019年市本级和象山县轮流实施渔政船海上定点值班巡航工作，执行海上应急救助任务45次，航程7 531海里，航时807小时，救助渔船23艘、船员76人。

(7)强化科技兴安。积极推进渔业安全信息化建设，落实资金3 000余万元，加快推进渔船AIS设备配备、渔船救生筏双向无线电话配装、渔山和南韭山雷达基站升级改造、渔船卫星宽带通信终端和渔港渔船综合管理系统等项目建设。全市船长12米以上海洋渔船全部完成北斗终端升级改造，3 974艘渔船完成AIS终端升级。象山县“智慧渔港”建设应用成效初显，奉化“智慧渔港”建设也已全面启动。

(8)强化教育培训。组织开展安全生产大教育、大宣传、大培训活动，充分利用伏休期，发挥渔业培训机构作用，抓好船东船长“面对面”安全教育和渔业船员基础培训，提高渔民安全生产意识和技能。在渔船码头通过发放告知书、悬挂横幅、张贴通告、设置宣传栏、LED屏等方式宣传渔业安全生产“五个不准”“五个一律”要求。2019年共印发《宁波市渔船安全生产须知》等渔业安全宣传资料2.98万份，培训渔民2万余人次，其中市本级组织29次考试、9 900余人参加渔业船员考试。

2.深入推进渔场修复振兴 持续深化“一打三整治”打非治违工作，全面实施非法捕捞常态化治理。全年组织开展海上打击非法捕捞执法行动1 772次，检查渔船9 054艘，立案查处违法捕捞案件488起，移送公安机关55起、涉案人员162人；清剿地笼网和滩涂串网等禁用渔具23 455顶(套)、违规渔具6 877顶(套)、涉渔“三无”船舶289艘，没收违禁渔获物371 916千克，维护了渔场生产秩序稳定。

(1)开展“亮剑2019”系列渔政专项执法行动。采取联合执勤、平台监控、专群结合等方式，精准打击违法行为，集中整治违规高发海域。加强禁渔区管理，依法打击渔船跨界捕捞作业。组织开展清港清网、每月一次“三无”船舶联合清剿行动，努力遏制重点违法行为多发、反弹。

(2)高压严打伏休偷捕违法行为。加强伏休期渔船监管和海上执法巡查，采取错时检查、联合执法、突击行动，严厉打击伏休偷捕和非法运载渔获物行为。不断强化刑司衔接，对违法捕捞行为实行“零容忍”，对查获案件实施顶格处罚，坚持“能抓则抓、能拘则拘、能判则判”，通过严厉打击、重点惩处，确保了伏休的大局稳定。

(3)持续开展违禁渔具清理整治。采取常态巡查、定期通报和联勤执法等方式，大力开展沿海滩涂、浅海等区域违禁网具的清理取缔。对杭州湾、象山港等滩涂禁用渔具高发区、密集区，开展集中与日常相结合的清理整治行动，做到“露头就清、回潮就治”。

(4)加强违禁渔获物销售监管。市场监管部门立足职责，加大宣传力度，在农贸(批)市场和重点饭店、大排档等餐饮场所张贴禁渔公告、悬挂横幅，召开市场举办者、重点餐饮业主行政约谈会，发放《倡议书》、签订《责任状》和《自律承诺书》。约谈市场举办方469家，召开禁渔政策宣讲会105场，签订责任状和承诺书9 550份，张贴禁渔公告22 793份。抓批发源头，推行市场监管干部驻场管理制度，严防违禁渔获物批量交易，严格规范渔获物进销货票据管理。抓重点区域和重点时段，以滨海地区农贸市场、海鲜饭店及大排档等为重点管控场所，调配执法人员，开展错时监管。加大处罚力度，按照“一次警告、两次重罚”的原则，对首次检查无法出具进货查验凭证的经营户下发“责令改正、给予警告”的当场行政处罚决定书，对“回头看”二次检查仍不能提供进货凭证的，依法予以 5 000～50 000元的罚款。全市市场监管部门出动执法人员18 365次，检查市场、超市、餐饮单位等经营主体47 750余家次，联合渔业主管部门查获违禁渔获物4 095千克，对无法出具进货查验凭证的经营户下发当场行政处罚决定书 674份，立案 57 起，处罚 20.29 万元。全面伏休期间，市场、餐饮环节违禁渔获物销售情况比上年进一步好转。

(5)加强联合督导。市协调办修订《关于加强休渔期渔获物销售监管的指导意见》，进一步完善渔获物进销货凭证管理制度。经市渔场修复振兴暨“一打三整治”行动协调小组领导批准，2019 年继续从农业农村、市场监管、综合执法、公安、经信、商务等 6 个部门抽调 11 人组成市“一打三整治”执法联动督导小组，进驻市农业农村局实行集中办公，开展联合督导执法工作。督导小组全面督查全市各区(县、市)农贸市场、水产交易市场、饭店排档等渔获物销售和索证索票制度落实情况，共检查涉渔经营场所 139 家次、厢式货车 40 余辆，收缴、暂扣无合法票据来源的违禁渔获物 194.05 千克，约谈市场举办方 40 余家。

(6)加强涉外渔业与远洋渔业监管。市农业农村局党组高度重视涉外渔业和远洋渔业安全监管工作，先后印发《关于进一步加强涉外渔业管理的紧急通知》《关于进一步加强当前远洋渔业涉外安全生产管理工作的紧急通知》和《关于切实做好迎接新中国成立 70 周年远洋渔业安全生产管理工作的通知》，先后两次召开全市涉外渔业监管专题会议，部署涉外渔业与远洋渔业安全监管工作。将严厉打击非法越界捕捞行为作为渔业安全生产“三打三整三提升”专项行动的重要内容。坚持以宣传教育、排查摸底、动态监管和干预为重点，强化涉外渔业和远洋渔业监管，确保了全市涉外渔业和远洋渔业安全生产形势总体稳定。

(7)实施大规模增殖放流活动。全市安排资金 1 500余万元(其中市本级资金 1 164 万元)，在渔山列岛、南韭山列岛、象山港、三门湾等海域，以及姚江等内河水域，开展渔业资源增殖放流活动，据初步统计，全市共放流鱼、虾、贝等品种 10.25 亿尾(颗)，其中海水品种 9.53 亿尾(颗)，淡水品种 0.72 亿尾。

3.全面推进渔业绿色发展

(1)加快发展现代渔业。全市水产养殖集约化、标准化和产业化发展水平得到不断提升，形成象山港、三门湾和杭州湾生态养殖带和余慈、象山循环产业园区等载体，水产生态健康养殖模式逐步成熟，形成池塘生态混养、稻鱼(鳖)共生(轮作)等生态、安全养殖模式。同时扎实开展国家级、省级水产健康养殖示范场(县)创建工作，象山县创建国家级渔业健康养殖示范县已通过部级专家组验收，2019 年创建完成国家级水产健康养殖示范场 8 家、省级水产健康养殖示范场 35 家。

(2)加快推进现代种业发展。2019 年继续加强良种场基础性建设，完成浙江省宁波市泥蚶种质资源场建设项目与浙江省宁波市黑鲷种质资源场建设项目可行性报告上报工作；推进余姚国家级甲鱼保种场项目建设；加快推进全市优良水产种类的保种育种工作，开展了泥蚶、缢蛏、文蛤等良种选育研究，先后突破了黄姑鱼、银鲳、小黄鱼和马鲛鱼等本地野生经济种类的采捕和繁育技术难题。全市现有海水苗种企业 153 家，建设国家级水产原良种场 4 家、省级水产原良种场 7 家、省级优质规模化育苗场 10 家，水产原良种生产能力不断增强，水产良种覆盖率达到 70%。同时，在种苗生产许可管理上采用双随机抽查机制，总体符合规范。同时，做好象山港蓝点马鲛国家级水产种质资源保护区调整工作。

(3)推进海水养殖尾水治理。印发《2019 年宁波市水产养殖尾水监测工作方案》《2019 年宁波市渔业环境监测实施方案》《2019 年水产养殖集中养殖区域水环境监测实施方案》和《关于推进杭州湾区域水产池塘养殖尾水治理工作实施意见》等文件。对 2018 年建设的 61 个养殖尾水处理示范点开展有效运行检查与检测，2019 年又启动建设 100 个养殖尾水示范点，扎实推进水产养殖尾水治理工作。

(4)着力推进海洋牧场建设。根据《国家级海洋牧场示范区管理工作规范》等要求，按时完成了渔山列岛国家级海洋牧场综合示范区人工鱼礁建设项目建设，实际投放 3 055 个礁体、形成约合 4.69 万空米^3 礁体的投放，并通过农业农村部专家年度监测评价评审和建设项目竣工验收，成为全国第二个、浙江省首个通过竣工验收的国家级海洋牧场项目。

(5)着力抓好水生动物防疫检疫工作。一是在全市开展水产病害检测及公益性技术服务。2019 年进行各类苗种检测 300 余批次，现场技术服务 200 人次。开展南美白对虾苗种产地检疫试点，以宁海县种苗场为监测试点，开展南美白对虾苗种产地检疫服务，技术人员远赴广东、海南等地，继 2018 年象山试点后，继续对外来苗种进行产地检疫。二是做好突发病害防疫检疫工作。在做好南美白对虾发病现场采样或送至实验室样品检测的同时，强化大黄鱼、鲈鱼、黑鱼、鲫鱼、光唇鱼、黄鳍鲷等其他品种的检测检疫，为尽量减少当地水产养殖户损失提供技术服务。

(6)扎实做好减船转产工作。截至2019年年底，全市已完成减船任务1 115艘、101 174千瓦，2016—2019年4年累计下达中央财政补助资金42 914万元(85 826千瓦)，经市、县两级政府共同努力，2019年减船转产报废渔船拆解工作已基本完成。

4.存在的主要问题

一是渔业安全生产监管力度有待进一步强化。渔业安全存在着外省籍挂靠渔船增多，渔船编组生产制度未得到有效落实，船东船长主体责任未有效落实，渔业船员安全意识不强，部分渔船存在不按规定使用安全救助设备，以及渔船安全监管能力有待进一步提升等问题。

二是“一打三整治”还存在薄弱环节。部分地区清剿涉渔“三无”船舶机制不够健全，未实施常态化多部门联合执法。部分异地休渔渔船没有按浙江省农业农村厅要求实施监管。外省市违禁渔获物流入宁波市的现象依然存在，部门协同、联合监管力度还有待加强。

三是渔业生态健康养殖推进力度需要进一步加强。渔业养殖户生态健康养殖意识比较薄弱，设施化集约化养殖水平还不高，生态环保意识不强。政府对渔业产业发展的扶持力度还不够大，如池塘生态化改造、健康示范场(县)创建、配合饲料应用示范推广、养殖尾水治理设施示范建设等，缺乏持续有效的专项扶持政策。

【重点渔业市(县、区)基本情况】

宁波市重点渔业市(县、区)基本情况

市(县、区)	渔业总产值(万元)	水产品产量(吨)	其中				养殖面积(公顷)	
			海洋捕捞	海水养殖	内陆捕捞	淡水养殖	海水	淡水
象山县	597 972	572 630	369 350	140 096	2 000	12 284	11 114	1 585
宁海县	264 709	160 348	5 700	148 350	408	5 890	13 133	2 086
奉化区	187 442	146 283	122 915	20 287	1 242	1 839	1 609	187
慈溪市	156 018	45 724	2 024	15 143	11 075	17 482	5 849	2 991
余姚市	56 849	24 251	1 411		4 413	18 427		1 698

【大事记】

[1]1月，《奉化区渔港经济区发展规划》通过专家评审，是全国第一个通过专家评审的渔港经济区建设规划。

[2]2月13日，在宁波市第十五届人民代表大会第四次会议上，“支持远洋渔业发展”首次被写进《宁波市政府工作报告》。

[3]4月18日，农业农村部渔业渔政管理局局长张显良一行到象山县调研渔港经济区建设情况。

[4]4—6月，市海洋与渔业研究院参与国家重点科技项目“蓝色粮仓生态机械化养殖模式”之“浅海多营养层次综合养殖模式构建”项目申报，负责申报子课题3“浅海多营养层次综合养殖模式构建”的相关工作。

[5]5月，市海洋与渔业研究院主持申报的“拟穴青蟹抗逆(病)良种选育及繁育技术”和“宁波近海日本囊对虾新品系选育与示范应用”2个项目获宁波市“科技创新2025”重大专项立项。

[6]6月4日，由市海洋与渔业研究院牵头完成的“水产病害监测、预警与减损技术集成研究和应用”成果获第四届范蠡科学技术奖二等奖。

[7]6月19日，象山县水利与渔业局召开《象山渔港经济区建设规划》评审会，农业农村部渔业渔政管理局副局长李书民出席会议。

[8]7月3日，省委副书记、宁波市委书记郑栅洁调研宁波远洋渔业。在象山鹤浦镇的宁波欧亚远洋渔业有限公司，郑栅洁登上“欧亚19”远洋渔船考察海上流动党组织建设情况。宁波市委秘书长施惠芳、象山县委书记叶剑鸣等陪同调研。

[9]7月，市海洋与渔业研究院编制完成《宁波市海洋牧场建设规划(2020—2025)》初稿。

[10]8月，第9号超强台风“利奇马”袭击宁波，转移渔船4 420艘，撤离渔民8 818人。渔业人员无伤亡，渔业生产损失72 153.1万元。

[11]8月11日，宁波市首次利用无人机对宁海、象山、鄞州等区域养殖塘和渔港开展台风灾后巡查。

[12]9月2—4日，省、市、县三级联动出动执法船6艘开展海上专项执法行动，在宁波市以东海域一举查获违法渔船10艘、非法渔获物6万千克，65名涉案人员移交公安、海警部门处理。

[13]9月18日，中共宁波市委办公厅、宁波市人民政府办公厅印发《关于深化农业综合行政执法改革的实施方案》，市本级及奉化区、宁海县、象山县等渔业执法任务较重的区(县、市)继续保持渔政执法队伍独立设置。

[14]9月，象山港蓝点马鲛国家级水产种质资源保护区调整的相关工作获农业农村部批复同意，调整了保护区界址。

[15]9月，市海洋与渔业研究院举办了宁波市第二届水产技术推广职业技能竞赛，各区、县、市水产技术推广机构共20名专业技术代表参加了本次竞技。通过此次竞赛决出了全市参加2019年浙江省农业职业技能大赛的人选，其中2人获得农业技术(水产)组个人二等奖和三等奖。

[16]10月21日，科技特派员制度推行20周年总结会议在北京召开，习近平总书记专门作出重要指示。全国92名优秀科技特派员受到科技部通报表扬，宁波市海洋与渔业研究院王建平名列其中，也是宁波唯一入选人员。

[17]12月17日，宁波市在象山港维权执法基地举行防范商渔船碰撞联合执法行动启动仪式。

[18]12月27日，宁波市首艘南极磷虾捕捞加工专业远洋渔船〔渔业船网工具指标批准书编号:(农)船网(2017)Y-200570号，船名:“甬利”号〕，在宁波象山鹤浦博大船业建造有限公司开工建造。

[19]12月，市海洋与渔业研究院联合东海水产研究所、宁波大学、上海海洋大学等单位共同编制的《海湾养护型海洋牧场建设探索与实践——以象山港为例》著作出版。

[20]2019年，市海洋与渔业研究院检测部参加了来自农业农村部、国家认监委、国家海洋标准计量中心、浙江省农业农村厅等上级机构的19项次能力参数比对(时间贯穿全年)，共计9人次参加了能力验证检测工作，所有项目均取得了满意的成绩。

（宁波市农业农村局）

厦门市渔业

【概况】 2019年，厦门市各级渔业主管部门认真贯彻落实全国渔业渔政工作会等会议精神，大力实施乡村振兴战略，实现了水产种苗加快升级，加工流通提质增效，休闲渔业水平提升，渔业生态保护加强，惠民政策落实到位，促进渔业增效、渔民增收和渔业经济的可持续发展。水产品质量安全逐步提升，产地抽检合格率100%。2019年渔业产值69.03亿元，同比减少1.67%；其中捕捞产值4.76亿元，养殖产值3.37亿元，苗种产值6.89亿元。水产品总产量7.47万吨，同比增长5.85%。其中水产养殖2.38万吨，捕捞产量5.09万吨。生产对虾苗4 226亿尾，同比增长103.47%。水产加工量11.08万吨，同比减少13.44%；加工产值16.51亿元，同比减少3.93%，夏商国际水产交易中心总交易量19万吨，交易额89亿元。

1.休闲渔业暨厦门2019中国(厦门)国际休闲渔业博览会 成功举办2019年第十二届国际(厦门)休闲渔业博览会，展会面积10 050米^2，展位526个，展商105家，其中我国台湾地区展商25家60个展位。共设5个展区、8个配套活动，参观人数23 800人次，圆满完成展会各项任务，达到预期效果。在厦门成功承办举行第四届全国休闲渔业高峰论坛及渔业一二三产业人才培训班，来自全国各省份230名代表参加了会议和培训。着力推进发展观赏渔业，全市70多家观赏鱼等休闲渔业生产主体，实现总产值约1.93亿元。

2.远洋渔业 2019年，厦门市共有4家远洋渔业企业、44艘远洋渔船，作业海域分布于北太平洋、印度洋以及缅甸、塞内加尔，拥有印度尼西亚、缅甸等3个境外远洋渔业基地。捕捞产量4.76万吨、产值2.87亿元，回运国内4.2万吨，回运厦门3.88万吨，丰富市民“菜篮子”和提供水产加工原料。

3.水产品加工与综合利用 通过海洋创投基金带动培育一批水产品加工与综合利用企业，如厦门夏商水产集团有限公司、厦门洋江食品有限公司、厦门古龙罐头食品有限公司、厦门东海洋水产品有限公司、厦门市岛之源生物科技有限公司、厦门安井实业公司等。鼓励支持水产品加工企业技术创新和产品结构调整，开发高附加值功能性食品及高端生物制品，支持福建安井、汇盛、海林生物等龙头企业引领国家行业标准。促进全市规模以上7家渔业加工企业实现总产值达50亿元以上。

4.水产苗种业与标准化 组织编制《厦门市养殖

水域滩涂规划(2018—2030年)》,明确养殖水域滩涂功能区划为禁止养殖区、限制养殖区和养殖区,科学规划水产养殖业发展空间布局,促进养殖绿色发展。着力推动“厦兴龙”“新荣腾”等种苗企业实施品牌战略,培育对虾苗、石斑鱼苗等品牌苗种。推动厦门大学科研团队研发绿盘鲍、方斑东风螺“海泰1号”水产苗种新品系2个,已通过全国水产原种和良种审定委员会审定。结合海洋渔业招商工作,引进正大集团水产总部落户厦门,并协助成立正大全国水产研究院,实施先进的工厂化对虾育种、养殖等项目,推进厦门苗种业向高档次、高品质发展。全年实现生产鱼虾苗近4 226亿尾,产值达6.9亿元。

5.水产品质量安全监管 开展“不忘初心、牢记使命”主题教育等水产品专项整治活动,推进创建人民满意的食品安全城市等重点工作,持续提升水产品质量安全水平。市海洋发展局联合市财政局出台水产品质量安全“一品一码”资金补助办法,持续加强水产品质量安全“一品一码”追溯体系建设。加强水产品质量监测抽检,2019年累计完成药残、重金属、贝毒等各类监测抽检643次,开展快检148批次。

6.渔业科技培训与推广 充分利用厦门海洋与渔业高校和科研院所的优势,聘请厦门大学、集美大学、东海学院、海洋职业学院、福建省水产研究所等专家、教授,建立一支专家队伍,随时随地为渔民授课及现场讲解咨询。多渠道召集渔民参与培训,通过村委会、培训机构、各区水产渔业协会等各方力量开展送训上门,将培训从课堂延伸到渔村、渔场。全年累计参训渔农民共计1 908人次。其中“互联网+渔业培训”4期432人次;家庭健康管理师培训4期439人次;大乡村初级电工资格培训1期28人次;渔业养殖培训班2期100人次;水产品质量安全应急处置、“一品一码”培训9期362人次;渔(船)民培训3期114人次。

7.渔业对外合作交流 2019厦门国际海洋周期间成功举办2019年海上丝绸之路国家海洋管理与蓝色经济发展部级研讨班,来自巴基斯坦、毛里求斯、巴拿马、泰国、南非、坦桑尼亚、孟加拉国等7个国家近40位渔业官员与中国6家渔业企业进行了交流对接,还参加了海洋产业招商专场活动及海洋专业展会。

8.渔业资源增殖放流 超额完成2019年度增殖放流任务,全年投入资金562万元,组织开展6月6日全国“放鱼日”、6月8日全国“海洋宣传日”专场和厦金海域增殖放流活动等19批次,共放流鱼虾苗16.93亿尾,其中放流鱼苗2 561.8万尾,完成计划指标的131.7%;放流虾苗16.67亿尾,完成计划指标的119.1%,放流苗数量、批次均达历年之最。开展“养护水生生物资源·促进生态文明建设”为主题的增殖放流宣传活动,为群众发放宣传资料并通过展板宣传,提高社会对增殖放流认知度。与金门同时在厦金海域举办增殖放流活动。通过实施增殖放流等海洋生态修复项目,促进了全市渔业可持续发展,厦门海域海洋生物资源得到了有效恢复,海域生态环境得到了改善。

9.渔业项目与渔业企业情况 2019年厦门市海洋与渔业发展专项资金共有2项渔业项目获得立项:一是“海水鱼肠道功能微生物的产业化应用”项目,该项目由厦门嘉康饲料有限公司承担,总投资3 238.8万元,项目将筛选出的海水鱼肠道功能微生物制成微生态制剂并进行产业化,将筛选优质的海水鱼肠道微生物进行组合发酵,开发出生物饲料进行产业化推广,运用生物发酵原料研制一些水产功能配合饲料并产业化推广,集成苗种放养、水质调控、病害防控、饲料投喂等关键技术,开展水产健康养殖示范,推进水产养殖绿色发展。二是“海洋原生境中乳酸菌系列添加剂开发关键技术创新与产业化示范”,该项目由厦门惠盈动物科技有限公司,总投资693.6万元,项目创新海洋乳酸菌大规模发酵工艺,通过保藏技术创新延长渔用乳酸菌的保质期,通过与其他益生菌及添加剂等科学配伍开发系列复合添加剂,通过技术创新提高添加剂系列产品的应用效果,最终实现海洋原生境中乳酸菌系列添加剂的产业化及示范。

10.渔业人口及渔业从业人员情况 2019年,全市有渔业乡4个,渔业村37个,渔业户19 469户,渔业人口59 905人,渔业从业人员22 983人,专业从业人员11 788人,兼业从业人员8 043人,临时从业人员3 152人。

(厦门市海洋发展局 曾 志)

深圳市渔业

【概况】 2019年,为贯彻海洋强国战略、粤港澳大湾区规划纲要、中国特色社会主义先行示范区建设和“一带一路”倡议,深圳市以习近平新时代中国特色社会主义思想为指引,以创新、协调、绿色、开放和共享五大发展理念为核心,紧紧围绕全球海洋中心城市建设,推动渔业产城融合、产学研融合、一二三产融合发展,大力推动渔业高质量发展,取得了良好成效。2019年全市(含深汕特别合作区)渔业产量8.44万吨,同比增长7.6%,其中远洋捕捞量3.36万吨(占全省的57%、回运自捕鱼约1.5万吨),近海捕捞及水产养殖产量5.08万吨,全市渔业实现平稳健康发展。

1.加强顶层设计,促进高质量协调发展

(1)编制《深圳市现代渔业发展规划(2020—2035年)》。发挥规划国土海洋渔业整合优势,统筹国家战略与城市定位、统筹行业规划与空间规划、统筹产业发展与民生需求,坚持储近用远原则,明确深圳现代渔业发展的重点方向与总体目标,提出深圳现代渔业高质量、国际化的发展路径。

(2)编制《深圳市渔港空间布局规划》。综合考虑城市建设、生态环境、产业需求、防台防汛功能,差异定位各渔港的主要承载功能及未来转型方向,科学引导传统渔港转型升级和智慧化改造,形成"远洋渔港+特色渔港"多港联动、互为支撑的现代化渔港群。

(3)制定现代渔业扶持政策。全面梳理、系统分析全国现有渔业发展政策,按照渔业供给侧结构性改革的要求,推动制定现代渔业扶持政策,加快淘汰落后产能、资源破坏性生产方式,培育渔业发展新动能,不断拓展产业链中下游及消费市场,加快渔业转型升级。

2.大力发展远洋渔业,推动渔业转型升级

(1)推进国家远洋渔业基地和金枪鱼交易中心申报工作。按照"一基地两港区、整体规划、差异发展"的工作思路,深化国家远洋渔业基地(含国际金枪鱼交易中心)项目设计研究,组织开展国家远洋渔业基地有关申报工作。依托大铲湾临近空港和口岸优势,规划建设集储藏交易、拍卖展示、消费观光于一体的国际金枪鱼交易中心,培育以金枪鱼为代表的中高端远洋水产品消费市场,推动粤港澳大湾区及国内消费升级;在深汕港区引入储藏、冷链物流、精深加工、研发检测等机构,不断完善、壮大远洋渔业产业链。

(2)加快海外渔业基地布局与渔船更新改造。组织申报"深圳市联成远洋渔业有限公司密克罗尼西亚远洋渔业基地建设项目",并获得农业农村部批复,将成为推动中密双方渔业交流合作的重要桥梁和我国在南太地区远洋渔业发展的重要战略支点。2019年全市共完成渔船更新改造26艘,加快推进8艘在建渔船,鼓励企业提升渔船装备水平、开发生产作业小工具,打造现代化远洋渔业船队。

(3)督促远洋渔业企业规范管理与安全生产。高度重视远洋渔业规范管理工作,督促远洋渔业企业严格遵守农业农村部《远洋渔业管理规定》及有关通知要求,坚决守住不违反国际区域性渔业管理组织和入渔国渔业法等规范制度的底线。督促远洋企业按要求填报渔捞日志,全面落实远洋渔业企业安全生产主体责任,积极配合海上登临检查和港口登临检查,按照国际渔业组织的要求遵守履约责任,积极维护我国在国际上的负责任大国形象。

3.推动水产养殖绿色发展,着力转变渔业发展方式

(1)编制《深圳市养殖水域滩涂规划》。基于深圳市(含深汕特别合作区)的水产养殖现状,综合考虑深圳市水域滩涂资源环境禀赋和承载力、经济社会发展和生态保护需要,组织开展《深圳市养殖水域滩涂规划》编制工作,划定养殖水域滩涂"禁止养殖区、限制养殖区、养殖区",明确各区域类型功能分级、可养面积、位置和管理措施等,加快推进水产养殖产业绿色发展。

(2)着力推进水产种苗繁育工作。通过加强行业引导及扶持,深圳市部分水产种苗繁育技术日渐成熟,南美白对虾、石斑鱼、军曹鱼、鲥鱼、海马、鲳鱼、鲷科鱼类等名优品种种苗生产实现了产业化,位居全省前列,成为华南地区重要的水产种苗繁育基地。全市从事水产苗种生产及养殖的企业30多家,市内养殖总面积约1 021公顷,年产鱼苗约13.5亿尾、虾苗约50亿尾、贝类约4.6亿粒、海参苗300万尾和海胆苗100万粒。其中卵形鲳鲹的鱼卵供应量占到全国总量约35%。多倍体"沙井蚝"、斑节对虾新品种"南海1号""南海2号"和"环球牌"南美白对虾等优良苗种推广遍及全国沿海养殖区和部分东南亚地区。

(3)大力发展水产品精深加工及休闲渔业。全市从事水产品加工的企业约20家,加工产品包括罗非鱼、虾、牡蛎、海水鱼等10多个品种,产品销往全国各地以及北美、欧洲和东南亚地区。较有影响力的水产品企业包括:荣获欧盟和美国双认证的深圳联合水产发展有限公司,以罗非鱼为主打产品进军美国市场,荣获广东省名牌产品、具传统地方特色的"沙井蚝"系列加工产品等。积极发展观赏渔业、垂钓业、旅游观光和渔业文化等休闲渔业新业态,推动落实国际金枪鱼交易中心、深圳大鹏世界级滨海生态旅游度假区、小梅沙海洋世界重建以及深圳蛇口渔港、盐田渔港升级改造、南澳渔港渔村活化等重点项目。

(4)强化水产养殖环节质量安全监管。加强水产养殖质量安全检查,督促企业强化内部质检管控,严防、严管、严控水产品质量安全风险。组织对水产养殖企业开展水产品质量监督抽查,重点检测硝基呋喃类代谢物、孔雀石绿、氯霉素等国家禁止使用的渔药或其他化合物。全年开展水产用药安全检查执法检查18次,检查企业27家次,出动人员38人次;开展食品安全生产检查9次,检查企业17家次,出动人员26人次。

(5)扎实推进水生动物防疫检疫工作。截至2019年,全市检疫水产苗种687批次,检疫苗种9.541亿尾(个、条),出具检疫合格证128批次;切实做好重大水

生动物疫病监测工作，监测品种包括石斑鱼、黑鲷、东风螺、鲍鱼、对虾、金钱龟等养殖名贵经济水产品，监测苗种数量达到10亿尾(只)以上，检测项目总计300项次；加强病害测报工作，投入20万元，在全市建立6个水产养殖病害测报点，池塘监测面积333公顷。

4.深入推进渔业资源养护，不断改善海洋生态环境

(1)积极开展水生生物资源增殖放流工作。严格按照增殖放流技术规程有关要求，合理规划放流区域、数量，依法实行检验检疫，确保增殖放流效果。2019年完成深圳机场飞行区扩建填海工程等3个涉海工程项目的增殖放流生态补偿实施方案审批，健全增殖放流各个环节，对涉海工程建设项目生态补偿增殖放流从实施方案申报到放流后的效果评估实行全过程监管。开展以“养护水生生物资源，促进生态文明建设”为主题的渔业资源增殖放流活动，组织动员社会各界积极参与，全年共增殖放流虾苗7 869万尾、鱼苗459万尾、贝类24 800万只。

(2)扎实推进海洋牧场和人工鱼礁建设管理。组织申报大鹏湾国家级海洋牧场人工鱼礁建设项目，顺利通过农业农村部立项、批复。加快东西涌人工鱼礁投放，全面完成1.43千米^{2}的东西涌人工鱼礁区建设。开展东西涌人工鱼礁区渔业资源与生态环境调查，研究表明该海域溶解氧含量达到第二类海水水质标准，生物多样性和渔业资源显著提升。为保护人工鱼礁区和大亚湾近岸海域珊瑚礁，组织安全人员加强一线巡逻监督，严防电、炸、毒鱼及盗采珊瑚等违法违规行为。

(3)严格执行休(禁)渔制度。鉴于深圳湾禁渔区生态养护修复效果明显，推动深圳湾禁渔区实施期限继续延长5年。严格执行海洋伏季休渔制度，制定印发深圳市2019年海洋伏季休渔制度实施方案。2019年全市应休渔渔船1 160艘、功率152 188千瓦、休渔船员5 917人，做到应休尽休。休渔期间，加强一线执法检查，共出航执法船21艘次，出航25天；执法快艇出航490艇次，计873小时；执法车辆192辆次；执法人员2 039人次；检查渔船总数410艘次；立案查处10宗违规捕捞，移送司法机关1宗，有效保障了渔业资源得到休养生息、可持续利用。

(4)加强珍稀物种保护。一是加强水生野生动物保护宣传。组织开展全国水生野生动物保护科普宣传月义工日、“与海共生、保护海洋”海洋环保艺术展、“依法治渔 海有你我”深圳湾禁渔区宣传等活动。二是规范好水生野生动物保护行政许可管理，规范行政许可流程，严把资料审核关，提高办证效率。2019年共办理国家二级保护水生野生动物人工繁育证203份、经营利用证133份。三是加大水生野生保护动物经营利用执法监管力度，全年开展执法检查35次、出动执法人员180人次、办理相关案件1宗。四是发挥水生野生动物救护科普基地作用。依托广东海洋大学深圳研究院等单位，培育珊瑚种苗达23 000株，救助水生野生保护动物海龟14只、大鲵1只。

5.强化渔港渔船管理，渔业安全生产形势稳定

(1)推进美丽渔港建设。加快蛇口渔港更新改造，使之融入现代化城市风貌中，保留渔港基本功能、城市历史印记，打造集渔业、休闲、观光于一体的现代都市渔业空间；推进智慧渔港建设，智慧渔港信息系统成功接入天地图、海浪潮及台风数据库、渔船及船员证书、渔港进出车辆数据、渔船北斗定位数据等，正式上线使用“进出港报告”功能，初步实现渔港信息化管理。规范渔港管理。开展渔港红线划定和确权工作；制定渔港港章，建立健全渔船进出港报告、港容港貌、渔船渔民及渔获物上岸等工作机制，初步实现了依港管人、管船、管渔获。

(2)加大海洋捕捞渔民减船转产力度。积极组织开展减船转产和渔船更新改造项目工作，截至2019年，按规定程序完成减船350艘、功率9 451.6千瓦，提前完成了广东省下达深圳市海洋捕捞渔船和功率压减目标任务(海洋捕捞渔船减船转产91艘、2 424千瓦)，完成率分别为384.6%、389.9%。积极推进制定海洋捕捞辅助船、养殖船减船转产和更新改造工作方案，加大资金投入力度，建立落后产能有序退出机制。

(3)全面排查整治渔业事故风险隐患。印发《深圳市海洋渔业局渔业安全生产大检查工作方案》，组织各涉渔单位彻底排查整治渔船、渔排、渔港、涉渔生产经营主体的风险隐患。全年召开安全工作会议45次，组织开展渔港渔船检查97次，出动船艇1 828艘次，执法人员7 692人次；检查渔船2 473艘次，发现隐患186处，发出整改通知书113份；积极推进渔船检验“检管分离”改革试点，全年检验大中型渔船65艘、小型渔船791艘，切实保障了渔业安全管理到位、渔业安全生产形势持续稳定。

(4)全力以赴做好海上应急处置与救助。组织开展执法船艇应急演练13次，全年共开展海上救助26宗，出动船艇33艘次，成功救助遇险人员14人。其中，组织了2019年深圳市海洋灾害及渔业救助应急演习，深圳市应急管理局、市公安局反恐办、国家海洋局南海预报中心等12个单位、本地渔民、港澳流动渔民、周边市民共160余人参与演习，进一步提升了渔业防灾减灾能力。

6.加强渔业执法和监管，维护渔区和谐稳定 按照农业农村部、省农业农村厅的统一部署，组织开展“中国渔政亮剑 2019”“护渔 2019”系列渔政执法行动，做好涉渔“三无”船舶和“绝户网”清理取缔、伏季休渔、打击电鱼、安全生产、边境交界水域禁渔等重点执法行动。联合香港警务处水警总区、香港渔农自然护理署开展执法行动 5 次，与香港渔农署海岸公园建立执法和信息共享机制，组织赴深汕特别合作区海域、深惠交界海域开展一系列联合执法行动，对越界偷捕始终保持高压整治态势，严格休渔执法和深圳湾禁渔区管控，重拳整治各类海上违规捕捞行为。全年开展渔政执法行动共计 927 次，出动执法船艇 1 623 艘次，执法人员 6 743人次，查处渔政案件 84 宗，收缴罚款 29.18 万元，查获涉渔“三无”船舶 204 艘，组织销毁行动 3 次，依法公开销毁“三无”船舶 135 艘、非法网具 10.94 万米。

7.做好港澳流动渔民管理，构建港澳流动渔民和谐渔业 截至 2019 年，深圳市在册港澳流动渔船 959 艘(捕捞船 564 艘，辅助船 352 艘，养殖船 43 艘)，主机功率为 15 万千瓦。全年产量约 2.22 万吨，产值约 91 232万元。一是积极落实惠渔惠民政策，减轻流动渔民生产成本。2019 年审核发放 2018 年度港澳流动渔船 277 艘油价补贴资金总额 673.9 万元；落实 2019 年度港澳流动休渔船主及船员补助工作，发放补助金额 242.3 万元。二是做好港澳流动渔船雇用渔工作业证审核与港澳流动渔民入户、转户审核工作。2019 年为渔民办理渔工作业证 1 116 份，注销渔工作业证 955 份。办理内地户口簿 30 本，新办出海船民证 86 张、注销出海船民证 76 张。

8.存在问题

(1)远洋渔业形势严峻。在国际上，国际海洋权益斗争日趋复杂，公海渔业资源管护措施日益严厉，开发利用门槛不断提高，涉外渔业风险加大，国际渔业组织实行远洋渔业配额捕捞。日本等发达国家垄断国际金枪鱼市场，长期维持低价，我国企业利益被严重吞噬。在国内，农业农村部实行全国远洋渔船规模总控(总量不超过 3 000 艘)。深圳远洋渔业产业链仍较为薄弱，市内外海外远洋渔业综合基地数量偏少，远洋渔港、冷链物流及加工等配套设施缺乏。

(2)传统捕捞养殖业难以为继。受近岸长期捕捞和海洋工程等影响，导致渔业资源日趋衰退，珍惜水生野生动物濒危程度加剧。同时，在深圳市城市化进程中，随着新经济的不断崛起，水产养殖业在国民生产总值中的占比日渐下滑，传统陆域养殖区域不断被挤压，养殖面积不断萎缩，渔业转型升级迫在眉睫。

【重点渔业区基本情况】

深圳市重点渔业区基本情况

重点渔业区	渔业总产值(万元)	水产品产量(吨)	其中				养殖面积(公顷)	
			海洋捕捞	海水养殖	内陆捕捞	淡水养殖	海水	淡水
大鹏新区	20 062.27	4 741	1 622	3 041	44	34	208.0	0.1
深汕合作区	174 613.98	43 968	27 414	13 746		2 826	538.2	229.0

【大事记】

[1]3 月，深圳市机构改革后，渔业管理职能由原深圳市经济贸易和信息化委员会划转至新组建的深圳市规划和自然资源局。

[2]4 月，经省农业农村厅批准，深圳湾禁渔区实施期限继续延长 5 年。

[3]6 月 6 日，开展以“养护水生生物资源，促进生态文明建设”为主题的渔业资源增殖放流活动，放流虾苗 150 万尾，鱼苗 30 万尾。

[4]12 月 16 日，组织开展 2019 年深圳市海洋灾害及渔业救助应急演习。

(深圳市海洋渔业局 吴 璇)

新疆生产建设兵团渔业

【概况】 2019 年，新疆生产建设兵团渔业工作始终以习近平新时代中国特色社会主义思想为指引，深入学习党的十九大和十九届二中、三中、四中全会精神，树牢“四个意识”，坚定“四个自信”，做到“两个维护”，贯彻落实以习近平同志为核心的党中央治疆方略和对兵团的定位要求，紧紧围绕新疆社会稳定和长治久安总目标，聚焦兵团维稳戍边职责使命，按照实施乡村振兴战略和深化供给侧结构性改革的总体要求，以“提质增效、减量增收、绿色发展、富裕职工”为目标，把握需求，做好服务，科学调控，依法监管，主动转变工作方法，较好地完成了全年工作任务。2019年，兵团水产品总产量5.38万吨，同比减少6.6%，占全疆水产品总量的32.2%，渔业经济总产值10.06亿元，占全疆渔业总产值的30.7%。

1.积极对接渔业监督职责 2019年6月，兵团渔业监督职责从兵团水利局转隶至兵团农业农村局，为确保渔业监督职权“接得住、拿得稳、办得好”，兵团农业农村局积极同各师（市）农业农村局对接渔业监督职能，利用出差、培训等契机，加强对渔业监督职责的宣讲，使各师（市）农业农村局熟知渔业监督职责。9月，印发《关于开展兵团渔业发展状况调研工作的通知》，要求各师（市）农业农村局摸清渔业家底，深入研究渔业发展面临的重点、难点问题，理清发展思路，撰写《渔业发展状况调研报告》。9—12月，积极主动赴第一、三、四、六、七、八、十、十二等师（市）农业农村局，现场解答渔业发展中存在的困惑和问题。

2.着力推进渔业绿色发展 以开展健康养殖示范场创建活动为抓手，新创建（复审）4个国家级水产健康养殖示范场。9月，印发了《兵团关于加快推进水产养殖业绿色发展重点工作实施方案》，为推进水产养殖高质量绿色可持续发展提供指导意见。兵团农业农村局以发展生态健康养殖，完善循环水和进排水处理设施，池塘清淤，改造和建设标准化的流水养殖池及温室大棚，改造电力系统及场内道路环境等为主要方向，扶持7家有一定规模、生产技术好的水产养殖单位开展标准化池塘改造。

3.抓好水产品质量安全监管 6月，印发了《新疆生产建设兵团渔业用药减量行动实施方案》，兵团辖区内渔业生产依法、科学用药水平明显提高，药物残留和水产养殖动物病原菌耐药问题得到初步控制，水产品质量安全水平稳步提升。兵团农业农村局委托第三方抽检了辖区内的100余个水产品样品，进行了硝基呋喃类代谢物、孔雀石绿、氯霉素等药残检测，合格率为100%。全年累计向基层养殖户发放《水产养殖用药明白纸》和鱼病防治挂图600余份。

4.切实加强渔业安全生产管理 2019年，给各师（市）农业农村局、水利局下发5个有关渔业安全生产的正式通知，要求各级渔业主管部门在改革关键期提高政治站位，压实责任，突出重点，强化监管，全面落实“管行业必须管安全、管业务必须管安全、管生产经营必须管安全”的要求，进一步抓好渔业安全监管工作。兵团已连续多年未发生渔业安全生产事故。

5.持续加强渔政队伍建设 为贯彻落实中央关于严格实行行政执法人员持证上岗和资格管理制度精神，规范公正文明执法能力和水平，12月下发文件，组织兵团辖区内符合条件人员参加2019年渔业行政执法人员资格考试。根据农业农村部统一部署，兵团农业农村局组织有关师（市）农业农村局开展“渔政亮剑2019”专项执法行动，继续加大对禁渔期、禁渔区管理和涉渔“三无”船舶清理整治工作力度。

6.加强技术推广和职工培训 组织兵团水产技术推广总站就草鱼高产养殖技术，大水面河蟹养殖技术，河鲈、白斑狗鱼、丁鲹养殖技术，大水面南美白对虾养殖技术等进行指导和服务。组织第三届全国水产技术推广职业技能竞赛赛前专业技能培训并选拔选手参加竞赛，第十师农业农村局张振同志总分排名第11名，获得“全国农业技术能手”的称号。

【重点渔业生产单位基本情况】

新疆生产建设兵团重点渔业师基本情况

师	总人口（万人）	渔业产值（万元）	水产品产量（吨）	其中		养殖面积（公顷）
				捕捞	养殖	
第一师	40.89		4 398		4 398	8 539
第四师	25.66		11 534	133	11 401	1 340
第七师	24.81		5 830		5 830	2 860
第八师	69.1		9 636		9 636	3 205
第十师	11.11		12 005		12 005	10 653

【大事记】

[1]6月，兵团渔业渔政工作由兵团水利局渔业渔政处转隶至兵团农业农村局畜牧兽医处（渔业监督

处)。

[2]12月,兵团水产技术推广总站由兵团水利局转隶至兵团农业农村局。

(新疆生产建设兵团农业农村局)

全国渔业重点事业单位

中国水产科学研究院

【概况】 2019年，中国水产科学研究院按照农业农村部领导"加快科技创新，强化人才培养，进一步提升创新能力"的要求，坚持问题导向和目标导向，开展调查研究，谋划改革与发展。立足水科院国家队的职责使命，提出"以研为本，以创为先"的发展理念；立足产业需求，坚持把支撑渔业高质量发展作为全院科技创新出发点和落脚点；立足科研院所的优势与特点，提出学科、项目、平台、团队、成果一体化发展的科技创新工作举措；立足自身建设，完善创新现代院所制度和运行机制；研究并确立了今后一段时期的发展方向和目标，即按照"国家渔业科技创新中心和国际渔业科技活动中心"的战略定位，建设"渔业前沿科学创新高地、核心技术研发源地、成果转化应用基地"，打造"一流现代科研院所"。

1.科研项目与成果产出 全年新上科研项目1 286项，合同经费总额达10亿元。国家重点研发计划"蓝色粮仓科技创新"第二批项目成功立项9个，位居全国第一。全年获得省部级成果奖励58项，其中国家科学技术进步奖二等奖1项，省部级一等奖6项；发表论文1 818篇，其中SCI或EI收录566篇；出版专著29部；获得软件著作权165项；获国家授权专利440件，其中发明专利240件；通过国家审定发布水产新品种2个。淡水渔业研究中心首次突破淡水石首鱼人工繁殖技术；珠江水产研究所创新草鱼绿色养殖技术，在全国20多个省份推广应用；中国对虾黄海3号、罗非鱼中威1号和大口黑鲈优鲈3号等新品种在主养区占据重要份额；东海水产研究所研制的新型深远海模块化拼装铜合金网箱装备、浅海围栏养殖设施技术分获德国、日本专利；南海水产研究所建立渔业资源增殖养护技术体系，为南海北部渔业资源可持续利用提供科技支撑；渔业机械仪器研究所研发的18型标准化节能船型，单船平均节能10%以上，示范渔船近千艘；生物技术研究中心揭示了异源四倍体鲤亚基因组间进化模式，黄海水产研究所解析了海带DNA单碱基甲基化图谱。

2.科技支撑与公益服务 扎实推进全国水产养殖业污染源普查和渔业生态环境监测工作，开展内陆重要流域禁渔和海洋伏季休渔研究、水生生物资源养护与增殖放流、水生野生动植物保护履约等工作。全年开展19次增殖放流活动，共放流优质大规格苗种1 100余万尾。保质保量完成全年水产品质量安全监测工作，加强水产标准体系研究和制（修）订工作，积极开展水产品质量安全风险评估。开展渔村振兴、深化新型渔业经营主体、推进生计渔民认定标准、水产品出口贸易研究，参与新一轮渔业油价补贴政策改革研究。强化国家渔业管理数据信息服务支撑，深化渔业专业知识服务。全年共举办培训班400多场次，培训农（渔）民2万余人次，示范面积近1.33万公顷，辐射带动贫困户3万余户，部分地区带动农（渔）民人均增收2 000元以上，科技支撑当地渔业产业扶贫取得了良好效果。

3.国际合作与协同创新 与联合国粮食及农业组织（FAO）签署合作备忘录，建立战略合作伙伴关系。黄海水产研究所黄倢研究员当选亚太水产养殖中心网（NACA）总干事，扩大我国在亚太地区的渔业影响力。积极融入全球渔业科技创新网络，成功举办首届国际渔业科技与创新大会等学术研讨会。立足中国水产科学研究院科研优势服务国家对外战略，圆满完成对厄立特里亚、埃及等国的技术援外和培训任务。强化院科技创新的牵头作用，联合全国相关科研单位成立了长江、黄河、大水面、南海等科技创新联盟，打造"深度合作、共享共赢"的区域协同创新平台；加强院地协同攻关，牵头广东省产业技术体系淡水鱼和质量安全创新团队，联合承担浙江省水产种业重大专项，共同开展良种选育、绿色养殖、质量安全等技术攻关。

4.科研条件建设 全年新立项基本建设项目8个，获批修缮购置项目12个，科研仪器等设施有了新改善；黄海水产研究所首个国家级海洋渔业生物种质资源库即将建成；2 艘 3 000 吨级“农业航母”调查船交付使用；广东省海鸥岛 3.13 公顷土地经农业农村部批准无偿划转中国水产科学研究院。国家淡水水产种质资源库和国家海洋水产种质资源库获批进入国家科技资源共享服务平台；8 个国家渔业资源环境科学观测实验站纳入农业农村部百个实验站建设规划。

5.人才队伍建设 研究制定了《关于适应新时代要求大力发现培养选拔优秀年轻干部的工作方案》，开通了高级专技职称评审“绿色通道”，推动优秀人才快速成长；增加全院高级职称可评数，岗位结构得到明显优化。东海水产研究所庄平荣获科学中国人年度人物和全国农业农村系统先进个人称号，东海水产研究所赵峰入选人力资源和社会保障部百千万人才工程，黄海水产研究所邵长伟入选国家“万人计划”科技创新领军人才，黄海水产研究所李彬获得第十一届全国农村青年致富带头人标兵称号，南海水产研究所南海渔业战略研究中心获全国农业农村系统先进集体称号。与中国农业科学院研究生院签订合作备忘录，落实研究生联合培养合作机制，完成首次联合招收水产学科硕士研究生工作。

【黄海水产研究所】

1.科研项目与成果 2019 年全所共主持、承担各级各类科研课题 511 项，其中承担国家重点研发计划“蓝色粮仓科技创新”第二批项目 8 项，留所经费 12 514.6万元。新上各类科研项目（课题）177 项，合同总经费 21 788.39 万元。获国家授权专利 52 件。发表论文 415 篇，其中 SCI 收录或其他英文期刊论文 230 篇。获山东省科学技术进步奖一等奖、二等奖各 1 项，范蠡科学技术奖一等奖 1 项，全国农牧渔业丰收奖 1 项，中国产学研合作创新成果二等奖 1 项，中国产学研合作创新成果优秀奖 1 项，院科技进步奖一等奖 1 项。

2.成果转化与科技支撑服务 编制印发《黄海水产研究所实施乡村振兴战略行动方案（2019—2022 年）》；在东营垦利区、威海荣成、河北曹妃甸设立乡村振兴示范点，开展项目帮扶、联合攻关、科技下乡等活动近百次。“四技服务”登记数 393 项，创收收入 3 185.43万元。新上市级工程中心 2 个，海水养殖装备与生物育种技术国家地方联合工程研究中心（青岛）年度考核优秀；新上院士工作站 3 个，产学研合作基地 6 个，与威海市人民政府共建黄海渔业科技创新研究院。3 项技术入选 2019 年农业主推技术。开展技术培训、技术指导等百余次，培训人员万余人次。所内科研人员建言献策近 30 篇，1 则建议获胡春华副总理批示；1 人获评中国侨联特聘专家建言献策一等奖。

3.学术交流与国际合作 成功召开渔业科技发展七十年暨唐启升院士从事渔业科学研究五十周年学术论坛。新上国合项目 7 项，合同总经费 469 万元。推荐黄倢成功竞选 NACA 总干事。1 人作为 CCAMLR 科委会中国科学家首席代表履约履职，1 人作为 PICES 渔业委员会主席履职，作为中韩海洋生物资源专家组组长参与中韩渔业谈判。与墨西哥国家渔业和水产养殖研究所成立中国-墨西哥海水养殖联合研究中心，牵头发起组建国际水产养殖科技与产业发展联盟；成功举办 2019 年丝路国家海水养殖技术培训班、2019 年渔业“走出去”国际合作能力建设培训班暨涉渔农技协负责人国际合作能力建设培训班、2019 年全国海洋渔业安全生产管理培训班。

4.人才队伍建设 18 个团队入选中国水产科学研究院首批科技创新团队。完成新一届中层领导干部聘用上岗，新提任处级干部 21 人，40 岁以下处级干部占处级干部总数的 30%左右。1 人入选万人计划，1 人获国务院特殊津贴，1 人获泰山学者青年专家称号，1 人获全国农村青年致富带头人标兵称号，1 人获中国水产科学研究院杰出青年称号，1 人被评为青岛市政府特殊津贴专家，1 人获评青岛市优秀退役军人，1 人获评青岛最美科技工作者，1 人获评青岛市优秀共产党员。

5.科研条件建设 获批 1 个国家科技资源共享服务平台——国家海洋水产种质资源库、2 个青岛市工程研究中心，国家海洋技术转移中心渔业分中心完成了 5 项科技成果的评价工作。“蓝海 101”号调查船交付使用，完成 3 个航次的正式调查任务。所内 4 艘调查船共出海 42 个航次，累计海上作业 452 天，调查站位 1 600 多个，安全航行累计 50 100 海里。大型科研仪器与基础设施开放共享工作获科学技术部通报表扬，评估成绩良好。

【东海水产研究所】

1.科研项目与成果 2019 年全所在研项目共计 660 项，其中主持 627 项。新上项目 207 项，其中主持 195 项，包括国家重点研发计划“蓝色粮仓科技创新”第二批主持项目 2 项、课题 7 项，新上项目合同总经费 23 692.79 万元。获得中华农业科技奖优秀创新团队奖等各类科技奖励 7 项，其中主持 6 项。选育拟穴青蟹东方 1 号新品系。《中国河口海湾水生生物资源与环境》出版工程全套 28 本专著正式出版发行，此外还出版各类专著 14 部。发表论文 211 篇，其中 SCI 论文 57 篇、EI15 篇。申请专利 70 项，授权专利 51 项，并获得德国授权发明专利 1 项，日本授权发明专利 1 项。授权软件著作权 9 项。

2.技术支撑与科技服务 持续开展长江口渔业资源环境监测与重要经济物种调查，牵头鳗鲡国家保护行动计划。技术支撑南极磷虾产业发展，平均单船产量创历史新高。建立南极磷虾渔场预报平台，平均准确度达 72.7%。推进盐碱池塘生态养殖标准化建设，助力产业持续发展。完成东海渔业资源系列调查任务，科学评价伏季休渔效果，服务东海渔业科学管理。大黄鱼温和精深加工技术取得新突破，在福建等地示范应用。渔业环境修复成效显著。近海捕捞渔具管理支撑有力。在西藏开展设施养殖探索，科技助力西藏渔业发展。与甘肃景泰共建工程技术研究中心，赠送鱼虾苗种 44.3 万尾，技术服务精准扶贫。

3.学术交流与国际合作 全年共举办国际学术交流 41 次。承办首届国际渔业科技与创新大会、第三届深远海养殖技术发展国际研讨会。与缅因大学、爱尔兰海洋研究所签订了合作协议，与泰国渔业局达成合作意向，派出科研人员参加南极生物资源养护委员会、FAO 渔具管理会议、南印度洋渔业委员会等系列国际会议。中日韩合作稳步推进，中欧渔业合作创新突破，签订了一批合作协议；承担农业农村部“塞拉利昂渔业资源联合调查专项”，圆满完成首次援非调查任务。

4.人才队伍建设 12 个团队入选中国水产科学研究院首批科技创新团队。积极推进人事制度改革，深化职称评聘分离，为年轻同志提供成长空间。1 人荣膺科学中国人年度人物、渔业创新领军人才和全国农业农村系统先进个人，1 人获得渔业推广领军人才，1 人获国务院特殊津贴，1 人入选国家百千万人才工程和有突出贡献中青年专家。

5.财政保障与条件建设 成功申报国家资源环境杨浦观测实验站、全国名特优新农产品（水产品）全程质量控制技术上海中心等 4 个部级平台，以及上海长江口渔业资源增殖和生态修复工程技术研究中心等 1 个省级平台。仪器设备共享工作在科技部、财政部评价考核中排名位居院内第一。“蓝海 201”在 6 月完成交付使用，为承担大洋公海渔业资源调查任务奠定平台基础。

【南海水产研究所】

1.科研项目与成果 2019 年全所新上纵向项目 244 项，到位经费 1.32 亿元。国家重点研发计划“蓝色粮仓科技创新”第二批主持项目 1 项、主持课题1 项、单位参加课题 3 项；国家自然科学基金项目 10 项，创历史新高。发表论文 397 篇，其中第一单位或通讯作者论文 203 篇（含 SCI、EI 论文 112 篇）；专著 5 部、软件著作权 32 项；授权专利 74 件。完成成果登记 12 项，67 个项目通过验收。成功研发出新型网箱 2 款、投饵系统 2 款、清洁装备 3 款、起网系统及监测系统；完成斑节对虾抗逆新品系传代选育，筛选出多个具有优良低蛋白适应的斑节对虾家系等。获各类成果奖励 7 项，其中以第一完成单位的获奖成果 4 项，分别为全国农牧渔业丰收奖贡献奖 1 项，海洋科学技术奖二等奖 1 项，广东省农业技术推广奖三等奖 2 项。

2.科技支撑与成果转化 完成“南锋”号和“中渔科 301”调查船 3 个航次调查任务，进一步摸清南海重点海域生物资源数量分布。牵头成立南海渔业科技创新联盟；在三亚成立新型科研机构三亚热带水产研究院；广东珠江口生态系统野外科学观测研究站获批建设。新上“四技”服务 126 项，开展科技下乡与培训 39 次，培训人员 3 670 人次。通过开展海鲈养殖、病害防治、保鲜加工等技术研发、科技培训和现场指导，推进珠海海鲈产业提升行动和美济礁水产养殖品种种质提升行动。帮助对口帮扶的陆丰市金厢镇望尧村驻村 202 户 801 人实现脱贫，荣获广东省脱贫攻坚突出贡献集体称号。完成南沙船位日常监控、油补发放、安全应急、涉外等各项任务，建设完成中国渔政执法举报受理中心平台，提升南海渔业管理支撑能力，南海渔业中心获全国农业农村系统先进集体称号。

3.学术交流与国际合作 组织召开中越渔业资源专家组会议，持续开展中越北部湾共同渔区渔业资源联合调查。稳步推进中菲赠送淡水鱼苗等渔业合作。坚持开展珠江口伶仃洋中华白海豚种群动态监测，首次证实珠江口以西的漠阳江口海域有常年定居性的中华白海豚分布，完整确认了世界上最大的白海豚种群的分布边界，并重新评估其规模为 2 600 头左右。全所共有 11 个团组、30 人次因公出国（境）参加培训和学术交流。《南方水产科学》再次入选 CSCD 核心库，影响因子蝉联水产学期刊首位，荣获第二届中国水产学会优秀科技期刊称号。

4.人才队伍建设 13 个团队入选中国水产科学研究院首批科技创新团队。一批青年专家入选中国水产科学研究院第四届学术委员会委员和相关学科副主任委员，以及广东省产业技术体系岗位科学家、试验站站长。继续实施所“优才计划”，加快年轻科技人员成长。1 人被评为中国罗非鱼产业突出贡献人物，1 人获首届广东长隆动植物保护奖和广东省人才优粤卡 A 卡，1 人被认定为海南省高层次人才“拔尖人才”。与北部湾大学签订人才培养和联合培养研究生合作协议。

5.科研条件建设 基本建设项目水生动物疫病专

业实验室建设项目、国家渔业资源环境大鹏观测实验站建设项目获农业农村部投资批复。深圳试验基地仪器设备购置、热带水产研究开发中心仪器设备购置2项中央级科学事业单位修缮购置专项资金仪器设备购置类项目获农业农村部资金批复。农业部水产品加工技术集成基地建设项目、南海水产育种创新基地建设项目、南海渔业科学调查船体系仪器设备购置项目等先后通过竣工验收并交付使用。位于广西北海的北部湾中心和位于海南三亚的热带中心均已取得国有建设用地使用权。农业农村部将广州海鸥岛基地建设用地划归南海水产研究所，已完成土地测量，并按计划推进确权和办证工作。

【黑龙江水产研究所】

1.科研项目与成果 2019年全所承担各类科研项目(课题)共215项，其中年度新上科研项目116项，包括国家重点研发计划"蓝色粮仓科技创新"第二批课题2个。牵头组织的农业财政专项"西北地区重点水域渔业资源与环境调查"正式启动。发表论文105篇，其中SCI(含EI)36篇；出版专著2部，主编《雅鲁藏布江中游渔业资源与环境考察报告》1部；获得软件著作权25项。获得授权专利40项。"北方鲤鱼池塘生态养殖技术研究及应用"获黑龙江省科技进步二等奖、"耐盐碱大鳞鲃人工驯养技术与产业化"获范蠡科技进步二等奖。"鲟鱼繁育及养殖产业化技术与应用"和"鲤优化品种选育技术与产业化"两项科研成果入选改革开放40周年渔业科技标志性成果。

2.成果转化与科技服务 组织专家团队在新疆阿勒泰、四川雷波、内蒙古乌兰察布、甘肃景泰和山西秦巴山区等地开展智力帮扶，累计赠送苗种440万尾(粒)。完成《雷波县冷水性渔业发展规划》编制。协助中国水产科学研究院成功举办雅安冷水性鱼类现场观摩活动。完成了黑龙江大兴安岭南麓片区渔业精准扶贫调研工作。在全国20多个省份渔业主产区举办科技讲座、现场指导35次，累计培训技术人员和渔民1 000多人次、发放技术资料1 500余份、推广松浦镜鲤、虹鳟等优质苗种4 000余万尾(粒)。

3.国际合作与学术交流 主办第二届国际冷水鱼产业发展论坛暨国家冷水性鱼类产业技术创新战略联盟年会。邀请英国、美国、丹麦、挪威、波兰、韩国、蒙古国、日本、马来西亚和俄罗斯等10个国家共23位专家、学者、技术官员到所交流合作。选派11人次分赴美国、马来西亚、西班牙、挪威等国家开展学术交流。举办各类国内学术交流活动20场次，参加各类国内学术交流会议70人次，在大会上做报告25人次。

4.人才队伍建设 6个团队入选中国水产科学研究院首批科技创新团队。开展内设机构调整，完成新一轮中层干部轮岗，选拔聘任中层干部11人，平均年龄下降5岁。修订《特聘副研究员(三级)遴选办法》并实施，有4人通过遴选被聘用。1人获改革开放40周年渔业科技突出贡献人物称号，1人获2018年度渔业科技创新领军人才称号。

5.科研条件建设 推进基本建设和修缮购置项目工作，申报疫病实验室建设项目1项，取得宽甸基地建设项目国有建设用地划拨决定书。年度修缮购置项目基本完工，以前年度2个修缮购置项目通过初验。

【长江水产研究所】

1.科研项目与成果 2019年全所共承担各类科研项目268项，其中新上项目138项，合同经费9 435.25万元。获得中国水产科学研究院科学技术进步奖一等奖1项，湖北省科学技术进步奖三等奖1项，范蠡科学技术奖二等奖1项。"黄鳝规模化全人工繁育"取得成功并通过专家组现场验收。长江专项进展顺利，结合历史数据整理得出长江鱼类共433种。完成多种鲟鱼的全基因组测序和组装，其中小体鲟为世界上第一个鲟鱼类全基因组。长丰鲫新品种入选2019中国农业农村十大新产品。出版专著1部，发表论文187篇，其中SCI论文92篇。获得授权国家专利40项。

2.科技支撑与成果转化 成立湖北省公安县稻虾养殖产业联盟，签订了《乡村振兴战略科技支撑行动合作协议》《任城区喻屯镇稻虾综合种养项目工程设计协议》。与四川省资中县、江安县等签订科技成果转化推广战略合作框架协议。全年参与或举办各种科技培训15次，培训基层水产专业技术人员和养殖人员1 900多人次，发放相关技术资料1 700多册。依托于长江水产研究所的检测中心被农业农村部确认为全国名特优新农产品(水产品)全程质量控制技术武汉中心。为长江水生生物保护宣传系列活动提供了60尾长江鲟亲本、1 000尾2龄长江鲟。主办2019年长江四大家鱼亲本标志实验性增殖放流活动，四大家鱼原种亲本1 033组、1.5万余千克被放流长江。开展系列西藏特有鱼类增殖放流活动，累计放流土著鱼类220万尾。

3.国际合作与学术交流 中捷鱼类保护与生物技术联合实验室年度评估结果为优良。援古巴第五期淡水养鱼技术援助项目圆满结束。举办水产创新讲座7期，邀请8位国内外专家来所交流。所内科研人员参加国内外学术交流90余人次。

4.人才队伍建设 6个团队入选中国水产科学研

究院首批科技创新团队。开展中层干部选拔任用工作，确定 5 个岗位的中层正职干部人选。实施年度英才计划人选评选工作，确定杰出英才 1 人、优秀英才 8 人。

5.科研条件建设 完成 3 个在建项目全部建设内容，其中 2 个项目已取得竣工验收备案证，准备报送初步验收材料。梁子湖二期建设项目获批。编制“三年滚动”财政支出规划，申报运行费项目 9 项、修缮购置项目 4 项。

【珠江水产研究所】

1.科研项目与成果 2019 年全所新上纵向项目 126 项、横向科技项目 89 项，新上纵向和横向项目经费以及到位经费均创历史新高。组织申报国家重点研发计划“蓝色粮仓科技创新”第二批课题 2 项、子课题 5 项；新上国家重点研发计划课题 2 项，子课题 9 项，国家自然科学基金项目 7 项；获批广东省淡水鱼产业技术体系创新团队首席专家单位，广东省产业体系岗位 10 个。牵头组织“珠江水系渔业资源与环境调查专项”通过专家论证。大口黑鲈优鲈 3 号获得新品种证书。获各类成果奖励 11 项，其中获 2016—2018 年度全国农牧渔业丰收奖一等奖 1 项，省级科技进步奖二等奖 1 项(第二完成单位)，广东省农业技术推广奖一等奖 1 项。获批国家渔业资源环境广州观测实验站和 FAO 水产养殖细菌耐药与生物安保参考中心。

2.成果转化与科技服务 珠江水产研究所为主推动并负责起草的《鼋拯救行动计划(2019—2035 年)》由农业农村部正式颁布，协助编制了《珠江水生生物保护意见》和《广东省江河水生生物保护意见》。广东乳源、连南，广西三江稻鱼种养模式得到提升和继续推广，为精准扶贫发挥应有作用。

3.学术交流与国际合作 成功承办了第 30 届 NACA 理事会年会会议。组织召开中国-东盟海上合作基金项目“中国-东盟渔业资源保护与开发利用”启动会，并先后在马来西亚等 5 个国家举办技术培训班。主办中国-东盟渔业绿色发展学术论坛等，更好地服务国家“一带一路”倡议。

4.人才队伍建设 7 个团队入选中国水产科学研究院首批科技创新团队。启动首次特聘岗位选聘工作，已聘特聘研究员 1 人、特聘副研究员 2 人。开展中层干部选拔任用工作，干部结构进一步优化。

5.科研条件建设 基建项目 1 个完工，2 个在建；三水基地建设已着手池塘整治。

【淡水渔业研究中心】

1.科研项目与成果 2019 年中心新上项目 191 项，其中国家级 7 项、省部级 96 项。国家重点研发计划“蓝色粮仓科技创新”第二批主持课题 2 项，参与课题 5 项；“食品安全关键技术研发”重点专项主持课题 1 项。在研项目取得重要进展：淡水石首鱼人工繁育关键技术首获突破，小龙虾受精卵离体培育成功实现，哈尼梯田稻渔综合种养及冬闲田生态养殖技术模式成功构建，水产新品种暗纹东方鲀中洋 1 号通过审定，新型药物与制剂研发建立以中草药提取物为主的生态防控技术，长江江豚保护研究建立了国内首个海洋馆人工繁殖群体。获各类科技成果奖励 8 项，其中，参加完成的“草鱼健康养殖营养技术创新与应用”成果获国家科学技术进步奖二等奖，主持获得范蠡科学技术奖一等奖 1 项、中国水产科学研究院科学技术进步奖一等奖 1 项、二等奖 1 项，神农中华农业科技奖三等奖 1 项，参与获得江西科学技术进步奖一等奖 1 项，广西科学技术进步奖二、三等奖各 1 项。发表学术论文 172 篇，其中 SCI 或 EI 收录 77 篇；出版专著 3 部；获软件著作权 2 项；获国家授权专利 35 项。

2.成果转化与科技服务 实施科技支撑乡村振兴行动计划，开展新品种选育、水产苗种规模化繁育及配套绿色养殖技术模式研发和推广，为云南红河等地脱贫攻坚，以及渔业主产区产业转型升级提供支撑。持续开展长江下游和淮河流域渔业资源环境监测评估等工作，科技支撑“长江大保护”。推进农业农村部淡水渔业与种质资源利用学科群，国家大宗淡水鱼、特色淡水鱼及省青虾产业技术体系建设，助推渔业绿色高质量发展。

3.联合办学与国际合作 国内教育进一步发展，与南京农业大学共同创办的无锡渔业学院，开展国家级一流本科专业建设和水产学科评估，招收全日制本科生 57 人、硕士研究生 87 人、博士研究生 8 人、专业硕士留学生 24 人，4 名博士进入博士后科研流动站工作，推进与企业、产业园共建博士后科研工作站。国际合作优势更加突出，作为联合国粮农组织(FAO)水产养殖及内陆渔业研究培训参考中心，承担实施国家技术援外培训项目 22 项，培训了来自 49 个国家的 544 名高级渔业技术和管理官员；牵头承担和推进农业农村部“一带一路”热带国家国际交流合作项目、澜湄基金项目等 6 项重要国际合作项目，签订 4 项国际合作谅解备忘录。

4.人才队伍建设 7 个团队入选中国水产科学研究院首批科技创新团队。1 人入选无锡市百名科技之星，1 人入选江苏省“六大人才高峰”高层次人才，1 人入选院首届杰出青年，编制上报岗位设置优化方案。引进人才 6 人，其中博士 4 人、硕士 2 人。

5.科研条件建设 “一带一路”国际水产养殖试验基地建设项目建安工程基本完成，水生动物疫病专业实验室建设项目初步设计得到批复，国家渔业资源环境滨湖观测实验站和国家数字渔业淡水养殖专业创新分中心建设项目拟批复立项，淮河流域（蚌埠）渔政基地已投入使用。“青虾良种场基础设施改造”等 7 项修缮购置项目通过竣工验收。

【渔业机械仪器研究所】

1.科研项目与成果 2019 年全所在研项目（课题）79 项，其中新上课题 50 项，包括国家重点研发计划“蓝色粮仓科技创新”第二批牵头获得“淡水池塘生态养殖智能装备”“水产品智能化加工装备”2 个项目级别的立项支持；获得主持课题 6 项、子课题 9 项。可控水体水质调控机理基础性研究取得标志性进展，系统阐明中华鲟环境应激源生物学响应机制，首次构建了排氨和耗氧模型，奠定了工程学参数模型。发表论文 95 篇；获得发明专利授权 46 项，实用新型 22 项、软件著作权 20 项。获得全国农牧渔业农业丰收奖一等奖 1 项、范蠡科学技术奖一等奖 1 项以及中国水产科学研究院大渔创新奖、科技进步奖二等奖、科技进步奖三等奖等各 1 项。

2.科技支撑与成果转化 开展深蓝渔业科技创新战略研究，形成《深蓝渔业科技创新重点专项建议（初稿）》。水域生态修复工程研究获得初步成效，金沙江鱼类产卵场鱼巢生境修复构建达到工程要求，白洋淀鲥鯀淀示范水域生境工程化修复取得明显成效。大型养殖工船研发向产业化迈进，启动两型 10 万吨级工船示范平台集成设计。面向产业需求，落成系统技术示范点 3 个，执行标准化池塘设计 0.67 万公顷，提供远洋围网捕捞装备 3 套，设计远洋渔船 11 艘，开发贝类起捕设备 3 台套。持续开展科技扶贫与产业科技支持，深入新疆巴楚、云南元阳、呼和浩特、沈阳等多地，持续开展技术规划指导、装备工程植入与人员培训。配合农业农村部渔业渔政管理局、中华人民共和国海事局开展捕捞渔船技术法规、型谱管理、污染状况调研和产业政策研究，为行业提供渔船审图、产品检验与质量咨询服务。落实科技培训 10 余次，累计培训渔业科技人员及渔民近 1 000 人次。推进工业化生产方式构建，围绕深远海工业化养殖模式构建，联合研发国信中船 10 万吨级大型养殖工船；为上海和创公司提供大西洋鲑大型养殖工船系统工艺设计等。

3.国际合作与学术交流 以健康养殖模式、新型养殖方式为主题，组团赴韩国、日本、泰国、马来西亚、挪威等国家进行交流洽谈，与泰王国渔业司正式签署技术合作谅解备忘录，与马耳他公司共同申报国际科技创新合作重点专项。支持国内养殖机械制造企业产品出口，推动优势技术输出。

4.人才队伍建设 6 个团队入选中国水产科学研究院首批科技创新团队。推出 8 名 35～39 岁青年科技骨干；8 位导师新获中国农业科学院研究生导师资格。5 名 80 后中层副职通过试用期考察。

5.科研条件建设 完成苏州渔业生态工程研究综合试验基地土地租赁，通过项目选址和土地预审，完成用地规划许可证申报；配合中国水产科学研究院南繁基地中南海大型游泳性鱼类研究平台方案设计；获得“农业农村部水产品保鲜贮藏加工技术集成科研基地建设项目”立项；实施农业农村部重点实验室鱼类行为智能判别实验室建设。

【渔业工程研究所】

1.科研工作 2019 年全所在研课题 29 个，其中延续课题 14 个、新上课题 15 个。开展渔船船载超短波数字通信终端技术规范、渔船渔港动态监控管理系统技术规范及渔港污染防治设备设施配套总体要求的标准编制工作，并监督和督促相关人员定期开展进度总结，确保项目顺利开展。取得商标 1 项，软件著作权 35 项，获得发明专利 2 项，申报发明专利 2 项，实用新型 1 项；合计发表学术文章 13 篇，其中 SCI/EI 收录 3 篇；形成标准草案 3 个。

2.技术支撑与服务 科技支撑主管部门渔业管理信息化项目建设，做好海洋渔船捕捞许可证发放、渔具管理、内陆渔船管理、渔船进出港管理、全国渔船动态管理系统、渔政执法人员考试系统管理、油补经费发放审核、业务培训，代表农业农村部参加国际电信联盟和亚太电信联盟水上通讯议题的制订。协助完成《渔港升级改造及整治维护规划》，现已通过农业农村部面向全国发布；完成了全国申请 2020 年油补资金支持的渔港项目的统计、组织和审查工作，全年共计审查 35 项。产业扶贫和援藏工作持续进行，联合西藏自治区农牧科学院开展“西藏农牧渔综合体模式探索与应用研究项目”（含“西藏渔业信息化平台建设项目数据收集”工作）研究工作，有效带动自治区渔业经济发展。农产品质量安全监管项目绩效评价和物种资源保护（渔业）项目稳步开展，“国家级水产种质资源保护区建设内容和规模适应性分析”和“水生野生动物自然保护区已有建设内容和规模适应性评价和优化分析”已整理形成我国海洋型种质保护区和水野保护区建设内容与规模适应性分析相关材料。

3.交流合作 派员参加巴林“援巴林农牧渔第五

期技术合作项目”中石斑鱼循环水养殖土建工程，有效丰富了巴林水产品供应。赴埃及参加世界无线电通信大会，参与修订《无线电规则》并形成相关决议，为保护GMDSS和自动识别系统采取规则行动。召开现代渔港与渔业工程建设研讨会，参会单位12家，共70名专家学者参加了会议。

4.人才队伍建设 2个团队入选中国水产科学研究院首批科技创新团队。为进一步优化所干部结构，完成新一轮中层竞聘上岗工作。完成2019年度职称评定、岗位分级和考核推优工作。2019年招录应届毕业生4人，社会招聘1人，到2019年年底全所从业人员已达100人。

（中国水产科学研究院）

全国水产技术推广总站
中国水产学会

2019年，在农业农村部、中国科学技术协会的正确领导下，在农业农村部渔业渔政管理局和相关司局的指导帮助及兄弟单位的支持配合下，全国水产技术推广总站、中国水产学会以习近平新时代中国特色社会主义思想、党的十九大和十九届二中、三中、四中全会精神为指导，深入学习领会习近平“三农”工作重要论述，贯彻落实《关于加快推进水产养殖业绿色发展的若干意见》和《关于乡村振兴战略下加强水产技术推广工作的指导意见》，始终坚持“推进科技创新服务，助力建设现代渔业”的职责任务，紧紧围绕农业农村部党组决策部署和渔业中心工作，团结带领全国水产技术推广体系和水产学会系统扎实开展工作，为推进渔业转型升级、科技进步和绿色高质量发展提供了有力支撑。

【加强推广体系和学会队伍建设取得新进展】

1.加强新时代水产技术推广体系建设指导 针对新一轮机构改革的形势和任务，认真起草并积极争取印发了《农业农村部关于乡村振兴战略下加强水产技术推广工作的指导意见》，加强对新形势下水产技术推广体系改革和建设的指导，紧密跟踪各地水产推广体系改革情况，完成推广体系统计分析工作。

2.成功举办第三届水产技术推广职业技能大赛 2019年，第三届水产技术推广职业技能大赛成功纳入中国技能大赛系列，升级为国家一类竞赛，带动了全国推广体系开展竞赛活动和学练技能的热情。农业农村部副部长于康震等领导出席大赛开幕式，33个省级代表队的近百位选手参赛，产生了5位“全国技术能手”和15位“全国农业技术能手”。连续7年开展基层水产技术推广骨干人员培训，2019年共培训3 000多人。

3.加强学会“党建强会”和自身建设 积极参与并成为中国科协创建星级学会党组织、学会党建示范工作联合体（7个学会）、学会党委职责清单试点单位。召开十届四次、五次常务理事会，调整部分常务理事成员，新成立科学道德与学术诚信工作委员会、青年工作委员会和动物行为学专业委员会，学会组织机构进一步完善。

【推进渔业绿色高质量发展取得新成效】

1.贯彻落实水产养殖绿色发展指导意见 配合农业农村部渔业渔政管理局开展《关于加快推进水产养殖业绿色发展的若干意见》的宣传贯彻，组织学习培训活动。

2.推进生态渔业和相关产业融合发展 举办大水面生态渔业高峰论坛并承担大水面生态渔业发展示范推广工作。举办第三届全国稻渔综合种养产业发展高峰论坛，加强中国稻渔综合种养产业技术创新战略联盟建设，发布《中国稻渔综合种养产业发展报告（2019）》和《中国小龙虾产业发展报告（2019）》。举办第四届中国休闲渔业高峰论坛，发布《中国休闲渔业发展监测报告（2019）》，联合故宫博物院等单位举办宫廷金鱼文化与故宫博物院院藏金鱼题材文物联展。指导云南元阳和辽宁盘锦举办第二届中国农民丰收节系列活动，两地节庆纳入农业农村部指导的中国农民丰收节目录。

推进绿色水产养殖技术模式集成示范。集装箱养殖模式列入农业农村部2019年十项重大引领性农业技术，推动23个省份示范应用养殖箱体1 300多个。推进池塘工程化循环水养殖粪污收集和池塘净水关键技术优化，指导示范省份共建成流水水槽近3 000条。启动实施“池塘生态养殖示范专项”，建立相关技术规范和制度办法，确定了9个示范基地开展试验示范。协助搭建国家级水产健康养殖示范创建及管理平台，实施深水抗风浪网箱项目和渔业节能减排项目。

推进现代水产种业建设和管理服务。组织水产新品种宣传推介和审定，全年受理新品种申报23项，15个新品种通过初审。修订《水产新品种审定办法》，完成了全国水产原良种审定委员会换届工作。推进南美白对虾等重要品种联合育种，完成水产新品种生产性能测试体系研究和12家国家级原良种场到期复查，组织编写《中国水产种业发展报告（2019）》。

推进养殖投入品规范和水产品质量安全工作。联合农业农村部渔业渔政管理局印发《2019年全国水产养殖用药减量行动方案》并在27个省（自治区、直辖市)组织实施,对5个省开展用药减量行动督导调研,在14个省(自治区、直辖市)对8种渔药开展耐药性普查。组织开展水产养殖规范用药科普下乡活动和农产品质量安全专项整治行动,组织专家赴11个省份进行技术指导,配合农业农村部渔业渔政管理局编制印发《水产养殖用药明白纸》,在24个省份开展科普宣传活动。开展配合饲料替代幼杂鱼情况调研,研究提出工作建议。推进水产品质量安全追溯平台建设。

【创建"世界一流学会"迈出新步伐】

1.成功举办首届范蠡学术大会　将学会学术年会正式命名为"中国水产学会范蠡学术大会",农业农村部副部长于康震出席大会开幕式并讲话,50余位院士和知名专家做报告,320余人做大会交流,850多人参会。与会人员规格高、会议内容质量高、学术交流水平高,大会议题重点突出,设计组织有特色,参会人数历届最高,取得良好效果和影响。

2.加强科技成果和人才评价推荐　完成第四届范蠡科学技术奖评选、院士推选及全国农牧渔业农业丰收奖丰收奖、神农奖、神内奖候选人推荐工作。研究制定《优化中国水产学会范蠡科学技术奖奖励办法的方案》,启动《范蠡科学技术奖奖励办法》修订工作。制定《渔业科技成果评价工作手册》,开展科技成果评价。组织编制《水产学科发展报告》,承办中国科协科技奖励主题沙龙并取得良好效果。

3.扩大科普宣传教育和服务　组织举办全国科普日、水产科技活动周和科技工作者日活动。修订《中国水产学会科普教育基地认定与管理办法》。印发《2019年第一批中国水产学会团体标准项目计划》,建立团体标准管理信息平台,发布立项团体标准18项。

4.着力加强学术精品期刊建设　成功申请中国科协"精品期刊建设项目"和"农林领域高质量科技期刊分级目录发布"试点项目。加强中国水产期刊集群建设,中国水产期刊网入网期刊34家,收录文献3万余篇。召开期刊分会年会和《水产学报》创刊55周年座谈会,研究推进"世界一流期刊"建设工作。

【支撑现代渔业建设取得新成绩】

1.扎实做好水生动物疫病监测防控工作　落实《2019年国家水生动物疫病监测计划》,组织12种重大疫病专项监测,指导处置染疫养殖场,首次编制英文版《2019中国水生动物卫生状况公报》并对外发布。开展全国水产养殖动植物病情测报和预警,将水产苗种场产地检疫试点工作扩大至24个省份。推动落实全国水生动物防疫体系能力建设,组织完成155家实验室检测能力验证,续建国家参考物质中心等12个项目,新建水生动物专业实验室等18个项目。审定通过15个防疫标准,拓展"鱼病远诊网"服务功能并编制升级改版方案。

2.强化资源养护及海洋牧场建设等技术支撑　开展资源养护先进技术系列宣传,增殖放流鱼苗620余万尾。研究编制16项海洋牧场和人工鱼礁技术标准规范,完成年度人工鱼礁建设项目评审验收及第五批国家级海洋牧场示范区评审,协助举办海洋牧场建设工作研讨会等相关会议、论坛和培训,加强海南海洋牧场建设指导。参与水野保护、渤海污染防治攻坚战等制度研究编制,启动水生生物识别软件及系统开发工作。协助组建渔港管理咨询委员会和全国渔船管理专家委员会。

3.做好渔业统计、渔情监测和市场信息相关工作　完成《2019中国渔业统计年鉴》等统计资料的编制出版和信息发布。开展渔业统计制度改革和重点渔情监测品种生产形势专题调研,配合起草下发《农业农村部国家统计局关于进一步加强渔业统计工作的意见》。开展全国渔民家庭收支调查,完成内陆捕捞和海洋捕捞抽样调查总结验收。开展国内外水产品市场信息采集发布,汇总整理价格和成交量条目47万余条,发布80家批发市场动态月报960余篇、市场运行分析月报160篇,为106万养殖户提供市场供需和价格信息。加快信息资源整合,推进"智能渔技"综合信息服务平台项目建设。

4.参与国际贸易问题研究应对和国际学术交流　参与世界贸易组织渔业补贴谈判支撑工作,推动11个水产品价格纳入联合国粮食及农业组织全球水产品价格指数体系。应对《美国海洋哺乳动物保护法》,承担中方专家组和对美谈判牵头工作,召开中美第二次技术磋商会。参与中美经贸摩擦问题研究和中美渔业对话。参与联合国粮农组织(FAO)、世界动物卫生组织(OIE)、亚太水产养殖中心网(NACA)、日本水产学会等相关交流活动。参与2020全球水产养殖大会和2022世界水产养殖大会筹备工作。

5.加强渔业宣传,办好"一刊一号"　提升《中国水产》杂志和"中国水产"微信公众号影响力,围绕渔业绿色发展、长江禁捕、渔政执法等渔业中心工作加强宣传,跟踪报道40余次大型会议和活动,刊登文章400余篇,发布信息1 390余条,新增粉丝7 200多人,关注人群超过5万人。配合开展《新中国渔业70年大事记》《中国渔政大事记》和渔业画册编辑工作。

【助力产业扶贫脱贫攻坚作出新贡献】

1.高度重视和加强产业扶贫工作　站会班子专题

研究扶贫工作，年初就制定印发《全国水产技术推广总站 中国水产学会2019年扶贫及援疆援藏工作方案》，统筹规划扶贫和援疆援藏工作。班子成员累计扶贫调研10次以上，用于扶贫工作的项目资金超过400万元，组织专家开展技术指导30余人次，举办各类培训班20余个，发放技术资料1万余册。

2.推进哈尼梯田产业精准扶贫成效显著 组织开展专题调研，开展技术培训和指导，帮助开展福瑞鲤、瓯江彩鲤、金边鲤等品种梯田养殖试验和壮罗1号集装箱养殖试验，支持建设集装箱苗种繁育基地，协助开展品牌宣传推介，示范带动稻渔养殖面积达到1.06万公顷，涉及建档立卡户11 008户，实现亩产值2 884元，户均增收6 642.8元。《打造稻渔综合种养新产业 让千年梯田成为脱贫致富的金饭碗》作为典型经验在《人民画报》和农业农村部《产业扶贫专刊》上刊发。

3.环京津河北省涿鹿县对口帮扶效果好 充分发挥挂职干部作用，举办"送科技促扶贫"科技大讲堂活动，支持建设3个集装箱养殖休闲科普渔业示范点，2019年涿鹿县实现脱贫摘帽。

4.重点片区和定点扶贫工作稳步推进 因地制宜为黑龙江省泰来县、重庆市彭水苗族土家族自治县、湖南省湘西土家族苗族自治州、湖北省恩施土家族苗族自治州、甘肃省景泰县提供技术指导、培训和服务，帮助发展稻渔综合种养等扶贫产业。对西藏林芝集装箱养殖项目建设进行技术指导，向新疆捐赠3万尾优质三倍体虹鳟鱼苗和10套远诊网设施设备。

【加强党的建设和群众工作有新进步】

1.加强党的组织建设 选举成立总站党委和纪委，掀开总站学会党建工作新篇章。加强制度建设，落实"三会一课"制度，组织编制《党支部工作台账》，贯彻民主集中制，严格执行"三重一大"决策制度，扎实推进挂靠社团"两个覆盖"工作要求。召开党总支会议9次，党委会13次，纪委会议3次。

2.扎实开展"不忘初心、牢记使命"主题教育 制定包括4个方面37个工作项的主题教育实施方案，全年组织集体学习12次，学习研讨9次，专题辅导授课等8次，主要负责同志讲党课，班子成员和处级干部撰写专题调研报告25篇，完成各项整改工作。

3.加强党风廉政建设，全面从严治党 修订《廉政风险防控手册》，签订《党风廉政建设责任书》，班子成员和支部、处室负责人履行"一岗双责"责任。严格遵守中央"八项规定"精神，坚决纠正"四风"问题。

4.深化党群共建，发挥工青妇作用 组织职工赴世园会参观，修订工会会员福利制度。组织参加农业农村部系统歌咏、健步走、广播操等活动，承担农业农村部篮球俱乐部挂靠任务。落实退休老干部的政治、生活待遇，及时传达相关政策精神，组织参加农业农村部系统各项活动，魏宝振同志被评选为农业农村部离退休干部先进个人。

【强化站会自身建设和规范管理有新提高】

1.加强财务和资产规范化管理 完成政府会计新旧制度衔接及资产负债清理工作，做好站会预决算编制、日常财务管理和预算执行工作。加强创收指标督促落实和监督管理，基地处、期刊处等有创收任务的处室都想方设法增收节支，完成或超额完成任务，为站会人员经费和工作运转提供了重要保障。制定修订《总站学会土地资产管理暂行办法》《总站学会房产管理暂行办法》《总站学会印刷品管理办法》《劳务报酬发放管理实施细则》《差旅伙食费和交通费交费办法》等系列规章制度。规范国有资产管理，完成资产盘点清查工作。做好挂靠社团业务活动和财务制度的监督和指导工作。

2.加强基地建设运行和基本条件建设 完成科研试验、苗种繁育和增殖放流任务，两个基地培育优质鱼苗400万尾，养成商品鱼60吨。完成海水基地的给排水系统、供电系统维修改造和淡水基地尾水处理、供水系统重建升级。积极推进日照基地搬迁与建设老大难问题，经多次考察并与日照方面协商，就新海水基地选址问题达成一致意见，2019年12月25日与日照方面签订了《日照基地土地资产置换框架协议》。启动了水生动物疫病流行病学中心建设项目前期筹备工作。

3.提高综合文秘质量与效率 全年召开站会常务会议27次，审议议题139项；办结签报718份，发文发函524份。优化总站学会官网设计，执行分管领导签发制度，刊登宣传信息286条。完成总站学会2019年绩效总结工作，获得2018年绩效管理创新项目三等奖。启动总站成立30周年回顾材料编撰工作。

4.加强安全保密与后勤保障工作 认真贯彻落实网络安全责任制，制定并印发了《总站学会网络安全责任制度》《网络安全和信息化工作细则》。修订完善《总站学会安全生产工作制度》《公务用车管理办法》，全面落实安全生产责任制。组织开展网络安全、保密培训、涉密人员考试，进行保密专项检查，严格管理机要文件。规范公务用车、公务接待、会议保障等事务管理，加强宿舍管理和合理调配，加强办公设备维护保养和使用管理。

（全国水产技术推广总站 中国水产学会
李胜利 王祖峰）

渔业社会团体

中国渔业协会

2019年，中国渔业协会认真学习贯彻习近平新时代中国特色社会主义思想和党的十九大精神，不断丰富服务内容，改进服务方式，提升服务水平，各项工作均取得了较好成效。

【举办首届渔业渔村振兴论坛】 为落实党中央、国务院关于乡村振兴战略的重大决策部署，加快实现"提质增效、减量增收、绿色发展、富裕渔民"的渔业转型升级发展目标，促进我国渔业高质量发展和美丽渔村建设，5月30—31日，协会与福州市人民政府、福建省海洋与渔业局，在福建福州联合举办了首届渔业渔村振兴论坛，来自渔业政产学研界的500余名代表与会，共商我国渔业渔村发展振兴之道。农业农村部渔业渔政管理局局长张显良发表致辞。全国人大农业与农村委员会委员蒋省三，全国水产技术推广总站站长崔利锋，农业农村部农村经济研究中心主任宋洪远等嘉宾分别就推进农(渔)业高质量发展、建设绿色渔业、美丽渔村产业融合创新等内容做了主旨演讲。在"县长有请"圆桌论坛上，来自浙江省三门县，福建省连江县、福安市、霞浦县，山东省东阿县5个特色渔业县(市)的领导，分享了各县的渔业发展经验，为大家提供了生动的案例借鉴；在"文化铸魂"圆桌论坛上，来自渔村、地方渔业协会、渔业节庆策划人等方面的代表，从不同角度讨论了渔文化传承创新、渔旅融合发展、渔业节庆品牌打造等话题。

【举办首届中国智慧渔业发展论坛】 为了加快推进养殖方式的转变，提高渔业设施和装备水平，引导物联网、大数据、人工智能等现代化信息技术与渔业生产的深度融合，实现智慧兴渔，绿色发展，6月20日，协会在安徽省合肥市举办了以"智慧兴渔，绿色发展"为主题的首届中国智慧渔业发展论坛，500余名代表出席论坛，共同探讨智慧渔业和渔业智能装备的发展现状与未来机遇。论坛上，行业内知名专家学者就智慧渔业有关研究成果、产业化应用前景等内容作了精彩报告；圆桌论坛环节，有关专家就智慧渔业发展的瓶颈与未来市场前景做了深入分析；康宇传感器、江苏金坛数字化渔场和智能投喂机在土塘生态对虾养殖中的应用等项目进行了现场路演。

【举办"慧吃鱼·享健康"科普宣传活动】 为引导百姓多食用具有优质蛋白且营养丰富的水产品，推介我国众多优质水产品种，拓展国内水产品消费市场，促进我国渔业供给侧结构性改革，协会在福建福州和浙江三门举办了两场"慧吃鱼·享健康"中国营养名医谈吃鱼健康讲座。活动邀请了多名国内知名营养专家从医学专业角度，宣讲食用水产品的诸多益处和相关知识，就高蛋白鱼类与心脑血管疾病防治的关系、吃鱼与人类营养健康、食用水产品时应注意的事项等内容进行了分析讲解，并通过互动答疑、现场烹饪等形式，让百姓近距离感受水产品的美味和健康，充分了解为何要多吃鱼，如何才能"慧吃鱼"。

【举办两个渔业博览会】 5月30日至6月1日，协会在福建福州举办了第十一届中国(福州)国际渔业博览会。这是全国首个获得商务部批准的国家级渔业专业展会，展会规模达4.6万米^2，吸引了来自34个国家和地区近400家企业参展，搭建了境内外渔业交流合作的桥梁。展出内容覆盖渔业全产业链，观众达近30万人次。展会同期还举办了首届全国水产经销精英大会、第二届中国(福州)世界金鱼大赛等各类活动31场。

6月21—23日，协会在安徽合肥举办了第三届中国国际现代渔业暨渔业科技博览会，展会面积2.3万米^2，来自全国26个省份和日本、韩国、以色列等国的558家单位参展，2.7万余名专业观众观展。近百家高新技术企业展示了新技术和新产品，对接行业高科技、智能化需求。本届展会为推进科技成果转化为渔业生产力发挥了积极作用,为我国渔业现代化发展提供了新动能。

【举办庆祝农民丰收节活动】 为充分展示有关渔区的发展成就,提升渔业从业者的荣誉感、幸福感和获得感,促进地方渔业经济的持续发展,协会于9—10月,分别与浙江台州市三门县、山东滨州市博兴县和辽宁营口市政府共同举办了庆祝农民丰收节系列活动。

与台州市三门县共同举办了第二届(三门)中国小海鲜博览会,通过综合展示、论坛研讨、品鉴体验等多种形式,广泛宣传三门小海鲜,推动三门渔业经济发展。与滨州市博兴县共同举办了以"鱼米之乡,生态乔庄"为主题的首届中国博兴乔庄白对虾节。其中包括了白对虾病害防控技术交流会、首届乔庄白对虾厨艺大赛、白对虾产业发展助推乡村振兴论坛等多项活动,助推了博兴白对虾产业向高质量、品牌化发展。与营口市共同举办了第二届中国营口海蜇节,突出"展示丰收、欢庆丰收、助力增收"的主题,搭建起了营口海蜇及相关水产品交易、商洽平台,提升了营口特色渔业的影响力和竞争力,促进了当地渔业增效和渔民增收。

【创建渔业区域公用品牌】 为帮助我国渔业将资源优势和产业优势转化为更高的经济优势,推动我国渔业品牌建设与发展,不断做大做强地区特色渔业优势产业,推进绿色兴渔、质量兴渔、品牌强渔,协会继续与有关渔区共同开展渔业区域公用品牌创建工作。分别与福建宁德市,辽宁营口市、庄河市,黑龙江同江市,山东淄博市、滨州市高新区、博兴县及乔庄镇,安徽霍邱县,四川资中县,河南汝南县,江西吉水县,浙江丽水市、湖州菱湖镇,江苏宿迁市等15个地方政府及部门,立足当地大黄鱼、小龙虾、海蜇、白对虾、鲶鱼、海蜇等特色产业,共同打造特色渔业区域公用品牌。组织专家实地调研,为当地渔业规划和发展提供咨询和指导,帮助对接合作资源、加强人才培训、制定有关标准,并通过各种渠道,广泛宣传和推介这些特色渔业公用品牌,以品牌增强这些地区渔业的竞争力,提升水产品的附加值,增加企业的经济效益和渔民收入。

【完成农业农村部向中国渔业协会购买的服务】 协会继续协助农业农村部渔业渔政管理局做好中韩、中日、中越北部湾渔业协定有关执行工作。审核和发放我国渔船赴韩国专属经济区管理水域和中越北部湾共同渔区入渔许可证,通报中方1 000余艘渔船到韩国水域和韩方渔船来中方水域入渔信息,向有关省份渔业主管部门及时通报我国渔船违规信息和韩方对我渔船的行政处罚措施,承担"两无"渔船确认工作。作为涉韩渔船违规担保金缴纳唯一窗口,2019年,协会为160艘次有证渔船缴纳担保金84.49亿韩元(约5 113.76万元人民币)。积极协调处理涉韩入渔紧急事件,与韩方执法部门交涉,维护我国渔民合法权益。协助我国渔船通报入韩紧急避风325艘次,协助海上紧急救助2起。承担中韩、中日、中越北部湾3个渔业联合委员会5次相关会议的会务组织工作。派员在辽宁大连、山东石岛、江苏连云港、浙江台州开展4次涉韩入渔培训,就涉韩入渔形势、入渔规则变化、安全作业规则、捕捞日志填写、多发违规案例等内容,向地方入渔管理人员和渔船船长进行宣讲。

继续做好中日、中韩民间渔业安全作业议定书执行工作。与大日本水产会、韩国水产会召开多次事务级会谈,就共同水域安全作业秩序、渔业事故纠纷处理、海洋渔业资源养护、民间渔业交流合作、促进水产品贸易等议题,进行充分的交流和协商,凝聚共识,解决问题,增进友谊,携手发展。

继续做好养殖河豚鱼源基地备案及管理工作。对2家企业新申报的和9家企业重新申报的共13个河豚养殖基地进行了现场审核,经专家组审核通过和公示无异议后,予以备案。组织召开了河鲀鱼源基地备案与加工审核工作总结与产业发展研讨会,就有条件放开养殖红鳍东方鲀和暗纹东方鲀3年来取得的成效、存在的问题和未来工作重点进行了研究。

协会还完成了推进新型渔业经营主体培育和发展、执行重大舆情监测分析等政府购买服务项目。

【开展科技扶贫工作】 为贯彻落实党的十九大精神和农业农村部扶贫工作要求,充分发挥协会的独特作用和优势,助力脱贫攻坚战,巩固脱贫攻坚成果,协会于4月组织河蟹、淡水龙虾、红螯螯虾分会的专家和中联智科高新技术有限公司、安信农业保险股份有限公司、跨越速运集团有限公司等不同领域会员企业代表,深入革命老区江西吉安市青原区、吉安县和吉水县,结合当地渔业发展特点和实际需求,开展科技扶贫和项目对接,通过实地考察和召开座谈会等方式,就稻渔综合种养、新品种新技术、智能设备应用、保险物流支撑、品牌发展建设等内容,与当地政府、企业代表和养殖户进行深入交流,提出发展思路建议,指导渔民科学养鱼,促成相关合作项目,提升了当地特色渔业发展水平,助力吉安巩固脱贫攻坚成果。

【增设分支(代表)机构】 为提升协会专业化服务水

平，满足有关产业的发展需要，应相关产业企业的要求，协会分别在江苏海安、辽宁大连和广东湛江新设立了河豚餐饮文化专业委员会、海洋牧场分会和金鲳鱼分会3个分支机构。为加大在有关地区的工作力度，不断提升协会的工作覆盖面和影响力，协会还新设立了重庆代表处、江苏代表处和浙江玉环代表处3个代表机构。

【促进淡水珍珠养殖产业绿色发展】 为提升淡水珍珠产业的经济和生态效益，促进产业的转型升级和绿色高质量发展，经过一年多的工作，由协会牵头，联合多家企业和水产技术推广、科研单位共同制订的《淡水珍珠蚌鱼混养技术规范》，于2019年8月1日获批为中华人民共和国水产行业标准（标准号：SC/T 1143—2019），并由农业农村部公告（第196号）发布，2019年11月1日起实施。该标准为面临环保压力的淡水珍珠养殖产业，提供了一种可广泛推广的生态养殖模式。3月，协会联合上海海洋大学历时近一年，先后赴浙江、江苏、江西、湖南、安徽5省实地调研并撰写的《中国淡水珍珠养殖产业发展报告》，通过《中国水产》杂志等媒体向社会发布。该报告系统总结了淡水珍珠养殖产业的历史和现状，阐述分析了产业的优势和问题，提出了具体的发展建议，为各级渔业、环保等行政主管部门制定相关政策、引导珍珠产业绿色发展提供了有益参考，同时也有助于社会客观、全面的了解淡水珍珠养殖产业。

【推动"渔文化"创新发展】 在新中国成立70周年前夕，协会与中国东方歌舞团在浙江三门共同举办了中国经典渔歌音乐会，艺术家们用歌声讴歌祖国、赞美渔乡；开拍了"美丽渔村"系列微电影，广泛宣传我国渔村的发展面貌与独特魅力；11月，与农民日报社、中国农业电影电视中心等单位联合发起成立了全国乡村文化产业创新联盟，激发乡村文化建设活力，推动乡村文化产业繁荣。协会积极推动"渔文化"的创新发展，对加快我国渔业发展方式转变，促进渔业与有关产业相融合，提高渔业附加值，提升渔业价值链，带动渔区繁荣和渔民增收，具有十分重要的作用和意义。

【开展国际经贸交流与合作】 协会通过增进国际交往，开展国际经贸交流活动，为会员"走出去"发展搭建更多合作平台。3月，协会组织会员对日本水产品市场进行了考察，并与日本中央鱼类株式会社进行了会议交流；11月，组织10家会员企业赴东京参加日本优质海产品贸易洽谈会，对接贸易合作；协助韩国庆尚南道在北京举办了优质水产品出口洽谈会。

协会还加强了与"一带一路"沿线国家的交往，组织部分会员企业前往沙特阿拉伯王国驻华使馆就渔业项目投资进行对接；与加拿大使馆、加拿大农业及农业食品部共同举办了中加渔业企业对接会；与俄罗斯、冰岛、智利等国驻华使馆及全球水产养殖联盟（GAA）、国际海洋原料组织（IFFO）等国际组织密切了联系。

（中国渔业协会）

中国渔业互保协会

【概况】 2019年，中国渔业互保协会（以下简称协会）深入贯彻落实农业农村部副部长于康震在渔业高质量发展推进会议的重要讲话精神，紧紧围绕2019年渔业渔政工作要点，以渔业互助保险体制改革为主线，持续加强机构队伍和业务能力建设，应对各种风险挑战，努力克服各种困难，积极稳妥推进渔业互助保险事业改革发展。

据统计，2019年，全国渔业互助保险系统共承保渔民66.06万人次，渔船5.52万艘次，承保渔业行政、执法和科研人员1.75万人次，养殖水面5.07万公顷，养殖鱼类873.55万尾，新增承保网箱6.48万口，为渔民会员提供风险保障4 406.41亿元，同比增长11.04%。

【以保障会员需求为导向，着力提升市场竞争力】

1.承保方面 印发各险种《承保展业细则》，优化调整保险业务政策，为经办机构规范操作提供明确指引；顺利完成辽宁业务的整体转隶过渡，重新制定保险条款和业务政策，使转隶后的全年保费收入创历史新高；加大宣传力度，跟进配套措施，继续扩大推广渔船综合险，全年参保率显著提升；在广西沿海地区推行承保展业考核办法取得良好成效，激发了机构工作的主动性和积极性，为探索借鉴保险行业展业激励机制奠定基础；完成与全国水产技术推广总站合作开展水产养殖保险技术服务试点的收尾工作，展业新模式取得的成效进一步验证了技术推广系统对水产养殖保险的支持作用。2019年，全系统水产养殖保险保费收入首次突破亿元大关，标志着水产养殖保险业务迈入新的发展阶段。

2.理赔方面 与各地方机构建立的跨区域理赔案件协调处理机制取得实效，全年委托代查勘跨省份理赔案件240多件，在行业联动、工作协调和信息共享等方面发挥了积极的协作配合作用；积极拓展远洋渔船境外出险查勘定损渠道，将借助中国船级社在世界各地的分支机构和服务网点，为境外出险的远洋渔船理赔提供服务；根据转隶后的辽宁业务重新制定理赔工作规则，实现理赔业务全部通过线上业务系统规范操作。

3.会员服务方面 在广西凯华会员培训基地3年来取得的成效基础上，分别在海南临高、乐东再新设两个会员服务培训基地，全年共为海南、广西2 655人次的职务船员提供培训服务并给予经费补贴，有效提升船员持证比例和安全作业技能；继续开展“渔业互保扬帆助学行动”活动，共完成对76名渔区贫困家庭大学生总计38万元的助学教育资助；系统梳理会员服务政策，印制了远洋渔业保险宣传册、会员服务宣传单。在多地开展形式多样的互保宣传活动，为会员免费发放救生衣、雨衣、药箱等物资；开展远洋渔船油污保险和残骸打捞保险证书代办工作，全年共办理379份，对引导远洋渔业企业参保起到了积极作用。

【以增强自身建设为抓手，提升规范化管理水平】

1.完善内控建设，加强财务规范化管理 在全国主要沿海省份办事处实行全面预算制管理，加强对预算编制的管理和执行情况监督；按照脱钩改革工作要求对协会资产进行清查核实，确保资产账目明晰准确；继续在全国范围内推广使用POS机收取保费，进一步规范保费的及时收缴和确保资金安全，完善办事机构财务行为。

2.加快推动专业化机构队伍建设 开展中高级管理干部培训、专职人员长训和人力资源实务培训的分层级机构队伍建设培训，努力提升业务创新能力和管理意识转变，为全系统积极应对体制改革转型发展打下坚实基础；加强对全系统机构队伍建设的统筹指导，推进“2号人事部”系统上线运行的使用管理，加快推动规范化和专业化队伍建设步伐。

【以党建工作为引领，促进渔业文化建设】

1.扩大渔业互保社会影响力 “大美渔村、平安渔业”中国渔业摄影展经过3年的持续打造，逐步成为全国渔业摄影第一品牌和国内知名摄影展，在宣传渔业文化、渔业互保方面发挥了重要作用，进一步彰显了渔业互助保险的品牌影响力；推动信息宣传工作的互联互通，突出打造具有互助保险特色的微信公众号推送，并继续巩固《中国渔业报》《中国水产》一报一刊传统舆论阵地，不断提升宣传工作质量和水平。

2.扎实推进党支部各项工作 制定《2019年协会党建工作计划》，明确全年党建目标和任务，保障全年党建工作扎实有效开展。积极推动“两学一做”“三会一课”学习教育常态化、制度化，把“两个坚决维护”作为最根本的政治准则和政治要求，将严守政治纪律和政治规矩贯穿党建工作全过程。积极开展“不忘初心、牢记使命”主题教育，将党建工作与协会业务、体制改革工作紧密结合，用党的创新理论武装头脑、指导实践、推动工作。加强党员队伍建设，不断强化作风建设和纪律建设，树立从严抓党建、带队伍、扬正气的良好形象，进一步增强党建工作的生机和活力。

【召开渔业互助保险事业发展25周年座谈会】 以庆祝新中国成立70周年和中国渔业互保协会成立25周年为契机，召开渔业互助保险事业发展25周年座谈会，回顾总结25年来取得的成绩和经验，深入分析当前的形势和任务，研究部署促进渔业互保事业发展的主要工作。全国21个省（自治区、直辖市）的会员、机构和个人获得全国渔业互助保险事业发展25周年重要贡献奖。农业农村部副部长于康震会前作出重要批示，希望渔业互保全系统以体制改革为契机，不断提升渔业保险保障能力和安全生产，为推进渔业高质量发展作出新的更大贡献。农业农村部渔业渔政管理局局长张显良在会上对体制改革工作提出了明确要求。

（中国渔业互保协会）

中国水产流通与加工协会

2019年，中国水产流通与加工协会主动适应渔业经济增速“换挡”新常态，认真研判渔业发展新形势新要求，努力践行“创新、协调、绿色、开放、共享”发展理念，坚持以深入推进渔业供给侧结构性改革为主线，为推动我国渔业绿色可持续发展不断开拓创新，积极开展工作。

【承接政府任务，推动行业高质量发展】

1.完成农业农村部委托的相关主要工作 开展中美水产品贸易跟踪监测，组织召开 全国水产品贸易形势集中研讨会、中国水产业应对中美贸易战磋商会，围绕中美贸易摩擦对水产品进出口贸易产生的影响，以及水产行业与企业面临的问题进行了深入讨论，提出政策建议；开展罗非鱼内销市场推广系列活动，分别在北京、上海、重庆、成都、银川等地开展罗非鱼内销市场推广品鉴系列活动，通过系列活动提高了罗非鱼产品的认知度，协助企业打开内销市场；开展水产品质量安全舆情监测，关注国内外重大舆情，侧重部委政策发布解读、梳理质量安全资讯，定时定向完成舆情专报、水产品质量安全舆情快报、水产品信息周报；开展养殖河豚加工企业审核，建立河豚质量安全可追溯平台，提高河豚质量安全监管水平，并启动已通过审核备案的养殖河豚加工企业系统上线工作；开展全国水产品产地价格监测体系建设，以现有养殖渔情、产业体系为基础，建立全国水产品产地价格监测体系，进行产地价格采集、价格指数建设和预警分析；开展中国水产品牌公共服务平台建设，制定了中国农业品牌公共服务平台（水产）工作方案（草案），设定了品牌入选标准，制定平台管理标准规范，搭建好国家级水产品牌公共服务平台，促进我国水产品品牌提质升级；承担"中国渔政"微信公众号运维，在普及渔业法律法规、解读渔政重大制度、发布渔政重大活动及执法工作信息、宣传渔政执法典型经验各方面做了积极的宣传，反响良好。推动渔获物绿色标签可追溯制度的市场对接与推广。该项目的研究与推广将对解决渔业资源管理问题、渔船安全监管问题、建立我国海洋捕捞渔获物可追溯机制、将渔获物直接对接商务平台等方面具有良好的推动作用。推动中国本土认证体系建立。在国内外水产品可持续认证梳理项目的基础上，展开调查研究，完成国内外水产品主流认证的起源、认证要素、发展趋势、市场认可等情况梳理，整理国际认证和对标体系主要内容概览。承担出口水产品合法性认证项目，为 398 家企业审核签发水产品合法性证明 2.5 万余批次，处理欧盟各海关发起的协助核查 10 余起。承担鲨鱼履约项目。组织召开鲨鱼海参物种管理工作座谈会、鲨鱼产业战略研讨会、水生野生动物保护政策和流通环节技术规范培训会等，共商产业长远发展战略。组织参加在瑞士日内瓦召开的濒危野生动植物贸易公约第 18 次缔约方大会，重点关注和参与鲨鱼、海参等海洋物种及海洋资源管理等相关议题的协商，代表行业发声。开展履约工作宣传。发挥联席会议机制，牵头沟通协商并联名向上级主管部门反映近年来各产业遭遇极端动物保护组织在国内进行虚假宣传对产业造成负面影响的情况，反映鲨鱼鱼翅问题。

2.配合相关部委工作 完成农业农村部、国家林业和草原局委托项目，开展我国鳄类人工繁育产业调研，撰写《2019 年鳄类人工繁育产业报告》；参与工业和信息化部《食品工业发展报告（2019）》编写，负责完成水产品加工业内容；开展 2020 年国家食品安全风险监测计划建议的业内意见征集工作；配合生态环境部完成"第二次全国污染源普查—水产品加工业"课题研究，对第二次全国污染源普查产排污核算系数进行水产加工企业问卷调研。

3.体现社会责任，开展精准扶贫 在珠海组织了 2019 全国渔业扶贫产销对接活动，17 个省（自治区）37 个贫困县（市）推荐的 45 家企业参与了本次活动。参展产品涵盖鱼糕、鱼片等 16 类加工水产品，大闸蟹、金鲳鱼等 49 类生态养殖水产品以及 14 种地方特色产品。本次产销对接活动意向成交额 3 000 余万元，农业农村部副部长于康震等领导出席了签约仪式，多家主流媒体报道，取得了良好的宣传效果。

【加强国际合作，扩大国际影响力】

1.广泛开展国际交流与合作 加强与联合国粮食及农业组织（FAO）、MSC、ASC、O2、IFFO 等国际机构交流与合作，完成盐城小龙虾 MSC 渔业改进项目和莆田菲律宾蛤仔可持续渔业改进项目、黄海大型海洋生态系统二期工程项目，以及 O2 可持续发展项目的漳州梭子蟹可持续渔业管理项目和太平洋褶柔鱼可持续管理项目；维护与厄瓜多尔、泰国、越南、印度尼西亚、澳大利亚、日本等国家渔业相关部门和行业间的关系；参加厄瓜多尔部长级会议，探讨中厄两国对虾贸易情况。

2.发布中英文产业报告 受 FAO 委托，编写《中国水产品价格报告》（中、英文版），并由 FAO 公开发行。报告介绍中国渔业政策、行业资讯和 10 余种主要水产品的价格走势，增强世界对中国水产业认知，扩大中国渔业的影响力。组织编写发布《中国鲟鱼产业发展报告》（中、英文版）。报告梳理了中国鲟鱼养殖、加工、贸易现状，产业创新进展，面临的挑战，对产业发展提出建议，并强调中国鲟鱼保护与利用为全球鲟鱼可持续利用发挥的积极作用。该报告英文版已在 FAO 网站上公开发布，增强了中国鲟鱼产业在国际上的影响力。受 FAO 委托，联合中国社会科学院财经战略研究院编写《中国水产品电商报告》（中、英文版）。重点对中国水产品电商发展状况、特点，以及相关产业链进行了全面梳理和研究，剖析了水产品电商的典型案例和所存在的问题，并对推动水产品电商稳步发展提出了相关建议。这是国内首份对水产品电商进行全面系统分析的研究报告。该报告英文版也已提交 FAO 并由 FAO 全球发布，把中国水产品电商的成功经验推广至全球，增强中国水产品电商的国际影响力。

【加强行业自律，规范产业发展】

1.完善团体标准工作机制，组织制定发布团体标准 完成协会团体标准管理办法的修订与发布。组织制定《臭鳜鱼》团体标准，完成《鲜冻养殖红鳍东方鲀》《鲜、冻养殖暗纹东方鲀》《速冻养殖河豚鱼饺子》3 项河豚团体标准的技术审查工作。

2.积极参与国家标准、行业标准制（修）订 参与国家标准《冷冻水产品包冰技术规范》《重要产品追溯追溯体系通用要求》《恶臭污染物排放标准》及行业标准《冷冻水产品冰衣限量》《水产品加工行业排污许可证申请与核发技术规范》的业内意见征集及反馈。

3.积极参与国际标准体系建设 联合FAO共同举办可持续水产标准体系研讨会，探讨可持续水产品标准体系在中国的发展和应用情况；完成獐子岛MSC认证外部审核。组织开展獐子岛MSC外审项目评审会，完成外部审核英文报告，獐子岛MSC认证复审满分通过。

【加强产业引领，着力推动传统产业转型升级】 为了适应行业和产业发展，应广大从业者的请求，2019年成立了河豚鱼美食文化分会、帝王蟹分会，并适时组织召开相关产业研讨会，从全产业链角度梳理产业发展思路，探讨三产融合的发展举措，推动了产业的健康发展，主要会议有：在珠海召开的全球水产养殖大会，大会以“绿色发展 效益优先”为主题，聚焦产业热点，分享最新动态，来自国内政府主管部门、科研机构、相关协会、水产龙头企业的代表，以及来自美国、挪威、意大利、荷兰、丹麦等国业界人士600余人参会，在深化国际交流、促进全球产业紧密合作方面起到积极推动作用。联合中国水产学会、中国水产科学研究院成功举办2019年大水面生态渔业发展高峰论坛暨科技创新联盟成立大会。来自渔业管理、科教、推广单位和企业的代表300余人参加会议。会议以“生态 绿色 创新 融合”为主题，在促进政府、科研、推广、企业各方的交流和务实合作，探索走保护水质、适度开发、永续利用、三产融合的大水面生态渔业绿色高质量发展之路上起到重要推动作用。在珠海召开第十一届中国虾产业发展研讨会。来自中外对虾生产国的渔业主管部门、权威专家、行业组织、科研机构、相关企业、媒体代表和业界代表200余人参加会议。各方专家在对虾生产与贸易形势、市场变化趋势进行充分研判，并展示虾蟹产业技术体系核心成果，有力促进该产业国际交流合作及体系成果落地。在湖北荆州召开第三届中国(国际)小龙虾产业大会，1 000余人参会。中外专家分享了小龙虾产业供应链建设、金融服务、品牌打造的思考和想法。在广东湛江组织召开第十五届罗非鱼产业发展论坛。来自国内外权威专家，行业、企业代表与采购商、媒体代表近200人出席了论坛。论坛以内销为主题，召开专场采购对接会和产品品鉴会，全面梳理了国内外形势，协助企业开拓了国内外市场，对缓解产业危机、引导产业健康可持续发展起到了积极作用。在山东青岛组织召开第四届中国海参产业发展高峰论坛，从多个角度分析海参产业状况。在福建漳浦组织召开第十届全国石斑鱼产业发展论坛。论坛聚焦产业动态，就种业、养殖模式、营养需求与饲料开发、市场与消费、品牌建设等方面展开交流，500余人参会。在山东荣成组织召开第九届全国鲍鱼产业发展研讨会。会议分享了养殖模式、市场、零售等业界关注内容，并共同探讨鲍鱼产业发展方向。同期举办“名厨教你煮鲍鱼”的特色活动，从养殖环境、方式、营养等维度向公众介绍鲍鱼，同时邀请中国闽菜大师亲授鲍鱼处理、烹饪方法。组织召开2019生鲜供应链产业合作发展上海峰会。会议详细分析行业宏观经济走势、数字化供应链、社区团购、生鲜标准化与团餐冷链配送等方面。在江苏盐城组织召开第二届鲶鱼产业大会，参会代表近百人。会上专家和业内代表就绿色健康养殖、鲶鱼产品市场需求分析、输美鲶鱼产品要求与食品安全的重要性等问题进行了深入交流，为鲶鱼产业规范和行业可持续发展提供了有效的参考意见。在山东青岛组织召开第二届国际冷水鱼产业发展论坛。200多位来自国内外的专家学者、企业高管出席了论坛，就冷水鱼养殖生产、饲料营养、病害防治、工业化养殖系统和设备以及循环水养殖RAS等方面的研究成果及进展进行交流。会议还探讨了中国三文鱼、鲟鱼产业如何应对国际市场竞争、国内市场认知偏差等议题。

【以会展促贸易，推动产业供给侧改革】

1.办好国内展会 在广东珠海举办了第五届亚太水产养殖展览会暨珠海国际水产品交易会。本届亚太展主要亮点：一是搭建全产业链交流平台。二是专业观众云集，凸显参展效果。为期3天的展会，共接待专业观众15 166人次。三是国际化程度高，同期活动精彩纷呈。本届展览会展示面积近万平方米，吸引了美国、意大利、比利时、挪威、厄瓜多尔、泰国等12个国家的海外展商前来参展、参会和采购，展会国际化程度进一步提高。作为中国国际食品和饮料展览会水产品专区多年的组织方，协会继续携手挪威海产局、ASC及会员企业，现场举办烹饪美食演示主题活动，以定向邀约—现场烹饪—观众品尝—洽谈采购的互动方式为水产企业搭建产品展示平台，并通过现代传播手段、多媒体设施等加强展商与观众的互动，提升产品品牌效应。

2.继续组织企业参加知名的三大国际水产展会 受中美贸易摩擦影响，北美水产博览会规模略有下降，但同期活动仍精彩纷呈。协会积极与各国际组织合作，精心策划了多场商务活动；全球水产品博览会组展规模创历史新高，参展企业数量继续增长。参展企业达100家，参展规模系历史最大。首次举办地方特色水产品"海南味道"品尝推介会，首次推荐企业参加组委会举办的全球卓越海鲜奖。组织 30 余家水产品加工企业与德国宁斯特公司共同举办了中德水产品加工技术交流会；已连续十余年组织水产企业赴日参展，第 21 届日本东京国际水产品和技术展览会中国展团仍是最大的海外参展国，组织了 41 家企业参加展览，搭建了 412 米^2 的中国展区。

【开展产业调研，解决行业实际问题】 开展水产加工业能耗与节能情况调研，实地走访了湖北、江苏等从事水产品养殖、加工的企业，遴选出各高能耗领域的共性关键技术，为政府及相关部门制定渔业节能政策与标准提供依据；赴山东蓬莱等主养贝类苗种产区，调研育苗行业面临的环保压力下的能耗设备改造，听取主要企业产业需求；对广东、海南等地区的鱼粉生产企业进行实地考察；组织成员考察广东省相关水产市场；走访广州、湛江等地区重点企业，及相关饲料企业和行业权威专家，了解对虾产业发展具体形势和变化，听取业界人士对对虾分会工作的意见和建议；分别赴重庆、江西、湖南和浙江进行推进大水面生态渔业发展政策实地调研，以总结提炼各地典型经营模式，为协助起草《促进大水面生态渔业发展的指导意见》做准备；组织完成湖南湘粮国际发展规划课题规划报告；开展鲻鱼产业调研，完成鲻鱼价格报告；关注蛤仔产业发展，完成菲律宾蛤仔产业发展报告；与农业农村部渔业渔政管理局、全国水产技术推广总站、中国水产学会联合编写发布《小龙虾产业发展报告(2019)》，重点对我国小龙虾产业加工与流通部分的发展状况进行了分析，并对中长期发展趋势进行了预测。

与京东生鲜开放平台联手，帮助水产品企业优化电商合作渠道，扩大我国水产品品牌影响力与知名度，促进水产品消费，推动水产品消费线上线下融合发展；组织广东恒兴集团有限公司和福建安井食品股份有限公司参加由国家发改委主办的 2019 中国品牌日系列活动，展现高品质水产食品魅力，推动食品行业高质量发展；协助会员企业申报 ASC 可持续养殖国际认证并进行产业培训；针对福建连江、平潭等鲍鱼主要养殖海域接连发生因米氏凯伦藻等藻类大量繁殖而导致的赤潮灾害，多次赴现场调研并提出对策；协助开展菲律宾蛤仔斑马蛤 2 号新品系推广养殖工作；制定地方标准《菲律宾蛤仔浅海养殖技术规程》，指导业内蛤仔养殖规范化生产；举办 2019 年养殖河豚鱼加工与烹饪培训班，培训内容涵盖政策法规解读、质量安全管理、标准规范、饮食文化及菜品介绍及现场实操演示，为推动河豚的加工与烹饪，推广河豚美食文化奠定了良好的基础。

针对职业打假人打击大连棒棰岛海产股份有限公司干海参产品铝含量超标问题，为企业出具证明材料《关于干海参产品铝含量标准问题的复函》；向国家市场监督管理总局及天津市市场监督管理委员会提出《关于盐烧鲭鱼产品中过氧化值超标问题的相关建议》，并进行多次沟通、协调；针对会员单位产品检出疑似非洲猪瘟病毒核酸阳性事件，及时同企业沟通，并指导企业加强质量安全管理，做好风险防控及舆情应对工作；帮助广东、山东等地区的鱼粉生产企业提交复工申请，其中广东地区已批准复工。

（中国水产流通与加工协会 陈丽纯）

休闲垂钓协会

2019 年，休闲垂钓协会积极响应农业农村部和农业农村部渔业渔政管理局有关要求，通过推动休闲渔业与地方特色旅游产业融合，不断探索协会在休闲渔业领域的价值和优势。在农业农村部渔业渔政管理局和全国水产技术推广总站的指导和支持下，在协会全体同仁的共同努力下，休闲垂钓协会各项工作稳步开展，业务渠道不断拓宽，活动形式逐步丰富，组织完善度和团体凝聚力也得到了显著的提升，为全体会员和垂钓爱好者、观赏水族爱好者提供了更好的服务。

【完善体系建设，提升服务成效】

1.加强机构建设 为推进休闲渔业发展进程，加强多元化、专业化发展，协会 2019 年成立了锦鲤爱好者分会，举办了多场锦鲤鉴赏推广活动，参加了第十一届中国锦鲤若鲤大赛暨第七届中国国际锦鲤大赛，致力推动锦鲤品种选育和国产化进程，为我国休闲渔业的繁荣发展做出了努力。

2.强化体系管理 本年度，协会进一步提升了对各分支(代表)机构的管理力度，严格按照《休闲垂钓协会分支机构管理办法》和《休闲垂钓协会代表机构管理办法》的要求，强化分支(代表)机构体系建设、会员管理、财务管理和开展活动等情况的审核工作。

【完成农业农村部委托的工作，促进休闲渔业的发展】

1.考察钓饵生产企业 2019 年协会围绕我国现阶段人工钓饵产业的实际发展情况，通过赴湖北、四川、山东、安徽等钓饵生产加工和使用量较大的省份，开展人工钓饵的生产、使用及管理等工作的实地调研，并结合国家政策和企业、经销商、钓场、钓手等多方意见，撰写了《我国人工钓饵产业基本情况》和《关于提高人工钓饵标准强制力的报告》，以及《关于加强休闲渔业宣传》的工作总结，提交到农业农村部渔业渔政管理局，为《人工钓饵》标准上升为国家强制标准的可行性提供理论参考。

2.调研自然水域垂钓情况，提出管理建议 为了加强我国自然水域垂钓的管理，协会就国内海域和内陆湖泊、水库、河流等自然水域的渔业资源和垂钓活动开展调研，并借鉴国外对休闲垂钓管理的成功经验，结合我国国情向农业农村部渔业渔政管理局提出了加强自然水域垂钓管理的建议和对策。

3.长江流域全面禁捕背景下垂钓等相关渔业行为管理研究 为落实《国务院办公厅关于加强长江水生生物保护工作的意见》，促进休闲渔业产业规范、健康、有序发展，保护长江水域水生生物多样性，规范垂钓行为，受农业农村部长江流域渔政监督管理办公室（下称长江办）委托，协会在上海组织召开了长江流域全面禁捕背景下垂钓等相关渔业行为管理专题研讨会。

长江全流域实行全面禁捕后，相关的渔业行为（休闲垂钓）如何加强管理，将成为影响禁捕效果的突出因素。协会就目前长江全流域19个省（自治区、直辖市）休闲垂钓情况、存在问题，参考有关国家和地区的通常做法，提出长江流域加强休闲垂钓管理的基本解决方法和建议。完成了《长江流域垂钓管理的运行机制》《长江流域垂钓管理的技术方案》《长江流域禁捕期间垂钓等相关渔业行为管理办法》和《长江流域垂钓知识考试题目编写及论证》等报告。后期还将与有关单位共同开发建设长江流域垂钓知识学习、考试题库。

4.梳理国内外垂钓管理制度 协会通过搜集和研究国外垂钓管理办法、管理体系、监管机制、执法行为等内容，组织业内专家、学者研究借鉴国外的管理经验和模式，结合我国国情和各地的特点，完成了《国内外休闲渔业法律制度研究》报告，并在农业农村部渔业渔政管理局组织的2019年《中华人民共和国渔业法》修订及渔政执法支撑制度研究课题交流会上进行了汇报。

5.加强对休闲海钓管理的研究 一直以来，海钓人口与海洋渔业资源短缺的矛盾都比较突出。中国虽然是海洋大国，但由于受传统渔业生产方式的影响，中国近海渔业资源严重衰退，海钓由近海向远海、深海发展的趋势越来越明显，这个现象值得我们警惕，要注意到资源的稀缺性和海钓利用资源的矛盾性。对此现象，协会组织研究团队就如何加强休闲海钓相关渔业管理展开调研，深挖休闲海钓相关渔业管理的核心价值和重要性，围绕中国海钓发展的现状、特征与存在的问题，组织专家结合国内外现有案例和数据开展综合研究，明确休闲海钓管理的核心和方向。

【积极组织开展赛事活动，丰富会员服务工作】

1.举办各类赛事活动 协会与地方政府和会员企业主办和联合主办了各类休闲渔业活动。主要活动有：中国云南·柴石滩2019新春筏钓邀请赛、全民钓鱼英雄榜——2019黑坑英雄挑战赛系列赛事、2019中国霞浦休闲海钓精英赛、2019中国黄金海岸休闲垂钓大赛（温州北麂）暨中国瑞安"海岛旅游文化节"海钓邀请赛、2019大安嫩江湾休闲垂钓大赛、2019全国自然水域传统垂钓大赛、首届中国西堤头镇"圆梦湖"垂钓文化节暨"美猴王杯"全国垂钓大圣争霸赛系列活动、首届中国·丽水（松阳）休闲垂钓节、2019中国（温州）瓯江口休闲垂钓节暨温州瓯江口锦鲤文体周、2019"压油沟杯"第六届中国·临沂休闲垂钓大赛、2019中国（日照）第四届海钓节、2019中国（日照）"鼎盛杯"海水筏钓大赛、第九届LTW国际路亚（BASS）大奖赛。观赏水族活动有：山东济南2019华晨杯CGDC第5届国际孔雀鱼锦标赛、山东威海CGDC第6届国际孔雀鱼锦标赛、CGDC第1届国际斗鱼锦标赛、福建厦门CGDC第7届国际孔雀鱼锦标赛、云南昆明CGDC第8届国际孔雀鱼锦标赛、中国河南郑州锦鲤大赛等10多场次的赛事，以及观鱼知乐——宫廷金鱼文化与故宫博物院院藏金鱼题材文物联展、中国现代农业（休闲渔业）锦鲤良种引进与繁殖——中国科学院桂建芳院士见面会等观赏鱼展示及推广活动。

2.举办展会论坛 2019年8月23日，由协会主办，威海海洋发展局、大连星海会展商务有限公司承办的2019世界海洋休闲产业论坛在威海举行，来自各级各地渔业行政主管部门、相关科研、教育机构的专家学者，有关休闲渔业协会及休闲渔业运营主体代表等参加了本次论坛。本次论坛，以休闲渔业为切入点，多角度剖析世界海洋休闲产业，通过寻求我国海洋休闲产业的升级和相关跨界产业联动的发展对策，满足人民对海域游憩休闲的需求。10月27日，协会在浙江省丽水市松阳县主办了中国休闲渔业发展助推乡村振兴论坛，论坛通过专家、学者对《中国休闲垂钓产业发展现状及趋势》《关于渔旅融合发展中的休闲渔业及渔文化元素应用》和澳大利亚业者在休闲垂钓活动中的体验和分享，为丽水"休闲渔业＋"的三产新业态发展起到了促进作用。10月31日，农业农村部渔业渔政管理局、全国水产技术推广总站、福建省海洋与渔业局指导，中国水产学会、休闲垂钓协会、厦门市海洋发展局主办，厦门新天会展有限公司承办的第四届中国休闲渔业高峰论坛暨2019年渔业一二三产业融合人才培训班在厦门举办，来自各省、自治区、直辖市及计划单列市渔业主管和推广部门，农业农村部渔业系相关单位以及休闲渔业品牌主体代表等数百人参加论坛，论坛通过深挖传统渔业文化资源，力求推进渔业与文化、科技、生态、旅游、扶贫、科普、资讯的深度融合，融出新的经济增长点和消费热点，促进形成休闲渔业吃、住、行、游、教、购的综合发展格局。论坛同期主办了第十二届中国(厦门)国际休闲渔业博览会。

【强化信息化建设和服务】 2019 年，协会借助官方网站和微信公众号平台，围绕渔业政策、休闲渔业发展、渔旅结合主题和协会的各项工作，及时发布相关资讯报道，让会员和关注人群及时了解行业最新政策和动态，增强了会员和公众的互动感和参与感。

协会还进一步完善了会员管理系统的线上办公功能，新增线上审核、投票功能，借助新功能顺利完成了线上理事会议投票环节，显著提升了理事会的工作效率。

协会正积极完成线上垂钓知识库初期框架搭建，为建设一个完整、全面的休闲垂钓知识在线学习及考试平台奠定坚实基础。

(休闲垂钓协会)

法律法规文献

关于加快推进水产养殖业绿色发展的若干意见

农渔发〔2019〕1号

各省、自治区、直辖市人民政府，国务院各部委、各直属机构：

近年来，我国水产养殖业发展取得了显著成绩，为保障优质蛋白供给、降低天然水域水生生物资源利用强度、促进渔业产业兴旺和渔民生活富裕作出了突出贡献，但也不同程度存在养殖布局和产业结构不合理、局部地区养殖密度过高等问题。为加快推进水产养殖业绿色发展，促进产业转型升级，经国务院同意，现提出以下意见。

一、总体要求

（一）指导思想。全面贯彻党的十九大和十九届二中、三中全会精神，以习近平新时代中国特色社会主义思想为指导，认真落实党中央、国务院决策部署，围绕统筹推进"五位一体"总体布局和协调推进"四个全面"战略布局，践行新发展理念，坚持高质量发展，以实施乡村振兴战略为引领，以满足人民对优质水产品和优美水域生态环境的需求为目标，以推进供给侧结构性改革为主线，以减量增收、提质增效为着力点，加快构建水产养殖业绿色发展的空间格局、产业结构和生产方式，推动我国由水产养殖业大国向水产养殖业强国转变。

（二）基本原则。

坚持质量兴渔。紧紧围绕高质量发展，将绿色发展理念贯穿于水产养殖生产全过程，推行生态健康养殖制度，发挥水产养殖业在山水林田湖草系统治理中的生态服务功能，大力发展优质、特色、绿色、生态的水产品。

坚持市场导向。处理好政府与市场的关系，充分发挥市场在资源配置中的决定性作用，增强养殖生产者的市场主体作用，优化资源配置，提高全要素生产率，增强发展活力，提升绿色养殖综合效益。

坚持创新驱动。加强水产养殖业绿色发展体制机制创新，完善生产经营体系，发挥新型经营主体的活力和创造力，推动科学研究、成果转化、示范推广、人才培训协同发展和一二三产业融合发展。

坚持依法治渔。完善水产养殖业绿色发展法律法规，加强普法宣传、提升法治意识，坚持依法行政、强化执法监督，依法维护养殖渔民合法权益和公平有序的市场环境。

（三）主要目标。到2022年，水产养殖业绿色发展取得明显进展，生产空间布局得到优化，转型升级目标基本实现，人民群众对优质水产品的需求基本满足，优美养殖水域生态环境基本形成，水产养殖主产区实现尾水达标排放；国家级水产种质资源保护区达到550个以上，国家级水产健康养殖示范场达到7 000个以上，健康养殖示范县达到50个以上，健康养殖示范面积达到65%以上，产地水产品抽检合格率保持在98%以上。到2035年，水产养殖布局更趋科学合理，养殖生产制度和监管体系健全，养殖尾水全面达标排放，产品优质、产地优美、装备一流、技术先进的养殖生产现代化基本实现。

二、加强科学布局

（四）加快落实养殖水域滩涂规划制度。统筹生产发展与环境保护，稳定水产健康养殖面积，保障养殖生产空间。依法加强养殖水域滩涂统一规划，科学划定禁止养殖区、限制养殖区和允许养殖区。完善重要养殖水域滩涂保护制度，严格限制养殖水域滩涂占用，严禁擅自改变养殖水域滩涂用途。

（五）优化养殖生产布局。开展水产养殖容量评估，科学评价水域滩涂承载能力，合理确定养殖容量。科学确定湖泊、水库、河流和近海等公共自然水域网箱养殖规模和密度，调减养殖规模超过水域滩涂承载能力区域的养殖总量。科学调减公共自然水域投饵养殖，鼓励发展不投饵的生态养殖。

（六）积极拓展养殖空间。大力推广稻渔综合种养，提高稻田综合效益，实现稳粮促渔、提质增效。支持发展深远海绿色养殖，鼓励深远海大型智能化养殖渔场建设。加强盐碱水域资源开发利用，积极发展盐碱水养殖。

三、转变养殖方式

（七）大力发展生态健康养殖。开展水产健康养殖示范创建，发展生态健康养殖模式。推广疫苗免疫、生态防控措施，加快推进水产养殖用兽药减量行动。实施配合饲料替代冰鲜幼杂鱼行动，严格限制冰鲜杂鱼等直接投喂。推动用水和养水相结合，对不宜继续开展养殖的区域实行阶段性休养。实行养殖小区或养殖品种轮作，降低传统养殖区水域滩涂利用强度。

（八）提高养殖设施和装备水平。大力实施池塘标准化改造，完善循环水和进排水处理设施，支持生态沟渠、生态塘、潜流湿地等尾水处理设施升级改造，探索建立养殖池塘维护和改造长效机制。鼓励水处理装备、深远海大型养殖装备、集装箱养殖装备、养殖产品收获装备等关键装备研发和推广应用。推进智慧水产养殖，引导物联网、大数据、人工智能等现代信息技术与水产养殖生产深度融合，开展数字渔业示范。

（九）完善养殖生产经营体系。培育和壮大养殖大户、家庭渔场、专业合作社、水产养殖龙头企业等新型经营主体，引导发展多种形式的适度规模经营。优化水域滩涂资源配置，加强对水域滩涂经营权的保护，合理引导水域滩涂经营权向新型经营主体流转。健全产业链利益联结机制，发展渔业产业化经营联合体。建立健全水产养殖社会化服务体系，实现养殖户与现代水产养殖业发展有机衔接。

四、改善养殖环境

（十）科学布设网箱网围。推进养殖网箱网围布局科学化、合理化，加快推进网箱粪污残饵收集等环保设施设备升级改造，禁止在饮用水水源地一级保护区、自然保护区核心区和缓冲区等开展网箱网围养殖。以主要由农业面源污染造成水质超标的控制单元等区域为重点，依法拆除非法的网箱围网养殖设施。

（十一）推进养殖尾水治理。推动出台水产养殖尾水污染物排放标准，依法开展水产养殖项目环境影响评价。加快推进养殖节水减排，鼓励采取进排水改造、生物净化、人工湿地、种植水生蔬菜花卉等技术措施开展集中连片池塘养殖区域和工厂化养殖尾水处理，推动养殖尾水资源化利用或达标排放。加强养殖尾水监测，规范设置养殖尾水排放口，落实养殖尾水排放属地监管职责和生产者环境保护主体责任。

（十二）加强养殖废弃物治理。推进贝壳、网衣、浮球等养殖生产副产物及废弃物集中收置和资源化利用。整治近海筏式、吊笼养殖用泡沫浮球，推广新材料环保浮球，着力治理白色污染。加强网箱网围拆除后的废弃物综合整治，尽快恢复水域自然生态环境。

（十三）发挥水产养殖生态修复功能。鼓励在湖泊水库发展不投饵滤食性、草食性鱼类等增养殖，实现以渔控草、以渔抑藻、以渔净水。有序发展滩涂和浅海贝藻类增养殖，构建立体生态养殖系统，增加渔业碳汇。加强城市水系及农村坑塘沟渠整治，放养景观品种，重构水生生态系统，美化水系环境。

五、强化生产监管

（十四）规范种业发展。完善新品种审定评价指标和程序，鼓励选育推广优质、高效、多抗、安全的水产养殖新品种。严格新品种审定，加强新品种知识产权保护，激发品种创新各类主体积极性。建立商业化育种体系，大力推进"育繁推一体化"，支持重大育种创新联合攻关。支持标准化扩繁生产，加强品种性能测定，提升水产养殖良种化水平。完善水产苗种生产许可管理，严肃查处无证生产，切实维护公平竞争的市场秩序。完善种业服务保障体系，加强水产种质资源库和保护区建设，保护我国特有及地方性种质资源。强化水产苗种进口风险评估和检疫，加强水生外来物种养殖管理。

（十五）加强疫病防控。落实全国动植物保护能力提升工程，健全水生动物疫病防控体系，加强监测预警和风险评估，强化水生动物疫病净化和突发疫情处置，提高重大疫病防控和应急处置能力。完善渔业官方兽医队伍，全面实施水产苗种产地检疫和监督执法，推进无规定疫病水产苗种场建设。加强渔业乡村兽医备案和指导，壮大渔业执业兽医队伍。科学规范水产养殖用疫苗审批流程，支持水产养殖用疫苗推广。实施病死养殖水生动物无害化处理。

（十六）强化投入品管理。严格落实饲料生产许可制度和兽药生产经营许可制度，强化水产养殖用饲料、兽药等投入品质量监管，严厉打击制售假劣水产养殖用饲料、兽药的行为。将水环境改良剂等制品依法纳入管理。依法建立健全水产养殖投入品使用记录制度，加强水产养殖用药指导，严格落实兽药安全使用管理规定、兽用处方药管理制度以及饲料使用管理制度，加强对水产养殖投入品使用的执法检查，严厉打击违法用药和违法使用其他投入品等行为。

（十七）加强质量安全监管。强化农产品质量安全属地监管职责，落实生产经营者质量安全主体责任。严格检测机构资质认定管理、跟踪评估和能力验证，加大产地养殖水产品质量安全风险监测、评估和监督抽查力度，深入排查风险隐患。加快推动养殖生产经营者建立健全养殖水产品追溯体系，鼓励采用信息化手段采集、留存生产经营信息。推进行业诚信体系建设，支持养殖企业和渔民合作社开展质量安全承诺活动和诚信文化建设，建立诚信档案。建立水产品质量安全信息平台，实施有效监管。加快养殖水产品质量安全标准制修订，推进标准化生产和优质水产品认证。

六、拓宽发展空间

（十八）推进一二三产业融合发展。完善利益联结机制，推动养殖、加工、流通、休闲服务等一二三产业相互融合、协调发展。积极发展养殖产品加工流通，支持水产品现代冷链物流体系建设，提升从池塘到餐桌的全冷链物流体系利用效率，引导活鱼消费向便捷加工产品消费转变。推动传统水产养殖场生态化、休闲化改造，发展休闲观光渔业。在有条件的革命老区、民族地区和边疆地区等贫困地区，结合本地区资源特点，引导发展多种形式的特色水产养殖，增加建档立卡贫困人口收入。实施水产养殖品牌战略，培育全国和区域优质特色品牌，鼓励发展新型营销业态，引领水产养殖业发展。

（十九）加强国际交流与合作。鼓励科研院所、大专院校开展对外水产养殖技术示范推广。统筹利用国际国内两个市场、两种资源，结合“一带一路”建设等重大战略实施，培育大型水产养殖企业。鼓励和支持渔业企业开展国际认证认可，扩大我国水产品影响力，促进水产品国际贸易稳定协调发展。

七、加强政策支持

（二十）多渠道加大资金投入。建立政府引导、生产主体自筹、社会资金参与的多元化投入机制。鼓励地方因地制宜支持水产养殖绿色发展项目。将生态养殖有关模式纳入绿色产业指导目录。探索金融服务养殖业绿色发展的有效方式，创新绿色生态金融产品。鼓励各类保险机构开展水产养殖保险，有条件的地方将水产养殖保险纳入政策性保险范围。支持符合条件的水产养殖装备纳入农机购置补贴范围。

（二十一）强化科技支撑。加强现代渔业产业技术体系和国家渔业产业科技创新联盟建设，依托国家重点研发计划重点专项，加大对深远海养殖科技研发支持，加快推进实施“种业自主创新重大项目”。加强绿色安全的生态型水产养殖用药物研发。支持绿色环保的人工全价配合饲料研发和推广，鼓励鱼粉替代品研发。积极开展绿色养殖技术模式集成和示范推广，打造区域综合整治样板。发挥基层水产技术推广体系作用，培训新型职业渔民。

（二十二）完善配套政策。将养殖水域滩涂纳入国土空间规划，按照“多规合一”要求，做好相关规划的衔接。支持工厂化循环水、养殖尾水和废弃物处理等环保设施用地，保障深远海网箱养殖用海，落实水产养殖绿色发展用水用电优惠政策。养殖用海依法依规免征海域使用金。

八、落实保障措施

（二十三）严格落实责任。健全省负总责、市县抓落实的工作推进机制，地方人民政府要严格执行涉渔法律法规，在规划编制、项目安排、资金使用、监督管理等方面采取有效措施，确保绿色发展各项任务落实到位。

（二十四）依法保护养殖者权益。稳定集体所有养殖水域滩涂承包经营关系，依法确定承包期。完善水产养殖许可制度，依法核发养殖证。按照不动产统一登记的要求，加强水域滩涂养殖登记发证。依法保护使用水域滩涂从事水产养殖的权利。对因公共利益需要退出的水产养殖，依法给予补偿并妥善安置养殖渔民生产生活。

（二十五）加强执法监管。建立健全生态健康养殖相关管理制度和标准，完善行政执法与刑事司法衔接机制。按照严格规范公正文明执法要求，加强水产养殖执法。落实“双随机、一公开”要求，加强事中事后执法检查。强化普法宣传，增强养殖生产经营主体尊法守法意识和能力。

（二十六）强化督促指导。将水产养殖业绿色发展纳入生态文明建设、乡村振兴战略的目标评价内容。对绿色发展成效显著的单位和个人，按照有关规定给予表彰；对违法违规或工作落实不到位的，严肃追究相关责任。

农业农村部　生态环境部
自然资源部　国家发展和改革委员会
财政部　科学技术部
工业和信息化部　商务部
国家市场监督管理总局
中国银行保险监督管理委员会
2019年1月11日

关于推进大水面生态渔业发展的指导意见

农渔发〔2019〕28 号

各省、自治区、直辖市农业农村(农牧)、生态环境、林业和草原厅(局、委),福建省海洋与渔业局,新疆生产建设兵团农业农村、生态环境、林业和草原局:

湖泊、水库等大水面,是我国内陆渔业水域的重要组成部分。大水面渔业是我国淡水渔业的重要组成部分,在建设水域生态文明、保障优质水产品供给、推动产业融合、促进渔民增收等方面发挥着重要作用。但近年来,随着资源与环境约束日益加大,大水面渔业发展空间大幅萎缩,发展方式亟待转型升级。

面对新时代新形势,亟须大力发展大水面生态渔业,根据大水面生态系统健康和渔业发展需要,通过开展渔业生产调控活动,促进水域生态、生产和生活协调发展,现提出如下指导意见。

一、推进大水面生态渔业发展的总体要求

(一)指导思想。以习近平新时代中国特色社会主义思想和习近平生态文明思想为指导,全面贯彻党的十九大和十九届二中、三中、四中全会精神,认真落实党中央、国务院决策部署,践行“两山”理论,坚持新发展理念,以实施乡村振兴战略为引领,以满足人民对优美水域生态环境和优质水产品的需求为目标,有效发挥大水面渔业生态功能,加快体制机制创新,强化科技支撑,促进渔业资源合理利用,推动一二三产业融合发展,走出一条水域生态保护和渔业生产相协调的大水面生态渔业高质量绿色发展道路。

(二)基本原则。

——坚持绿色发展、合理利用。充分发挥渔业的生态功能,科学利用水生生物资源,加强水域环境保护。兼顾大水面在防洪、供水、生态、渔业等多方面的功能,实现“一水多用、多方共赢”,推进水域共享共用共治。

——坚持因地制宜、分类施策。根据生态环境状况、渔业资源禀赋、水域承载力、产业发展基础和市场需求等情况,科学布局、分类施策,坚持“一水一策”,合理选择大水面生态渔业发展方式。

——坚持科技引领、创新驱动。加强基础理论研究、关键共性技术研发,强化模式提炼,推动成果转化和示范推广。推进管理体制机制创新,充分发挥市场作用,完善生产经营体系,健全利益联结机制。

——坚持质量兴渔、三产融合。围绕高质量发展目标,提升水产品品质,实施品牌战略,提高质量效益。发挥大水面渔业优势特点,大力发展精深加工和休闲渔业,推进一二三产业融合发展,不断延伸产业链,提升价值链。

(三)发展目标。到 2025 年,大水面生态保护与渔业发展实现充分融合,渔业在水域生态修复中的作用明显提升,大水面生态渔业管理协调机制更加完善,优质水产品比重显著提高,产业链有效拓展延伸,形成一批管理制度完善、经营机制高效、利益联结紧密的生态渔业典型模式,基本实现环境优美、产品优质、产业融合、生产生态生活相得益彰的大水面生态渔业发展格局。

二、强化统筹布局,推动协调发展

(四)以法律法规为依据保障大水面生态渔业发展空间。统筹环境保护与生产发展,对于法律法规明确禁止发展渔业的区域,要严禁发展大水面生态渔业,允许发展大水面生态渔业的区域,要准确把握政策要求,合理发展生态渔业,防止一刀切、不加区分地禁止所有渔业活动。要依法加强养殖水域滩涂规划,按照经国务院同意印发的《关于加快推进水产养殖业绿色发展的若干意见》(农渔发〔2019〕1 号)要求,落实水产养殖业发展空间。完善重要养殖水域滩涂保护制度,严格限制养殖水域滩涂占用,严禁擅自改变养殖水域滩涂用途。依法开展水域、滩涂养殖发证登记,依法核发养殖证,保障养殖生产者合法权益。以空间规划为依据,科学合理设置大水面生态渔业必要的设施,统筹协调大水面渔业生产与航运、水生态环境及鱼类生殖洄游等方面功能。

(五)以发挥渔业生态功能为导向开展增殖渔业。增殖渔业要按照水域承载力确定适宜的放养种类、放养量、放养比例、捕捞时间和捕捞量。增殖渔业的起捕要使用专门的渔具渔法,最大限度减少对非增殖品种的误捕,确保不对非增殖生物资源和生态环境造成损害。要严格区分增殖渔业的起捕活动与传统的对非增殖渔业资源的捕捞生产,长江流域重要水域禁止的“生产性捕捞”不包括增殖渔业的起捕活动。原则上禁止在自然保护区的核心区和缓冲区开展增殖渔业;在饮用水水源保护区、自然保护区的实验区,可根据资源调查结果合理投放滤食性、肉食性、草食性的当地土著品种,发挥增殖渔业的生态功能,实现以渔抑藻、以渔净水,修复水域生态环境,维护生物多样性;在水产种质资源保护区,增殖渔业的起捕活动应在特别保护期以外的时间开展。

(六)以严格资源管理为基础发展传统捕捞渔业。

传统捕捞生产要严格按照《渔业捕捞许可管理规定》要求，实施船网工具控制指标管理，实行捕捞许可证制度和捕捞限额制度。执行长江流域重要水域禁止“生产性捕捞”的有关规定，针对以特定资源利用、科研调查和苗种繁育等为目的的捕捞，要制定专门办法进行专项管理。除自然保护区的原住居民可开展生活必需的传统捕捞活动外，禁止在饮用水水源一级保护区和自然保护区开展捕捞生产。要在明确种群动态、资源补充规律的基础上，探索开展定额、定点、定渔具渔法和定捕捞规格的精细化管理。

（七）以科学合理为前提发展网箱网围养殖。要按照《关于加快推进水产养殖业绿色发展的若干意见》要求，根据水资源水环境承载能力科学布设网箱网围，合理控制养殖规模和密度，加快推进网箱粪污残饵收集等环保设施设备升级改造，减少污染物排放。支持同一水体不同区域采用轮养轮休养殖模式。禁止在饮用水水源一级保护区开展网箱网围养殖，在饮用水水源二级保护区发展要更加注重环境保护，应投喂利用率高、饵料系数低的高效环保饲料，鼓励发展不投饵的生态养殖，严禁非法使用药物；经营主体应定期开展水质监测分析，防止污染水环境。禁止在自然保护区的核心区和缓冲区开展网箱网围养殖，在自然保护区的实验区内允许原住居民保留生活必需的基本养殖生产，同时要注重环境保护。

（八）加强大水面生态环境保护。加强大水面水质保护，生态环境、农业农村等部门要按职责分工加强监测和执法监管，对造成水域污染的行为依法追究责任，维护大水面良好的水域生态环境。加强大水面生物多样性保护，增殖渔业要严格按照《水生生物增殖放流管理规定》对苗种场和放流品种进行监管；用于增殖的亲体、苗种等水生生物应当是本地种，要选择遗传多样性高且来源于放流湖库或临近水体的优质亲本培育苗种，禁止使用外来种、杂交种、转基因种以及其他不符合生态要求的水生生物物种进行增殖，严防种质退化和疫病传播。

三、完善经营管理机制

（九）理顺完善经营机制。稳定大水面承包经营关系，建立健全退出补偿机制，对确因公共利益需要退出的大水面生态渔业，应依法给予补偿并妥善安置有关渔民生产生活。培育壮大经营主体，鼓励企业、合作社等对大水面渔业进行组织化、规模化经营。支持传统捕捞渔民转产转业，大水面经营企业优先雇佣转产上岸渔民。支持相关经营主体加强在苗种选育、增养殖技术、加工、流通等环节的合作，引导成立大水面生态渔业产业化联合体、行业协会或商会。鼓励渔民通过资金或以渔船、渔机具、养殖证、捕捞证等作价入股渔业经营主体，构建紧密的利益联结机制。

（十）建立健全监督管理机制。建立由同级农业农村部门牵头，生态环境、自然资源、林业草原等部门参与的工作协调机制，协同研究、制定落实支持措施。统筹协调公安、渔业渔政、生态环境等相关部门，开展区域联合执法工作，鼓励探索“政府支持＋社会参与”渔政管理新模式，大力推广应用视频监控、无人机等现代化信息化执法监管手段，支持各地优先吸收符合条件的退捕渔民加入“护鱼员”协管队伍。加大渔政执法力度，强化行政执法与刑事司法衔接。

（十一）推进高质量融合发展。利用好大水面景观资源，充分挖掘大水面生态渔业的文化内涵，积极发展休闲渔业，促进文化、旅游、体育、垂钓、观光、餐饮、康养深度融合。加强监督管理，确保旅游、垂钓、餐饮等业态的发展不破坏大水面生态环境。在有条件的大水面临近区域积极发展生态水产品精深加工，培育壮大水产品加工流通龙头企业，开发方便快捷的水产加工食品和具备当地特色的旅游“伴手礼”产品，发挥水产品加工业“接一连三”作用。搭建产品展示平台，加强大水面生态渔业产品宣传推介，支持申请创建大水面绿色有机水产品、地理标志产品认证和区域公用品牌。

四、加大支持保障力度

（十二）加大资金支持。加大对大水面生态渔业的资金支持力度，重点用于一二三产业融合、重要渔业水域监测、渔业资源调查评估、环保网箱改造等方面。积极争取精准扶贫、社会民生等相关资金，用于转产上岸渔民的临时生活补助、社会保障和职业技能培训等相关方面。鼓励农业信贷担保主体加强对大水面生态渔业生产经营项目的信贷担保支持，积极推动大水面渔业保险试点，提高风险保障能力。

（十三）做好产业规划指导。省级渔业主管部门要充分考虑当地社会、经济、生态、环境和渔业发展状况，结合增殖、养殖、捕捞等大水面生态渔业生产方式特点，科学谋划产业发展，会同相关部门在2020年底之前制定发布本区域大水面生态渔业发展专项规划，依法同步开展规划环评工作，有序推进本区域大水面生态渔业发展。要积极推动将大水面生态渔业发展专项规划纳入当地政府产业中长期发展规划范畴，确保大水面生态渔业稳定持续发展。

（十四）强化科技支撑。推动大水面生态渔业科技重大专项立项实施，加强大水面基础理论、生态保护与渔业发展战略、管理制度与科学分级分类研究。组建大水面生态渔业科技创新联盟，加强大水面生态渔业关键共性技术研发，促进产学研用协同创新。加快大水面生态渔业标准体系建设和增殖放流、资源调查评估、增养殖技术规范等相关重要标准制修订及宣贯应用，规范大水面增养殖渔业生产。

（十五）加强宣传推广。依托行业组织、科研院所、高等院校、技术推广机构和有关企业，加强大水面生态渔业科普宣传，打造一批大水面生态渔业样板，为产业发展营造良好的舆论氛围。加强大水面生态渔业经营主体带头人培训，带动先进经营理念、模式、技术的推广应用。

农业农村部
生态环境部
国家林业和草原局
2019 年 12 月 24 日

关于公布国家级渔业健康养殖示范县（第五批）名单的通知

农渔发〔2019〕31 号

各省、自治区、直辖市农业农村（农牧）厅（局、委），福建省海洋与渔业局，各计划单列市渔业主管局，新疆生产建设兵团农业农村局：

为贯彻落实中央、国务院关于推进水产健康养殖有关精神，按照我部关于开展渔业健康养殖示范县创建活动有关工作安排，我部对申请创建国家级渔业健康养殖示范县验收的有关县（市、区）进行了现场考核验收。根据验收结果，现公布验收合格的辽宁省盘锦市盘山县等 10 个国家级渔业健康养殖示范县名单（名单见附件），有效期自 2020 年 1 月 1 日至 2024 年 12 月 31 日。期满前，示范县可提出复查申请，未申请复查或复查不合格的不再作为示范县。

各省级渔业主管部门要督促各示范县按照验收组意见和建议继续完善各项制度建设，进一步发挥示范带动作用，加强示范县创建活动的组织领导，对照创建标准严格把关审核，保证创建质量，同时动员更多重点渔业县（市、区）参与创建活动，不断扩大健康养殖示范规模，促进水产养殖业绿色高质量发展。

附件：国家级渔业健康养殖示范县（第五批）名单

农业农村部
2019 年 12 月 31 日

附件

国家级渔业健康养殖示范县（第五批）名单

序号	示 范 县
1	辽宁省盘锦市盘山县
2	浙江省温州市洞头区
3	浙江省台州市三门县
4	浙江省湖州市南浔区
5	浙江省湖州市德清县
6	江西省九江市都昌县
7	江西省抚州市南丰县
8	河南省驻马店市汝南县
9	云南省临沧市双江拉祜族佤族布朗族傣族自治县
10	宁波市象山县

关于印发《长江流域重点水域禁捕和建立补偿制度实施方案》的通知

农长渔发〔2019〕1 号

长江流域各省、自治区、直辖市农业农村、渔业、财政、人力资源社会保障厅（局、委、办）：

为贯彻党中央、国务院关于加强生态文明建设的决策部署，落实党的十九大“以共抓大保护、不搞大开发为导向推动长江经济带发展”的战略布局，根据 2017 年中央 1 号文件“率先在长江流域水生生物保护区实现全面禁捕”、2018 年中央 1 号文件“建立长江流域重点水域禁捕补偿制度”等要求，国务院办公厅印发了《关于加强长江水生生物保护工作的意见》（以下简称《意见》），对各项保护政策措施提出了明确的工作任务和目标要求。

《意见》明确提出，推进重点水域禁捕，科学划定禁捕、限捕区域，加快建立长江流域重点水域禁捕补偿制度，引导长江流域捕捞渔民加快退捕转产，率先在水生生物保护区实现全面禁捕，健全河流湖泊休养生息制度，在长江干流和重要支流等重点水域逐步实行合理期限内禁捕的禁渔期制度，到 2020 年长江流域重点水域实现常年禁捕。

为贯彻落实上述决策部署和工作要求，农业农村部、财政部、人力资源社会保障部在深入调查研究和广泛征求意见的基础上，制定了《长江流域重点水域禁捕和建立补偿制度实施方案》(以下简称《方案》)，经国务院同意，现印发你们，请结合工作实际，抓好贯彻落实。

(联系人：农业农村部　衣艳荣，联系电话 010－59193091；

财政部　朱鑫，联系电话 010－68553794；

人力资源社会保障部　于琛偲，联系电话 010－84208453)

农业农村部
财政部
人力资源和社会保障部
2019 年 1 月 6 日

长江流域重点水域禁捕和建立补偿制度实施方案

为贯彻落实党的十九大精神，根据 2017 年中央 1 号文件“率先在长江流域水生生物保护区实现全面禁捕”、2018 年中央 1 号文件“建立长江流域重点水域禁捕补偿制度”和《国务院办公厅关于加强长江水生生物保护工作的意见》关于“健全河流湖泊休养生息制度”等部署要求，农业农村部、财政部、人力资源社会保障部会同有关部门研究制定了长江流域重点水域禁捕和补偿制度实施方案。

一、禁捕的必要性

长江是世界上水生生物多样性最为丰富的河流之一，也是维护我国生态安全的重要屏障。长期以来，受拦河筑坝、水域污染、过度捕捞、航道整治、挖砂采石、滩涂围垦等影响，长江水生生物的生存环境日趋恶化，生物多样性指数持续下降，珍稀特有物种资源全面衰退，白鱀豚、白鲟、长江鲥鱼等物种已多年未见，中华鲟、长江鲟、长江江豚等极度濒危，“四大家鱼”早期资源量比上世纪 80 年代减少了 90％以上。近年来，长江渔业资源年均捕捞产量不足 10 万吨，仅占我国水产品总产量的 0.15％。伴随渔业资源严重衰退，部分渔民为获取捕捞收益，使用“绝户网”“电毒炸”等非法渔具渔法竭泽而渔，形成资源“公地悲剧”和渔民越捕越穷、资源越捕越少的恶性循环，与打赢脱贫攻坚战、全面建成小康社会的目标不相适应。

习近平总书记多次强调“要把修复长江生态环境摆在压倒性位置，共抓大保护，不搞大开发”“要把实施重大生态修复工程作为推动长江经济带发展项目的优先选项”。十九大报告提出“实施重要生态系统保护和修复重大工程，优化生态安全屏障体系”“健全耕地草原森林河流湖泊休养生息制度”。2018 年中央 1 号文件提出“科学划定江河湖海限捕、禁捕区域”“建立长江流域重点水域禁捕补偿制度”。实施长江流域重点水域禁捕是贯彻落实党中央、国务院一系列部署的重要措施，也是有效缓解长江生物资源衰退和生物多样性下降危机的关键之举。

二、指导思想和基本原则

(一)指导思想

以习近平新时代中国特色社会主义思想为指导，全面贯彻落实党的十九大报告和中央关于加强生态文明建设、共抓长江大保护和促进就业保障民生等方面决策部署，促进生态、生产、生活有机统一、共赢发展。把修复长江生态环境摆在压倒性位置，在长江流域重点水域实施有针对性的禁捕政策，有效恢复水生生物资源，有力促进水域生态环境修复。按照打赢脱贫攻坚战、全面建成小康社会的总体要求，努力促进退捕渔民就业创业，做好生活困难退捕渔民社会保障工作。

(二)基本原则

坚持保护优先，恢复生物资源。把长江流域重点水域禁捕作为落实保护优先、自然恢复为主方针的重要举措，作为实施重大生态修复工程的重要内容，作为巩固国家生态安全屏障体系的重要方面，切实保护水生生物资源，修复以生物多样性为指标的长江生态系统。

坚持以人为本，保障渔民利益。按照全面覆盖、突出重点、绩效导向、分类施策的理念，积极稳妥引导退捕渔民转岗就业创业，有效保障就业困难渔民基本生计，确保渔民退得出、稳得住、能小康。对符合条件的退捕渔民建档立卡，确保补奖资金足额到户、配套措施保障到人，切实加强财政资金绩效管理。

坚持地方为主，中央适当奖补。科学合理划分中央与地方事权，各省级人民政府承担禁捕工作主体责任，统筹各方力量，完善工作机制。充分衔接相关政策，整合相关资金，协调推进禁捕涉及的各方面工作。中央财政通过以奖代补等形式对地方工作予以适当支持。

坚持精准施策，科学统筹推进。针对不同区域不同情况分步实施，实行分类管理，合理确定退捕转产和禁捕管理目标任务和实施步骤，稳步扩大禁捕范围。充分赋予地方自主决策权，允许各地因地制宜、灵活施策。

三、禁捕实施

根据长江流域水生生物保护区、长江干流和重要支流除保护区以外的水域、大型通江湖泊除保护区以外的水域、其他相关水域四种情况，分类分阶段推进禁捕工作。

(一)长江水生生物保护区。2019年底以前,完成水生生物保护区渔民退捕,率先实行全面禁捕,今后水生生物保护区全面禁止生产性捕捞。

(二)长江干流和重要支流。2020年底以前,完成长江干流和重要支流除保护区以外水域的渔民退捕,暂定实行10年禁捕,禁捕期结束后,在科学评估水生生物资源和水域生态环境状况以及经济社会发展需要的基础上,另行制定水生生物资源保护管理政策。

(三)大型通江湖泊。大型通江湖泊(主要指鄱阳湖、洞庭湖等)除保护区以外的水域由有关省级人民政府确定禁捕管理办法,可因地制宜一湖一策差别管理,确定的禁捕区2020年底以前实行禁捕。

(四)其他水域。长江流域其他水域的禁渔期和禁渔区制度,由有关地方政府制定并组织实施。

禁捕期间,特定资源的利用和科研调查、苗种繁育等需要捕捞的,实行专项管理,具体办法由省级或国家渔业行政主管部门制定并组织实施。

四、补偿安排

退捕渔民临时生活补助、社会保障、职业技能培训等相关工作所需资金,主要由各地结合现有政策资金渠道解决。同时,中央财政采取一次性补助与过渡期补助相结合的方式对禁捕工作给予适当支持。

(一)一次性补助。中央财政一次性补助资金根据各省退捕渔船数量、禁捕水域类型、工作任务安排等因素综合测算,整体切块到各省市,由地方结合实际统筹用于收回渔民捕捞权和专用生产设备报废,并直接发放到符合条件的退捕渔民。

(二)过渡期补助。中央财政在禁捕期间安排一定的过渡期补助,资金根据禁捕工作绩效评价结果等相关因素以绩效评价奖励形式下达,由各省市统筹用于禁捕宣传动员、提前退捕奖励、加强执法管理、突发事件应急处置等与禁捕直接相关的工作。其中,水生生物保护区过渡期为2019年和2020年,其他重点水域过渡期为2020年和2021年。

五、保障措施

(一)加强组织领导。中央有关部门和地方政府各司其职,有序推进禁捕各项工作。省级人民政府承担禁捕工作主体责任,建立健全党委或政府领导牵头、各相关部门参加的禁捕工作领导机构和推进机制,因地制宜制定省级实施方案,压实各级地方政府属地责任,切实加强审核把关,统筹协调推进本省区渔民退捕转产和禁捕后执法管理等各项工作。农业农村部门牵头做好渔民渔船调查摸底、补贴对象资格和条件核实、禁捕安排等工作;财政部门牵头做好财政补助资金安排,并按规定做好审核拨付等工作;人力资源社会保障部门牵头做好退捕渔民就业及社会保障领域各项政策落实。

(二)完善配套政策。加强退捕渔民职业技能培训,加强创业指导培训和跟踪服务。将符合条件的退捕渔民按照规定纳入相应的社会保险覆盖范围。将符合享受最低生活保障条件的退捕渔民纳入当地最低生活保障范围。继续实施渔民上岸安居和农村危房改造等工程,保障退捕渔民住有所居。

(三)做好政策宣传。深入渔区广泛宣传禁捕的必要性和重大意义,向退捕渔民充分说明禁捕补偿制度和相关保障措施,提高社会公众知晓率和参与度,创造良好的思想基础和社会氛围。就相关工作方案充分征求广大渔民群众意见,保障渔民合法权益。充分预计和严格防范禁捕可能引发的不稳定因素,切实健全风险防控和应急处置预案。

(四)加强执法监管。提升水生生物资源保护执法管理能力,加强禁捕区域执法装备设施建设。吸收符合条件的退捕渔民协助开展巡查救护工作,组建"护鱼员"队伍,充分发挥行业协会和公益组织作用,构建群管群护格局。严厉打击"电毒炸"等违法犯罪行为,坚决清理取缔"绝户网"和涉渔"三无"船舶。完善部门协作、流域联动、交叉检查等形式的合作执法和联合执法,增强流域性重点水域和交界水域管理效果。

(五)强化绩效考核。农业农村部、财政部、人力资源社会保障部制定专项绩效考核办法,会同有关部门对各省市渔民退捕、转产保障和禁捕管理等政策执行和任务落实情况进行绩效评价,建立激励约束机制。各省市人民政府要把长江禁捕作为落实"共抓大保护,不搞大开发"的约束性任务,纳入地方政府绩效考核和河长制等目标任务考核体系,对工作推进不力、责任落实不到位的地区、单位和个人依法依规问责追责。

农业农村部公告第155号

大口黑鲈"优鲈3号"等14个水产新品种,业经全国水产原种和良种审定委员会审定通过,且公示期满无异议。根据《中华人民共和国渔业法》有关规定,现予公告。

附件:1.品种名录
　　　2.品种简介

农业农村部
2019年4月4日

附件 1

品种名录

品种登记号	品种名称	育　种　单　位
GS—01—001—2018	大口黑鲈“优鲈 3 号”	中国水产科学研究院珠江水产研究所、广东梁氏水产种业有限公司、南京帅丰饲料有限公司
GS—01—002—2018	津新红镜鲤	天津市换新水产良种场
GS—01—003—2018	暗纹东方鲀“中洋 1 号”	江苏中洋集团股份有限公司、中国水产科学研究院淡水渔业研究中心、南京师范大学
GS—01—004—2018	罗非鱼“壮罗 1 号”	广西壮族自治区水产科学研究院、中国水产科学研究院黄海水产研究所
GS—01—005—2018	鲌鲂“先锋 2 号”	武汉市农业科学院、武汉先锋水产科技有限公司
GS—01—006—2018	三疣梭子蟹“黄选 2 号”	中国水产科学研究院黄海水产研究所、昌邑市海丰养殖有限责任公司
GS—01—007—2018	长牡蛎“海大 3 号”	中国海洋大学、烟台海益苗业有限公司、乳山华信食品有限公司
GS—01—008—2018	方斑东风螺“海泰 1 号”	厦门大学、海南省海洋与渔业科学院
GS—01—009—2018	扇贝“青农金贝”	青岛农业大学、中国科学院海洋研究所、烟台海之春水产种业科技有限公司
GS—01—010—2018	中华鳖“永章黄金鳖”	保定市水产技术推广站、河北大学、阜平县景涛甲鱼养殖厂
GS—01—011—2018	刺参“鲁海 1 号”	山东省海洋生物研究院、好当家集团有限公司
GS—02—001—2018	杂交黄颡鱼“黄优 1 号”	华中农业大学、射阳康余水产技术有限公司、南京师范大学、扬州市董氏特种水产有限公司、南京市水产科学研究所、湖北黄优源渔业发展有限公司
GS—02—002—2018	云龙石斑鱼	莱州明波水产有限公司、中国水产科学研究院黄海水产研究所、福建省水产研究所、厦门小嶝水产科技有限公司、中山大学
GS—02—003—2018	绿盘鲍	厦门大学、福建闽锐宝海洋生物科技有限公司

附件 2

品种简介

一、品种登记说明

全国水产原种和良种审定委员会审定通过的品种登记号说明如下：

（一）“G”为“国”的第一个拼音字母，“S”为“审”的第一个拼音字母，以示国家审定通过的品种。

（二）“01”“02”“03”“04”分别表示选育、杂交、引进和其他类品种。

（三）“001”“002”……为品种顺序号。

（四）“2018”为审定通过的年份。

如：“GS－01－001－2018”为大口黑鲈“优鲈 3

号”的品种登记号，表示 2018 年国家审定通过的排序 1 号的选育品种。

二、品种简介

（一）品种名称：大口黑鲈“优鲈 3 号”

品种登记号：GS－01－001－2018

亲本来源：大口黑鲈“优鲈 1 号”和大口黑鲈北方亚种引进群体

育种单位：中国水产科学研究院珠江水产研究所、广东梁氏水产种业有限公司、南京帅丰饲料有限公司

品种简介：该品种是以 2012 年从美国引进的大口黑鲈北方亚种和大口黑鲈“优鲈 1 号”群体中挑选出的 1 000 尾个体为基础群体，以生长速度和易驯化摄食配合饲料为目标性状，采用群体选育技术，经连续 4 代选育而成。在相同养殖环境及投喂配合饲料条件下，与大口黑鲈“优鲈 1 号”相比，10 月龄生长速度平均提高 17.1%，15 日龄幼鱼驯食 5 天后的驯食成功率平均提高 10.3%。适宜在全国各地人工可控的淡水水体中养殖。

（二）品种名称：津新红镜鲤

品种登记号：GS－01－002－2018

亲本来源：德国镜鲤养殖群体

育种单位：天津市换新水产良种场

品种简介：该品种是以 1999 年从辽宁大连市兴水综合开发公司引进并经连续 2 代群体选育的德国镜鲤繁殖后代中发现的 55 尾金红色散鳞个体为基础群体，以金红体色为目标性状，采用群体选育技术，经连续 4 代选育而成。在相同养殖条件下，与普通的德国镜鲤相比，体表均为金红色，金红色性状比例达 100%；生长速度没有显著差别。适宜在全国各地人工可控的淡水水体中养殖。

（三）品种名称：暗纹东方鲀“中洋 1 号”

品种登记号：GS－01－003－2018

亲本来源：暗纹东方鲀长江水系野生群体

育种单位：江苏中洋集团股份有限公司、中国水产科学研究院淡水渔业研究中心、南京师范大学

品种简介：该品种是以 1993—1994 年从长江干流如皋、江阴、扬中段收集的野生暗纹东方鲀 6 500 尾个体为基础群体，以耐低温为目标性状，采用群体选育技术，经连续 5 代选育而成。在相同养殖条件下，与未经选育的暗纹东方鲀相比，12℃以上正常摄食，最低摄食温度降低了 4℃；越冬成活率平均提高 11.8%。适宜在江苏、浙江、上海、福建、广东、海南等人工可控的淡水和咸淡水水体中养殖。

（四）品种名称：罗非鱼“壮罗 1 号”

品种登记号：GS－01－004－2018

亲本来源：吉富罗非鱼养殖群体

育种单位：广西壮族自治区水产科学研究院、中国水产科学研究院黄海水产研究所

品种简介：该品种是以 2003 年从青岛罗非鱼良种场引进的吉富罗非鱼后代群体中挑选出的 10 000 尾个体为基础群体，以抗病性和生长速度为目标性状，采用家系选育技术，经连续 4 代选育而成。在相同养殖条件下，与普通吉富罗非鱼相比，抗无乳链球菌侵染能力平均提高 25.6%，养殖成活率平均提高 19.2%，生长速度平均提高 12.1%。适宜在广西、广东、海南和云南人工可控的淡水水体中养殖。

（五）品种名称：鲌鲂“先锋 2 号”

品种登记号：GS－01－005－2018

亲本来源：梁子湖团头鲂野生群体和长江上游合江江段、赖溪河与龙溪河的黑尾近红鲌野生群体

育种单位：武汉市农业科学院、武汉先锋水产科技有限公司

品种简介：该品种是以 2007 年从采捕于湖北梁子湖并经连续 4 代选育的团头鲂（母本）与采捕于长江上游并经连续 4 代选育的黑尾近红鲌（父本）的杂交子一代群体中挑选生长快、体型为菱形的 3 000 尾个体为基础群体，以菱形体型、生长速度为目标性状，采用群体选育技术，经连续 4 代选育而成。体型呈菱形。在相同养殖条件下，与普通团头鲂相比，18 月龄鱼生长速度平均提高 21.9%，成活率平均提高 37.5%，性情温顺，鳞片不易脱落；与黑尾近红鲌相比，18 月龄鱼生长速度平均提高 84.8%。适宜在全国各地人工可控的淡水水体中养殖。

（六）品种名称：三疣梭子蟹“黄选 2 号”

品种登记号：GS－01－006－2018

亲本来源：三疣梭子蟹“黄选 1 号”和野生群体

育种单位：中国水产科学研究院黄海水产研究所、昌邑市海丰水产养殖有限责任公司

品种简介：该品种是以 2010 年分别从东营垦利黄河口和南通启东长江口三疣梭子蟹野生群体及三疣梭子蟹“黄选 1 号”群体中收集的 1 830 只个体为基础群体，以耐低盐能力和生长速度为目标性状，采用群体选育方法，经连续 5 代选育而成。在相同养殖条件下，与未经选育的三疣梭子蟹相比，成活率平均提高31.2%，体重平均提高 18.8%；与“黄选 1 号”相比，成活率平均提高 10.7%，体重无显著差异；能显著提高对养殖水体低盐度变化的适应力。适宜在我国黄渤海、东海及其河口人工可控的海水池塘中养殖。

（七）品种名称：长牡蛎“海大 3 号”

品种登记号：GS－01－007－2018

亲本来源：长牡蛎野生群体

育种单位：中国海洋大学、烟台海益苗业有限公司、乳山华信食品有限公司

品种简介：该品种是以2010年从山东沿海长牡蛎野生群体中筛选出的左壳为黑色的360只个体为基础群体，以壳黑色和生长速度为目标性状，采用家系选育和群体选育相结合的混合选育技术，经连续6代选育而成。在相同养殖条件下，与未经选育的长牡蛎相比，10月龄贝壳高平均提高32.9%，软体部重平均提高64.5%，左右壳和外套膜均为黑色，黑色性状比例达100%。适宜在山东和辽宁人工可控的海水水体中养殖。

（八）品种名称：方斑东风螺“海泰1号”

品种登记号：GS－01－008－2018

亲本来源：方斑东风螺养殖群体

育种单位：厦门大学、海南省海洋与渔业科学院

品种简介：该品种是以2011年从海南文昌市方斑东风螺养殖群体中收集挑选的10 000只个体为基础群体，以壳长和体重为目标性状，采用群体选育技术，经连续4代选育而成。在相同养殖条件下，与未经选育的方斑东风螺相比，6月龄的壳长平均提高18.7%，体重平均提高32.1%。该品种适宜在海南和福建人工可控的海水水体中养殖。

（九）品种名称：扇贝“青农金贝”

品种登记号：GS－01－009－2018

亲本来源：紫扇贝与海湾扇贝杂交一代的第三代选育群体

育种单位：青岛农业大学、中国科学院海洋研究所、烟台海之春水产种业科技有限公司

品种简介：该品种是以2011年从紫扇贝与海湾扇贝杂交一代的第三代选育群体中挑选的闭壳肌和贝壳均呈金黄色的500枚个体为基础群体，以闭壳肌金黄色为目标性状，采用群体选育技术，经连续4代选育而成。在相同养殖条件下，生长速度与扇贝“渤海红”相比没有显著差别，闭壳肌金黄色的比例为97.0%。适宜在我国黄海、渤海沿海吊笼养殖。

（十）品种名称：中华鳖“永章黄金鳖”

品种登记号：GS－01－010－2018

亲本来源：中华鳖野生群体及养殖群体

育种单位：保定市水产技术推广站、河北大学、阜平县景涛甲鱼养殖厂

品种简介：该品种是以2000—2002年从河北省阜平县沙河、胭脂河等自然水域及当地多家养鳖场中采集的体色突变为金黄色的25只个体为基础群体，以黄色体色和生长速度为目标性状，采用群体选育技术，经连续4代选育而成。整体呈金黄色，金黄色占比93%以上。在相同养殖条件下，与当地主要养殖的中华鳖相比，1龄鳖生长速度平均提高18.1%，2龄鳖生长速度平均提高23.3%。适宜在河北、山西和天津等北方地区人工可控的淡水水体中养殖。

（十一）品种名称：刺参“鲁海1号”

品种登记号：GS－01－011－2018

亲本来源：刺参野生群体

育种单位：山东省海洋生物研究院、好当家集团有限公司

品种简介：该品种是以2003—2004年从我国辽宁大连和山东威海、烟台、青岛、日照野生刺参群体中收集挑选的2 700头个体为基础群体，以体重和养殖成活率为目标性状，采用群体选育技术，经连续4代选育而成。在相同养殖条件下，与未经选育的刺参相比，24月龄刺参体重平均提高24.8%，养殖成活率平均提高23.5%。适宜在山东、辽宁、河北和福建人工可控的海水水体中养殖。

（十二）品种名称：杂交黄颡鱼“黄优1号”

品种登记号：GS－02－001－2018

亲本来源：黄颡鱼（♀）×瓦氏黄颡鱼（♂）

育种单位：华中农业大学、射阳康余水产技术有限公司、南京师范大学、扬州市董氏特种水产有限公司、南京市水产科学研究所、湖北黄优源渔业发展有限公司

品种简介：该品种是以2011年从梁子湖水域采捕并经连续3代选育的黄颡鱼为母本，以2011年从长江岳阳段至武汉段采捕并经连续2代选育的瓦氏黄颡鱼为父本，经人工杂交获得的F_1代，即杂交黄颡鱼“黄优1号”。在相同养殖条件下，与母本黄颡鱼相比，1龄鱼生长速度平均提高143.4%；与父本瓦氏黄颡鱼相比，品质和市场接受度提高；与普通养殖黄颡鱼相比，1龄鱼生长速度平均提高31.1%，成活率平均提高30.9%。适宜在全国各地人工可控的淡水水体中养殖。

（十三）品种名称：云龙石斑鱼

品种登记号：GS－02－002－2018

亲本来源：云纹石斑鱼（♀）×鞍带石斑鱼（♂）

育种单位：莱州明波水产有限公司、中国水产科学研究院黄海水产研究所、福建省水产研究所、厦门小嶝水产科技有限公司、中山大学

品种简介：该品种是以2005年从福建东山岛和广东饶平县海域采捕并经连续2代选育的云纹石斑鱼子代为母本，以2003年从马来西亚和我国台湾引进并经连续2代选育的鞍带石斑鱼子代为父本，利用精子冷

冻保存技术并通过人工杂交获得的 F_1 代，即"云龙石斑鱼"。在相同养殖条件下，与母本云纹石斑鱼相比，1 龄鱼体重平均提高 208.8%；与父本鞍带石斑鱼相比，育苗难度显著降低；与广泛养殖的杂交种珍珠龙胆相比，1 龄鱼体重平均提高 31.4%。适宜在我国南北方沿海地区人工可控的海水水体中养殖。

（十四）品种名称：绿盘鲍

品种登记号：GS－02－003－2018

亲本来源：皱纹盘鲍（♀）× 绿鲍（♂）

育种单位：厦门大学、福建闽锐宝海洋生物科技有限公司

品种简介：该品种是以 2003 年从辽宁大连市长海县引进并经连续 6 代群体选育获得的皱纹盘鲍为母本，以 2007 年从美国加利福尼亚圣地亚哥引进并经连续 4 代群体选育获得的绿鲍为父本，通过人工杂交获得的 F_1 代，即绿盘鲍。在相同养殖条件下，与母本皱纹盘鲍相比，24 月龄鲍体重平均提高 56.4%，养殖成活率平均提高 19.0%；与父本绿鲍相比，24 月龄鲍体重平均提高 71.2%，养殖成活率平均提高 12.9%。该品种适宜在福建、山东人工可控的海水水体中养殖。

渔业经济统计

一、经 济 核 算

（一）总产值

全国渔业经济总产值
（按当年价格计算）

单位：万元

指 标	2019 年	2018 年	2019 年比 2018 年增减（±）
渔业经济总产值	**264 064 971.47**	**258 644 732.15**	**5 420 239.32**
1.渔业	129 344 905.31	128 154 129.31	1 190 776.00
其中：海水养殖	35 752 877.65	35 720 005.13	32 872.52
淡水养殖	61 865 997.32	58 842 681.35	3 023 315.97
海洋捕捞	21 160 229.84	22 287 573.77	−1 127 343.93
淡水捕捞	3 980 895.96	4 657 715.05	−676 819.09
水产苗种	6 584 904.54	6 646 154.01	−61 249.47
2.渔业工业和建筑业	58 991 718.57	56 750 934.70	2 240 783.87
其中：水产品加工	44 646 079.21	43 367 909.15	1 278 170.06
渔用机具制造	3 792 916.75	3 848 943.61	−56 026.86
其中：渔船渔机修造	2 337 259.60	2 311 046.24	26 213.36
渔用绳网制造	1 282 381.00	1 361 687.19	−79 306.19
渔用饲料	7 378 617.49	6 471 452.71	907 164.78
渔用药物	211 431.69	194 976.24	16 455.45
建筑业	2 087 174.64	1 936 329.03	150 845.61
其他	875 498.79	931 323.96	−55 825.17
3.渔业流通和服务业	75 728 347.59	73 739 668.14	1 988 679.45
其中：水产流通	59 741 538.89	58 392 955.22	1 348 583.67
水产（仓储）运输	4 241 603.22	4 128 041.97	113 561.25
休闲渔业	9 636 785.82	9 022 548.17	614 237.65
其他	2 108 419.66	2 196 122.78	−87 703.12

各地区渔业经济总产值、渔业产值
（按当年价格计算）

单位：万元

地 区	2019 年		2019 年比 2018 年增减（±）		渔业产值占农业产值比重（%）
	渔业经济总产值	其中：渔业产值	渔业经济总产值	其中：渔业产值	
全国总计	**264 064 971.47**	**129 344 905.31**	**5 420 239.32**	**1 190 776.00**	**10.1**
北京	250 005.00	43 343.82	−46 320.46	−18 287.33	1.9
天津	768 385.05	734 005.00	−32 374.95	−2 914.00	18.0
河北	2 794 057.46	2 276 606.82	148 143.50	55 664.82	3.5
山西	98 517.56	70 727.40	7 064.20	94.70	0.4
内蒙古	263 383.39	186 064.58	−8 392.36	−9 937.93	0.9
辽宁	13 299 956.00	6 522 229.00	246 306.00	147 357.00	15.3
吉林	1 454 813.00	417 893.63	84 583.00	11 309.42	1.6
黑龙江	1 488 271.80	1 284 626.70	195 940.70	184 340.70	2.1
上海	583 900.45	517 034.90	−56 951.30	−10 791.60	19.2
江苏	29 577 768.44	16 578 688.42	−4 282 106.53	−1 284 474.55	23.2
浙江	22 326 304.00	11 017 107.00	511 712.00	376 208.00	32.7
安徽	8 902 938.12	5 539 922.30	356 955.31	265 984.41	10.1
福建	32 349 599.63	14 123 981.28	1 348 485.18	478 227.03	29.4
江西	10 512 387.47	5 158 602.57	211 636.74	39 596.37	13.7
山东	41 231 837.76	14 740 419.01	−98 892.24	−841 750.99	14.4
河南	2 047 045.20	1 299 897.00	−233 171.80	−48 656.00	1.4
湖北	26 949 009.00	12 529 320.00	1 055 852.00	477 288.00	17.3
湖南	6 707 767.41	4 688 495.90	651 761.34	259 145.52	6.9
广东	36 239 420.50	14 584 612.84	1 714 049.70	430 737.08	21.0
广西	9 249 389.62	5 656 285.83	2 668 230.00	332 635.46	9.7
海南	5 845 163.00	4 174 429.00	185 506.04	77 721.27	23.0
重庆	1 805 307.00	1 170 883.00	115 291.00	54 091.00	4.5
四川	5 041 449.62	2 920 697.29	623 490.17	203 779.81	3.3
贵州	685 694.35	631 985.01	75 429.35	51 490.94	1.5
云南	1 657 844.90	1 030 204.65	−45 150.55	−23 281.44	2.1
西藏	2 316.13	2 316.13	−1 337.17	−617.17	0.1
陕西	542 012.12	298 266.93	21 559.12	1 590.93	0.9
甘肃	25 737.55	22 823.76	3 282.38	3 372.30	0.1
青海	78 450.00	60 650.00	22 446.30	4 646.30	0.9
宁夏	366 688.19	196 257.12	−22 601.53	−24 585.78	3.3
新疆	327 919.75	274 896.42	−19 527.82	−18 550.27	0.7
中农发集团	591 632.00	591 632.00	19 342.00	19 342.00	

各地区渔业经济总产值(一)
(按当年价格计算)

单位:万元

地　区	总　计	一、渔业产值			
		合　计	海水养殖	淡水养殖	海洋捕捞
全国总计	**264 064 971.47**	**129 344 905.31**	**35 752 877.65**	**61 865 997.32**	**21 160 229.84**
北　京	250 005.00	43 343.82		27 358.02	5 958.00
天　津	768 385.05	734 005.00	38 637.00	493 202.00	171 959.00
河　北	2 794 057.46	2 276 606.82	1 102 362.45	487 267.03	468 973.55
山　西	98 517.56	70 727.40		64 738.80	
内蒙古	263 383.39	186 064.58		153 376.14	
辽　宁	13 299 956.00	6 522 229.00	3 531 084.00	1 232 771.00	1 104 636.00
吉　林	1 454 813.00	417 893.63		338 401.00	
黑龙江	1 488 271.80	1 284 626.70		1 106 109.00	
上　海	583 900.45	517 034.90		244 721.13	254 316.69
江　苏	29 577 768.44	16 578 688.42	2 005 132.00	11 588 033.38	1 611 839.40
浙　江	22 326 304.00	11 017 107.00	2 276 600.00	2 385 085.00	5 821 605.00
安　徽	8 902 938.12	5 539 922.30		4 488 163.20	
福　建	32 349 599.63	14 123 981.28	8 204 435.15	1 837 904.25	3 418 732.85
江　西	10 512 387.47	5 158 602.57		4 315 453.64	
山　东	41 231 837.76	14 740 419.01	8 884 061.05	1 932 567.02	2 997 794.35
河　南	2 047 045.20	1 299 897.00		1 113 067.00	
湖　北	26 949 009.00	12 529 320.00		11 254 800.00	
湖　南	6 707 767.41	4 688 495.90		4 322 249.98	
广　东	36 239 420.50	14 584 612.84	6 218 722.00	6 350 472.00	1 484 156.00
广　西	9 249 389.62	5 656 285.83	2 328 392.00	1 921 870.00	1 052 349.00
海　南	5 845 163.00	4 174 429.00	1 163 452.00	531 170.00	2 176 278.00
重　庆	1 805 307.00	1 170 883.00		955 057.00	
四　川	5 041 449.62	2 920 697.29		2 513 208.47	
贵　州	685 694.35	631 985.01		560 606.37	
云　南	1 657 844.90	1 030 204.65		892 147.54	
西　藏	2 316.13	2 316.13		2 112.00	
陕　西	542 012.12	298 266.93		263 813.60	
甘　肃	25 737.55	22 823.76		22 198.73	
青　海	78 450.00	60 650.00		60 650.00	
宁　夏	366 688.19	196 257.12		165 233.97	
新　疆	327 919.75	274 896.42		242 190.05	
中农发集团	591 632.00	591 632.00			591 632.00

各地区渔业经济总产值(二)
(按当年价格计算)

单位:万元

地 区	一、渔业产值(续)		二、渔业工业和建筑业		
	淡水捕捞	水产苗种	合 计	水产品加工	渔用机具制造
					小 计
全国总计	**3 980 895.96**	**6 584 904.54**	**58 991 718.57**	**44 646 079.21**	**3 792 916.75**
北 京	2 697.80	7 330.00	8 858.26	7 461.71	
天 津	10 393.00	19 814.00	7 265.80	1 195.00	
河 北	66 842.97	151 160.82	335 471.69	293 370.50	9 787.00
山 西	4 351.30	1 637.30	8 939.49	7 000.00	
内 蒙 古	22 214.94	10 473.50	15 817.00	15 817.00	
辽 宁	73 140.00	580 598.00	3 301 273.00	2 809 834.00	108 036.00
吉 林	62 823.00	16 669.63	624 194.48	623 297.48	220.00
黑 龙 江	125 335.00	53 182.70	54 447.00	34 340.00	
上 海	1 739.28	16 257.80	60 827.25	60 827.25	
江 苏	761 292.12	612 391.52	4 178 986.93	2 388 689.60	199 114.90
浙 江	326 015.00	207 802.00	5 543 638.00	4 537 385.00	288 666.00
安 徽	646 401.70	405 357.40	1 252 253.97	498 529.64	611 666.20
福 建	155 682.75	507 226.28	12 474 564.31	11 047 925.00	700 393.82
江 西	449 799.36	393 349.57	3 008 713.36	2 179 269.75	42 003.62
山 东	159 577.59	766 419.00	14 088 578.00	11 248 008.00	1 585 128.00
河 南	68 533.00	118 297.00	205 250.00	39 681.00	1 082.00
湖 北	272 000.00	1 002 520.00	5 576 807.00	4 147 448.00	15 278.00
湖 南	95 750.02	270 495.90	803 416.71	380 952.69	65 497.50
广 东	176 524.00	354 738.84	4 211 673.86	2 358 727.17	74 062.73
广 西	86 702.00	266 972.83	1 309 345.44	718 821.90	65 603.17
海 南	23 777.00	279 752.00	1 258 757.00	1 168 939.00	23 402.00
重 庆	97 920.00	117 906.00	111 750.00	9 365.00	2 040.00
四 川	121 525.96	285 962.86	281 781.75	12 573.00	222.00
贵 州	34 736.77	36 641.87	3 613.00	3 562.50	
云 南	86 925.40	51 131.71	134 365.26	46 445.74	26.81
西 藏	204.13				
陕 西	12 306.67	22 146.66	50 846.59	35.19	179.00
甘 肃		625.03	11.00		
青 海			17 800.00		
宁 夏	9 346.05	21 677.10	38 382.13		
新 疆	26 339.15	6 367.22	24 090.29	6 578.09	508.00
中农发集团					

各地区渔业经济总产值(三)
(按当年价格计算)

单位:万元

地区	二、渔业工业和建筑业(续)					
	渔用机具制造(续)		渔用饲料	渔用药物	建筑	其他
	渔船渔机修造	渔用绳网制造				
全国总计	**2 337 259.60**	**1 282 381.00**	**7 378 617.49**	**211 431.69**	**2 087 174.64**	**875 498.79**
北京			1 226.55	170.00		
天津			3 260.00		2 810.80	
河北	8 167.00	1 300.00	29 498.00		2 034.00	782.19
山西			354.15	1 585.34		
内蒙古						
辽宁	69 091.00	28 808.00	185 170.00	11 051.00	156 458.00	30 724.00
吉林	45.00	44.00	645.00	32.00		
黑龙江			18 392.00	775.00	930.00	10.00
上海						
江苏	104 750.30	79 785.60	1 301 233.43	77 575.00	134 511.00	77 863.00
浙江	166 270.00	114 420.00	505 704.00	2 983.00	103 063.00	105 837.00
安徽	10 259.51	601 406.69	120 628.28	9 863.00	9 278.85	2 288.00
福建	638 742.72	59 171.10	485 340.00	1 939.00	61 083.86	177 882.63
江西	24 049.34	17 954.28	521 044.65	15 278.27	211 532.27	39 584.80
山东	1 161 372.00	299 208.00	173 333.00	10 519.00	671 507.00	400 083.00
河南	17.50	1 064.50	157 960.00	3 612.00	1 978.00	937.00
湖北	1 782.00	12 414.00	989 855.00	23 407.00	397 553.00	3 266.00
湖南	26 044.08	39 453.41	265 782.50	29 227.83	54 115.39	7 840.80
广东	44 673.78	18 320.91	1 697 222.04	7 333.01	52 695.42	21 633.49
广西	64 072.67	1 339.40	383 304.11	6 339.34	135 123.00	153.92
海南	16 532.00	6 836.00	59 447.00	2 034.00	2 226.00	2 709.00
重庆	649.00	765.00	81 721.00	1 359.00	16 772.00	493.00
四川	222.00		225 962.05	3 840.00	39 181.70	3.00
贵州			35.50	15.00		
云南	6.70	20.11	81 178.60	935.90	4 328.15	1 450.06
西藏						
陕西	15.00	60.00	19 700.70	461.50	28 875.20	1 595.00
甘肃					11.00	
青海			17 800.00			
宁夏			38 382.13			
新疆	498.00	10.00	14 437.80	1 096.50	1 107.00	362.90
中农发集团						

各地区渔业经济总产值(四)
(按当年价格计算)

单位:万元

地 区	三、渔业流通和服务业				
	合 计	水产流通	水产(仓储)运输	休闲渔业	其 他
全国总计	**75 728 347.59**	**59 741 538.89**	**4 241 603.22**	**9 636 785.82**	**2 108 419.66**
北 京	197 802.92	167 536.98	5 153.36	25 112.58	
天 津	27 114.25	600.00	900.00	22 857.65	2 756.60
河 北	181 978.95	49 221.45	17 676.00	86 250.13	28 831.37
山 西	18 850.67	11 918.15	832.50	6 090.02	10.00
内 蒙 古	61 501.81	26 021.75	3 919.20	31 560.86	
辽 宁	3 476 454.00	2 430 069.00	384 712.00	437 525.00	224 148.00
吉 林	412 724.89	144 769.22	7 204.70	259 219.97	1 531.00
黑 龙 江	149 198.10	72 827.00	5 646.00	68 625.10	2 100.00
上 海	6 038.30	30.00		6 008.30	
江 苏	8 820 093.09	7 494 801.87	349 575.02	705 343.00	270 373.20
浙 江	5 765 559.00	4 843 817.00	253 486.00	307 340.00	360 916.00
安 徽	2 110 761.85	1 568 705.27	138 768.43	373 310.60	29 977.55
福 建	5 751 054.04	5 112 656.11	266 183.35	107 840.92	264 373.66
江 西	2 345 071.54	1 919 021.29	109 579.63	270 189.29	46 281.33
山 东	12 402 840.75	7 316 007.00	1 591 097.00	2 917 319.75	578 417.00
河 南	541 898.20	385 278.94	72 662.30	81 874.96	2 082.00
湖 北	8 842 882.00	7 136 111.00	410 304.00	1 268 113.00	28 354.00
湖 南	1 215 854.80	682 900.13	156 488.36	265 178.42	111 287.89
广 东	17 443 133.80	16 108 430.43	62 223.84	1 188 080.00	84 399.53
广 西	2 283 758.35	2 087 196.93	126 378.99	50 506.74	19 675.69
海 南	411 977.00	161 534.00	15 915.00	209 788.00	24 740.00
重 庆	522 674.00	294 571.00	37 475.00	181 169.00	9 459.00
四 川	1 838 970.58	1 151 820.32	178 531.89	501 149.64	7 468.73
贵 州	50 096.34	6 007.00	976.00	42 812.34	301.00
云 南	493 274.99	343 643.94	21 812.93	123 141.49	4 676.63
西 藏					
陕 西	192 898.60	111 149.95	8 659.29	67 682.80	5 406.56
甘 肃	2 902.79	107.88	73.57	2 719.02	2.32
青 海					
宁 夏	132 048.94	101 974.49	12 120.11	17 410.74	543.60
新 疆	28 933.04	12 810.79	3 248.75	12 566.50	307.00
中农发集团					

(二)渔民家庭收支

全国渔民人均纯收入

单位:元

地　　区	2019 年	2018 年	2019 年比 2018 年增减(±)	
			绝对量	幅度(%)
全国总计	**21 108.29**	**19 885.00**	**1 223.29**	**6.15**
北　　京	11 129.67	19 299.44	−8 169.77	−42.33
天　　津	27 996.42	25 823.05	2 173.37	8.42
河　　北	18 443.26	16 790.71	1 652.55	9.84
山　　西	10 954.96	8 747.45	2 207.51	25.24
内 蒙 古	13 320.22	12 776.73	543.49	4.25
辽　　宁	19 582.95	18 957.55	625.40	3.30
吉　　林	15 515.74	14 021.47	1 494.27	10.66
黑 龙 江	19 724.58	18 157.12	1 567.46	8.63
上　　海	28 668.72	28 583.68	85.04	0.30
江　　苏	28 745.03	26 954.67	1 790.36	6.64
浙　　江	29 852.62	27 637.41	2 215.21	8.02
安　　徽	17 867.65	16 919.73	947.92	5.60
福　　建	23 002.62	21 417.11	1 585.51	7.40
江　　西	16 020.46	14 794.83	1 225.63	8.28
山　　东	23 521.36	22 427.12	1 094.24	4.88
河　　南	16 127.64	14 999.88	1 127.76	7.52
湖　　北	20 466.69	19 165.34	1 301.35	6.79
湖　　南	16 771.80	16 411.11	360.69	2.20
广　　东	21 996.75	20 287.12	1 709.63	8.43
广　　西	22 595.47	21 969.43	626.04	2.85
海　　南	15 099.11	15 950.95	−851.84	−5.34
重　　庆	19 247.20	18 675.63	571.57	3.06
四　　川	19 515.53	18 494.80	1 020.73	5.52
贵　　州	12 282.21	11 511.37	770.84	6.70
云　　南	18 777.18	16 394.52	2 382.66	14.53
西　　藏				
陕　　西	15 050.21	14 891.99	158.22	1.06
甘　　肃	9 255.93	9 007.75	248.18	2.76
青　　海	17 071.25	15 337.37	1 733.88	11.30
宁　　夏	14 139.30	12 865.39	1 273.91	9.90
新　　疆	18 469.55	18 609.24	−139.69	−0.75

各地区渔民家庭收支调查(一)

单位:元/人

地区	一、家庭总收入	(一)家庭经营收入	其中:经营渔业	(二)工资性收入	其中:渔业	(三)财产性净收入	1.红利收入
全国总计	**72 537.77**	**65 125.61**	**61 040.99**	**4 426.01**	**1 601.05**	**421.10**	**76.93**
北　　京	49 341.21	42 774.79	41 770.68	5 527.12	144.02	116.00	1.37
天　　津	205 622.09	194 635.52	189 707.30	7 466.10	3 565.93	1 255.53	
河　　北	150 963.11	143 872.65	142 035.66	2 060.27	1 649.06	196.17	
山　　西	66 262.84	65 686.63	63 977.66	245.42	36.63	302.51	274.74
内 蒙 古	43 710.73	41 083.82	29 333.71	1 327.24	212.82	73.29	
辽　　宁	76 655.31	67 900.17	62 539.75	4 321.42	1 759.84	584.43	76.17
吉　　林	40 732.94	39 458.20	31 861.47	781.34	50.13	168.44	
黑 龙 江	113 113.82	110 568.11	100 389.61	1 097.04	407.50	627.32	9.91
上　　海	140 245.38	125 338.29	124 142.73	5 156.66	110.92	1 012.66	
江　　苏	120 975.08	108 466.76	105 537.85	6 130.08	940.01	1 288.94	96.69
浙　　江	99 004.63	82 357.10	78 346.18	11 819.39	5 266.19	792.52	199.40
安　　徽	58 896.97	53 733.87	48 667.25	3 360.44	667.54	360.08	17.25
福　　建	76 652.90	69 365.73	66 596.64	4 186.57	2 007.13	420.89	276.93
江　　西	62 991.38	57 402.16	52 979.69	2 737.56	635.95	228.49	71.01
山　　东	101 249.95	92 351.41	88 816.92	3 179.60	1 351.80	806.22	62.32
河　　南	42 042.72	36 558.06	32 778.07	4 187.80	758.61	412.99	26.05
湖　　北	42 593.03	33 812.71	30 062.98	5 908.19	1 311.22	203.30	
湖　　南	43 738.34	38 184.58	32 782.46	3 404.84	1 248.79	303.94	174.45
广　　东	52 590.10	44 034.18	41 806.18	6 355.72	2 644.29	136.47	98.69
广　　西	67 348.37	57 480.62	53 260.10	6 901.74	3 040.85	338.93	27.41
海　　南	41 259.07	37 296.69	34 371.07	2 914.00	86.96	111.64	
重　　庆	92 320.36	86 936.80	81 650.09	4 348.58	1 114.79	140.52	37.11
四　　川	50 641.23	44 190.51	40 990.94	4 039.47	911.12	255.08	61.87
贵　　州	22 352.71	19 044.24	16 116.14	2 187.01	614.80	19.19	
云　　南	95 707.91	92 610.05	86 527.54	2 491.65	1 977.45	284.01	38.77
西　　藏							
陕　　西	127 588.37	114 023.08	109 518.10	10 406.33	2 737.56	1 416.29	391.40
甘　　肃	31 614.95	29 664.70	23 813.30	1 386.17	830.58	107.30	7.30
青　　海	26 876.63	21 608.63	13 926.32	5 136.53	2 303.89		
宁　　夏	112 292.58	110 106.72	108 299.24	1 675.16	878.98		
新　　疆	138 473.62	130 237.29	124 948.56	7 146.02	5 929.20	264.60	15.49

各地区渔民家庭收支调查(二)

单位:元/人

地区	一、家庭总收入(续)						二、家庭经营费用支出
	(三)财产性净收入(续)	(四)转移性收入			(五)生产补贴(惠农补贴)		
	2.转让经营权租金收入		1.社会救济或政策性生活补贴	2.其他转移性收入		其中:渔业补贴	
全国总计	**129.88**	**2 565.05**	**1 464.84**	**1 368.67**	**53.63**	**1 046.58**	**46 710.47**
北京	89.04	923.28	91.32	91.32	119.63	712.32	31 184.74
天津	936.81	2 264.95	202.75		218.59	1 843.60	158 333.23
河北	98.85	4 834.02	4 360.59	4 308.82	252.12	221.31	110 207.41
山西	9.16	28.28	7.33	3.66		20.95	52 209.67
内蒙古	64.39	1 226.37	458.11	116.02		768.26	25 312.02
辽宁	170.95	3 849.29	2 832.20	2 628.60	35.41	981.67	52 323.54
吉林	44.33	324.96	160.37	5.67	7.77	156.82	21 436.73
黑龙江	546.89	821.35	392.91	90.89	1.38	427.05	87 092.65
上海	15.36	8 737.76	7 150.74	7 029.01	40.14	1 546.89	97 756.57
江苏	258.09	5 089.30	2 529.11	2 479.19	89.29	2 470.89	79 203.18
浙江	299.55	4 035.61	2 638.94	2 482.81	69.33	1 327.33	58 752.22
安徽	198.96	1 442.56	215.92	27.61	19.36	1 207.28	33 939.16
福建	29.23	2 679.72	1 940.31	1 933.33	37.34	702.07	48 604.64
江西	95.02	2 623.17	250.11	149.24	45.80	2 327.26	43 105.41
山东	294.20	4 912.72	3 863.17	3 852.99	96.56	952.98	67 158.18
河南	32.13	883.87	90.51	38.99	7.82	785.53	23 929.77
湖北	49.19	2 668.84	205.13	30.48	97.73	2 365.98	20 237.62
湖南	20.85	1 844.97	133.73	73.10	148.76	1 562.48	24 131.46
广东	28.45	2 063.72	1 383.74	1 331.66	19.83	660.14	28 117.29
广西	238.39	2 627.09	1 412.92	1 410.01	35.55	1 178.62	39 096.13
海南		936.74	641.92	641.92	28.67	266.15	24 980.48
重庆	6.71	894.45	206.42	114.64	42.82	645.20	60 900.65
四川	80.82	2 156.17	223.00	169.31	32.71	1 900.46	27 259.32
贵州	13.17	1 102.27	829.30	818.61		272.97	9 690.10
云南	140.19	322.19	97.47	58.30	7.14	217.58	70 455.20
西藏							
陕西	45.25	1 742.67	555.66	79.64	22.99	1 164.02	98 748.19
甘肃		456.79	25.88		25.88	405.03	17 590.91
青海		131.47			26.21	105.26	7 760.11
宁夏		510.70				510.70	95 049.46
新疆		825.71	442.52	442.52	19.91	363.27	107 527.12

各地区渔民家庭收支调查(三)

单位:元/人

地区	二、家庭经营费用支出(续)					三、生产性固定资产折旧	其中:渔业固定资产折旧
	其中:经营渔业支出	(1)燃料及冰费用	(2)雇工费用	(3)饲料及苗种费用	(4)其他费用		
全国总计	**45 254.31**	**8 928.50**	**9 495.23**	**24 577.39**	**2 253.19**	**2 844.64**	**2 540.94**
北京	31 084.00	5 053.20	1 149.22	24 653.11	228.47	4 951.69	2 635.40
天津	156 610.18	9 082.52	9 971.40	135 444.50	2 111.76	2 213.82	2 149.72
河北	109 358.29	16 282.17	42 791.76	44 714.45	5 569.91	5 380.35	5 297.56
山西	51 571.00	5 407.25	4 546.61	39 774.18	1 842.96	1 747.73	1 735.64
内蒙古	20 156.00	1 944.76	2 287.04	15 315.48	608.71	4 261.40	1 914.96
辽宁	50 188.89	13 784.86	13 405.04	20 900.80	2 098.20	2 466.49	2 274.49
吉林	19 733.99	2 455.94	2 878.71	12 889.15	1 510.18	1 662.26	1 181.44
黑龙江	82 379.53	6 345.65	6 251.58	68 267.46	1 514.84	2 213.69	1 310.60
上海	97 732.68	15 171.43	16 562.61	57 285.35	8 713.29	3 806.07	3 596.74
江苏	78 029.69	14 687.35	19 353.38	40 403.46	3 585.50	5 488.51	5 411.98
浙江	57 939.74	15 657.26	13 337.04	24 988.44	3 957.00	5 616.19	4 788.82
安徽	31 808.62	1 738.21	3 897.78	24 278.30	1 894.33	1 005.00	819.36
福建	47 256.71	12 514.34	9 577.34	22 611.31	2 553.71	4 419.47	4 344.66
江西	40 297.64	2 609.83	2 522.95	33 542.47	1 622.38	473.96	409.69
山东	65 898.22	18 691.68	25 891.50	16 942.79	4 372.25	8 069.19	7 327.22
河南	23 228.56	1 800.73	1 227.74	19 377.65	822.44	732.71	524.73
湖北	19 352.11	1 002.46	1 059.35	16 220.12	1 070.19	739.62	497.13
湖南	22 715.69	2 352.70	2 048.88	17 036.71	1 277.40	1 035.35	716.79
广东	27 089.25	13 600.50	8 258.06	4 512.41	718.29	2 307.88	2 230.41
广西	37 981.83	17 692.73	4 533.51	14 689.63	1 065.96	4 079.80	3 977.89
海南	23 441.11	6 975.97	2 566.25	12 477.01	1 421.88	1 179.48	1 167.51
重庆	58 328.40	4 400.57	4 173.60	47 016.33	2 737.90	3 859.07	3 500.62
四川	26 406.00	1 198.22	1 363.68	21 901.26	1 942.84	1 074.38	935.90
贵州	8 783.72	825.44	1 942.00	5 659.68	356.60	286.02	203.74
云南	68 074.66	3 047.49	4 723.73	58 177.55	2 125.90	1 010.82	867.83
西藏							
陕西	96 552.26	5 904.98	8 900.45	78 587.10	3 159.73	4 038.85	3 495.87
甘肃	16 872.98	2 708.40	1 153.94	12 319.56	691.07	4 324.25	3 304.30
青海	7 749.47	407.37	1 347.37	5 994.74		1 985.28	1 280.35
宁夏	94 746.59	5 320.45	4 612.71	66 857.71	17 955.73	2 061.34	454.78
新疆	106 356.56	8 776.43	9 367.83	84 027.16	4 185.14	7 359.88	7 157.82

各地区渔民家庭收支调查(四)

单位:元/人

地　　区	四、税费支出	其中:渔业税费支出	五、转移性支出	六、纯收入	其中:渔业纯收入	七、可支配收入	八、生活消费支出
全国总计	**2 921.64**	**2 812.44**	**1 299.13**	**21 108.29**	**14 101.70**	**20 159.54**	**9 955.41**
北　京	2 024.29	2 024.29	757.84	11 129.67	6 262.33	10 422.65	11 809.64
天　津	16 770.97	15 452.29	1 640.45	27 996.42	19 061.05	26 663.63	14 402.77
河　北	16 248.61	16 240.96	1 096.77	18 443.26	17 096.72	18 029.97	13 102.74
山　西	1 270.23	1 140.19	895.73	10 954.96	9 571.12	10 139.48	7 101.45
内蒙古	658.99	587.07	1 363.52	13 320.22	7 004.52	12 114.80	10 654.63
辽　宁	2 153.68	1 839.52	1 774.67	19 582.95	12 625.28	17 936.92	10 775.32
吉　林	1 950.78	1 947.18	426.45	15 515.74	9 054.66	15 256.73	7 518.62
黑龙江	3 557.69	3 169.53	530.14	19 724.58	14 028.34	19 719.65	9 685.23
上　海	10 014.02	10 014.02	858.66	28 668.72	19 939.22	27 810.06	11 291.46
江　苏	6 941.01	6 670.71	2 518.62	28 745.03	18 844.67	26 823.75	11 774.40
浙　江	4 553.56	4 460.64	2 870.77	29 852.62	18 905.98	27 211.88	15 848.66
安　徽	5 158.14	5 010.67	1 389.81	17 867.65	11 723.75	17 404.84	10 040.02
福　建	605.03	592.85	815.38	23 002.62	18 342.88	22 208.38	10 090.72
江　西	1 880.37	1 779.96	1 093.67	16 020.46	11 277.59	16 437.97	11 177.70
山　东	1 641.27	1 624.88	1 555.23	23 521.36	19 171.39	22 826.08	11 797.94
河　南	1 035.96	924.45	801.81	16 127.64	8 897.93	15 542.47	7 142.95
湖　北	1 149.10	1 100.49	1 376.03	20 466.69	10 454.94	19 090.66	8 350.10
湖　南	975.82	853.46	1 250.68	16 771.80	9 818.41	16 345.04	9 898.29
广　东	155.75	146.08	1 006.48	21 996.75	16 316.40	21 002.71	8 718.54
广　西	1 509.47	1 505.78	1 479.88	22 595.47	14 245.46	21 183.09	11 503.53
海　南			410.30	15 099.11	10 491.32	14 688.81	9 430.19
重　庆	8 194.38	8 042.42	1 499.67	19 247.20	13 008.07	17 866.58	7 772.07
四　川	2 611.61	2 605.17	949.14	19 515.53	12 124.30	18 746.78	8 179.34
贵　州			340.32	12 282.21	8 562.08	12 036.26	4 887.15
云　南	5 325.60	5 212.67	1 327.74	18 777.18	14 408.14	17 588.53	8 818.94
西　藏							
陕　西	7 367.60	7 070.77	1 368.67	15 050.21	5 216.40	16 065.06	15 165.68
甘　肃	45.43	45.43	861.12	9 255.93	4 421.17	8 793.24	5 765.95
青　海	60.00		1.26	17 071.25	7 200.39	17 069.98	1 264.21
宁　夏	997.45	997.45	1 294.52	14 139.30	12 979.40	12 889.81	11 123.88
新　疆	4 626.73	4 626.73	1 610.35	18 469.55	13 179.19	17 349.54	10 076.47

二、生 产

(一)水产品总产量

全国水产品总产量

单位:吨

指 标	2019 年	2018 年	2019 年比 2018 年增减(±)	
			绝对量	幅度(%)
全国总计	**64 803 616**	**64 576 558**	**227 058**	**0.35**
海水产品	32 824 954	33 014 303	−189 349	−0.57
淡水产品	31 978 662	31 562 255	416 407	1.32
养殖产量	50 790 728	49 910 590	880 138	1.76
海水养殖	20 653 287	20 312 206	341 081	1.68
淡水养殖	30 137 441	29 598 384	539 057	1.82
捕捞产量	14 012 888	14 665 968	−653 080	−4.45
海洋捕捞	10 001 515	10 444 647	−443 132	−4.24
远洋渔业	2 170 152	2 257 450	−87 298	−3.87
淡水捕捞	1 841 221	1 963 871	−122 650	−6.25
养殖产品中:鱼类	27 086 062	26 937 843	148 219	0.55
甲壳类	5 674 350	5 141 053	533 297	10.37
贝类	14 579 369	14 635 099	−55 730	−0.38
藻类	2 543 861	2 350 810	193 051	8.21
其他类	907 086	845 785	61 301	7.25
捕捞产品中:鱼类	8 212 746	8 633 096	−420 350	−4.87
甲壳类	2 152 753	2 238 009	−85 256	−3.81
贝类	616 773	642 451	−25 678	−4.00
藻类	17 445	18 349	−904	−4.93
头足类	569 204	569 944	−740	−0.13
其他类	273 815	306 669	−32 854	−10.71

各地区水产品产量(一)

单位:吨

地　　区	2019 年							
	总产量	1.养殖产品小计	a.海水养殖	b.淡水养殖	2.捕捞产品小计	a.海洋捕捞	b.远洋渔业	c.淡水捕捞
全国总计	**64 803 616**	**50 790 728**	**20 653 287**	**30 137 441**	**14 012 888**	**10 001 515**	**2 170 152**	**1 841 221**
北　　京	30 190	21 079		21 079	9 111		6 661	2 450
天　　津	262 231	222 149	5 155	216 994	40 082	26 952	7 973	5 157
河　　北	990 116	707 755	448 802	258 953	282 361	190 932	55 906	35 523
山　　西	46 307	44 040		44 040	2 267			2 267
内 蒙 古	125 956	111 904		111 904	14 052			14 052
辽　　宁	4 550 106	3 758 969	2 947 318	811 651	791 137	487 098	264 924	39 115
吉　　林	236 626	217 501		217 501	19 125			19 125
黑 龙 江	648 300	608 300		608 300	40 000			40 000
上　　海	280 277	83 555		83 555	196 722	12 592	183 137	993
江　　苏	4 841 159	4 094 150	915 258	3 178 892	747 009	445 577	9 370	292 062
浙　　江	5 767 227	2 441 611	1 270 357	1 171 254	3 325 616	2 723 652	442 155	159 809
安　　徽	2 314 603	2 109 524		2 109 524	205 079			205 079
福　　建	8 145 763	5 946 541	5 107 162	839 379	2 199 222	1 611 613	516 508	71 101
江　　西	2 588 135	2 420 568		2 420 568	167 567			167 567
山　　东	8 232 724	6 052 333	4 970 985	1 081 348	2 180 391	1 677 385	413 716	89 290
河　　南	990 858	878 603		878 603	112 255			112 255
湖　　北	4 695 432	4 533 682		4 533 682	161 750			161 750
湖　　南	2 544 116	2 463 211		2 463 211	80 905			80 905
广　　东	8 664 017	7 291 432	3 291 325	4 000 107	1 372 585	1 195 747	67 840	108 998
广　　西	3 421 459	2 761 464	1 425 970	1 335 494	659 995	550 819	18 126	91 050
海　　南	1 721 571	625 342	270 955	354 387	1 096 229	1 079 148		17 081
重　　庆	541 717	524 116		524 116	17 601			17 601
四　　川	1 576 856	1 538 002		1 538 002	38 854			38 854
贵　　州	243 623	233 024		233 024	10 599			10 599
云　　南	636 500	606 137		606 137	30 363			30 363
西　　藏	406	96		96	310			310
陕　　西	166 208	161 196		161 196	5 012			5 012
甘　　肃	14 353	14 353		14 353				
青　　海	18 526	18 526		18 526				
宁　　夏	157 660	149 533		149 533	8 127			8 127
新　　疆	166 758	152 032		152 032	14 726			14 726
中农发集团	183 836				183 836		183 836	

各地区水产品产量(二)

单位:吨

地区	2018 年							
	总产量	1.养殖产品小计	a.海水养殖	b.淡水养殖	2.捕捞产品小计	a.海洋捕捞	b.远洋渔业	c.淡水捕捞
全国总计	**64 576 558**	**49 910 590**	**20 312 206**	**29 598 384**	**14 665 968**	**10 444 647**	**2 257 450**	**1 963 871**
北京	30 028	25 962		25 962	4 066		1 706	2 360
天津	326 445	279 880	7 652	272 228	46 565	27 002	14 041	5 522
河北	1 096 152	776 187	489 836	286 351	319 965	212 348	65 481	42 136
山西	47 773	45 451		45 451	2 322			2 322
内蒙古	139 499	118 179		118 179	21 320			21 320
辽宁	4 508 240	3 662 362	2 863 634	798 728	845 878	524 394	282 105	39 379
吉林	234 090	214 790		214 790	19 300			19 300
黑龙江	624 320	577 220		577 220	47 100			47 100
上海	262 509	94 293		94 293	168 216	13 739	152 893	1 584
江苏	4 948 443	4 171 270	918 327	3 252 943	777 173	475 170	14 809	287 194
浙江	5 896 129	2 342 009	1 208 973	1 133 036	3 554 120	2 873 946	549 546	130 628
安徽	2 249 625	1 990 499		1 990 499	259 126			259 126
福建	7 838 917	5 589 177	4 788 297	800 880	2 249 740	1 701 208	478 656	69 876
江西	2 559 450	2 335 443		2 335 443	224 007			224 007
山东	8 614 032	6 381 381	5 210 855	1 170 526	2 232 651	1 702 291	447 539	82 821
河南	983 817	875 496		875 496	108 321			108 321
湖北	4 584 045	4 402 981		4 402 981	181 064			181 064
湖南	2 469 383	2 379 514		2 379 514	89 869			89 869
广东	8 424 441	6 984 715	3 167 259	3 817 456	1 439 726	1 271 603	52 828	115 295
广西	3 319 989	2 645 880	1 363 182	1 282 698	674 109	559 066	21 913	93 130
海南	1 758 188	661 052	294 191	366 861	1 097 136	1 083 880		13 256
重庆	529 581	510 746		510 746	18 835			18 835
四川	1 534 754	1 489 358		1 489 358	45 396			45 396
贵州	237 320	226 382		226 382	10 938			10 938
云南	637 500	606 376		606 376	31 124			31 124
西藏	377	43		43	334			334
陕西	163 035	155 835		155 835	7 200			7 200
甘肃	14 136	14 136		14 136				
青海	17 116	17 116		17 116				
宁夏	176 949	176 555		176 555	394			394
新疆	174 342	160 302		160 302	14 040			14 040
中农发集团	175 933				175 933		175 933	

各地区水产品产量(三)

单位:吨

地区	2019年比2018年增减(±)							
	总产量	1.养殖产品小计	a.海水养殖	b.淡水养殖	2.捕捞产品小计	a.海洋捕捞	b.远洋渔业	c.淡水捕捞
全国总计	**227 058**	**880 138**	**341 081**	**539 057**	**−653 080**	**−443 132**	**−87 298**	**−122 650**
北京	162	−4 883		−4 883	5 045		4 955	90
天津	−64 214	−57 731	−2 497	−55 234	−6 483	−50	−6 068	−365
河北	−106 036	−68 432	−41 034	−27 398	−37 604	−21 416	−9 575	−6 613
山西	−1 466	−1 411		−1 411	−55			−55
内蒙古	−13 543	−6 275		−6 275	−7 268			−7 268
辽宁	41 866	96 607	83 684	12 923	−54 741	−37 296	−17 181	−264
吉林	2 536	2 711		2 711	−175			−175
黑龙江	23 980	31 080		31 080	−7 100			−7 100
上海	17 768	−10 738		−10 738	28 506	−1 147	30 244	−591
江苏	−107 284	−77 120	−3 069	−74 051	−30 164	−29 593	−5 439	4 868
浙江	−128 902	99 602	61 384	38 218	−228 504	−150 294	−107 391	29 181
安徽	64 978	119 025		119 025	−54 047			−54 047
福建	306 846	357 364	318 865	38 499	−50 518	−89 595	37 852	1 225
江西	28 685	85 125		85 125	−56 440			−56 440
山东	−381 308	−329 048	−239 870	−89 178	−52 260	−24 906	−33 823	6 469
河南	7 041	3 107		3 107	3 934			3 934
湖北	111 387	130 701		130 701	−19 314			−19 314
湖南	74 733	83 697		83 697	−8 964			−8 964
广东	239 576	306 717	124 066	182 651	−67 141	−75 856	15 012	−6 297
广西	101 470	115 584	62 788	52 796	−14 114	−8 247	−3 787	−2 080
海南	−36 617	−35 710	−23 236	−12 474	−907	−4 732		3 825
重庆	12 136	13 370		13 370	−1 234			−1 234
四川	42 102	48 644		48 644	−6 542			−6 542
贵州	6 303	6 642		6 642	−339			−339
云南	−1 000	−239		−239	−761			−761
西藏	29	53		53	−24			−24
陕西	3 173	5 361		5 361	−2 188			−2 188
甘肃	217	217		217				
青海	1 410	1 410		1 410				
宁夏	−19 289	−27 022		−27 022	7 733			7 733
新疆	−7 584	−8 270		−8 270	686			686
中农发集团	7 903				7 903		7 903	

(二)水产养殖

全国水产养殖产量(按水域和养殖方式分)

单位:吨

指标		2019 年	2018 年	2019 年比 2018 年增减(±)	
				绝对量	幅度(%)
总计		**50 790 728**	**49 910 590**	**880 138**	**1.76**
1. 海水养殖		20 653 287	20 312 206	341 081	1.68
按水域分	海上	11 938 269	11 630 385	307 884	2.65
	滩涂	6 139 640	6 228 030	−88 390	−1.42
	其他	2 575 378	2 453 791	121 587	4.96
养殖方式中	池塘	2 503 495	2 466 523	36 972	1.50
	普通网箱	550 317	594 562	−44 245	−7.44
	深水网箱	205 198	153 978	51 220	33.26
	筏式	6 174 565	6 126 152	48 413	0.79
	吊笼	1 289 917	1 278 542	11 375	0.89
	底播	5 128 217	5 311 699	−183 482	−3.45
	工厂化	275 875	255 366	20 509	8.03
2.淡水养殖		30 137 441	29 598 384	539 057	1.82
按水域分	池塘	22 300 543	22 109 687	190 856	0.86
	湖泊	862 331	977 984	−115 653	−11.83
	水库	2 870 495	2 949 226	−78 731	−2.67
	河沟	538 309	637 873	−99 564	−15.61
	其他	652 433	590 345	62 088	10.52
	稻田养成鱼	2 913 330	2 333 269	580 061	24.86
养殖方式中	围栏	41 414	84 030	−42 616	−50.72
	网箱	427 302	591 067	−163 765	−27.71
	工厂化	266 405	213 463	52 942	24.80

全国海水养殖产量(一)

单位:吨

指　　标	2019 年	2018 年	2019 年比 2018 年增减(±)	
			绝对量	幅度(%)
海水养殖	**20 653 287**	**20 312 206**	**341 081**	**1.68**
1.鱼类	1 605 802	1 495 088	110 714	7.41
其中:鲈鱼	180 173	166 581	13 592	8.16
鲆鱼	116 109	107 967	8 142	7.54
大黄鱼	225 549	197 980	27 569	13.93
军曹鱼	42 224	38 831	3 393	8.74
鲕鱼	29 997	25 810	4 187	16.22
鲷鱼	101 279	88 375	12 904	14.60
美国红鱼	70 187	68 253	1 934	2.83
河鲀	17 473	23 054	−5 581	−24.21
石斑鱼	183 127	159 579	23 548	14.76
鲽鱼	12 337	13 915	−1 578	−11.34
2. 甲壳类	1 743 826	1 702 911	40 915	2.40
虾	1 450 183	1 409 114	41 069	2.91
其中:南美白对虾	1 144 370	1 117 534	26 836	2.40
斑节对虾	84 066	75 356	8 710	11.56
中国对虾	38 583	55 756	−17 173	−30.80
日本对虾	50 968	55 228	−4 260	−7.71
蟹	293 643	293 797	−154	−0.05
其中:梭子蟹	113 810	116 251	−2 441	−2.10
青蟹	160 616	157 712	2 904	1.84

全国海水养殖产量(二)

单位:吨

指　　标	2019 年	2018 年	2019 年比 2018 年增减(±)	
			绝对量	幅度(%)
3.贝类	14 389 727	14 439 302	−49 575	−0.34
其中:牡蛎	5 225 595	5 139 760	85 835	1.67
鲍	180 267	163 169	17 098	10.48
螺	241 234	239 024	2 210	0.92
蚶	387 676	372 303	15 373	4.13
贻贝	870 652	903 361	−32 709	−3.62
江珧	13 457	14 465	−1 008	−6.97
扇贝	1 828 107	1 917 850	−89 743	−4.68
蛤	3 967 387	4 080 776	−113 389	−2.78
蛏	869 251	852 925	16 326	1.91
4. 藻类	2 538 396	2 343 871	194 525	8.30
其中:海带	1 624 018	1 522 537	101 481	6.67
裙带菜	202 393	175 503	26 890	15.32
紫菜	212 304	201 779	10 525	5.22
江蓠	348 085	330 344	17 741	5.37
麒麟菜	420	1 820	−1 400	−76.92
石花菜				
羊栖菜	27 032	23 246	3 786	16.29
苔菜				
5. 其他类	375 536	331 034	44 502	13.44
其中:海参	171 700	174 340	−2 640	−1.51
海胆(千克)	8 242 633	8 844 373	−601 740	−6.80
海水珍珠(千克)	2 784	2 779	5	0.18
海蜇	89 576	72 664	16 912	23.27

全国淡水养殖产量

单位:吨

指　　标	2019 年	2018 年	2019 年比 2018 年增减(±)	
			绝对量	幅度(%)
淡水养殖产量	**30 137 441**	**29 598 384**	**539 057**	**1.82**
1.鱼类	25 480 260	25 442 755	37 505	0.15
2. 甲壳类	3 930 524	3 438 142	492 382	14.32
虾	3 151 842	2 681 265	470 577	17.55
其中:罗氏沼虾	139 609	133 266	6 343	4.76
青虾	225 321	234 358	−9 037	−3.86
克氏原螯虾	2 089 604	1 638 662	450 942	27.52
南美白对虾	671 180	642 807	28 373	4.41
蟹(河蟹)	778 682	756 877	21 805	2.88
3. 贝类	189 642	195 797	−6 155	−3.14
其中:河蚌	57 658	58 866	−1 208	−2.05
螺	92 893	95 691	−2 798	−2.92
蚬	18 185	18 006	179	0.99
4. 藻类(螺旋藻)	5 465	6 939	−1 474	−21.24
5. 其他类	531 550	514 751	16 799	3.26
其中:龟	45 750	47 676	−1 926	−4.04
鳖	325 497	319 081	6 416	2.01
蛙	107 352	102 255	5 097	4.98
珍珠(千克)	609 353	702 563	−93 210	−13.27
6. 观赏鱼(万尾)	392 507	535 216	−142 709	−26.66

全国淡水养殖主要鱼类产量

单位:吨

指 标	2019 年	2018 年	2019 年比 2018 年增减(±)	
			绝对量	幅度(%)
青鱼	679 582	691 296	−11 714	−1.69
草鱼	5 533 083	5 504 301	28 782	0.52
鲢鱼	3 810 286	3 858 864	−48 578	−1.26
鳙鱼	3 101 637	3 096 426	5 211	0.17
鲤鱼	2 885 284	2 962 218	−76 934	−2.60
鲫鱼	2 755 632	2 771 565	−15 933	−0.57
鳊鱼	762 858	783 534	−20 676	−2.64
泥鳅	356 881	358 418	−1 537	−0.43
鲇鱼	355 310	365 590	−10 280	−2.81
鮰鱼	297 732	230 442	67 290	29.20
黄颡鱼	536 964	509 610	27 354	5.37
鲑鱼	1 955	2 446	−491	−20.07
鳟鱼	39 373	38 606	767	1.99
河鲀	9 911	12 710	−2 799	−22.02
短盖巨脂鲤	68 651	64 249	4 402	6.85
长吻鮠	22 063	21 610	453	2.10
黄鳝	313 790	319 000	−5 210	−1.63
鳜鱼	337 082	315 906	21 176	6.70
池沼公鱼	10 730	14 249	−3 519	−24.70
银鱼	13 541	16 249	−2 708	−16.67
鲈鱼	477 808	432 058	45 750	10.59
乌鳢	461 993	459 277	2 716	0.59
罗非鱼	1 641 662	1 624 547	17 115	1.05
鲟鱼	102 042	96 914	5 128	5.29
鳗鲡	234 223	233 222	1 001	0.43

各地区海水养殖产量(按品种分)(一)

单位:吨

地区	海水养殖产量	1.鱼类	其中					
			鲈鱼	鲆鱼	大黄鱼	军曹鱼	鰤鱼	鲷鱼
全国总计	**20 653 287**	**1 605 802**	**180 173**	**116 109**	**225 549**	**42 224**	**29 997**	**101 279**
天津	5 155	1 577		45				
河北	448 802	12 737		6 062				
辽宁	2 947 318	71 295	8 040	53 825				5
上海								
江苏	915 258	83 207	1 275	5 826				51
浙江	1 270 357	53 773	9 245	99	23 932		40	3 981
福建	5 107 162	429 386	37 992	4 910	186 514	100	4 339	39 459
山东	4 970 985	104 174	18 720	42 321			38	190
广东	3 291 325	666 312	93 776	3 021	15 103	32 045	25 495	51 897
广西	1 425 970	65 413	9 552			93		4 373
海南	270 955	117 928	1 573			9 986	85	1 323

各地区海水养殖产量(按品种分)(二)

单位:吨

地区	1.鱼类(续)				2.甲壳类	(1)虾	其中	
	其中(续)							
	美国红鱼	河鲀	石斑鱼	鲽鱼			南美白对虾	斑节对虾
全国总计	**70 187**	**17 473**	**183 127**	**12 337**	**1 743 826**	**1 450 183**	**1 144 370**	**84 066**
天津		27	466		3 578	3 578	3 538	
河北		2 081	581	1 912	27 542	26 195	16 932	48
辽宁		1 993			40 546	34 208	10 548	
上海								
江苏		191		1 632	113 357	79 297	20 381	8 232
浙江	7 213		240	41	108 089	61 487	37 322	632
福建	16 327	10 024	34 092	824	212 338	136 809	111 131	6 261
山东	4 052	2 750	496	4 097	163 715	147 004	105 231	1 200
广东	36 582	407	77 659	3 831	606 427	525 478	417 444	62 515
广西	6 013		3 303		338 735	320 687	319 385	952
海南			66 290		129 499	115 440	102 458	4 226

各地区海水养殖产量(按品种分)(三)

单位:吨

地 区	2.甲壳类(续)					3.贝类
	(1)虾(续)		(2)蟹	其 中		
	其中(续)					
	中国对虾	日本对虾		梭子蟹	青蟹	
全国总计	**38 583**	**50 968**	**293 643**	**113 810**	**160 616**	**14 389 727**
天 津						
河 北	5 023	4 177	1 347	1 345		360 494
辽 宁	12 022	10 304	6 338	6 290		2 238 840
上 海						
江 苏	5 929	592	34 060	30 535	1 887	668 508
浙 江	1 925	1 320	46 602	20 224	26 272	1 004 606
福 建	5 270	8 961	75 529	31 554	36 305	3 237 735
山 东	7 462	17 262	16 711	14 054	220	3 922 447
广 东	952	8 302	80 949	9 763	65 107	1 922 398
广 西		50	18 048		18 048	1 017 037
海 南			14 059	45	12 777	17 662

各地区海水养殖产量(按品种分)(四)

单位:吨

地 区	3.贝类(续)								
	其 中								
	牡蛎	鲍	螺	蚶	贻贝	江珧	扇贝	蛤	蛏
全国总计	**5 225 595**	**180 267**	**241 234**	**387 676**	**870 652**	**13 457**	**1 828 107**	**3 967 387**	**869 251**
天 津									
河 北	1 500		4 166	8 748			297 833	48 010	69
辽 宁	273 899	2 854		69 882	36 292		423 859	1 228 971	38 374
上 海									
江 苏	40 204		66 879	31 355	45 709			374 808	57 806
浙 江	227 712	346	12 834	142 157	204 370		615	103 276	305 823
福 建	2 012 589	143 970	6 718	65 231	112 400		9 152	472 651	300 755
山 东	869 876	21 428	10 299	5 508	384 074	200	973 474	1 209 611	153 579
广 东	1 139 161	11 639	86 318	57 923	75 631	13 257	120 204	265 519	11 128
广 西	659 278		47 755	4 172	12 176		2 834	260 451	1 717
海 南	1 376	30	6 265	2 700			136	4 090	

各地区海水养殖产量(按品种分)(五)

单位:吨

地区	4.藻类	其中					
		海带	裙带菜	紫菜	江蓠	麒麟菜	石花菜
全国总计	**2 538 396**	**1 624 018**	**202 393**	**212 304**	**348 085**	**420**	
天　津							
河　北	991	991					
辽　宁	467 533	314 530	152 953				
上　海							
江　苏	41 395	200		41 095			
浙　江	98 391	19 718		56 787			
福　建	1 187 581	803 131		80 758	244 294		
山　东	662 972	481 289	48 590	17 785	52 584		
广　东	73 752	4 159	850	15 879	49 768		
广　西							
海　南	5 781				1 439	420	

各地区海水养殖产量(按品种分)(六)

单位:吨

地区	4.藻类(续)		5.其他	其中			
	其中(续)						
	羊栖菜	苔菜		海参	海胆(千克)	海水珍珠(千克)	海蜇
全国总计	**27 032**		**375 536**	**171 700**	**8 242 633**	**2 784**	**89 576**
天　津							
河　北			47 038	6 615			7 724
辽　宁			129 104	44 710	1 617 800		73 105
上　海							
江　苏			8 791	129			5 172
浙　江	20 098		5 498	88			826
福　建	6 934		40 122	27 437			2 363
山　东			117 677	92 581	5 574 000		246
广　东			22 436	116	1 050 833	1 960	140
广　西			4 785			824	
海　南			85	24			

各地区海水养殖产量(按水域和养殖方式分)(一)

单位:吨

地区	海水养殖产量	按养殖水域分			养殖方式中
		1.海上	2.滩涂	3.其他	1.池塘
全国总计	**20 653 287**	**11 938 269**	**6 139 640**	**2 575 378**	**2 503 495**
天 津	5 155			5 155	3 655
河 北	448 802	313 637	48 615	86 550	72 654
辽 宁	2 947 318	2 051 170	711 315	184 833	173 738
上 海					
江 苏	915 258	218 139	506 127	190 992	275 324
浙 江	1 270 357	553 945	395 673	320 739	323 533
福 建	5 107 162	3 411 004	1 251 421	444 737	296 718
山 东	4 970 985	3 496 173	1 252 255	222 557	219 875
广 东	3 291 325	1 221 327	1 315 836	754 162	702 288
广 西	1 425 970	607 041	540 548	278 381	243 044
海 南	270 955	65 833	117 850	87 272	192 666

各地区海水养殖产量(按水域和养殖方式分)(二)

单位:吨

地区	养殖方式中(续)					
	2.普通网箱	3.深水网箱	4.筏式	5.吊笼	6.底播	7.工厂化
全国总计	**550 317**	**205 198**	**6 174 565**	**1 289 917**	**5 128 217**	**275 875**
天 津						1 500
河 北			299 333		34 268	14 615
辽 宁	1 576	3 531	1 061 006	81 836	1 396 627	44 159
上 海						
江 苏			104 648	1 100	475 940	17 920
浙 江	23 317	18 644	486 909	1 337	263 349	6 949
福 建	283 128	60 412	1 524 792	129 147	408 522	37 233
山 东	71 950	24 143	1 882 345	976 215	1 608 584	136 777
广 东	119 662	35 160	445 052	97 016	698 544	10 519
广 西	33 224	19 494	370 480	3 036	232 302	499
海 南	17 460	43 814		230	10 081	5 704

各地区淡水养殖产量(按品种分)(一)

单位:吨

地　　区	淡水养殖产量	1.鱼类	其　中				
			青鱼	草鱼	鲢鱼	鳙鱼	鲤鱼
全国总计	**30 137 441**	**25 480 260**	**679 582**	**5 533 083**	**3 810 286**	**3 101 637**	**2 885 284**
北　　京	21 079	21 078	457	6 179	1 606	1 230	6 847
天　　津	216 994	180 360		35 354	22 230	6 896	75 943
河　　北	258 953	230 778	202	34 457	35 473	16 165	98 102
山　　西	44 040	43 648	403	15 026	7 288	3 925	11 134
内 蒙 古	111 904	108 864		15 938	19 410	14 814	41 295
辽　　宁	811 651	728 318	569	105 353	97 570	54 358	308 162
吉　　林	217 501	213 862	2 002	21 314	53 351	40 944	52 644
黑 龙 江	608 300	598 386	668	59 593	123 512	52 935	208 532
上　　海	83 555	52 651	1 879	21 904	6 893	5 158	370
江　　苏	3 178 892	2 266 821	87 032	379 022	408 326	222 280	141 062
浙　　江	1 171 254	879 968	58 292	90 305	134 284	97 366	32 568
安　　徽	2 109 524	1 511 370	81 490	269 829	268 308	269 263	97 077
福　　建	839 379	705 994	12 454	167 238	74 504	62 326	55 775
江　　西	2 420 568	2 123 332	55 375	546 057	274 559	388 342	147 985
山　　东	1 081 348	956 210	6 337	205 171	169 469	104 189	231 712
河　　南	878 603	805 851	7 219	137 983	193 340	137 516	213 296
湖　　北	4 533 682	3 364 950	198 613	879 796	557 684	437 301	125 959
湖　　南	2 463 211	2 069 607	84 834	610 313	338 887	289 987	173 706
广　　东	4 000 107	3 668 328	52 688	949 019	217 620	373 412	118 380
广　　西	1 335 494	1 295 085	14 630	316 470	222 463	173 514	150 050
海　　南	354 387	348 897	905	3 678	5 583	8 378	2 433
重　　庆	524 116	508 858	2 177	115 243	105 350	51 096	41 202
四　　川	1 538 002	1 490 396	2 080	272 701	310 351	174 804	187 444
贵　　州	233 024	227 526	2 165	43 503	27 017	31 489	82 814
云　　南	606 137	600 390	5 920	89 712	64 925	49 132	135 691
西　　藏	96	96		3	5	25	
陕　　西	161 196	149 854	310	36 461	29 757	18 497	44 005
甘　　肃	14 353	14 208	881	4 441	1 295	282	3 732
青　　海	18 526	18 297		103	33		265
宁　　夏	149 533	148 187		48 120	13 954	7 648	59 329
新　　疆	152 032	148 090		52 797	25 239	8 365	37 770

各地区淡水养殖产量(按品种分)(二)

单位:吨

地 区	1.鱼类(续)						
	其中(续)						
	鲫鱼	鳊鲂	泥鳅	鲇鱼	鮰鱼	黄颡鱼	鲑鱼
全国总计	**2 755 632**	**762 858**	**356 881**	**355 310**	**297 732**	**536 964**	**1 955**
北 京	1 154	1 159	51	247	462	2	
天 津	29 403	433	2 146	502	816	710	
河 北	21 528	275	3 180	189	87	1 708	3
山 西	1 242	24	23	5	356	2	6
内蒙古	12 760	486	652	1 198	1	77	
辽 宁	58 874	1 037	4 632	42 370	162	1 455	425
吉 林	26 822	1 791	2 724	3 209	1	2 156	208
黑龙江	110 664	464	7 485	8 292	12	4 338	
上 海	9 491	1 388	62	70	218	1 294	
江 苏	623 991	154 367	39 768	4 834	1 415	29 244	21
浙 江	100 262	31 178	29 030	1 315	1 932	122 020	93
安 徽	188 063	92 117	39 830	17 192	9 680	36 259	
福 建	36 919	4 513	3 293	8 910	2 775	5 000	
江 西	228 079	68 155	79 111	31 312	8 489	52 145	40
山 东	101 689	8 327	6 268	18 422	1 458	2 164	
河 南	52 364	10 466	6 129	8 588	26 646	1 894	
湖 北	356 117	236 017	38 475	17 047	41 419	140 786	
湖 南	200 962	88 455	17 171	25 788	30 544	30 133	10
广 东	170 418	18 644	19 444	34 142	46 941	54 464	82
广 西	34 714	1 708	2 819	29 716	14 459	6 334	
海 南	567		94	1 217			
重 庆	113 095	5 995	16 529	8 750	8 269	9 445	78
四 川	196 972	32 348	32 395	77 448	87 532	32 499	580
贵 州	9 691	288	2 455	2 953	2 884	1 000	57
云 南	40 818	1 561	1 525	9 349	3 247	1 341	12
西 藏	10						30
陕 西	4 523	328	804	368	3 054	320	3
甘 肃	740	68	3	19	3		276
青 海	89						15
宁 夏	11 611	114	718	1 768	3 570	69	
新 疆	12 000	1 152	65	90	1 300	105	16

各地区淡水养殖产量(按品种分)(三)

单位:吨

地区	1.鱼类(续)						
	其中(续)						
	鳟鱼	河鲀	短盖巨脂鲤	长吻鮠	黄鳝	鳜鱼	池沼公鱼
全国总计	**39 373**	**9 911**	**68 651**	**22 063**	**313 790**	**337 082**	**10 730**
北　京	412						
天　津							
河　北	1 495		6		8	7	857
山　西	1 387						
内蒙古						16	736
辽　宁	3 845					189	862
吉　林	324					324	3 773
黑龙江	371					1 706	15
上　海					4	32	
江　苏		3 304	1 276	16	4 998	31 468	100
浙　江	51		10 097	908	569	12 939	2
安　徽		9	1 389	17	35 916	42 930	
福　建	21	262	2 551	138	502	1 795	
江　西	250		6 091	640	78 353	34 969	
山　东	96		40		1 332	1 294	
河　南	371		116	10	2 732	298	2
湖　北				1 200	144 162	79 688	
湖　南	666		1	147	28 724	19 361	
广　东	51	6 336	29 904	5 016	2 478	106 099	
广　西	160		16 380	334	1 077	154	
海　南			517	154			
重　庆	1 413		70	2 157	813	706	
四　川	1 516		10	9 950	11 383	2 436	
贵　州	304			658	285	66	
云　南	4 877		203	693	402	124	4
西　藏	4						
陕　西	1 031			25	52	103	
甘　肃	1 802						4
青　海	15 289						2 500
宁　夏	30						
新　疆	3 607					378	1 875

各地区淡水养殖产量(按品种分)(四)

单位:吨

地区	1.鱼类(续)						2.甲壳类
	其中(续)						
	银鱼	鲈鱼	乌鳢	罗非鱼	鲟鱼	鳗鲡	
全国总计	**13 541**	**477 808**	**461 993**	**1 641 662**	**102 042**	**234 223**	**3 930 524**
北京		69	12	370	821		
天津		95		2 400			36 414
河北	120	707	55	8 655	6 863		25 498
山西	64	309	310	779	1 153		194
内蒙古	94	46	999	18			1 215
辽宁	930	31	1 970	1 070	1 281		76 598
吉林	951	38	1 253	2	31		3 636
黑龙江	1 789	10	1 338				9 863
上海							30 462
江苏	69	38 901	24 127	2 372	1 145	7 035	861 467
浙江	4	65 140	42 778	2 320	6 049	2 812	155 462
安徽	2 580	6 990	32 840	3 129	322	996	502 342
福建		11 564	2 765	119 643	3 709	101 441	91 561
江西	1 601	17 292	37 050	4 668	4 025	16 620	179 976
山东	1 685	1 038	54 864	6 465	12 632		116 861
河南	182	2 925	1 285	829	1 317		63 873
湖北	1 533	16 839	26 810	2 525	5 364	701	1 099 805
湖南	741	7 591	36 168	1 350	7 200	178	332 687
广东	126	279 952	176 834	744 022	1 437	101 844	273 984
广西	214	2 130	1 272	252 346	1 035	600	6 141
海南				310 020		1 990	2 124
重庆		3 598	8 228	4 980	2 660		9 546
四川	483	15 585	10 176	2 790	6 288		36 383
贵州	71	2 615	164	590	14 101		3 238
云南	182	1 353	344	168 365	19 501	6	3 186
西藏							
陕西		760	79	1 010	3 585		2 475
甘肃			1	4	591		127
青海					3		229
宁夏	52	830	38	50	191		1 307
新疆	70	1 400	233	890	738		3 870

各地区淡水养殖产量(按品种分)(五)

单位:吨

地　　区	2.甲壳类(续)						3.贝类	
	(1)虾	其　中				(2)蟹(河蟹)		其　中
		罗氏沼虾	青虾	克氏原螯虾	南美白对虾			河蚌
全国总计	**3 151 842**	**139 609**	**225 321**	**2 089 604**	**671 180**	**778 682**	**189 642**	**57 658**
北　　京								
天　　津	35 731				35 721	683		
河　　北	22 212		26	12	21 734	3 286		
山　　西	90		1	20	66	104		
内 蒙 古	470		128		332	745		
辽　　宁	15 406				14 699	61 192	2	2
吉　　林	200		138			3 436	3	3
黑 龙 江	725			72	40	9 138		
上　　海	21 803	1 239	79	391	20 094	8 659		
江　　苏	496 627	57 626	102 158	204 394	131 454	364 840	25 545	5 921
浙　　江	145 613	23 760	26 812	18 168	76 192	9 849	8 570	2 615
安　　徽	403 747	1 946	48 843	349 750	3 208	98 595	47 430	25 693
福　　建	90 440	1 589	1 409	2 322	84 031	1 121	30 478	3 187
江　　西	161 943	839	26 942	133 492	670	18 033	38 544	10 091
山　　东	94 099	122	1 164	40 006	51 120	22 762	416	108
河　　南	62 188	480	2 912	58 207	589	1 685	309	143
湖　　北	941 111	2 561	8 388	925 005	4 815	158 694	3 527	2 077
湖　　南	326 421	1 036	3 256	306 777	7 134	6 266	12 693	4 256
广　　东	271 445	46 041	1 644	204	215 138	2 539	10 658	2 474
广　　西	5 675	1 036	806	3 271	23	466	6 979	383
海　　南	2 124	781		69	991			
重　　庆	8 791	141	61	8 159	347	755	77	
四　　川	35 148	172	155	34 037	556	1 235	2 192	429
贵　　州	2 937	18	38	1 793	81	301	1 242	194
云　　南	2 809	222	287	2 110	75	377	947	82
西　　藏								
陕　　西	2 046		2	1 325	134	429		
甘　　肃	28				17	99		
青　　海						229		
宁　　夏	240		25	12	201	1 067		
新　　疆	1 773		47	8	1 718	2 097	30	

各地区淡水养殖产量(按品种分)(六)

单位:吨

地区	3.贝类(续) 其中(续) 螺	3.贝类(续) 其中(续) 蚬	4.藻类 (螺旋藻)	5.其他类	其中 龟	其中 鳖	其中 蛙	其中 珍珠 (千克)	6.观赏鱼 (万尾)
全国总计	**92 893**	**18 185**	**5 465**	**531 550**	**45 750**	**325 497**	**107 352**	**609 353**	**392 507**
北　京				1	1				46 977
天　津				220		178			19 653
河　北				2 677		2 577			4 370
山　西				198		197	1		398
内蒙古			1 789	36					43
辽　宁				6 733			6 733		59 665
吉　林									32 929
黑龙江				51					
上　海				442	76	345	21		1 775
江　苏	18 025	1 548	1 201	23 858	2 261	19 072	1 477	52 004	85 840
浙　江	5 567	143	430	126 824	7 915	102 208	5 364	573	8 948
安　徽	20 475	1 262		48 382	5 356	38 114	4 035	321 150	14 231
福　建	3 375	9 273	64	11 282	302	5 144	3 739		2 865
江　西	23 372	3 585	1 421	77 295	7 585	29 014	38 798	218 000	5 125
山　东	196	3		7 861	274	6 276	222		24 376
河　南	153	13	5	8 565	44	8 164	321		22 673
湖　北	1 139	311		65 400	7 267	45 144	12 989		666
湖　南	6 481	149		48 224	3 298	25 257	15 719	17 586	1 304
广　东	4 132	1 733		47 137	8 580	19 484	1 923	40	27 212
广　西	6 196	164		27 289	2 601	19 540	2 269		17
海　南				3 366	27	354	2 086		100
重　庆	77			5 635	10	1 444	4 168		13 200
四　川	1 763			9 031	136	2 229	5 901		5 726
贵　州	1 047	1		1 018	12	40	606		101
云　南	865		555	1 059	4	79	875		7 890
西　藏									
陕　西				8 867		540	104		5 690
甘　肃				18	1	17			
青　海									
宁　夏				39		39			658
新　疆	30			42		41	1		72

各地区淡水养殖产量(按水域和养殖方式分)(一)

单位:吨

地　区	淡水养殖产量	按水域分			
		1.池塘	2.湖泊	3.水库	4.河沟
全国总计	**30 137 441**	**22 300 543**	**862 331**	**2 870 495**	**538 309**
北　京	21 079	19 862			
天　津	216 994	215 031		750	50
河　北	258 953	226 091	2 335	23 959	1 804
山　西	44 040	31 747	38	12 101	
内蒙古	111 904	63 092	20 255	26 574	1 750
辽　宁	811 651	605 502		104 665	3 991
吉　林	217 501	93 141	32 451	82 830	769
黑龙江	608 300	436 650	55 833	67 580	26 922
上　海	83 555	79 412	1 142		1 253
江　苏	3 178 892	2 488 566	83 087	32 727	111 265
浙　江	1 171 254	881 011	3 683	75 421	33 553
安　徽	2 109 524	1 257 003	247 313	130 737	85 227
福　建	839 379	525 669	4 680	162 532	38 736
江　西	2 420 568	1 556 650	285 015	353 530	39 539
山　东	1 081 348	860 453	8 569	151 801	
河　南	878 603	725 808	3 897	84 584	8 816
湖　北	4 533 682	3 713 567			
湖　南	2 463 211	1 744 188	60 129	207 250	12 185
广　东	4 000 107	3 658 489	8 402	244 434	16 136
广　西	1 335 494	738 527		453 181	74 169
海　南	354 387	290 991	672	58 223	100
重　庆	524 116	474 666		35 544	1 220
四　川	1 538 002	847 176	1 062	211 622	68 625
贵　州	233 024	96 060	466	58 984	2 772
云　南	606 137	337 795	4 295	202 361	4 814
西　藏	96	96			
陕　西	161 196	90 384	4 317	42 005	2 923
甘　肃	14 353	10 093	91	2 844	11
青　海	18 526	504	463	17 559	
宁　夏	149 533	113 518	32 766	1 269	354
新　疆	152 032	118 801	1 370	25 428	1 325

各地区淡水养殖产量(按水域和养殖方式分)(二)

单位:吨

地区	按水域分(续)		养殖方式中		
	5.其他	6.稻田	1.围栏	2.网箱	3.工厂化
全国总计	**652 433**	**2 913 330**	**41 414**	**427 302**	**266 405**
北京	1 217				494
天津	612	551			
河北	3 410	1 354	210	1 069	2 017
山西	4	150		156	11
内蒙古		233	1 147		83
辽宁	43 147	54 346	1 520	55 871	475
吉林	345	7 965	1 173	3 316	270
黑龙江	11 009	10 306		870	50
上海		1 748			60
江苏	143 938	319 309	12 595	6 922	19 383
浙江	25 912	151 674	3 307	7 029	23 332
安徽	22 271	366 973	8 726	23 835	13 888
福建	93 045	14 717	1 181	17 979	86 962
江西	38 268	147 566	70	8 994	15 471
山东	51 989	8 536	294	5 052	50 781
河南	7 448	48 050		4 762	2 686
湖北		820 115			21 089
湖南	48 002	391 457		39 052	5 268
广东	70 717	1 929	50	1 737	1 061
广西	37 968	31 649	7 467	128 624	845
海南	4 379	22		680	
重庆	2	12 684			369
四川	8 482	401 035		990	2 798
贵州	10 782	63 960			567
云南	1 782	55 090	1 280	97 565	16 880
西藏					
陕西	21 337	230	2 394	4 758	595
甘肃	1 314			202	145
青海				15 247	
宁夏		1 626			
新疆	5 053	55		2 592	825

(三)国内捕捞

全国海洋捕捞产量

单位:吨

指　　标	2019 年	2018 年	2019 年比 2018 年增减(±)	
			绝对量	幅度(%)
海洋捕捞产量	**10 001 515**	**10 444 647**	**−443 132**	**−4.24**
1. 鱼类	6 828 817	7 162 277	−333 460	−4.66
2. 甲壳类	1 917 943	1 979 498	−61 555	−3.11
虾	1 270 481	1 310 000	−39 519	−3.02
其中:毛虾	389 217	425 185	−35 968	−8.46
对虾	215 435	223 082	−7 647	−3.43
鹰爪虾	240 249	245 035	−4 786	−1.95
虾蛄	221 355	220 567	788	0.36
蟹	647 462	669 498	−22 036	−3.29
其中:梭子蟹	458 380	479 164	−20 784	−4.34
青蟹	79 153	79 444	−291	−0.37
蟳	24 259	28 462	−4 203	−14.77
3. 贝类	411 943	430 403	−18 460	−4.29
4. 藻类	17 438	18 286	−848	−4.64
5. 头足类	569 204	569 944	−740	−0.13
其中:乌贼	131 067	127 257	3 810	2.99
鱿鱼	289 987	292 018	−2 031	−0.70
章鱼	106 014	107 789	−1 775	−1.65
6. 其他类	256 170	284 239	−28 069	−9.88
其中:海蜇	145 794	160 673	−14 879	−9.26

全国海洋捕捞主要鱼类产量

单位：吨

指　　标	2019 年	2018 年	2019 年比 2018 年增减(±)	
			绝对量	幅度(%)
海鳗	309 524	329 111	－19 587	－5.95
鳓鱼	67 220	67 689	－469	－0.69
鳀鱼	625 352	658 395	－33 043	－5.02
沙丁鱼	98 760	105 700	－6 940	－6.57
鲱鱼	11 374	10 304	1 070	10.38
石斑鱼	97 411	101 597	－4 186	－4.12
鲷鱼	131 072	136 529	－5 457	－4.00
蓝圆鲹	448 739	493 952	－45 213	－9.15
白姑鱼	90 126	95 889	－5 763	－6.01
黄姑鱼	62 664	67 124	－4 460	－6.64
鮸鱼	62 287	60 944	1 343	2.20
大黄鱼	59 830	68 317	－8 487	－12.42
小黄鱼	284 238	282 553	1 685	0.60
梅童鱼	220 032	230 197	－10 165	－4.42
方头鱼	39 778	41 681	－1 903	－4.57
玉筋鱼	88 478	92 308	－3 830	－4.15
带鱼	916 693	939 372	－22 679	－2.41
金线鱼	329 187	334 314	－5 127	－1.53
梭鱼	111 110	118 310	－7 200	－6.09
鲐鱼	414 710	432 504	－17 794	－4.11
鲅鱼	348 929	356 711	－7 782	－2.18
金枪鱼	38 196	55 057	－16 861	－30.62
鲳鱼	326 621	326 015	606	0.19
马面鲀	127 669	139 151	－11 482	－8.25
竹筴鱼	39 966	40 613	－647	－1.59
鲻鱼	83 344	90 800	－7 456	－8.21

全国海洋捕捞产量（按海域、渔具分）

单位：吨

指　　标		2019 年	2018 年	2019 年比 2018 年增减（±）	
				绝对量	幅度（%）
合　计		**10 001 515**	**10 444 647**	**−443 132**	**−4.24**
按捕捞海域分	渤海	629 572	790 300	−160 728	−20.34
	黄海	2 292 305	2 385 959	−93 654	−3.93
	东海	4 075 847	4 172 797	−96 950	−2.32
	南海	3 003 791	3 095 591	−91 800	−2.97
按捕捞渔具分	拖网	4 766 005	4 887 102	−121 097	−2.48
	围网	823 311	931 291	−107 980	−11.59
	刺网	2 241 845	2 280 103	−38 258	−1.68
	张网	1 150 760	1 220 525	−69 765	−5.72
	钓具	352 894	369 058	−16 164	−4.38
	其他渔具	666 700	756 568	−89 868	−11.88

全国淡水捕捞产量

单位：吨

指　　标	2019 年	2018 年	2019 年比 2018 年增减（±）	
			绝对量	幅度（%）
淡水捕捞产量	**1 841 221**	**1 963 871**	**−122 650**	**−6.25**
1. 鱼类	1 383 929	1 470 819	−86 890	−5.91
2. 甲壳类	234 810	258 511	−23 701	−9.17
虾	195 931	216 671	−20 740	−9.57
蟹	38 879	41 840	−2 961	−7.08
3. 贝类	204 830	212 048	−7 218	−3.40
4. 藻类	7	63	−56	−88.89
5. 其他类	17 645	22 430	−4 785	−21.33
其中：丰年虫	234	556	−322	−57.91

各地区海洋捕捞产量(按品种分)(一)

单位:吨

地区	海洋捕捞产量	1.鱼类	其中				
			海鳗	鳓鱼	鳀鱼	沙丁鱼	鲱鱼
全国总计	**10 001 515**	**6 828 817**	**309 524**	**67 220**	**625 352**	**98 760**	**11 374**
天津	26 952	23 777			19 395		
河北	190 932	103 929			39 435		
辽宁	487 098	281 775	236	399	25 989	607	13
上海	12 592	4 894	155	22			
江苏	445 577	240 315	6 755	2 132	2 076	242	142
浙江	2 723 652	1 820 985	77 537	11 412	46 570	6 560	1 552
福建	1 611 613	1 164 945	59 350	11 132	63 203	9 852	3 908
山东	1 677 385	1 164 039	12 955		395 903	4 434	975
广东	1 195 747	854 077	69 782	23 039	28 672	54 187	3 566
广西	550 819	297 854	11 696	17 762		10 027	857
海南	1 079 148	872 227	71 058	1 322	4 109	12 851	361

各地区海洋捕捞产量(按品种分)(二)

单位:吨

地区	1.鱼类(续)							
	其中(续)							
	石斑鱼	鲷鱼	蓝圆鲹	白姑鱼	黄姑鱼	鲵鱼	大黄鱼	小黄鱼
全国总计	**97 411**	**131 072**	**448 739**	**90 126**	**62 664**	**62 287**	**59 830**	**284 238**
天津								1 263
河北					175	13		6 301
辽宁	2 886	99		342	1 060	138	15 767	52 788
上海					52		9	147
江苏	25	96	11	3 208	6 347	1 642	152	24 377
浙江	1 274	5 826	46 863	45 588	32 387	44 652	1 098	117 782
福建	15 983	47 670	213 681	9 002	7 923	10 233	2 940	9 108
山东		50		11 163	7 073	398	2 728	42 310
广东	36 190	37 048	85 160	15 469	4 195	4 175	24 727	18 017
广西	4 794	20 489	56 505	1 350	66	673		
海南	36 259	19 794	46 519	4 004	3 386	363	12 409	12 145

各地区海洋捕捞产量(按品种分)(三)

单位:吨

地区	1.鱼类(续)							
	其中(续)							
	梅童鱼	方头鱼	玉筋鱼	带鱼	金线鱼	梭鱼	鲐鱼	鲅鱼
全国总计	**220 032**	**39 778**	**88 478**	**916 693**	**329 187**	**111 110**	**414 710**	**348 929**
天　津				170		674	859	1 227
河　北	168		122	2 131		9 471	6 410	8 353
辽　宁	4 029	188	2 766	7 238		11 963	24 542	40 234
上　海	14			128			25	21
江　苏	55 568	151	345	46 332	39	7 341	4 008	6 607
浙　江	137 811	15 590	26 157	376 097	1 514	7 233	168 919	77 503
福　建	17 301	4 000	10 817	133 916	8 634	14 684	130 728	40 382
山　东			33 776	74 130		25 184	29 906	146 654
广　东	2 750	7 621	2 234	117 836	76 320	23 380	28 894	24 248
广　西		37		24 953	28 116	7 506	9 670	1 988
海　南	2 391	12 191	12 261	133 762	214 564	3 674	10 749	1 712

各地区海洋捕捞产量(按品种分)(四)

单位:吨

地区	1.鱼类(续)					2.甲壳类		
	其中(续)						(1)虾	其中
	金枪鱼	鲳鱼	马面鲀	竹筴鱼	鲻鱼			毛虾
全国总计	**38 196**	**326 621**	**127 669**	**39 966**	**83 344**	**1 917 943**	**1 270 481**	**389 217**
天　津						1 180	816	170
河　北		2 480	609		3 602	42 445	29 890	5 773
辽　宁	100	781	269		6 523	95 957	65 659	21 342
上　海		77		7		7 473	852	
江　苏		28 698	824	20	9 885	131 877	43 642	22 637
浙　江	3 367	101 578	18 545	1 332	9 162	726 750	533 889	160 265
福　建	3 074	56 363	32 709	10 092	19 547	287 298	171 304	49 909
山　东		32 528	1 584			218 291	176 427	57 435
广　东	13 825	62 690	37 082	4 923	15 906	208 705	135 825	32 940
广　西		8 841	20 498	182	7 509	129 840	72 379	29 877
海　南	17 830	32 585	15 549	23 410	11 210	68 127	39 798	8 869

各地区海洋捕捞产量(按品种分)(五)

单位:吨

地 区	2.甲壳类(续)						
	(1)虾(续)			(2)蟹	其 中		
	其中(续)						
	对虾	鹰爪虾	虾蛄		梭子蟹	青蟹	蟳
全国总计	**215 435**	**240 249**	**221 355**	**647 462**	**458 380**	**79 153**	**24 259**
天 津	9		527	364	214		
河 北	1 412	2 073	15 888	12 555	7 686	47	508
辽 宁	4 548	4 117	27 740	30 298	15 139	4 442	6 153
上 海	19	582		6 621	5 317		
江 苏	2 272	7 823	7 191	88 235	80 572	2 157	1 009
浙 江	65 797	139 770	55 106	192 861	163 408	3 020	5 439
福 建	27 110	39 616	33 201	115 994	78 124	14 992	4 319
山 东	16 790	22 034	49 595	41 864	27 513	124	1 518
广 东	60 315	12 475	22 168	72 880	39 000	29 057	2 862
广 西	17 753	8 722	6 610	57 461	29 800	10 538	2 036
海 南	19 410	3 037	3 329	28 329	11 607	14 776	415

各地区海洋捕捞产量(按品种分)(六)

单位:吨

地 区	3.贝类	4.藻类	5.头足类	其 中			6.其他类	其 中
				乌贼	鱿鱼	章鱼		海蜇
全国总计	**411 943**	**17 438**	**569 204**	**131 067**	**289 987**	**106 014**	**256 170**	**145 794**
天 津	1 327		560	28	390	142	108	
河 北	18 878		10 311	1 413	1 553	6 157	15 369	10 219
辽 宁	49 261	311	22 384	3 286	12 518	4 289	37 410	11 725
上 海	3		216	31	20	165	6	
江 苏	37 905	765	12 969	1 981	6 838	3 479	21 746	13 156
浙 江	20 454	1 203	128 150	34 207	66 078	22 291	26 110	5 327
福 建	34 257	1 757	110 002	30 757	55 527	17 323	13 354	11 046
山 东	139 442	1 212	88 123	9 801	38 053	30 547	66 278	45 759
广 东	41 895	5 729	57 379	13 972	21 466	10 691	27 962	11 686
广 西	48 681		40 266	14 363	19 658	5 711	34 178	32 298
海 南	19 840	6 461	98 844	21 228	67 886	5 219	13 649	4 578

各地区海洋捕捞产量(按海域分)

单位:吨

地　　区	海洋捕捞产量	按捕捞海域分			
		1.渤海	2.黄海	3.东海	4.南海
全国总计	**10 001 515**	**629 572**	**2 292 305**	**4 075 847**	**3 003 791**
天　　津	26 952	4 853	22 099		
河　　北	190 932	147 350	43 582		
辽　　宁	487 098	189 406	289 566	8 126	
上　　海	12 592			12 592	
江　　苏	445 577	387	396 695	48 495	
浙　　江	2 723 652		150 554	2 573 098	
福　　建	1 611 613			1 433 536	178 077
山　　东	1 677 385	287 576	1 389 809		
广　　东	1 195 747				1 195 747
广　　西	550 819				550 819
海　　南	1 079 148				1 079 148

各地区海洋捕捞产量(按渔具分)

单位:吨

地　　区	海洋捕捞产量	按捕捞渔具分					
		1.拖网	2.围网	3.刺网	4.张网	5.钓具	6.其他
全国总计	**10 001 515**	**4 766 005**	**823 311**	**2 241 845**	**1 150 760**	**352 894**	**666 700**
天　　津	26 952	18 207	3 067	4 741	100		837
河　　北	190 932	43 293	2 081	73 337	41 010	10	31 201
辽　　宁	487 098	165 020	4 916	228 743	39 726	12 662	36 031
上　　海	12 592	11 418		580	594		
江　　苏	445 577	63 005	3 939	133 266	175 731	224	69 412
浙　　江	2 723 652	1 559 953	141 321	328 642	494 385	48 214	151 137
福　　建	1 611 613	642 089	247 739	230 108	266 046	50 476	175 155
山　　东	1 677 385	1 138 012	25 893	360 575	95 645	14 191	43 069
广　　东	1 195 747	590 875	120 237	355 141	5 844	78 780	44 870
广　　西	550 819	363 245	50 678	70 592	152	6 286	59 866
海　　南	1 079 148	170 888	223 440	456 120	31 527	142 051	55 122

各地区淡水捕捞产量(按品种分)

单位:吨

地区	淡水捕捞产量	1.鱼类	2.甲壳类	虾	蟹	3.贝类	4.藻类	5.其他类	其中:丰年虫
全国总计	**1 841 221**	**1 383 929**	**234 810**	**195 931**	**38 879**	**204 830**	**7**	**17 645**	**234**
北京	2 450	2 450							
天津	5 157	4 304	669	503	166	155		29	
河北	35 523	33 738	1 754	1 429	325	24	1	6	
山西	2 267	2 163	24	21	3			80	80
内蒙古	14 052	13 955	33	31	2			64	54
辽宁	39 115	33 264	5 131	2 217	2 914	162		558	
吉林	19 125	18 142	713	706	7	270			
黑龙江	40 000	39 176	88	88		735		1	
上海	993	964	13	11	2			16	
江苏	292 062	173 367	47 392	36 232	11 160	67 394		3 909	
浙江	159 809	118 025	11 151	8 368	2 783	29 328		1 305	
安徽	205 079	141 068	40 991	36 375	4 616	20 483		2 537	
福建	71 101	48 589	4 776	3 943	833	16 978		758	
江西	167 567	107 975	33 503	31 569	1 934	23 217		2 872	
山东	89 290	72 672	13 172	9 078	4 094	3 167		279	
河南	112 255	93 300	13 588	13 152	436	5 354		13	
湖北	161 750	130 520	26 244	24 032	2 212	3 272		1 714	
湖南	80 905	66 400	9 461	8 409	1 052	3 665		1 379	
广东	108 998	75 469	12 830	8 446	4 384	20 085	2	612	
广西	91 050	75 716	6 141	5 139	1 002	8 094		1 099	
海南	17 081	15 541	312	210	102	1 228			
重庆	17 601	15 932	1 468	1 279	189	201			
四川	38 854	36 117	2 333	2 090	243	326		78	
贵州	10 599	9 558	965	918	47	46		30	
云南	30 363	28 044	1 595	1 543	52	638	4	82	
西藏	310	210						100	100
陕西	5 012	4 745	135	105	30	8		124	
甘肃									
青海									
宁夏	8 127	8 111	16		16				
新疆	14 726	14 414	312	37	275				

(四)远洋渔业

各地区远洋渔业

单位:吨、万元

地区	远洋捕捞产量	运回国内量	境外出售量	远洋渔业总产值	2019年比2018年增减(±)			
					远洋捕捞产量	运回国内量	境外出售量	远洋渔业总产值
全国总计	**2 170 152**	**1 315 719**	**854 433**	**2 435 387**	**−87 298**	**−146 625**	**59 327**	**−191 879**
北京	6 661	3 042	3 619	6 772	4 955	1 769	3 186	3 986
天津	7 973	5 930	2 043	7 650	−6 068	−3 968	−2 100	−4 611
河北	55 906	2 900	53 006	15 986	−9 575	1 067	−10 642	−705
辽宁	264 924	111 064	153 860	293 045	−17 181	−2 684	−14 497	−8 314
上海	183 137	144 000	39 137	197 794	30 244	46 199	−15 955	12 926
江苏	9 370	7 678	1 692	11 717	−5 439	4 548	−9 987	−8 715
浙江	442 155	394 334	47 821	569 691	−107 391	−80 654	−26 737	−86 086
福建	516 508	286 426	230 082	440 602	37 852	23 534	14 318	2 222
山东	413 716	229 152	184 564	499 116	−33 823	−131 269	97 446	−85 022
广东	67 840	23 073	44 767	111 281	15 012	6 903	8 109	17 326
广西	18 126	595	17 531	12 944	−3 787	305	−4 092	−2 950
海南								
中农发集团	183 836	107 525	76 311	268 789	7 903	−12 375	20 278	−31 936

各地区远洋渔业主要品种产量

单位:吨

地区	远洋捕捞产量	其中		
		金枪鱼	鱿鱼	竹筴鱼
全国总计	**2 170 152**	**423 760**	**432 812**	**22 894**
北京	6 661	477	2 861	
天津	7 973	261	128	
河北	55 906		2 937	
辽宁	264 924	36 488	5 511	
上海	183 137	121 040	2 235	22 894
江苏	9 370	773	7 031	
浙江	442 155	117 590	244 490	
福建	516 508	20 407	42 913	
山东	413 716	51 501	91 444	
广东	67 840	22 075	1 459	
广西	18 126			
海南				
中农发集团	183 836	53 148	31 803	

三、生 产 要 素

(一)水产养殖面积

全国水产养殖面积(按水域和养殖方式分)

单位:公顷

指 标		2019 年	2018 年	2019 年比 2018 年增减(±) 绝对量	幅度(%)
总 计		**7 108 497**	**7 189 524**	**−81 027**	**−1.13**
1.海水养殖		1 992 177	2 043 069	−50 892	−2.49
按水域分	海上	1 105 763	1 140 199	−34 436	−3.02
	滩涂	584 778	596 483	−11 705	−1.96
	其他	301 636	306 387	−4 751	−1.55
养殖方式中	池塘	376 091	400 163	−24 072	−6.02
	普通网箱(米^2)	22 926 367	51 795 309	−28 868 942	−55.74
	深水网箱(米^3)	19 358 969	13 479 665	5 879 304	43.62
	筏式	325 314	339 123	−13 809	−4.07
	吊笼	139 827	131 142	8 685	6.62
	底播	896 485	932 563	−36 078	−3.87
	工厂化(米^3)	35 152 943	33 736 741	1 416 202	4.20
2.淡水养殖		5 116 320	5 146 455	−30 135	−0.59
按水域分	池塘	2 644 726	2 666 835	−22 109	−0.83
	湖泊	770 093	746 155	23 938	3.21
	水库	1 416 569	1 441 670	−25 101	−1.74
	河沟	155 390	179 414	−24 024	−13.39
	其他	129 542	112 381	17 161	15.27
	稻田养成鱼	2 317 488	2 028 262	289 226	14.26
养殖方式中	围栏(米^2)	117 502 974	296 482 148	−178 979 174	−60.37
	网箱(米^2)	23 277 915	41 183 079	−17 905 164	−43.48
	工厂化(米^3)	54 579 776	48 142 207	6 437 569	13.37

全国海水养殖面积(按品种分)

单位:公顷

指　标	2019 年	2018 年	2019 年比 2018 年增减(±)	
			绝对量	幅度(%)
海水养殖	**1 992 177**	**2 043 069**	**−50 892**	**−2.49**
1. 鱼类	75 351	75 123	228	0.30
2. 甲壳类	287 855	295 010	−7 155	−2.43
虾	237 427	243 570	−6 143	−2.52
其中:南美白对虾	168 044	167 025	1 019	0.61
斑节对虾	11 236	10 991	245	2.23
中国对虾	18 546	22 024	−3 478	−15.79
日本对虾	21 443	23 801	−2 358	−9.91
蟹	50 428	51 440	−1 012	−1.97
其中:梭子蟹	21 754	23 017	−1 263	−5.49
青蟹	24 055	23 129	926	4.00
3. 贝类	1 204 247	1 241 107	−36 860	−2.97
牡蛎	145 086	144 377	709	0.49
鲍	14 691	14 014	677	4.83
螺	38 299	37 433	866	2.31
蚶	33 638	38 191	−4 553	−11.92
贻贝	47 155	34 578	12 577	36.37
江珧	815	582	233	40.03
扇贝	414 449	443 707	−29 258	−6.59
蛤	383 943	383 132	811	0.21
蛏	44 538	50 750	−6 212	−12.24
4. 藻类	141 737	144 153	−2 416	−1.68
海带	44 494	45 100	−606	−1.34
裙带菜	6 947	7 235	−288	−3.98
紫菜	74 755	76 243	−1 488	−1.95
江蓠	9 388	9 020	368	4.08
麒麟菜	77	114	−37	−32.46
石花菜				
羊栖菜	1 329	1 304	25	1.92
苔菜				
5. 其他类	282 987	287 676	−4 689	−1.63
其中:海参	246 745	238 183	8 562	3.59
海胆	8 993	9 910	−917	−9.25
海水珍珠	2 061	2 008	53	2.64
海蜇	12 460	14 834	−2 374	−16.00

各地区水产养殖面积(一)

单位:公顷

地区	2019年			
	总面积	海水养殖面积	淡水养殖面积	其中:池塘
全国总计	**7 108 497**	**1 992 177**	**5 116 320**	**2 644 726**
北京	2 192		2 192	2 169
天津	23 900	813	23 087	22 739
河北	143 014	107 041	35 973	21 962
山西	12 418		12 418	2 642
内蒙古	129 199		129 199	17 921
辽宁	839 645	661 817	177 828	37 977
吉林	330 204		330 204	32 757
黑龙江	400 323		400 323	108 966
上海	11 817		11 817	10 463
江苏	603 089	179 951	423 138	308 712
浙江	255 060	82 019	173 041	94 544
安徽	483 012		483 012	202 732
福建	250 064	163 713	86 351	35 161
江西	411 531		411 531	161 909
山东	758 895	561 501	197 394	122 510
河南	139 903		139 903	110 512
湖北	531 552		531 552	531 552
湖南	425 678		425 678	258 321
广东	478 212	164 990	313 222	244 772
广西	183 193	49 822	133 371	60 702
海南	51 737	20 510	31 227	20 574
重庆	82 817		82 817	53 091
四川	193 096		193 096	99 978
贵州	61 532		61 532	11 747
云南	93 939		93 939	25 397
西藏	3		3	3
陕西	51 156		51 156	12 697
甘肃	6 131		6 131	1 534
青海	17 400		17 400	340
宁夏	23 494		23 494	11 056
新疆	114 291		114 291	19 286

各地区水产养殖面积(二)

单位:公顷

地区	2018年			
	总面积	海水养殖面积	淡水养殖面积	其中:池塘
全国总计	**7 189 524**	**2 043 069**	**5 146 455**	**2 666 835**
北京	2 606		2 606	2 568
天津	30 570	2 759	27 811	24 702
河北	151 909	111 404	40 505	21 810
山西	11 305		11 305	2 397
内蒙古	112 821		112 821	19 283
辽宁	870 224	693 190	177 034	37 213
吉林	325 493		325 493	32 603
黑龙江	400 310		400 310	109 064
上海	12 826		12 826	11 662
江苏	631 630	186 641	444 989	327 348
浙江	260 688	80 924	179 764	95 020
安徽	487 169		487 169	198 875
福建	248 363	162 464	85 899	34 495
江西	408 404		408 404	164 031
山东	782 255	570 857	211 398	123 684
河南	148 052		148 052	116 571
湖北	535 148		535 148	535 148
湖南	419 303		419 303	255 255
广东	478 897	165 614	313 283	244 478
广西	183 302	47 844	135 458	59 216
海南	52 172	21 372	30 800	19 048
重庆	83 024		83 024	53 043
四川	190 083		190 083	98 351
贵州	47 664		47 664	9 411
云南	94 429		94 429	23 368
西藏	4		4	4
陕西	41 500		41 500	10 210
甘肃	6 542		6 542	1 594
青海	17 400		17 400	340
宁夏	35 007		35 007	14 709
新疆	120 424		120 424	21 334

各地区水产养殖面积(三)

单位:公顷

地 区	2019年比2018年增减(±)			
	总面积	海水养殖面积	淡水养殖面积	其中:池塘
全国总计	**−81 027**	**−50 892**	**−30 135**	**−22 109**
北　京	−414		−414	−399
天　津	−6 670	−1 946	−4 724	−1 963
河　北	−8 895	−4 363	−4 532	152
山　西	1 113		1 113	245
内蒙古	16 378		16 378	−1 362
辽　宁	−30 579	−31 373	794	764
吉　林	4 711		4 711	154
黑龙江	13		13	−98
上　海	−1 009		−1 009	−1 199
江　苏	−28 541	−6 690	−21 851	−18 636
浙　江	−5 628	1 095	−6 723	−476
安　徽	−4 157		−4 157	3 857
福　建	1 701	1 249	452	666
江　西	3 127		3 127	−2 122
山　东	−23 360	−9 356	−14 004	−1 174
河　南	−8 149		−8 149	−6 059
湖　北	−3 596		−3 596	−3 596
湖　南	6 375		6 375	3 066
广　东	−685	−624	−61	294
广　西	−109	1 978	−2 087	1 486
海　南	−435	−862	427	1 526
重　庆	−207		−207	48
四　川	3 013		3 013	1 627
贵　州	13 868		13 868	2 336
云　南	−490		−490	2 029
西　藏	−1		−1	−1
陕　西	9 656		9 656	2 487
甘　肃	−411		−411	−60
青　海				
宁　夏	−11 513		−11 513	−3 653
新　疆	−6 133		−6 133	−2 048

各地区海水养殖面积(按品种分)(一)

单位:公顷

地区	海水养殖面积	1.鱼类	2.甲壳类	虾	其中			
					南美白对虾	斑节对虾	中国对虾	日本对虾
全国总计	**1 992 177**	**75 351**	**287 855**	**237 427**	**168 044**	**11 236**	**18 546**	**21 443**
天津	813	6	807	807	807			
河北	107 041	512	23 089	21 636	12 119	70	5 008	3 747
辽宁	661 817	6 612	18 280	17 406	3 448		7 524	5 923
上海								
江苏	179 951	8 492	19 607	12 202	2 687	2 368	1 496	137
浙江	82 019	3 276	24 553	9 431	6 431	139	135	302
福建	163 713	15 216	23 151	14 678	9 472	1 456	957	2 353
山东	561 501	4 410	84 041	77 342	61 563	228	3 126	7 982
广东	164 990	29 570	61 864	53 579	42 811	6 574	300	984
广西	49 822	1 890	19 618	18 560	18 443	102		15
海南	20 510	5 367	12 845	11 786	10 263	299		

各地区海水养殖面积(按品种分)(二)

单位:公顷

地区	2.甲壳类(续)			3.贝类	其中				
	蟹	其中			牡蛎	鲍	螺	蚶	贻贝
		梭子蟹	青蟹						
全国总计	**50 428**	**21 754**	**24 055**	**1 204 247**	**145 086**	**14 691**	**38 299**	**33 638**	**47 155**
天津									
河北	1 453	627		74 688	113		1 163	3 270	
辽宁	874	784		458 200	22 497	1 362		13 388	3 288
上海									
江苏	7 405	7 305	100	108 758	2 627		19 062	4 488	5 591
浙江	15 122	2 717	10 802	36 479	4 117	20	3 872	5 714	1 806
福建	8 473	3 944	4 053	78 144	36 943	6 191	452	3 286	1 681
山东	6 699	5 872		351 904	35 259	6 331	4 391	1 063	30 660
广东	8 285	441	7 066	66 977	27 510	778	5 901	2 203	3 986
广西	1 058		1 058	27 274	15 857		3 106	187	143
海南	1 059	64	976	1 823	163	9	352	39	

各地区海水养殖面积(按品种分)(三)

单位:公顷

地区	3.贝类(续)				4.藻类				
	其中(续)					其中			
	江珧	扇贝	蛤	蛏		海带	裙带菜	紫菜	江蓠
全国总计	**815**	**414 449**	**383 943**	**44 538**	**141 737**	**44 494**	**6 947**	**74 755**	**9 388**
天津									
河北		48 304	15 493	172	7	7			
辽宁		230 184	138 894	3 440	13 211	7 388	5 763		
上海									
江苏			69 193	3 812	41 887	220		41 667	
浙江		73	6 935	12 933	17 324	1 109		15 226	
福建		260	14 167	13 610	43 856	20 414		14 834	6 846
山东	80	130 362	116 356	9 981	22 331	15 245	1 164	2 242	1 000
广东	735	4 870	15 666	501	2 692	111	20	786	1 428
广西		148	6 297	89					
海南		248	942		429				114

各地区海水养殖面积(按品种分)(四)

单位:公顷

地区	4.藻类(续)				5.其他				
	其中(续)					其中			
	麒麟菜	石花菜	羊栖菜	苔菜		海参	海胆	海水珍珠	海蜇
全国总计	**77**		**1 329**		**282 987**	**246 745**	**8 993**	**2 061**	**12 460**
天津									
河北					8 745	8 528			69
辽宁					165 514	151 082	1 641		9 768
上海									
江苏					1 207	462			701
浙江			947		387	29			200
福建			382		3 346	1 540			1 489
山东					98 815	84 814	5 536		207
广东					3 887	286	1 816	1 253	26
广西					1 040			808	
海南	77				46	4			

各地区海水养殖面积(按水域和养殖方式分)(一)

单位:公顷

地区	海水养殖面积	按养殖水域分			养殖方式中	
		1.海上	2.滩涂	3.其他	1.池塘	2.普通网箱(米^2)
全国总计	**1 992 177**	**1 105 763**	**584 778**	**301 636**	**376 091**	**22 926 367**
天津	813			813	813	
河北	107 041	59 900	22 147	24 994	28 121	
辽宁	661 817	463 689	112 151	85 977	70 597	373 071
上海						
江苏	179 951	47 233	113 357	19 361	31 516	
浙江	82 019	22 705	35 815	23 499	25 629	619 192
福建	163 713	87 314	46 997	29 402	21 895	14 682 814
山东	561 501	354 086	161 668	45 747	97 674	2 179 784
广东	164 990	48 665	65 728	50 597	67 754	3 446 924
广西	49 822	18 760	17 019	14 043	16 123	612 493
海南	20 510	3 411	9 896	7 203	15 969	1 012 089

各地区海水养殖面积(按水域和养殖方式分类)(二)

单位:公顷

地区	养殖方式中(续)				
	3.深水网箱(米^3)	4.筏式	5.吊笼	6.底播	7.工厂化(米^3)
全国总计	**19 358 969**	**325 314**	**139 827**	**896 485**	**35 152 943**
天津					179 400
河北		48 417		17 017	3 552 500
辽宁	193 000	47 517	15 696	457 404	2 794 071
上海					
江苏		42 974	200	94 638	659 920
浙江	4 569 142	19 983	130	22 309	2 233 665
福建	1 107 212	44 062	6 392	14 056	12 627 454
山东	2 045 307	98 439	113 775	237 480	11 100 994
广东	3 008 686	16 996	3 406	44 692	1 451 668
广西	2 128 840	6 926	170	7 977	283 060
海南	6 306 782		58	912	270 211

各地区淡水养殖面积(按水域和养殖方式分)(一)

单位:公顷

地　　区	淡水养殖面积	按　水　域　分			
		1.池塘	2.湖泊	3.水库	4.河沟
全国总计	**5 116 320**	**2 644 726**	**770 093**	**1 416 569**	**155 390**
北　　京	2 192	2 169			
天　　津	23 087	22 739		220	23
河　　北	35 973	21 962	1 104	11 891	664
山　　西	12 418	2 642	613	9 162	
内 蒙 古	129 199	17 921	51 476	56 441	3 361
辽　　宁	177 828	37 977		83 157	5 903
吉　　林	330 204	32 757	115 638	181 471	330
黑 龙 江	400 323	108 966	135 716	130 883	18 407
上　　海	11 817	10 463	567		787
江　　苏	423 138	308 712	55 861	7 070	29 374
浙　　江	173 041	94 544	2 132	65 398	9 252
安　　徽	483 012	202 732	152 848	80 700	38 724
福　　建	86 351	35 161	628	43 334	3 881
江　　西	411 531	161 909	109 204	127 183	10 288
山　　东	197 394	122 510	3 723	67 485	
河　　南	139 903	110 512	2 375	22 672	4 329
湖　　北	531 552	531 552			
湖　　南	425 678	258 321	55 043	101 511	1 080
广　　东	313 222	244 772	1 643	58 284	1 352
广　　西	133 371	60 702		67 209	3 541
海　　南	31 227	20 574	52	10 452	5
重　　庆	82 817	53 091		28 375	1 350
四　　川	193 096	99 978	4 750	72 207	15 997
贵　　州	61 532	11 747	243	45 069	2 232
云　　南	93 939	25 397	6 182	60 432	1 360
西　　藏	3	3			
陕　　西	51 156	12 697	7 959	28 325	1 887
甘　　肃	6 131	1 534	25	4 430	2
青　　海	17 400	340	4 233	12 827	
宁　　夏	23 494	11 056	10 722	1 224	492
新　　疆	114 291	19 286	47 356	39 157	769

各地区淡水养殖面积(按水域和养殖方式分)(二)

单位:公顷

地区	按水域(续)		养殖方式中		
	5.其他	6.稻田	1.围栏(米^2)	2.网箱(米^2)	3.工厂化(米^3)
全国总计	**129 542**	**2 317 488**	**117 502 974**	**23 277 915**	**54 579 776**
北京	23				143 946
天津	105	3 794			58 000
河北	352	1 946	40 000	18 480	1 082 018
山西	1	279		4 692	280
内蒙古		6 756	18 000 000		15 300
辽宁	50 791	59 056	550 000	815 489	112 912
吉林	8	35 911	1 265 870	70 800	46 700
黑龙江	6 351	59 189		69 000	1 200
上海		979			26 000
江苏	22 121	192 120	18 582 681	1 246 435	2 252 634
浙江	1 715	51 982	1 943 200	509 662	8 762 935
安徽	8 008	271 892	28 878 720	6 025 721	874 584
福建	3 347	16 233	38 670	833 808	19 430 820
江西	2 947	101 122	3 496 361	204 296	1 538 675
山东	3 676	3 918	300 376	36 269	4 427 187
河南	15	55 617		202 221	237 599
湖北		459 850			7 345 000
湖南	9 723	313 011		1 692 597	426 847
广东	7 171	3 690	40 000	126 649	69 214
广西	1 919	47 064	26 116 228	8 913 604	126 023
海南	144	12		26 800	
重庆	1	35 801			22 618
四川	164	312 765		13 610	1 339 460
贵州	2 241	179 312			28 787
云南	568	97 379	2 033 435	1 991 638	1 426 042
西藏					
陕西	288	4 622	16 217 433	76 259	4 566 679
甘肃	140			56 453	6 547
青海				313 432	
宁夏		2 908			
新疆	7 723	280		30 000	211 769

(二)水产苗种

全国水产苗种数量

指　　标	计量单位	2019 年	2018 年	2019 年比 2018 年增减(±)	
				绝对量	幅度(%)
淡水鱼苗产量	**亿尾**	**12 517**	**13 110**	**−593**	**−4.52**
其中:罗非鱼	亿尾	215	201	14	6.94
淡水鱼种产量	吨	3 553 948	3 587 746	−33 798	−0.94
投放鱼种产量	吨	4 093 655	4 085 689	7 966	0.19
河蟹育苗量	千克	936 617	891 829	44 788	5.02
扣蟹	千克	67 989 822	62 118 402	5 871 420	9.45
稚鳖数量	万只	60 920	61 771	−851	−1.38
稚龟数量	万只	13 456	13 024	432	3.32
鳗苗捕捞量	千克	11 992	12 716	−724	−5.69
海水鱼苗产量	**万尾**	**1 143 960**	**1 283 998**	**−140 038**	**−10.91**
其中:大黄鱼	万尾	341 646	325 675	15 971	4.90
鲆鱼	万尾	48 084	34 787	13 297	38.22
虾类育苗量	亿尾	18 121	13 418	4 703	35.05
其中:南美白对虾	亿尾	15 070	10 225	4 845	47.39
贝类育苗量	万粒	252 219 677	280 816 005	−28 596 328	−10.18
其中:鲍鱼育苗量	万粒	865 215	823 999	41 216	5.00
海带育苗量	亿株	370	490	−121	−24.63
紫菜育苗量	亿贝壳	11	12	−1	−8.34
海参	亿头	525	562	−37	−6.57

各地区水产苗种数量(一)

地　　区	淡水鱼苗(亿尾)	其中:罗非鱼(亿尾)	淡水鱼种(吨)	投放鱼种(吨)	河蟹育苗(千克)	扣蟹(千克)
全国总计	**12 517.29**	**214.85**	**3 553 948**	**4 093 655**	**936 617**	**67 989 822**
北　　京	12.18		1 931	4 404		
天　　津	47.20		15 451	22 826	125	30 818
河　　北	34.48	0.22	20 588	31 580	300	2 570
山　　西	1.73		3 442	5 688		
内 蒙 古	2.28		9 220	13 312		
辽　　宁	74.00		96 303	96 286	80 700	30 727 665
吉　　林	11.90		12 590	19 930		65 707
黑 龙 江	13.13		47 136	58 678		
上　　海	10.07		2 450	9 360		5 911 000
江　　苏	472.90	0.44	269 408	407 994	844 110	10 294 661
浙　　江	185.82	0.53	51 588	86 286	575	39 375
安　　徽	446.74	1.25	297 868	375 422		11 502 039
福　　建	34.39	7.26	17 056	40 142		
江　　西	370.32	2.87	297 107	411 433	4 818	156 610
山　　东	55.59	0.26	91 527	130 087	5 989	52 126
河　　南	58.62		88 631	99 487		41 615
湖　　北	1 191.18		1 057 890	1 025 553		9 025 097
湖　　南	510.45		432 674	372 706		20
广　　东	7 773.60	101.63	221 508	192 687		
广　　西	543.99	18.73	126 994	137 102		13
海　　南	62.30	57.30		4 678		
重　　庆	91.10	1.75	87 651	104 154		
四　　川	282.97	0.93	180 888	260 690		
贵　　州	69.40		10 791	22 795		1 780
云　　南	125.46	21.53	63 086	111 270		40 710
西　　藏	0.37		23	23		
陕　　西	6.28	0.15	10 162	9 642		60 000
甘　　肃	0.75		2 239	2 465		4 216
青　　海	0.01			80		1 800
宁　　夏	10.08		22 818	22 732		32 000
新　　疆	18.00		14 928	14 163		

各地区水产苗种数量(二)

地　区	稚鳖（万只）	稚龟（万只）	鳗苗捕捞（千克）	海水鱼苗（万尾）	其中	
					大黄鱼(万尾)	鲆鱼(万尾)
全国总计	**60 919.66**	**13 456.42**	**11 992**	**1 143 959.72**	**341 646.12**	**48 084.00**
北　京	5.00	2.00				
天　津	95.00			2 779.00		1 994.00
河　北	717.02			4 273.00		1 722.00
山　西	165.00					
内蒙古						
辽　宁	2.00			3 514.00		3 078.00
吉　林						
黑龙江						
上　海	5.00	23.00	61			
江　苏	3 232.00	644.00	4 677	13 380.00	1 800.00	75.00
浙　江	10 676.21	1 035.67	960	49 650.00	38 052.00	
安　徽	7 174.55	667.97				
福　建	91.50	12.00	6 259	427 593.00	301 397.00	220.00
江　西	11 688.76	5 789.07				
山　东	1 900.00			89 996.00	100.00	40 562.00
河　南	1 819.00	57.00				
湖　北	6 538.00	2 460.00				
湖　南	3 783.41	1 071.37				
广　东	6 053.00	987.00	35	452 314.00	265.00	433.00
广　西	6 398.44	574.92		40.22	32.12	
海　南	8.00	122.00		100 420.50		
重　庆	84.10	1.20				
四　川	422.20	7.20				
贵　州	3.88	2.00				
云　南	0.09	0.02				
西　藏						
陕　西	54.50					
甘　肃	3.00					
青　海						
宁　夏						
新　疆						

各地区水产苗种数量(三)

地　　区	虾类育苗(亿尾)	其中:南美白对虾(亿尾)	贝类育苗(万粒)	其中:鲍鱼(万粒)	海带(亿株)	紫菜(亿贝壳)	海参(亿头)
全国总计	**18 120.98**	**15 070.33**	**252 219 677**	**865 215**	**369.51**	**11.44**	**524.99**
北　　京							
天　　津	48.30	36.30					
河　　北	421.95	398.10	250 000				10.13
山　　西							
内 蒙 古							
辽　　宁	136.00	90.00	6 874 447	19 715	6.00		189.00
吉　　林							
黑 龙 江							
上　　海							
江　　苏	301.05	255.75	20 000			4.65	
浙　　江	268.42	45.60	51 220 506			1.60	
安　　徽	226.24		59 515				
福　　建	4 676.42	4 431.27	144 547 559	665 365	293.51	5.12	
江　　西	15.94		13 100				
山　　东	4 324.00	3 368.00	48 706 982	21 550	70.00		325.30
河　　南	13.38						
湖　　北	586.00						
湖　　南							
广　　东	4 968.00	4 321.00	310 932	158 485		0.07	0.06
广　　西	217.12	214.26	91 615	100			
海　　南	1 910.87	1 909.30	125 021				0.50
重　　庆	3.90						
四　　川	1.79						
贵　　州							
云　　南	0.95	0.10					
西　　藏							
陕　　西							
甘　　肃	0.65	0.65					
青　　海							
宁　　夏							
新　　疆							

(三)年末渔船拥有量

全国渔船年末拥有量(一)

指标		2019 年			2018 年			2019 年比 2018 年增减(±)		
		艘	总吨	千瓦	艘	总吨	千瓦	艘	总吨	千瓦
渔船合计		**731 169**	**10 402 357**	**19 905 327**	**863 892**	**10 801 514**	**20 735 788**	**−132 723**	**−399 157**	**−830 461**
机动渔船合计		468 312	10 048 442	19 905 327	556 150	10 414 394	20 735 788	−87 838	−365 952	−830 461
1. 生产渔船		451 537	8 988 192	17 651 971	533 906	9 311 809	18 419 325	−82 369	−323 617	−767 354
(1)捕捞渔船		334 976	8 552 017	16 100 724	374 674	8 667 138	16 530 132	−39 698	−115 121	−429 408
441 千瓦(含)以上		3 041	1 660 055	2 765 850	2 928	1 509 560	2 599 263	113	150 495	166 587
44.1(含)～441 千瓦		51 704	5 721 910	9 556 433	54 372	5 762 682	9 702 044	−2 668	−40 772	−145 611
44.1 千瓦以下		280 231	1 170 052	3 778 441	317 374	1 394 896	4 228 825	−37 143	−224 844	−450 384
(2)养殖渔船		116 561	436 175	1 551 247	159 232	644 671	1 889 193	−42 671	−208 496	−337 946
2. 辅助渔船		16 775	1 060 250	2 253 356	22 244	1 102 585	2 316 463	−5 469	−42 335	−63 107
(1)捕捞辅助船		13 042	936 168	1 505 731	18 559	935 286	1 596 224	−5 517	882	−90 493
(2)渔业执法船		2 806	80 704	656 932	2 716	77 371	608 197	90	3 333	48 735
机动渔船按船长分	24 米(含)以上	36 750	7 149 161	11 198 186	37 140	6 952 173	11 034 561	−390	196 988	163 625
	12(含)～24 米	61 946	1 729 050	3 967 597	72 700	1 931 800	4 210 717	−10 754	−202 750	−243 120
	12 米以下	369 616	1 170 231	4 739 544	446 310	1 530 433	5 490 676	−76 694	−360 202	−751 132
非机动渔船合计		262 857	353 915		307 742	387 120		−44 885	−33 205	

全国渔船年末拥有量(二)

指标		总数			海洋渔船			内陆渔船		
		艘	总吨	千瓦	艘	总吨	千瓦	艘	总吨	千瓦
渔船合计		**731 169**	**10 402 357**	**19 905 327**	**224 893**	**9 236 997**	**16 535 208**	**506 276**	**1 165 360**	**3 370 119**
机动渔船合计		468 312	10 048 442	19 905 327	220 361	9 228 396	16 535 208	247 951	820 046	3 370 119
1. 生产渔船		451 537	8 988 192	17 651 971	208 889	8 206 238	14 553 907	242 648	781 954	3 098 064
(1)捕捞渔船		334 976	8 552 017	16 100 724	146 951	7 917 408	13 547 244	188 025	634 609	2 553 480
441 千瓦(含)以上		3 041	1 660 055	2 765 850	3 023	1 656 631	2 731 649	18	3 424	34 201
44.1(含)～441 千瓦		51 704	5 721 910	9 556 433	49 546	5 665 386	9 376 375	2 158	56 524	180 058
44.1 千瓦以下		280 231	1 170 052	3 778 441	94 382	595 391	1 439 220	185 849	574 661	2 339 221
(2)养殖渔船		116 561	436 175	1 551 247	61 938	288 830	1 006 663	54 623	147 345	544 584
2. 辅助渔船		16 775	1 060 250	2 253 356	11 472	1 022 158	1 981 301	5 303	38 092	272 055
(1)捕捞辅助船		13 042	936 168	1 505 731	10 246	921 371	1 463 034	2 796	14 797	42 697
(2)渔业执法船		2 806	80 704	656 932	554	54 326	424 367	2 252	26 378	232 565
机动渔船按船长分	24 米(含)以上	36 750	7 149 161	11 198 186	36 233	7 115 526	11 141 693	517	33 635	56 493
	12(含)～24 米	61 946	1 729 050	3 967 597	38 119	1 469 520	3 320 230	23 827	259 530	647 367
	12 米以下	369 616	1 170 231	4 739 544	146 009	643 350	2 073 285	223 607	526 881	2 666 259
非机动渔船合计		262 857	353 915		4 532	8 601		258 325	345 314	

各地区机动渔船年末拥有量

地 区	2019 年			2018 年			2019 年比 2018 年增减(±)		
	艘	总吨	千瓦	艘	总吨	千瓦	艘	总吨	千瓦
全国总计	**468 312**	**10 048 442**	**19 905 327**	**556 150**	**10 414 394**	**20 735 788**	**−87 838**	**−365 952**	**−830 461**
北 京	36	10 249	14 688	34	10 244	14 602	2	5	86
天 津	2 124	37 705	77 068	2 547	36 748	77 794	−423	957	−726
河 北	7 537	277 672	503 254	7 757	260 621	492 927	−220	17 051	10 327
山 西	137	348	2 618	192	370	2 986	−55	−22	−368
内蒙古	1 253	2 220	18 641	1 256	2 246	18 524	−3	−26	117
辽 宁	31 090	687 776	1 576 379	32 209	713 723	1 605 308	−1 119	−25 947	−28 929
吉 林	4 188	7 060	73 218	4 419	7 025	72 964	−231	35	254
黑龙江	10 029	16 353	109 238	10 429	17 513	109 265	−400	−1 160	−27
上 海	563	108 320	155 772	856	110 520	162 058	−293	−2 200	−6 286
江 苏	55 272	583 047	1 545 762	102 533	908 074	2 003 312	−47 261	−325 027	−457 550
浙 江	29 595	2 996 813	4 485 746	31 847	3 006 930	4 501 478	−2 252	−10 117	−15 732
安 徽	11 243	99 737	161 849	19 633	165 861	301 648	−8 390	−66 124	−139 799
福 建	48 435	1 413 442	2 802 613	50 939	1 357 945	2 764 162	−2 504	55 497	38 451
江 西	28 920	140 726	397 761	30 535	150 025	425 718	−1 615	−9 299	−27 957
山 东	61 505	1 194 903	2 469 289	64 537	1 208 227	2 488 759	−3 032	−13 324	−19 470
河 南	3 937	18 765	67 640	3 933	18 734	67 502	4	31	138
湖 北	19 743	42 497	180 082	30 855	66 283	272 555	−11 112	−23 786	−92 473
湖 南	34 931	79 148	318 448	34 931	79 148	318 448			
广 东	54 123	1 048 309	2 212 143	55 432	1 054 569	2 253 150	−1 309	−6 260	−41 007
广 西	24 145	542 641	894 742	24 593	520 408	897 059	−448	22 233	−2 317
海 南	24 630	564 834	1 395 586	24 864	537 057	1 376 162	−234	27 777	19 424
重 庆	3 352	11 093	44 419	5 489	16 466	70 164	−2 137	−5 373	−25 745
四 川	4 429	5 470	42 345	7 714	8 437	63 782	−3 285	−2 967	−21 437
贵 州	2 629	4 655	47 318	4 066	6 844	65 814	−1 437	−2 189	−18 496
云 南	1 261	3 846	26 394	1 259	3 724	26 046	2	122	348
西 藏									
陕 西	616	1 659	9 708	633	1 708	9 748	−17	−49	−40
甘 肃	37	100	1 677	39	110	1 853	−2	−10	−176
青 海	1 127	1 198	13 789	1 127	1 198	13 789			
宁 夏	28	128	1 852	28	128	1 852			
新 疆	1 093	4 018	18 910	1 160	4 167	20 030	−67	−149	−1 120
中农发集团	304	143 710	236 378	304	139 341	236 329		4 369	49

各地区机动渔船年末拥有量(按船长分)

地　　区	24米(含)以上			12(含)～24米			12米以下		
	艘	总吨	千瓦	艘	总吨	千瓦	艘	总吨	千瓦
全国总计	**36 750**	**7 149 161**	**11 198 186**	**61 946**	**1 729 050**	**3 967 597**	**369 616**	**1 170 231**	**4 739 544**
北　京	14	10 146	12 867	7	79	935	15	24	886
天　津	86	23 880	38 020	284	11 278	24 205	1 754	2 547	14 843
河　北	1 140	169 860	218 124	2 350	72 378	178 018	4 047	35 434	107 112
山　西				15	48	435	122	300	2 183
内蒙古				18	525	1 361	1 235	1 695	17 280
辽　宁	2 969	385 246	779 158	7 148	218 303	528 377	20 973	84 227	268 844
吉　林	10	840	2 063	390	1 533	11 651	3 788	4 687	59 504
黑龙江	20	1 696	5 926	365	1 346	8 198	9 644	13 311	95 114
上　海	269	105 310	144 444	60	2 640	7 500	234	370	3 828
江　苏	3 109	327 097	575 305	7 456	144 463	340 262	44 707	111 487	630 195
浙　江	12 609	2 890 950	4 169 853	2 007	63 041	143 038	14 979	42 822	172 855
安　徽	140	8 465	2 528	1 696	46 998	48 144	9 407	44 274	111 177
福　建	5 083	1 122 608	1 894 590	4 885	172 739	460 474	38 467	118 095	447 549
江　西	7	429	1 747	7 217	62 787	148 510	21 696	77 510	247 504
山　东	5 273	850 810	1 393 711	5 930	156 349	394 257	50 302	187 744	681 321
河　南	12	904	2 300	992	11 645	18 329	2 933	6 216	47 011
湖　北	5	363	1 736	1 645	11 663	29 279	18 093	30 471	149 067
湖　南	78	1 058	412	3 452	20 815	36 890	31 401	57 275	281 146
广　东	3 589	647 011	1 078 303	8 755	276 291	648 840	41 779	125 007	485 000
广　西	1 099	280 554	338 963	1 583	189 765	256 030	21 463	72 322	299 749
海　南	938	178 882	302 260	4 537	256 585	647 258	19 155	129 367	446 068
重　庆	1	50	306	556	3 141	11 600	2 795	7 902	32 513
四　川	1	100	516	140	913	4 998	4 288	4 457	36 831
贵　州	2	167	325	229	1 025	7 056	2 398	3 463	39 937
云　南	4	200	1 634	44	343	1 783	1 213	3 303	22 977
西　藏									
陕　西				23	385	1 460	593	1 274	8 248
甘　肃				3	15	309	34	85	1 368
青　海							1 127	1 198	13 789
宁　夏							28	128	1 852
新　疆	2	108	400	145	674	4 717	946	3 236	13 793
中农发集团	290	142 427	232 695	14	1 283	3 683			

各地区机动渔船年末拥有量(生产渔船)

地　　区	生产渔船			捕捞渔船			养殖渔船		
	艘	总吨	千瓦	艘	总吨	千瓦	艘	总吨	千瓦
全国总计	**451 537**	**8 988 192**	**17 651 971**	**334 976**	**8 552 017**	**16 100 724**	**116 561**	**436 175**	**1 551 247**
北　　京	14	10 146	12 867	14	10 146	12 867			
天　　津	2 068	34 511	66 119	1 760	34 103	63 484	308	408	2 635
河　　北	6 789	252 870	437 923	4 686	226 456	327 884	2 103	26 414	110 039
山　　西	126	291	1 581	67	105	546	59	186	1 035
内 蒙 古	1 191	1 444	12 363	1 029	1 214	10 372	162	230	1 991
辽　　宁	30 346	626 035	1 392 632	17 760	556 192	1 195 571	12 586	69 843	197 061
吉　　林	4 064	5 505	64 407	2 626	3 239	40 783	1 438	2 266	23 624
黑 龙 江	9 828	13 529	92 085	7 250	10 084	66 047	2 578	3 445	26 038
上　　海	519	95 273	133 107	519	95 273	133 107			
江　　苏	53 375	554 177	1 448 450	43 809	490 370	1 245 720	9 566	63 807	202 730
浙　　江	27 100	2 494 843	3 661 925	21 002	2 477 938	3 592 893	6 098	16 905	69 032
安　　徽	10 759	96 199	140 449	8 756	63 464	114 983	2 003	32 735	25 466
福　　建	46 007	1 215 939	2 456 148	24 154	1 161 171	2 225 118	21 853	54 768	231 030
江　　西	28 784	139 298	383 951	22 299	115 625	317 119	6 485	23 673	66 832
山　　东	61 034	1 094 246	2 301 627	45 062	1 025 140	2 004 317	15 972	69 106	297 310
河　　南	3 822	17 613	59 194	3 006	15 701	48 214	816	1 912	10 980
湖　　北	19 282	39 473	155 467	10 251	22 907	84 684	9 031	16 566	70 783
湖　　南	34 735	77 657	302 486	17 250	53 765	203 509	17 485	23 892	98 977
广　　东	50 073	957 288	1 920 331	45 501	937 443	1 858 180	4 572	19 845	62 151
广　　西	23 129	533 939	847 758	22 323	532 449	833 808	806	1 490	13 950
海　　南	24 479	556 959	1 369 692	24 324	553 530	1 360 247	155	3 429	9 445
重　　庆	3 073	9 945	34 975	3 006	9 657	34 203	67	288	772
四　　川	4 237	4 683	33 752	3 503	3 136	27 428	734	1 547	6 324
贵　　州	2 516	3 508	35 486	1 962	2 593	27 001	554	915	8 485
云　　南	1 096	2 955	14 516	929	2 491	12 463	167	464	2 053
西　　藏									
陕　　西	592	1 519	7 560	69	275	908	523	1 244	6 652
甘　　肃	22	22	240				22	22	240
青　　海	1 112	982	11 660	1 008	765	8 878	104	217	2 782
宁　　夏	6	10	92				6	10	92
新　　疆	1 055	3 623	16 750	747	3 075	14 012	308	548	2 738
中农发集团	304	143 710	236 378	304	143 710	236 378			

各地区海洋机动渔船年末拥有量

地　　区	2019 年			2018 年			2019 年比 2018 年增减(±)		
	艘	总吨	千瓦	艘	总吨	千瓦	艘	总吨	千瓦
全国总计	**220 361**	**9 228 396**	**16 535 208**	**232 979**	**9 164 657**	**16 750 013**	**−12 618**	**63 739**	**−214 805**
北　京	14	10 146	12 867	14	10 146	12 867			
天　津	536	36 480	65 742	578	35 334	65 541	−42	1 146	201
河　北	6 337	275 026	475 855	6 375	257 441	461 683	−38	17 585	14 172
辽　宁	28 617	680 115	1 540 620	29 898	706 459	1 572 128	−1 281	−26 344	−31 508
上　海	326	107 741	150 780	391	105 750	147 373	−65	1 991	3 407
江　苏	5 783	388 243	740 182	8 235	408 139	804 530	−2 452	−19 896	−64 348
浙　江	23 443	2 980 990	4 410 176	24 420	2 988 110	4 414 582	−977	−7 120	−4 406
福　建	45 272	1 409 827	2 781 658	47 656	1 354 140	2 741 769	−2 384	55 687	39 889
山　东	34 269	1 087 222	2 050 662	37 155	1 107 093	2 117 229	−2 886	−19 871	−66 567
广　东	42 085	1 021 083	2 098 625	44 108	1 025 312	2 130 500	−2 023	−4 229	−31 875
广　西	8 778	524 303	680 739	9 169	501 962	681 524	−391	22 341	−785
海　南	24 597	563 510	1 290 924	24 676	525 430	1 363 958	−79	38 080	−73 034
中农发集团	304	143 710	236 378	304	139 341	236 329		4 369	49

各地区海洋机动渔船年末拥有量(按船长分)

地　　区	24 米(含)以上			12(含)～24 米			12 米以下		
	艘	总吨	千瓦	艘	总吨	千瓦	艘	总吨	千瓦
全国总计	**36 233**	**7 115 526**	**11 141 693**	**38 119**	**1 469 520**	**3 320 230**	**146 009**	**643 350**	**2 073 285**
北　京	14	10 146	12 867						
天　津	86	23 880	38 020	284	11 278	24 205	166	1 322	3 517
河　北	1 139	169 779	217 654	2 345	72 332	177 469	2 853	32 915	80 732
辽　宁	2 961	384 292	777 712	6 887	216 571	515 400	18 769	79 252	247 508
上　海	267	105 147	143 874	57	2 581	6 863	2	13	43
江　苏	2 939	312 087	557 812	1 922	68 949	161 772	922	7 207	20 598
浙　江	12 604	2 888 624	4 169 051	1 831	61 032	136 158	9 008	31 334	104 967
福　建	5 083	1 122 608	1 894 590	4 846	172 502	459 780	35 343	114 717	427 288
山　东	5 272	850 760	1 393 395	5 755	153 156	375 963	23 242	83 306	281 304
广　东	3 545	646 465	1 074 206	8 208	264 680	642 202	30 332	109 938	382 217
广　西	1 097	280 507	338 414	1 439	188 929	249 097	6 242	54 867	93 228
海　南	936	178 804	291 403	4 531	256 227	567 638	19 130	128 479	431 883
中农发集团	290	142 427	232 695	14	1 283	3 683			

各地区海洋机动渔船年末拥有量(生产渔船)

地区	生产渔船			捕捞渔船			养殖渔船		
	艘	总吨	千瓦	艘	总吨	千瓦	艘	总吨	千瓦
全国总计	**208 889**	**8 206 238**	**14 553 907**	**146 951**	**7 917 408**	**13 547 244**	**61 938**	**288 830**	**1 006 663**
北京	14	10 146	12 867	14	10 146	12 867			
天津	495	33 313	55 283	414	33 187	53 993	81	126	1 290
河北	5 619	250 564	413 549	3 571	224 328	304 636	2 048	26 236	108 913
辽宁	27 941	619 483	1 364 606	15 612	550 694	1 171 787	12 329	68 789	192 819
上海	305	94 998	131 267	305	94 998	131 267			
江苏	5 576	368 182	679 570	4 891	329 118	587 557	685	39 064	92 013
浙江	21 298	2 480 965	3 598 902	16 101	2 467 774	3 541 298	5 197	13 191	57 604
福建	42 865	1 212 420	2 436 722	21 193	1 157 935	2 207 297	21 672	54 485	229 425
山东	33 877	987 764	1 889 837	18 455	922 743	1 634 577	15 422	65 021	255 260
广东	38 262	931 335	1 820 409	33 958	913 072	1 761 278	4 304	18 263	59 131
广西	7 886	516 567	644 790	7 841	516 341	644 027	45	226	763
海南	24 447	556 791	1 269 727	24 292	553 362	1 260 282	155	3 429	9 445
中农发集团	304	143 710	236 378	304	143 710	236 378			

各地区内陆机动渔船年末拥有量

地区	2019年			2018年			2019年比2018年增减(±)		
	艘	总吨	千瓦	艘	总吨	千瓦	艘	总吨	千瓦
全国总计	**247 951**	**820 046**	**3 370 119**	**323 171**	**1 249 737**	**3 985 775**	**−75 220**	**−429 691**	**−615 656**
北京	22	103	1 821	20	98	1 735	2	5	86
天津	1 588	1 225	11 326	1 969	1 414	12 253	−381	−189	−927
河北	1 200	2 646	27 399	1 382	3 180	31 244	−182	−534	−3 845
山西	137	348	2 618	192	370	2 986	−55	−22	−368
内蒙古	1 253	2 220	18 641	1 256	2 246	18 524	−3	−26	117
辽宁	2 473	7 661	35 759	2 311	7 264	33 180	162	397	2 579
吉林	4 188	7 060	73 218	4 419	7 025	72 964	−231	35	254
黑龙江	10 029	16 353	109 238	10 429	17 513	109 265	−400	−1 160	−27
上海	237	579	4 992	465	4 770	14 685	−228	−4 191	−9 693
江苏	49 489	194 804	805 580	94 298	499 935	1 198 782	−44 809	−305 131	−393 202
浙江	6 152	15 823	75 570	7 427	18 820	86 896	−1 275	−2 997	−11 326
安徽	11 243	99 737	161 849	19 633	165 861	301 648	−8 390	−66 124	−139 799
福建	3 163	3 615	20 955	3 283	3 805	22 393	−120	−190	−1 438
江西	28 920	140 726	397 761	30 535	150 025	425 718	−1 615	−9 299	−27 957
山东	27 236	107 681	418 627	27 382	101 134	371 530	−146	6 547	47 097
河南	3 937	18 765	67 640	3 933	18 734	67 502	4	31	138
湖北	19 743	42 497	180 082	30 855	66 283	272 555	−11 112	−23 786	−92 473
湖南	34 931	79 148	318 448	34 931	79 148	318 448			
广东	12 038	27 226	113 518	11 324	29 257	122 650	714	−2 031	−9 132
广西	15 367	18 338	214 003	15 424	18 446	215 535	−57	−108	−1 532
海南	33	1 324	104 662	188	11 627	12 204	−155	−10 303	92 458
重庆	3 352	11 093	44 419	5 489	16 466	70 164	−2 137	−5 373	−25 745
四川	4 429	5 470	42 345	7 714	8 437	63 782	−3 285	−2 967	−21 437
贵州	2 629	4 655	47 318	4 066	6 844	65 814	−1 437	−2 189	−18 496
云南	1 261	3 846	26 394	1 259	3 724	26 046	2	122	348
西藏									
陕西	616	1 659	9 708	633	1 708	9 748	−17	−49	−40
甘肃	37	100	1 677	39	110	1 853	−2	−10	−176
青海	1 127	1 198	13 789	1 127	1 198	13 789			
宁夏	28	128	1 852	28	128	1 852			
新疆	1 093	4 018	18 910	1 160	4 167	20 030	−67	−149	−1 120

各地区内陆机动渔船年末拥有量(按船长分)

地区	24米(含)以上			12(含)~24米			12米以下		
	艘	总吨	千瓦	艘	总吨	千瓦	艘	总吨	千瓦
全国总计	**517**	**33 635**	**56 493**	**23 827**	**259 530**	**647 367**	**223 607**	**526 881**	**2 666 259**
北京				7	79	935	15	24	886
天津							1 588	1 225	11 326
河北	1	81	470	5	46	549	1 194	2 519	26 380
山西				15	48	435	122	300	2 183
内蒙古				18	525	1 361	1 235	1 695	17 280
辽宁	8	954	1 446	261	1 732	12 977	2 204	4 975	21 336
吉林	10	840	2 063	390	1 533	11 651	3 788	4 687	59 504
黑龙江	20	1 696	5 926	365	1 346	8 198	9 644	13 311	95 114
上海	2	163	570	3	59	637	232	357	3 785
江苏	170	15 010	17 493	5 534	75 514	178 490	43 785	104 280	609 597
浙江	5	2 326	802	176	2 009	6 880	5 971	11 488	67 888
安徽	140	8 465	2 528	1 696	46 998	48 144	9 407	44 274	111 177
福建				39	237	694	3 124	3 378	20 261
江西	7	429	1 747	7 217	62 787	148 510	21 696	77 510	247 504
山东	1	50	316	175	3 193	18 294	27 060	104 438	400 017
河南	12	904	2 300	992	11 645	18 329	2 933	6 216	47 011
湖北	5	363	1 736	1 645	11 663	29 279	18 093	30 471	149 067
湖南	78	1 058	412	3 452	20 815	36 890	31 401	57 275	281 146
广东	44	546	4 097	547	11 611	6 638	11 447	15 069	102 783
广西	2	47	549	144	836	6 933	15 221	17 455	206 521
海南	2	78	10 857	6	358	79 620	25	888	14 185
重庆	1	50	306	556	3 141	11 600	2 795	7 902	32 513
四川	1	100	516	140	913	4 998	4 288	4 457	36 831
贵州	2	167	325	229	1 025	7 056	2 398	3 463	39 937
云南	4	200	1 634	44	343	1 783	1 213	3 303	22 977
西藏									
陕西				23	385	1 460	593	1 274	8 248
甘肃				3	15	309	34	85	1 368
青海							1 127	1 198	13 789
宁夏							28	128	1 852
新疆	2	108	400	145	674	4 717	946	3 236	13 793

各地区内陆机动渔船年末拥有量(生产渔船)

地区	生产渔船			捕捞渔船			养殖渔船		
	艘	总吨	千瓦	艘	总吨	千瓦	艘	总吨	千瓦
全国总计	**242 648**	**781 954**	**3 098 064**	**188 025**	**634 609**	**2 553 480**	**54 623**	**147 345**	**544 584**
北京									
天津	1 573	1 198	10 836	1 346	916	9 491	227	282	1 345
河北	1 170	2 306	24 374	1 115	2 128	23 248	55	178	1 126
山西	126	291	1 581	67	105	546	59	186	1 035
内蒙古	1 191	1 444	12 363	1 029	1 214	10 372	162	230	1 991
辽宁	2 405	6 552	28 026	2 148	5 498	23 784	257	1 054	4 242
吉林	4 064	5 505	64 407	2 626	3 239	40 783	1 438	2 266	23 624
黑龙江	9 828	13 529	92 085	7 250	10 084	66 047	2 578	3 445	26 038
上海	214	275	1 840	214	275	1 840			
江苏	47 799	185 995	768 880	38 918	161 252	658 163	8 881	24 743	110 717
浙江	5 802	13 878	63 023	4 901	10 164	51 595	901	3 714	11 428
安徽	10 759	96 199	140 449	8 756	63 464	114 983	2 003	32 735	25 466
福建	3 142	3 519	19 426	2 961	3 236	17 821	181	283	1 605
江西	28 784	139 298	383 951	22 299	115 625	317 119	6 485	23 673	66 832
山东	27 157	106 482	411 790	26 607	102 397	369 740	550	4 085	42 050
河南	3 822	17 613	59 194	3 006	15 701	48 214	816	1 912	10 980
湖北	19 282	39 473	155 467	10 251	22 907	84 684	9 031	16 566	70 783
湖南	34 735	77 657	302 486	17 250	53 765	203 509	17 485	23 892	98 977
广东	11 811	25 953	99 922	11 543	24 371	96 902	268	1 582	3 020
广西	15 243	17 372	202 968	14 482	16 108	189 781	761	1 264	13 187
海南	32	168	99 965	32	168	99 965			
重庆	3 073	9 945	34 975	3 006	9 657	34 203	67	288	772
四川	4 237	4 683	33 752	3 503	3 136	27 428	734	1 547	6 324
贵州	2 516	3 508	35 486	1 962	2 593	27 001	554	915	8 485
云南	1 096	2 955	14 516	929	2 491	12 463	167	464	2 053
西藏									
陕西	592	1 519	7 560	69	275	908	523	1 244	6 652
甘肃	22	22	240				22	22	240
青海	1 112	982	11 660	1 008	765	8 878	104	217	2 782
宁夏	6	10	92				6	10	92
新疆	1 055	3 623	16 750	747	3 075	14 012	308	548	2 738

各地区捕捞机动渔船年末拥有量(按功率分)

地区	44.1千瓦以下			44.1(含)~441千瓦			441千瓦(含)以上		
	艘	总吨	千瓦	艘	总吨	千瓦	艘	总吨	千瓦
全国总计	**280 231**	**1 170 052**	**3 778 441**	**51 704**	**5 721 910**	**9 556 433**	**3 041**	**1 660 055**	**2 765 850**
北京				6	788	1 480	8	9 358	11 387
天津	1 451	2 590	11 734	300	25 422	43 005	9	6 091	8 745
河北	2 792	21 392	49 037	1 891	204 320	277 524	3	744	1 323
山西	67	105	546						
内蒙古	1 029	1 214	10 372						
辽宁	12 802	90 628	238 062	4 616	347 190	693 431	342	118 374	264 078
吉林	2 563	3 145	37 782	63	94	3 001			
黑龙江	7 244	10 028	65 623	6	56	424			
上海	220	385	2 130	234	31 225	46 995	65	63 663	83 982
江苏	38 677	146 742	597 534	5 122	340 952	644 054	10	2 676	4 132
浙江	9 543	42 088	124 795	10 773	1 978 780	2 777 832	686	457 070	690 266
安徽	8 623	59 244	102 727	133	4 220	12 256			
福建	16 535	68 747	213 983	7 085	784 285	1 404 522	534	308 139	606 613
江西	22 294	115 559	316 708	5	66	411			
山东	37 735	168 964	507 719	6 978	657 653	1 127 730	349	198 523	368 868
河南	2 972	15 577	46 528	34	124	1 686			
湖北	10 234	22 808	81 570	17	99	3 114			
湖南	17 250	53 765	203 509						
广东	37 629	150 169	415 888	7 363	572 314	1 093 008	509	214 960	349 284
广西	20 111	45 613	236 508	2 115	444 856	541 398	97	41 980	55 902
海南	19 255	129 721	396 506	4 866	315 023	852 567	203	108 786	111 174
重庆	3 005	9 607	33 897	1	50	306			
四川	3 498	3 121	27 141	5	15	287			
贵州	1 960	2 575	25 773	2	18	1 228			
云南	929	2 491	12 463						
西藏									
陕西	69	275	908						
甘肃									
青海	1 008	765	8 878						
宁夏									
新疆	736	2 734	10 120	11	341	3 892			
中农发集团				78	14 019	26 282	226	129 691	210 096

各地区海洋捕捞机动渔船基本情况

地　　区	合　计		1.国内海洋捕捞		2. 纳入双控管理渔船数		3.远洋渔船	
	艘	千瓦	艘	千瓦	艘	千瓦	艘	千瓦
全国总计	**146 951**	**13 547 244**	**144 250**	**10 700 251**	**110 293**	**10 107 447**	**2 701**	**2 846 993**
北　京	14	12 867					14	12 867
天　津	414	53 993	398	45 157	368	38 883	16	8 836
河　北	3 571	304 636	3 548	278 057	3 519	301 644	23	26 579
辽　宁	15 612	1 171 787	15 280	868 394	15 017	700 359	332	303 393
上　海	305	131 267	224	27 819	280	46 103	81	103 448
江　苏	4 891	587 557	4 849	572 791	4 058	505 179	42	14 766
浙　江	16 101	3 541 298	15 427	2 774 726	15 664	2 861 629	674	766 572
福　建	21 193	2 207 297	20 717	1 709 201	13 173	1 616 062	476	498 096
山　东	18 455	1 634 577	17 968	974 962	15 873	1 248 509	487	659 615
广　东	33 958	1 761 278	33 729	1 573 223	28 012	1 570 328	229	188 055
广　西	7 841	644 027	7 818	615 639	7 715	638 856	23	28 388
海　南	24 292	1 260 282	24 292	1 260 282	6 614	579 896		
中农发集团	304	236 378					304	236 378

* 纳入双控管理渔船数来源于全国渔船动态管理系统数据库。

各地区海洋捕捞机动渔船年末拥有量(按功率分)

地　　区	44.1千瓦以下			44.1(含)～441千瓦			441千瓦(含)以上		
	艘	总吨	千瓦	艘	总吨	千瓦	艘	总吨	千瓦
全国总计	**94 382**	**595 391**	**1 439 220**	**49 546**	**5 665 386**	**9 376 375**	**3 023**	**1 656 631**	**2 731 649**
北　京				6	788	1 480	8	9 358	11 387
天　津	105	1 674	2 243	300	25 422	43 005	9	6 091	8 745
河　北	1 677	19 264	25 789	1 891	204 320	277 524	3	744	1 323
辽　宁	10 677	85 931	221 447	4 593	346 389	686 262	342	118 374	264 078
上　海	6	110	290	234	31 225	46 995	65	63 663	83 982
江　苏	1 443	24 778	37 654	3 438	301 664	545 771	10	2 676	4 132
浙　江	4 652	34 184	73 951	10 763	1 976 520	2 777 081	686	457 070	690 266
福　建	13 575	65 521	196 265	7 084	784 275	1 404 419	534	308 139	606 613
山　东	11 167	69 813	154 062	6 939	654 407	1 111 647	349	198 523	368 868
广　东	26 224	134 993	327 143	7 242	566 481	1 090 498	492	211 598	343 637
广　西	5 629	29 505	46 727	2 115	444 856	541 398	97	41 980	55 902
海　南	19 227	129 618	353 649	4 863	315 020	824 013	202	108 724	82 620
中农发集团				78	14 019	26 282	226	129 691	210 096

各地区海洋捕捞机动渔船年末拥有量(按作业类型分)(一)

地区	拖网			围网			刺网		
	艘	总吨	千瓦	艘	总吨	千瓦	艘	总吨	千瓦
全国总计	**26 889**	**3 352 722**	**5 833 489**	**7 005**	**905 378**	**1 338 987**	**81 942**	**1 985 738**	**3 745 592**
北京									
天津	24	5 490	9 180	9	4 608	3 536	356	14 833	28 264
河北	189	37 553	58 508	40	15 791	15 098	3 339	170 837	230 685
辽宁	3 509	215 757	568 953	84	3 626	8 000	9 021	268 669	471 942
上海	224	54 607	72 548	12	19 985	32 204	5	444	920
江苏	950	61 924	142 735	47	4 952	4 915	2 967	211 253	371 712
浙江	6 002	1 091 812	1 690 515	468	147 599	199 054	5 366	441 794	580 133
福建	3 205	423 875	849 597	1 281	339 825	485 409	8 825	178 552	417 992
山东	5 894	537 240	978 032	215	59 077	92 205	8 629	154 816	292 138
广东	4 126	384 134	741 736	1 293	132 105	192 532	23 568	260 936	565 898
广西	1 854	400 611	472 822	386	33 913	30 099	4 839	21 960	77 368
海南	769	77 189	136 930	3 166	138 670	266 086	15 023	261 500	708 100
中农发集团	143	62 530	111 933	4	5 227	9 849	4	144	440

各地区海洋捕捞机动渔船年末拥有量(按作业类型分)(二)

地区	张网			钓业			其他		
	艘	总吨	千瓦	艘	总吨	千瓦	艘	总吨	千瓦
全国总计	**11 525**	**368 842**	**561 160**	**9 570**	**950 067**	**1 474 621**	**10 020**	**354 661**	**593 395**
北京	6	788	1 480	8	9 358	11 387			
天津	12	2 010	3 914	9	6 091	8 745	4	155	354
河北							3	147	345
辽宁	1 321	7 823	17 862	938	45 321	81 606	739	9 498	23 424
上海	39	1 149	3 177	25	18 813	22 418			
江苏	841	47 867	63 099	1	25	29	85	3 097	5 067
浙江	2 529	245 238	323 230	952	419 084	596 045	784	122 247	152 321
福建	2 833	37 409	87 694	1 333	110 192	174 219	3 716	68 082	192 386
山东	2 352	15 919	33 128	1 109	134 088	205 990	256	21 603	33 084
广东	281	2 502	5 310	1 894	97 307	172 040	2 796	36 088	83 762
广西				297	819	5	465	59 038	63 733
海南	1 307	7 641	21 386	2 859	34 060	89 741	1 168	34 302	38 039
中农发集团	4	496	880	145	74 909	112 396	4	404	880

各地区内陆捕捞机动渔船年末拥有量(按功率分)

地区	44.1千瓦以下			44.1(含)～441千瓦			441千瓦(含)以上		
	艘	总吨	千瓦	艘	总吨	千瓦	艘	总吨	千瓦
全国总计	**185 849**	**574 661**	**2 339 221**	**2 158**	**56 524**	**180 058**	**18**	**3 424**	**34 201**
北京									
天津	1 346	916	9 491						
河北	1 115	2 128	23 248						
山西	67	105	546						
内蒙古	1 029	1 214	10 372						
辽宁	2 125	4 697	16 615	23	801	7 169			
吉林	2 563	3 145	37 782	63	94	3 001			
黑龙江	7 244	10 028	65 623	6	56	424			
上海	214	275	1 840						
江苏	37 234	121 964	559 880	1 684	39 288	98 283			
浙江	4 891	7 904	50 844	10	2 260	751			
安徽	8 623	59 244	102 727	133	4 220	12 256			
福建	2 960	3 226	17 718	1	10	103			
江西	22 294	115 559	316 708	5	66	411			
山东	26 568	99 151	353 657	39	3 246	16 083			
河南	2 972	15 577	46 528	34	124	1 686			
湖北	10 234	22 808	81 570	17	99	3 114			
湖南	17 250	53 765	203 509						
广东	11 405	15 176	88 745	121	5 833	2 510	17	3 362	5 647
广西	14 482	16 108	189 781						
海南	28	103	42 857	3	3	28 554	1	62	28 554
重庆	3 005	9 607	33 897	1	50	306			
四川	3 498	3 121	27 141	5	15	287			
贵州	1 960	2 575	25 773	2	18	1 228			
云南	929	2 491	12 463						
西藏									
陕西	69	275	908						
甘肃									
青海	1 008	765	8 878						
宁夏									
新疆	736	2 734	10 120	11	341	3 892			

各地区远洋渔船年末拥有量

地　区	2019 年		2018 年		2019 年比 2018 年增减(±)	
	艘	千瓦	艘	千瓦	艘	千瓦
全国总计	**2 701**	**2 846 993**	**2 654**	**2 740 326**	**47**	**106 667**
北　京	14	12 867	14	12 867		
天　津	16	8 836	16	8 836		
河　北	23	26 579	20	22 166	3	4 413
辽　宁	332	303 393	334	299 223	−2	4 170
上　海	81	103 448	76	94 911	5	8 537
江　苏	42	14 766	42	14 279		487
浙　江	674	766 572	611	664 618	63	101 954
福　建	476	498 096	514	585 499	−38	−87 403
山　东	487	659 615	486	618 738	1	40 877
广　东	229	188 055	214	154 472	15	33 583
广　西	23	28 388	23	28 388		
海　南						
中农发集团	304	236 378	304	236 329		49

各地区辅助渔船年末拥有量

地区	合计			其中					
				捕捞辅助船			渔业执法船		
	艘	总吨	千瓦	艘	总吨	千瓦	艘	总吨	千瓦
全国总计	**16 775**	**1 060 250**	**2 253 356**	**13 042**	**936 168**	**1 505 731**	**2 806**	**80 704**	**656 932**
北京	22	103	1 821				22	103	1 821
天津	56	3 194	10 949	45	2 273	6 867	9	921	4 082
河北	748	24 802	65 331	707	23 049	56 590	37	1 587	8 523
山西	11	57	1 037				11	57	1 037
内蒙古	62	776	6 278	10	276	670	52	500	5 608
辽宁	744	61 741	183 747	611	48 339	110 753	114	13 402	72 994
吉林	124	1 555	8 811	22	27	128	86	1 498	8 478
黑龙江	201	2 824	17 153	3	11	142	110	2 595	15 772
上海	44	13 047	22 665	13	10 700	12 168	31	2 347	10 497
江苏	1 897	28 870	97 312	1 648	24 014	52 357	249	4 856	44 955
浙江	2 495	501 970	823 821	2 172	485 511	694 103	178	15 684	127 335
安徽	484	3 538	21 400	337	1 704	6 856	147	1 834	14 544
福建	2 428	197 503	346 465	1 906	158 085	237 340	72	5 043	44 934
江西	136	1 428	13 810	29	63	182	107	1 365	13 628
山东	471	100 657	167 662	280	89 216	100 025	145	8 254	60 298
河南	115	1 152	8 446				115	1 152	8 446
湖北	461	3 024	24 615	198	465	1 434	263	2 559	23 181
湖南	196	1 491	15 962				196	1 491	15 962
广东	4 050	91 021	291 812	3 682	80 618	200 352	237	5 954	78 710
广西	1 016	8 702	46 984	874	4 289	11 968	133	4 323	34 619
海南	151	7 875	25 894	122	6 486	10 387	29	1 389	15 507
重庆	279	1 148	9 444	215	571	1 845	64	577	7 599
四川	192	787	8 593	103	74	512	82	665	7 678
贵州	113	1 147	11 832	1	5	62	107	1 107	10 501
云南	165	891	11 878	59	238	821	106	653	11 057
西藏									
陕西	24	140	2 148				20	135	2 069
甘肃	15	78	1 437				14	78	1 217
青海	15	216	2 129				15	216	2 129
宁夏	22	118	1 760				22	118	1 760
新疆	38	395	2 160	5	154	169	33	241	1 991

各地区海洋辅助渔船年末拥有量

地区	合计			其中					
				捕捞辅助船			渔业执法船		
	艘	总吨	千瓦	艘	总吨	千瓦	艘	总吨	千瓦
全国总计	**11 472**	**1 022 158**	**1 981 301**	**10 246**	**921 371**	**1 463 034**	**554**	**54 326**	**424 367**
北　京									
天　津	41	3 167	10 459	38	2 249	6 767	3	918	3 692
河　北	718	24 462	62 306	707	23 049	56 590	10	1 362	5 598
辽　宁	676	60 632	176 014	574	47 721	107 721	88	12 641	67 500
上　海	21	12 743	19 513	12	10 632	12 005	9	2 111	7 508
江　苏	207	20 061	60 612	186	16 404	36 445	21	3 657	24 167
浙　江	2 145	500 025	811 274	2 038	485 182	691 830	80	14 509	118 488
福　建	2 407	197 407	344 936	1 902	158 067	232 142	55	4 966	42 145
山　东	392	99 458	160 825	280	89 216	100 025	71	7 425	52 049
广　东	3 823	89 748	278 216	3 532	79 261	197 963	162	4 238	67 620
广　西	892	7 736	35 949	856	4 260	11 165	26	1 110	24 784
海　南	150	6 719	21 197	121	5 330	10 381	29	1 389	10 816

各地区内陆辅助渔船年末拥有量

地　　区	合　计			其　中					
				捕捞辅助船			渔业执法船		
	艘	总吨	千瓦	艘	总吨	千瓦	艘	总吨	千瓦
全国总计	**5 303**	**38 092**	**272 055**	**2 796**	**14 797**	**42 697**	**2 252**	**26 378**	**232 565**
北　京	22	103	1 821				22	103	1 821
天　津	15	27	490	7	24	100	6	3	390
河　北	30	340	3 025				27	225	2 925
山　西	11	57	1 037				11	57	1 037
内蒙古	62	776	6 278	10	276	670	52	500	5 608
辽　宁	68	1 109	7 733	37	618	3 032	26	761	5 494
吉　林	124	1 555	8 811	22	27	128	86	1 498	8 478
黑龙江	201	2 824	17 153	3	11	142	110	2 595	15 772
上　海	23	304	3 152	1	68	163	22	236	2 989
江　苏	1 690	8 809	36 700	1 462	7 610	15 912	228	1 199	20 788
浙　江	350	1 945	12 547	134	329	2 273	98	1 175	8 847
安　徽	484	3 538	21 400	337	1 704	6 856	147	1 834	14 544
福　建	21	96	1 529	4	18	5 198	17	77	2 789
江　西	136	1 428	13 810	29	63	182	107	1 365	13 628
山　东	79	1 199	6 837				74	829	8 249
河　南	115	1 152	8 446				115	1 152	8 446
湖　北	461	3 024	24 615	198	465	1 434	263	2 559	23 181
湖　南	196	1 491	15 962				196	1 491	15 962
广　东	227	1 273	13 596	150	1 357	2 389	75	1 716	11 090
广　西	124	966	11 035	18	29	803	107	3 213	9 835
海　南	1	1 156	4 697	1	1 156	6			
重　庆	279	1 148	9 444	215	571	1 845	64	577	7 599
四　川	192	787	8 593	103	74	512	82	665	7 678
贵　州	113	1 147	11 832	1	5	62	107	1 107	10 501
云　南	165	891	11 878	59	238	821	106	653	11 057
西　藏									
陕　西	24	140	2 148				20	135	2 069
甘　肃	15	78	1 437				14	78	1 217
青　海	15	216	2 129				15	216	2 129
宁　夏	22	118	1 760				22	118	1 760
新　疆	38	395	2 160	5	154	169	33	241	1 991

各地区非机动渔船年末拥有量

地区	合计		海洋渔业非机动渔船		内陆渔业非机动渔船	
	艘	总吨	艘	总吨	艘	总吨
全国总计	**262 857**	**353 915**	**4 532**	**8 601**	**258 325**	**345 314**
北京	217	217			217	217
天津	1 140	557			1 140	557
河北	2 362	1 294			2 362	1 294
山西	37	31			37	31
内蒙古	158	134			158	134
辽宁	2 342	3 038	316	286	2 026	2 752
吉林	2 341	1 527			2 341	1 527
黑龙江	1 577	1 026			1 577	1 026
上海	46	26			46	26
江苏	99 771	200 371	200	422	99 571	199 949
浙江	15 397	23 254	305	453	15 092	22 801
安徽	14 690	28 804			14 690	28 804
福建	1 976	1 919	1 868	1 830	108	89
江西	21 017	19 948			21 017	19 948
山东	31 763	16 008	10	5	31 753	16 003
河南	5 156	4 172			5 156	4 172
湖北	20 727	17 817			20 727	17 817
湖南	29 038	19 766			29 038	19 766
广东	2 446	6 134	1 753	5 445	693	689
广西	301	185			301	185
海南	102	166	80	160	22	6
重庆	523	427			523	427
四川	1 418	933			1 418	933
贵州	365	209			365	209
云南	6 828	5 255			6 828	5 255
西藏	28	83			28	83
陕西	535	236			535	236
甘肃	29	29			29	29
青海	40	40			40	40
宁夏	137	206			137	206
新疆	350	103			350	103

(四)渔业人口

全国渔业人口与从业人员

指 标	计量单位	2019 年	2018 年	2019 年比 2018 年增减(±)	其中:海洋渔业		
					2019 年	2018 年	2019 年比 2018 年增减(±)
1. 渔业乡	个	718	733	−15	389	392	−3
2. 渔业村	个	7 550	7 965	−415	3 390	3 500	−110
3. 渔业户	户	4 636 828	4 760 200	−123 372	1 350 826	1 405 488	−54 662
4. 渔业人口	人	18 282 027	18 786 757	−504 730	5 350 029	5 509 305	−159 276
其中:传统渔民	人	6 004 984	6 182 854	−177 870	2 856 694	2 904 722	−48 028
5. 渔业从业人员	人	12 916 952	13 257 230	−340 278	3 644 062	3 743 107	−99 045
(1)专业从业人员	人	7 021 090	7 205 808	−184 718	2 214 152	2 258 023	−43 871
其中:女性	人	1 357 365	1 398 812	−41 447	343 035	344 893	−1 858
其中:捕捞	人	1 530 996	1 628 474	−97 478	921 283	960 345	−39 062
养殖	人	4 663 678	4 742 727	−79 049	900 938	902 893	−1 955
其他	人	826 416	834 607	−8 191	391 931	394 785	−2 854
(2)兼业从业人员	人	4 335 816	4 465 631	−129 815	867 802	909 139	−41 337
(3)临时从业人员	人	1 560 046	1 585 791	−25 745	562 108	575 945	−13 837

各地区渔业人口与从业人员(一)

地 区	1.渔业乡(个)	2.渔业村(个)	3.渔业户(户)	4.渔业人口(人)		5.渔业从业人员(人)
				小 计	其中:传统渔民	
全国总计	**718**	**7 550**	**4 636 828**	**18 282 027**	**6 004 984**	**12 916 952**
北 京	8	32	2 007	5 076	1 109	6 080
天 津		4	9 230	32 508	12 183	23 531
河 北	27	160	52 801	223 290	146 700	183 285
山 西			976	4 725		4 911
内 蒙 古	4	31	7 347	39 387	5 187	27 747
辽 宁	128	688	176 995	690 040	306 650	526 784
吉 林	1	4	22 102	83 906	915	67 963
黑 龙 江			48 056	176 603	150 113	121 595
上 海		8	6 564	19 416	7 754	13 895
江 苏	41	507	301 821	1 243 666	396 428	1 017 558
浙 江	88	672	303 233	990 255	387 259	676 610
安 徽	12	146	166 727	710 586	243 853	592 915
福 建	51	582	414 856	1 670 344	858 353	909 679
江 西	13	254	303 459	1 378 706	310 080	873 553
山 东	95	1 313	429 000	1 576 302	604 157	1 314 134
河 南	24	365	131 114	502 849	25 148	405 751
湖 北	59	876	470 725	1 551 675	612 274	1 163 494
湖 南	5	235	262 947	1 135 035	165 320	875 186
广 东	81	900	506 516	2 290 679	963 604	1 238 809
广 西	14	206	227 186	1 014 157	310 712	810 036
海 南	33	345	87 693	417 591	192 364	244 238
重 庆		6	129 071	426 475	10 862	341 761
四 川	33	178	453 661	1 561 433	204 622	1 074 368
贵 州		2	29 598	152 484	6 701	74 794
云 南			66 240	277 126	66 179	236 061
西 藏		1	35	142	142	114
陕 西	1	33	20 028	70 031	11 883	58 059
甘 肃			1 925	8 984	457	7 839
青 海			106	3 750		3 504
宁 夏			1 645	7 996		9 022
新 疆		2	3 164	16 810	3 975	13 676

各地区渔业人口与从业人员(二)

单位:人

地区	5.渔业从业人员(续)						
	(1)专业从业人员					(2)兼业从业人员	(3)临时从业人员
	小计	其中:女性	a.捕捞	b.养殖	c.其他		
全国总计	**7 021 090**	**1 357 365**	**1 530 996**	**4 663 678**	**826 416**	**4 335 816**	**1 560 046**
北京	4 153	914	750	2 626	777	1 667	260
天津	14 424	218	2 846	11 063	515	7 952	1 155
河北	87 191	17 065	33 720	39 991	13 480	33 791	62 303
山西	2 839	620	224	2 370	245	1 249	823
内蒙古	15 778	3 596	4 298	9 735	1 745	9 282	2 687
辽宁	331 928	43 601	115 516	183 164	33 248	121 445	73 411
吉林	18 082	2 495	3 828	12 785	1 469	43 840	6 041
黑龙江	82 410	28 800	18 916	53 358	10 136	31 685	7 500
上海	12 540	156	3 535	8 629	376	1 006	349
江苏	602 750	139 131	135 433	427 020	40 297	291 667	123 141
浙江	424 812	76 902	149 562	171 754	103 496	153 342	98 456
安徽	287 986	64 446	45 041	214 404	28 541	228 762	76 167
福建	551 171	87 073	179 353	297 751	74 067	279 907	78 601
江西	400 412	76 065	52 467	292 061	55 884	366 575	106 566
山东	672 949	133 207	192 837	316 390	163 722	280 715	360 470
河南	180 615	42 952	23 452	136 035	21 128	189 854	35 282
湖北	772 270	194 665	47 590	682 582	42 098	278 277	112 947
湖南	433 535	89 557	40 844	359 477	33 214	383 079	58 572
广东	809 644	133 601	244 263	496 599	68 782	357 813	71 352
广西	409 215	51 229	65 789	304 494	38 932	315 575	85 246
海南	200 046	28 375	118 211	59 803	22 032	36 622	7 570
重庆	171 626	58 696	8 001	150 870	12 755	122 679	47 456
四川	368 896	59 014	15 259	307 490	46 147	632 649	72 823
贵州	23 775	2 968	6 671	14 104	3 000	37 728	13 291
云南	88 165	15 014	16 586	66 775	4 804	100 881	47 015
西藏	73		73			41	
陕西	33 835	4 208	1 427	28 408	4 000	18 586	5 638
甘肃	3 440	524	325	2 824	291	3 024	1 375
青海	2 523	227	2 124	349	50	931	50
宁夏	4 980	901	325	4 190	465	2 651	1 391
新疆	9 027	1 145	1 730	6 577	720	2 541	2 108

各地区海洋渔业人口与从业人员(一)

地　区	1.渔业乡(个)	2.渔业村(个)	3.渔业户(户)	4.渔业人口(人)		5.渔业从业人员(人)
				小　计	其中:传统渔民	
全国总计	**389**	**3 390**	**1 350 826**	**5 350 029**	**2 856 694**	**3 644 062**
北　京						347
天　津		3	2 284	6 174	2 825	2 870
河　北	12	69	37 494	143 105	112 053	131 247
山　西						
内 蒙 古						
辽　宁	78	358	106 060	489 036	311 840	337 707
吉　林						
黑 龙 江						
上　海			1 691	5 022	4 113	3 506
江　苏	11	81	34 134	220 106	80 630	157 854
浙　江	78	523	203 783	620 968	282 579	366 566
安　徽						
福　建	51	561	344 420	1 376 901	779 729	727 282
江　西						
山　东	62	857	286 534	897 916	370 726	980 114
河　南						
湖　北						
湖　南						
广　东	70	579	194 825	943 008	632 532	471 399
广　西	5	110	64 863	312 818	87 087	263 482
海　南	22	249	74 738	334 975	192 580	201 688
重　庆						
四　川						
贵　州						
云　南						
西　藏						
陕　西						
甘　肃						
青　海						
宁　夏						
新　疆						

各地区海洋渔业人口与从业人员(二)

单位:人

地　区	5.渔业从业人员(续)						
	(1)专业从业人员					(2)兼业从业人员	(3)临时从业人员
	小　计	其中:女性	a.捕捞	b.养殖	c.其他		
全国总计	**2 214 152**	**343 035**	**921 283**	**900 938**	**391 931**	**867 802**	**562 108**
北　京	347		316		31		
天　津	2 110	81	1 014	1 063	33	690	70
河　北	61 039	2 859	24 743	23 836	12 460	12 879	57 329
山　西							
内蒙古							
辽　宁	227 189	36 330	101 833	103 008	22 348	58 110	52 408
吉　林							
黑龙江							
上　海	3 388	68	3 123		265	34	84
江　苏	88 941	22 013	43 911	37 160	7 870	53 504	15 409
浙　江	255 386	35 174	125 274	55 783	74 329	55 529	55 651
安　徽							
福　建	456 440	75 422	167 734	225 139	63 567	203 171	67 671
江　西							
山　东	426 693	84 542	125 194	165 056	136 443	294 939	258 482
河　南							
湖　北							
湖　南							
广　东	344 983	47 801	186 200	115 258	43 525	99 811	26 605
广　西	179 796	13 516	37 759	131 435	10 602	61 919	21 767
海　南	167 840	25 229	104 182	43 200	20 458	27 216	6 632
重　庆							
四　川							
贵　州							
云　南							
西　藏							
陕　西							
甘　肃							
青　海							
宁　夏							
新　疆							

四、加工与贸易

(一)水产品加工

全国水产加工情况

指　　标	计量单位	2019 年	2018 年	2019 年比 2018 年增减(±)	
				绝对量	幅度(%)
1.水产加工企业	个	9 323	9 336	－13	－0.14
水产品加工能力	吨/年	28 882 019	28 921 556	－39 537	－0.14
其中:规模以上加工企业	个	2 570	2 524	46	1.82
2.水产冷库	座	8 056	7 957	99	1.24
冻结能力	吨/日	930 543	868 930	61 613	7.09
冷藏能力	吨/次	4 620 653	4 671 761	－51 108	－1.09
制冰能力	吨/日	208 177	202 420	5 757	2.84
3.水产加工品总量	吨	21 714 136	21 568 505	145 631	0.68
淡水加工产品	吨	3 953 244	3 818 330	134 914	3.53
海水加工产品	吨	17 760 892	17 750 175	10 717	0.06
(1)水产冷冻品	吨	15 322 657	15 149 561	173 096	1.14
其中:冷冻品	吨	7 938 585	7 732 722	205 863	2.66
冷冻加工品	吨	7 384 072	7 416 839	－32 767	－0.44
(2)鱼糜制品及干腌制品	吨	2 915 215	3 079 607	－164 392	－5.34
其中:鱼糜制品	吨	1 393 957	1 455 460	－61 503	－4.23
干腌制品	吨	1 521 258	1 624 147	－102 889	－6.33
(3)藻类加工品	吨	1 151 716	1 106 594	45 122	4.08
(4)罐制品	吨	354 145	355 774	－1 629	－0.46
(5)水产饲料(鱼粉)	吨	699 008	649 934	49 074	7.55
(6)鱼油制品	吨	48 991	72 562	－23 571	－32.48
(7)其他水产加工品	吨	1 103 978	1 154 473	－50 495	－4.37
其中:助剂和添加剂	吨	67 845	70 151	－2 306	－3.29
珍珠	千克	166 710	152 400	14 310	9.39
4.用于加工的水产品总量	吨	26 499 616	26 534 066	－34 450	－0.13
其中:淡水产品	吨	5 581 716	5 543 884	37 832	0.68
海水产品	吨	20 917 900	20 990 182	－72 282	－0.34
5.部分水产品年加工量	吨	1 728 887	1 797 118	－68 231	－3.80
其中:对虾	吨	487 141	517 358	－30 217	－5.84
克氏原螯虾	吨	509 938	409 044	100 894	24.67
罗非鱼	吨	559 876	697 229	－137 353	－19.70
鳗鱼	吨	122 454	129 061	－6 607	－5.12
斑点叉尾鮰	吨	49 478	44 426	5 052	11.37

各地区水产加工品总量

单位：吨

地区	2019年		2018年		2019年比2018年增减(±)			
					绝对量		幅度(%)	
	水产加工品总量	其中：淡水加工产品	水产加工品总量	其中：淡水加工产品	水产加工品总量	其中：淡水加工产品	水产加工品总量	其中：淡水加工产品
全国总计	**21 714 136**	**3 953 244**	**21 568 505**	**3 818 330**	**145 631**	**134 914**	**0.68**	**3.53**
北京	2 312	1 670	2 020	1 645	292	25	14.46	1.52
天津	1 822	1 312	1 510	1 000	312	312	20.66	31.20
河北	84 057	12 633	73 106	12 998	10 951	−365	14.98	−2.81
山西	1 050	350			1 050	350		
内蒙古	5 581	5 581	6 564	6 564	−983	−983	−14.98	−14.98
辽宁	2 390 997	36 150	2 488 199	36 566	−97 202	−416	−3.91	−1.14
吉林	261 593	1 491	250 815	1 975	10 778	−484	4.30	−24.51
黑龙江	12 199	12 199	10 102	10 102	2 097	2 097	20.76	20.76
上海	13 183	9 748	12 854	10 305	329	−557	2.56	−5.41
江苏	1 287 053	641 343	1 282 187	625 058	4 866	16 285	0.38	2.61
浙江	1 988 206	81 617	1 896 422	78 732	91 784	2 885	4.84	3.66
安徽	202 278	197 486	197 433	192 706	4 845	4 780	2.45	2.48
福建	4 297 124	189 286	4 127 756	193 342	169 368	−4 056	4.10	−2.10
江西	364 888	364 888	375 525	375 525	−10 637	−10 637	−2.83	−2.83
山东	6 684 339	103 995	6 773 128	107 266	−88 789	−3 271	−1.31	−3.05
河南	19 905	19 905	21 889	21 889	−1 984	−1 984	−9.06	−9.06
湖北	1 311 295	1 311 295	1 166 637	1 166 637	144 658	144 658	12.40	12.40
湖南	219 485	219 485	151 886	151 886	67 599	67 599	44.51	44.51
广东	1 350 100	330 257	1 446 350	352 372	−96 250	−22 115	−6.65	−6.28
广西	741 751	124 017	737 665	121 975	4 086	2 042	0.55	1.67
海南	398 589	212 207	476 760	280 090	−78 171	−67 883	−16.40	−24.24
重庆	543	543	687	687	−144	−144	−20.96	−20.96
四川	4 688	4 688	3 798	3 798	890	890	23.43	23.43
贵州	1 802	1 802	1 872	1 872	−70	−70	−3.74	−3.74
云南	31 395	31 395	42 406	42 406	−11 011	−11 011	−25.97	−25.97
西藏								
陕西	1 100	1 100	1 090	1 090	10	10	0.92	0.92
甘肃								
青海	28 000	28 000	11 000	11 000	17 000	17 000	154.55	154.55
宁夏			96	96	−96	−96		
新疆	8 801	8 801	8 748	8 748	53	53	0.61	0.61

各地区水产加工品总量(按品种分)(一)

单位:吨

地　区	水产加工品总量	淡水加工品	海水加工品	1.水产冷冻品	冷冻品	冷冻加工品
全国总计	**21 714 136**	**3 953 244**	**17 760 892**	**15 322 657**	**7 938 585**	**7 384 072**
北　京	2 312	1 670	642	2 312		2 312
天　津	1 822	1 312	510	1 510	1 510	
河　北	84 057	12 633	71 424	68 705	29 160	39 545
山　西	1 050	350	700	1 050	500	550
内蒙古	5 581	5 581		2 823	2 823	
辽　宁	2 390 997	36 150	2 354 847	1 804 172	634 579	1 169 593
吉　林	261 593	1 491	260 102	243 440	153 360	90 080
黑龙江	12 199	12 199		5 814	5 814	
上　海	13 183	9 748	3 435	13 183	3 333	9 850
江　苏	1 287 053	641 343	645 710	674 978	454 920	220 058
浙　江	1 988 206	81 617	1 906 589	1 560 346	1 068 368	491 978
安　徽	202 278	197 486	4 792	145 079	62 837	82 242
福　建	4 297 124	189 286	4 107 838	2 726 936	1 617 819	1 109 117
江　西	364 888	364 888		125 563	58 021	67 542
山　东	6 684 339	103 995	6 580 344	5 113 495	2 742 830	2 370 665
河　南	19 905	19 905		18 503	6 138	12 365
湖　北	1 311 295	1 311 295		736 339	303 012	433 327
湖　南	219 485	219 485		150 526	76 017	74 509
广　东	1 350 100	330 257	1 019 843	997 412	399 628	597 784
广　西	741 751	124 017	617 734	649 405	168 504	480 901
海　南	398 589	212 207	186 382	237 164	118 685	118 479
重　庆	543	543		301	230	71
四　川	4 688	4 688		3 515	532	2 983
贵　州	1 802	1 802		982	880	102
云　南	31 395	31 395		21 077	11 478	9 599
西　藏						
陕　西	1 100	1 100		1 100	1 100	
甘　肃						
青　海	28 000	28 000		11 000	11 000	
宁　夏						
新　疆	8 801	8 801		5 927	5 507	420

各地区水产加工品总量(按品种分)(二)

单位:吨

地区	2.鱼糜制品及干腌制品	鱼糜制品	干腌制品	3.藻类加工品	4.罐制品	5.鱼粉
全国总计	**2 915 215**	**1 393 957**	**1 521 258**	**1 151 716**	**354 145**	**699 008**
北京						
天津					312	
河北	2 576		2 576		8 410	1 975
山西						
内蒙古	900		900	1 789	69	
辽宁	144 998	49 354	95 644	241 405	21 012	58 491
吉林	18 023	4 220	13 803		130	
黑龙江	3 043	101	2 942		8	
上海						
江苏	132 788	24 422	108 366	25 484	18 790	1 441
浙江	180 800	87 747	93 053	31 110	42 972	136 706
安徽	36 482	17 150	19 332		5 523	15 179
福建	758 512	431 274	327 238	488 827	69 948	8 458
江西	208 463	72 126	136 337	1 444	14 054	
山东	699 475	349 494	349 981	357 210	122 670	270 893
河南	1 402	320	1 082			
湖北	483 925	234 684	249 241		13 412	76 835
湖南	61 639	21 338	40 301	850	3 404	1 630
广东	131 576	79 149	52 427	2 942	31 831	81 238
广西	37 335	18 204	19 131		668	
海南	4 911	2 006	2 905			24 792
重庆	227	3	224		15	
四川	1 133	482	651		10	
贵州	820	41	779			
云南	5 825	1 735	4 090	655	555	2 220
西藏						
陕西						
甘肃						
青海						17 000
宁夏						
新疆	362	107	255		352	2 150

各地区水产加工品总量(按品种分)(三)

单位:吨

地 区	6.鱼油制品	7.其他水产加工品	其中	
			助剂和添加剂	珍珠(千克)
全国总计	**48 991**	**1 103 978**	**67 845**	**166 710**
北 京				
天 津				
河 北	91	2 300		
山 西				
内蒙古				
辽 宁	1 853	119 066		
吉 林				
黑龙江		3 334		
上 海				
江 苏		433 572	215	34 000
浙 江	5 539	35 442	4 997	950
安 徽		15		15 000
福 建		244 443	42 665	
江 西	134	15 230		92
山 东	40 262	80 334	15 260	21 200
河 南				
湖 北		784		
湖 南	5	1 431	200	89 300
广 东	47	105 054		6 168
广 西		54 343	4 498	
海 南		8 587		
重 庆				
四 川		30		
贵 州				
云 南	1 060	3		
西 藏				
陕 西				
甘 肃				
青 海				
宁 夏				
新 疆		10	10	

各地区用于加工的水产品量

单位:吨

地区	用于加工的水产品量	淡水产品	海水产品
全国总计	**26 499 616**	**5 581 716**	**20 917 900**
北京	2 512	1 870	642
天津	1 900	1 390	510
河北	227 489	9 605	217 884
山西	1 050	350	700
内蒙古	7 485	7 485	
辽宁	3 549 336	47 165	3 502 171
吉林	299 569	1 599	297 970
黑龙江	27 848	27 848	
上海	13 183	9 773	3 410
江苏	1 513 138	767 483	745 655
浙江	1 796 386	93 518	1 702 868
安徽	265 365	259 149	6 216
福建	5 163 563	198 285	4 965 278
江西	689 288	689 288	
山东	7 638 586	87 246	7 551 340
河南	29 240	29 240	
湖北	2 214 728	2 214 728	
湖南	212 098	212 098	
广东	1 651 497	519 474	1 132 023
广西	741 414	163 984	577 430
海南	378 908	165 105	213 803
重庆	951	951	
四川	5 770	5 770	
贵州	1 693	1 693	
云南	48 928	48 928	
西藏			
陕西	1 068	1 068	
甘肃			
青海	13 000	13 000	
宁夏			
新疆	3 623	3 623	

各地区水产品加工企业、冷库基本情况

地 区	水产品加工企业			水产品冷库			
	小计（个）	水产品加工能力(吨/年)	其中:规模以上加工企业(个)	数量（座）	冻结能力（吨/日）	冷藏能力（吨/次）	制冰能力（吨/日）
全国总计	**9 323**	**28 882 019**	**2 570**	**8 056**	**930 543**	**4 620 653**	**208 177**
北 京	2	2 200	1	11	29	27 334	2
天 津	5	2 500	1	5	215	880	40
河 北	228	334 578	45	212	5 948	62 101	4 323
山 西	1	1 050	1	3	3	250	4
内 蒙 古	37	7 750	22	30	340	2 234	227
辽 宁	883	2 888 205	335	619	60 070	609 734	18 219
吉 林	101	306 495	39	50	230 374	231 780	115
黑 龙 江	30	13 940		23	555	1 930	170
上 海	8	18 995	1	16	486	3 822	164
江 苏	1 091	2 021 220	361	1 143	38 913	206 672	24 637
浙 江	1 902	2 504 243	247	1 211	40 615	862 477	22 449
安 徽	154	275 933	76	480	14 708	46 505	2 059
福 建	1 179	5 533 267	403	793	59 054	533 129	20 931
江 西	172	275 614	42	193	2 263	19 045	3 004
山 东	1 688	8 539 556	548	1 863	261 913	1 245 355	52 273
河 南	38	67 250	8	76	1 153	17 240	555
湖 北	235	1 785 574	112	353	125 416	188 052	5 204
湖 南	166	363 526	59	219	44 440	90 166	3 560
广 东	1 022	2 264 072	166	504	21 265	354 650	42 258
广 西	178	1 058 733	58	46	1 828	95 408	3 131
海 南	105	368 072	11	73	3 506	5 311	3 907
重 庆	8	3 895	4	22	12 850	5 662	38
四 川	12	31 490	8	12	956	2 821	570
贵 州	21	834	1	7	34	120	27
云 南	40	172 407	14	48	1 948	3 796	268
西 藏							
陕 西	3	720	1	4	100	50	3
甘 肃							
青 海	2	13 000	2	4			25
宁 夏	1	10 000	1	5	500	800	
新 疆	11	16 900	3	31	1 061	3 329	14

(二)水产品贸易

各地区水产品进出口贸易情况

单位:万美元,吨

地区	2019年进出口		2018年进出口		2019年比2018年增减(±)			
					绝对量		幅度(%)	
	金额	数量	金额	数量	金额	数量	金额	数量
全国总计	**3 935 884.92**	**10 533 191**	**3 733 670.50**	**9 551 072**	**202 214.42**	**982 120**	**5.42**	**10.28**
北京	78 519.03	134 000	67 344.88	134 710	11 174.15	−710	16.59	−0.53
天津	190 472.93	428 473	66 270.00	164 871	124 202.93	263 602	187.42	159.88
河北	34 821.36	68 868	37 020.47	66 678	−2 199.11	2 191	−5.94	3.29
山西	101.46	458	32.96	51	68.50	407	207.81	797.10
内蒙古	17.45	43	9.00	16	8.45	27	93.80	164.35
辽宁	548 718.39	2 205 808	546 310.60	2 093 034	2 407.78	112 774	0.44	5.39
吉林	49 147.81	99 811	43 959.14	83 853	5 188.66	15 958	11.80	19.03
黑龙江	1 950.74	3 640	1 333.57	3 175	617.17	465	46.28	14.64
上海	295 858.29	525 333	253 406.01	444 343	42 452.28	80 990	16.75	18.23
江苏	57 900.21	124 115	67 993.65	140 967	−10 093.45	−16 853	−14.84	−11.95
浙江	251 858.99	674 405	261 893.61	683 776	−10 034.62	−9 371	−3.83	−1.37
安徽	9 523.20	23 825	9 433.02	18 532	90.19	5 294	0.96	28.57
福建	744 225.16	1 747 501	780 024.64	1 616 802	−35 799.49	130 699	−4.59	8.08
江西	15 836.11	7 353	21 690.83	8 258	−5 854.73	−905	−26.99	−10.96
山东	854 283.24	2 461 217	831 757.81	2 289 443	22 525.43	171 775	2.71	7.50
河南	3 587.70	6 154	3 052.95	5 540	534.75	614	17.52	11.08
湖北	14 199.06	21 580	12 458.04	14 882	1 741.02	6 697	13.98	45.00
湖南	18 900.04	19 377	10 190.67	18 897	8 709.37	480	85.46	2.54
广东	661 320.07	1 695 742	621 057.26	1 477 114	40 262.81	218 628	6.48	14.80
广西	29 414.57	79 341	27 584.72	79 763	1 829.85	−422	6.63	−0.53
海南	50 299.60	160 541	48 273.86	147 916	2 025.74	12 626	4.20	8.54
重庆	4 278.79	14 904	4 895.93	19 602	−617.14	−4 698	−12.61	−23.97
四川	13 128.68	12 721	10 519.43	20 940	2 609.25	−8 219	24.80	−39.25
贵州	78.84	108	441.46	150	−362.62	−43	−82.14	−28.46
云南	4 779.72	7 628	4 297.71	7 986	482.01	−358	11.22	−4.48
西藏			1.53	1	−1.53	−1		
陕西	678.07	542	484.71	311	193.36	231	39.89	74.25
甘肃	17.42	36	29.93	30	−12.51	6	−41.80	18.99
青海	48.36	1	0.85		47.51	1	5 589.26	
宁夏	275.29	1 060	212.53	950	62.76	110	29.53	11.55
新疆	1 644.33	8 607	1 688.71	8 480	−44.38	127	−2.63	1.49

各地区水产品出口贸易情况

单位:万美元,吨

地区	2019 年出口		2018 年出口		2019 年比 2018 年增减(±)			
					绝对量		幅度(%)	
	金额	数量	金额	数量	金额	数量	金额	数量
全国总计	**2 065 765.21**	**4 267 946**	**2 244 328.73**	**4 327 581**	**−178 563.52**	**−59 635**	**−7.96**	**−1.38**
北京	65.76	282	337.53	2 653	−271.77	−2 371	−80.52	−89.37
天津	1 647.80	2 674	2 685.93	3 960	−1 038.12	−1 286	−38.65	−32.48
河北	23 962.25	28 458	26 063.15	31 647	−2 100.90	−3 189	−8.06	−10.08
山西	8.73	6	18.78	13	−10.05	−7	−53.53	−53.47
内蒙古	8.86	20	8.26	16	0.61	4	7.33	22.73
辽宁	293 129.02	839 425	311 398.48	854 484	−18 269.46	−15 059	−5.87	−1.76
吉林	13 830.72	31 269	13 053.05	29 432	777.67	1 837	5.96	6.24
黑龙江	77.71	217	405.38	646	−327.67	−430	−80.83	−66.45
上海	13 516.74	15 731	10 877.02	9 064	2 639.71	6 667	24.27	73.55
江苏	36 488.58	46 702	48 591.46	55 066	−12 102.88	−8 364	−24.91	−15.19
浙江	189 339.33	484 896	207 873.39	500 971	−18 534.06	−16 075	−8.92	−3.21
安徽	5 330.60	3 999	7 084.51	4 668	−1 753.90	−669	−24.76	−14.34
福建	555 089.26	870 578	637 492.50	919 650	−82 403.24	−49 072	−12.93	−5.34
江西	13 649.86	6 137	21 535.74	7 841	−7 885.87	−1 705	−36.62	−21.74
山东	512 698.38	1 142 900	516 058.88	1 103 682	−3 360.50	39 219	−0.65	3.55
河南	95.71	116	266.20	174	−170.49	−59	−64.05	−33.70
湖北	10 512.33	11 409	9 501.46	6 852	1 010.87	4 557	10.64	66.51
湖南	1 753.79	1 340	1 579.49	1 292	174.30	49	11.04	3.77
广东	320 451.51	578 080	358 666.59	604 212	−38 215.08	−26 131	−10.65	−4.32
广西	19 196.02	41 857	20 337.56	42 316	−1 141.54	−459	−5.61	−1.08
海南	48 256.09	157 864	45 242.91	145 011	3 013.18	12 854	6.66	8.86
重庆	1.93		0.27		1.66		620.43	
四川	5 166.18	2 079	3 585.53	1 647	1 580.65	433	44.08	26.27
贵州	1.24	6	18.23	82	−16.99	−76	−93.19	−92.64
云南	1 330.78	1 735	1 246.90	1 835	83.88	−100	6.73	−5.43
西藏			1.53	1	−1.53	−1		
陕西	4.68	6	13.87	22	−9.19	−16	−66.28	−73.05
甘肃	5.53	12			5.53	12		
青海	0.36				0.36			
宁夏	6.89	6	22.60	16	−15.71	−11	−69.53	−66.00
新疆	138.57	141	361.52	326	−222.95	−185	−61.67	−56.75

各地区水产品进口贸易情况

单位：万美元，吨

地区	2019 年进口		2018 年进口		2019 年比 2018 年增减(±)			
					绝对量		幅度(%)	
	金额	数量	金额	数量	金额	数量	金额	数量
全国总计	**1 870 119.71**	**6 265 245**	**1 489 341.77**	**5 223 491**	**380 777.94**	**1 041 754**	**25.57**	**19.94**
北京	78 453.27	133 718	67 007.34	132 056	11 445.93	1 661	17.08	1.26
天津	188 825.13	425 799	63 584.08	160 911	125 241.05	264 888	196.97	164.62
河北	10 859.11	40 410	10 957.32	35 031	−98.21	5 380	−0.90	15.36
山西	92.73	452	14.18	38	78.55	414	553.98	1 100.06
内蒙古	8.59	23	0.75		7.84	23	1 052.40	
辽宁	255 589.37	1 366 383	234 912.12	1 238 550	20 677.24	127 833	8.80	10.32
吉林	35 317.08	68 542	30 906.09	54 421	4 410.99	14 121	14.27	25.95
黑龙江	1 873.04	3 423	928.19	2 529	944.85	894	101.79	35.36
上海	282 341.56	509 602	242 528.98	435 279	39 812.57	74 323	16.42	17.07
江苏	21 411.63	77 413	19 402.20	85 901	2 009.43	8 488	10.36	−9.88
浙江	62 519.66	189 509	54 020.22	182 805	8 499.44	6 704	15.73	3.67
安徽	4 192.60	19 826	2 348.51	13 863	1 844.09	5 963	78.52	43.01
福建	189 135.89	876 923	142 532.14	697 152	46 603.75	179 770	32.70	25.79
江西	2 186.24	1 216	155.10	417	2 031.14	799	1 309.60	191.85
山东	341 584.86	1 318 317	315 698.93	1 185 761	25 885.93	132 556	8.20	11.18
河南	3 491.99	6 038	2 786.75	5 366	705.25	673	25.31	12.54
湖北	3 686.74	10 170	2 956.58	8 030	730.15	2 140	24.70	26.65
湖南	17 146.25	18 037	8 611.18	17 606	8 535.07	431	99.12	2.45
广东	340 868.56	1 117 661	262 390.67	872 903	78 477.89	244 759	29.91	28.04
广西	10 218.55	37 484	7 247.16	37 447	2 971.39	37	41.00	0.10
海南	2 043.51	2 677	3 030.96	2 905	−987.44	228	−32.58	−7.85
重庆	4 276.86	14 904	4 895.66	19 602	−618.80	4 698	−12.64	−23.97
四川	7 962.49	10 642	6 933.90	19 294	1 028.60	8 652	14.83	−44.84
贵州	77.60	102	423.23	68	−345.63	33	−81.66	49.02
云南	3 448.94	5 893	3 050.81	6 151	398.13	259	13.05	−4.20
西藏								
陕西	673.39	536	470.84	289	202.56	247	43.02	85.26
甘肃	11.89	24	29.93	30	−18.04	6	−60.27	−20.79
青海	48.00	1	0.85		47.15	1	5 547.06	
宁夏	268.41	1 054	189.94	933	78.47	120	41.31	12.91
新疆	1 505.77	8 465	1 327.19	8 154	178.58	312	13.46	3.82

五、渔 政 管 理

各地区渔政管理机构情况（按机构性质分）

单位：个

地　区	渔业执法机构个数	行政单位	参照公务员管理单位	事业单位	其　他
全国总计	**2 587**	**453**	**587**	**1 520**	**27**
部直属	2	2			
北　京	16	5	1	10	
天　津	11	1	2	8	
河　北	105	18	7	80	
山　西	55	6	1	48	
内蒙古	97	12	23	62	
辽　宁	75	5	7	62	1
吉　林	58	8	8	38	4
黑龙江	91	6	12	73	
上　海	10	2	8		
江　苏	93	4	56	32	1
浙　江	97	8	77	12	
安　徽	111	15	8	88	
福　建	82	3	55	24	
江　西	93	1	12	80	
山　东	153	30	8	114	1
河　南	113	33	3	77	
湖　北	101	5	13	83	
湖　南	119	9	27	83	
广　东	123	116	4	3	
广　西	103	3	89	8	3
海　南	21	1	4	16	
重　庆	40	1	30	9	
四　川	197	61	65	71	
贵　州	96	1	9	86	
云　南	149	17	10	119	3
西　藏	57	22	2	33	
陕　西	113	17	8	87	1
甘　肃	83	15	10	47	11
青　海	37	2	6	29	
宁　夏	22	1		21	
新　疆	64	23	22	17	2

各地区渔政管理机构情况(按执法业务类型分)

单位:个

地区	独立渔政执法队伍	农业综合执法队伍内设独立渔政执法分支机构	农业综合执法队伍内设科室	海洋与渔业整合设置的综合执法队伍	水利与渔业整合设置的综合执法队伍	渔政与其他行业整合设置的综合执法队伍
全国总计	**947**	**303**	**1 097**	**86**	**43**	**111**
部直属	2					
北京	10		5			1
天津	3	5	3			
河北	38	13	41	6	4	3
山西	6	5	44			
内蒙古	54	2	34		4	3
辽宁	33	9	26	3		4
吉林	40	2	15		1	
黑龙江	17	14	60			
上海		9	1			
江苏	59	13	18	1		2
浙江	36	3	44	5	2	7
安徽	59	7	43			2
福建	36	3	16	23	1	3
江西	7		86			
山东	7	3	76	34	2	31
河南	49	27	26		9	2
湖北	46	21	19		4	11
湖南	57	26	32		1	3
广东	52	6	57	4	1	3
广西	64	18	12	6		3
海南	8	3	3	4		3
重庆	5	7	27			1
四川	40	34	117		2	4
贵州	19	14	46		1	16
云南	91	12	40			6
西藏	2	21	34			
陕西	59	17	26		11	
甘肃	19	5	59			
青海	13	1	21			2
宁夏	15	1	5			1
新疆	1	2	61			

各地区渔政管理人员情况

单位：个

地 区	现有人数合计	按教育水平分				持渔业行政执法证人数
		大学本科以上	大学本科	大学专科	大学专科以下	
全国总计	**32 784**	**1 115**	**13 440**	**11 908**	**6 321**	**18 406**
部直属	96	35	27	12	22	32
北 京	235	28	166	38	3	210
天 津	116	2	65	19	30	100
河 北	1 197	24	514	447	212	756
山 西	270	11	138	103	18	43
内蒙古	824	22	349	345	108	469
辽 宁	2 123	77	950	819	277	1 389
吉 林	525	13	204	173	135	292
黑龙江	502	10	224	223	45	323
上 海	518	59	261	59	139	304
江 苏	1 801	107	729	672	293	1 298
浙 江	2 275	94	1 066	722	393	916
安 徽	1 011	23	301	521	166	706
福 建	1 735	57	827	446	405	1 017
江 西	820	17	261	314	228	411
山 东	3 947	142	1 666	1 268	871	1 736
河 南	756	10	230	365	151	355
湖 北	1 487	14	379	817	277	876
湖 南	2 032	66	633	847	486	1 288
广 东	2 794	119	1 098	881	696	1 618
广 西	997	31	430	374	162	646
海 南	784	9	168	321	286	273
重 庆	413	13	206	170	24	319
四 川	1 049	36	483	423	107	619
贵 州	692	14	328	308	42	244
云 南	1 305	22	540	415	328	822
西 藏	165	1	132	28	4	122
陕 西	1 001	13	299	377	312	586
甘 肃	567	21	333	160	53	287
青 海	344	8	192	121	23	177
宁 夏	109	5	79	23	2	90
新 疆	294	12	162	97	23	82

六、科技与推广

(一)科技

全国渔业科技基本情况

一、渔业科研机构个数(个)	**87**	承担政府项目	662 812
二、渔业科研机构从业人员(人)	**6 213**	其他	181 081
1.科技活动人员	5 265	非政府资金	424 926
按职称分:高级职称	1 710	其中:技术性收入	325 488
中级职称	1 944	2.生产经营收入	103 287
初级职称及其他	1 511	3.其他收入	177 781
按学历分:研究生	1 551	**四、科研机构固定资产情况(千元)**	
大学	1 788	年末固定资产合计	489 542
大专	513	**五、科技著述和专利申请情况**	
其他	437	发表科技论文(篇)	2 752
2.生产经营活动人员	334	其中:国外发表	850
3.其他人员	714	出版科技著作(种)	62
三、本年度收入(千元)	**3 327 310**	专利受理数(件)	936
1.科技活动收入	3 046 242	专利授权(件)	855
政府资金	2 621 316	其中:发明专利	315
财政拨款	1 777 423	拥有发明专利总数(件)	2 845

(二)技术推广

各地区水产技术推广机构情况(按层级分)

单位:个

地区	数量			省级站		市级站		县级站		区域站		乡级站	
		专业站	综合站	专业站	综合站	专业站	综合站	专业站	综合站	专业站	综合站	专业站	综合站
全国总计	**11 705**	**2 300**	**9 405**	**35**	**1**	**248**	**59**	**1 213**	**669**	**80**	**71**	**724**	**8 605**
北京	14	8	6	1		7	6						
天津	21	12	9	1		11	1						8
河北	198	78	120	1		11		59	77	7	43		
山西	37	22	15	1		9		12	10				5
内蒙古	88	45	43	1		8	4	36	39				
辽宁	136	48	88	1		7	2	14	14	4		22	72
吉林	639	57	582	1		9		47	1		4		577
黑龙江	517	97	420	1		10		48	8			38	412
上海	99	9	90	1				8	1				89
江苏	911	118	793	1		13		69	14	7		28	779
浙江	404	67	337	1		9	1	47	19	4		6	317
安徽	591	104	487	1		11	5	56	24	10	6	26	452
福建	742	148	594	1		8	1	65	7		2	74	584
江西	917	104	813	1		9	1	76	21	8	1	10	790
山东	975	258	717	1		12	3	100	26	6		139	688
河南	127	86	41	1		18		67	41				
湖北	452	289	163	1		8	3	55	22	11		214	138
湖南	201	92	109		1	3	2	7	19			82	87
广东	676	113	563	1		15	5	45	34	22		30	524
广西	1 048	77	971	1		13	1	63	33				937
海南	26	10	16	1		2	1	7	7				8
重庆	558	19	539	1				18	20				519
四川	1 044	142	902	1		10	7	77	63	1	15	53	817
贵州	761	59	702	1		9		49	43				659
云南	180	112	68	1		14	2	97	25				41
陕西	95	62	33	1		9	2	52	31				
甘肃	73	30	43	1		7	6	21	34			1	3
青海	10	1	9	1			1		8				
宁夏	38	4	34	1		1	4	2	16				14
新疆	15	12	3	1		5	1	6	2				
大连	12	1	11	1					6				5
青岛	63	7	56	1				5	2			1	54
宁波	34	6	28	1				5	2				26
深圳	1	1		1									
厦门	1	1		1									
新疆兵团	1	1		1									

各地区水产技术推广机构情况(按机构性质分)(一)

单位:个

地　区	行政单位					
	合　计	省级站	市级站	县级站	区域站	乡级站
全国总计	**81**		**5**	**44**		**32**
北　京						
天　津						
河　北	2			2		
山　西						
内蒙古						
辽　宁	3			3		
吉　林						
黑龙江						
上　海						
江　苏	3			1		2
浙　江	7					7
安　徽	2			2		
福　建						
江　西	3			3		
山　东	13			2		11
河　南	5			5		
湖　北	13			1		12
湖　南						
广　东	3			3		
广　西						
海　南	6			6		
重　庆	3			3		
四　川	13		4	9		
贵　州						
云　南						
陕　西	4			4		
甘　肃	3			3		
青　海	1		1			
宁　夏						
新　疆						
大　连						
青　岛						
宁　波						
深　圳						
厦　门						
新疆兵团						

各地区水产技术推广机构情况(按机构性质分)(二)

单位:个

地区	事业单位						
	合计	全额拨款					
		小计	省级站	市级站	县级站	区域站	乡级站
全国总计	**11 624**	**10 958**	**35**	**288**	**1 731**	**133**	**8 771**
北京	14	14	1	13			
天津	21	21	1	12			8
河北	196	164	1	10	115	38	
山西	37	35	1	7	22		5
内蒙古	88	83	1	12	70		
辽宁	136	119	1	9	28	4	77
吉林	639	639	1	9	48	4	577
黑龙江	517	511	1	9	52		449
上海	99	95	1		9		85
江苏	908	815	1	13	72	7	722
浙江	397	393	1	10	65	4	313
安徽	589	541	1	16	73	16	435
福建	742	740	1	9	71	2	657
江西	914	866	1	10	94	9	752
山东	962	916	1	14	119	6	776
河南	122	104	1	16	87		
湖北	439	254	1	10	55	6	182
湖南	201	145	1	4	23		117
广东	673	601	1	17	66	21	496
广西	1 048	1 048	1	14	96		937
海南	20	18		3	7		8
重庆	555	554	1		34		519
四川	1 031	1 030	1	13	130	16	870
贵州	761	761	1	9	92		659
云南	180	179	1	16	121		41
陕西	91	88	1	10	77		
甘肃	70	69	1	12	52		4
青海	9	9	1		8		
宁夏	38	38	1	5	18		14
新疆	15	14	1	6	7		
大连	12	12	1		6		5
青岛	63	45	1		7		37
宁波	34	34	1		7		26
深圳	1	1	1				
厦门	1	1	1				
新疆兵团	1	1	1				

各地区水产技术推广机构情况(按机构性质分)(三)

单位:个

地区	差额拨款						自收自支					
	小计	省级站	市级站	县级站	区域站	乡级站	小计	省级站	市级站	县级站	区域站	乡级站
全国总计	**536**	**1**	**10**	**75**	**8**	**442**	**130**		**4**	**32**	**10**	**84**
北　京												
天　津												
河　北	22		1	18	3		10			1	9	
山　西	1		1				1		1			
内蒙古	5			5								
辽　宁	17					17						
吉　林												
黑龙江	5		1	4			1					1
上　海	4					4						
江　苏	85			7		78	8			3		5
浙　江	3					3	1			1		
安　徽	21			2		19	27			3		24
福　建	2			1		1						
江　西	45					45	3					3
山　东	29		1	5		23	17					17
河　南	10		1	9			8		1	7		
湖　北	165		1	16	5	143	20			5		15
湖　南	53		1	2		50	3			1		2
广　东	61		1	2		58	11		2	8	1	
广　西												
海　南	1	1					1			1		
重　庆							1			1		
四　川	1			1								
贵　州												
云　南	1			1								
陕　西	3		1	2								
甘　肃	1		1									
青　海												
宁　夏												
新　疆							1			1		
大　连												
青　岛	1					1	17					17
宁　波												
深　圳												
厦　门												
新疆兵团												

各地区水产技术推广经费情况(一)

单位:万元

地　区	总　计	人员经费					
		合　计	省级站	市级站	县级站	区域站	乡级站
全国总计	**372 032.56**	**263 966.81**	**25 824.19**	**54 622.35**	**93 257.31**	**2 069.83**	**88 193.13**
北　京	6 681.96	4 466.64	2 031.36	2 435.28			
天　津	4 662.62	3 514.89	540.97	2 437.26			536.66
河　北	7 533.80	5 496.61	515.19	2 130.84	2 593.64	256.94	
山　西	1 652.38	1 240.44	137.75	531.96	544.27		26.46
内蒙古	11 286.05	9 260.01	991.04	2 532.21	5 736.76		
辽　宁	6 523.60	3 251.34	1 158.00	1 445.70	346.52	41.80	259.32
吉　林	11 647.40	9 134.30	407.00	1 429.50	1 604.50	83.00	5 610.30
黑龙江	6 096.43	4 839.04	343.34	725.60	2 707.20		1 062.90
上　海	17 007.40	10 122.87	4 354.53		3 949.14		1 819.20
江　苏	34 126.34	27 553.59	1 615.21	4 193.85	9 530.49	411.04	11 803.00
浙　江	21 539.25	12 548.63	583.44	1 911.23	5 058.17	260.00	4 735.79
安　徽	11 937.07	9 991.49	326.80	1 912.16	3 755.77	276.26	3 720.50
福　建	12 511.50	7 761.66	484.84	1 419.07	2 541.90	14.80	3 301.05
江　西	10 614.74	8 612.74	355.19	396.72	2 562.02	161.99	5 136.82
山　东	24 355.75	20 852.31	516.94	3 278.83	7 892.55	25.00	9 138.99
河　南	7 043.15	4 995.76	485.00	2 175.63	2 335.13		
湖　北	11 246.07	8 381.18	410.00	1 625.85	2 946.54	89.00	3 309.79
湖　南	4 323.25	3 305.45	301.20	601.75	758.50		1 644.00
广　东	36 422.00	25 469.00	1 560.00	13 121.00	3 705.00	248.00	6 835.00
广　西	23 946.17	16 573.11	274.13	1 308.18	3 492.50		11 498.30
海　南	1 622.94	936.94	198.00	325.18	375.36		38.40
重　庆	14 068.60	7 099.42	928.56		2 227.51		3 943.35
四　川	16 026.95	11 913.97	50.00	1 481.81	5 453.01	202.00	4 727.15
贵　州	17 235.62	10 614.83	174.65	511.19	3 010.42		6 918.57
云　南	14 309.31	10 773.64	354.99	2 314.98	7 711.26		392.41
陕　西	10 347.24	8 315.82	589.54	1 682.83	6 043.45		
甘　肃	5 641.55	4 610.01	750.96	1 661.33	2 156.53		41.19
青　海	2 598.91	715.34	407.10	9.00	299.24		
宁　夏	3 089.10	1 730.90	290.40	333.70	1 022.80		84.00
新　疆	2 887.12	1 805.34	978.33	689.71	137.30		
大　连	2 060.67	1 380.65	456.20		874.45		50.00
青　岛	2 840.96	2 176.51	335.51		479.02		1 361.98
宁　波	4 568.72	3 019.36	1 415.00		1 406.36		198.00
深　圳	3 270.24	1 254.53	1 254.53				
厦　门	110.00	80.00	80.00				
新疆兵团	197.70	168.49	168.49				

各地区水产技术推广经费情况(二)

单位:万元

地　区	公共经费					
	合　计	省级站	市级站	县级站	区域站	乡级站
全国总计	**26 689.34**	**4 064.71**	**4 386.92**	**7 582.99**	**228.83**	**10 425.89**
北　京	424.25	192.39	231.86			
天　津	230.36	81.63	127.73			21.00
河　北	491.05	34.83	188.15	199.17	68.90	
山　西	83.83	12.76	47.38	21.89		1.80
内蒙古	550.18	63.24	270.46	216.48		
辽　宁	558.21	285.50	245.24	14.62	4.50	8.35
吉　林	393.10	66.70	179.10	147.30		
黑龙江	341.10	25.70	79.80	207.80		27.80
上　海	1 286.14	606.11		497.88		182.15
江　苏	2 314.42	95.01	387.91	889.40	50.48	891.62
浙　江	1 511.09	607.51	164.13	473.65		265.80
安　徽	1 050.53	27.45	377.33	381.15	38.75	225.85
福　建	628.23	47.22	117.56	262.32	0.70	200.43
江　西	890.00	39.00	38.68	328.12	23.70	460.50
山　东	1 296.65	45.46	259.96	515.61	1.80	473.82
河　南	341.25	38.00	110.41	192.84		
湖　北	685.93	34.00	154.87	234.84	5.00	257.22
湖　南	410.90	15.70	52.30	83.90		259.00
广　东	1 685.00	360.00	403.00	298.00	35.00	589.00
广　西	5 069.84	33.49	104.86	309.84		4 621.65
海　南	58.60		19.99	38.61		
重　庆	1 238.19	83.88		441.55		712.76
四　川	1 404.51	10.00	216.84	682.10		495.57
贵　州	1 237.46	350.19	72.26	233.94		581.07
云　南	574.10	28.56	199.61	324.63		21.30
陕　西	438.51	92.75	163.26	182.50		
甘　肃	304.77	51.60	128.05	125.12		
青　海	44.43	20.13		24.30		
宁　夏	138.80	55.00	26.60	53.20		4.00
新　疆	112.69	91.61	19.58	1.50		
大　连	57.32	14.62		42.70		
青　岛	330.99	172.02		51.77		107.20
宁　波	388.26	264.00		106.26		18.00
深　圳	69.44	69.44				
厦　门	20.00	20.00				
新疆兵团	29.21	29.21				

各地区水产技术推广经费情况(三)

单位:万元

地 区	项目经费					
	合 计	省级站	市级站	县级站	区域站	乡级站
全国总计	**81 376.41**	**29 326.98**	**14 602.91**	**32 305.73**	**68.90**	**5 071.89**
北 京	1 791.07	1 510.51	280.56			
天 津	917.37	825.00	92.37			
河 北	1 546.14	939.78	502.86	52.00	51.50	
山 西	328.11	236.84	23.50	67.77		
内 蒙 古	1 475.86	792.10	281.34	402.42		
辽 宁	2 714.05	1 421.00	1 126.05	167.00		
吉 林	2 120.00	500.00	580.00	1 040.00		
黑 龙 江	916.29	357.89	72.30	486.10		
上 海	5 598.39	2 846.12		2 731.96		20.31
江 苏	4 258.33	200.00	1 164.44	2 574.56	17.40	301.93
浙 江	7 479.53	1 978.89	663.80	4 812.84		24.00
安 徽	895.05	184.00	195.56	466.49		49.00
福 建	4 121.61	2 164.94	317.00	1 639.67		
江 西	1 112.00	530.00	105.00	477.00		
山 东	2 206.79	174.88	436.60	1 575.31		20.00
河 南	1 706.14	280.00	267.84	1 158.30		
湖 北	2 178.96	40.00	594.20	1 493.40		51.36
湖 南	606.90	189.61	331.49	85.80		
广 东	9 268.00	3 560.00	4 031.00	733.00		944.00
广 西	2 303.22	489.55	575.60	916.33		321.74
海 南	627.40	360.00	99.70	167.70		
重 庆	5 730.99	2 523.02		3 207.97		
四 川	2 708.47		812.96	1 798.96		96.55
贵 州	5 383.33	40.00	141.00	1 972.33		3 230.00
云 南	2 961.57	163.64	425.61	2 369.32		3.00
陕 西	1 592.91	140.91	397.00	1 055.00		
甘 肃	726.77	345.00	254.77	127.00		
青 海	1 839.14	1 839.14				
宁 夏	1 219.40	168.00	776.00	275.40		
新 疆	969.09	869.73	54.36	45.00		
大 连	622.70	461.70		161.00		
青 岛	333.46	271.46		52.00		10.00
宁 波	1 161.10	967.00		194.10		
深 圳	1 946.27	1 946.27				
厦 门	10.00	10.00				
新疆兵团						

各地区水产技术推广人员编制情况(按层级分)

单位:人

地 区	编制人数					
	合 计	省级站	市级站	县级站	区域站	乡级站
全国总计	**33 198**	**1 466**	**3 719**	**12 170**	**473**	**15 370**
北 京	209	76	133			
天 津	204	25	129			50
河 北	950	26	154	680	90	
山 西	224	16	74	128		6
内蒙古	921	61	256	604		
辽 宁	534	74	128	137	10	185
吉 林	1 557	31	140	317	16	1 053
黑龙江	1 109	31	87	413		578
上 海	490	200		170		120
江 苏	2 437	48	184	657	30	1 518
浙 江	839	20	86	364	12	357
安 徽	1 403	17	153	540	55	638
福 建	1 499	33	127	392	2	945
江 西	711	20	34	235	26	396
山 东	2 824	21	219	1 050	6	1 528
河 南	970	38	210	722		
湖 北	1 080	30	129	469	28	424
湖 南	658	16	53	157		432
广 东	2 294	27	403	573	77	1 214
广 西	2 729	18	109	527		2 075
海 南	62	6	17	31		8
重 庆	927	38		303		586
四 川	1 897	10	167	844	121	755
贵 州	2 853	12	78	550		2 213
云 南	1 047	23	200	776		48
陕 西	1 169	156	194	819		
甘 肃	556	120	138	294		4
青 海	60	20	1	39		
宁 夏	205	28	50	112		15
新 疆	184	71	66	47		
大 连	104	41		58		5
青 岛	261	20		58		183
宁 波	186	48		104		34
深 圳	29	29				
厦 门	6	6				
新疆兵团	10	10				

各地区水产技术推广实有人员情况(按层级分)

单位:人

地　区	实有人数					
	合　计	省级站	市级站	县级站	区域站	乡级站
全国总计	**29 852**	**1 197**	**3 432**	**11 238**	**372**	**13 613**
北　京	172	68	104			
天　津	174	18	119			37
河　北	795	33	158	541	63	
山　西	162	12	57	88		5
内蒙古	834	54	218	562		
辽　宁	475	66	118	127	10	154
吉　林	1 502	29	130	292	16	1 035
黑龙江	1 000	23	62	417		498
上　海	397	136		146		115
江　苏	2 302	47	186	609	51	1 409
浙　江	820	19	77	337	9	378
安　徽	1 158	15	128	483	53	479
福　建	1 053	29	114	343	2	565
江　西	594	17	28	200	15	334
山　东	2 743	21	236	959	6	1 521
河　南	920	34	200	686		
湖　北	1 173	26	114	491	30	512
湖　南	625	16	51	147		411
广　东	2 107	25	364	519	66	1 133
广　西	2 459	13	109	481		1 856
海　南	84	13	22	41		8
重　庆	869	37		248		584
四　川	1 858	4	134	729	51	940
贵　州	1 852	10	66	457		1 319
云　南	999	20	192	748		39
陕　西	1 246	62	206	978		
甘　肃	529	84	131	307		7
青　海	55	19	1	35		
宁　夏	193	29	46	105		13
新　疆	153	63	61	29		
大　连	94	41		48		5
青　岛	290	20		36		234
宁　波	111	40		49		22
深　圳	38	38				
厦　门	7	7				
新疆兵团	9	9				

各地区水产技术推广实有人员情况(按技术职称和文化程度分)

单位:人

地区	技术职称					文化程度					
	正高级	副高级	中级	初级	其他	博士	硕士	本科	大专	中专	其他
全国总计	**465**	**3 218**	**9 793**	**8 840**	**7 536**	**64**	**1 256**	**9 834**	**11 609**	**4 471**	**2 618**
北京	4	29	43	33	63	3	30	83	33	5	18
天津	7	40	37	34	56	1	8	119	29	13	4
河北	37	121	280	209	148	1	21	381	227	100	65
山西	2	14	60	38	48		3	78	49	10	22
内蒙古	15	135	226	139	319		31	314	344	71	74
辽宁	27	51	180	94	123		48	231	160	30	6
吉林	24	122	533	544	279	1	42	290	585	375	209
黑龙江	24	130	400	285	161	1	14	328	494	135	28
上海	14	68	116	140	59	9	73	170	90	32	23
江苏	72	311	859	690	370	11	170	720	937	287	177
浙江	28	108	340	203	141	5	84	409	241	55	26
安徽	25	151	439	312	231		36	355	529	155	83
福建	9	171	305	353	215	2	62	405	312	210	62
江西	14	50	141	193	196		15	138	252	146	43
山东	30	218	880	900	715	10	124	915	969	397	328
河南	13	99	296	199	313	1	26	304	353	134	102
湖北	5	49	306	402	411	3	17	144	459	346	204
湖南		20	214	299	92		9	170	310	92	44
广东	16	139	455	607	890	6	103	672	615	394	317
广西	9	55	953	1 016	426		26	608	1 306	416	103
海南	1	9	15	18	41	2	12	26	21	7	16
重庆	9	94	336	175	255	1	43	302	314	167	42
四川	8	156	616	597	481	1	58	563	834	306	96
贵州	3	246	744	665	194		28	750	847	178	49
云南	14	326	338	156	165		22	395	437	98	47
陕西	10	68	260	255	653		11	297	418	206	314
甘肃	10	74	129	115	201		12	217	193	59	48
青海	2	7	16	11	19		4	26	21	3	1
宁夏	8	68	68	31	18		5	143	40	5	
新疆	8	21	37	25	62		29	73	33	5	13
大连	2	15	40	23	14	1	31	28	29	3	2
青岛	1	15	71	54	149	2	24	89	104	28	43
宁波	12	31	38	16	14	3	25	62	15	3	3
深圳		3	14	8	13		8	18	6		6
厦门		1	4	1	1		1	4	2		
新疆兵团	2	3	4				1	7	1		

各地区水产技术推广实有人员情况(按性别和年龄分)

单位:人

地 区	性 别		年龄结构		
	男 性	女 性	35岁及以下	36～49岁	50岁以上
全国总计	**21 800**	**8 052**	**5 724**	**15 195**	**8 933**
北 京	94	78	50	76	46
天 津	111	63	51	71	52
河 北	481	314	162	382	251
山 西	104	58	19	83	60
内蒙古	530	304	99	338	397
辽 宁	341	134	79	260	136
吉 林	1 140	362	140	887	475
黑龙江	692	308	144	567	289
上 海	301	96	117	121	159
江 苏	1 721	581	365	1 031	906
浙 江	651	169	219	285	316
安 徽	910	248	103	663	392
福 建	825	228	234	479	340
江 西	473	121	136	244	214
山 东	1 922	821	500	1 575	668
河 南	591	329	130	568	222
湖 北	910	263	146	609	418
湖 南	540	85	96	206	323
广 东	1 612	495	555	1 110	442
广 西	1 851	608	615	1 333	511
海 南	62	22	23	36	25
重 庆	635	234	237	325	307
四 川	1 414	444	399	977	482
贵 州	1 418	434	494	924	434
云 南	683	316	137	544	318
陕 西	770	476	190	774	282
甘 肃	356	173	106	274	149
青 海	30	25	10	33	12
宁 夏	122	71	25	84	84
新 疆	105	48	49	80	24
大 连	69	25	25	38	31
青 岛	215	75	44	148	98
宁 波	85	26	20	43	48
深 圳	24	14	3	22	13
厦 门	6	1	2		5
新疆兵团	6	3		5	4

各地区水产技术推广机构自有试验示范基地情况

单位:个,公顷

地　区	合　计		省级站		市级站		县级站		区域站		乡级站	
	数量	养殖面积	数量	养殖面积	数量	养殖面积	数量	养殖面积	数量	养殖面积	数量	养殖面积
全国总计	**512**	**9 790.0**	**33**	**949.4**	**78**	**1 298.4**	**288**	**5 558.9**	**6**	**33.0**	**107**	**1 950.2**
北　京	3	22.0	2	19.3	1	2.7						
天　津	3	48.7			3	48.7						
河　北	9	53.7	2	7.7	1	1.0	1	15.0	5	30.0		
山　西	1	16.0			1	16.0						
内蒙古	8	88.6	1	20.0	2	32.0	5	36.6				
辽　宁	7	138.7			1	8.0	6	130.7				
吉　林	8	112.0			1	2.0	7	110.0				
黑龙江	9	215.0	1	16.0	4	19.0	4	180.0				
上　海	11	141.3	3	79.8			4	35.5			4	26.0
江　苏	33	1 845.0	1	35.0	5	221.3	8	476.8	1	3.0	18	1 108.9
浙　江	9	87.7	2	22.4			6	52.3			1	13.0
安　徽	26	528.5					12	96.5			14	432.0
福　建	13	81.8			1	9.6	12	72.2				
江　西	26	284.6	1	7.0			10	92.6			15	185.0
山　东	26	647.1			3	204.1	10	399.0			13	44.0
河　南	18	177.3			6	32.3	12	145.0				
湖　北	31	1 484.0			7	410.1	24	1 074.0				
湖　南	1	4.0					1	4.0				
广　东	105	423.0	1	2.0	17	137.0	67	214.0			20	70.0
广　西	12	79.9			2	15.7	8	33.0			2	31.3
海　南	4	10.0	3		1	10.0						
重　庆	4	35.7					4	35.7				
四　川	41	275.5	1	29.0	6	39.2	34	207.3				
贵　州	32	67.1			2	7.0	11	40.1			19	20.0
云　南	33	134.0	1	6.0	5	18.8	27	109.2				
陕　西	17	1 920.5	3	30.0	4	28.6	10	1 861.9				
甘　肃	7	104.5	3	100.0	3	3.5	1	1.0				
青　海	1	0.4	1	0.4								
宁　夏												
新　疆	7	315.3	1	146.7	2	31.9	4	136.7				
大　连	2	400.0	2	400.0								
青　岛	1	20.0									1	20.0
宁　波	1	3.5	1	3.5								
深　圳	1	0.7	1	0.7								
厦　门	1	0.5	1	0.5								
新疆兵团	1	23.5	1	23.5								

各地区水产技术推广机构合作试验示范基地情况

单位:个,公顷

地 区	合 计		省级站		市级站		县级站		区域站		乡级站	
	数量	养殖面积	数量	养殖面积	数量	养殖面积	数量	养殖面积	数量	养殖面积	数量	养殖面积
全国总计	**2 347**	**95 770.6**	**96**	**11 089.6**	**290**	**8 149.0**	**1 420**	**62 345.7**	**6**	**3 015.0**	**535**	**11 171.3**
北 京	8	17.0			8	17.0						
天 津	11	948.0			11	948.0						
河 北	70	3 859.4	16	286.8	17	133.9	36	438.7	1	3 000.0		
山 西	10	49.0			3	16.6	7	32.4				
内 蒙 古	22	1 615.6	2	370.0	1	4.0	19	1 241.6				
辽 宁	33	1 292.3			9	662.3	24	630.0				
吉 林	82	5 550.0	3	450.0	7	600.0	72	4 500.0				
黑 龙 江	5	460.0					5	460.0				
上 海	63	713.6	14	381.3			15	189.8			34	142.5
江 苏	98	3 058.6			28	1 190.0	28	783.3			42	1 085.3
浙 江	150	2 640.5	3	61.9	13	82.3	128	2 424.4			6	71.9
安 徽	240	8 739.6			13	695.0	155	5 830.6			72	2 214.0
福 建	141	4 272.6	34	294.6	6	22.2	101	3 955.8				
江 西	98	2 375.8	1	67.0	16	233.0	34	1 031.8	5	15.0	42	1 029.0
山 东	199	14 973.2			23	438.0	126	13 711.0			50	824.2
河 南	93	4 767.9	1	15.0	16	629.4	76	4 123.5				
湖 北	291	15 152.4			29	1 112.0	167	11 777.4			95	2 263.0
湖 南	27	8 801.0	4	8 500.0	3	45.0	10	56.0			10	200.0
广 东	159	1 809.0	5	350.0	30	489.0	89	870.0			35	100.0
广 西	90	5 152.9			30	341.9	39	2 183.0			21	2 628.0
海 南	8	51.0			7	40.0	1	11.0				
重 庆	64	736.3	1	8.0			59	708.2			4	20.1
四 川	223	2 530.9					106	2 009.9			117	521.0
贵 州	12	240.7			5	100.0	6	124.3			1	16.3
云 南	24	127.1			4	14.6	15	92.5			5	20.0
陕 西	33	3 331.1			2	66.5	31	3 264.6				
甘 肃	23	227.3			6	115.4	17	112.0				
青 海												
宁 夏	14	1 185.0			3	153.0	11	1 032.0				
新 疆	11	305.0	10	285.0			1	20.0				
大 连	2	80.7	1	0.7			1	80.0				
青 岛	3	116.0					2	80.0			1	36.0
宁 波	39	572.0					39	572.0				
深 圳												
厦 门												
新疆兵团	1	19.3	1	19.3								

各地区水产技术推广机构房屋条件情况(一)

单位:米²

地　　区	办公用房面积					
	合　计	省级站	市级站	县级站	区域站	乡级站
全国总计	**439 732**	**41 231**	**68 633**	**137 921**	**4 153**	**187 794**
北　京	4 747	375	4 372			
天　津	1 306	210	823			273
河　北	7 071	700	2 242	3 404	725	
山　西	2 909	126	2 006	736		41
内蒙古	7 734	461	1 898	5 375		
辽　宁	7 282	2 611	1 789	1 711	83	1 088
吉　林	14 688	1 326	3 457	3 080	155	6 670
黑龙江	2 502	142	314	2 046		
上　海	11 588	6 059		3 893		1 636
江　苏	41 694	235	3 611	8 383	1 176	28 288
浙　江	11 069	383	1 788	2 992	400	5 506
安　徽	21 753	176	2 354	6 891	430	11 902
福　建	18 133	3 368	5 257	3 444	9	6 054
江　西	11 053	2 470	299	1 726	55	6 503
山　东	27 188	635	2 264	11 523	90	12 676
河　南	11 563	300	2 462	8 801		
湖　北	26 290	571	3 700	11 997		10 022
湖　南	5 248	200	30	228		4 790
广　东	23 588	500	5 411	6 136	110	11 431
广　西	53 605	2 400	1 009	3 216		46 980
海　南	1 085	180	369	536		
重　庆	14 704	2 102		4 246		8 356
四　川	23 542		3 622	10 973	920	8 027
贵　州	17 929	300	2 343	3 664		11 622
云　南	18 600	462	6 179	10 368		1 590
陕　西	21 626	1 820	4 397	15 409		
甘　肃	7 160	858	2 969	3 129		204
青　海	2 178	1 680		498		
宁　夏	2 572	660	690	1 122		99
新　疆	6 229	2 300	2 976	953		
大　连	1 812	1 460		317		35
青　岛	4 608	450		229		3 929
宁　波	3 444	2 476		896		72
深　圳	3 000	3 000				
厦　门	58	58				
新疆兵团	175	175				

各地区水产技术推广机构房屋条件情况(二)

单位:个

地 区	培训教室					
	合 计	省级站	市级站	县级站	区域站	乡级站
全国总计	**1 452**	**33**	**78**	**496**	**27**	**818**
北 京	6	3	3			
天 津	5		5			
河 北	19		1	13	5	
山 西	7		4	3		
内 蒙 古	1			1		
辽 宁	4			4		
吉 林	2	1	1			
黑 龙 江						
上 海	26	5		5		16
江 苏	164	1	4	17	6	136
浙 江	63	3	2	19	1	38
安 徽	122	1	1	18	6	96
福 建	89	1	3	23		62
江 西	18	1		8		9
山 东	59		2	35		22
河 南	44		6	36		2
湖 北	96		7	25		64
湖 南	24	1	1	4		18
广 东	98	1	21	44		32
广 西	87	1	2	16		68
海 南	2		1	1		
重 庆	56	1		9		46
四 川	275	2	3	165	9	96
贵 州	51			7		44
云 南	13	1	4	8		
陕 西	19		2	17		
甘 肃	7		3	4		
青 海	2	1		1		
宁 夏	4	1		3		
新 疆	6	1	2	3		
大 连	3	1		2		
青 岛	3					3
宁 波	76	5		5		66
深 圳						
厦 门						
新疆兵团	1	1				

各地区水产技术推广机构房屋条件情况（三）

单位：米²

地　区	培训教室面积					
	合　计	省级站	市级站	县级站	区域站	乡级站
全国总计	**96 374**	**4 245**	**6 373**	**25 080**	**1 411**	**59 264**
北　京	422	182	240			
天　津	434		434			
河　北	620		20	570	30	
山　西	676		284	392		
内蒙古	40			40		
辽　宁	194			194		
吉　林	100	40	60			
黑龙江						
上　海	2 492	1 062		225		1 205
江　苏	12 186	96	380	1 190	311	10 209
浙　江	6 489	389	550	1 630	80	3 840
安　徽	9 249	50	30	1 379	720	7 070
福　建	9 310	135	317	2 138		6 720
江　西	2 004	400		595		1 009
山　东	5 431		150	2 993		2 288
河　南	2 778		584	2 194		
湖　北	7 100		312	1 740		5 048
湖　南	1 460	70	100	290		1 000
广　东	11 360	200	1 732	2 455		6 973
广　西	4 825	270	53	1 348		3 154
海　南	250		50	200		
重　庆	3 260	80		595		2 585
四　川	7 066	20	290	1 916	270	4 570
贵　州	4 025			630		3 395
云　南	1 004	120	434	450		
陕　西	831		105	726		
甘　肃	324		120	204		
青　海	290	200		90		
宁　夏	191	75		116		
新　疆	453	125	128	200		
大　连	90	30		60		
青　岛	198					198
宁　波	1 096	576		520		
深　圳						
厦　门						
新疆兵团	126	126				

各地区水产技术推广机构房屋条件情况(四)

单位:个

地 区	实验室数量					
	合 计	省级站	市级站	县级站	区域站	乡级站
全国总计	**1 951**	**280**	**227**	**1 037**	**33**	**374**
北 京	10	2	8			
天 津	26	6	20			
河 北	37	1	8	23	5	
山 西	6		3	3		
内蒙古	14	1	5	8		
辽 宁	16	1	6	9		
吉 林	48	1	6	41		
黑龙江	22	1		21		
上 海	59	48		10		1
江 苏	212	2	14	59	7	130
浙 江	90	1	9	34		46
安 徽	187	14	7	62	10	94
福 建	66	1	8	57		
江 西	29	1	5	18	1	4
山 东	65	1	8	51		5
河 南	45	1	10	34		
湖 北	293	1	12	260		20
湖 南	10	1	1	8		
广 东	157	1	23	71	1	61
广 西	85	17	20	45		3
海 南	20	1	16	3		
重 庆	29	1		27		1
四 川	62		4	44	9	5
贵 州	10		1	9		
云 南	33	1	6	26		
陕 西	226	160	16	50		
甘 肃	8	1	5	2		
青 海	3	1		2		
宁 夏	12	1	4	7		
新 疆	8	2	2	4		
大 连	39	2		37		
青 岛	12	2		6		4
宁 波	8	2		6		
深 圳	1	1				
厦 门	2	2				
新疆兵团	1	1				

各地区水产技术推广机构房屋条件情况（五）

单位：米²

地区	实验室面积					
	合计	省级站	市级站	县级站	区域站	乡级站
全国总计	**155 900**	**35 843**	**27 579**	**78 047**	**1 135**	**13 296**
北京	5 794	4 385	1 409			
天津	1 019	160	859			
河北	3 945	1 600	318	1 997	30	
山西	1 088		750	338		
内蒙古	1 858	1 350	174	334		
辽宁	4 316	650	2 235	1 431		
吉林	3 027	600	1 287	1 140		
黑龙江	943	628		315		
上海	1 935	1 272		653		10
江苏	16 176	817	2 600	8 433	170	4 156
浙江	17 255	6 241	3 151	6 444		1 419
安徽	11 967	1 080	285	7 845	615	2 142
福建	6 914	1 056	872	4 986		
江西	3 648	990	91	2 265	200	102
山东	8 856	80	2 607	5 990		179
河南	3 671	900	477	2 294		
湖北	7 084	30	524	6 284		246
湖南	850	600	50	200		
广东	14 314	120	3 529	5 805	30	4 830
广西	6 508	580	809	5 069		50
海南	1 577	840	611	126		
重庆	4 668	1 500		3 158		10
四川	5 293		2 505	2 688	90	10
贵州	1 179		20	1 159		
云南	2 306	231	264	1 811		
陕西	3 047	1 184	404	1 459		
甘肃	933	429	261	243		
青海	788	700		88		
宁夏	2 869	1 200	690	979		
新疆	2 148	1 200	797	151		
大连	4 746	2 440		2 306		
青岛	1 987	550		1 295		142
宁波	2 131	1 369		762		
深圳	407	407				
厦门	510	510				
新疆兵团	144	144				

各地区水产技术推广机构房屋条件情况(六)

单位:万元

地　　区	实验室设备原值					
	合　计	省级站	市级站	县级站	区域站	乡级站
全国总计	**108 807.1**	**38 695.2**	**21 931.2**	**42 382.5**	**288.2**	**5 510.1**
北　　京	7 196.5	5 673.8	1 522.8			
天　　津	903.8	612.3	291.5			
河　　北	3 691.8	1 900.0	743.3	988.5	60.0	
山　　西	273.8		200.0	73.8		
内 蒙 古	1 906.6	1 772.0	23.2	111.5		
辽　　宁	4 349.7	1 200.0	2 452.3	697.4		
吉　　林	1 960.5	530.0	850.0	580.5		
黑 龙 江	810.0	600.0		210.0		
上　　海	2 046.6	1 383.2		662.9		0.5
江　　苏	9 862.1	1 299.0	1 260.4	6 217.3	15.2	1 070.2
浙　　江	11 910.1	6 000.0	1 350.1	4 128.2		431.8
安　　徽	4 109.7	700.8	133.4	2 509.0	153.0	613.5
福　　建	4 691.5	530.0	2 254.2	1 907.3		
江　　西	2 111.9	800.0	30.0	1 241.9	40.0	
山　　东	6 476.2	550.0	1 519.7	4 374.7		31.8
河　　南	2 574.6	1 100.0	112.7	1 361.9		
湖　　北	2 751.8	20.0	341.1	2 290.7		100.0
湖　　南	845.0	700.0	5.0	140.0		
广　　东	11 548.0	480.0	4 659.0	3 188.0	10.0	3 211.0
广　　西	3 339.6	118.6	819.9	2 386.2		15.0
海　　南	2 096.5	1 050.0	946.5	100.0		
重　　庆	2 628.8	1 259.9		1 366.9		2.0
四　　川	2 789.8		1 067.0	1 710.3	10.0	2.5
贵　　州	576.7		26.0	550.7		
云　　南	1 078.8	65.1	140.8	872.9		
陕　　西	1 621.9		598.8	1 023.2		
甘　　肃	524.7	310.0	189.7	25.0		
青　　海	1 273.4	1 238.4		35.0		
宁　　夏	1 136.8	467.5	209.0	460.3		
新　　疆	1 186.0	796.0	185.0	205.0		
大　　连	5 087.0	3 433.0		1 654.0		
青　　岛	1 796.2	1 000.0		764.4		31.8
宁　　波	2 098.6	1 553.5		545.1		
深　　圳	850.0	850.0				
厦　　门	500.0	500.0				
新疆兵团	202.2	202.2				

各地区水产技术推广机构信息平台情况

地　区	网站(个)	手机平台(户)	电话热线(条)	技术简报(个)
全国总计	**510**	**5 190**	**29 691**	**1 621**
北　京	1	8	12	4
天　津		43	1 262	1
河　北	16	44	115	22
山　西	2	22	486	2
内蒙古	6	65	73	30
辽　宁	3	24	1 573	10
吉　林	4	694	768	75
黑龙江			5 050	
上　海	6	41	53	5
江　苏	50	419	758	135
浙　江	42	176	211	20
安　徽	55	273	1 440	103
福　建		140	65	72
江　西	11	87	142	16
山　东	36	879	8 957	83
河　南	19	169	253	260
湖　北	23	165	234	116
湖　南	2	35	48	1
广　东	45	137	852	37
广　西	50	622	434	31
海　南	2	31	47	20
重　庆	5	121	695	138
四　川	13	353	3 565	164
贵　州	8	196	1 495	119
云　南	90	232	200	90
陕　西	7	70	681	1
甘　肃	3	26	26	10
青　海		25	52	6
宁　夏	3	31	39	42
新　疆		5	10	2
大　连	3	3	10	2
青　岛	1	41	59	1
宁　波	3	10	21	3
深　圳	1	1	1	
厦　门				
新疆兵团		2	4	

各地区水产技术推广履职成效情况(一)

地区	示范关键技术（个）	检验检测（批次）	指导面积（公顷）	服务对象		
				农户（户）	企业（个）	合作组织（个）
全国总计	**4 375**	**194 739**	**3 314 650.6**	**1 300 078**	**28 099**	**24 051**
北京	29	27 318	10 820.5	764	61	13
天津	46	3 993	20 052.0	3 640	165	106
河北	94	6 235	72 409.8	11 490	526	167
山西	21	37	1 742.8	381	36	82
内蒙古	43	604	61 315.0	3 950	199	181
辽宁	51	956	31 767.4	3 771	472	61
吉林	143	2 450	92 095.0	4 892	277	765
黑龙江	199	594	24 710.0	44 027	245	341
上海	41	4 394	13 811.6	5 955	42	477
江苏	448	16 252	554 289.9	174 824	4 443	3 148
浙江	312	13 195	234 271.8	24 318	1 550	877
安徽	301	14 221	395 235.0	36 679	3 577	2 626
福建	176	7 885	78 539.5	23 074	2 704	883
江西	89	714	115 195.7	36 309	555	783
山东	365	8 278	357 626.1	46 065	1 370	1 203
河南	208	1 796	91 444.1	57 418	370	787
湖北	377	16 585	386 952.3	114 228	1 226	3 244
湖南	111	255	46 570.0	17 607	417	408
广东	136	38 570	153 748.0	65 742	3 132	565
广西	250	5 518	114 969.8	129 883	1 518	1 514
海南	14	1 478	4 680.0	3 305	180	77
重庆	90	2 112	35 976.7	17 462	1 199	661
四川	178	5 552	107 097.9	69 435	998	2 831
贵州	77	430	133 912.8	336 742	912	971
云南	120	324	72 684.9	45 972	370	341
陕西	76	6 362	22 672.3	5 948	544	360
甘肃	56	277	5 319.3	1 796	240	200
青海	5	99	573.7	357	35	57
宁夏	82	1 811	23 394.4	1 628	77	144
新疆	20	439	10 863.0	277	51	32
大连	3	2 045	3 946.0	167	51	7
青岛	21	740	17 590.0	1 570	303	48
宁波	188	2 882	16 752.4	8 682	218	84
深圳	2	103	1.0	35	25	2
厦门		235	1 270.0	1 620	3	
新疆兵团	3		350.0	65	8	5

各地区水产技术推广履职成效情况(二)

地　区	渔民技术培训		推广人员培训		公共信息服务		
	期数（期）	人数（人次）	业务培训（人次）	学历教育（人次）	信息覆盖用户（户）	发布公共信息（条）	发放技术资料（份）
全国总计	**13 840**	**992 334**	**55 435**	**2 995**	**1 387 683**	**3 897 810**	**4 579 095**
北　京	35	1 492	583	1	1 606	23 942	10 045
天　津	104	3 870	1 759	55	7 962	1 580	12 089
河　北	256	13 031	611	42	4 963	10 989	31 295
山　西	20	1 185	58		290	832	7 160
内蒙古	117	5 763	835	80	3 106	60 300	41 555
辽　宁	68	4 629	437	2	5 699	64 638	25 018
吉　林	158	7 600	2 780	49	16 415	20 400	25 160
黑龙江	372	20 910	1 818	130	128 730	5 665	92 558
上　海	318	14 213	1 436	20	4 887	9 928	47 519
江　苏	2 135	166 872	7 502	314	160 560	270 690	643 178
浙　江	821	49 618	2 707	71	46 614	89 053	97 479
安　徽	826	64 924	2 320	566	80 447	169 069	330 636
福　建	366	16 637	3 017	57	109 494	609 674	162 001
江　西	395	24 042	480	68	22 706	21 935	94 550
山　东	694	75 397	4 581	194	84 921	58 754	246 990
河　南	524	49 379	1 249	110	36 815	127 714	300 506
湖　北	1 402	100 624	1 367	85	167 839	751 866	613 207
湖　南	65	55 412	183	7	5 574	48 031	69 970
广　东	893	45 788	3 436	203	67 043	873 873	199 950
广　西	567	30 445	7 721	196	127 326	321 233	260 100
海　南	61	3 476	73	6	3 736	2 529	16 620
重　庆	409	18 114	716	60	19 797	15 042	106 354
四　川	1 061	80 273	2 874	198	69 258	100 103	449 599
贵　州	692	55 164	2 508	287	146 533	41 574	177 267
云　南	669	47 095	1 246	25	24 216	71 363	190 787
陕　西	302	13 871	1 592	77	13 116	50 899	184 906
甘　肃	166	3 648	663	73	916	1 632	36 668
青　海	21	748	58	10	452	1 745	5 624
宁　夏	147	7 330	395	2	2 219	19 147	50 822
新　疆	10	364	70		792	85	2 241
大　连	14	790	43	2	280	20 720	1 700
青　岛	45	2 820	104	5	2 769	21 738	12 396
宁　波	75	3 933	163		19 658	8 003	12 253
深　圳	4	1 880	30		376	879	19 372
厦　门	28	997	20		380	2 125	1 300
新疆兵团					188	60	220

各地区水产技术推广机构技术成果

地　区	技术成果数量（个）	审定新品种（个）	获奖情况（个）				获得专利（项）	发表论文（篇）	制定标准/规范（个）	出版图书（本）
			国家级	省部级	市厅级	县级				
全国总计	**143**	**10**	**18**	**90**	**91**	**55**	**166**	**1 567**	**211**	**53**
北　京	5			7			2	17	3	1
天　津	11			1				3		
河　北	4	3	1	1	3		2	60	11	3
山　西										
内蒙古							2	14	15	
辽　宁	3			2	1		1	25	5	1
吉　林			1					22	4	
黑龙江				1				151		2
上　海	9				3		13	46		2
江　苏	12	1		7	13	23	23	201	30	2
浙　江	13		1	6	9	8	5	57	16	5
安　徽	16			8	3	3	28	185	19	4
福　建	7			4			2	60	8	3
江　西	4		1	7	8	9	2	60	7	3
山　东	3			2	6		19	105	7	4
河　南	6	3		4	2	3	7	70	27	11
湖　北			4				2	60	9	2
湖　南								4		
广　东	8	2	7	21	5	1	13	101	9	2
广　西	10			5	27		9	58	5	2
海　南	3							4		
重　庆	3			3		3	5	63	1	3
四　川	8	1	1	2	1		2	11	10	
贵　州	10		2	2	5	5	6	34	19	2
云　南							4	25		
陕　西							1	22		
甘　肃	3			1	2		4	19		
青　海	1						3	7		
宁　夏				5				8	3	
新　疆							5	29		
大　连							1	10		1
青　岛	1						1	15		
宁　波	3			1	3		4	18	3	
深　圳								3		
厦　门										
新疆兵团										

七、灾　害

各地区渔业灾情造成的经济损失(一)

单位:万元

地　区	1.水产品损失					
	小　计	台风、洪涝	病　害	干　旱	污　染	其　他
全国总计	**1 348 657.81**	**693 766.06**	**231 119.62**	**292 990.11**	**31 585.44**	**99 196.58**
北　京	105.00		105.00			
天　津	852.20	1.00	851.20			
河　北	38 997.77	25 982.77	1 945.00		580.00	10 490.00
山　西	387.60			354.60	3.00	30.00
内蒙古	1 807.00		96.00	1 711.00		
辽　宁	39 338.20	35 757.20	631.00		250.00	2 700.00
吉　林	156.00	79.00	17.00	60.00		
黑龙江	22 121.20	22 121.20				
上　海	1 020.50	17.50	960.50		42.50	
江　苏	109 923.00	25 741.00	52 044.00	19 259.00	2 188.00	10 691.00
浙　江	122 495.00	98 136.00	22 763.00	1 427.00	29.00	140.00
安　徽	158 924.33	8 393.00	24 134.69	122 447.56	3 458.08	491.00
福　建	33 370.00	14 138.00	9 382.00	33.00	9 200.00	617.00
江　西	176 238.52	69 002.75	51 283.23	50 750.89	1 057.25	4 144.40
山　东	213 900.00	174 711.00	8 130.00	10 710.00	12 758.00	7 591.00
河　南	5 748.00	1 085.00	2 017.00	2 041.00	299.00	306.00
湖　北						
湖　南	210 296.00	97 314.00	8 353.00	76 745.00	608.00	27 276.00
广　东	63 026.00	19 172.00	30 109.00	2 888.00	815.00	10 042.00
广　西	97 775.22	72 326.86	5 459.96	223.30	30.50	19 734.60
海　南	3 315.00	321.00	2 911.00		83.00	
重　庆	2 506.00	1 188.00	1 073.00	107.00	94.00	44.00
四　川	21 548.19	14 020.69	2 943.00	1.50	21.00	4 562.00
贵　州	9 171.49	8 720.64	89.65	349.20		12.00
云　南	9 636.32	3 238.00	2 761.89	3 346.31	65.62	224.50
西　藏						
陕　西	3 224.10	2 261.77	346.00	517.25		99.08
甘　肃	341.77	37.68	298.10	0.50	3.49	2.00
青　海						
宁　夏	159.20		159.20			
新　疆	2 274.20		2 256.20	18.00		

各地区渔业灾情造成的经济损失(二)

单位:万元

地 区	2.(台风、洪涝)损毁渔业设施							
	小 计	池 塘	网箱(鱼排)	围 栏	沉 船	船 损	堤 坝	泵 站
全国总计	**215 025.43**	**116 820.57**	**19 063.90**	**560.00**	**1 614.10**	**8 430.50**	**18 117.88**	**379.00**
北 京								
天 津								
河 北	2 199.00	1 180.00			80.00		151.00	120.00
山 西								
内蒙古								
辽 宁	873.00					40.00	133.00	
吉 林	56.00						51.00	
黑龙江	2 019.00	2 019.00						
上 海	32.30					10.00		
江 苏	5 560.00	3 635.00	753.00	38.00	15.00	130.00	3.00	18.00
浙 江	56 080.00	15 332.00	10 406.00	77.00	1 336.00	6 481.00	584.00	
安 徽	979.00	533.00	114.00	13.00			246.00	
福 建	5 855.00	3 224.00	891.00	22.00	1.00	105.00	156.00	
江 西	20 899.81	11 734.01	314.00	114.00	10.00	6.00	1 253.20	
山 东	55 928.30	39 117.00	3 923.00	212.00	9.30	215.00	5 021.00	110.00
河 南	50.00							
湖 北	4 743.00	2 470.00		5.00	37.00	780.00	1 075.00	18.00
湖 南	32 676.00	19 092.00	227.00		66.00	210.00	8 617.00	83.00
广 东	10 818.00	6 361.00	1 519.00	44.00	34.00	390.00	584.00	30.00
广 西	2 509.01	1 470.41	685.00		17.80	58.50	36.00	
海 南	1 237.00	1 229.00			8.00			
重 庆	341.00	255.00					86.00	
四 川	8 143.88	7 860.88					41.00	
贵 州	667.90	442.82	0.90	20.00		5.00	34.68	
云 南	935.00	771.00	131.00	15.00			16.00	
西 藏								
陕 西	2 407.95	90.95	100.00				25.00	
甘 肃	15.28	3.50					5.00	
青 海								
宁 夏								
新 疆								

各地区渔业灾情造成的经济损失(三)

单位:万元

地区	2.(台风、洪涝)损毁渔业设施(续)							直接经济损失合计
	涵闸	码头	护岸	防波堤	工厂化养殖	苗种繁育场	其他	
全国总计	**533.00**	**4 053.00**	**5 475.50**	**4 307.00**	**5 705.00**	**8 893.00**	**21 072.98**	**1 563 683.24**
北京								105.00
天津								852.20
河北				600.00	68.00			41 196.77
山西								387.60
内蒙古								1 807.00
辽宁		50.00	650.00					40 211.20
吉林	5.00							212.00
黑龙江								24 140.20
上海							22.30	1 052.80
江苏	5.00		1.00	270.00	140.00	342.00	210.00	115 483.00
浙江	20.00	2 106.00	1 233.00	1 145.00	1 898.00	4 045.00	11 417.00	178 575.00
安徽			53.00			9.00	11.00	159 903.33
福建		102.00			38.00	179.00	1 137.00	39 225.00
江西			1 438.00	993.00	612.00	185.00	4 240.60	197 138.33
山东	21.00	1 406.00	543.50	408.50	2 686.00	1 729.00	527.00	269 828.30
河南						50.00		5 798.00
湖北	7.00		122.00	6.00	3.00	10.00	210.00	4 743.00
湖南	153.00	289.00	733.00	173.00	65.00	1 468.00	1 500.00	242 972.00
广东	280.00	100.00	620.00	677.00	50.00	46.00	83.00	73 844.00
广西			42.00	31.00	65.00	10.00	93.30	100 284.23
海南								4 552.00
重庆								2 847.00
四川	40.00						202.00	29 692.07
贵州			38.00	1.50	80.00	40.00	5.00	9 839.39
云南	2.00							10 571.32
西藏								
陕西						780.00	1 412.00	5 632.05
甘肃			2.00	2.00			2.78	357.05
青海								
宁夏								159.20
新疆								2 274.20

各地区渔业灾情造成的数量损失(一)

地　区	1.受灾养殖面积(公顷)						2.水产品损失(吨)		
	小　计	台风、洪涝	病　害	干　旱	污　染	其　他	小　计	台风、洪涝	病　害
全国总计	**741 833**	**278 191**	**148 492**	**178 248**	**10 349**	**126 553**	**842 180**	**369 866**	**171 380**
北　京	85		85				75		75
天　津	1 073	2	1 071				938	4	934
河　北	17 001	15 389	734		58	820	24 003	21 811	764
山　西	61			58		3	242		
内蒙古	2 333		30	2 303			1 373		51
辽　宁	19 598	17 483	100		2 000	15	4 370	3 065	485
吉　林	492	150	42	300			75	19	20
黑龙江	15 090	15 090					16 388	16 388	
上　海	428	1	406		21		452	9	427
江　苏	57 101	9 208	28 302	15 025	2 178	2 388	49 632	15 875	21 956
浙　江	40 686	32 760	7 112	749	37	28	49 916	40 820	8 848
安　徽	122 407	12 961	19 767	87 516	1 619	544	106 336	4 575	15 254
福　建	6 293	3 568	1 164	42	1 500	19	25 217	6 980	6 930
江　西	113 119	43 627	39 367	28 763	415	947	164 405	59 886	47 809
山　东	74 374	57 803	2 124	11 532	1 309	1 606	97 260	65 215	9 343
河　南	5 222	347	3 052	1 345	216	262	4 940	1 001	2 195
湖　北	36 064	7 981	15 957	1 080	368	10 678	32 163	6 635	14 685
湖　南	172 571	38 263	15 404	25 543	174	93 187	143 733	84 255	7 153
广　东	33 682	9 931	7 193	1 304	351	14 903	52 472	14 567	22 207
广　西	6 627	3 284	2 330	347	24	642	40 089	13 851	4 520
海　南	301	63	210		22	6	1 740	243	1 424
重　庆	1 351	185	1 040	88	21	17	2 334	814	1 190
四　川	3 865	3 198	353	1	4	309	11 513	7 856	1 933
贵　州	6 812	5 618	17	1 174		3	2 937	2 732	32
云　南	3 329	1 143	982	1 052	19	133	6 468	2 077	1 409
西　藏									
陕　西	239	131	37	19	10	42	1 445	1 143	123
甘　肃	82	5	71	2	3	1	175	45	125
青　海									
宁　夏	173		173				151		151
新　疆	1 374		1 369	5			1 338		1 337

各地区渔业灾情造成的数量损失(二)

地区	2.水产品损失(吨)(续)			3.(台风、洪涝)损毁渔业设施					
	干旱	污染	其他	池塘(公顷)	网箱(鱼排)(箱)	围栏(千米)	沉船(艘)	船损(艘)	堤坝(米)
全国总计	**215 027**	**26 210**	**59 697**	**78 601**	**29 765**	**13 020**	**199**	**1 645**	**509 096**
北京									
天津									
河北		210	1 218	2 703			1		1 500
山西	220	2	20						
内蒙古	1 322								
辽宁		500	320	15	4			2	1 250
吉林	36			25					1 340
黑龙江				15 090					
上海		16						8	
江苏	9 032	2 299	470	1 111	2 012	27			120
浙江	178	26	44	4 256	16 168	1 006	81	1 053	3 159
安徽	84 255	1 958	294	418	422	1			11 941
福建	22	10 950	335	328	3 756	5	1	6	2 866
江西	52 406	942	3 362	10 975	704	720	5	5	25 311
山东	14 275	7 551	876	23 363	484	10 001	3	103	258 951
河南	1 100	366	278						
湖北	7 500	360	2 983	3 313			10	2	18 985
湖南	39 181	125	13 019	13 400	318		83	406	173 631
广东	2 063	656	12 979	1 585	2 055	157	5	23	3 918
广西	189	29	21 500	914	611		9	37	512
海南		68	5	108			1		
重庆	220	77	33	17					445
四川	1	10	1 713	669					1 310
贵州	163		10	197		3			3 457
云南	2 772	60	150	77	3 071	1 100			200
西藏									
陕西	90	2	87	33	160				
甘肃	1	3	1	4					200
青海									
宁夏									
新疆	1								

各地区渔业灾情造成的数量损失(三)

地区	3.(台风、洪涝)损毁渔业设施(续)							4.人员损失(人)			
	泵站(座)	涵闸(座)	码头(米)	护岸(米)	防波堤(米)	工厂化养殖(座)	苗种繁育场(个)	小计	失踪	死亡	重伤
全国总计	**186**	**266**	**4 953**	**62 040**	**10 918**	**143**	**134**	**8**	**1**	**5**	**2**
北京											
天津											
河北	1				600	13		2		2	
山西											
内蒙古											
辽宁			300	2 700				1	1		
吉林		1									
黑龙江											
上海								2			2
江苏				950	150	2					
浙江		1	2 506	2 997	930	21	67	3		3	
安徽				1 015			6				
福建			60			1	10				
江西				31 494	4 046	2	3				
山东	46	21	701	2 367	485	95	8				
河南							1				
湖北	38	13		15 116	1	3					
湖南	41	27	1 300	2 076	1 571	2	29				
广东	60	189	80	1 295	2 164	1	5				
广西			6	1 590	382	3	2				
海南											
重庆		12									
四川		1									
贵州				240	420		1				
云南		1									
西藏											
陕西							2				
甘肃				200	169						
青海											
宁夏											
新疆											

八、附　　录

附录一

水产品产量数据调整说明

1. 根据第二次农业普查结果调整水产品产量数据说明

第二次全国农业普查结束后，按照国家统计局要求，原农业部对2006年渔业统计数据进行了调整。调整以农业普查水产养殖面积调查结果为依据，以各省、自治区、直辖市2006年的养殖单产水平、养殖结构为参考依据，综合测算各省、自治区、直辖市水产品产量调减比例，核定2006年水产品产量。并以此为基数，参考渔业统计年报中各年度间的产量调整比例，对1997—2005年的水产品产量数据进行了相应调整。

2. 根据第三次农业普查结果调整水产品产量数据说明

第三次全国农业普查结束后，农业农村部联合国家统计局对2016年渔业统计数据进行了调整。调整以农业普查结果为依据，对各省、自治区、直辖市2016年水产养殖面积进行适当核定修正，并以各省、自治区、直辖市2016年水产养殖面积、从业人员、水产苗种等指标数据为参考依据，综合测算核定各省、自治区、直辖市2016年水产品产量。并以此为基数，参考渔业统计年报中各年度间的产量调整比例，对2012—2015年的水产品产量数据进行了相应调整。

附录二

调整后历年产量对照表(一)

单位:万吨

年 份	调整前	调整后	其 中				
			海洋捕捞	远洋渔业	海水养殖	淡水捕捞	淡水养殖
1987	1 091.93	1 091.93	479.91	6.39	192.61	64.61	348.41
1988	1 225.32	1 225.32	504.66	9.64	249.29	71.98	389.75
1989	1 332.58	1 332.58	548.33	10.71	275.73	80.78	417.03
1990	1 427.26	1 427.26	594.40	17.09	284.22	85.64	445.91
1991	1 572.99	1 572.99	644.35	32.35	333.31	100.39	462.59
1992	1 824.46	1 824.46	720.84	46.43	424.31	99.09	533.79
1993	2 152.31	2 152.31	795.53	56.22	540.23	112.07	648.26
1994	2 515.69	2 515.69	925.61	68.83	604.80	126.79	789.66
1995	2 953.04	2 953.04	1 054.07	85.68	721.51	151.02	940.76
1996	3 280.72	3 280.72	1 152.99	92.65	765.89	175.43	1 093.76
1997	3 601.78	**3 118.59**	1 092.73	103.70	691.66	163.45	1 067.04
1998	3 906.65	**3 382.66**	1 201.25	91.31	751.99	197.51	1 140.60
1999	4 122.43	**3 570.15**	1 203.46	89.91	851.89	197.95	1 226.94
2000	4 278.99	**3 706.23**	1 189.43	86.52	927.96	193.44	1 308.88
2001	4 382.09	**3 795.92**	1 155.64	88.49	989.38	186.23	1 376.20
2002	4 565.18	**3 954.86**	1 128.34	109.64	1 060.47	194.71	1 461.69
2003	4 706.11	**4 077.02**	1 121.20	115.77	1 095.86	213.28	1 530.92
2004	4 901.77	**4 246.57**	1 108.08	145.11	1 151.29	209.60	1 632.49
2005	5 101.65	**4 419.86**	1 111.28	143.81	1 210.81	220.97	1 733.00
2006	5 290.40	**4 583.60**	1 136.40	109.07	1 264.16	220.38	1 853.59
2007	4 747.52	4 747.52	1 136.03	107.52	1 307.34	225.64	1 970.99
2008	4 895.59	4 895.59	1 149.63	108.33	1 340.32	224.82	2 072.49
2009	5 116.40	5 116.40	1 178.61	97.72	1 405.22	218.39	2 216.46
2010	5 373.00	5 373.00	1 203.59	111.64	1 482.30	228.94	2 346.53
2011	5 603.21	5 603.21	1 241.94	114.78	1 551.33	223.23	2 471.93
2012	5 907.68	**5 502.14**	1 190.02	124.40	1 575.20	204.02	2 408.51
2013	6 172.00	**5 744.22**	1 191.99	135.70	1 664.65	204.17	2 547.69
2014	6 461.52	**6 001.92**	1 200.18	203.68	1 732.40	202.49	2 663.17
2015	6 699.64	**6 210.97**	1 216.81	218.93	1 796.56	199.34	2 779.34
2016	6 901.25	**6 379.48**	1 187.20	198.75	1 915.31	200.33	2 877.89
2017		6 445.33	1 112.42	208.62	2 000.70	218.30	2 905.29
2018		6 457.66	1 044.46	225.75	2 031.22	196.39	2 959.84
2019	6 480.36	6 480.36	1 000.15	217.02	2 065.33	184.12	3 013.74

注:根据第二次全国农业普查结果调整了1997—2006年产量,根据第三次全国农业普查结果调整了2012—2016年产量。

调整后历年产量对照表(二)

单位:万吨

年　份	调整前	调整后	海洋产品	捕捞	养殖	淡水产品	捕捞	养殖
1987	1 091.93	1 091.93	678.91	486.30	192.61	413.02	64.61	348.41
1988	1 225.32	1 225.32	763.59	514.30	249.29	461.73	71.98	389.75
1989	1 332.58	1 332.58	834.77	559.04	275.73	497.81	80.78	417.03
1990	1 427.26	1 427.26	895.71	611.49	284.22	531.55	85.64	445.91
1991	1 572.99	1 572.99	1 010.01	676.70	333.31	562.98	100.39	462.59
1992	1 824.46	1 824.46	1 191.58	767.27	424.31	632.88	99.09	533.79
1993	2 152.31	2 152.31	1 391.98	851.75	540.23	760.33	112.07	648.26
1994	2 515.69	2 515.69	1 599.24	994.44	604.80	916.45	126.79	789.66
1995	2 953.04	2 953.04	1 861.26	1 139.75	721.51	1 091.78	151.02	940.76
1996	3 280.72	3 280.72	2 011.53	1 245.64	765.89	1 269.19	175.43	1 093.76
1997	3 601.78	3 118.59	1 888.10	1 196.44	691.66	1 230.50	163.45	1 067.04
1998	3 906.65	3 382.66	2 044.55	1 292.56	751.99	1 338.11	197.51	1 140.60
1999	4 122.43	3 570.15	2 145.26	1 293.37	851.89	1 424.89	197.95	1 226.94
2000	4 278.99	3 706.23	2 203.91	1 275.95	927.96	1 502.32	193.44	1 308.88
2001	4 382.09	3 795.92	2 233.50	1 244.12	989.38	1 562.42	186.23	1 376.20
2002	4 565.18	3 954.86	2 298.45	1 237.98	1 060.47	1 656.40	194.71	1 461.69
2003	4 706.11	4 077.02	2 332.82	1 236.97	1 095.86	1 744.20	213.28	1 530.92
2004	4 901.77	4 246.57	2 404.47	1 253.18	1 151.29	1 842.09	209.60	1 632.49
2005	5 101.65	4 419.86	2 465.89	1 255.08	1 210.81	1 953.97	220.97	1 733.00
2006	5 290.40	4 583.60	2 509.63	1 245.47	1 264.16	2 073.97	220.38	1 853.59
2007	4 747.52	4 747.52	2 550.89	1 243.55	1 307.34	2 196.63	225.64	1 970.99
2008	4 895.59	4 895.59	2 598.28	1 257.96	1 340.32	2 297.31	224.82	2 072.49
2009	5 116.40	5 116.40	2 681.55	1 276.33	1 405.22	2 434.85	218.39	2 216.46
2010	5 373.00	5 373.00	2 797.53	1 315.23	1 482.30	2 575.47	228.94	2 346.53
2011	5 603.21	5 603.21	2 908.05	1 356.72	1 551.33	2 695.16	223.23	2 471.93
2012	5 907.68	5 502.14	2 889.61	1 314.41	1 575.20	2 612.53	204.02	2 408.51
2013	6 172.00	5 744.22	2 992.35	1 327.70	1 664.65	2 751.87	204.17	2 547.69
2014	6 461.52	6 001.92	3 136.25	1 403.85	1 732.40	2 865.66	202.49	2 663.17
2015	6 699.64	6 210.97	3 232.29	1 435.73	1 796.56	2 978.67	199.34	2 779.34
2016	6 901.25	6 379.48	3 301.26	1 385.95	1 915.31	3 078.22	200.33	2 877.89
2017	6 445.33	6 445.33	3 321.74	1 321.04	2 000.70	3 123.59	218.30	2 905.29
2018	6 457.66	6 457.66	3 301.43	1 270.21	2 031.22	3 156.23	196.39	2 959.84
2019	6 480.36	6 480.36	3 282.50	1 217.17	2 065.33	3 197.86	184.12	3 013.74

附录三

渔业统计指标解释

第一章 水产品产量

第 1 条 水产品特征及产量统计范围

水产品指渔业(捕捞和养殖)生产活动的最终有效成果,它具有以下特征:

(1)它是渔业生产活动的成果。水产品既是渔业生产的劳动对象,也是渔业生产的劳动成果,它包括全部海淡水鱼类、甲壳类(虾、蟹)、贝类、头足类、藻类和其他类渔业产品。

(2)它是渔业生产活动的最终成果。渔业生产过程中的中间成果,如鱼苗、鱼种、亲鱼、转塘鱼、存塘鱼和自用作饵料的产品,不是最终成果,不能统计在水产品产量中。

(3)它是渔业生产活动的最终有效成果。水产品在上岸前已经腐烂变质,不能供人食用或加工成其他制品的,不统计在水产品产量中。

第 2 条 产量统计年度和统计者

(1)年水产品产量按日历年度计算。即从每年 1 月 1 日至 12 月 31 日止已从养殖水域捕捞起水或者已从天然水域捕捞并已返航卸港的水产品均统计在年产量中,有的生产渔船在外地收港卸鱼或者在海上由收购船扒载收购的,也按到港计算产量。

(2)水产品产量统计中,养殖产量按照水域所在地统计,国内捕捞产量按照渔船所属地统计,远洋渔业产量按照远洋渔业管理办法进行统计。

第 3 条 产量计量标准

除海蜇按三矾后的成品计量、各种藻类按干品计量外,其余各种水产品均按捕捞起水时鲜品实重(原始重量)计量。此外,供观赏的水生动物按个体计算。

第 4 条 养殖产量与捕捞产量划分原则

凡人工养殖并已起水的水产品数量为养殖产量,凡捕捞天然生长的水产品数量为捕捞产量。

(1)凡是人工投放苗种(不包括灌江纳苗)并进行人工饲养管理的淡水养殖水域中捕捞的水产品产量计算为淡水养殖产量,否则为淡水捕捞产量。

(2)凡是人工投放苗种或天然纳苗并进行人工饲养管理的海水养殖水域中捕捞的水产品产量计算为海水养殖产量,否则为海洋捕捞产量。

(3)稻田养殖起水的水产品,也计算为淡水养殖产量。

第 5 条 水产品分类

水产品分为海水产品和淡水产品两大类。

一、海水产品

海水产品包括海洋捕捞产品、海水养殖产品和远洋渔业产品。其中,海洋捕捞产品产量指国内海洋捕捞产品产量不包括远洋渔业产量。

1.海洋捕捞产品:包括海洋捕捞鱼类、甲壳类(虾、蟹)、贝类、藻类、头足类和其他类。

(1)海洋捕捞鱼类:海鳗、鳓鱼、鳀鱼、沙丁鱼、鲱鱼、石斑鱼、鲷鱼、蓝圆鲹、白姑鱼、黄姑鱼、鮸鱼、大黄鱼、小黄鱼、梅童鱼、方头鱼、玉筋鱼、带鱼、金线鱼、梭鱼、鲐鱼、鲅鱼、金枪鱼、鲳鱼、马面鲀、竹筴鱼和鲻鱼等。

(2)海洋捕捞甲壳类:虾和蟹。虾包括毛虾、对虾、鹰爪虾、虾蛄等。蟹包括梭子蟹、青蟹和蟳等。

(3)海洋捕捞贝类:蛤、蛏、蚶和螺等。

(4)海洋捕捞藻类:江蓠、石花菜和紫菜等。

(5)海洋捕捞头足类:乌贼、鱿鱼和章鱼等。

(6)海洋捕捞其他类:海蜇等。

2.海水养殖产品:包括海水养殖鱼类、甲壳类(虾、蟹)、贝类、藻类、其他类。

(1)海水养殖鱼类:鲈鱼、鲆鱼、大黄鱼、军曹鱼、鰤鱼、鲷鱼、美国红鱼、河鲀、石斑鱼和鲽鱼等。

(2)海水养殖甲壳类:虾和蟹。虾包括南美白对虾、斑节对虾、中国对虾和日本对虾等。蟹包括梭子蟹和青蟹等。

(3)海水养殖贝类:牡蛎、鲍、螺、蚶、贻贝、江珧、扇贝、蛤和蛏等。

(4)海水养殖藻类:海带、裙带菜、紫菜、江蓠、麒麟菜、石花菜、羊栖菜和苔菜等。

(5)海水养殖其他类:海参、海胆、海水珍珠和海蜇等。

3.远洋渔业产品:见第 27 条。

二、淡水产品

淡水产品包括淡水养殖产品和淡水捕捞产品。

1.淡水养殖产品:包括鱼类、甲壳类(虾、蟹)、贝类、藻类和其他类产品。

(1)淡水养殖鱼类:鲟鱼、鳗鲡、青鱼、草鱼、鲢鱼、鳙鱼、鲤鱼、鲫鱼、鳊鲂、泥鳅、鲇鱼、鮰鱼、黄颡鱼、鲑鱼、鳟鱼、河鲀、短盖巨脂鲤、长吻鮠、黄鳝、鳜鱼、鲈鱼、乌鳢和罗非鱼等。

(2)淡水养殖甲壳类:虾和河蟹,其中虾包括罗氏沼虾、青虾、克氏原螯虾和南美白对虾等。

(3)淡水养殖贝类:河蚌、螺、蚬等。

(4)淡水养殖藻类:即螺旋藻。

(5)淡水养殖其他类产品:龟、鳖、蛙和珍珠等。

(6)观赏鱼统计按"条"计量,其重量不计入淡水养殖总产量。

2.淡水捕捞产品:包括鱼类、甲壳类(虾、蟹)、贝类、藻类和其他类。其他类中包括丰年虫等。

第 6 条　海洋捕捞产量(按海区、渔具分类)

1.按捕捞海域分为渤海、黄海、东海和南海区产量。渤海、黄海、东海、南海区划分界线:

(1)渤海:东以辽宁老铁山西角经庙岛群岛至蓬莱角连线与黄海为界。

(2)黄海:南以长江口北角至韩国济州岛西南端连线与东海为界,东至朝鲜半岛与朝鲜海峡。

(3)东海:南以闽粤省界经东山岛南端至台湾省南端的鹅銮鼻灯塔连线与南海为界,东至对马海峡日本琉球群岛与我国台湾省。

(4)南海:东以巴士海峡、巴林塘海峡、菲律宾群岛与太平洋为界,南至加里曼丹,西临中南半岛及马来半岛。

2.按捕捞渔具分为拖网、围网、刺网、张网、钓具和其他渔具产量。

(1)拖网:单拖和双拖。

(2)围网:单船围网、双船围网和多船围网。

(3)刺网:定置刺网、漂流刺网、包围刺网和拖曳刺网。

(4)张网:单桩、双桩、多桩、单锚、双锚、船张、墙张和并列张网。

(5)钓具:漂流延绳钓、定置延绳钓、曳绳钓和垂钓(如鱿钓)。

(6)其他渔具:地拉网、敷网、抄网、掩罩、陷阱、耙刺、笼壶等类型。

第 7 条　海水养殖产量(按养殖水域分类)

(1)海上养殖:在低潮位线以下从事海水养殖生产。

(2)滩涂养殖:在潮间带间从事海水养殖生产。

(3)其他养殖:在高潮位线以上从事海水养殖生产。

第 8 条　淡水养殖产量(按养殖水域分类)

按养殖水面类型不同,分为池塘、湖泊、水库、河沟、稻田及其他养殖方式。

第 9 条　部分养殖方式分类产量

(1)普通网箱:网箱一般由合成纤维如尼龙、聚氯乙烯等网线编织而成,装置在网箱架上。普通网箱面积均为数平方米到数十平方米。一般安置在港湾、沿岸、湖泊、水库和河沟等水域。

(2)深水网箱:深水网箱是一种大型海水网箱,主要有重力式聚乙烯网箱、浮绳式网箱和碟形网箱三种类型,具有抗风浪性能。网箱水体均为数百立方米到数千立方米。深水网箱一般安置在水深 20 米以下的海域。

(3)工厂化:工厂化养殖即按工艺过程的连续性和流水性的原则,通过机械或自动化设备,对养殖水体进行水质和水温的控制,保持最适宜于鱼类生长和发育的生态条件,使鱼类的繁殖、苗种培育、商品鱼的养殖等各个环节能相互衔接,形成一个独自的生产体系,以进行无季节性的连续生产,达到高效率、高速度的养殖目的。

第二章　水产养殖面积

第 10 条　水产养殖面积

水产养殖面积指在报告期内实际用于养殖水产品的水面面积,包括海水养殖面积和淡水养殖面积。在报告期内无论是否全部收获或尚未收获其产品,均应统计在养殖面积中。但有些水面不投放苗种或投放少量苗种,只进行一般管理的,不统计为养殖面积。养殖面积法定计量单位为公顷。

第 11 条　海水养殖面积

海水养殖面积指利用天然海水养殖水产品的水面面积,包括海上养殖、滩涂养殖、其他养殖。工厂化、深水网箱不计入养殖面积。

第 12 条　淡水养殖面积

淡水养殖面积指在淡水水域养殖水产品的水面面积,包括池塘、湖泊、水库、河沟和其他五部分。工厂化、稻田养殖不计入养殖总面积。

第 13 条　养殖面积核算

(1)海上、滩涂、池塘、湖泊、水库、河沟等方式养殖面积按照实际使用的水面计算,计量单位公顷。

(2)普通网箱按照实际占用水面计算面积,计量单位为$米^2$。

(3)工厂化养殖:按照实际养殖水体的体积计算,计量单位为$米^3$。

(4)深水网箱:按照实际占用水的体积计算,计量单位为$米^3$。

(5)在江河、湖泊、水库投放苗种或灌江纳苗、增殖放流的水域不统计面积;湖泊、水库、河沟虽有专人管理,或有苗种投放,但人工养殖水产品起捕量不足

30%的水面也不统计为养殖面积(其产量列入捕捞产量)。

第三章 渔业经济总产值和增加值

第 14 条 渔业经济总产值和增加值

渔业经济总产值和增加值指以货币表现的核算期内渔业经济活动的总产出和总成果,包括了全社会渔业、渔业工业和建筑业、渔业流通和服务业。

第 15 条 渔业产值和增加值

渔业产值指以货币表现的核算期内捕捞和养殖水产品及水产苗种的总产出和总成果。具体包括人工养殖的水生动物和海藻的产值、天然水生动物和天然海藻采集的产值,即包括海洋捕捞、海水养殖、淡水捕捞、淡水养殖产品以及水产苗种的产出。其计算方法:水产品及苗种的产量分别乘以其产品的现行价格。

渔业增加值指以货币表现的核算期内全社会从事渔业捕捞和养殖生产活动所创造的最终产品的价值,其计算方法:渔业总产出扣除渔业中间投入。

渔业产值和增加值的数据取自同级统计部门。

第 16 条 渔业工业、建筑业产值和增加值

渔业工业、建筑业产值和增加值指以货币表现的核算期内全社会从事水产品加工业、渔用机具制造业、渔用饲料工业、渔用药物制造业、渔业建筑业等的产出和成果。

水产品加工业产值等于加工产品量乘以现行价格,其增加值采用食品加工业增加值率进行推算。

渔用机具制造业产值、增加值等于渔船渔机修造业、渔用绳网制造业和其他设备制造业的产值、增加值之和;其产值计算方法主要采用"工厂法"计算,增加值的计算方法采用统计部门"规模以上工业企业总产值表"中的相应指标增加值率进行推算。

渔用饲料工业产值主要采用"工厂法",增加值是渔用饲料工业现行总产出乘以"规模以上"饲料工业现价增加值率。

渔用药物制造业产值取同级相关部门统计年报表中的有关数据,其增加值等于渔用药物总产出乘以"规模以上"生物制药业现价增加值率。

渔业建筑业产值计算方法是从建筑产品所有方的建筑工程造价角度入手,依据投资完成额计算,其增加值采用建筑业增加值率来推算。

第 17 条 渔业流通和服务业产值和增加值

渔业流通和服务业包括渔业流通业,渔业(仓储)运输业,休闲渔业,渔业文化教育、科学技术和信息等产值和增加值。

渔业流通业产值以营业额来计算,其增加值等于渔业流通业产值乘以批发零售贸易业现价增加值率进行推算。

渔业(仓储)运输业产值即营业收入,其增加值计算方法与建筑业相同。

休闲渔业产值包括涉渔的一切旅游服务业产值,以营业额计算,其增加值用旅游业增加值率进行推算。

渔业文化教育、科学技术和信息等产值及其增加值根据财政部门《一般预算支出决算明细表》和有关资料进行推算。

第 18 条 计算总产值的价格

计算总产值的价格按当年价格计算。

当年价格就是当年出售产品时的实际价格。水产品当年价格以各地渔业生产单位初次出售的价格的平均价格为依据;工业产品以报告期内的产品出厂价格为当年价格。商业以零售价格为当年价格。

第四章 渔业船舶拥有量

第 19 条 渔业船舶

渔业船舶指从事渔业生产的船舶以及为渔业生产服务的船舶,按有无推进动力分为机动渔业船舶和非机动渔业船舶。按生产性质分为生产渔船和辅助渔船。

国内海洋捕捞渔业船舶转为远洋渔业船舶的当年,应纳入远洋渔业船舶统计范围内,在国内渔船统计范围中不再进行统计。

第 20 条 机动渔业船舶

机动渔业船舶指依靠本船主机动力来推进的渔业船舶,分为渔业生产船和渔业辅助船。

渔业生产船是直接从事渔业捕捞和养殖活动的船舶统称。从事捕捞业活动的渔船为捕捞船,从事养殖业活动的渔船为养殖船。捕捞船,按主机总功率分为:441 千瓦(含)以上、44.1(含)～441 千瓦、44.1 千瓦以下三类;按船长分为:24 米(含)以上、12(含)～24 米、12 米以下;按作业方式分为拖网、围网、刺网、张网、钓业、其他共 6 类,有关解释请参照第 6 条的相关内容。

渔业辅助船指从事各种加工、贮藏、运输、补给、渔业执法等渔业辅助活动的渔业船舶统称,包括水产运销船、冷藏加工船、油船、供应船、科研调查船、教学实习船、渔港工程船、拖轮、驳船和渔业行政执法船等。其中捕捞辅助船指水产运销船、冷藏加工船、油船、供应船等为渔业捕捞生产提供服务的渔业船舶。钓业、围网等作业渔船中的子船纳入捕捞辅助船统计范围。

机动渔船年末拥有量应按数量、吨位、功率分别统计,各计量单位规定如下:

(1)数量的单位为“艘”,“艘”应按船舶单元计算,子母式作业船应分别统计。

(2)吨位的单位为“总吨”,“总吨”应为丈量确定的船舶总容积,每 2.83 米^{3}为 1 总吨。

(3)功率的单位为“千瓦”,“千瓦”应按主机总功率计算。1 马力等于 0.735 千瓦。

第 21 条　非机动渔船

非机动渔船指无配置机器作为动力的渔船,依靠人力、风力、水力或其他船只带动的渔业船舶,包括风帆船、手摇船等。

第五章　渔业灾情

第 22 条　渔业灾情

渔业灾情指由于遭受台风(洪涝)、病害、干旱、污染和其他灾害而造成水产品产量减少、苗种损失、设施损坏、水域污染以及人员伤亡等。

水产品损失指由于灾害造成的水产品损失数量和金额。

受灾养殖面积指由于灾害造成水产品产量损失在10%以上的养殖面积。

渔业设施损毁指由于台风(洪涝)造成池塘、网箱(鱼排)、围栏、渔船损坏或沉没、堤坝、泵站、涵闸、码头、护岸、防波堤、工厂化养殖厂及苗种繁育场等被毁,从而造成的渔业设施毁坏的数量和金额。

人员损失指由于灾害而造成人员失踪、死亡和重伤的人数。

第六章　渔业人口与渔业从业人员

第 23 条　渔业乡和渔业村

在农村中,从事渔业生产与经营的人员占全部从业人员 50%以上或渔业产值占农业产值的比重 50%以上的乡、村,即为渔业乡和渔业村;达不到上述标准的,但一直是以经营渔业为主,并经上级主管部门批准定为渔业乡、村的,亦可统计为渔业乡和渔业村。

第 24 条　渔业户(家庭)

渔业户指农(渔)村和城镇住户中主要从事渔业生产与经营的家庭。凡家庭主要劳动力或多数劳动力从事渔业生产与经营的时间占全年劳动时间 50%(6 个月)以上或渔业纯收入占家庭纯收入总额 50%以上者均可统计为渔业户。

第 25 条　渔业人口

渔业人口指依靠渔业生产和相关活动维持生活的全部人口,包括实际从事渔业生产和相关活动的人口及其赡(抚)养的人口,具体如下:

(1)直接从事渔业生产和相关活动的在业人口。

(2)兼营渔业和其他非渔业劳动者中,凡从事渔业生产和相关活动的时间全年累计达到或超过 3 个月者,或者虽全年累计不足 3 个月,但渔业纯收入占纯收入总额比重超过 50%者。

(3)由从事渔业生产和相关活动的人口赡(抚)养的人口。

(4)在既有渔业劳动者又有非渔业劳动者的家庭中,根据渔业与非渔业纯收入比例分摊的被渔业劳动者赡(抚)养的人口。

渔业人口中的传统渔民:指凡渔业乡、渔业村的渔业人口均可称为传统渔民。

第 26 条　渔业从业人员

渔业从业人员:全社会中 16 岁以上,有劳动能力,从事一定渔业劳动并取得劳动报酬或经营收入的人员。

渔业专业从业人员:全年从事渔业活动 6 个月以上或 50%以上的生活来源依赖渔业活动的渔业从业人员;

渔业兼业从业人员:全年从事渔业活动 3～6 个月或 20%～50%的生活来源依赖渔业活动的渔业从业人员;

渔业临时从业人员:全年从事渔业活动 3 个月以下或 20%以下的生活来源依赖渔业活动的渔业从业人员。

第七章　远洋渔业

第 27 条　远洋渔业产量和远洋渔船

远洋渔业产量:由各远洋渔业企业和各生产单位按我国远洋渔业项目管理办法组织的远洋渔船(队)在非我国管辖水域(外国专属经济区水域或公海)捕捞的水产品产量。中外合资、合作渔船捕捞的水产品只统计按协议应属于中方所有的部分。

远洋渔船:按上述办法、协议,在上述水域进行常年或季节性生产的渔船。

第八章　水产苗种

第 28 条　苗种

鱼苗:卵黄囊基本消失,鱼鳔充气,能平游主动摄食的仔鱼,包括人工孵化和江河湖海港湾采捕的天然鱼苗。

鱼种:鱼苗经培育后,发育至全体鳞片,鳍条长全,外观具有成鱼基本特征的幼鱼,一般全长在 1.7～23.3 厘米,因出塘季节和培育期的不同,又俗称为夏花、冬片、春片、秋片、仔口和老口。

扣蟹:蟹苗经数次退皮变成外形接近蟹形的仔蟹,

再经过4～5个月饲养培育成每千克100～200只性腺未成熟的幼蟹。

第29条 苗种数量统计原则

由苗种孵化或育成的单位归属统计，从他处购进或以其他方式取得苗种，不再进行统计。

第九章 水产加工业

第30条 水产加工企业

水产加工企业：从事水产品保鲜（保活）、保藏和加工利用的企业。

规模以上企业：年主营业务收入500万元以上的水产加工企业。

水产品加工能力：年加工处理水产品的总量。

第31条 水产冷库

水产冷库指主要用于水产品冻结、冷藏和制冰的场所，一般以低温冷藏库数作为冷库座数。

冷库的冻结能力、冷藏能力、制冰能力均指冷库建造设计的及后来改扩建新增的生产能力之和。

第32条 水产加工品

水产加工品指以水产品为原料，采用各种食品贮藏加工、水产综合利用技术和工艺所生产的产品，如冷冻冷藏品、腌制品、干制品、熏制品、罐头食品、各种生熟小包装食品，以及鱼油、鱼肝油、多烯脂肪酸制剂、饲料鱼粉、藻胶、碘、贝壳工艺品等。

一、水产冷冻品

水产冷冻品指为了保鲜，将水产品进行冷冻加工处理后得到的产品，包括冷冻品和冷冻加工品，但不包括商业冷藏品。

冷冻品泛指未改变其原始性状的粗加工产品，如冷冻全鱼、全虾等。

冷冻加工品指采用各种生产技术和工艺，改变其原始性状、改善其风味后制成的产品，如冻鱼片、冻虾仁、冷冻烤鳗、冻鱼籽等。

二、鱼糜制品和干腌制品

鱼糜制品指将鱼（虾、蟹、贝等）肉（或冷冻鱼糜）绞碎经配料、擂溃成为稠而富有黏性的鱼肉浆（生鱼糜），再做成一定形状后进行水煮（油炸或焙烤烘干）等加热或干燥处理而制成的食品，如鱼糜、鱼香肠、鱼丸、鱼糕、鱼饼、鱼面、模拟蟹肉等。

干腌制品指以水产品为原料，经脱水（烘干、烟熏、焙烤等）或添加腌制剂（盐、糖、酒、糟）制成具有保藏性和良好风味的产品，如烤鱼片、鱿鱼丝、鱼松、虾皮、虾米、海珍干品，以及海蜇、腌鱼、烟熏鱼、糟鱼、醉虾蟹、醉泥螺、卤甲鱼、水生动植物调味品（虾蟹酱、蚝油、鱼酱油）等。

藻类加工品指以海藻为原料，经加工处理制成具有保藏性和良好风味的方便食品，如海带结、干紫菜、调味裙带菜等。

三、水产罐制品

水产罐制品指以水产品为原料按照罐头工艺加工制成的产品，包括硬包装和软包装罐头，如鱼类罐头、虾贝类罐头等。

四、鱼粉

鱼粉指用低值水产品及水产品加工废弃物（如鱼骨、内脏、虾壳等）等为主要原料生产而成的加工品。

五、鱼油制品

鱼油制品指从鱼肉或鱼肝中提取油脂，并制成的产品，如粗鱼油、精鱼油、鱼肝油、深海鱼油等。

六、其他水产加工品

其他水产加工品指除上述加工产品之外的加工品统称，如助剂和添加剂（蛋白胨、褐藻胶、碘、甘露醇、卡拉胶、琼胶等）、珍珠加工品、贝壳工艺品、鱼酒、鱼奶等。

第十章 渔民家庭当年收支情况调查

第33条 家庭常住人口数

家庭常住人口数指全年经常在家或在家居住6个月以上，而且经济和生活与本户连成一体的人口数。外出从业人员在外居住时间虽然在6个月以上，但收入主要带回家中，经济与本户连为一体，仍视为家庭常住人口；在家居住，生活和本户连成一体的国家职工、退休人员也为家庭常住人口。但是现役军人、中专及以上（走读生除外）的在校学生，以及常年在外（不包括探亲、看病等）且已有稳定的职业与居住场所的外出从业人员，不应当作家庭常住人口。

第34条 家庭渔业从业人员人数

家庭渔业从业人员人数指家庭常住人口中从事渔业生产、销售、运输等活动累计6个月以上的人数。

第35条 全年总收入

全年总收入指调查期内被调查对象从各种来源渠道得到的收入总和。按收入的性质划分为家庭经营收入、工资性收入、财产净收入、转移性收入和政府生产补贴（惠农收入）。

第36条 家庭经营收入

家庭经营收入指以家庭为单位进行生产经营和管理而获得的收入，包括渔业（水产品及鱼苗）收入、其他家庭经营收入。

渔业收入：水产品及鱼苗用于市场交易的现金收入或自产自食的实物收入。市场交易的现金收入等于交易的水产品及鱼苗或与水产品有关的劳务活动量乘以市场价格，只要交易发生，包括现款和应收款都要计算为收入；自产自食的实物收入，按自食水产品数量乘以相应水产品成本价格计算。如某个水产品的市场平均价格为10元/千克，用于计算该水产品市场交易的现金收入；成本价格为6元/千克，用于计算自产自食的该水产品实物收入。

经营其他行业收入：渔民家庭自主经营的除渔业外的其他行业，如种植业、畜牧业、林业等第一产业，或从事第二、三产业所取得的经营收入。第一产业的收入包括现金和实物两个部分，计算方法与渔业收入类似；第二、三产业只计算现金部分。

第37条　工资性收入

工资性收入指渔民家庭中从业人员通过各种途径得到的全部劳动报酬和各种福利，包括在渔业生产劳动中获得的工资和在其他行业劳动中获得的工资。

工资的形式包含计时计件劳动报酬、奖金、津贴，以及单位代个人缴纳的养老保险、医疗保险、失业保险、房租费、水电费、托儿费、医疗费等，单位定期或不定期发放过节费、调动工作的安家费、相当于现金的通用购物卡、免费或低价提供的实物产品和服务折价、工作餐补贴折价，零星或兼职劳动中得到现金、实物补贴折价等，还包括股份制企业派发或奖励给员工的股票和期权。

工资按照收付实现制计算，只要是在调查期内实际得到的工资，无论该工资是补发还是预发，都应归为本期得到的工资收入。本调查期内应得但因拖欠等原因未得到的工资不应计入。

工资不包括因员工或员工家属大病、意外伤害、意外死亡等原因支付给员工或其遗属的抚恤金和困难补助金，应该将其列入转移性收入中的社会救济和补助收入。

第38条　财产性净收入

财产性净收入指渔民家庭住户或成员将其所拥有的金融资产和自然资源交由其他机构单位、住户或个人支配而获得的回报并扣除相关的费用之后得到的净收入。财产性净收入包括利息净收入、红利收入、储蓄性保险净收益和转让承包土地或水面经营权租金净收入等。

利息净收入指利息收入扣除该住户或个人付给债权方的生活性借贷款利息支出后得到的净值。利息收入指按照双方事先约定的金融契约条件，借出金融资产（存款、债券、贷款和其他应收账款）的住户或个人从债务方得到的本金之外的附加额。利息收入是应得收入，包括各类定期和活期存款利息、债券利息、个人借款利息等，银行代扣的利息所得税也包括在内。

红利收入指住户或个人作为股东将其资金交由公司支配或处置而有权获得的收益。包括股票发行公司按入股数量定期分配的股息、年终分红以及从集体财产入股或其他投资分配得到的股息和红利。股票买卖结算后获得的收益（含亏损）不包含在内。

储蓄性保险净收益指住户或个人参加储蓄性保险，扣除缴纳的保险本金及相关费用后，所获得的保险净收益，不包括保险责任人对保险人给予的保险理赔收入。

转让承包土地或水面经营权租金净收入指住户将拥有经营权或使用权的土地转让给其他机构单位或个人获得的补偿性收入扣除相关成本支出后得到的净收入，也包括从其他机构单位或个人获得的实物形式的收入。

其他财产净收入指住户所得的除上述以外的其他财产性收入扣除相关的维护成本之后得到的净收入。如通过在国外购买的土地、矿产等自然资源获得的财产净收入等。

财产性净收入不包括将非金融资产（如住房、生产经营用房、机械设备、专利、专有技术、商标商誉等）交由其他机构单位、住户或个人支配而获得的回报，应该计入“经营净收入”。财产性净收入也不包括转让资产所有权的溢价所得，这些是“非收入所得”，不包含在本调查中。

第39条　转移性收入

转移性收入指国家、单位、社会团体对住户的各种经常性转移支付和住户之间的经常性收入转移。它包括政府、非行政事业单位、社会团体对居民转移的养老金或退休金、社会救济和补助、惠农补贴、政策性生活补贴、救灾款、经常性捐赠和赔偿以及报销医疗费等；住户之间的赡养收入、经常性捐赠和赔偿，以及农村地区（村委会）在外（含国外）工作的本住户非常住成员寄回带回的收入等。

转移性收入不包括住户之间的实物馈赠。

养老金或离退休金指根据国家有关文件规定或合同约定，在劳动者年老或丧失劳动能力后，根据他们对社会、单位所作的贡献和所具备的享受养老保险资格或退休条件，按月以货币形式或实物产品及服务给予的待遇，主要用于保障因年老或疾病丧失劳动能力的劳动者的基本生活需要。包括离退休人员的养老金或离退休金、生活补贴，农民享有的新型农村养老保险金，城镇居民享有的社会养老保险金，国家或地方政府给予城镇无保障老人的养老金，因工致伤离退休人员的护理费，退休人员异地安家补助费、取暖补贴、医疗费、旅游补贴、书报费、困难补助以及在原工作单位所得的各种其他收入，相当于现金的购物卡券也包含在内。也包括发给的实物和购买指定物品的票证、购物卡券，应同时计入相应的实物产品和服务项目中。

社会救济和补助指国家、机关企事业单位、社会团体和个人对各类特殊家庭、人员提供的特别津贴。包括国家对享受城镇居民最低生活保障待遇的家庭发放的最低生活保障金、对农村五保户发放的五保救助金、国家和社会及机构单位对特殊困难家庭给予的困难补助、扶贫款、救灾款、国家或机构单位向由于失去工作能力或意外死亡等原因而失去工作的职工或其遗属定期发放的抚恤金等。也包括发给的实物和购买指定物品的票证、购物卡券，应同时计入相应的实物产品和服务项目中。

惠农补贴指政府为扶持农业、林业、牧业、渔业和农林牧渔服务业，以现金或实物形式发放的各种生产补贴。现金形式发放的补贴包括粮食直补、购置和更新大型农机具补贴、良种补贴、购买生产资料综合补贴、退耕还林还草补贴、畜牧业补贴等生产性补贴。实物形式发放的补贴指政府低价或免费提供的相关产品和服务，如免费或低价提供的种子、农机具服务等。包括经营渔业的生产性补贴和经营其他产业的生产性补贴。在鱼塘改造中，如果是以渔民家庭为主进行投入建设，得到了政府补贴，计入渔民得到的惠农补贴；如果是政府直接奖励或投入改造建设，则按相关市场价格计入生产性固定资产。

政策性生活补贴指根据国家的有关规定，中央财政、各级地方财政给予家庭的相关政策性生活补贴。包括家电下乡和以旧换新等家电补贴、能源补贴、给农村寄宿制中小学生的生活补贴等；也包括其他低价或免费提供的实物产品和服务，如廉租房等。

报销医疗费指参加新型农村合作医疗、城镇职工基本医疗保险、(城镇)居民基本医疗保险、城乡居民大病保险的居民在购买药品、进行门诊治疗或住院治疗之后，从社保基金或单位报销的医疗费。报销医疗费属于一种实物收入。报销医疗费包括使用社保卡进行医疗服务付费时直接扣减的、由社保基金支付的部分。从商业医疗保险获得报销的医疗费不包括在内。

外出从业人员寄回带回收入指在外(含国外)工作的本住户非常住成员寄回、带回的收入。无论是以现金、汇款、转账、银行卡共享等任何形式寄回、带回的收入，都应计入。

赡养收入指亲友因赡养和抚养义务经常性给予住户及其成员的现金和实物收入。

其他经常转移收入指住户从除上述各项转移性收入以外得到的其他经常性转移收入。如经常性捐赠收入、经常性赔偿收入、失业保险金、亲友搭伙费等。

经常性捐赠收入指住户从他人、组织、社会团体处得到的经常性捐献或赠送收入。这种捐赠收入带有义务性和经常性，不包括遗产及一次性馈赠收入、婚丧嫁娶礼金所得、压岁钱等。捐赠收入与赡养收入的区别：赠送是对本住户的成员无赡养义务的其他住户或个人给本住户及其成员的现金。本住户成员内部间的捐赠收入和捐赠支出均不必记账。

经常性赔偿收入指住户及其成员因受到财产损失、人身伤害、精神损失得到的国家、单位、个人定期支付的经常性赔偿，不包括一次性赔偿所得。

第 40 条　全年总支出

全年总支出指渔民家庭全年用于生产、生活和再分配的全部支出。包括：家庭经营费用支出、生产性固定资产折旧、税费支出、生活消费支出、转移性支出。

第 41 条　家庭经营费用支出

家庭经营费用支出指以家庭为单位从事生产经营活动而消费的商品和服务、自产自用产品。包括经营渔业费用支出和经营其他行业费用支出。

经营渔业费用支出包括燃料、水电及加冰费用、雇工费用、饲料费用、购买种苗费用，以及加工费用、修理费、承包或租用费等其他生产支出。其中燃料、水电费指用于生产的，不包括用于生活的支出；修理或改造费用等，指额度在1 000元以下的日常渔需物质支出，在此价值量之上的如渔具的大修理、鱼塘清淤、改造等较大规模投入，则按量按价计入固定资产。

经营其他行业费用支出指从事除渔业经营外的其他行业，如种植业、畜牧业、林业等第一产业，或从事第二、三产业经营的支出。其计算方法参考经营渔业支出。

第 42 条　生产性固定资产原价及折旧

生产性固定资产指使用年限在 2 年及以上、单位价值在1 000元以上的房屋建筑物、机器设备、器具工具、役畜、产品畜等资产，其中渔业生产性固定资产包括生产用车船、精养鱼池、大型网具、防逃设施、涵闸、泵站等。

生产性固定资产原价指固定资产当初的购进价、新建价或开始转为固定资产的价值。自繁自养的幼畜成龄转作役畜、产品畜、种畜，按市场同类牲畜的平均价格计价。国家奖励和外单位赠送的固定资产按购置同类固定资产的价格参照其新旧程度酌情计价。

渔民家庭的生产性固定资产折旧按农业生产性固定资产折旧方法处理，即 15 年的使用期限。

第 43 条　税费支出

税费支出指渔民家庭以现金和实物形式缴纳的从事生产经营活动的各种税赋支出，以及承包费、一事一议款、以资代劳款、乡村提留、集资摊派等费用，包括经营渔业税费支出和经营其他产业税费支出。对于无法区分家庭产业经营活动的税费支出，按一定比例分摊。

第 44 条　转移性支出

转移性支出指渔民家庭或成员对国家、单位、住户或个人的经常性或义务性转移支付，包括缴纳的税款、各项社会保障支出、赡养支出、经常性捐赠和赔偿支出以及其他经常转移支出等。

个人所得税指家庭或成员被扣缴的工资薪金所得、对企事业单位的承包经营承租经营所得、个体工商户的生产经营所得、劳务报酬所得、稿酬所得、特许权使用费所得、利息股息红利所得、财产租赁所得、财产转让所得、偶然所得、经国务院财政部门确定征税的其他所得等个人所得的税款。生产税、消费税不在其内。

社会保障支出指家庭成员参加国家法律、法规规定的社会保障项目中由单位和个人共同缴纳的保障支出。包括养老保险、医疗保险、失业保险、工伤保险、生育保险以及其他社会保障支出。

赡养支出指家庭成员因赡养和抚养义务而付给亲友的经常性现金和定期的实物支出。现金赡养支出应按实际发生的金额计算，不论是从报告期收入中开支的，还是从银行存款、手存现金以及其他所得中开支的，均应包含在内。

其他经常转移支出指家庭或成员除缴纳的税款、社会保障支出、赡养支出以外的其他经常性转移支出，如经常性捐赠支出、经常性赔偿支出、各种罚款（如交通罚款）；政府部门向居民提供服务收取的服务费，如迁户口的办理费、办理身份证费，缴纳工会费、党费、团费以及学会团体组织费等。

经常性捐赠支出指家庭或成员赠予他人的经常性和带有义务性的现金支出，包括向寺庙的经常性捐款、定期资助贫困学生或贫困地区的款项、个人对公共设施建设的各类捐款，如解困基金、水利基金、防洪基金等，但不包括以商品或服务方式给予他人的价值额。婚丧嫁娶礼金支出及一次性馈赠支出如压岁钱、探望病人给予的礼金等不含在内。经常性捐赠支出应按实际发生的金额计算，不论是从报告期收入中开支的，还是从银行存款、手存现金以及其他所得中开支的，均应包括在内。

经常性赔偿支出指家庭或成员向因受到财产损失、人身伤害、精神损失的国家、单位、个人定期支付的赔偿支出，不包括一次性赔偿支出。

第 45 条　生活消费支出

生活消费支出指渔民家庭用于满足家庭日常生活消费需要的全部支出，包括伙食支出、烟酒支出、衣着支出、居住支出、生活用品支出、交通通信支出、教育文化娱乐支出、医疗保健支出、其他用品及服务支出。

伙食支出指渔民家庭住户购买粮、油、菜、肉、禽、蛋、奶、水产品、糖、饮料、干鲜瓜果等食品的支出，也包括在外饮食、餐馆外卖食品和其他饮食服务的支出，但不包括用于宠物食品的支出。

烟酒支出指渔民家庭住户用于烟草和酒类的支出。烟草包括卷烟、烟丝、烟叶。涵盖住户购买的所有烟草，包括在餐馆、酒吧等购买的烟草。不包括烟具。酒指用高粱、大麦、米、葡萄或其他水果发酵制成的含酒精饮料。主要有白酒、黄酒、葡萄酒、啤酒，包括低度酒精饮料或不含酒精的啤酒等。此处指买来在家喝的酒类，不包括在餐馆、旅馆、酒吧等消费的酒（在外饮食）。

衣着支出指渔民家庭住户用于穿着的支出，包括购买服装、服装材料、鞋类、其他衣类及配件，以及衣着相关加工服务的支出。

居住支出指渔民家庭住户用于居住的支出，包括房租、水、电、燃料、住房装潢、物业管理等方面的支出。

生活用品支出指渔民家庭住户购买家具和家用电器、日用杂品的支出。

家具和家用电器包括家具、家具材料、室内装饰品、家庭使用的各类大型器具和电器，小家电等，如冰箱、冷饮机、空调、洗衣机、吸尘器、干衣机、微波炉、洗碗机、消毒碗柜、炊具、炉灶、热水器、取暖器、保险柜、缝纫机、榨汁机、烤面包炉、酸奶机、熨斗、电水壶、电扇、电热毯等。

日用杂品包括床上用品、窗帘门帘和其他家用纺织品，以及洗涤及卫生用品、厨具、餐具、茶具、家用手工工具、其他日用品、护肤品、美容美发用品等。

交通通信支出指渔民家庭户在交通工具、交通费、通信器材、通信服务方面的支出。

交通工具包括家用汽车、摩托车、自行车及其他家庭交通工具。不包括经营用交通工具。

交通费包括乘坐各种交通工具（如飞机、火车、汽车、轮船等）所支付的交通费以及用于车辆使用的燃料费、停车费、维修费、车辆保险等。不包括因公出差暂由个人垫付的交通费。

通信工具包括固定电话机、移动电话机、寻呼机、传真机等。

通信服务费包括电话费、电话初装费、入网费、电信费、邮费等。

教育文化娱乐支出指渔民家庭户用于住户成员的教育活动、文化娱乐活动的支出。

教育包括职业技术培训费、学杂费、赞助费、一揽子教育服务费、教育用品支出等。文化娱乐包括用于文娱耐用消费品、其他文娱用品和文化娱乐服务。

文娱耐用消费品包括各种音像、摄影和信息处理设备，如彩色电视机、照相机、摄像机、组合音响、家用计算机，也包括中高档乐器、健身器材等，还包括文娱耐用消费品的零配件和维修。

其他文娱用品包括除教材及参考书以外的各种书报杂志及音像制品、文具纸张、体育户外用品、玩具、用于花鸟虫鱼等业余爱好的相关用品、宠物及宠物用品等其他文娱用品，也包括以上文娱用品的维修支出。

文化娱乐服务指和文化娱乐活动有关的各种服务费用。包括团体旅游、景点门票、体育健身活动、电影、话剧、演出票、有线电视费以及其他文化娱乐服务支出。

医疗保健支出指渔民家庭户购买医疗器具和药品，支付门诊和住院费方面的支出。

医疗器具和药品包括药品、滋补保健品、医疗卫生器具及用品和保健器具。

门诊和住院费指门诊和住院的医疗总费用，包括从各种医疗保险或其他医疗救助计划中获得的医药费和医疗费的报销款额；挂号费、诊疗费、注射费、手术费、透视费、镶牙费、出诊费、送药费、陪侍费、住院费、救护车费等；提供给门诊病人的药物、医疗器械和设备及其他保健产品。报销医疗费应按收付实现制记录，即仅当医疗费报销到手时才计入。

其他用品及服务指渔民家庭户在其他用品及服务方面的支出。

其他个人用品包括首饰、手表和其他杂项用品。

其他服务包括旅馆住宿费、美容美发洗浴、其他杂项服务。无法归入七大类服务支出的其他各项服务支出，如迷信、丧葬费、诉讼费、公证费、房地产中介服务费等也包含在内。

第 46 条　全年纯收入和渔业纯收入

全年纯收入指渔民家庭当年从各种来源得到的总收入相应地扣除所发生的费用后的收入总和。全年纯收入主要用于再生产投入和当年生活消费支出，也可用于储蓄和各种非义务性支出。渔民人均纯收入是按人口平均的纯收入水平，反映的是一个地区或一个渔民家庭的居民平均收入水平。计算方法：

全年纯收入＝全年总收入－家庭经营费用支出－生产性固定资产折旧－税费支出

渔业纯收入＝出售水产品收入＋从事渔业所获得的工资性收入－经营渔业支出－渔业固定资产折旧－渔业税费支出

第 47 条　可支配收入

可支配收入指渔民家庭户可用于最终消费支出和储蓄的总和，即可以用来自由支配的收入。可支配收入既包括现金，又包括实物收入。本调查按照收入的来源，可支配收入包含四项，分别为：工资性收入、经营净收入、财产净收入、转移净收入。计算公式为：

可支配收入＝工资性收入＋经营净收入＋财产净收入＋转移净收入

其中：

经营净收入＝经营收入－经营费用－生产性固定资产折旧－税费支出

转移净收入＝转移性收入－转移性支出

第 48 条　渔民家庭收支调查台账首页及问卷

渔民家庭收支调查台账首页是用于采集渔民家庭收支情况基础数据的方法。在调查户中建立台账首页，按一定时间将发生收支情况通过问卷访问进行记录，由县级渔业统计人员按时间要求，直接通过村干部或村农业技术员收集或调查。本台账首页及问卷为参考表样，各地可根据实际情况自行设计，方便渔民理解。在台账首页中需要一次性填写的内容包括样本户地址及代码、居住房屋面积和估价、拥有大型网具价值、养殖面积、机动渔船数量、功率和吨位等。

样本户地址及代码指渔民家庭收支调查样本户的居住地址，按省、地、县、乡、村的行政地址填写，代码是国家统计局公布的标准代码（12 位）。村内的样本户按自然顺序编码。样本户所在的行政区划名称发生改变，但尚未获得国家标准名称和代码的，原地址和代码不变，可在备注中说明。

居住房屋面积指住宅用于生活居住的建筑面积，应扣除住宅中非生活居住（出租、生产或商用）的建筑面积。

建筑面积以房屋产权证或租赁证为准，也可按使用面积乘以 1.333 计算得出。如果没有相应证明，则由调查员根据本住宅或类似住宅判断填写。建筑面积应填写整数，不为整数时应四舍五入。

居住房屋的估价指居住房屋建筑本身的市场估值，仅包含建筑物本身的价值，不包含宅基地的价值。市场估值主要由调查员辅助住户进行填报。按农村地区的住宅市场估值方法进行估价，调查员预先了解本地区目前平均的房屋建造成本，并将这些信息提供给调查户。针对某个具体住宅，首先估计目前如果要建造同类住房所需要的成本，然后按照 30 年折旧的期限，根据住宅的建筑年份对剩余的价值进行折算。例如，农村的一栋两层小楼，于 1997 年建成，已经使用了 15 年。目前建造同类住房的成本约为 20 万元，则按照 30 年的折旧期限，目前该住宅的价值为 10 万元。如果住宅的使用年限已经超过 30 年，则根据住宅目前的实际情况酌情进行估价。对于竹草土坯房，原则上住宅的市场估值不超过5 000元。

（中国水产学会　高宏泉）

农业农村部部长韩长赋在全国渔业执法工作座谈会暨全国渔业执法工作先进集体和先进个人表彰会上的讲话

（2019 年 5 月 23 日）

同志们：

今天，我们召开全国渔业执法工作座谈会暨全国渔业执法工作先进集体和先进个人表彰会，主要任务是总结全国渔业执法工作，表彰先进、学习典型，深入分析渔业执法工作面临的新形势、新要求，研究部署当前和今后一个时期渔业执法工作。

经中央批准，自 2007 年以后，时隔 12 年我们再次开展渔业执法表彰，这充分体现了党中央、国务院对渔业执法工作的认可肯定和对渔业执法人员的信任关怀。刚才，康震同志宣读了表彰决定，我们向获奖的先进集体和个人代表颁发了奖牌证书，获奖代表也作了很好的发言，中央外办、海警部队负责同志作了讲话，大家讲得都很好。在长期的执法实践中，各级渔业执法机构和执法人员发扬奉献精神，保持昂扬斗志，面对严寒酷暑，风里来浪里去，忠诚担当、恪尽职守，为维护国家海洋权益、保障渔业健康发展作出了积极贡献。让我们向受到表彰的先进集体和个人表示祝贺！希望获奖集体和个人珍惜荣誉、再接再厉，全国渔业执法队伍比学赶帮，争取再立新功！

下面，我讲三点意见。

一、充分肯定渔业执法工作取得的显著成效

改革开放以来，我国渔业发展取得了举世瞩目的成就，水产品总产量连续 30 年居世界第一位，占到世界总产量的约 40%；水产品出口额突破 200 亿美元，连续 17 年居世界第一位；产地水产品质量安全监测合格率连续 11 年保持在 97%以上。伴随着渔业的快速发展，渔业执法工作也取得了长足进步，执法队伍实现了从无到有、从小到大，执法装备手段不断完善，特别是党的十八大以来，各级渔业执法机构深入推进依法治渔、依法兴渔，为推动渔业转型升级和水域生态保护，发挥了重要的支撑保障作用。

一是重拳打非治违，渔业秩序明显好转。持续组织开展“中国渔政亮剑”等专项执法行动，严格执行休禁渔制度，严厉打击电鱼、毒鱼、炸鱼、非法利用水生野生动物等违法行为，持续开展涉渔“三无”船舶、“绝户网”清理取缔整治活动，累计清理取缔涉渔“三无”船舶近 4 万艘、“绝户网”145 万余张（顶），有效遏制了违法违规作业的蔓延态势。积极开展水产品质量安全监管执法，“三鱼两药”等质量安全突出问题得到初步控制，有力保障了渔业健康发展。

二是有效管控涉外渔业事件，展现负责任国家形象。积极加强涉韩、涉朝和赴南沙生产渔民教育培训，规范涉外渔船管理，配合相关部门加强中日、中韩、中越暂定措施水域等重点海域渔业执法管控，涉外渔业事件发生数量明显下降。坚决打击外籍渔船侵渔行为，加强渔民应急服务，保持我在争议海域的渔业存在，以实际行动践行“开发南沙、渔业先行”的战略方针，坚守了老祖宗留下的每一片海，维护了国家海洋权益。深化边境渔业执法国际合作，与俄罗斯、老挝、越南等实施边境交界水域双边渔政联合执法，维护了界河水域渔业生产秩序。

三是构建顺畅高效合作机制，服务大局能力明显提升。与海警、海事、公安、应急等部门密切配合，构建起协调、高效、顺畅的合作机制。建立 24 小时应急值班制度和安全救助指挥系统，积极开展安全执法和应急救助服务，渔业安全生产事故数量稳步下降。全面强化重点海域管控，确保了金砖国家厦门峰会、上合组织青岛峰会等重大主场外交活动期间海域秩序平稳可控。主动参与扫黑除恶专项斗争，配合查处了一批涉渔涉黑涉恶案件，维护了合法渔民权益。

四是加快队伍规范化建设，执法能力显著增强。渔业资源和渔船管理、水生野生动物保护以及执法规范等方面法律法规制度不断完善，基本实现了渔业执法有法可依。深入推进全国渔业执法文明窗口单位创建，实现渔政执法队伍标识、着装、文书、证件、资格“五统一”。配备了一批种类齐全、性能先进、适应广泛的现代化执法装备，初步形成了陆、海、空、信息“四位一体”的执法格局。在实践中凝结形成了“特别能吃苦、特别能战斗、特别能奉献、特别有作为”的中国渔政精神，成功树立“中国渔政亮剑”执法品牌，要持续不断坚持发扬。

这些成绩的取得，是党中央、国务院坚强领导的结果，是各有关部门通力协作、大力支持的结果，是地方党委政府高度重视、加强领导的结果，更是各级渔业主管部门、渔业执法机构和广大渔业执法人员不懈努力、无私奉献的结果！在此，我代表农业农村部，向各地区、各有关部门的大力支持表示衷心感谢！向长期奋战在渔业执法一线的同志们表示诚挚问候！

肯定成绩的同时，我们也要清醒看到，当前渔业执法工作还有不少短板弱项，比如涉渔法律法规还不完善，清理取缔涉渔“三无”船舶、加强涉外渔业管理等执法任务，法律支撑相对缺乏；执法程序不规范、证据标准不统一、行政执法与刑事处罚衔接机制不到位、鉴定认证等支撑体系不健全，以及一线执法人员保障不力、执法装备不匹配等问题依然突出，影响了执法水平和效果；渔业执法过程中，违法违规问题和案件还时有发生，等等。这些都要在今后工作中认真地加以解决。

二、深刻把握渔业执法工作面临的新形势新要求，进一步明确新时期渔业执法工作的重点任务

立足新时代新形势，做好渔业执法工作，必须认真贯彻中央关于加强生态文明建设、全面依法治国等部署要求，自觉服从服务于实施乡村振兴战略，适应渔业提质增效、减量增收、绿色发展要求，找准定位，创新机制，转变方式，为推动渔业提档升级、渔村全面进步、渔民全面发展，保护水域生态环境和维护国家海洋权益，提供更加有力的支撑。

当前和今后一个时期，做好渔业执法工作的总体要求是：以习近平新时代中国特色社会主义思想，特别是习近平总书记关于“三农”工作的重要论述为指导，紧紧围绕实施乡村振兴战略、水域生态文明建设、维护国家海洋权益和渔业高质量发展，坚持问题导向，突出关键领域，深化改革创新、强化科技支撑、健全合作机制、转变执法理念、完善执法程序、创新执法方式，严格规范公正文明执法，加快形成共建共治共享的现代渔业治理新格局。重点抓好以下执法任务。

一是以长江渤海为重点抓好渔业资源养护执法任务。针对我国渔业资源衰退问题，我们加快完善休禁渔制度，对一些极度脆弱水域实施长期禁捕，基本形成了江河湖海全覆盖的资源养护格局。贯彻落实习近平总书记把修复长江生态环境摆在压倒性位置，共抓大保护、不搞大开发的重要指示精神，2018 年 9 月，国务院办公厅出台了加强长江水生生物保护的意见，要求对长江流域水生生物保护区以及干支流和重点通江湖泊等重点水域全面禁捕。下一步，部里还要专门开会部署，各级渔业执法部门和执法人员要勇于担当，认真落实好以长江为重点的休禁渔执法任务，让水生生物资源休养生息，早日恢复水清岸绿、鱼翔浅底的良好环境。特别是沿江渔政部门和执法人员要积极担当，做好工作。渤海综合治理攻坚战是中央确定的七大环保攻坚战之一，渔业执法部门要积极履职尽责，依法拆除非法网箱、网围设施，规范清理滩涂近海养殖，推进海洋捕捞综合治理，为恢复渤海生态作出贡献。

二是以清理取缔涉渔“三无”船舶和“绝户网”为重点抓好维护渔业生产秩序执法任务。这几年，我们认真贯彻落实习近平总书记关于清理整治涉渔“三无”船舶和“绝户网”的重要指示批示，持续开展执法攻坚，取得了阶段性成果。但涉渔“三无”船舶和“绝户网”尚未完全消灭，有的地方还有死灰复燃现象，甚至出现了新的“三无”船舶类型。对此，要落实好地方属地责任，强化部门协作，持续严管，持续打击，始终保持高压严打态势，按照“全面、可核查、不可逆”原则，坚持大船小船一起打，对查获的涉渔“三无”船舶和“绝户网”依法予以拆解、销毁，决不能罚点钱就放了。同时，要继续强化打击电毒炸鱼、幼鱼保护、水生野生动物保护等执法活动，确保渔民依法生产。

三是以水产品质量安全为重点抓好养殖监管执法任务。食品安全高于天。当前，我国水产品总量已达到 6400 多万吨，现在的主要矛盾不是数量问题，而是优质特色和绿色安全问题。要大力推进渔业供给侧结构性改革，推动渔业从追求数量转向注重质量，努力实现高质量发展，增加绿色优质安全水产品供给。为此，要始终把水产品质量安全摆在突出位置，坚持“产出来、管出来”相结合，在大力推动水产养殖绿色发展的同时，进一步强化水产养殖全过程执法监管。建立健全生态健康养殖相关制度标准，落实“双随机、一公开”要求，针对问题突出地区、突出品种，加强事中事后执

法检查，强化普法宣传，增强养殖者遵法守法、依规生产意识。

四是抓好涉外渔业管理执法任务。涉外渔业事件高度敏感、复杂，关乎外交大局和国家形象，关乎渔民切实利益乃至人身安全，必须下大力气解决好。要强化涉外渔业生产实时调度指挥，加强涉外渔民宣传教育培训。充分运用信息化手段，提高渔船渔民精细化管理水平，更好为渔民服务。加强对特定水域我渔船和渔民的保护，妥善应对外方执法人员的检查，避免被他国执法机构非法抓扣。同时，又不能一味护短，该保护的要保护，该管住的要严管，对于擅自出境从事非法渔业捕捞活动的，要予以坚决打击，对相关违法行为形成有效震慑。

五是抓好渔业安全生产监管执法任务。渔业作为一个高风险行业，加强安全生产监管，怎么重视都不为过。由于基数大、基础弱，我国渔业安全生产形势依然严峻。要牢固树立“管行业必须管安全、管业务必须管安全、管生产必须管安全”思想，着力加大执法监督检查力度，督促船东和船长落实主体责任，及时消除潜在安全生产风险。对于那些安全生产意识淡漠、拒不整改风险隐患的，要从严从重处罚，该停航整改的，要坚决停航整改，已经离港的要坚决召回。要高度重视、切实加强渔港安全管理，尤其要做好渔港防火工作，休渔时成百上千条船挤在一起，一旦发生火灾，就会火烧连营，损失巨大，影响极坏，务必严格管控、严密防范，及时排除各类隐患。

三、强化支撑保障，不断提高渔业执法工作水平

新时代新形势赋予我们新的任务，渔业执法工作要有新气象新作为。各级渔业渔政部门要切实加强组织领导，完善执法机制，强化支撑保障，不断提升能力水平，努力开创渔业执法工作新局面。

一要完善法律法规制度。现行渔业法律体系是在1986年的《渔业法》框架基础上建立起来的，不少条款已经不能适应当前渔业执法需要。目前，《渔业法》修订已列入十三届全国人大常委会立法规划，要积极主动对接，强化沟通协调，争取早日修订出台，并统筹谋划好相关配套法规、规章制修订工作。各地也要根据执法监管需要，在出台地方性法规和规章上争取突破。一方面，对违法违规问题要严格执法、依法办事、依法惩戒，不断加强渔业执法领域诚信体系建设，建立健全执法监管黑名单和失信联合惩戒机制；另一方面，要健全完善渔业补贴政策与诚信守法挂钩的机制，将严格执法和政策支持紧密结合起来，形成合力，强化正面激励，对于那些渔船数据不真实、甚至骗补的，要严格管理、坚决打击，让遵法守纪者扬眉吐气、违法失德者寸步难行。要加强执法制度规范建设，着力构建覆盖渔船、渔民、渔港、渔获物等多层次、宽领域、全范围的渔业执法制度体系，让渔业执法有法可依、有章可循。

二要完善执法工作机制。适应渔业执法跨区域、跨部门的新形势，加快构建各尽其职、配合有力、协同高效的渔业执法新机制。要学习借鉴京津冀、江浙沪等省（市）际间执法合作经验，加强边界水域特别是沿海、边境交界水域执法协调，构建区域间或国际执法协作机制，特别要重视加强边境渔业执法。经过两轮机构改革，渔业执法由原先的中国渔政一家负责，转变为渔政、海警、交通运输、自然资源等多部门协同配合，我们要进一步加强部门协作，尽快形成水陆协同、线内线外同步、部门联动的执法协作新格局。这里，我要特别强调一下，渔业行政管理与渔业执法是不可分割的整体，不管机构改革后执法机构设在哪里，只要承担渔业执法职责，就要接受渔业渔政主管部门指导，与渔业渔政管理职能相衔接。特别是沿海沿江的渔业大省，要认真贯彻中央深化农业综合行政执法改革的指导意见精神，理顺关系，强化协同，绝不能相互推诿扯皮，更不能出现执法真空。

三要加强渔政队伍建设。打铁还需自身硬。要坚持正规化、专业化、职业化方向，努力建设信念坚定、执法为民、敢于担当、清正廉洁的渔业执法队伍。各级渔业渔政部门要始终绷紧讲政治这根弦，努力树牢“四个意识”，坚定“四个自信”，坚决做到“两个维护”。要加强专业化建设，严格实行执法人员持证上岗和资格管理制度，力争用5年时间把渔政人员轮训一遍，教、学、练、战一体化提升执法能力。抓紧完善权力运行监督和制约机制，坚持严在平时、管在日常，坚决防止执法不严、执法不公甚至执法违法。

四是强化执法条件保障。队伍过硬，技术和装备也要过硬。各级渔业主管部门和渔政执法机构要积极争取地方政府支持，强化渔业执法经费保障，推动将渔业执法运行、执法装备建设等经费纳入同级财政预算，全额予以保障。渔业执法环境恶劣，一线执法人员奉献多，要给予特殊关爱，完善水上执法补贴制度，鼓励探索为执法人员购买人身意外伤害保险，提高职业伤害保障水平。旗帜鲜明支持执法人员依法履行职责，健全容错纠错机制，坚决维护执法人员的执法权威和正当权益。切实加大信息化新设备、新技术应用推广力度，综合运用人防、物防、技防手段，着力打造“陆港海空天一体化”的渔业执法监控新模式。

同志们，新时代、新队伍要有新气象、新作为。让

我们更加紧密地团结在以习近平同志为核心的党中央周围，振奋精神、开拓创新、埋头苦干，不断开创新时代渔业执法工作新局面，为促进乡村全面振兴、加快农业农村现代化、全面建成小康社会作出应有贡献！

农业农村部副部长于康震在渔业高质量发展推进会上的讲话

（2019年2月22日）

同志们：

这次会议，是经农业农村部党组研究决定召开的，是在新一轮机构改革后召开的第一个全国性渔业渔政工作会议，非常重要。2018年对渔业渔政系统来说，是极不平凡的一年，各级渔业渔政机构发生了深刻变化，特别是沿海省份，一些在渔业渔政系统工作多年的同志走上了新的工作岗位。今天，就来了很多新面孔，这是好事，说明我们的事业有了新的发展。我想大家跟我一样，都在研究思考，机构改革后，面对新机构新职能，面对新形势新要求，怎么样抓好渔业渔政工作。从这个意义上讲，我们这次会议就是一个动员推进会、部署落实会，就是要进一步统一思想、坚定信心、落实工作。会议的主要任务是，深入学习贯彻党的十九大、十九届二中、三中全会和中央经济工作会议、中央农村工作会议精神，全面落实全国农业农村厅局长座谈会部署要求，立足新形势新职能新要求，研究部署今明两年渔业渔政重点任务，进一步推进渔业高质量发展，推动渔业现代化建设不断开创新局面。刚才，向获得全国水产健康养殖示范县、国家级稻渔综合种养示范区、国家级海洋牧场示范区、全国文明渔港称号的地方和单位颁发了证书，7个省渔业主管部门的负责同志从不同角度作了典型经验交流发言，他们的好做法、好经验，值得大家学习和借鉴。下面，我讲三点意见。

一、充分肯定2018年渔业渔政工作取得的成效及改革开放四十年的巨大成就

2018年，面对复杂多变的国内外形势和艰巨繁重的改革任务，全国渔业渔政系统坚持以习近平新时代中国特色社会主义思想为指导，坚决贯彻新发展理念和中央“三农”决策部署，积极作为，狠抓落实，持续推进渔业转型升级，迈出了新步伐，取得了新成效，渔业发展质量明显提升。全年水产品总产量基本持平，但捕捞产量明显下降，总产量预计6 469万吨，同比仅增长0.4%，其中，养殖产量5 018万吨，同比增长2.3%；捕捞产量1 451万吨，其中国内捕捞产量1 241万吨，同比降低6.7%。产业结构进一步优化，养捕比78∶22；休闲渔业产值达833亿元，增长17.6%，异军突起。水产品供需两旺，综合平均价格同比上涨2.8%。全国渔民人均纯收入预计将达到19 885元，同比增长7.8%，争取2020年突破2万元。2018年渔业渔政工作成效显著，特别是在结构调整、压减捕捞产量、提升养殖产量、发展休闲渔业等方面，满足了人民群众日益增长的物质文化需要。取得这样的成绩，与下面几项工作密切相关。

一是水产养殖绿色发展开启新征程。经过不懈努力，多方协调，2019年1月11日，经国务院同意，十部委联合印发《关于加快推进水产养殖业绿色发展的若干意见》。十部委联合召开了新闻发布会，这是新中国成立以来第一个经国务院同意、专门针对水产养殖业的指导性文件，是新时代水产养殖业发展的纲领性文件，以养为主的方针得到进一步加强，具有划时代意义。2018年，养殖水域滩涂规划编制取得积极进展，完成县级规划1 173个，出台487个。创建渔业健康养殖示范县10个、示范场1 259个。稻渔综合种养面积新增400万亩，总面积超过3 200万亩，带动农民增收550亿元。深远海大型养殖平台研发与应用取得积极进展，大水面生态增养殖、池塘和工厂化循环水养殖、集装箱养殖等健康养殖模式得到广泛推广。

二是水生生物资源养护迈上新台阶。推动出台《国务院办公厅关于加强长江水生生物保护工作的意见》，长江水生生物保护区渔民退捕上岸拉开了序幕。进一步完善了海洋伏季休渔制度，启动实施黄河流域禁渔。前不久农业农村部召开了新闻发布会，宣布在其他四个内陆流域禁渔，全国内陆七大流域将在2019年全面实现禁渔。召开了全国海洋牧场建设现场会，全国海洋牧场达到233个。全面落实海洋渔业资源总量管理制度，发布了新修订的《渔业捕捞许可管理规定》，加大海洋捕捞渔民减船转产力度，累计减船17 000余艘、压减功率100多万千瓦，分别占“十三五”压减目标的86%和69%。

三是“亮剑2018”系列执法行动取得新成效。海洋伏季休渔、长江黄河等大江大河禁渔执法继续保持高压态势。会同公安部门成功打掉一批涉黑涉恶非法捕捞团伙，全年共查办违法违规案件3.45万件，向公安机关移送涉嫌犯罪案件4 356件，取缔涉渔“三无”船舶9 745艘、违规渔具55万余张（顶）。渔业安全生产事故起数、死亡人数连续两年双下降。

四是产业融合发展取得新突破。首次召开全国渔业一二三产融合发展大会，发布了《休闲渔业产业发展报告》。配合首届农民丰收节，举办了象山开渔节、哈

尼梯田稻花鱼开渔节、盘锦蟹稻家欢乐节、千岛湖人欢鱼跃庆丰收等渔业民俗节庆活动。围绕稻渔综合种养，初步形成了健康养殖、冷链物流、精深加工、餐饮节庆于一体的全产业链。

五是渔业产业扶贫开创新局面。召开了全国渔业扶贫及援疆援藏工作会议，成立了渔业科技援藏工作组。依托产业优势，打造了哈尼梯田稻渔综合种养、甘肃景泰盐碱水渔农综合利用、集装箱养殖等产业扶贫典型模式，加大了对定点扶贫地区、大兴安岭南麓片区、广西三江稻渔产业扶贫技术支持力度。

六是渔业国际合作取得新进展。周边水域渔业秩序稳定向好，成功举办中韩、中越、中俄、中老联合增殖放流，向菲律宾赠送东星斑及淡水鱼苗成为合作亮点，被写入中菲联合公报。远洋渔业国际合作得到强化，拓展了与坦桑尼亚桑给巴尔等国渔业合作，继续严厉打击 IUU 渔业活动，依法查处了福州东鑫龙远洋渔业有限公司重大违法案件。妥善处置外籍渔船非法转载南极犬牙鱼案件，树立了我负责任渔业大国形象。水产品贸易继续增长，出口 223 亿美元，同比增长 5.6%；进口 149 亿美元，增长 31%；进出口双增长，进口增长的多，贸易顺差 75 亿美元，减少 23.9%。

2018 年是改革开放 40 周年，中国渔业的巨变可以说肇始于、得益于、成就于改革开放，40 年的渔业发展取得了举世瞩目的成就。一是解决了全国人民吃鱼难的问题，保障了水产品的充分供给，改善了居民膳食结构，提供了 25%的优质动物蛋白。水产品总产量占全世界 40%，水产养殖占 60%，连续 30 年居世界第一，成为名副其实的世界渔业大国。二是远洋渔业从无到有、从小到大，形成了总量近 3 000 艘、捕捞能力 200 多万吨的世界最大远洋渔业船队，作业遍及 40 多个国家和三大洋及南极海域。三是水产品进出口贸易额突破 300 亿美元，成为世界上最大的水产品贸易国，保持了较高的贸易顺差。2018 年水产品进出口贸易额达到了 372 亿美元，很快能突破 400 亿美元。四是渔业渔政为维护国家海洋权益做出了巨大贡献，并且创造了特别能吃苦、特别能战斗、特别能奉献、特别有作为的南沙精神。五是渔业生产生态协调发展，实施了休禁渔制度，开展增殖放流，推进人工鱼礁建设，实施海洋渔业资源总量管理制度，特别是开启了长江水生生物大保护的宏伟事业。改革开放以来渔业发展取得的巨大成就，最根本的还是有党中央国务院对渔业的高度重视和亲切关怀，也得益于坚持以养为主的发展方针，始终把保障水产品安全有效供给作为渔业发展的首要任务；坚持市场化改革方向，充分发挥市场配置资源的基础作用，调动和发挥各方面的积极性；坚持生态优先绿色发展，控制开发强度、强化资源养护，构建绿色产业体系；坚持"走出去"发展战略，充分利用两个市场两种资源，积极参与渔业国际合作和竞争，有效拓展我国渔业发展的空间；坚持科技兴渔，始终把科技创新作为渔业发展第一驱动力，加强科技研发和技术推广，不断提高科技成果转化率；坚持依法治渔，不断加强法规体系建设，强化渔政执法。

40 年来，特别是党的十八大以来渔业发展波澜壮阔，气势恢宏，积累了宝贵的经验，打下了进一步发展的坚实的基础。作为渔业人，我们倍感自豪。成就的取得，是各地党委政府高度重视和各部门大力支持的结果，是几代渔业人奋力拼搏的结果。在此，我代表农业农村部向支持渔业渔政事业发展的各地区、各部门、社会各界，向为渔业渔政事业发展付出艰辛努力的渔业渔政系统广大干部职工，特别是在这次机构改革中离开或将要离开渔业渔政系统的同志们，以及广大渔业生产者、渔民群众，致以崇高的敬意和衷心的感谢！

二、准确把握渔业高质量发展面临的新形势和新要求

2019 年是新中国成立 70 周年，今明两年是全面建成小康社会的关键时期，是打赢脱贫攻坚战和实施乡村振兴战略的历史交汇期。准确把握渔业渔政发展新形势新要求，立足新机构新职能，提高政治站位，转变思想观念，认清使命责任，主动担当作为，做好渔业渔政工作，推动渔业渔政事业稳定发展，对"三农"发展至关重要。

（一）深入分析渔业渔政新形势新要求，不断增强工作使命感责任感

2018 年渔业转型升级推进会以来，渔业渔政事业发展形势出现了一些新的深刻变化，给我们的工作提出了新的要求。

一是渔业发展的国内外形势发生了深刻变化。国际来看，贸易保护主义抬头，国际贸易形势严峻，美国将我全部输美产品列入中美贸易摩擦关税加征范围，对我国水产品出口造成较大影响。WTO 渔业补贴谈判快速推进，深化国内渔业补贴政策改革迫在眉睫。国际上对我作为负责任渔业大国的呼声和要求越来越高，渔业规范有序走出去、不断提高远洋渔业质量水平的压力越来越大。国内来看，经济运行稳中有变，变中有忧，经济面临下行压力，农业农村经济发展面临的外部风险大。对标对表全面建成小康社会硬任务，对标对表渔业高质量发展硬要求，渔业发展不平衡不充分问题还没有得到根本性解决。水产品供给结构性矛盾

依然突出，渔业资源衰退趋势尚未根本扭转，渔业水域环境仍需改善。渔业减量增收、提质增效、绿色发展、富裕渔民的任务还很重。

二是高质量发展对渔业渔政工作提出了新要求。习近平总书记强调，推动高质量发展是做好经济工作的根本要求，推动高质量发展，关键是要按照新的发展理念，以供给侧结构性改革为主线，推动经济发展质量变革、效益变革、动力变革。对渔业来说，高质量发展是能够充分满足城乡居民日益增长的优质安全水产品和优美水域生态环境需要的发展，是体现创新、协调、绿色、开放、共享新发展理念的发展，是建立在先进的技术、设施装备、产业组织和较强的产品竞争力基础上的可持续发展。坚持渔业高质量发展，是解决新时期渔业发展主要矛盾的必然要求，是应对诸多新问题、新挑战的必然选择，是落实党中央、国务院决策部署的必由之路，是确定今后一个时期渔业发展思路、制定渔业产业政策、推动渔业转方式调结构的有效途径。

近年来，习近平总书记、李克强总理、胡春华副总理多次对渔业渔政工作做出重要指示批示，党中央和国务院密集出台渔业资源管理、水产养殖、长江禁捕等专门文件，2018 年印发的《乡村振兴战略规划》从促进水产健康养殖、加强水生生物资源养护、规范有序发展远洋渔业、推进渔港渔区振兴等方面对我国现代渔业发展进行了部署，我们一定要从全面建成小康社会和“三农”工作全局的高度，进一步增强做好渔业渔政工作的责任感、使命感、紧迫感，紧紧围绕“巩固、增强、提升、畅通”八字方针，加快推进渔业供给侧结构性改革，推动渔业高质量发展。

（二）尽快适应渔业渔政新机构新职能，不断增强工作自觉性主动性

当前，全国渔业渔政机构设置发生了深刻变化。部局机构发生重大变动，按照党和国家机构改革方案，渔船检验和监督管理职责划入交通运输部，自然保护区等管理职责整合并入国家林草局。根据农业农村部主要职能设置和渔业渔政局“三定”方案，渔业渔政局核减了相应人员和处室。地方机构改革中，各地特别是沿海海洋渔业行政主管部门进行了撤并，畜牧水产部门、原来设置在水利系统的渔业机构等都进行了整合，进入农业农村部门。目前，除福建省保留海洋与渔业局外，其余 30 个省、自治区、直辖市的渔业管理职责都已划转农业农村厅（局）。渔政队伍方面，按照农业综合执法队伍改革指导意见，沿海、内陆大江大湖和边境交界等水域渔业执法任务较重、已经设有渔政队伍的，可继续保持相对独立设置。目前沿海大部分省区渔政机构得以保留并且划转到了农业农村部门，队伍设在其他部门的辽宁、山东、海南等三省的渔政机构也正在积极争取回归农业农村部门。应该说沿海总体上趋势不错，但是，大部分内陆省份的渔政队伍改革走势还不明朗，即使是沿海省份的渔政机构“三定”方案也还没有最终下达，职能没有最终确定，靴子还没落地。特别是市县级的改革正在进行中，各方面的关系尚未完全理顺，这都给今后的工作增加了难度。水产推广系统、科研系统改革也都在进行中。改革后，各地特别是沿海地区，渔业渔政机构及工作人员大幅缩减，这是普遍情况，渔业渔政工作面临新的挑战。此外，从 2019 年开始，中央财政部门预算项目支出方式发生重大变化，按照中央和地方事权划分原则，不允许向地方渔业主管部门和执法机构再拨付经费，对各地的一些工作将造成一定的影响。

但是，我们必须清醒地认识到，这次机构改革是农口部门最深入、最系统的一次改革，也是一次全方位、深层次的改革。虽然渔业渔政机构发生了重大变化，但从长远来看，新机构新职能还是有利于推动渔业渔政事业发展的。关键是，我们要与党中央保持高度一致，主动提高认识，尽快适应变化，切实转换角色，做到人心不散，干劲不减，队伍不乱，事业不断。我们还要充分认识到，机构虽然变了，渔业的地位和作用却没有改变。从几个方面看，一是渔业作为农业农村经济的重要组成部分的基础性地位没有改变，有效满足人们对优质安全绿色水产品消费需求，不断增加农渔民收入是渔业的永恒任务。二是渔业作为海洋强国战略的重要组成部分的作用没有改变，渔业在维护国家海洋权益、服务外交大局、建设“一带一路”中的独特作用不可替代。三是渔业作为水域生态文明建设的重要组成部分的属性没有改变，鱼儿离不开水，水也离不开鱼，水里面如果没有鱼，水好不了。

所以，无论形势怎么变，机构怎么变，渔业渔政系统的同志们，必须坚定信心，变中求进，稳中求进，做到三个不能改变。一是渔业发展的良好势头不能改变，经过改革开放 40 年的发展，我们现在离几代人的渔业强国梦是最近的，必须一鼓作气，持之以恒，加快推进，不能因为机构变化了，而乱了阵脚，放松、忽视渔业渔政工作，影响渔业渔政事业发展的良好态势，甚至出现倒退逆转。二是渔业发展的目标任务不能改变，对标十九大精神，我们提出了建设现代化渔业强国的目标，明确了重点任务和路线图；我们提出提质增效、减量增收、绿色发展、富裕渔民的“十三五”发展目标。我们必须要保持定力，咬定目标，突出重点，一张蓝图绘到底，一茬接着一茬干，不能因为机构变化了而轻易改变我们的目标和重点任务。三是渔业发展的支持体

系不能改变，我们现有的，以油补调整为重点的支持政策，是渔业高质量发展和绿色发展以及渔民增收的重要保障，必须保持稳定，不断完善，用好用足，不能因为机构变化了，而削弱甚至挪用。这是我们应该努力坚持的。

以上这些“变”与“不变”，在座的各位渔业渔政系统同志，特别是“一把手”，一定要认真把握，准确领会，不断增强工作自觉性和主动性，坚定不移地推进现代化渔业强国建设。

（三）统筹处理好五个关系，不断开创渔业渔政工作新局面

面对新形势新要求，新机构新职能，我们的工作该如何推进呢？我想，八仙过海，各显其能，大家各有各的办法。但有五方面的关系，是共性的问题，我在这里说一下。

一是统筹处理好渔业与大农业之间的关系。要按照习总书记树立大粮食观念，畜牧水产也是粮食的指示，把渔业放在应有的重要位置，在制定规划、安排项目、干部安排、部署工作等方面，都要把渔业渔政纳入其中一起考虑、一起谋划、一起监督、一起推进。在推进乡村振兴中务必做到重大政策、重大规划、重大项目对渔业的全覆盖，不能把渔业落掉。

二是统筹处理好减量与增收之间的关系。过去为了保供给，我们把主要精力放在抓生产上，抓产量上，水产品产量上去了，但质量档次还不够高，不能满足消费者转型升级的要求，大路货占的比例较大，鱼是越养越多，但网眼是越来越小，所以鱼是越捕越小、越捕越少，破坏了资源环境不说，收入还上不去。两三年前我到养大路货的养殖企业调研，他们说按照市场价格卖鱼连饲料钱都赚不回来。所以韩长赋部长多次强调渔业要减量增收，减量增收是辩证统一。减的是低质量的“量”，增的是高质量的“收”。要实现减量增收，这就要求我们渔业部门一定要切实树立“绿水青山就是金山银山”的发展理念，将资源环境保护和生态安全纳入现代渔业发展的目标设计和工作安排中，在生态优先的前提下，调整优化渔业产业结构，压减高密度、高污染、资源环境破坏严重的生产方式，大力发展资源节约、种养结合、立体生态、环境友好的生产模式，实现渔业高质量发展、渔业增效和渔民增收相统一。要加强渔业统计工作，及时监测发布渔情信息，不断完善统计指标，科学客观地反映渔业高质量绿色发展成效。

三是统筹处理好国内发展和对外开放之间的关系。渔业是外向型产业，不断扩大开放，积极参与国际渔业合作和竞争，有效拓展了我国渔业发展空间，提高了渔业竞争力，为世界渔业发展做出了积极贡献。一方面，我们要不断优化产业布局和品种结构，提升行业发展素质，积极开拓国内市场，提高应对各种风险和挑战的能力，不断增强国际竞争力。另一方面，要以实施“一带一路”倡议为契机，加快渔业“走出去”步伐，对接国际规则，规范有序发展远洋渔业，发挥技术优势，加快推动水产养殖业走出去。

四是统筹处理好政府调控与市场机制之间的关系。四十年改革开放，渔业是实现市场化最早的产业之一。下一步既要发挥市场机制的灵活调节作用，进一步推进放管服改革，增强渔民、企业、社会组织等市场主体活力，提高产业链水平；又要充分发挥政府的宏观调控作用，进一步增加投入，完善政策法规，使两者相互补充，相得益彰，特别是政策导向性很重要。

五是统筹处理好整体推进与重点突破的关系。渔业渔政工作线长面广点多，要弹好协奏曲，抓住影响全面的短板，抓住影响全局的突出问题，抓住已经确定的重点任务，一个一个地解决，对标落实。要认真梳理渔业渔政机构改革情况，充分发挥系统力量，尽快形成一支职责明确、协调统一、运转高效、适应新形势新要求的高素质渔业渔政队伍。要创新工作机制，加强与有关部门、各级党委政府的沟通协调，逐步形成上下左右职责清晰、分工明确、协调有力、协作有效的共同推动渔业发展的工作格局。

三、坚决打好渔业高质量发展攻坚战

关于今明两年的渔业渔政工作，中央 1 号文件，农业农村部 1 号文件，全国农业厅局长座谈会都已经作了部署，农业农村部还印发了《2019 年渔业渔政工作要点》，显良同志下午还要具体进行部署，各级渔业部门要迅速行动起来，不折不扣抓好落实。今明两年渔业渔政工作总体思路是：以习近平新时代中国特色社会主义思想为指导，全面贯彻党的十九大和十九届二中、三中全会及中央经济工作会议、中央农村工作会议、全国农业农村厅局长座谈会精神，围绕实施乡村振兴战略，抓住农业农村优先发展的有利时机，坚持稳中求进的工作总基调，坚持变中求进，坚持以渔业供给侧结构性改革为主线，坚持提质增效、减量增收、绿色发展、富裕渔民的目标不动摇，进一步深化渔业改革开放，不断创新体制机制，推进渔业高质量发展，加快现代化渔业强国建设。按照这个思路，我强调三个方面的重点工作。

（一）坚决完成硬任务

对标全面建成小康社会“三农”工作硬任务，今明两年的渔业渔政工作要聚焦 5 项硬任务，切实抓好，要在 2020 年年底前完成既定目标。

第一项硬任务，坚决打好长江流域重点水域禁捕攻坚战。继2018年9月《国务院办公厅关于加强长江水生生物保护工作的意见》确定长江禁捕原则以来，2019年1月农业农村部又联合财政部、人社部出台了《长江流域重点水域禁捕和建立补偿制度实施方案》，明确了长江禁捕工作的实施步骤和目标任务，要求2019年年底前长江流域水生生物保护区全面禁捕，2020年年底前实现长江干流和重要支流等重点水域常年禁捕。先是保护区，第二步是长江干流和重要支流，当然还有第三步，就是通江湖泊。近期，习近平总书记、韩正副总理和胡春华副总理对长江禁捕工作和退捕渔民生计保障作出重要批示。各地要高度重视，把渔民退捕转产和产业扶贫、精准脱贫、乡村振兴有机衔接，加快推动成立政府主导、有关部门参与的工作机制，压实各级地方政府主体责任，尽快结合地方实际制定出台实施方案，明确时间表和路线图，确定退捕标准和要求，落实好困难渔民兜底保障政策，统筹推进渔民退捕转产和禁捕管理各项工作，确保禁捕平稳实施和渔区社会稳定。不久，我们还要召开专门会议对此进行部署。按照中央要求，我们还要专门成立领导机构。

第二项硬任务，坚决完成渔业资源总量管理制度改革。国务院明确提出，到2020年要压减海洋捕捞机动渔船2万艘、功率150万千瓦；将国内海洋捕捞总产量减到1 000万吨以内，与2015年相比沿海各省减幅均不得低于23.6%，年度减幅原则上不低于5%，现在是1 241万吨，减量任务还很繁重。目前，减船速度特别是功率压减有所放缓，各地减船减量进度不平衡，个别地区功率和产量的压减没有达到年度控制目标。各地要积极协调财政部门，调整本省（自治区、直辖市）油补退坡资金方案，力争减船配套资金不减少，同时还要加大减船减量力度，确保各项任务和目标的如期完成。按照海洋渔业资源总量管理要求，到2020年沿海各省要全面启动限额捕捞试点工作，目前还有天津、河北、江苏、上海、广西、海南等6个省（自治区、直辖市）还没有开展，今明两年上述地区一定要完成试点任务。

第三项硬任务，坚决打好涉渔“三无”船舶和“绝户网”清理取缔攻坚战。这是习近平总书记亲自部署推动的重要工作，要加强综合治理、持之以恒开展清理取缔。当前清理取缔工作进入攻城拔寨的关键时期，各级渔业渔政部门要在涉外渔业综合管理协调机制框架下，在当地党委政府领导下，严格落实属地管理责任，完善部门间协调联动机制，实现齐抓共管，集中执法力量，坚决打好清理取缔攻坚战、持久战，到2019年末要再取缔一批涉渔“三无”船舶和“绝户网”，到2020年要力争取得决定性胜利。

第四项硬任务，坚决打赢渤海综合治理攻坚战。《渤海综合治理攻坚战行动计划》是经党中央国务院研究确定的七个环保攻坚战之一，其中有多处涉及渔业生态环境保护内容，由农业农村部牵头实施，环渤海三省一市人民政府负责落实。这里面有很多硬任务，比如，2019年年底，完成非法和不符合分区管控要求的海水养殖清理整治，完成沿海渔港的摸底排查工作，编制渔港名录；2020年年底前，研究制订地方海水养殖污染控制方案，完成渔港环境清理整治，实现名录内渔港污染防治设备设施全覆盖。另外，行动计划还对限额捕捞提出了明确要求。行动计划明确，三省一市是攻坚战的实施主体，各级渔业主管部门要推动地方政府落实主体责任，确保按期完成行动计划的各项任务和目标。

第五项硬任务，坚决打赢渔业产业扶贫攻坚战。党中央、国务院提出到2020年要坚决打赢脱贫攻坚战，并制定了三年行动计划。农业农村部提出到2020年渔民人均纯收入比2010年翻一番，现行标准下渔业贫困人口全面脱贫。各级农业农村部门要把脱贫攻坚作为一项重要的政治任务，切实提高思想认识和政治站位，下真功夫，真下功夫，抓好特色渔业产业扶贫，针对因灾致贫、因病返贫，或者因退养退捕导致生活就业困难的贫困渔民群体，加大扶持，精准施策，不断提升贫困地区和贫困渔民自我发展能力，推动渔业脱贫攻坚各项工作取得实效。

（二）全力推动高质量发展

做好今明两年渔业渔政工作，还要围绕一系列重大决策部署，着力推进三个方面重点工作。

第一，着力推进养殖业绿色发展，确保水产品安全有效供给。水产养殖绿色发展是一个大的方向。落实十部委联合印发的《关于加快推进水产养殖业绿色发展的若干意见》是当务之急、重中之重，各地要抓紧研究出台本省贯彻落实的实施方案。一要加快落实养殖水域滩涂规划制度。养殖水域滩涂规划涉及广大渔民群众的切身利益，要依法依规推进规划的编制工作，不得以产业发展规划代替空间规划，不搞禁养区扩大化，也不搞产业保护主义，该减的要减下来，该留的也要留下来；要进一步加快规划发布工作，没发布的主产县要于2019年上半年完成发布，省级和应编制市级规划的要于2020年年底前完成发布；要依法加强养殖水域滩涂的用途管制，到2020年年底，拆除禁养区无证养殖设施和减少限养区养殖污染要取得明显进展，养殖区水域滩涂确权颁证工作要基本完成。同时还要避免出现网箱养殖清理“一刀切”的问题，切实保护好养殖者的合法权益。二要大力推进水产养殖方式转变。加快发展现代水产种业，推进联合育种和育繁推一体化进程，深入开展水产健康养殖示范创建活动，大力发展稻渔综合种养，积极推广池塘工程化生态养殖和工厂化循环水养殖、深水抗风浪网箱养殖，开展深远海大型智能养殖装备和集装箱养殖试验示范。三要切实加强水产品质量安全监管。坚持"产出来、管出来"相结合，加大"三鱼"及淡水鲈鱼、团头鲂等重点品种监管力度，确保人民群众舌尖上的安全。推动养殖生产经营者建立健全养殖水产品追溯体系，推进行业诚信体系建设。另外，近年来"水环境改良剂"等非规范渔药在水产养殖中大量使用，问题非常突出，农业农村部准备将其纳入兽药，进行严格监管，希望各地积极配合。四要进一步加强水生动物疫病防控。健全水生动物疫病防控体系，加强水生动物疫病监测预警、风险评估和应急处置。完善渔业官方兽医队伍，将水产苗种产地检疫试点扩大到苗种主产省，这项工作最初是在江苏试点，逐步扩大到六个省，现在要继续扩大到苗种主产省。支持渔用疫苗研发推广，严控疫病、减少用药。

第二，着力推进渔业资源养护，持续改善水域生态环境。养护水生生物资源、保护渔业水域生态环境是一项长期的任务，更是一项利长远的事情，要持之以恒、常抓不懈。一要坚持实施渔业资源保护制度。2019 年 1 月农业农村部印发了《关于实行海河、辽河、松花江和钱塘江四个流域禁渔期制度的通告》，这是自 1979 年设立禁渔期、禁渔区制度以来，我国内陆七大重点流域首次实现禁渔期制度全覆盖，是我国休禁渔制度史上又一个里程碑。各地要组织实施好各项休禁渔执法，确保已经出台的各项制度落到实处。我们坚持多年的增殖放流活动，对渔业资源的修复发挥了重要作用，各地要继续组织开展放鱼日活动，推动形成全社会关注水生生物保护的氛围。会前，浙江省林厅长告诉我，他们组织专门机构进行了监测，增殖放流和休渔的效果非常明显。要深入推进渔业资源保护制度改革创新，完善最小可捕标准和限额捕捞等管理措施，通过投入控制和产出控制结合，提高渔业资源保护效果。二要稳步推进现代化海洋牧场建设。近期，习近平总书记、胡春华副总理又就海洋牧场发展做出重要批示，在快速推动海洋牧场发展的同时，我们也听到一些不同的问题反映。各地要强化基础支撑和规范管理，不断提高海洋牧场建设的科学性、规范性。特别要严防以建设海洋牧场为幌子圈海、占海，在海域使用方面出现类似大棚房一类的问题。要以国家级海洋牧场示范区建设为重点，把海洋牧场建设作为推动海洋渔业转型升级、提质增效，带动渔民就业增收的重要举措。三要积极改善养殖水域滩涂环境。大力推进养殖用水的循环使用和尾水集中处理，实现尾水达标排放，充分发挥水产养殖的生态属性，鼓励发展不投饵滤食性鱼类和滩涂浅海贝藻类增养殖，开展以渔净水、以渔控草、以渔抑藻，修复水域生态环境。四要着力提升水生野生动物保护水平。建立有效保护和严格监管长效机制，实现多环节联防联控，坚决遏制非法捕捉和经营利用水生野生动物及其产品等突出问题。对这个问题，要露头就打，最近发生的大连斑海豹盗猎案和广东海江豚被捕出售的情况，这两个都是国家二级保护动物，希望辽宁、广东要高度重视，全力推动依法顶格处罚，严惩不贷，该抓的抓，该判的判，不能客气。积极争取各方支持，动员各方力量，组织实施好中华鲟、长江江豚、长江鲟、斑海豹、中华白海豚、海龟等重点物种国家保护行动计划，以珍稀濒危物种保护带动提升整体保护能力。

第三，着力推进一二三产业融合发展，提升渔业发展质量效益。产业融合发展是高质量发展的必然要求，2018 年大连会议对这项工作已经进行了部署，这里我就不再系统地讲，只强调三点。一要以大水面生态渔业为抓手，推进渔业融合发展。习近平总书记在考察查干湖时指出，"保护生态和发展生态旅游相得益彰，这条路要扎实走下去"。这是对于大水面生态渔业的充分肯定。我们要做好大水面生态渔业这篇大文章，更加突出大水面渔业的生态属性、美化效果、富民功能，把大水面生态渔业打造成渔业一二三产业融合发展、绿色发展的样板。二要积极发展水产品加工业。水产品加工业一头连着生产，一头连着市场，是实现渔业三产融合的关键环节，但也是一块明显的短板。2018 年我国水产品加工率只有 41.6%，与世界水平有明显差距。特别是淡水鱼，产量大、保鲜难、价格低，对加工的需求尤其迫切，但迟迟发展不起来，2018 年加工率只有 18.36%。下一步，要加大力度组织技术研发攻关，强化产地加工技术对接，努力在水产品精深加工、加工副产物高效利用等关键技术领域取得突破。三要加快发展休闲渔业。休闲渔业是新兴产业，增长快，发展潜力大。下一步，还要继续加大品牌创建，形成一批休闲渔业精品，带动产业素质整体提升。同时还要结合人工渔礁、海洋牧场建设，大力发展滨海渔业旅游观光和体验。

（三）积极扩大开放深化改革

第一，着力推进渔业对外开放，提高"走出去"质量和水平。今明两年，要集中抓好三件事。一要继续抓好远洋渔业规范有序发展。坚持远洋渔业长远发展方向不动摇，稳定船队规模，提高质量效益，推动我国从远洋渔业大国向强国转变。要坚持规范有序发展，加快修订出台《远洋渔业管理规定》，建立远洋渔业企业履约评价制度，完善监管措施，坚持不懈严厉打击违法违规行为。还要突出远洋渔业服务政治外交大局的特殊作用，深化与"一带一路"沿线国家的双边渔业合作，积极参与相关区域渔业组织谈判，加快推进远洋渔业海外基地建设，积极稳妥有序地开发南极磷虾资源。二要继续加强渔业对外合作。加强周边渔业协定谈判和实施，继续开展欧美等渔业大国对话，巩固与东盟国家、澜湄国家渔业合作与水生生物保护成果，加大力度推动加入港口国措施协定，积极参加联合国可持续渔业决议磋商等国际渔业治理规则制定，维护和拓展渔业发展权利与空间。三要针对水产品进出口贸易形势变化，认真研究、扎实应对，积极推动产业转型升级，引导产业结构调整，提升产品品质，扩大出口，实现出口市场多元化，并对中美谈判情况作出应对准备。

第二，着力推进渔船渔港综合改革，促进渔港振兴。以渔船渔港改革为主要内容的海洋捕捞业管理综合改革是渔业改革的难点。近年来，我们在推进渔船渔港综合改革方面进行了有益探索，浙江省已经启动了改革试点。今明两年，我们要找准突破口，在全国范围内大力推进渔船渔港综合改革，加快推进出台渔港振兴指导意见。一要推动试行港长制。逐步实现渔业管理重心由投入管理为主向投入产出并重、渔业执法重心由海上执法向渔港执法 2 个转变，聚焦渔业生态保护、渔区振兴和安全监管 3 个目标，推行船舶进出渔港报告、渔获物定港上岸、渔业船员违规违法记分、渔获物可追溯绿色标签等 4 项制度，全面推进渔船渔港综合改革，实现依港管船、管人、管渔获、管安全，促进捕捞业可持续发展。二要加快推进渔港经济区建设。将渔港经济区建设作为乡村振兴的优先选项，不断加大对渔港基础设施建设的支持力度，推动将渔港经济区建设纳入沿海地方政府的约束性指标进行目标责任考核，推进渔港经济区成为渔业新的增长点。

第三，完善优化支持保障体系，为渔业高质量发展提供强有力的保障。一要强化依法治渔。把《渔业法》修订摆在渔业渔政工作重要位置，加快渔业法修订进程，争取今年年底报国务院审议，2020 年争取提请人大审议。要加强渔政执法队伍建设，按照中央指导意见，推动合理配置渔政执法力量，构建权责明晰、指挥顺畅、运行高效、保障有力的渔业行政执法体系。要扎实抓好"中国渔政亮剑"系列专项执法行动，加大执法力度，切实解决好中央高度关注、群众反映强烈、影响国家外交大局、严重破坏渔业资源等突出问题。农业农村部还将召开专门会议进行部署，并对渔业行政执法先进典型进行表彰。二要强化渔业政策支持体系。渔业油价补贴政策事关渔业发展大局，2019 年，我们将启动新一轮渔业油价补贴政策改革，在深入调研和评估的基础上，研究提出政策改革方案，在 2020 年出台新的政策。要进一步深化渔港投资体制改革，推动政策性银行等金融机构出台相关优惠政策。创新保险支持方式，推动渔业自然灾害保险试点。三要强化渔业科技创新。科技创新是第一驱动力，渔业发展的巨大成就与渔业科技的不断突破密切相关。要充分发挥国家农业现代产业技术体系作用，加强渔业重大基础前沿研究和重要共性关键技术研发，推进生物种业自主创新重大专项立项进程，提前谋划"十四五"渔业科技创新重点方向。水产技术推广体系要紧密结合渔业高质量发展的各项要求，做好全方位技术服务和支撑工作。四要强化渔业安全生产监管。这是一个底线问题，怎么强调都不为过。近十年来，渔业安全水平有了显著提高，十万人死亡率接近美国等发达国家水平，但由于基数大、基础弱，渔业安全生产形势依然严峻。前天，农业农村部刚刚通过视频会对此进行了部署，各地要切实抓好落实。全国"两会"召开在即，各地要从讲政治、顾大局的高度严防死守，坚决遏制重特大事故的发生。

同志们，今明两年渔业渔政工作的总体思路、硬任务和重点工作已经明确，让我们紧密团结在以习近平同志为核心的党中央周围，在农业农村部党组、各级党委政府的正确领导下，肩负使命，迎难而上，团结一心，拼搏进取，凝心聚力抓落实，切实做到思想认识到位、职能转变到位、方式方法到位、能力素质到位、精神状态到位，为促进渔业高质量发展，实施乡村振兴战略，决胜全面建成小康社会做出更大贡献！让我们以优异的成绩迎接新中国成立 70 周年！

农业农村部副部长于康震在全国渔船渔港综合管理改革现场会上的讲话

（2019 年 4 月 19 日）

同志们：

2019 年是新中国成立 70 周年，是打赢精准脱贫攻坚战、实施乡村振兴战略和全面建成小康社会的关键之年。今天，我们在浙江省台州市召开渔船渔港综合管理改革现场会，目的就是贯彻农业农村部年初召开的渔业高质量发展推进会精神，全面总结渔船渔港综合管理改革试点经验，分析当前形势，研究部署下一步渔船渔港综合管理改革工作，实现“依港管船、管人、管资源、管安全”，努力开创渔业高质量发展新局面。刚才，会议播放了台州市渔船渔港综合改革宣传片，温岭市介绍了试点改革经验，几个省渔业主管部门和地方政府的负责同志从不同角度作了交流发言，陈铁雄副主席还就浙江省下一步如何深化渔船渔港综合管理改革作了讲话，我听了以后很受启发。下面，借此机会我讲三点意见。

一、充分肯定渔船渔港建设和综合管理改革取得的成绩经验

渔船是渔民最基本的生产工具，渔港是渔船锚泊避风补给的重要基地，是渔民生产生活的家园，渔船渔港是海洋捕捞持续健康发展的基本保障。改革开放以来，特别是近几年来，农业农村部和各地高度重视渔船渔港建设和管理，加快推进管理制度改革，加强顶层设计，启动并指导各地试点实践，渔船渔港建设和综合管理改革取得了显著成绩。

（一）渔船渔港基础设施建设明显改善。改革开放以来，国家高度重视渔业的发展，特别是近年来，加大了政策、资金扶持力度，利用渔业油价补贴政策改革契机，加大渔船渔港基础设施建设，实施渔船更新改造、渔港航标建设维护等项目，我国渔船装备和渔港建设水平有了显著提高。1998 年至 2018 年的 20 年间，国家累计投资超过百亿元，在沿海 11 个省（自治区、直辖市）建设 148 座渔港，初步形成了覆盖沿海重点经济区域、重要渔区的渔港布局。自 2016 年起，中央财政累计投入 26 亿元，对渔民淘汰更新老旧、木质渔船予以补助，三年共更新建造标准化渔船 4 600 余艘，使我国渔船装备建设水平有了显著提升。渔船装备水平的提高和渔港基础设施的改善，有力地提升了渔业防灾减灾能力，增强了渔船安全监管水平，促进了渔区二、三产业迅速发展，为渔业繁荣发展和渔区乡村振兴奠定了良好基础。

（二）渔船渔港管理体制初步建立。国家高度重视渔船渔港管理体制建设，出台了《渔业船舶检验条例》《渔港水域交通安全管理条例》《渔业船舶登记办法》《渔业捕捞许可管理规定》《渔业港航监督行政处罚规定》《渔业船员管理办法》等法规和部门规章，地方也相继出台了配套法规和规章。建立了渔船“双控”制度以及渔船检验、登记、捕捞许可、船员管理、港航安全管理等制度，渔船渔港管理法律和制度体系初步建立。理顺管理和执法监督队伍与体系，强化部门协调机制，积极探索新形势下提高渔船渔港科学管理水平的新途径、新路子。

（三）渔船渔港监管信息化水平显著提高。为切实提高渔船渔港管理水平，近年来农业农村部和各地切实加大投入，加强渔船渔港信息化建设，建立了全国渔船管理数据库，实现了渔船建造、检验、登记和捕捞许可发证各个管理环节网上运行、全国统一、环环相扣。启动渔船渔港监控系统建设，完善渔业渔政综合管理平台，大力提升渔业系统的综合管理、渔业执法、渔船渔港安全应急指挥决策支持能力。特别是各地还加快升级改造渔船通导装备，完善渔船动态监控系统，推动北斗终端和 AIS 系统升级，推进“宽带入海”“海上天网”建设，布设近岸小目标雷达，提升渔港视频监控覆盖面，基本实现了渔船从港内停泊、进出港、海上生产作业一套过程动态可见可控，有效提升了渔船监管能力。

（四）依托渔港抓安全工作成效显著。农业农村部和各地渔业主管部门认真落实渔业安全生产责任制，完善应急管理工作机制，推动建立政府主导、部门配合、渔政渔港监督管理部门负责的渔业安全生产管理体系，压实渔业安全生产基层管理责任和船东、船长、企业主体责任。强化在港渔船的安全生产检查，落实编组生产，完善应急管理和防灾减灾机制，建立渔业安全生产约谈机制。依托渔港组织开展安全生产督查和隐患排查，在汛期和重要时间节点，提前部署、加强防范，完善 24 小时应急值班，组织开展全国性、流域性和区域性应急演练，加强船员培训和安全生产教育，完善渔业风险保障机制，有效遏制了重特大生产事故发生。近十年来渔业事故起数和死亡人数大幅下降，特大事故发生率长期处于低位。

（五）渔船渔港综合管理改革开始破题。近年来，针对渔业资源和渔船渔港管理中存在的问题，农业农村部和各地大胆探索，积极推进改革，取得了显著成效。2017 年，经国务院批准，农业农村部下发《关于进一步加强国内渔船管控实施海洋渔业资源总量管理的通知》，对渔船管理制度改革做出部署，下放了小型渔船“双控”指标制定权，实施渔船分级分类分区管理改革，强化分类分区管控措施。结合我国渔业实际，借鉴国际管理经验，提出实行渔业资源总量管理制度，坚持渔船投入和渔获物产出双向控制，进一步完善海洋捕捞渔船“双控”制度和配套措施，建立上岸渔获物监督检查机制，逐步建立以投入控制为基础、产出控制为闸门的海洋资源管理基本制度。为确保这些改革目标和举措落实，农业农村部修订了《渔业捕捞许可管理规定》，并在浙江、江苏、福建、广东、辽宁、山东等省启动了渔船渔港综合管理改革试点。各地高度重视，制订试点方案，积极推进试点工作，特别是浙江省台州市，

作为农业农村部批准的渔船渔港改革试验基地，探索出了一整套行之有效、可推广、可复制的典型经验，这个是我们会议在台州市召开的一个考虑。总结台州和各地经验，主要有几点成果：

一是探索试行“港长制”。台州市由市政府下发文件，实行县乡两级渔港“港长制”，明确和落实“港长”职责，构建以“港长制”为龙头的渔港综合管理机制。烟台市在全市渔港全面实施“港长制”，建立市、县、乡、村四级港长组织体系，沿海县(市、区)和乡镇两级分别设立负责辖区内渔港的总港长，每个渔港再设立直接港长，分别由县(市、区)、乡镇(街道)政府和村集体领导担任，做到一人一港。

二是推动建立驻港管理机构。台州市整合渔政、公安(边防)、乡镇(街道)等管理力量，建成渔港综合管理站 11 个，配备专职管理人员 115 人，推动管理要素向渔港聚集，打造集涉渔许可、违法违规处理、涉渔纠纷调处等功能于一体的综合管理服务机构。福建省落实人员编制 375 名，在沿海渔港设立海洋与渔业执法中队 99 个，加挂渔港监督管理机构牌子，承担监督管理、综合执法、办证服务、应急处置等职责。

三是全面实施进出渔港报告制度。浙江、江苏、广东等省率先试点，开发了以渔船安全检查为重点的渔港进出港系统。在各地试点基础上，2019 年农业农村部发布了《农业农村部关于施行渔船进出渔港报告制度的通告》，开发了“渔港通”App 报告系统，目前已上线试运行。该系统是全国第一项针对渔民群众的网络管理服务系统，达到了方便渔民、便利管理、提高效率的目的，得到基层管理部门和渔民认可。四是探索渔获物定港上岸管理。台州市开发了集海洋捕捞总量管理、渔获物定港上岸、绿色标签可追溯管理、渔业船员管理、进出港报告管理等于一体的“渔港通”管理系统，确定 13 座渔港为定点上岸渔港，强化对重点时段和作业方式渔获物上岸管理，尝试渔获物溯源管理，选择 120 艘渔船开展了近 4 个多月试点实践，初步验证了渔获物可追溯绿色标签认证发放管理的可行性，为定点上岸管理探索了有效的路径。

五是开展限额捕捞试点。先后在浙江、山东、辽宁、福建、广东五省启动了浙北渔场梭子蟹、莱州湾海蜇、普兰店海域对虾、漳厦海域梭子蟹和珠江口白贝限额捕捞试点。试点地区切实加强资源监测，确定试点品种和捕捞产量，开发应用电子捕捞日志，强化渔船和渔获物监管，探索渔业观察员制度，扶持合作社发展，取得了良好效果。

六是强化船籍港管理措施。规定渔船必须在船舶所有人户籍所在地或公司注册地登记，无特殊情况应在船籍港所在地进行检验和休渔，对渔船跨海区和跨省购置做了限制性规定。

山东省荣成市推行“母港制”，规定本地渔船必须在 15 个指定的渔港休渔，推动建立渔港合作社，依托渔港加强渔船监管，起到了较好效果。台州市出台了渔船安全管理记分办法，强化船东、船长主体责任和基层管理组织责任，引导渔业公司到渔港集中办公，对渔船进行适时监控和动态干预、动态编组，提高了渔船管控能力。

上述这些成功的探索或者成绩，是在党中央、国务院的领导下和亲切关怀下取得的，得益于有关部门和各地党委政府的推进支持，得益于渔业部门的锐意改革、主动作为，得益于广大渔民群众的支持配合。在此，我代表农业农村部向重视关心支持渔船渔港建设发展，推进渔船渔港综合管理改革的各级党委政府、有关部门、社会各界，向为渔船渔港综合管理改革付出艰辛努力的渔业渔政系统广大干部职工和渔民群众，致以崇高的敬意和衷心的感谢！

二、准确把握渔船渔港综合管理改革的新形势新要求

目前，我国渔船渔港综合管理改革虽然开了一个好头，但总体上还刚刚起步，许多方面还有待深入，一些影响和制约渔船渔港综合管理改革的老问题与新形势依然突出，必须深入分析，趋利避害，牢牢把握正确改革方向。

(一)坚持问题导向，充分认清渔船渔港综合管理改革的严峻现实

一是渔港基础设施不健全。由于规划脱节和历史欠账较多、投入不足，渔港建设数量少、标准低、功能单一、防灾能力不强，还不能充分满足渔船安全停泊、避风、补给的需要，存在安全隐患。加之渔港建设规划与岸线等相关规划不衔接、渔港建设项目与城镇建设不配套，影响渔港功能和带动辐射作用的发挥，与渔港经济区建设发展和依港管船的客观需要实际存在较大差距。

二是渔港管理制度需进一步完善。我国虽然颁布了《港口法》，但主要是针对商港的规范，渔港作为特殊的港口，缺少专门的管理条例。渔港所有权、管理权和经营权“三权不清”的现象比较普遍，渔港维护、经营、管理的责、权、利很难依法确定。渔港港务管理缺位，没有固定的投资渠道和财政保障，重建轻管、只用不养的现象还十分普遍。渔港经营准入许可尚未落地，大多渔港经营项目处于无序状态，严重影响渔港经济发展及管理功能发挥。

三是依港管船机制尚未全面建立。过去我们习惯于渔船的审批控制与海上检查，对渔港监管的“关口”作用重视还是不够，没有形成科学的、现代的渔船渔港管理理念。很多地方的管理环节相互脱节，管理要素没有形成合力，不少渔港没有建立驻港机构和驻港人员，管理存在缺位和空白。涉渔“三无”船舶及套牌船的查处、违规渔具整治、幼鱼比例和渔业船员持证情况检查等没有形成常态化监管机制。虽然各级渔业行政主管部门层层签署了压减捕捞产量的责任书，但由于渔获物管控和定港上岸管理制度还没有建立，海洋捕捞产出管理目标缺乏有效措施。

四是渔港环境脏乱差现象突出。由于传统习惯和管理滞后，渔船在渔港内停泊时随意排放含油污水、生活污水、洗舱水和随意丢弃固体垃圾等现象普遍存在。加之渔港环保设施建设基础差、起点低，缺乏防污染设施设备，也没有连接城镇污水管线，油污水回收、垃圾收储和配套绿化等是渔港环境的硬伤，成为沿海渔区环境整治的重点和难点。我在渔区调研时了解到，一些渔港连厕所都没有，急需实施“厕所革命”。

（二）准确把握形势，切实增强渔船渔港综合管理改革的紧迫感和使命感

渔船渔港综合管理改革是推动海洋捕捞业高质量发展的内在动力，关系到生态文明、乡村振兴、绿色发展、安全生产等重大政策的实施和政府主要职责的履行，要从更高的历史站位和政治站位来看待渔船渔港综合管理改革。

一是生态文明建设对渔船渔港综合管理改革提出新要求。从国际看，对海洋环境和资源养护实施严格管控是大势所趋，世界主要渔业国家对海洋捕捞管理都十分严格，重点品种实施限额捕捞，通过港口对渔获物监控是重要手段。近期联合国通过了港口国措施协定，要求船旗国加强渔船管控，强化港口检查，打击非法捕捞行为，对我作为负责任渔业大国提出了更高要求。从国内看，党的十八大以来，生态文明建设提到前所未有的高度，特别是十九大提出的三大攻坚战和近期中央组织的环保督查都把资源养护和环境整治作为重点内容，《渤海综合治理攻坚战行动计划》还明确了渔港环境整治和渔业资源管理的具体任务和时间表。我国渔业资源管理现实也告诉我们，用改革办法破解渔业管理难题，加强“渔港—渔船—渔场”综合管控，实现“依港管船、管人、管资源、管安全”，才能推动渔业资源和渔港环境根本性好转。

二是乡村振兴战略对渔船渔港综合管理改革提出新期待。党的十九大明确提出实施乡村振兴战略，并将其作为七大战略之一写入党章。2018 年印发的《乡村振兴战略规划》，对加强水生生物资源养护、推进渔港渔区振兴等进行了具体部署，给渔船渔港综合管理改革带来机遇。通过渔船渔港综合管理改革，促进各类生产要素向渔港集聚，建设现代渔港经济区，推动特色渔区小镇建设，实现港、产、城一体化，使渔港成为美丽乡村建设的一道亮丽风景线，这正是回应渔民群众对美好生活向往的具体实践，体现了坚持以人民为中心的发展思想。

三是渔船安全生产对渔船渔港综合管理改革提出新课题。海洋渔业是高风险行业，渔船安全是我们必须坚守的底线。但由于船东船长安全意识淡薄、部门监管能力较弱、乡镇属地管理作用难以充分发挥等因素，渔船安全形势依然严峻。要从渔船渔港综合管理改革着手，发挥好渔港作为渔船监管的主阵地，强化船籍港和停泊港协同管理，实行联防联控和闭环管理，实现监管的有效衔接。

四是政府机构改革对渔船渔港综合管理提出新要求。当前，全国渔业渔政机构设置和职能发生了深刻变化，海警部门管理禁渔区线外，地方渔政执法机构管理禁渔区线内，渔港将成为今后渔业管理主战场。同时随着职能归并、人员减少，渔船渔港管理面临新形势、新挑战。我们必须用改革办法破解难题，通过渔船渔港综合管理改革，使管理要素向渔港聚集，服务重心向驻港服务转移，执法重心由海上执法向渔港执法转移，切实提高管理效率。

要准确把握渔业渔政发展面临的新形势新要求，立足新机构新职能，提高政治站位，强化责任担当，进一步增强责任感、使命感、紧迫感，深入推进渔船渔港综合管理改革，以改革的新成效来推动渔业高质量发展迈上新征程。

（三）坚定改革方向，加快推进渔船渔港综合管理改革

按照党的十九大提出的深化改革总目标，对标建设现代化渔业强国的要求，渔船渔港综合管理改革也要同步、不能落后，要奋发有为、勇立潮头，在推动由传统渔业大国向现代化渔业强国转变的过程中发挥重要作用。在深化改革实践中，要牢牢把握住以下五条原则。

一是坚持试点先行。遵循改革方法论，深入总结提炼各地典型经验，形成可复制可推广的渔船渔港综合管理改革配套制度和运行机制，以点带面、逐步推进，使试点“盆景”变为面上“风景”，发挥试点对全局性改革的示范、突破、带动作用。

二是坚持属地管理。以“港长制”为统揽，打破部门和条块分割，建立信息共享和综合协调机制，整合条

条块块各方面力量，强化驻港监管和闭环管理，推动渔船监管关口前移，落实属地管理责任。

三是坚持陆海统筹。充分运用信息化管理手段，加强依港管船和海上执法的有效衔接，实现海上精准打击和港口联防联控双向发力、优势互补、互为促进，确保渔业资源管理和渔船安全管理都能落实落地。

四是坚持双向控制。坚持渔船投入和渔获产出双向控制，在完善海洋渔船“双控”制度和配套管理措施的同时，加快推行渔业资源总量管理，逐步建立起以投入控制为基础、以产出控制为闸门的海洋渔业资源管理基本制度。

五是坚持建管结合。要把渔港和渔港经济区作为乡村振兴的优先选项，加大渔港基础设施建设力度，为渔船渔港综合管理改革积极创造必要条件。加强渔港运营维护、环境清洁和空间保护，维护渔港秩序，发挥渔港应有功能。

我相信，只要我们坚持不懈，一步一个脚印，渔船渔港建设和改革一定会结出丰硕果实，在助推乡村振兴战略和渔业现代化进程中发挥重要作用。

三、坚决打赢新时代渔船渔港综合管理改革攻坚战

当前，渔业发展和管理进入了新的历史阶段，渔船渔港综合管理改革也已进入攻坚阶段，各级政府和渔业部门要高度重视，抓住机遇，按照渔业高质量发展要求，不断打破束缚思想的桎梏，扫除阻碍改革的藩篱，坚决打赢新时代渔船渔港综合管理改革攻坚战。重点抓好以下几方面的工作：

（一）加快渔港现代化建设步伐

渔港建设是渔船渔港综合管理改革的必要基础。要充分认识渔港建设的重要性、艰巨性和紧迫性，抓住乡村振兴战略实施的重大机遇，积极协调相关部门，建立渔港建设工作协调机制，形成工作合力。要综合考虑海洋渔业发展的客观需要，完善渔港建设布局，充分发挥油补资金作用，引导各级政府加大财政支持力度，组织实施《全国沿海渔港建设规划》和《渔港升级改造和整治维护规划》。要把渔港建设作为促民生补短板的重要项目，保障渔港公益性基础设施建设，满足渔船安全停泊和避风的需要，提高渔业安全保障水平。同时加强渔港综合管理和服务保障功能建设，满足渔船综合补给、交易、管理和服务功能，对拟实施渔获物定点上岸的渔港，重点加强渔货装卸、物资补给、市场交易、物流配送、冷藏加工、信息平台等设施条件的建设，为推进渔船渔港综合管理、提高管理服务水平奠定基础。要加强渔港空间和传统文化的保护，正确处理城镇建设开发与渔港渔区传统文化传承的关系，任何单位和个人都不得随意占用渔港或改变渔港属性，国家投资兴建的渔港基础设施、公益性设施，要经渔业主管部门批准，涉及中央财政投资或补助建设的渔港，必须经农业农村部批准，并坚持“补偿在先、占用在后、异地重建”的原则，充分维护渔民利益和社会稳定。

（二）不断健全渔港管理制度

管理制度是渔船渔港综合管理改革的重点内容。要坚持顶层设计和基层探索相结合，把建立健全渔港管理制度作为推进渔船渔港综合改革的重点工作。要抓紧推进《渔港条例》的立法，明晰渔港所有权、使用权、管理权、经营权，完善渔港经营许可制度，规范渔港的规划、建设、认定、维护、经营与管理，促进渔港建、管、护的良性循环。要积极创新渔港经营管理，盘活渔港资产，吸引各种经营主体投资经营渔港，保障渔港运营维护，促进渔港资产的保值增值。

要加快推进出台渔港振兴指导意见，聚焦渔业生态保护、渔区振兴和安全监管3个目标，健全和推行船舶进出渔港报告、渔获物定港上岸、渔船违规记分、渔获物可追溯绿色标签等4项制度，为渔船渔港综合管理改革深入推进提供制度保障。要加快制订渔港建设与管理的标准规范，尽快完成一级以上渔港港章的制（修）订，明确港界港域，使渔港管理有章可循。

（三）深化渔船渔港管理机制改革

管理机制是渔船渔港综合管理改革的重要保障。要按照国家机构改革后职能分工要求，进一步深化渔政执法体制改革，优化渔业执法资源配置，强化渔港监管执法，突出源头监管，提升执法效能。积极推广试点做法，在有条件的地区率先推行渔港“港长制”，建立县、乡两级渔港港长体系并由县级党委政府领导担任中心渔港和一级渔港的港长，切实担负起渔港建设发展、综合管理、安全生产、生态保护及社会稳定等各项工作。要依托“港长制”推进驻港监管，加快渔港综合管理站建设，推进渔政执法关口前移，积极协调渔船检验、公安边防、海警等涉海部门驻港现场办公，形成渔港监管合力。明确渔港综合管理站责任清单和履职标准，制定规范制度，加强履职考核。要加强船籍港和停泊港的管理，将渔船、渔具、船员、资源、安全管理各项管理环节向渔港集中，将涉渔“三无”船舶、船证不符和违规渔具整治、渔业安全以及幼鱼比例检查等作为渔港监督检查常态化措施，实现依港管船、管人、管资源、管安全的管理目标。要重视村级管理组织对渔业管理的支撑作用，充分发挥渔业企业和合作社参与捕捞业管理的积极性，确保渔船渔港综合管理改革措施落地落实。

（四）坚持不懈抓好渔业安全生产

安全生产是渔船渔港综合管理改革的必然要求。要贯彻“依港管船”理念，坚持“依港促安”的方针，深入开展渔船渔港安全隐患排查治理，建立“依站查港、定船守港、港海联动”的执法机制。要压紧压实渔船船籍港和靠泊港管理责任，建立综合协调、信息共享和一视同仁、一体监管的机制。通过进一步规范渔船渔港监督管理，不断加大渔船安全装备配备力度，强化渔船跟踪管理，防止出现监管真空。要持续强化船员教育培训和宣传引导，坚持理论培训与实操并重，达到责任强安、科技兴安、宣教促安的目标。要加强渔区与航路界限研究，探索建立和不断深化商渔船安全会商等部门协作机制，提高商渔船碰撞等事故防范水平。2019年，农业农村部将继续联合应急管理部组织开展“平安渔业示范县”“文明渔港”创建活动，举办渔港监督和安全生产业务轮训，推动渔业互保体制改革。各地要周密部署，积极组织申报推荐，选派业务骨干参加培训，继续支持渔业互保工作，进一步夯实渔业安全基层基础。

（五）持续开展渔港环境专项治理

环境治理是渔船渔港综合管理改革的重要内容。各地要统筹推进渔港经济发展和生态环境保护，合理规划渔港区域内产业布局，同步开展环境影响评价，制定分产业区域的环保措施，制定防污治污应急预案，加大渔港环境综合整治力度。加强渔港防污染设施建设，配套建设油污水、生活污水、固体垃圾等接收和处理设施，推动纳入城镇公共基础设施体系。要加强渔船渔港污染监测和监管，建立渔船渔港环境监测网络。特别要强调的是，去年年底三部委印发《渤海综合治理攻坚战行动计划》，渔港环境整治是其中的硬任务之一。环渤海地区的渔业部门要坚决贯彻行动计划，按照当地政府统一安排，打好渤海渔港环境综合治理攻坚战，确保2019年年底之前要完成沿海渔港的摸底排查工作和渔港名录的编制；2020年年底前完成渔港环境清理整治，实现名录内渔港污染防治设备设施全覆盖。

（六）强化渔船渔港管理信息化支撑

信息化是渔船渔港综合管理改革的重要支撑。要强化渔船渔港信息化顶层规划设计，全面开展渔船渔港信息化需求调研，制订渔船渔港信息化中长期发展规划，建立标准和技术规范，引导渔船渔港信息化规范有序发展。着眼于渔船渔港管理信息化应用创新，遵循统筹规划、标准统一，资源整合、信息共享，应用便捷、安全可靠的原则，整合建设业务综合、上下贯通、开放高效全国一体化的渔船渔港动态监管平台，为渔船渔港综合管理、渔业执法监管、统计分析、公共服务、定港上岸、捕捞渔获物的追溯等提供信息化支撑。要推进渔船配置卫星通信和船载视频监控系统，保障船舶全时段全海域船位监控。

（七）积极推动渔港渔村振兴

渔港渔村振兴是渔船渔港综合管理改革的出发点和落脚点。要以渔船渔港综合管理改革为契机，充分发挥渔港在产业兴旺和渔区振兴中的特殊关键作用，加快建设辽东半岛、渤海湾、山东半岛、江苏沿海、上海—浙江、东南沿海、广东、北部湾、海南岛、南海等沿海渔港群。同时，强化政策引导，积极推进渔区产业转型升级，有效延伸渔业产业链，带动加工贸易、冷藏物流、休闲渔业、海洋牧场、海洋药物、滨海旅游、科普教育、渔区民宿、渔业电子商务、临港工业等多元化产业发展，使渔港经济区成为辐射带动渔区及周边地区经济发展的重要增长极。通过渔港环境综合治理实现生态宜居，通过传承渔区文化实现乡风文明，通过“港长制”及驻港综合监管实现治理有效，通过渔业高质量发展实现共同富裕，使渔港经济区成为沿海地区乡村振兴的典范和亮丽的风景线。

（八）抓好关键措施的落地落实

关键措施主要有两个，一个是渔船进出港报告制度，这是渔船渔港综合管理改革的基础，也是确保渔船渔港安全的重要手段，目前相关工作已启动，系统正在试运行阶段。各地要高度重视，做好宣传动员和组织培训工作。要加快本地渔船渔港数据与报告系统对接，完善和提高系统功能。要充分发挥基层管理组织和渔民协会、公司的作用，广泛深入开展宣传教育和培训，使渔民能够正确使用和操作系统，确保8月1日制度的全面实施，确保休渔开捕后大中型渔船顺利进出渔港。第二个要说的是定点上岸，这是渔船渔港管理改革的关键，各地要按照农业农村部申报工作要求，做好重点渔港的装备和制度建设，完善渔船停泊和渔获物装卸基础设施，确保定点渔港申报工作如期完成，满足本地渔船进出渔港和渔获物定点上岸销售的需要，为全面实施渔获物定点上岸制度，强化渔获物产出管理，确保渔业资源总量管理制度实施奠定坚实基础。

同志们，浙江省对我们此次会议高度重视，提供了宝贵的经验，沿海市、沿海重点县（市、区）和乡镇党委政府领导和渔业部门负责同志都参加了会议，一会儿他们还要在这里召开“一打三整治”暨渔业安全生产监管工作会议。浙江省近年来以“一打三整治”行动为主要抓手，率先打响了涉渔“三无”船舶和“绝户网”清理取缔工作攻坚战，并取得了显著成效，为全国清理取缔工作闯出了路子，树立了榜样。这项工作习近平总书记非常关注，多次作出重要指示批示。对此农业农村部高度重视，按照总书记要求，会同有关部门持续开展整治行动，目前全国已经累计清理取缔涉渔“三无”船舶3.98万余艘、“绝户网”145万余张（顶）。涉渔“三无”船舶和“绝户网”是严重危害渔业高质量发展的“毒瘤”，必须彻底挖掉。目前，清理取缔工作进入攻城拔寨、爬坡过坎的关键时期，进入了攻坚期，2019年年初，我们在全国渔业高质量发展推进会上做了专门部署。各级渔业渔政部门一定要深入贯彻落实习总书记指示批示精神，向浙江省看齐，咬定青山不放松，以“不获全胜、绝不收兵”的信念和毅力，持续打好清理取缔攻坚战、持久战，取得清理取缔的决定性胜利。同志们，“天下难事，必作于易，天下大事，必作于细”。渔船渔港综合管理改革使命光荣、任务艰巨，不是等得来、喊得来的，而是拼出来、干出来的。让我们紧密团结在以习近平同志为核心的党中央周围，在农业农村部党组、各级党委政府的正确领导下，携手同行，深入推进渔船渔港综合管理改革，为促进渔业高质量发展、实施乡村振兴战略、决胜全面建成小康社会做出更大贡献！以优异的成绩为新中国成立70周年献礼！

农业农村部副部长于康震在全国渔业执法工作座谈会暨全国渔业执法工作先进集体和先进个人表彰会上的总结讲话

（2019年5月23日）

同志们：

刚才，我们表彰了先进，交流了经验，韩长赋部长作了重要讲话，充分肯定了党的十八大以来渔业执法工作的成绩，分析了渔业执法工作面临的新形势、新要求、新变化，明确了当前和今后一个时期渔业执法工作的总体要求和主要任务，为做好新时代渔业执法工作指明了方向。下面，我就贯彻落实本次会议特别是韩长赋部长讲话精神，做好2019年渔业执法工作，讲两点意见。

一、对标新要求，深入贯彻落实会议精神

韩长赋部长通过分析形势、明确任务，为下一步渔业执法工作做了思想上的动员。各级渔业渔政主管部门、执法机构和执法人员要在认真学习领会讲话精神的基础上，从六个方面抓好贯彻落实。

（一）对标统一思想抓落实

各级渔业渔政主管部门和渔政执法机构必须旗帜鲜明讲政治，充分认清新形势，准确把握新要求，主动适应新变化，切实把思想和行动统一到党中央、国务院决策部署上来，统一到习近平生态文明思想和总书记关于“三农”工作重要论述精神上来，找准目标定位，立足岗位职责，认真做好新时代渔业执法工作。从全局来看，渔政执法机构职能虽有调整，但保护水域生态环境、维护渔业生产秩序、保障渔业高质量发展、全心全意服务渔民群众的渔业执法根本任务没有改变。随着渔业执法职能和机构的调整逐步到位，各地要积极克服渔政队伍人员调整大等阶段性问题，尽快清“淤点”、通“堵点”、解“难点”，理顺事权关系、层级关系、结构关系，确保新时代渔业执法工作不掉队。

（二）对标重点任务抓落实

韩长赋部长在讲话中就继续推动渔业绿色高质量发展，提出了渔业执法五项重点执法任务，即以长江渤海为重点抓好渔业资源养护执法、以清理取缔涉渔“三无”船舶和“绝户网”为重点抓好维护渔业生产秩序执法、以水产品质量安全为重点抓好养殖监管执法、涉外渔业管理执法和渔业安全生产监管执法。这五项重点执法任务目的就是要加快推动形成资源节约和环境友好的空间格局、产业结构、生产方式、生活方式，给自然生态留下休养生息的时间和空间。完成这五大任务对于改善渔民生活水平、助力乡村振兴具有重要意义。当然，不同的地区这五大任务有不同的表现形式，各级渔政执法机构要结合当地实际，分析形势、找准问题、精准发力，保持最严格的制度和最严格的执法，为渔业绿色高质量发展提供坚强保障。要务必克服两种倾向，一种是认为这些任务很简单，可以一蹴而就，很快就可以完成，这很不现实；另一种是认为问题很多、条件不具备，犹豫迟疑，甚至没有动作，这更要不得。千里之行，始于足下，各级渔业渔政领导干部必须要有“功成不必在我、功成必定有我”的思想境界和“愚公移山”的精神，全方位推进工作，一以贯之，一抓到底。

（三）对标构建执法合作机制抓落实

随着本轮机构改革的完成，渔政一家负责渔业执法工作的格局已成为历史，渔政、公安、海警、自然资源（含林业和草原）等部门按照各自职能范围行使渔业相关领域执法职能的基本格局已经形成，我们对此要有明确的认识。但是，农业农村部作为渔业行业主管部门的职责分工没有变。韩部长强调过，我再强调一次：渔业执法工作外向度高、敏感性强，不管执法机构设在哪里，只要承担了渔业执法职责，就是《渔业法》规定的渔政执法机构，就必须与渔业渔政管理职能相衔接，接

受渔业渔政主管部门的业务指导，按照职责做好渔业执法工作，这是中央明确的要求。各级渔业渔政主管部门要提高站位，处理好大渔政与小渔政的关系，统筹布局利用好渔政、农业综合执法、海警以及其他相关渔业执法机构的力量，凝聚最大公约数，协同做好渔业执法工作。属于我们自己的工作，一定要不折不扣地做好、做到位；属于其他执法机构业务职责范围内的工作，要主动做好衔接、配合和移交。要查缺补漏，明确职责范围，建立健全会商合作、行动协同、执法联动、信息共享、案件移送等相关工作机制，确保有力、高效、顺畅。各地渔政执法机构还要主动加强区域间协作，在重点区域、重点时段开展联合执法、联动执法，确保监管无缝衔接。区域联动非常重要，在落实长江大保护时，长江上下游十一个省(市)必须在区域间联动好、配合好。

(四)对标提高执法效能抓落实

渔业执法体制改革以后，渔政队伍的执法范围、人员数量、装备等方面都发生了明显的变化，但承担的职责任务却变化不大，这就要求我们渔政执法队伍必须创新手段和机制，切实提高执法效能。要重点关注三个方面：一是要向信息化要效能。在传统执法装备运用的基础上，更加注重利用现代化装备和信息化手段，提高执法效能。要探索通过大数据、“互联网＋执法”等信息技术手段，构建统一指挥调度系统，实现违法违规行为精准研判和打击。二是要向依港监管要效能。在强化水上执法的同时，要更加注重发挥好渔港或依托渔港的监管作用，充分发挥渔港渔船集中、人员集中、信息集中、渔获集中的优势，实现依港管船、管人、管渔获、管安全。三是要向群众协同要效能。在渔政主动监管执法的同时，要更加注重发挥好群众的参与作用，通过畅通举报渠道，发挥民间社团作用，发动群众、依靠群众、相信群众，打好渔业违法违规行为的剿灭战。

(五)对标加强队伍建设抓落实

各级渔业渔政主管部门要以“严格规范公正文明执法”为总要求，系统考虑渔政队伍建设问题。要重点关注四点：一是要提高执法规范化、标准化程度。要建立健全渔政执法权力清单、责任清单，做到权责清晰、层级明确。要研究制定完善渔政执法标准和操作规程，形成渔政执法行为规范。二是要加强执法监督。要以推进执法常态化监督为手段，通过现场督查、随机抽查、案卷评查等方式，加强渔政执法监督指导。三是要强化执法人员条件保障。要充分考虑渔业水上执法特殊性，给予广大基层渔政执法人员充分理解和格外关心，为他们依法履职创造条件，维护他们的执法权威和正当权益；要建立健全水上执法补贴和风险保障制度，解决好他们的后顾之忧。四是全面提升执法队伍的业务素质。要以此次渔业执法体制改革为契机，系统梳理队伍存在的问题和不足，以教育培训、实习演练、执法锻炼、资格考试、监督评估、示范创建为重点，做好统筹规划设计。

(六)对标改进队伍作风抓落实

加强队伍作风建设，要打造一支忠诚为民、敢于担当、清正廉洁的渔业行政执法队伍。忠诚为民，就是要牢固树立以渔民为中心的发展理念，全面深化“放管服”改革，创新方法机制，实现服务与执法相统一、刚性执法与体察民情相结合，切实做到利民、便民、惠民，让渔民群众合法权益得到保障，在每一次执法和案件办理中彰显公平正义。敢于担当，就是要对照当前渔业执法的五大重点任务，强化渔政队伍的进取意识，深入强化执法攻坚，务实务、出真招、求实效，逐个破解困扰渔业高质量发展的突出问题，推进产业发展更上一层楼。清正廉洁就是教育广大渔政人员要守住底线，清清白白做人，干干净净做事，拒腐蚀、永不沾。各级渔政执法队伍在这方面不能含糊，要对标中央要求，完善权力运行监督和制约机制，杜绝“不作为、乱作为、慢作为”，坚决清除为涉渔违法违规行为、特别是黑恶势力充当保护伞的“害群之马”。要坚持重遏制、强高压、常震慑，扎紧制度笼子，不给权力脱轨、越轨留空子。个别地区渔政执法机构在这个方面已有深刻教训，各地要引以为戒，千万不能重蹈覆辙。

领导干部尤其要负起责任，牢固树立“抓好作风是本职、不抓作风是失职”的观念，对不抓不管、抓而不力、失职渎职导致队伍发生严重问题的，要依法依规严肃问责。对渔政执法人员发生违纪违法问题的，要实行“一案双查”，既要严肃追究当事人责任，又要严格倒查领导责任。总之，作风建设一刻都不能放松，怎么强调都不为过。

二、突出重点积极作为，扎实做好2019年度渔政执法工作

关于2019年渔政执法的主要工作，我曾在渔业高质量发展推进会上做过部署，3月份的“中国渔政亮剑2019”系列专项执法行动也做了具体安排，近期也陆续举办了形式多样、内容丰富的启动和执法活动，取得了良好效果。根据韩长赋部长讲话精神，我再强调几项重点工作，简单可以概括成“12345”。

(一)服务好一个大局

这个大局就是政治外交大局。2019年是党和国家机构改革尘埃落定的第一年，也是新中国成立70周

年，一系列重大主场政治、外交活动相继举办，关键时间节点接连不断。各级渔业渔政主管部门和渔政执法机构要有高度的敏感性，切实提高政治站位，严格落实属地管理责任，主动布局好重点区域、重点任务、重点对象的执法监管，确保不给主场外交和重大国事活动添乱，不给国家形象抹黑。在涉外管理方面，伏休期间，个别地区出现了渔船规模性违规出海作业的情况，我们已转相关省处理，各地要引起重视，一旦发生涉外事件，务必按照职责做好或者配合做好应急处置和后续处理。在安全生产方面，各地要牢固树立“红线意识”和“底线思维”，杜绝麻痹大意思想，加强宣传培训教育，组织做好隐患排查整改工作，坚决防范和遏制重特大事故发生。

（二）做好两项重点基础工作

一是做好《渔业法》修订。法是国之重器。当前《渔业法》已经严重滞后于我国经济社会发展和渔业发展实践，社会关注、地方反映多，2019 年农业农村部把这部法的修订摆到了渔业渔政工作的重点位置，争取一次性解决法律在水产种质资源管理、清理取缔涉渔“三无”船舶和“绝户网”、涉外渔业和远洋渔业管理等方面存在明显欠缺。农业农村部目前已经形成修订草案并征求了相关部委和各地主管部门的意见。截至目前，共收到各类意见 370 余条，许多意见很有价值，农业农村部正在组织专门力量进行研究和梳理。希望各地也要高度重视这项工作，积极建言献策，并和农业农村部加强配合，形成步调一致的动力输出，尽快推动完成修法工作。二是开展好执法队伍底数摸查。从目前掌握的情况看，各地承担渔业执法任务的机构和人员呈现多样化特点，沿海、内陆大江大湖和边境交界水域等地区的渔政机构继续保持了独立或相对独立设置，其他多数地区合并到了农业综合执法队伍，部分地区还放在了非农业农村部门，很有必要做一次彻底的梳理。下一步，农业农村部将组织开展渔政执法机构普查，摸清改革后各地渔政队伍状况，请各地予以配合。在此基础上，要研究构建形成新的权责明晰、指挥顺畅、运行高效、保障有力的渔政执法体系。

（三）组织好三项重点活动

一是组织好联合交叉执法活动。2018 年，农业农村部创新组织了沿海和黄河流域的渔政联合交叉执法活动，在强化渔政执法、增进经验交流、促进执法水平提升方面都取得了不错的效果。2019 年要继续巩固已取得的成果，进一步完善工作方案，坚持“严”字当头、“严”字当先，针对违法违规行为多发区域，加大执法力度。部渔业渔政管理局要牵好头，各地要精心选派业务骨干，合理选取执法区域，做好执法船艇、车辆准备，配合做好此项工作。同时，有条件的地区可结合当地需求和实际，组织开展省（自治区、直辖市）内的联合交叉执法活动，将活动推向纵深。

二是组织好执法能力提升活动。2018 年的机构改革和职责调整，使渔政执法机构和人员发生了较大变动。一些长期从事渔政工作、具有丰富经验的同志，转隶到了其他岗位；另外一些在其他领域工作的新同志，转隶到渔政执法机构或渔业执法岗位，对渔业执法工作不熟悉，这都会对渔政队伍造成较大影响。提升队伍能力、满足执法需要，迫在眉睫。下半年，农业农村部将组织开展全国渔政执法队伍能力提升活动，着重培养骨干师资力量，提高执法人员素质和能力水平。各地要精心组织、认真选派业务骨干参加活动，确保学有所成、来有所获，并将所学内容带回去，在各地各级渔政人员业务能力培训中层层传递，以点带面，带动全国渔政队伍能力素质进一步提升。

三是组织好全国渔业行政执法资格考试活动。要按照中央要求，严格实行执法人员持证上岗和资格管理。要继续组织开展好全国渔政执法资格统一考试，未经考试合格、不得授予执法证。2019 年形势变化大、机构情况复杂，各地要提前摸底，配合做好考试筹备、组织参考、成绩核查等工作，确保考试能够按时成功举办。对于考试所需要的经费问题，农业农村部已提前做了安排，到时相关机构会和大家对接。对于已经离开渔政执法工作岗位的，要适时启动执法证注销工作。

（四）创设好四项制度

一是创设好休禁渔秩序评估制度。2019 年，为适应机构改革形势的变化，农业农村部创新监管方式，依托科研院所，采取水上巡查、岸上观察、站位监测、调研走访等方式，对海洋伏季休渔、内陆重点江河流域禁渔总体秩序开展评估，以了解执法机制变革后的休禁渔秩序，并为构建新的执法合作机制做准备。目前，此项工作正在进行当中。南海海域、东海海域已经发现某些区域有上百条船舶在违规作业。各任务承担单位要按照既定计划，认真组织实施，及时通报信息、沟通情况，特别是对于群众反映的违法违规线索，要认真核实后及时向渔业渔政局报告。下一步，要进一步完善机制，渔业渔政局搭个桥，让承担评估任务的机构与地方渔政及相关执法机构之间，尽快打通信息通报渠道，及时处理违规渔船。相关渔政执法机构要积极支持配合这项工作，条件允许的情况下要积极派员参与，并协助做好政策解读、情况介绍、调研安排、现场执法等工作。

二是创设好失信联合惩戒制度。多个行业的实践证明，失信联合惩戒是震慑违法行为的有效手段，可以有效弥补渔政执法力量不足、手段不够的弊端。这项工作2019年已经开了个头。部渔业渔政管理局要牵头做好基础研究，加快建立健全渔政执法监管黑名单动态管理机制，加强与各部门协调对重点渔业违法行为人实施联合惩戒。全面开花可能有点困难，可以先从当前最为迫切的捕捞领域入手，把经常惹事、屡次违法的渔船和行为人纳入重点监控。要研究完善渔业政策补贴与诚信挂钩机制，将渔业企业、渔民个人履行诚信义务作为享受渔业政策补贴的前提条件，提高其违法成本。

三是完善好渔政执法联查通报制度。加强执法联查是打击渔船跨区作业、提高执法威慑力的重要手段。4月下旬，农业农村部为沿海各级渔政执法机构配发了账号，授予400余人中国渔政指挥系统全国渔船动态信息查询权限，打破了信息壁垒，为各地查处异地船舶、提高执法效率奠定了基础。下一步，农业农村部还要建立完善执法协查通报制度，进一步畅通信息交流渠道，提高联动联查能力。同时，农业农村部将按照有关要求，建立专门的渔业执法案件举报受理机构，作为各地违法行为举报机制的补充，接受各地违法案件举报和行风监督，同时对渔政重大案件进行挂牌督办，完善“有举必查、查实必究”的举报机制。各地要做好衔接。

四是完善好依港管渔相关制度。渔业新体制的变化对创新渔政执法监管提出了更高的要求。强化渔港执法是已经被实践证明的行之有效的监管措施。渔业渔政局要加紧研究出台渔船渔港综合管理改革指导意见，加快研究出台与之相配套的管理制度。各级渔业渔政部门和渔业执法机构要进一步优化渔业执法资源配置，切实强化渔港监管执法。要尽快推行港长制，贯彻“依港管船、管人、管渔获、管安全”理念，强化渔船渔港管理信息化支撑，建立“依站查港、定船守港、港海联动”的执法机制，提高监管效率。

（五）切实抓好五项重点工作

韩长赋部长在讲话里对渔政执法机构提出了五项重大任务。这些任务是渔业执法任务重点里的重点，中央高度关注、社会影响度大。农业农村部前期已做了部署，各地务必高度重视。

最后，我再强调一下宣传工作。2019年，农业农村部相继举办了渔政执法工作新闻发布会，黄河流域禁渔、海洋伏季休渔、渤海综合治理以及海河、辽河、松花江流域禁渔执法启动活动，主流媒体和社会各界广泛关注，集中报道，营造了良好声势，形成了对违法行为的强烈震慑。各级渔政执法机构要进一步树立“宣传也是执法”的工作理念，进一步加强工作宣传，对于重大执法活动要集中造势，对于违法违规案件要公开曝光，对于渔业行政处罚结果要及时公开，对于涉渔犯罪案件要在重点渔区尽量进行公开宣判。3月上旬，农业农村部开通了“中国渔政”微信公众号，这是一次利用新媒体技术，拓宽宣传渠道的积极尝试。各地要充分利用好这一平台，加强执法经验和典型案件交流，实现以先进带后进、交流学习和促进科学规范公正文明执法的目的。谢谢大家。

农业农村部副部长于康震在大水面生态渔业现场推进会上的讲话

（2019年9月10日）

同志们：

今天的大水面生态渔业现场推进会，是经农业农村部党组同意召开的。专题召开现场会推进大水面渔业发展，改革开放40多年来还是第一次，这也充分说明农业农村部对这项工作的高度重视。2018年9月26日，习近平总书记在吉林省考察查干湖，作出了“绿水青山、冰天雪地都是金山银山，保护生态和发展生态旅游相得益彰，这条路要扎实走下去”的重要指示。

他还祝愿当地渔民群众“年年有鱼，年年有余”。这为我们推进大水面生态渔业，实现生态保护与产业发展融合协调指明了方向。我们召开这次会议的主要任务就是，贯彻落实习近平总书记的重要指示精神，交流探讨、研究部署推动大水面渔业高质量绿色发展，助力实施乡村振兴战略和打赢脱贫攻坚战。

今天上午，我们现场观摩了千岛湖渔业的生态网箱养殖、资源养护管理和三产融合发展等情况，刚才，中央党校的孙教授做了“绿水青山向金山银山转化路径”的报告，查干湖渔场介绍了发展经验，相信大家一定深受启发。6个省的代表围绕推进大水面生态渔业的发展进行了交流发言，有亮点、有突破、有经验、有成效，值得大家相互学习、相互借鉴。会议期间，同时举办了大水面生态渔业发展高峰论坛、成立了大水面生态渔业科技创新联盟，论坛和联盟的代表也列席下午的会议。今天，水利部和国家林草局的同志也到会指导。我想，这些都体现了大家在推进大水面生态渔业发展上已经有了广泛的共识，也有了很好的工作基础。下面，就新时期推进大水面生态渔业高质量绿色发展，我讲几点意见，供大家参考。

一、深刻分析大水面渔业发展的新问题新形势

众所周知，渔业生产是人类最古老的食物来源之

一。史书记载，沿江河湖泊生活的先民，用木石击鱼，捕而食之。直到20世纪50年代，以捕捞方式从河流和湖泊中获取的渔业资源，还一直是我国老百姓餐桌上传统的、也是主要的水生生物蛋白来源。从20世纪60年代开始，伴随着“四大家鱼”的繁殖成功和大型水利工程的大量建设，逐渐开始在大水面中放养“四大家鱼”。到80年代，兴起了在大水面中利用“网箱、网围和网栏”的“三网”养殖。90年代后，规模化“三网”养殖的品种扩大到河蟹及名优鱼类，大水面渔业的产量也得到了大幅度提高，很多大水面成为重要的渔业生产基地。可以说，一直以来，湖泊、水库等大水面，都是我国内陆渔业水域的主体，大水面增养殖是我国淡水渔业的重要生产方式，大水面渔业是我国渔业的重要组成部分。据初步统计，目前湖泊和水库的养殖面积约占全国淡水养殖面积的52%，产量占全国淡水渔业产量的20%左右，全国有面积5 000亩以上的大水面约1 500个。

大水面渔业的发展不但为解决“吃鱼难”做出了历史性的贡献，而且还在稳价格、保供给、农民脱贫致富和解决就业等方面发挥着重要的作用。但近几年，在资源与环境约束日益加大的新形势下，在生态文明建设和绿色发展已成为新时代发展主旋律的背景下，历史悠久的大水面渔业遇到了新的发展问题，可以说是老革命遇到了新问题。

(一)大水面渔业发展空间大幅萎缩。大水面一般都兼有多种功能，很多的饮用水源地保护区、自然保护区和水产种质资源保护区等，都建立在大水面之上，并从不同的角度建立了相应的管理制度。为实施长江大保护，2018年出台了长江流域重点水域禁捕政策，也涉及很多大水面。部分生态保护制度和生产发展政策之间不协调，一些保护制度没有充分考虑渔业的生态和生产功能，没有给予大水面生态渔业充分合理的发展空间。近一段时间，国家密集出台了稳定生猪生产、保障供应的政策，目的是应对生猪生产持续下滑、猪肉市场量减价增的严峻局面。近几年，水产养殖萎缩得很厉害，会不会有一天水产品也会出现短缺呢？我觉得不排除这种可能性。在近年来的生态环境保护和督查工作中，一些地方“一刀切”地禁止大水面渔业发展。不仅政策明确禁止渔业生产的水域禁了，政策允许发展的水域也禁了；不仅养殖生产被禁了，连增殖与合理捕捞也被全面禁止。大水面渔业生产空间大幅萎缩，水域资源严重浪费，甚至影响到湖区、库区渔民的基本生产生活。在今年初国新办组织的《关于加快推进水产养殖业绿色发展的若干意见》新闻发布会上，我也就这个问题专门进行了回答，对于这种不加区分的一禁了之、一拆了之、简单化、一刀切的做法我们是不赞成的。

(二)大水面渔业的发展质量亟待提升。不可否认，过去少数地区少数的大水面渔业，过分追求产量，网箱养殖密度大，饵料质量差、利用率低，养殖用药不规范，导致水环境污染。极少数地方的增殖渔业过度投饵施肥，导致水质恶化。这也成为社会诟病大水面渔业发展的主要理由，也是大水面渔业必须转型升级的重要原因。其他方面也存在一些短板，在增养殖方面，种苗来源杂、质量难保障，容易引发病虫害。在生产管理方面，放养、捕捞不科学，放养品种、放养比例、放养量、捕捞量等主要凭经验、比较粗放，不仅未能发挥净水功能，而且经济效益差。在融合发展方面，以大水面为载体的产业融合发展不足，除少数大水面形成了一二三产业深度融合发展格局外，多数大水面产业链条短，尚未向二三产业延伸。

(三)大水面渔业管理监督机制有待健全。湖泊、水库等大水面，往往都会跨行政区划，管理上又跨不同部门。跨省或同省跨市、县的大水面，因缺少跨区域的管理办法，管理难度大，难以实施统一的管理和经营，导致区域间容易出现渔业利益纠纷。渔业、水利、环保、自然资源等部门都对大水面有各自管理权限，有的还有交叉或职责分工还不清，没有形成合力，进而影响了大水面渔业经营主体的生产活动。在监管执法方面，由于大水面水域面积大，加上执法队伍力量不足、经费短缺、设备落后等原因，渔政执法难度较大，电、炸、毒鱼等违法行为屡禁不止。

(四)大水面渔业科技支撑能力有待提升。多年来我们在大水面渔业方面有了一定的理论和技术积累，但也还存在一些不足。中国科学院水生生物研究所、南京地理与湖泊研究所，中国水产科学研究院及下属研究所均有长期开展大水面生态渔业研究的专家团队，国家现代农业大宗淡水鱼和特色淡水鱼产业技术体系也设立了专门的大水面研究科学家岗位。但是，过去我们关注生产多了一些，关注产量多了一些，对渔业生态属性和环境保护修复功能的基础研究不充分，对资源环境承载能力和标准研究不充分，对适合大水面发展的品种、生产方式研究不充分，对绿色养殖、科学增殖和精准捕捞的技术及装备研究不充分。这些方面都非常重要，直接关系到大水面渔业能否实现生产生态相协调，能否突破目前的各种限制，在全国范围内顺利推开发展。

面对大水面渔业发展的严峻形势，迫切需要我们提出切实可行的思路和措施，推动大水面渔业转型升级发展，把大水面这块“绿水青山”转化为“金山银山”。

二、充分认识发展大水面生态渔业的重要意义

大水面渔业发展存在的问题，归根结底，还是保护与发展的辩证关系问题。党中央高度重视发展和保护的关系处理问题，而且一直坚持协调推进的政策导向。生态文明建设，创新、协调、绿色、开放、共享的新发展理念，"五位一体"总体布局，都是强调这个导向。习近平总书记2018年4月在深入推动长江经济带发展座谈会上的讲话中强调："推动长江经济带探索生态优先、绿色发展的新路子，关键是要处理好绿水青山和金山银山的关系。要坚持在发展中保护、在保护中发展，实现经济社会发展与人口、资源、环境相协调，使绿水青山产生巨大生态效益、经济效益、社会效益。"学习领会习近平总书记的重要论述和重要指示精神，我理解，发展大水面生态渔业，就是要根据大水面生态系统健康和渔业发展需要，通过开展渔业生产调控活动，促进水域生态、生产和生活协调发展。在落实加强生态文明建设、推进实施乡村振兴和打赢脱贫攻坚战的战略任务中，发展大水面生态渔业是应有之义，具有重要意义。

（一）是加强水域生态文明建设的重要途径。山水林田湖草是生命共同体，生态是统一的自然系统，是相互依存、紧密联系的有机整体。水生生物资源是水域生态系统的核心，对于维系物质和能量循环、净化水质，以及保持生态系统健康具有极其重要、不可替代的作用。大水面生态渔业根据水体特定的环境条件，通过人工放养滤食性鲢鳙鱼和草食性草鱼等鱼类，可以有效抑藻、控草、固碳，改善该水域的水生生物群落组成，保障生态平衡，净化水质，保护水域环境。我们今天看到的千岛湖，通过大力推进实施"以鱼保水""以鱼治水"工程，形成了"大头鱼保水、小头鱼治水"的生态保护和保水渔业发展好模式。密云水库是首都人民的大水缸，对水质的要求非常严格，为净化水质，库区每年都要增殖放流几十万余斤鱼苗。三峡库区因为实施了"以渔净水"措施，2018年三峡水库4个水域监测断面的综合污染指数比2010年下降了20%～40%。中国科学院水生生物研究所和西南大学的联合研究表明，三峡渔业水域不但未造成水环境污染，反而提高了生物多样性。这些生动的实践充分证明，鱼是水生态系统中不可分割的重要组成部分，渔业生产与生态保护是可以和谐共处的，是可以相互促进的，两者是一个有机整体，强行把两者割裂开来，甚至对立起来，是不科学、不合法，是不符合新发展理念要求的。

（二）是实现乡村振兴打赢脱贫攻坚战的具体举措。党的十九大提出实施乡村振兴战略，是新时代做好"三农"工作的总抓手。乡村振兴，产业兴旺是重点。大型湖泊和水库是我国各地乡村、渔村的独特宝贵资源，而且很多都在经济不发达地区。利用好这些大水面水域，发展好大水面渔业是推动当地产业兴旺的重要途径。所谓靠山吃山、靠水吃水，大水面是绿水青山，可以为老百姓提供更多优质生态产品和水产品；更是金山银山，通过统筹生态环境保护与渔业发展，帮助老百姓创业增收、脱贫致富。江西庐山西海探索出了"资金入股＋就业安置＋渔船网具收购"的渔民转产转业方案，构建了紧密的利益联结机制，确保渔民退捕转产转得出、留得住。江苏洪泽湖探索出"定品、定时、定量、定点"捕捞制度，采取"谁投入、谁保护、谁生产、谁受益"机制，实现了"投入—保护—收益—加大投入"的良性循环。我们理应利用好这些大水面水域，传承好大水面渔业的产业基础，为推动当地乡村振兴、渔民增收脱贫发挥更大的作用。

（三）是推进渔业高质量发展的重要方向。渔业的高质量体现在更优的水产品、更美的水域生态环境、更高的产业效益。大水面因水域面积广、水体容量大、水质优良、渔业资源丰富，不仅有条件生产优质、绿色、生态的水产品，还具有发展渔旅融合的天然优势。通过深入发掘大水面水域的生态涵养、休闲观光和文化体验等多种功能和多重价值，可延伸发展休闲旅游、餐饮、渔业体验和赛事等多种产业。同时，休闲旅游的发展不仅带动了鲜活水产品销售，还为精深加工水产品提供了广阔的市场空间。水产品加工成休闲食品、旅游纪念品等，有效延长渔业产业链、提升价值链。发展大水面生态渔业，将对推动渔业的高质量发展发挥重要的作用。查干湖，通过实施大水面天然放养和品牌开发，成就了北方"中国淡水鱼类第一品牌"；通过冬捕旅游，创新了大水面"渔文旅"产业融合发展。

三、准确把握推进大水面生态渔业发展的总体要求

为贯彻落实习近平总书记考察查干湖时的重要指示精神，切实推进大水面生态渔业发展，农业农村部已着手做了大量工作。在农业农村部联合九部委印发的《关于加快推进水产养殖业绿色发展的若干意见》中，专门提出鼓励在湖泊水库发展不投饵滤食性、草食性鱼类等增养殖，实现以渔控草、以渔抑藻、以渔净水。在2019年渔业高质量发展推进会上，我对相关工作又作了部署，提出要以大水面生态渔业为抓手，推进渔业融合发展，做好大水面生态渔业这篇大文章，更加突出大水面渔业的生态属性、美化效果、富民功能，把大水面生态渔业打造成渔业一二三产业融合发展、绿色发展的样板。

渔业渔政管理局大力抓好工作落实，成立了“促进大水面生态渔业发展领导小组”，积极组织开展调查研究，谋划出台促进大水面生态渔业发展的政策文件。调研组共计调研了15个省（自治市、直辖区）的19处湖泊、水库和20余家大水面经营主体，基本掌握了全国大水面渔业发展的现状和存在的问题，总结了部分地区大水面渔业发展的典型做法和经验，起草了“促进大水面生态渔业发展指导意见”初稿，正在征求意见，争取早日印发。在大量调研和深入研究的基础上，我们初步明确了推进大水面生态渔业发展的总体思路：就是要以习近平新时代中国特色社会主义思想为指导，全面贯彻党的十九大和十九届二中、三中全会精神，认真落实党中央、国务院决策部署，践行“两山”理论，坚持新发展理念，以实施乡村振兴战略为引领，以满足人民对优美水域生态环境和优质水产品的需求为目标，有效发挥大水面渔业生态功能，加快体制机制创新，强化科技支撑，促进渔业资源合理利用，推动一二三产业融合发展，走出一条水域生态保护和渔业生产相协调的高质量绿色发展道路。目标是力争到2025年，大水面生态保护与渔业发展实现充分融合，渔业在水域生态修复中的作用明显提升，大水面生态渔业管理协调机制更加完善，优质水产品比重显著提高，产业链有效拓展延伸，形成一批管理制度完善、经营机制高效、利益联结紧密的生态渔业典型模式，基本实现环境优美、产品优质、产业融合、生产生态生活相得益彰的大水面生态渔业发展格局。

推进大水面渔业发展涉及多方面和多部门的关系，是一个系统的、复杂的工程，要弹好“协奏曲”，不能犯方向性错误，重点把握好以下几条重要原则。

一是坚持绿色发展、合理利用。绿色发展是大水面生态渔业的根本遵循，也是推动这项工作的最大优势所在，需要我们一以贯之的坚持做好。要充分发挥渔业的生态功能，合理利用渔业资源，加强水质监测和苗种监管，保护水域生态环境。兼顾大水面在防洪、供水、生态、渔业等多方面功能，实现“一水多用、多方共赢”，推进水域共享共用共治。

二是坚持因地制宜、分类施策。选择符合实际情况的发展和生产方式，是大水面生态渔业可持续发展的关键环节，也是体现生态和经济效益的主要手段。要根据生态环境状况、渔业资源禀赋、水域承载力、产业发展基础和市场需求等情况，做好发展规划，科学布局、分类施策，坚持“一水一策”，合理选择大水面生态渔业发展方式。

三是坚持科技引领、创新驱动。管理机制完善和重视技术创新是目前千岛湖、查干湖等成功典型的共同特征。要对现有成功案例进行分析、解剖，对管理体系和利益链接机制进行认真总结和宣传，促进各地采取适宜地方发展阶段和水平的管理运行机制，确保共同发展、利益共享。要加强基础理论研究和关键共性技术研发，强化模式提炼，推动成果转化和示范推广。

四是坚持质量兴农、三产融合。三产融合是大水面生态渔业体现“现代”特征、提高产业效益、促进大水面生态渔业高质量发展的关键一招，也是优势所在。要围绕高质量发展目标，提升水产品品质，实施品牌战略，提高质量效益。发挥大水面渔业优势特点，大力发展精深加工和休闲渔业，推进一二三产业融合发展，不断延伸产业链，提升价值链。

四、切实抓好大水面生态渔业发展的重点工作

当前，渔业发展和管理进入了新的历史阶段，大水面生态渔业发展也已进入关键时期，要按照渔业高质量发展要求，不断打破束缚思想的桎梏，扫除阻碍发展的藩篱，明确任务、狠抓落实，重点抓好以下几项任务。

（一）摸清底数，统筹规划。这是大水面生态渔业发展的基础性工作，前期各省做过一次粗线条的、面上的摸底。会后，请各省做一次更全面、更准确、针对性更强的摸底调查。首先是调查发展空间的情况，全省的大水面建了多少个不同类型的保护区，分别占到大水面面积的多大比率，由于保护区的划定而退出的大水面渔业水域有多少，哪些是合理退出的，哪些是超出法律法规要求被迫退出的，这些家底我们要摸清楚，这也是本次调查的重点。其次要统筹规划，根据摸底情况，会同水利、自然资源等部门，抓紧制定本区域大水面生态渔业发展规划，依法同步开展规划环评工作，并推动对接纳入当地经济社会中长期发展规划。尤其强调的一点是，要完善《养殖水域滩涂规划》，保障大水面生态渔业发展空间，对于明确划定为养殖区的大水面，要严格禁止占用和擅自改变用途；划定为限养区的大水面，要确保其必要的渔业功能。

（二）分类施策，合理利用。根据不同的大水面资源状况、承载能力确定不同生产方式，促进生产恢复及合理利用是大水面生态渔业发展的首要任务。经过专家广泛调研和反复研究，我们初步提出，增殖渔业要在水生生物自然保护区的核心区以外的水域开展，在水源地一级保护区、水生生物自然保护区的缓冲区发展增殖渔业要进行科学评估，确保渔业活动不对保护区造成负面影响。传统捕捞渔业要在水源地一级保护区、水生生物自然保护区以外的水域开展，并执行长江流域重要水域禁止“生产性捕捞”的有关规定。设施养殖渔业要在水源地一级保护区、水生生物自然保护区

的核心区和缓冲区以外的水域进行，要合理控制规模，满足大水面养殖容量要求。此外，要严格区分增殖渔业的捕捞活动与传统捕捞生产，长江流域重要水域禁止的“生产性捕捞”，仅限于传统的对非增殖渔业资源的捕捞生产。各地要因地制宜，抓紧研究出台有效措施，对于超出法律法规要求被迫退出的大水面渔业，在科学论证的基础上，要重新恢复生产；对于可以发展生态渔业但还没有被充分利用的大水面区域，要积极推进生态渔业发展。当然在推动工作过程中，也要加强与有关部门的沟通，最好能做到联合发文，确保措施到位有效。

（三）保护生态，转型提质。协调好生态保护与合理利用的关系是大水面生态渔业可持续发展的根本要求。不仅在发展思路、基本原则和生产方式等方面，要坚持贯彻生态优先、绿色发展的理念和要求，而且有两个关键环节要确保做到，切实保护好水域生态环境，促进大水面生态渔业转型提质。第一个是水质的保护，这是环境是否得到有效保护的最直观参数。要加强与生态环境保护等部门的配合协作，明确大水面增养殖水质管理要求，加强监测和执法监管，确保大水面渔业发展不影响水质环境。同时，也鼓励大水面经营主体委托第三方机构加强水质监测分析，将水质情况定期向社会公布，主动接受各方监督。第二个是生物多样性保护，这是生态系统是否稳定健康的重要表征。关键是在苗种质量方面，渔业部门要严格按照《水生生物增殖放流管理规定》对苗种场和放流品种进行监管，严防种质退化和疫病传播；应选择遗传多样性高、来源于放流湖库或临近水体的优质亲本培育苗种，防止外来物种入侵，保护好增殖水域生物多样性。

（四）三产融合，提升效益。三产融合发展，不断延长产业链、提升价值链，不断提高质量和效益，减轻对一产的依赖，减轻对资源的依赖，是大水面生态渔业发展的内涵。省级渔业部门要主动作为，开拓创新，通过搭建产品展示推广平台，加强大水面生态渔业产品宣传推介和品牌创建，积极申请创建大水面绿色有机水产品、地理标志产品认证和区域公用品牌。通过加强企业与科研院所技术需求对接和补贴政策倾斜等措施，推动发展生态水产品产地精深加工。通过充分挖掘大水面生态渔业的文化内涵，利用好大水面生态渔业景观资源，大力发展休闲渔业，促进文化、旅游、体育、垂钓、观光、餐饮、康养深度融合，显著提升大水面生态渔业发展效益。

（五）强化研究，加大支撑。发展大水面生态渔业是一项技术性很强的工作，除了管理，研究也一定要跟得上。一方面要依靠科技重大专项的立项实施，加强大水面生态渔业基础理论、生态保护与渔业发展战略等研究和关键共性技术研发。另一方面也要依靠地方的研究力量，开发适宜本地实际、好用实用的简便技术。对于已经成熟的技术和方法，我们也会及时的总结发布为标准规范，《大水面生态增养殖容量计算方法》就是一个对大水面生态渔业发展操作性、实用性和指导性很强的标准，大家要积极反馈修改建议。2019年年年底正式发布后，也请各地加强标准宣贯，制定本省的配套“明白纸”，促进容量管理制度的实施。

（六）完善机制、共建共治。有效的管理和监督机制是推动大水面生态渔业发展，为产业保驾护航的有力武器。我们要着重在创新机制、完善机制上下功夫，联合相关部门，共同推动产业发展。要建立部门间的工作协调机制。由同级农业农村部门会同生态环境、水利、自然资源、林业草原等部门，协同划定生态保护、环境质量和资源利用界限，统一管理体系、责任体系和执法标准。要创新完善渔政执法机制。由渔业渔政联合公安、生态环境、水利等相关部门，开展区域联合执法工作。鼓励探索“政府支持＋社会参与”渔政管理新模式，加大渔政执法力度，强化行政执法与刑事司法衔接，这方面千岛湖有很好的创新。要建立健全适合当地实际的经营运行机制。通过引导各地成立行业协会、商会或产业联盟，培育和壮大大水面生态渔业经营主体。要构建紧密型利益联结机制，鼓励转产转业渔民通过资金入股或以渔船、渔具、养殖证、捕捞证等作价入股渔业经营主体，让渔民分享大水面生态渔业发展成果。

五、趁势而上推进大水面生态渔业高质量发展

2019年是新中国成立70周年，今明两年是全面建成小康社会的关键时期，是打赢脱贫攻坚战和实施乡村振兴战略的历史交汇期。我们要进一步把思想认识统一到党中央、国务院的决策部署上来，统一到农业农村部的工作要求上来，以高度的责任感、强烈的政治意识、务实的工作作风，全面推进大水面生态渔业高质量发展。

（一）加强组织领导。省级渔业部门要发挥牵头作用，主动入位，主动担责，将大水面生态渔业发展列入重要议事日程，成立专门的工作领导小组，将工作任务分解到部门、落实到人。要加强与有关部门的沟通协调和配合协作，联合建立健全相关管理监督机制，协同研究、制定、落实支持措施，共同推动大水面生态渔业发展。

（二）加大资金支持。要持续加大资金支持力度，不断完善保障体系。推动涉渔财政补贴资金向大水面

生态渔业倾斜，重点用于一二三产业融合、水域环境监测、渔业资源调查评估和环保网箱改造等方面。积极争取支农惠农、精准扶贫、社会民生等相关资金，用于转产上岸渔民的临时生活补助、社会保障和职业技能培训等相关方面。鼓励农业信贷担保主体加强对大水面生态渔业生产经营项目的信贷担保支持，积极推动大水面渔业保险试点，提高风险承受能力。

（三）做好宣传推广。要更加注重宣传引导，让渔业的生态功能深入人心，让先进的模式和技术引领大水面生态渔业发展。依托行业组织、科研院所、高等院校、技术推广机构和有关企业，加强渔业科普宣传，打造一批大水面生态渔业样板，为产业发展营造良好的舆论氛围。依托新型职业农民培育工程开展大水面生态渔业经营主体带头人培训，带动先进经营理念、模式、技术的推广应用。

同志们，今天这个会，就是在新时期新形势下，推动大水面生态渔业发展的一个总动员和总开端。我们的大旗已经举起来了，锣鼓已经敲响了，戏已经开场了。接下来的工作，需要我们紧锣密鼓地抓紧谋划和推进。希望大家群策群力，同舟共济、齐心协力、攻坚克难，为大水面生态渔业的高质量发展、为现代化渔业强国建设做出更大的贡献！

农业农村部副部长于康震在水产养殖业绿色发展现场会上的讲话

（2019 年 10 月 17 日）

2019 年 1 月 11 日，经国务院同意，农业农村部、生态环境部、自然资源部、国家发改委、财政部、科学技术部、工业和信息化部、商务部、国家市场监管总局、中国银保监会联合印发了《关于加快推进水产养殖业绿色发展的若干意见》，标志着我国水产养殖业转型升级进入到一个新的发展阶段。今天，我们在这里召开现场会，这是经农业农村部常务会议同意召开的一次非常重要的会议，也是一次深化认识、再次动员推进落实的大会。这次会议的主要任务是深入领会把握国务院的有关精神，认真贯彻落实《意见》的各项目标任务，加快推进水产养殖业绿色发展。上午，各地代表参观了浙江省水产种业公司、田博园、钟管镇小根水产养殖场园区、德清县渔业综合服务中心、禹越镇木桥头村西坝里养殖尾水治理示范点 5 个水产养殖绿色发展示范项目，刚才福建、江西、山东、湖北、宁夏 5 省（自治区）农业农村部门负责同志和浙江省湖州市市长作了典型发言，这些好的经验做法为全国树立了发展典型，各地要认真学习借鉴。下面，我讲三点意见。

一、充分肯定改革开放四十年及十八大以来我国水产养殖业绿色发展取得的重大成就

改革开放以来，在“以养为主”的发展方针指引下，水产养殖业发展成绩斐然，2018 年，我国养殖水产品总量 4 991 万吨，占我国水产品总产量的 77%以上，占世界养殖水产品总量 60%以上，是世界上唯一养殖水产品总量超过捕捞总量的主要渔业国。我国的水产品主要来自水产养殖业，形象地说，在中国四条鱼中有三条是养殖的。水产养殖业的快速发展，为解决我国居民“吃鱼难”问题、丰富城乡居民“菜篮子”、增加优质动物蛋白供给、保障国家食物安全、提高全民营养健康水平、降低天然水域渔业资源利用强度、促进渔业产业兴旺和渔民生活富裕等做出了突出贡献，同时在净化水质、减排二氧化碳、缓解水域富营养化等方面发挥着重要作用，也为世界渔业发展、特别是对世界渔业资源养护作出了重要贡献，应给予充分肯定。

40 年来我国水产养殖业取得的成就也留给我们许多宝贵经验和重要启示。一是坚持“以养为主”发展方针。改革开放前 30 年我国渔业发展一直以捕捞天然资源为主，直到 1985 年我国确立了“以养为主”的渔业发展方针，鼓励发展水产养殖业，使内陆水域、浅海滩涂、低洼荒地等适宜养殖的资源得到合理的开发利用，水产养殖业迎来了重大发展机遇，得到快速发展，1988 年养殖产量首次超过捕捞产量。2018 年全国水产养殖产量比 1978 年提高了 40 倍，养捕比由 1978 年的 26∶74 提高到 2018 年的 77∶23。二是坚持依靠科技创新。水产养殖业的高速发展得益于渔业科技取得的重大技术突破，在水产育种、疫病防控、营养饲料、养殖装备等诸多领域取得了一系列重大成果，为现代水产养殖业健康发展提供有力的科技支撑，科技贡献率达 60%以上。三是坚持实施市场化改革。在我国大农业中，渔业是最早引入市场化改革的产业。“放开渔业经营管理体制”“放宽水产品购销政策”两项改革充分发挥了市场的主导作用，为水产养殖业经济发展创造了良好的体制环境和激励机制，极大调动和发挥了养殖生产者的积极性和创造性。十八大以来全国渔业系统把加快渔业绿色发展作为渔业渔政中心工作，不忘初心，砥砺前行，积极实行渔业供给侧结构性改革，推进转方式、调结构，推动水产养殖从量的增长到质的提升，努力解决发展不平衡和不充分问题，促进水产养殖业绿色高质量发展，主要体现在以下几个方面。

第一，全面调优养殖生产布局，产业发展明确了正

确方向。养殖水域滩涂规划制度得到各地人民政府前所未有的重视，禁养区、限养区和养殖区“三区”划定工作积极推进，截至目前，水产养殖主产县养殖水域滩涂规划编制已经基本完成，1 427 个县级人民政府发布规划，总体任务推进成效显著。各地严格实施规划管控措施，控制限养区养殖规模，转移禁养区内水产养殖，共撤出网箱网围 21.9 万亩。全国水产养殖布局形成了“稳定池塘，拓展远海、控制污染、修复环境”的新格局，绿色发展的产业发展方向已经确立。

第二，严格防控水产养殖污染，产业发展突破了制约瓶颈。水产养殖污染是当前产业发展面临的最大危机和瓶颈，我们渔业系统和很多养殖生产者已经意识到这个问题的严重性。

2011 年以来，农业农村部组织开展了稻渔综合种养和水产养殖节能减排技术示范，将养殖尾水作为有用的资源循环利用，取得了很好的成效。2016 年起，农业农村部在湖南、湖北两省部署开展洞庭湖区水产养殖污染治理试点，连续 3 年在沿湖 4 个水产养殖主产县开展尾水整治试点，取得良好成效。各地渔业主管部门主动作为，树立了一大批像浙江湖州一样的防控污染、绿色发展的示范典型。水产养殖基础设施建设已经从提高产能产量，逐步转变为提升污染防控能力上来。各地重点开展了尾水处理、循环用水等环保设施升级改造，实施环保型养殖渔排、环保浮球替代传统养殖设施行动，开展了养殖尾水整治，推广了污染防控新技术新模式，养殖尾水有效治理已经在部分地区实现。

第三，不断完善政策支持体系，产业发展注入了强大动能。渔业油价补贴政策改革取得重大进展，大幅增加中央和地方可以用于渔业转型升级的资金规模，为促进水产养殖业绿色发展提供了有力的政策支撑。十八大以来，中央财政专项转移支付对水产养殖业的累计投入超过 16 亿元，实施了菜篮子产品生产扶持和深水抗风浪网箱推广等重大项目。现代水产种业体系、水生动物防疫体系建设平稳推进，累计投资 9.7 亿元，支持水产种质资源保护、育种创新、制（繁）种项目建设。各地也积极争取地方财政加大对水产养殖业转型升级的支持力度，省级及省级以下地方财政累计投入 249.3 亿元支持水产养殖设施提升。

第四，大力发展水产健康养殖，产业发展方式正在发生革命性变革。通过创新驱动绿色发展，革新养殖生产模式，大力推广工厂化和池塘循环水养殖、稻渔综合种养、海水立体养殖、大水面生态增养殖等健康养殖技术，特别是鼓励发展深远海养殖，推动“深蓝 1 号”“德海 1 号”等大型智能化养殖渔场建设取得实质性进展。深入开展全国水产健康养殖示范创建活动，目前已经创建国家级健康养殖示范场 5 628 家、健康养殖示范县 39 个。深入贯彻“绿水青山就是金山银山”重要思想，突出渔业生态修复作用，大力推广“以渔净水、贝藻固碳”，在湖库、河流和园区等公共水域放养滤食性、草食性鱼类，每年从内陆水域移出 160 万吨碳，仅鲢鳙鱼养殖一项就可消除水体中 37 万吨氮和 14 万吨磷；在近海开展贝类、藻类养殖，每年吸收海水中 235 万吨碳、22.3 万吨氮和 1.4 万吨磷。以上合计相当于每年造林 145 多万公顷，水产养殖业碳汇功能日益突出。

第五，持续强化支撑能力建设，产业发展基础更加牢固。壮大水产种业体系，培育了一批育繁推一体化种业龙头企业，创建国家级水产原良种场 86 家，全国现代水产种业示范场 87 家，水产良种覆盖率不断提升，水产原种得到有效保护。加强重大水生动物疫病监测预警，江苏等 24 省启动水产苗种产地检疫试点，开展渔业官方兽医资格认定，重大水生动物疫病防控和应急处置能力不断提高。加大水产品质量安全监督抽查和风险隐患排查力度，国家产地抽检合格率连续 6 年保持在 99%以上，水产品质量安全可追溯体系在主产省区率先实现。水产技术推广体系不断加强，技术培训、病害防治、用药指导等公益性服务职能不断扩展。科研支撑能力进一步提升，产业技术体系覆盖面进一步扩大，在育种、疫病、技术模式等方面科研成果均取得新突破。

应该讲，取得的成绩来之不易，这归功于党中央国务院的坚强领导，得益于各级党委政府的高度重视，也离不开各级渔业部门和养殖生产者的艰辛努力，更离不开相关部门的密切配合和大力支持。借此机会，我代表农业农村部向大家表示衷心感谢！

二、准确把握当前水产养殖业绿色发展面临的形势和任务

从世界渔业发展趋势和我国渔业情况看，天然渔业资源大部分已呈现充分利用或者过度利用状态，而随着人口的不断增加和人们生活水平的不断提高，对水产品数量和质量的需求将会持续增加，未来渔业的发展和水产品的供应将主要依靠水产养殖业的发展，并将成为保障农产品有效供给、提供优质健康动物蛋白的一个重要方面。当前，我国经济已由高速增长阶段转为高质量发展阶段，正处在转变发展方式、优化经济结构、转换增长动力的关键时期。当前，我国渔业发展的主要矛盾已经转化为人民对优质安全水产品、优美水域生态环境的需求，与水产品供给结构性矛盾突

出、渔业资源环境过度利用之间的矛盾。从水产养殖业自身的发展来看,也存在一些突出问题。一是产业大而不强。水产养殖生产总体规模很大,但标准化、规模化、组织化程度不高,传统养殖方式占主导地位,技术、装备相对落后。二是产品供给结构性矛盾突出。我国水产养殖品种繁多,但优质水产品供给不足,进口水产品销量不断攀升,国内大宗产品占比较高,优质特色品种供不应求。三是产地环境不优。一些地方不同程度存在养殖布局不合理、养殖密度过高、局部地区养殖污染环境等问题,与人民群众对优美水域生态环境的要求还有较大差距。四是养殖渔民权益缺乏保障。已经确权的国有和集体养殖水域滩涂被蚕食或占用,一些地方甚至对水产养殖采取"一刀切"的做法禁止发展,从事"三网"养殖的渔民合法权益受到侵害,加上补偿安置不到位,养殖渔民在城市化进程中以及现在的环保风暴中成为最弱势的群体之一,极易造成在全面小康进程中掉队。

这些问题是发展中的阵痛,也是实现渔业转型升级不可回避的问题。在正视困难和差距的同时,我们也更要在"危"中寻"机",准确把握水产养殖业面临的新形势、新任务,牢牢抓住有利于产业发展的积极因素,以更加积极的姿态加快推进水产养殖业绿色发展。

一是生态文明建设为水产养殖业绿色发展提出了新的要求。党中央高度重视生态文明建设,并将新发展理念、生态文明和建设美丽中国写入宪法,提出要推进绿色发展,加快水污染和农业面源污染防治,着力解决突出环境问题。随着"水十条"、中共中央国务院《关于全面加强生态环境保护坚决打好污染防治攻坚战的意见》等一系列生态环境治理方案的出台,各项产业绿色发展的路线图已经明确。水产养殖业是农业的重要组成部分,并且具有生产和生态两大属性,承载着水域生态文明建设的重任,要用绿色发展的理念平衡好这两大属性的关系,采取更加注重资源节约、环境保护和质量安全的发展方式,防止将水产养殖生产和生态保护对立起来。要将绿色发展理念贯穿于水产养殖生产全过程,推行生态健康养殖制度,发挥水产养殖业在山水林田湖草系统治理中的生态服务功能,既为百姓提供优质、安全、绿色、生态的水产品,又还百姓清水绿岸、鱼翔浅底的秀丽景色。

二是实施乡村振兴战略为水产养殖业绿色发展提供了新的机遇。党的十九大明确提出实施乡村振兴战略,并作为七大战略之一写入党章,释放出了鲜明的重农强农信号,同时也提出坚持农业农村优先发展,为顺利实施乡村振兴战略提供保障。2019 年的中央 1 号文件提出落实农业农村优先发展,要求在干部配备、资源配置、资金投入、公共服务等方面优先向"三农"安排。实施乡村振兴战略,一个重要任务就是推行绿色发展方式。水产养殖业作为农业的三大产业之一,渔业兴旺、渔村美丽、渔民富裕是乡村振兴的应有之义,要认真落实中央决策部署,实行绿色发展,在乡村振兴战略实施的有利时机里寻找产业发展、渔村建设、渔民致富的机遇,趁势而上,发展前行。

三是国务院批准的十部委文件为水产养殖业绿色发展吹响了号角。2019 年 1 月,经国务院同意,十部委联合印发了《关于加快推进水产养殖业绿色发展的若干意见》,并在国新办新闻发布厅召开专题新闻发布会,社会反响强烈。这是新中国成立以来,水产养殖业发展历程中规格最高、影响最广、意义最深的政策利好。据我了解,湖北、广西、青海、云南、宁夏、吉林、黑龙江、福建、四川等省(区)也及时出台了贯彻落实的配套文件,我们要牢牢抓住用好这个重大机遇。从市场条件来说,国内外人们对优质水产品日益增长的消费需求为水产养殖业带来了全新的市场环境,产业内部自我调节、转型升级的动力强劲。

四是深化党和国家机构改革为水产养殖业绿色发展提供了新的动力。新一轮的机构改革,中央决定组建农业农村部,将中央农办设在农业农村部,是深思熟虑后作出的重大机构调整,意义重大。各省级渔业渔政机构也进行了统一整合,除福建外,全国渔业管理都进入了农业农村部门。机构的理顺更有利于资源要素的统一调配,更有利于工作的顺利开展。另外,《深化党和国家机构改革方案》明确提出,为整合分散的生态环境保护职责,统一行使生态和城乡各类污染排放监管与行政执法职责,加强环境污染治理,将环境保护部的职责、农业部的监督指导农业面源污染治理职责,以及其他部委的生态环保职责整合,组建生态环境部。这将有利于推动生态环境问题的综合治理。水产养殖业战线的同志们要主动做好与其他部门的沟通联络和职责对接。除了坚持抓好水产养殖业管理、保障水产品安全有效供给外,我们还要关注产地环境、清洁生产、渔村发展和渔民权益。

以上是当前我国水产养殖业发展面临的新形势新任务,需要我们深刻领会、主动入位、主动作为,加快推进水产养殖业绿色发展。

同志们,我们已经有了发展水产养殖业良好的产业和技术基础,还有适宜开展水产养殖广阔的海洋、稻田和盐碱荒水资源,发展潜力巨大,前景广阔。紧扣新时代要求,加快推进水产养殖业绿色发展,既是落实新发展理念、保护水域生态环境、实施乡村振兴战略、建设美丽中国的重大措施,也是优化渔业产业布局、促进渔业转型升级的必然选择,有助于发挥中国特色水产养殖业特有的生态服务功能,成为国家发展绿色、低碳新兴产业的典范;有助于增加绿色优质动物蛋白供应,成为实施健康中国战略的有力推手;有助于在实施"一带一路"倡议中将具有优势的中国水产养殖业走出去,为解决人类未来面临的食物安全贡献中国智慧和中国方案。

三、加快推进水产养殖业绿色发展

2019 年是贯彻落实十部委文件的开局之年,水产养殖绿色发展将从此拉开序幕。今后一段时间总体思路是:以习近平新时代中国特色社会主义思想为指导,全面落实党中央、国务院决策部署,践行新发展理念,坚持高质量发展,以实施乡村振兴战略为引领,以满足人民对优质水产品和优美水域生态环境的需求为目标,以推进供给侧结构性改革为主线,以减量增收、提质增效为着力点,加快构建水产养殖业绿色发展的空间格局、产业结构和生产方式,让水产养殖业在农业领域率先全面实现绿色发展,推动我国由水产养殖业大国向水产养殖业强国转变。《意见》里已经提出了具体可操作的政策措施,这里就不详细展开,我主要就以下关键问题强调八点。

(一)群策群力抓好落实,统筹推进绿色发展。经国务院同意、十部委联合印发《关于加快推进水产养殖业绿色发展的若干意见》后,十部委又共同研究出台了重点工作细化方案,农业农村部出台了部内司局重点工作细化方案,各省级人民政府也已经出台或正在研究出台贯彻落实分工方案。各级渔业主管部门要主动入位、主动作为:一是要积极推动县级以上地方人民政府出台贯彻落实重点工作的实施方案;二是要在各级人民政府的领导下,牵头抓好水产养殖业绿色发展各项重点任务的贯彻落实,属于渔业部门负责的事项要周密部署、严格落实;属于其他部门落实的事项,要做好工作协调、服务和汇总工作,统筹推进水产养殖业绿色发展。

(二)优化产业布局,稳定基本生产空间。一要严格实施养殖水域滩涂规划制度。这是水产养殖业的根本制度,是水产养殖业发展的基石,是水产养殖业与其他行业协调发展的基本依据,做好养殖水域滩涂规划非常重要、非做不可,必须不折不扣的执行下去。要严格按照《农业部关于印发〈养殖水域滩涂规划编制工作规范〉和〈养殖水域滩涂规划编制大纲〉的通知》(农渔发〔2016〕39 号)要求,划定禁止养殖区、限制养殖区和允许养殖区,并确保各地在 2020 年年底前全面完成地方人民政府规划发布实施工作。在此基础上,还要建立水产养殖基本水域滩涂保护制度,像保护基本农田一样保护好重要养殖水域滩涂,严禁擅自改变养殖水域滩涂用途的行为,保障产业发展空间。二要拓展养殖空间。合理利用可养水域,因地制宜有序发展稻渔综合种养、深远海绿色养殖和盐碱水养殖,优化资源配置,促进节本增效。各沿海省级渔业部门要积极推动本级人民政府加快出台深远海大型智能化养殖渔场建设空间规划,依法核发养殖证,保障深远海养殖规范有序发展。

(三)切实保护合法权益,稳定基本承包关系。一要稳定和保护渔民长期稳定的水面使用权。要坚持养殖渔民主体地位,稳定集体所有养殖水域滩涂承包经营关系,像耕地一样依法确定承包期;国有养殖水域要依法核发养殖证,保护养殖渔民的水域滩涂使用权。要改变因水面承包期过短导致的塘埂路面没人修、生产设施没人管、清淤节水没人干等短期行为。只有拥有了长期稳定的使用权,农民才有意愿长期从事养殖生产,才有意愿对水域滩涂资源和环境进行更好的保护,才有意愿对流转出去的水域滩涂经营权进行监督管理,发挥农民主体作用。二要完善养殖生产经营体系。要落实好中央关于完善农村土地所有权承包权经营权分置办法的意见,加强对水域滩涂经营权的保护,合理引导水域滩涂经营权向新型经营主体流转。要培育和壮大养殖大户、家庭渔场等新型经营主体,引导发展多种形式的适度规模经营。另外,要依法保护使用水域滩涂从事水产养殖的权利,对因公共利益需要退出的水产养殖,依法给予补偿并妥善安置养殖渔民生产生活,让广大农渔民感受到公平和更多的获得感。

(四)转变发展方式,提高产业质量效益。一要大力开展水产健康养殖示范创建。要加强国家级水产健康养殖示范场、健康养殖示范县建设,将粗放发展转变到绿色高质量发展上来。二要转变生产方式。调减结构性过剩的大路货,按照市场需求适度发展优质特色品种。调整养殖结构,在内陆推广池塘和工厂化循环水、池塘底排污、渔菜共生、大水面生态养殖、稻渔综合种养,在近海推广工厂化循环水养殖、贝藻间养、立体生态养殖,在深远海推广深水网箱、大型智能化养殖渔场。引导养殖生产者减少养殖密度、减少养殖用药、减少冰鲜杂鱼直接投喂、减排养殖尾水,把水产养殖场建设成为美丽渔场。三要调整产业结构。大力发展养殖水产品初加工和精深加工,建设现代化水产品物流骨干网络和冷链物流体系,发展一批以水产养殖业为主导的现代产业园,注重品牌培育,增加产业附加值。四要转变经营方式。大力培育新型水产养殖业经营主体,提高社会化服务水平和组织化程度,密切产销对接，促进养殖户和现代农业发展有机衔接。

(五)改善养殖环境，实现生产生态双赢。一要科学布局网箱网围养殖。严格实施养殖水域滩涂规划管控措施，按照“三区”划定方案调整优化养殖布局。这里我要强调下，在各地清理整治网箱养殖过程中，该减的坚决不留，该留的也绝不能减，不能搞一刀切。要吸取畜禽养殖环境治理教训，规范水产养殖禁养区划定和管理，除国家法律法规和地方法规之外的其他规章和规范性文件不得作为禁养区划定依据，不得非法扩大禁养区范围。对违反法律法规限制水产养殖业发展和压减水产养殖产能的情况，要及时进行整改。对禁养区内关停需搬迁的养殖场户，优先支持异地重建，对确需关闭的养殖场户，给予合理过渡期，避免清理代替治理。影响到养殖生产者合法权益的，要合理补偿、妥善解决。二要推进养殖尾水和废弃物治理。引导养殖生产者通过改造进排水、循环利用、生物净化等方式治理养殖尾水，推动尾水达标排放。加强贝壳、网衣、泡沫浮球等养殖废弃物综合整治，提高回收和资源化利用水平。另外，还要积极推动环境保护主管部门依法科学出台水产养殖尾水污染物强制性排放标准。三要养护水域生态环境。充分发挥水产养殖的生态属性，鼓励发展不投饵滤食性鱼类和滩涂浅海贝藻类增养殖，开展以渔净水、以渔控草、以渔抑藻，修复水域生态环境。

(六)严格生产监管，促进规范有序发展。一要规范种业发展。推进水产种质资源保护区(场、库)建设，加强水产种质资源保护。严格新品种审定，开展新品种生产性能测定，提高良种化水平。完善水产苗种生产许可管理，严肃查处无证生产，切实维护公平竞争的市场秩序。二要严格投入品管理。加强水产养殖用饲料、兽药等投入品的生产、销售和使用管理，依法将水质改良剂等渔用非规范药品纳入管理范畴。加强用药指导，严厉打击非法制售假劣投入品、非法使用水产养殖投入品等行为。这里我要特别强调一下，目前市场上一些企业打着所谓“非药品”的旗号大量生产和销售水质改良剂等投入品，规避法律监管，按照《兽药管理条例》的关于兽药的界定，这些都属于兽药的范畴，下一步我部将采取措施依法将其纳入兽药监管，严厉打击违法生产销售行为。三要加强疫病防控和养殖用药监管。强化水生动物疫病防控，支持渔用疫苗研发推广，对水生动物疫病实施监测预警；完善渔业官方兽医队伍，推进水产苗种产地检疫，从源头控制疫源疫病传播。推动建设养殖水产品追溯体系和行业诚信体系，加强产地水产品兽药残留监控及监督执法，严格落实今年9月市场监管总局、农业农村部等4部委联合出台的《关于在“不忘初心、牢记使命”主题教育中开展整治食品安全问题联合行动的通知》要求，解决产地水产品质量安全中存在的突出问题，抓好整改落实，重点做好违法行为的立案查处工作，保障人民群众舌尖上的安全。

(七)加大资金投入，创造有利的政策环境。一要加大资金支持。水产养殖是农业政策投入的短板，必须尽快改变。要高度重视政策落实和争取工作，改革完善渔业油价补贴政策，重点支持水产健康养殖示范场县创建、深水抗风浪网箱、深远海大型智能化养殖渔场、养殖大县池塘标准化改造、养殖尾水处理设施建造等，支持符合条件的水产养殖装备纳入农机购置补贴范围。推动金融资源更多地向水产养殖业倾斜，多渠道解决水产养殖业投融资问题，加快将水产养殖纳入农业政策性保险范围，破解水产养殖保险难题。二要完善配套政策。将养殖水域滩涂纳入国土空间规划，支持环保设施用地，保障深远海网箱养殖用海，落实水产养殖绿色发展用水用电优惠政策，依法依规免征养殖用海的海域使用金。三要加强科技支撑。着力提升水产养殖业科技自主创新能力，以主导品种和主导产业为重点，加强现代种业、疫病防控、健康养殖、水产品加工流通、装备升级、质量安全等方面的技术攻关。加强先进适用科技成果的转化应用，发挥新型水产技术推广体系作用，提高成果转化率。

(八)加强宣传引导，营造良好社会氛围。水产养殖行业总是做得多说的少，人们对这个产业不了解甚至误解很深。如近几年社会上有一些声音，提出水产养殖对环境有较大负面影响，有的甚至认为养殖池塘是污染源、网箱养殖严重污染环境。今年年初在国务院新闻办公室召开新闻发布会后，社会反响很好，一定程度上扭转了人们对于水产养殖都会对环境造成负面影响的错误认识，这种好的经验我们一定要借鉴和推广。一要把握好舆论宣传的话语权和主导权，唱响水产养殖业绿色发展主旋律。二要增强讲好中国水产养殖业绿色发展故事的本领，总结遴选一批水产养殖业绿色发展的先进典型，不断提高传播力、感染力、影响力。三要充分利用好网络等新媒体传播的广泛性和时效性，主动占领阵地，打好水产养殖业绿色发展舆论主动仗。

同志们，推进水产养殖业绿色发展是生产方式上的一次重大转变。我们要进一步增强责任感、使命感、紧迫感，锐意进取、攻坚克难，努力推进水产养殖业转型升级取得新进展，进一步提升水产养殖业绿色发展水平，为实施乡村振兴战略、推进农业农村现代化作出新的更大的贡献，让渔业成为有奔头的产业，让渔民成为有吸引力的职业，让养殖水域成为生态良好的安居乐业的美丽家园！

农业农村部渔业渔政管理局局长张显良在渔业高质量发展推进会上的总结讲话

（2019 年 2 月 22 日）

同志们：

今天上午，于康震副部长就围绕学习贯彻中央经济工作会议、中央农村工作会议和全国农业农村厅局长座谈会精神作了重要讲话，全面总结了 2018 年渔业渔政工作成效及改革开放四十年成就，深入分析了当前渔业渔政工作面临的新形势、新任务和新要求，对标全面建成小康社会硬任务，明确了今明两年推进渔业高质量发展的总体思路、必须完成的 5 项硬任务、3 项重点工作，并强调要扩大开放、深化改革。我们要认真学习、深刻领会、抓好落实。

刚才，根据会议安排，大家立足新形势新职能新要求，分组进行了交流讨论，大家的发言很热烈，积极性非常高，既谈成绩，也谈困难，既讲政策，又讲思路，围绕推动渔业高质量发展，在渔业地位、油补政策改革、养殖业绿色发展、资源养护、渔业渔政队伍建设等方面提出了很多很好的意见和建议。会后，我们将对这些意见和建议进行认真梳理，提出解决问题的办法和措施，将可行的措施在相关工作安排中予以落实。

2019 年，是新中国成立 70 周年，是全面建成小康社会的关键之年，为认真贯彻好中央经济工作会议、中央农村工作会议和全国农业农村厅局长座谈会精神和要求，为推动渔业高质量发展起好步、开好局，农业农村部渔业渔政管理局研究制定了《2019 年渔业渔政工作要点》，并于 1 月 30 日由农业农村部办公厅印发各地执行。为确保这些工作落到实处，抓出成效，结合于康震副部长讲话要求和大家关注的主要问题，我着重从八个方面再强调一下具体工作要求。

一、关于推进水产养殖业绿色发展

（一）贯彻落实好水产养殖业绿色发展意见

2019 年是贯彻落实十部委联合印发的《加快推进水产养殖业绿色发展的若干意见》起始之年，我们的主要任务是加强宣传、营造氛围、抓住关键、寻求突破、取得实效。2 月 15 日上午，国务院召开新闻发布会，各类新闻媒体广为宣传，引起社会的广泛关注，营造了良好的社会氛围。农业农村部将对《意见》贯彻落实工作进行专门部署，还将于上半年召开水产养殖业绿色发展现场会和水产养殖业绿色发展高峰论坛，从理论和实践两个层面，同步推进水产养殖业绿色发展。各省（自治区、直辖市）要研究出台本地实施方案，明确具体任务、时间表和路线图。养殖水域滩涂规划发布以后，接下来就是要落实好规划，按照禁养区、限养区、养殖区划定方案，对现有养殖进行清理和规范，依法依规开展水域滩涂养殖登记发证。这项工作争取 2020 年年底全部完成。

（二）深入推进水产生态健康养殖

水产健康养殖示范场、县创建，我们已经搞了很多年，累计创建健康养殖示范场 5 628 个、示范县 39 个。水产养殖绿色发展若干意见要求创建示范场 7 000 个，示范县 50 个，目标已经明确，我们要抓好落实。2019 年，要高标准创建国家级水产健康养殖示范场 200 个以上、渔业健康养殖示范县 5 个以上，重点是对已创建示范场的复查。开展示范场、县创建，部里目前没有专门的资金，主要靠地方、靠企业。

各省要充分利用各种资金渠道，加大新技术模式推广力度，加快实施传统池塘升级改造，大力推广循环水养殖、内陆生态增养殖、稻渔综合种养、近海多营养层级立体养殖等生态健康养殖模式，开展集装箱养殖和池塘尾水生态处理技术示范，加大深水抗风浪养殖网箱和深远海大型智能养殖装备示范推广力度，促进提升水产养殖设施和装备水平。刚才大家也提到关于养殖尾水处理，各省都有一些好的经验，如上海市农委一年投入 1.5 亿元，安徽省和江西省也都有专项资金支持。还有意见认为大型智能网箱装备补贴偏低，希望今后加大对大型智能网箱的支持力度。我们已经和财政部沟通，有望作出调整。2019 年农业农村部将扩大深水抗风浪网箱支持范围，对周长超过 120 米的大型网箱和深远海大型养殖平台给予一定的补助。扩大稻渔综合种养规模，推进国家级稻渔综合种养示范区创建与水产健康养殖示范创建有机结合，再创建 30 个左右示范区，三年达到 100 个。推进水产种业规范发展，加强水产种质资源保护，试行开展新品种生产性能测定，推进联合育种。建设育繁推一体化商业化育种体系，完善水产苗种生产许可管理。

（三）推进养殖尾水达标排放

要高度关注池塘养殖和工厂化集约养殖排放问题，按照滩涂污染治理的原则，明确养殖者的主体责任。对于存在养殖污染的企业，要限期整改，分门别类制定时间表和路线图。推进池塘和工厂化养殖用水的循环使用和污水集中处理，力争规模化养殖企业尾水排放达到行业推荐性标准。对于网箱养殖，要按照养殖规划合理布局，该疏散的疏散，该清理的清理，保留的要符合水域养殖容量标准，不能超过水体的自净化能力。在非饮用水水源一级保护区保留下来的养殖网箱，要一律进行环保型改造，加装集污装置，减少直接排放。

（四）加强水生生物疫病防控

于康震副部长在讲话中要求今明两年水产苗种产地检疫要基本做到全覆盖，具体来说，就是要求所有的主产省和绝大部分非主产省都要开展这项工作。2019年，苗种生产大省都要纳进来，我在这里点一下，北京、河北、辽宁、福建、江西、湖南、广西、海南、四川、重庆、云南、陕西、甘肃、大连、青岛、宁波等，都要努力创造条件开展这项工作。剩下的，除没有水产苗种生产的省份以外，2020年都要纳进来。配合这项工作，要加强渔业官方兽医的认定工作，加强检疫能力建设和监督执法。以前部分品种病害发生较重，要继续做好国家重大水生动物疫病专项监测、风险评估和阳性场净化处理，加强重大疫病应急防控，推进无规定疫病水产苗种场建设。

（五）强化水产品质量安全监管

随着渔业机构改革和农业农村部部门预算项目管理方式的改变，水产品质量安全工作也面临新的形势。为做好这项工作，一要加强与农业农村厅（局）的工作衔接，将水产品质量安全纳入整个农产品质量安全框架之中，统筹部署安排。二要依托水科院及其各个区域研究所，组织分工区域内有关省份，共同完成好产地水产品质量安全检测任务，加大重点品种的抽检力度，继续开展好贝类监测及划型工作。三要依托全国水产技术推广总站，开展水产养殖“用药减量”行动和水产养殖规范用药科普下乡活动，推动非规范水产养殖用兽药依法管理。四要依托中国水产品流通加工协会和专家工作组，积极应对水产品质量安全舆情。这件事还要强调一下，每次发生舆情事件，都对我们的产业发展带来很大影响，一定要应对好。五要加强水产品质量安全执法，做到阳性样品查处率达到100%。

二、关于水生生物资源养护

（一）全面落实长江水生生物保护工作

牢牢把握共抓长江大保护的历史机遇，贯彻实施《国务院办公厅关于加强长江水生生物保护工作的意见》，落实《长江流域重点水域禁捕和建立补偿制度实施方案》，积极推进长江流域等重点水域禁捕工作，完成332个水生生物保护区的渔民退捕工作，全面禁止保护区内生产性捕捞。上海市在交流时提到长江上海江段已经实施全面禁捕。贯彻实施《农业农村部关于调整长江流域专项捕捞管理制度的通告》，开展长江水生生物资源与环境本底调查，编制并发布《长江流域水域生态年度公报》。研究编制《长江珍稀水生生物保护工程建设规划（2019—2023）》，组织实施三峡水库等大型水电站生态调度。

（二）强化渔业资源养护工作

进一步完善内陆禁渔期制度，在海河、辽河、松花江、钱塘江实施禁渔期制度，实现内陆七大重点流域禁渔期制度全覆盖。目前，农业农村部已经发布了禁渔通告，并在1月份组织召开了新闻发布会。下一步，我们计划在5月召开北方三个流域禁渔期制度的启动仪式。各地要积极做好内陆禁渔期的宣传与执法工作，并要坚持不懈地抓好海洋伏季休渔管理，确保休禁渔制度的顺利实施。要继续组织实施好海洋渔业资源总量管理制度，确保完成年度海洋捕捞产量减幅不低于5%的目标和国内海洋捕捞总产量压减任务。我们和各省都签订了责任书，明确了各省压减的数量，各省一定要对照责任书认真检查。按照2020年年底前沿海全部省份实施限额捕捞制度的要求和《渤海污染防治攻坚战》的部署，2019年，河北省、天津市要启动限额捕捞试点，2020年年底前江苏、广西、海南、上海等其他沿海省（自治区、直辖市）也要开展试点工作。要继续开展好增殖放流活动，强化规范管理，切实保证放流苗种质量和水域生态安全。渔业生态环境监测工作要继续坚持下去，各地还要继续组织相关单位做好水产养殖业污染源普查，强化涉渔工程对渔业资源环境影响专题评价的审查工作，严格落实有关生态补偿措施。近海渔业资源和近岸产卵场调查监测工作已经开展了五年，2019年农业农村部渔业渔政管理局将在系统总结的基础上发布近海渔业资源状况公报和近岸海域主要鱼类产卵场分布图。

（三）科学规范建设海洋牧场

为贯彻落实习近平总书记重要指示和全国海洋牧场建设现场会精神，2019年要继续开展现代化海洋牧场建设和试点示范，新创建国家级海洋牧场示范区10个以上，组织编制海洋牧场系列技术规范。跟踪山东试点方案落实情况，加强对海南省的指导协调，推动编制海南省海洋牧场建设规划。继续推进海洋牧场相关配套法律法规和规章制度制（修）订，提高海洋牧场建设的科学性和规范性。要加强各类典型海洋牧场效果跟踪监测，对国家级海洋牧场示范区开展年度评价考核。

（四）做好水生野生动物保护工作

继续实施重点物种保护行动计划，创造条件开展国家重点保护水生野生动物物种资源和栖息地调查。加强水生野生动物履约与对外交流合作，妥善应对有关重点议题。加强水生野生动物保护科普宣传，开展水生野生动物保护宣传月活动，更要加大对水生野生动物保护执法力度，最近水生野生动物保护连续出了问题，上午于康震副部长也专门强调，希望继续加大执法力度。

三、关于渔船渔港综合管理改革及渔港振兴

(一)切实加强渔船渔具管控

一要加大海洋捕捞渔民减船转产力度，层层落实责任，完成海洋捕捞机动渔船和功率数压减目标任务，加强指导、监督和定期通报，开展集中拆解活动，加大宣传力度。二要按照新修订的《渔业捕捞许可管理规定》的要求，明确渔船分类分级分区管理的具体措施，完善配套制度，加强事中事后监管，加快推进渔船管理改革。三要加强南沙渔业管理，完善港澳流动渔民管理机制。四要深入贯彻落实习近平总书记关于清理整治“绝户网”的重要指示批示精神，继续组织实施清网行动，突出重点，加大对使用禁用渔具、使用不符合规定网目尺寸的拖网和张网、在渤海违规使用拖网等行为的检查力度，确保行动取得实效。

(二)加强渔港经济区建设和渔港环境整治

以落实农业农村部和国家发改委联合发布的《全国沿海渔港建设规划(2018—2025年)》为重点，召开渔港经济区建设推进现场会，全面部署渔港经济区建设工作。加强与政策性金融机构合作，创新金融服务产品，推动建立有利于沿海渔港和渔港经济区发展的金融扶持政策。以前渔港建设项目存在问题较多，有的没有开工，有的进展缓慢，有的没有验收。为此，在继续实施渔港升级改造和整治维护项目的同时，要下决心、加大力度开展专项督察，推动各地加快建设进度，对进展缓慢和未开工项目，研究提出整改措施，确保尽快建成并发挥功效。为落实《渤海综合治理攻坚战行动计划》，要全面摸底排查渤海渔港基础数据并编制渔港目录，开展以渤海为重点的全国渔港综合治理攻坚，建立健全沿海渔港水域污染监测体系，整治港容港貌，疏浚港池航道，规范渔船停泊，提升污染防治设施装备建设和监督管理水平。

(三)推进渔船渔港综合管理改革

最近几年，我们在渔船管理制度改革方面取得了一定突破，启动了渔船分级分类分区改革，下放了小型渔船“双控”制定权，强化了分区作业和分类管理措施。下一步，我们要积极推进渔船渔港综合管理改革，浙江省等已经启动了这项工作。2019年，我们要推进出台《关于加快推进渔港振兴的意见》，在重点渔区渔港试行港长制，开展大中型渔船渔获物定点上岸试点，推进构建渔获物可追溯管理体系。2019年年初，农业农村部发布通告，提出要通过信息化手段启动实施渔船进出港报告制度，系统拟于3月1日上线试运行，8月1日正式实施。各地要高度重视，加强宣传培训，切实加强监管，确保进出港报告制度顺利实施。2019年我们在推进出台渔港振兴意见的同时，一些改革措施也要陆续到位，这是刀刃向内的改革，是从我们自身的管理做起。有的同志在发言的时候提到，过去认识不到位，现在越来越觉得依托渔港加强渔船管理确实是一个很好的办法，特别是在机构改革以后，人手少的情况下显得尤为重要。

四、关于远洋渔业规范发展及国际合作

(一)继续加强对远洋渔业的规范管理

2016年以来，农业农村部一直严厉打击远洋渔业违法违规行为，取得了明显成效。2019年，我们要一手抓管理、一手抓发展。一方面，不断完善管理制度和措施，继续以“零容忍”态度依法查处远洋渔业违规行为。加快修订发布《远洋渔业管理规定》，完善远洋渔业“黑名单”制度，建立远洋渔业企业履约评价制度。同时，完善远洋渔船船位监测系统，在公海渔船上推广使用电子渔捞日志，试点建立远洋渔船远程视频监控系统，研究建立职业化科学观察员制度，推动实施港口检查措施。另一方面，严格控制远洋渔船规模，不断提高发展质量和效益。发挥我国鱿鱼产业优势，建立并发布国际鱿鱼发展指数，做大做强鱿鱼产业，引领国际鱿鱼管理。继续推进国家远洋渔业基地和海外渔业综合基地建设，稳妥有序推进南极磷虾开发。积极参与多双边远洋渔业谈判，努力开拓我远洋渔业发展空间。这两年农业农村部高度重视远洋渔业的规范管理，对违法违规行为的查处力度是前所未有的，如列入黑名单、取消资格等等。在下午的讨论中大家对远洋渔业的建议提的比较少，这也说明远洋渔业规范管理工作得到了各地的高度重视。

(二)深化渔业国际合作

统筹开展周边、双边和多边渔业合作。在周边渔业合作方面，以双边渔业协定为抓手，做好我与俄罗斯、韩国、日本和越南渔业合作，稳定赴周边国家管理海域入渔船数及配额，维护周边海域渔业秩序，开展联合增殖放流，体现渔业国际合作正能量。在双边渔业合作方面，继续向菲律宾赠送10万尾东星斑鱼苗及淡水鱼苗。与欧盟、美国等开展双边对话，推进务实渔业合作。在多边渔业合作方面，参加联合国可持续渔业决议磋商、国家管辖海域外生物多样性养护与可持续利用协定谈判、鱼类种群协定磋商等国际渔业治理规则制定，同时推动加入南印度洋渔业协定和港口国措

施协定，展现负责任渔业大国形象。大家都非常关心周边渔业合作的问题，这几年的任务也越来越重，上海海洋大学和有关科研单位给我们提供了很好的支撑。每年的“中日”“中韩”“中越”“中俄”合作，尽管谈判的艰难前所未有，但我们都是尽最大的努力争取更多入渔的船数和份额。

（三）积极促进水产品国际贸易

根据新的形势，全面加强水产品国际贸易监测和分析，支持参加国际渔业博览会，支持企业走出去，积极开拓国际水产品市场。按照中央统一部署，积极主动做好中美贸易争端应对工作，妥善做好对美水产品出口工作。全力做好WTO渔业补贴谈判工作，为国内渔业发展支持政策争取更多更好的发展空间。

五、关于渔业一二三产业融合发展推进工作

（一）促进大水面生态渔业融合发展

为贯彻落实习近平总书记考察查干湖生态渔业的指示精神，2019年我们将积极推进大水面生态渔业融合发展，重点抓好五项工作：一是成立大水面生态渔业领导小组，二是推进制定大水面生态养殖容量标准，三是组织成立国家大水面生态渔业科技创新联盟，四是召开全国大水面生态渔业发展现场会，五是推动出台大水面渔业发展指导性意见，总结推广大水面可持续利用模式。有关管理、科研、教学、推广单位要配合做好相关工作。

（二）推动加工业转型升级

积极发挥国家水产品加工技术研发体系技术支撑作用，开展水产品加工技术供需对接活动，发布《水产品绿色加工技术目录》，指导召开水产品加工大会。推进以渔业为主导产业的现代产业园建设，加强渔业信息化建设，推动全国渔业管理数据互联互通，积极发展互联网＋现代渔业。加快水产品品牌创建，开展水产品加工情况监测，探索开展水产品加工业景气指数发布工作。关于水产品加工，我想谈谈个人观点，供参考：我认为不是技术不行，也不是产品不好，关键是消费习惯，中国人都喜欢吃鲜活的水产品。这两年小龙虾产业红红火火，最根本的就是它的加工、烹调方式符合年轻人包括中年人的口味和消费心理。在加工方面，更重要的是要加大水产品的推介力度，倡导“吃鱼健脑、吃鱼强身”，引导消费。我们要提出“引导消费型”的加工业，否则技术再好、产品再好，老百姓不接受，产品卖不出去，我们的加工业就没有希望。

（三）推进休闲渔业发展

结合中国农民丰收节举办休闲渔业推广活动，加大最美渔村、渔业民俗节庆、渔业文化遗产等宣传推介力度，加强休闲渔业品牌建设，指导社团组织开展最美渔村、休闲渔业示范基地、示范性渔业文化节庆（会展）和有影响力的休闲渔业赛事等认定工作，加强休闲渔业人才队伍建设，开展渔业一二三产业融合工作人才培训，完善全国休闲渔业专家库和人才信息库，组建全国休闲渔业专家委员会，开展休闲渔业发展监测，编制发布产业发展报告。大家讨论的时候提出，希望出台一个休闲渔业的管理办法，我们将认真研究。

（四）做好渔业统计和信息工作

渔业统计是国家农业统计的重要组成部分，是履行国家统计调查职能的一项重要的基础性工作。农业农村部组织开展的渔业生产统计数据是国家对外发布使用渔业统计数据的唯一来源，是具有法律效力的，是我国政府向国际组织提供渔业统计数据的法定来源，是科学制定渔业产业政策、履行行政职能的重要依据，也是维护我国负责任渔业大国形象的客观需要。我们要高度重视渔业统计工作，发挥统计数据对渔业管理决策的重要基础支撑作用。同时要坚决杜绝弄虚作假、掺杂水分，确保统计数据能真实反映渔业产业发展现状、渔民收入状况以及转方式调结构的实际成效。要加强渔业信息化建设，推动全国渔业管理数据互联互通，积极发展互联网＋现代渔业。关于渔业统计和信息工作，再强调一下，前段时间，各省有不同的声音，反映现在人员少，渔业统计的工作是不是不做了？我刚才已经强调了渔业统计的重要性，在大农业里唯有渔业统计数据是我们和国家统计局联合发布的，现在我们要用好这个优势。大家在讨论中对渔业数据，特别是对产值提出了意见，比如说还是按照产量乘以单价，且单价比较低，渔业的总产值总体偏低，实现不了减量增收。现在名特优水产品比例较大，按照常规单价测算是不合理的。我们将在渔业统计中充分考虑这些建议。目前，我们正在与国家统计局农业司沟通，他们2019年还会进行专门调研，可能会对单价作出调整。大家还提出休闲渔业产值800多亿无法计入渔业统计总产值里面的问题，我们已经作了很好的沟通，在不远的将来有望得到解决。希望各省要一如既往地对渔业统计和信息的工作给予支持。

六、关于渔业执法和监管工作

（一）着力加强渔政执法

2017年、2018年，我们接着搞了两年渔政“亮剑”行动，声势大，效果好，得到了各方面的肯定。最近，渔业渔政局根据农业农村部新的职能定位，坚持问题导向，突出重点和关键领域，制订了“亮剑2019”工作方案。“亮剑2019”仍是十大行动，但内容进行了调整，

包括海洋伏季休渔、长江流域重点水域全面禁捕、清理取缔涉渔"三无"船舶、违规渔具渔法清理整治、内陆大江大河(湖)禁渔、渤海综合治理、打击电鱼、边境交界水域、安全生产、水生野生动物保护等10个子行动，这是职能变化的必然结果。行动方案即将下发，各地要结合本地实际情况，抓住要点、重点、难点，细化落实方案，加大支撑保障，创新机制，统筹推进各项执法，进一步把"亮剑"这个品牌擦亮擦美。我们还将指导各地依法履行对养殖证、苗种生产等水产养殖监督执法职责。各地还要充分发挥涉外渔业综合管理协调机制作用，建立健全渔政与海警、公安等相关部门执法协作机制，巩固完善我与周边国家渔政部门间联合执法机制，全面完成渔业执法任务。同时，要加强渔政执法队伍建设，做好全国渔业执法先进集体和先进个人评选表彰。建立渔业执法案件举报受理中心，开展重点水域渔政执法效能评估。研究编制《长江渔政执法装备能力建设规划》。近期，韩部长专门提出长江全面禁捕以后，执法难度前所未有，现有能力和装配水平远远满足不了要求，我们会继续研究解决这个问题。

(二)坚持不懈抓好渔业安全生产

这项工作，前天我们已经通过视频会议进行了部署。2019年的主要任务是，强化渔业安全生产监管，组织开展渔业安全应急技能大比武、渔业安全应急业务大培训、"平安渔业示范县"创建、渔业水上突发事件应急演练和渔业安全生产专项整治等活动。健全渔业安全生产约谈机制，严格落实属地管理责任和企业主体责任。指导推进渔船编组生产，不断提高渔业生产组织化水平，提升自救互救能力。加强渔业无线电管理。积极推进渔业互助保险体制改革，推动渔业自然灾害保险试点，指导渔业保险规范有序发展。这两年我们加大了养殖业的保险力度，今后将开发更多的养殖保险模式。

七、关于渔业发展支持保障政策落实工作

(一)协调推进渔业法制建设

2019年要以加快推进《渔业法》修订进程为重点，推进渔业法规制度建设。《渔业法》修订已经列入人大立法规划二类，为加快推进修订，农业农村部专门成立了《渔业法》修订领导小组和工作小组，近期渔业法修订草案征求意见稿将发送各地农业农村部门征求意见，请大家做好配合，切实加强重大问题研究，提出切实可行的意见，大家齐心协力、共同把《渔业法》修订工作做好。在法规制度建设方面，任务也很重，一些急需制定和修订的规章要加快推进出台，重点是修改完善《水产新品种审定办法》《远洋渔业管理规定》《水生野生动植物保护特许利用办法》《渤海生物资源管理规定》《长江水生生物资源保护规定》《南沙渔业管理规定》等部门规章，研究出台和修订完善重大涉渔案件挂牌督办、渔政执法联查通报等配套制度，逐步构建系统完备、监管有效的渔业法律制度体系。

(二)落实好渔业扶持政策并积极推进改革

近几年，中央财政预算与执行管理变化很大，专项转移支付资金实行因素法分配和"大专项+任务清单"管理方式，部门预算更加强调中央与地方事权及支出责任的划分，全面推行项目绩效管理，审计成为国家治理体系的重要组成部分，对项目资金使用与管理提出了更高的要求。这些变化应引起各地的高度重视，要下大气力，切实抓好项目实施管理工作，重点抓好中央财政部门预算、渔业油补政策调整和增殖放流专项转移支付以及基本建设项目的实施管理，加快项目实施进度，避免造成资金沉淀，影响项目资金效益。农业农村部渔业渔政管理局将加大督促调研力度，对各类项目进行督导检查。2019年，除做好渔业油补中央专项转移支付项目申报、审核和资金下达外，我们还将会同财政部启动深化渔业油补政策改革工作，对现行政策进行评估和调研，研究制订改革方案，请各地配合做好相关工作。油补政策调整大家都非常地关心，在2019年政策调整过程中会广泛征求各省的意见，我们计划在年底完成改革工作。各地要按照"省长负责制"要求，加强渔业油补政策调整一般性转移支付项目实施，着重抓好"退坡"资金使用和管理，可根据本地的情况和渔业发展需要，协商财政部门对本地的油补实施方案进行调整，确保将有限的资金用在刀刃上，尤其是要保证减船转产配套资金和渔业补短板资金的落实。"退坡"资金的数量越来越大，各省要把这部分钱用好，刚才大家也提到能否把这部分钱用在渔港建设和渔港经济区建设上，这些都可以去研究。

(三)不断推进创新发展

加强科技创新，发挥现代农业产业技术体系、国家农业科技创新联盟、国家水产品加工技术研发中心作用，推动重大关键共性技术研发，提升产业素质和竞争力。加快渔业高质量绿色发展相关标准制(修)订。加强水产推广体系建设，发布《乡村振兴战略下加强水产技术推广工作的指导意见》，开展水产技术员职业技能大赛和职业渔民培训。关于推广体系建设，我这里也强调一下，这次机构改革水产推广体系基本上没受影响，要发挥好推广体系的作用，为我们承担更多的支撑保障工作。科技在渔业工作中发挥的作用非常大，渔业科技进步贡献率高于大农业两个百分点。改革开放40年，我们总结出一靠政策、二靠科技、三靠投入，渔

业科技发挥了重要作用。希望高等院校和科研院所继续发挥优势，在科技方面突破更多的关键技术，为渔业发展特别是渔业绿色发展提供强有力的科技支撑。积极推进浙江省国家海洋渔业可持续发展试点和舟山市国家绿色渔业实验基地建设。立足新机构新职能新要求，加强自身建设，强化部门协作，建立健全科学高效的渔业渔政工作体制机制，不断强化渔业渔政行风建设。

八、关于渔业扶贫及援疆援藏工作

按照巡视整改要求和渔业扶贫工作需要，研究制定2019年渔业扶贫及援疆援藏行动方案，统筹全国渔业系统力量，共同推进各项渔业扶贫工作的落实。近年来，我们每年都制定渔业扶贫和援疆援藏行动方案，统筹各方面的力量推进渔业扶贫，要继续保持下去。特别是援疆援藏工作，各省都有对口支持，高等院校还有科研单位也主动对接，效果非常好。2019年，我们将在广西三江、内蒙古兴安盟、甘肃景泰、四川雅安等地打造并示范推广稻渔综合种养、盐碱水渔农综合利用、冷水鱼产业扶贫典型模式，并开展现场观摩活动。选择一部分省，继续开展集装箱循环水养鱼试验示范。加大对定点扶贫地区、深度贫困地区、大兴安岭南麓片区、环京津贫困地区、西藏、新疆产业发展和资源养护的支持力度。创新渔业扶贫机制，调动渔业社会组织积极性，组织开展扶贫企业对接活动，加强与电商平台对接，加大贫困地区优质水产品推介力度。此外，我们还要开展因灾致贫方面的情况调研，推动出台扶持政策。要利用渔业系统的技术优势，建立渔业科技扶贫专家工作组，到各地巡回开展技术指导工作。

2019年是新中国成立70周年，我们将开展系列宣传活动，各地要加大宣传力度，讲好中国渔业故事，扩大影响力和知名度，争取更多的政策资金支持。我们渔业人一直是干得多说得少，在宣传上面做得不够，还需要继续加强，会干也要会宣传。比如说，渔业的多功能性，海水的贝藻类立体生态养殖，淡水的滤食性、草食性鱼类养殖，不但对水域生态环境没有污染，而且会改善生态环境，你不说别人怎么会知道。希望今年我们共同努力来做好宣传工作。

同志们，“一分部署九分落实”，2019年渔业渔政工作任务艰巨、责任重大，让我们鼓足干劲，拼搏进取，真抓实干，切实抓好各项工作的落实，推动工作取得新突破、新进展和新成效，开创渔业高质量发展新局面，为坚决打赢精准脱贫攻坚战、实施乡村振兴战略和全面建成小康社会做出新的更大贡献，以实际行动迎接新中国成立70周年。谢谢大家！

农业农村部渔业渔政管理局局长张显良在全国水生野生动物保护工作座谈会上的讲话

（2019年11月29日）

今天，我们在这里召开水生野生动物保护工作座谈会，主要任务是深入学习十九届四中全会精神，贯彻落实中央生态文明建设重大战略部署和习近平总书记等中央领导同志重要批示指示精神，分析研判当前水生野生动物保护形势，进一步统一思想，研究部署下一步工作。

这次会议采取了相对更为开放的形式，除了主管水生野生动物保护的渔业部门以外，我们还邀请了与水生野生动物保护工作关系密切的生态环境部、水利部、海关总署、市场监管总局、国家林业和草原局、中国海警局等相关部门的代表，同时还邀请了水生野生动物自然保护区管理机构、全国水生野生动物保护分会以及其他协会组织和企业的代表。刚才，大家围绕水生野生动物保护工作都谈了很好的意见，听了后很有启发，收获很大。由于时间关系，一些与会同志还没有能够发言，下午会议还有讨论环节，希望大家能够继续踊跃发言，积极献言献策。下面，我结合今天上午会议交流情况，讲三点意见。

一、水生野生动物保护工作取得的成绩值得充分肯定

水生野生动物保护是《野生动物保护法》赋予渔业部门的一项重要职能。多年来，农业农村部会同地方各级渔业主管部门，采取了一系列行之有效的措施。在各级渔业部门的共同努力和各相关部门的大力支持下，我国水生野生动物保护工作取得了积极成效，水生野生动物濒危程度加剧的趋势基本得到遏制，部分濒危物种得到一定程度恢复，一些水生野生动物栖息地生态环境得到改善，政府主导、专家支撑、社会参与保护的良好局面正在形成。水生野生动物保护主要做了以下工作。

一是健全法律法规，夯实制度保障。自1988年《野生动物保护法》颁布实施以来，水生野生动物保护方面法律法规不断完善。特别是2016年新修订的《野生动物保护法》发布以来，我们加快了相关配套规章制度的制修订工作，《水生野生动物保护实施条例》《水生野生动物利用特许办法》《水生野生动物及其制品价值评估办法》《水生野生动物标识管理办法》等十余项配

套法规规章的制修订工作正在积极推进。目前,以《野生动物保护法》为核心的法律法规和制度体系已经基本成型,水生野生动物保护管理日趋规范。

二是加强基础支撑,构建保护网络。建立以主管部门为主导,包括科研院校、保护区管理机构、协会组织,以及海洋馆和水族馆在内的水生野生动物保护体系。实施水生野生动物及其栖息地调查监测,开展人工繁育研究,加强增殖放流和救护管理。经过多年努力,大鲵、斑海豹、鲟鳇鱼、松江鲈、海龟等水生野生动物的全人工繁育技术得到突破或取得重大进展。同时,建立长江豚类保护网络和海洋珍稀濒危物种救护网络,依托自然保护区、科研单位、海洋馆等,对受伤、搁浅、罚没的水生野生动物进行收容救护,累计救助中华鲟、长江江豚、中华白海豚等珍贵濒危物种超过1万头(尾)。

三是制订行动计划,保护旗舰物种。针对长江江豚、中华鲟、中华白海豚、斑海豹等旗舰物种,农业农村部分别出台了7个专门的保护和拯救行动计划,以旗舰物种的生境保护和资源修复为重点,实施自然栖息地保护,科学合理开展迁地保护。同时,加强保护制度与机制创新,推动形成政府主导、科技支撑、公众参与、社会监督的保护体系,提升生态系统功能和物种保护能力。目前,我们还正在制定鳗鲡、鲨鱼等更多物种的专项保护行动计划。

四是加强部门联动,严格执法监管。加强与公安、海关、工商、海警等执法部门以及国家濒管办的协调配合,严厉打击违法犯罪行为。近年来,多次针对海龟、加利福尼亚湾石首鱼、鲨鱼等物种组织开展专项联合执法行动,严肃查处以大连斑海豹盗捕案件为代表的一系列涉水生野生动物违法犯罪案件。组织开展罚没水生野生动物及制品集中销毁活动,提高法律震慑力。2018年5月23日,在三亚组织集中销毁了包括红珊瑚、砗磲、海龟等物种在内的6 000余件物品,总价值近亿元。

五是积极开展履约,加强对外合作。重点做好濒危野生动植物种国际贸易公约(CITES公约)履约工作,主动介入水生野生动物相关议题,认真履行国际责任,自觉执行公约各项规定和决议。会同国家濒管办、海关总署、工商总局等单位,多次就加利福尼亚湾石首鱼、鲨鱼、海龟等CITES附录物种组织市场调研和联合执法,开展履约培训,重点针对执法和管理部门进行有针对性的培训,提高履约能力。目前,在水生野生动物保护方面已经形成了对外履约和国内管理两方面相互促进、协调发展的良好局面。

六是开展科普宣传,提高社会影响。积极探索多种宣传途径和办法,开展形式多样的科普宣传,取得了良好的宣传效果。全国水生野生动物保护科普宣传月已经连续开展十届,成为水生野生动物宣传工作的一块金字招牌。同时,我们还组织成立了中华鲟、中华白海豚等5个旗舰物种的保护联盟,集合主管部门、保护区管理机构、科研教学单位、协会组织,以及水族馆等各方力量,参与水生野生动物保护工作,积极发挥社会监督作用,提升全社会对水生野生动物的关注程度和保护意识。

这些成绩的取得,是与各级渔业部门、科研单位、行业协会的共同努力和相关部门的大力支持分不开的,在此我代表农业农村部渔业渔政管理局向大家表示衷心的感谢!

二、准确把握水生野生动物保护面临的新形势和新要求

随着生态文明建设的深入推进,以及新修订《野生动物保护法》的颁布实施,水生野生动物保护工作进入新的历史时期,也对我们提出了更高的要求。当前,水生野生动物保护面临新的形势和挑战。

(一)水生野生动物保护关注度越来越高。党的十八大提出把生态文明建设融入经济建设、政治建设、文化建设、社会建设各方面和全过程,五位一体建设美丽中国。党的十九大更是明确指出,建设生态文明是中华民族永续发展的千年大计。野生动物是生态系统的重要组成部分,加强野生动物的保护是维系自然界生态平衡、建设生态文明的重要一环。在建设生态文明的大背景下,野生动物保护关注度达到前所未有的高度,习近平总书记等中央领导多次就野生动物保护相关工作作出重要指示批示。中办国办专门下发了《认真贯彻中央领导重要指示精神更为主动做好象等野生动植物保护分工方案》。应该说,新时代水生野生动物保护迎来了难得的历史机遇期。与此同时,由于国内外社会对野生动物保护高度关注,因此也极易形成舆情热点,引发强烈社会反应。一些西方国家和非政府组织习惯于拿着放大镜审视中国野生动物保护问题,往往利用一些个别案件,大肆渲染、歪曲抹黑,并试图将影响引到政治、经济、外交领域,破坏我国际形象。可以说,在当前的大环境下,水生野生动物保护是一项中央领导同志高度重视,社会舆论高度关注,对外高度复杂敏感的工作。

(二)水生野生动物保护要求越来越高。2017年,新修订的《野生动物保护法》正式生效,从加强栖息地保护,规范野生动物利用活动,强化法律责任等多个方面,进一步规范了水生野生动物保护工作,加大了对涉

及野生动物违法犯罪行为的处罚力度，对野生动物保护工作也提出了新的更高要求。同时，党的十八大以来，随着生态文明建设的深入推进，相关制度体系不断完善，水生野生动物保护工作也作为重要内容纳入其中。特别是，《党政领导干部生态环境损害责任追究办法》《领导干部自然资源资产离任审计规定（试行）》等制度，进一步明确各级领导干部责任追究情形，对造成生态环境损害负有责任的领导干部，不论是否已调离、提拔或者退休，都必须严肃追责。从中可以看出，当前对水生野生动物保护工作的要求之高、要求之严，都是前所未有的。

（三）水生野生动物保护整体形势不容乐观。随着我国经济社会的快速发展，保护与利用的矛盾将长期存在，水生野生动物保护面临的形势依然十分严峻，珍贵濒危物种的野外种群和栖息地仍在持续面临威胁，种群衰退的趋势还没有得到根本性扭转，许多物种的保护技术还不成熟。特别是少数违法分子受利益驱使，不惜铤而走险、以身试法，非法捕捉、出售、利用水生野生动物的行为屡禁不止，对水生野生动物资源造成严重破坏，产生了恶劣的社会影响。前几年的红珊瑚砗磲盗采案件、2018 年湖北的中华鲟死亡事件，以及今年年初发生的大连特大斑海豹幼崽盗猎案件说明，当前水生野生动物保护还远没到高枕无忧的时候。保护工作从制度设计、实际执行到执法监管，各个方面都还有很多薄弱环节。另外，我们还了解到，涉及水生野生动物走私案件也时有发生，非法开展水生野生动物人工繁育和经营利用的行为，在一些地区也已经形成相当规模，这些都是摆在我们面前无法回避的问题。与此同时，近年来随着网络销售平台的兴起，涉及水生野生动物违法犯罪行为呈现隐蔽化、复杂化的趋势，水生野生动物执法监管面临更大的挑战。

（四）机构改革后水生野生动物保护面临新的课题。2018 年的机构改革和职责调整，地方渔业管理机构和人员发生了较大变动。整体上，渔业管理机构被大幅压缩，沿海一些原来一个厅局负责的业务，现在被整合到一个或几个处室，水生野生动物保护工作甚至无法安排专人负责；内陆的渔业渔政管理机构也有较大变化，一些长期从事渔业渔政工作，具有丰富的水生野生动物保护工作经验的同志，转隶到了其他岗位，这些都对水生野生动物保护工作产生很大影响。特别是，根据中央和国家机构改革方案，原来由渔业部门主管的水生野生动物自然保护区，被整合到林草部门负责，原来由一个部门统一负责的水生野生动物保护和自然保护区管理，被分割到两个不同部门负责，管理体系发生了重大变化。在原有的管理机制被打破，新的机制尚未完全建立的情况下，容易出现这样那样的问题。今年年初的大连斑海豹盗猎案件，就充分暴露出改革过程中执法机制尚未理顺的问题。机构改革后，如何做好部门间的沟通协调，形成保护工作合力，这是摆在我们面前的新课题，一些地方已经做了有益尝试，下午大家还可以再深入探讨一下。

上面讲的总结起来就是，当前水生野生动物保护机遇与挑战并存，责任和压力与日俱增。为适应新形势、新要求，我们提出水生野生动物保护工作的总体思路是，深入贯彻落实习近平总书记生态文明思想，严格执行《野生动物保护法》等相关法律法规要求，紧紧围绕水生野生动物保护关键环节，坚持保护优先、规范利用、严格监管，加强栖息地保护，规范水生野生动物经营利用，严厉打击各类破坏水生野生动物资源及其野外栖息环境的违法犯罪行为，积极引导社会广泛参与，推动水生野生动物保护工作更上一个新台阶。根据上面的思路，我们也提出水生野生动物保护工作要坚持以下基本原则：一是突出重点，保护优先。以珍贵濒危水生野生动物及其栖息地保护为重点，加快相关自然保护地建设，推进生态系统保护和修复，筑牢水生野生动物保护生态安全屏障。二是分类管理，规范利用。进一步协调好水生野生动物保护和利用的关系，加强规范管理，有效管控水生野生动物经营利用行为，推动保护与利用相互促进，协调可持续发展。三是强化责任，严格监管。进一步落实水生野生动物保护地方主体责任，加强部门间沟通协调，建立合作机制，形成工作合力，严厉打击各类破坏水生野生动物资源的行为。四是积极宣传，广泛参与。加强宣传和引导，提高水生野生动物保护意识，充分发挥科研部门、新闻媒体、行业协会和企业等各方作用，推动社会公众广泛参与水生野生动物保护。

三、履职尽责，切实做好水生野生动物保护工作

当前形势下，渔业部门一定要保持清醒认识，抓住机遇、直面问题、迎难而上、主动作为，切实做好水生野生动物保护各项工作。

一是继续推动水生野生动物保护建章立制。十九届四中全会提出推进国家治理体系和治理能力现代化，制度建设是关键。完善的制度是做好水生野生动物保护的基础，建章立制仍将是未来一段时期内水生野生动物保护工作的重点。目前，还有《水生野生动物保护实施条例》《水生野生动物利用管理办法》《水生野生动物标识管理办法》《罚没及收容救护水生野生动物管理办法》等规章制度正在制修订。下一步，要加大力

度推进相关工作，争取早日发布。同时，农业农村部还正在会同国家林业和草原局，加快推进国家重点保护野生动物名录修订工作，其中列入保护名录的水生野生动物数量预计将超过 200 种，届时水生野生动物保护管理工作压力将进一步加大。各级渔业部门一定要加强顶层设计，将水生野生动物保护作为生态文明建设的重要组成部分，做好统筹规划，明确任务目标，突出工作重点，细化各项措施，确保各项法律法规和规章制度执行到位。

二是完善以自然保护地为主体的栖息地保护体系。栖息地是水生野生动物生息繁衍的重要场所，对于水生野生动物保护具有关键性作用。新修订的《野生动物保护法》对水生野生动物栖息地保护提出了更高要求，生态红线划定、自然保护地体系建设也将水生野生动物栖息地列为重要内容。此次机构改革也对水生野生动物自然保护区管理做出了重大调整。为了做好机构改革后的工作衔接，加强包括各类自然保护地在内的水生野生动物栖息地保护，我们前期与生态环境部、国家林草局等部门进行了多次沟通研究，起草了《关于进一步加强水生野生动物栖息地保护的意见》（以下简称《意见》），打算以相关部门联合印发的形式发布。目前，《意见》还处于初稿阶段，还不是很成熟，需要广泛讨论和深入研究。本次座谈会的一项重要议程，就是要在今天下午对《意见》内容进行研讨。《意见》初稿已经发给大家，这里我就不详细说明里面的内容了。希望大家认真研究，多提宝贵意见，争取能够修改完善后早日出台。

三是进一步规范水生野生动物经营利用管理。水生野生动物具有重要的价值，现阶段在科学研究、文化传承、宣传教育、社会经济等方面仍然需要利用水生野生动物及其制品。目前，社会上对水生野生动物利用有不同认识，主要是因为个别过度利用、滥用等行为对水生野生动物资源造成破坏。实际上，对野生动物的可持续利用，特别是对人工繁育种群的利用，既可以满足社会对野生动物需求，减少野外种群利用压力，同时还可以通过放归野外，修复野生资源，从而实现保护和利用之间的良性互动。这在国内和国际上都有典型案例。处理好保护和利用之间关系的基本原则或者说底线就是要规范管理。各级渔业部门严格按照相关标准条件，把好水生野生动物经营利用审批关，同时充分运用信息化等管理手段，加强事中、事后监管，按照“双随机、一公开”的要求加大监督检查力度，确保对水生野生动物的利用符合法律法规和国家有关规定，尊重公共秩序与社会公德，同时符合生态文明建设的有关要求，有利于水生野生动物野外种群养护。

四是严厉打击各类破坏水生野生动物资源的行为。水生野生动物保护执法监管涉及多个部门。新修订的《野生动物保护法》中规定，要“建立防范、打击野生动物及其制品的走私和非法贸易的部门协调机制，开展防范、打击走私和非法贸易行动”。目前，国家层面已经建立了野生动植物保护执法和打击非法贸易部门联席会议机制，各省（自治区、直辖市）也要推动建立相应制度和协调机制。各级渔业主管部门要积极与相关部门进行沟通协调，通过开展联合执法检查等形式，加大对各类涉及水生野生动物违法犯罪行为的打击力度。要保持高压态势，对重点地区、重点场所、重点物种、重点环节，要实现“全覆盖、无死角”，严肃查处非法捕捉水生野生动物，以及非法开展人工繁育、经营利用和运输等行为，使非法来源的水生野生动物“进不来、出不去”，斩断水生野生动物违法犯罪行为的利益链；要做好“行刑衔接”，对查获的重大案件，要依法严肃处理，涉嫌犯罪的，要及时移送司法机关；要强化以案说法，适时曝光一批典型案件，提高法律的震慑力；要充分发挥好社会监督作用，打一场保护水生野生动物的人民战争，使各类违法经营水生野生动物的行为“无所遁形”。

五是加强水生野生动物保护对外交流合作。近几年来，国际社会对野生动物保护的关注，正在由传统的陆生动物转向水生动物。同时，国际上非理性极端保护主义日益盛行，而可持续利用的声音处于明显的弱势地位。作为传统渔业大国，我国在水生野生动物保护方面承受了很大压力。当前国际环境下，水生野生动物工作要做好国内、国际规则衔接，统筹协调好对外履约和对内管理的关系，推动形成以外促内、以内补外、相辅相成、协调发展的良好局面；要吸收借鉴国外先进经验和管理模式，完善国内水生野生动物保护管理制度，在履约的同时推动国内规范管理。同时，要加强人才和队伍建设，加大资金支持力度，开展 CITES 以及相关国际公约的战略研究，提高我在履约方面的软实力；要加强对外交流合作，积极参与公约规则制定，坚持以我为主开展履约工作，变被动应付为主动出击，争取更大话语权。另外，随着我国对生态文明建设的高度重视，我国在野生动物保护方面所做出的努力和取得的成就，已得到国际社会普遍认可。下一步，也要总结好国内水生野生动物保护经验，加大在国际场合的宣传力度，为世界野生动物保护提供中国经验，讲好中国故事。

六是创造水生野生动物保护良好社会氛围。各级渔业部门要充分发挥行业协会、非政府组织、热心企业等在技术、资金、宣传等方面的优势，引导他们积极参与水生野生动物科普宣传、收容救护、迁地保护等保护工作；要针对重点地区、重点人群，充分利用水生野生动物保护科普宣传月、世界野生动植物日、全国放鱼日等重要时间节点，开展形式多样的科普宣传活动，提高野生动物保护意识和法律意识，鼓励在有条件的科研单位和水族馆建设珍贵濒危物种人工繁育和科普教育基地。同时，对于一些高度敏感、苗头性的重大问题，要开展专题研究，制定相应预案，及时回应社会关切，妥善应对恶意炒作，避免舆论持续发酵对水生野生动物保护工作造成重大影响。另外，水生野生动物保护工作政策性和专业性很强，需要较高的业务素养。由于刚刚经历机构改革，我们的队伍发生了很大调整，一些同志对水生野生动物保护这项工作业务还不太熟悉。为了帮助大家更好地提高业务能力，尽快进入角色，我们这几年已经组织了多次培训，取得了良好的效果。今后，要继续创新培训方式方法，重点加强对一线执法人员的培训，提高工作能力和水平，以更好地适应水生野生动物保护的新形势、新要求。

最后，我再强调一下做好水生野生动物保护沟通协调的问题。水生野生动物保护是一项社会性公益事业，单靠渔业部门的力量是无法胜任的，需要全社会各方面力量的广泛参与。特别是在水生野生动物栖息地保护以及执法监管等方面，更是需要相关部门的大力支持。今天，我们很高兴邀请到了相关部门的同志参加会议，希望大家在今后的工作中能够继续关心和支持水生野生动物保护工作。

同志们，新时期做好水生野生动物保护工作任务艰巨、责任重大、使命光荣。习近平总书记等中央领导的重要指示批示，赋予了我们保护好水生野生动物精神动力，生态文明各项制度体系为水生野生动物保护提供了政策支持和制度保障，水生野生动物保护工作正在迎来重要的历史机遇期。各级渔业主管部门一定要提高政治站位，认真贯彻落实好中央领导同志的重要指示批示精神，勇于担当、持之以恒抓好水生野生动物保护各项工作，为生态文明和美丽中国建设做出更大贡献。

2019 年渔业大事记

1 月

11 日 经国务院同意，农业农村部等 10 部门联合印发《关于加快推进水产养殖业绿色发展的若干意见》，是中华人民共和国成立以来第一个经国务院同意、专门针对水产养殖业的指导意见。《意见》共 8 个部分、26 条具体政策措施，围绕加强科学布局、转变养殖方式、改善养殖环境、强化生产监管、拓宽发展空间、加强政策支持及落实保障措施等方面对水产养殖业绿色发展作出全面部署。

11 日 农业农村部、财政部、人力资源和社会保障部联合印发《长江流域重点水域禁捕和建立补偿制度实施方案》，明确长江流域禁捕的必要性及实施细则，并提出退捕渔民的补偿安排。

15 日 农业农村部渔业专家咨询委员会专题咨询会议在北京召开。唐启升院士、吴有生院士、桂建芳院士、包振民院士等共 14 位专家委员围绕促进渔业高质量发展提出意见建议。农业农村部副部长于康震出席会议并讲话。

15 日 农业农村部印发《关于实行海河、辽河、松花江和钱塘江等 4 个流域禁渔期制度的通告》，宣布自 2019 年起实行海河、辽河、松花江和钱塘江等 4 个流域禁渔期制度。自此，我国内陆七大重点流域实现禁渔期制度全覆盖。1 月 21 日，农业农村部举行新闻发布会，农业农村部副部长于康震、渔业渔政管理局局长张显良出席新闻发布会并回答记者提问。

19—27 日 南太平洋渔业管理委员会第七次会议在荷兰海牙召开，农业农村部会同外交部条法司、港澳台司和中国远洋渔业协会、上海海洋大学等单位组团参会。

21 日 农业农村部印发《关于施行渔船进出渔港报告制度的通告》，自 2019 年 8 月 1 日起，进出我国渔港的大中型(船长 12 米及以下)海洋渔业船舶应当遵循渔船进出渔港报告制度。

30 日 农业农村部办公厅印发《关于公布第二届农业农村部捕捞渔具专家委员会名单的通知》。

31 日 农业农村部渔业渔政管理局联合国家濒危物种进出口管理办公室发文，要求进一步做好欧鳗溯源管理工作，严厉打击欧洲鳗鲡及其产品走私行为。

2 月

12 日 农业农村部印发《关于乡村振兴战略下加强水产技术推广工作的指导意见的通知》。

15 日 国务院新闻办公室就《关于加快推进水产养殖业绿色发展的若干意见》举行新闻发布会，农业农村部副部长于康震、渔业渔政管理局局长张显良应邀出席会议介绍有关情况，并回答记者提问。

20 日 农业农村部在北京召开全国渔业安全生产工作视频会议，深入学习贯彻习近平总书记关于安全生产工作的重要论述和指示精神，总结交流 2018 年渔业安全生产工作，分析形势和任务，研究部署 2019 年重点工作。农业农村部副部长于康震出席会议并讲话，渔业渔政管理局局长张显良主持会议。

22 日 农业农村部在北京召开渔业高质量发展推进会，农业农村部副部长于康震出席会议并讲话，渔业渔政管理局局长张显良主持会议。

28 日 农业农村部渔业渔政管理局、国家濒危物种进出口管理办公室和中国野生动物保护协会在浙江省宁波市共同主办 2019 年“世界野生动植物日”主题宣传活动，渔业渔政管理局副巡视员江开勇出席活动。

3 月

8 日 农业农村部渔业渔政管理局组织大水面生态渔业集中研讨，宣布成立大水面生态渔业领导小组，明确小组成员、职责和任务分工，部署 2019 年大水面生态渔业工作重点。

8 日 农业农村部印发《“中国渔政亮剑 2019”系列专项执法行动方案的通知》。“亮剑 2019”行动包括海洋伏季休渔、长江流域重点水域全面禁捕、清理取缔涉渔“三无”船舶、违规渔具渔法清理整治、内陆大江大河

(湖)禁渔期、渤海综合治理、打击电鱼活动、边境交界水域、渔业安全生产、水生野生动物保护等 10 个专项执法行动。

18 日 农业农村部、国家统计局联合印发《关于进一步加强渔业统计工作的意见》，对进一步完善渔业统计体制机制、加强渔业统计工作提出要求。

20 日 农业农村部印发《2019 年全国水产养殖用药减量行动方案》的通知，部署相关工作。

21 日 农业农村部新闻办公室就“中国渔政亮剑 2018”系列专项执法行动的开展情况举行新闻发布会，向媒体介绍相关情况。农业农村部副部长于康震、渔业渔政管理局局长张显良、长江流域渔政监督管理办公室主任马毅出席新闻发布会，并现场回答记者提问。会上发布了 2018 年渔政执法十大典型案件。

22 日 农业农村部印发《关于印发〈2019 年国家产地水产品兽药残留监控计划〉〈2019 年海水贝类产品卫生监测和生产区域划型计划〉〈2019 年水产养殖用兽药及其它投入品安全隐患排查计划〉的通知》，全面部署 2019 年国家产地水产品兽药残留监控等工作。

22 日 农业农村部办公厅印发《关于组织开展渔获物定点上岸渔港申报工作的通知》，组织各地开展渔获物定点上岸渔港申报工作。

25 日 农业农村部办公厅印发《关于做好 2019 年违规渔具清理整治“清网”行动的通知》，要求沿海省份制定 2019 年“清网”行动方案，持续开展违规渔具清理整治。

26 日 农业农村部办公厅印发《关于开展 2019 年水生动物防疫系统实验室检测能力验证的通知》，部署 2019年水生动物防疫系统实验室检测能力验证工作。

28 日 农业农村部渔业渔政管理局在西藏自治区拉萨市召开 2019 年渔业科技援藏工作会，总结分析 2018 年渔业科技援藏工作，对 2019 年工作进行部署，渔业渔政管理局副局长李书民出席会议并讲话。

29 日 农业农村部渔业渔政管理局支持成立“斑海豹保护联盟”，进一步落实斑海豹保护行动计划。

4 月

1 日 “中国渔政亮剑 2019”黄河流域禁渔期执法暨宁夏区专项执法行动在宁夏回族自治区银川市启动。同日，农业农村部渔业渔政管理局召集山西、内蒙古、山东、河南、四川、陕西、甘肃、宁夏、青海省(自治区)等沿黄 9 省(自治区)渔业渔政部门负责同志集中研讨黄河流域禁渔执法工作。

1 日 《中华人民共和国政府和越南社会主义共和国政府北部湾渔业合作协定》协定实施十五周年评价活动在越南举行，双方均对将于 2019 年 6 月 30 日到期的《协定》所发挥的作用给予了积极评价，就下一步渔业合作达成了共识。会议期间双方还开展了北部湾渔业资源联合增殖放流活动。农业农村部副部长于康震与越南农业与农村发展部副部长冯德进共同主持相关会议和放流活动。

2—4 日 世界动物卫生组织(OIE)全球水生动物卫生会议在智力圣地亚哥举行，农业农村部渔业渔政管理局组团参加会议。

3 日 农业农村部办公厅印发《关于做好 2019 年度休禁渔秩序评估工作的通知》，安排部署 2019 年度休(禁)渔秩序评估工作。评估工作由农业农村部渔业渔政管理局统一领导，中国水产科学研究院渔业资源与环境研究中心负责组织协调，中国水产科学研究院黄海水产研究所等 8 家科研单位具体实施。

4 日 农业农村部第 155 号公告，公告大口黑鲈“优鲈 3 号”等 14 个水产新品种。

4 日 农业农村部印发《关于印发〈2019 年国家水生动物疫病监测计划〉的通知》，部署 2019 年国家水生动物疫病监测工作。

11 日 农业农村部联合辽宁省人民政府在辽宁省大连市举行斑海豹放归活动，此前大连公安部门破获的斑海豹幼崽盗猎案件中首批 24 头获救斑海豹幼崽被放归大海。农业农村部副部长于康震出席活动，渔业渔政管理局副局长韩旭主持活动。

15 日 农业农村部办公厅印发《关于规范稻渔综合种养产业发展的通知》，要求各地按照 2017 年发布的行业标准《稻渔综合种养技术规范　通则》中的技术指标和要求加强对稻渔综合种养主体的管理，建立长效管理机制，确保规范有序发展。

16 日 农业农村部办公厅印发《关于加强渔业安全生产工作的通知》，从提高防范意识、狠抓责任落实、堵塞监管漏洞等 10 个方面制定政策措施，推动渔业部门“三管三必须”监管责任再落实。

16 日 农业农村部印发《关于进一步扩大水产苗种产地检疫试点的通知》，将水产苗种产地检疫试点范围扩大到 24 个省、自治区、直辖市。

17 日 农业农村部办公厅同意浙江省淳安县创建全国大水面封闭式环保养殖示范基地。

19 日 农业农村部在浙江省台州市召开全国渔船渔港综合管理改革现场会，全面总结试点经验，推广试点成果，进一步深化渔船渔港综合管理改革。农业农村部副部长于康震出席会议并讲话，渔业渔政管理局局长张显良主持会议。

22日　农业农村部渔业渔政管理局在四川成都集中研究部署全国水产苗种产地检验，从源头防控重大水生动物疫病发生和流行，渔业渔政管理局副局长李书民参加。

25—27日　农业农村部渔业渔政管理局联合全国水产技术推广总站、中国水产学会、中国水产科学研究院淡水渔业研究中心、云南省农业农村厅、云南省水产技术推广总站、上海海洋大学、广西壮族自治区水产科学研究院等单位，在云南省红河哈尼族彝族自治州元阳县和红河县开展渔业扶贫活动。

27日　农业农村部渔业渔政管理局联合广东省农业农村厅等单位在珠海长隆中华白海豚科普教育基地共同举办第二届中华白海豚保护宣传日活动。

30日　农业农村部在河北省秦皇岛市召开渤海综合治理攻坚战渔业工作座谈会，农业农村部副部长于康震出席会议并对贯彻落实渔业领域各项工作任务作出部署，渔业渔政管理局副局长韩旭主持会议。

30日　农业农村部联合河北省人民政府在河北省秦皇岛市举办“中国渔政亮剑2019”全国海洋伏季休渔暨渤海综合治理专项执法行动。农业农村部副部长于康震、河北省人民政府副省长时清霜出席活动并讲话。

5月

7日　农业农村部发布《关于2019年伏季休渔期间特殊经济品种专项捕捞许可和捕捞辅助船配套服务安排的通告》。

7—8日　农业农村部渔业渔政管理局组织中美两国专家在珠海就实施美国《海洋哺乳动物保护法(MMPA)鱼及鱼产品进口规定》进行技术磋商。

13日　农业农村部渔业渔政管理局召集天津、河北、辽宁、山东、大连和青岛等北部沿海省(计划单列市)渔业主管部门在山东省烟台市开展深化渔业油价补贴政策改革研讨。

14—16日　2019年渔业一二三产业融合人才培训班在江西省南昌市举办。

16日　农业农村部联合河北省人民政府在白洋淀举行海河、辽河、松花江流域禁渔期制度启动仪式暨水生生物增殖放流活动，农业农村部副部长于康震出席活动并讲话，渔业渔政管理局局长张显良主持活动。

17—19日　由农业农村部主办，农业农村部渔业渔政管理局、广东省农业农村厅、珠海市人民政府、中国水产流通与加工协会承办的渔业扶贫产销对接活动在广东省珠海市举办。共有37个贫困县(市)45家企业参加。农业农村部副部长于康震出席活动并讲话，渔业渔政管理局局长张显良主持活动。

21日　经国务院同意，“农业部港澳流动渔民工作协调小组”调整为“港澳流动渔民工作协调小组”，并对“港澳流动渔民工作协调小组”工作机制进行调整完善。

23日　农业农村部渔业渔政管理局联合山东省农业农村厅举办“世界海龟日”主题宣传活动暨海龟保护国际研讨会。

23日　农业农村部在北京召开全国渔业执法工作座谈会暨全国渔业执法工作先进集体和先进个人表彰会。农业农村部部长韩长赋出席会议并讲话，副部长于康震主持会议。

29日　农业农村部渔业渔政管理局召集吉林、黑龙江、安徽、江西、河南、湖北和湖南等内陆省份渔业主管部门，在湖北省武汉市集中研讨深化渔业油价补贴政策改革。

6月

4日　农业农村部办公厅印发《关于开展黄河禁渔联合交叉执法行动的通知》，组织开展2019年黄河禁渔联合交叉执法行动，山西、内蒙古、山东、河南、四川、陕西、甘肃、宁夏、青海(自治区)等沿黄9省(自治区)渔业渔政主管部门及渔政执法机构同步实施。

5日　《中华人民共和国政府和越南社会主义共和国政府北部湾渔业合作协定》实施十五周年总结会在广东省珠海市举行，农业农村部副部长于康震、越南农业与农村发展部副部长冯德进以及中越双方外交、海警、渔业等部门人员出席会议。

5日　港澳流动渔民工作协调小组在珠海召开第一次全体成员会议。农业农村部副部长于康震出席会议并讲话。

5日　农业农村部渔业渔政管理局在黑龙江省哈尔滨市集中研讨休(禁)渔秩序评估工作。

6日　全国“放鱼日”主会场暨粤港澳大湾区增殖放流活动在广东省珠海市举办。活动期间，全国31个省(自治区、直辖市)举办增殖放流活动近300场，增殖放流各类水生生物苗种约20亿尾。农业农村部总畜牧师马有祥、渔业渔政管理局局长张显良、副局长韩旭出席放流活动。

11日　2019年全国水产苗种产地检疫培训班在烟台举办。

13日　中国-欧盟第四次渔业高级别对话和中欧打击IUU工作组第四次会议在比利时举行。双方交流了各自渔业政策最新发展情况，就落实中欧《蓝色伙伴宣言》、设立南极海洋保护区、打击IUU渔业活动、国际渔业治理等议题交换了意见。

14—15 日　农业农村部在黑龙江省大庆市举办全国渔业油价补贴政策改革培训班。

17 日　首次中波双边渔业会谈在波兰举行。中国、波兰双方介绍了各自渔业发展和政策情况，就推进两国渔业合作交换了意见。

18 日　中国与挪威双边渔业会谈在奥斯陆举行。双方简要回顾了两国渔业合作历史和成就，希望在现有良好合作的基础上，推动双方渔业合作迈上一个新台阶。

25 日　第九届中韩渔业高级别会谈在山东省青岛市举行。双方各自介绍了渔业最新发展情况，就两国渔业协定等议题交换了意见，并签署会议纪要。农业农村部渔业渔政管理局局长张显良出席会谈。

26 日　农业农村部、财政部、人力资源和社会保障部联合召开长江流域重点水域禁捕工作视频会议，对长江流域重点水域禁捕工作进行再部署再推进再落实。

26 日　中韩渔业资源联合增殖放流活动在山东省青岛市举行，现场放流中国对虾、三疣梭子蟹等苗种 40 万尾。农业农村部渔业渔政管理局局长张显良参加放流活动。

27 日　由农业农村部渔业渔政管理局与上海海洋大学共建的渔业法律法规研究与咨询中心在上海海洋大学成立。渔业渔政管理局副局长刘新中出席成立仪式。

27 日　农业农村部复函福建省人民政府，同意建设福建福州（连江）国家远洋渔业基地。

27 日　农业农村部办公厅印发《关于修订〈国家级海洋牧场示范区建设规划（2017—2025 年）〉的通知》，对示范区建设数量、建设内容、建设布局等内容进行修改完善。

28 日　我国两艘 3 000 吨级海洋渔业综合科学调查船“蓝海 101”“蓝海 201”在上海正式交付使用，标志着我国三大海区均有了 1 000 吨级以上专业海洋渔业调查船。

30 日　农业农村部渔业渔政管理局在上海召开涉渔海事公约国际研讨会，与国际海事组织、联合国粮农组织在渔船管理方面的合作交换了意见，并就进一步加强合作以致力于改善渔船安全生产条件、更好地维护海上渔业生产秩序达成了共识。

7 月

6 日　农业农村部渔业渔政管理局召集福建省海洋与渔业局和江苏、山东、广西和海南等东南沿海省（自治区）渔业主管部门在福建省福州市集中研讨渔业油价补贴政策改革、休闲渔业和渔民转产转业工作。

11—18 日　北太平洋渔业委员会（NPFC）第五次年会、技术与执法分委会第四次会议以及财务行政分委会第三次会议在日本东京举行。农业农村部会同外交部、中国海警局、上海海洋大学、中国远洋渔业协会及相关企业代表组成中国代表团参加会议。

16 日　农业农村部办公厅印发《〈关于加快推进水产养殖业绿色发展的若干意见〉重点工作细化方案》，细化部署推进水产养殖业绿色发展各项重点工作。

17 日　中国-菲律宾渔业联合委员会（下称渔业联委会）第三次会议在北京举行。菲律宾驻华大使何塞·罗马纳出席会议。双方高度评价了上次会议以来中菲渔业合作取得的成就，并就中方继续向菲方赠送东星斑等鱼苗、渔业技术培训和交流、南海渔业资源养护合作、水产养殖、水产品冷储加工和市场贸易、海洋藻类科技与产业合作、打击非法捕捞等内容进行了深入交流，达成广泛共识。双方同意，在现行机制下，建立渔业应急热线，就渔业海上安全、打击非法捕捞及时交换信息。会后，双方签署了会议纪要。

19 日　农业农村部办公厅印发《关于做好渤海渔港环境综合整治和渔船污染防治工作的通知》。通知要求沿渤海各级渔业主管部门要抓好渔港认定及名录发布、编制渔港水域污染防治规划、推进渔港污染防治设施设备配备、加强渔港水域环境保护监管、实现渔船渔港污染防治联动等工作。

19 日　农业农村部与中国海警局签署《农业农村部与中国海警局海上渔业执法协作配合办法》，对双方职责分工以及协作配合、会商、信息共享、案件协办等机制进行明确。

23 日　中俄边境水域联合增殖放流活动在黑龙江省抚远市举行，现场放流 30 万尾施氏鲟幼鱼、10 万尾达氏鳇幼鱼。农业农村部渔业渔政管理局副局长刘新中参加放流活动。

24 日　海洋伏季休渔联合交叉执法行动启动，沿海省（自治区、直辖市）组成 11 个工作组分赴沿海地区开展执法工作。

28 日　全国稻渔综合种养产业扶贫现场观摩活动在广西壮族自治区三江侗族自治县举办，农业农村部副部长于康震出席活动并讲话，农业农村部渔业渔政管理局副局长李书民参加观摩活动。

29 日　农业农村部公告第 200 号发布第二批《人工繁育国家重点保护水生野生动物名录》。

30 日　李书民任农业农村部渔业渔政管理局一级巡视员。

8 月

1 日　农业农村部修订发布《远洋渔船船位监测管理办法》，远洋渔船船位报位频率从 4 小时 1 次提高到每小时 1 次。

2—4 日　农业农村部渔业渔政管理局指导有关单位在大连举办第二届中国国际海洋牧场暨渔业新产品新技术博览会，农业农村部副部长于康震、渔业渔政管理局局长张显良、副局长韩旭出席博览会。

8 日　农业农村部渔业渔政管理局在宁夏回族自治区银川市组织开展稻渔综合种养集中观摩和研讨交流活动，渔业渔政管理局局长张显良出席活动。

20 日　中美渔业对话第四次会议在美国马里兰州安纳波利斯举行。双方就共同感兴趣的议题交换了意见。

26 日　全国人大常委会在北京召开渔业法执法检查组第一次全体会议。检查组于 9 月至 10 月期间，分赴天津、辽宁、上海、浙江、福建、山东、湖北、海南等 8 省（直辖市）进行检查，同时委托河北、江苏、安徽、江西、湖南、广东、广西等 7 省（自治区）人大常委会分别对本行政区域内渔业法的实施情况进行检查。这是 1986 年《中华人民共和国渔业法》制定实施以来全国人大常委会第一次对该法实施情况进行检查。

27 日　农业农村部令 2019 年第 5 号发布《水生野生动物及其制品价值评估办法》，并于 2019 年 10 月 1 日起正式生效，为水生野生动物案件定罪量刑提供依据。

28 日　农业农村部向社会公开征求对《中华人民共和国渔业法（修订草案）》的意见。

30 日　农业农村部渔业渔政管理局在北京组织开展海洋伏季休渔联合交叉执法行动集中交流研讨活动。

30 日　农业农村部渔业渔政管理局联合全国水产技术推广总站、中国水产学会发布《中国小龙虾产业发展报告（2019）》。

9 月

5 日　中欧 2019 年蓝色海洋伙伴关系论坛在比利时布鲁塞尔举行，农业农村部渔业渔政管理局派员参会，并做开幕式主旨发言和闭幕式总结发言。农业农村部代表还参加了“可持续渔业的国际合作”专题会议，在会上介绍了我国渔业可持续发展、参与国际渔业治理和打击 IUU 渔业的情况，并代表该专题会议向大会报告讨论情况和下步行动建议。

5 日　农业农村部印发《人工鱼礁建设项目验收工作规范（试行）》的通知，加强国内渔业油价补贴转移支付专项资金支持人工鱼礁建设项目管理。

5—10 日　农业农村部渔业渔政管理局、西藏自治区农牧科学研究院和天津工业大学前往西藏拉萨、那曲、班戈、申扎、尼玛、措勤、日喀则等地开展西藏卤虫资源调查。

10 日　大水面生态渔业现场推进会在浙江省淳安县千岛湖召开，大水面生态渔业科技创新联盟成立，农业农村部副部长于康震出席会议并讲话。农业农村部渔业渔政管理局局长张显良主持会议，二级巡视员江开勇参加会议。

12 日　农业农村部渔业渔政管理局发布《水产养殖用药明白纸》宣传材料的通知，进一步加强水产养殖用兽药及其他投入品使用的监管。

12 日　农业农村部办公厅印发《关于国家级海洋牧场示范区管理工作规范》，进一步规范国家级海洋牧场示范区的建设和管理。

19 日　农业农村部渔业渔政管理局在北京组织召开渔船渔港动态监控管理系统异地容灾备份中心项目推进会议。容灾备份中心项目顺利通过初步验收并投入试运行。

20 日　农业农村部渔业渔政管理局联合各省渔业主管部门启动第十届全国水生野生动物保护宣传月活动。

23 日　农业农村部印发《关于第六届全国水产原种和良种审定委员会组成人员名单的通知》，公布第六届全国水产原种和良种审定委员会组成人员名单。

23 日　农业农村部印发《农业农村部关于开展 2019 年全国水产健康养殖示范创建活动的通知》并启动相关工作部署。

25 日　全国渔业互助保险事业发展 25 周年座谈会在江苏省海安市召开。

28 日　盐碱水渔农综合利用产业扶贫工作座谈会在甘肃省景泰县召开。

10 月

10 日　中国远洋鱿钓发展 30 周年总结大会暨可持续发展高峰论坛在浙江省舟山市举行。会上发布了中国远洋鱿钓发展 30 周年总结报告、中国远洋鱿鱼指数、中国远洋鱿钓渔业可持续发展倡议书，并表彰了在远洋鱿钓渔业发展 30 年中做出突出贡献的 15 家企业和 2 位个人。

17 日　水产养殖业绿色发展现场会在浙江省德清县召开，会议总结了改革开放及十八大以来我国水产养殖业绿色发展取得的重大成就，深入分析了水产养殖业面临的形势和任务，全面部署了当前和下一个阶段水产养殖业绿色发展重点工作。农业农村部副部长于康震出席会议并讲话，农业农村部渔业渔政管理局局长张显良主持会议。

17 日 农业农村部办公厅印发《关于修订深水抗风浪网箱补贴标准有关内容的通知》，并启动相关工作部署。

18 日 农业农村部办公厅印发《关于成立海洋渔业资源评估专家委员会的通知》，成立全国海洋渔业资源评估专家委员会。

20 日至 11 月 1 日 第 38 届南极海洋生物资源养护委员会(CCAMLR)年会在澳大利亚霍巴特召开，外交部、农业农村部、自然资源部和香港特区政府组团参会。

21 日 第三届中国-太平洋岛国经济发展合作论坛在萨摩亚首都阿皮亚召开。国务院副总理胡春华出席论坛，并见证农业农村部副部长张桃林与巴布亚新几内亚渔业部长签署中-巴新渔业合作谅解备忘录。

21 日 国际海事组织(IMO)渔船安全及非法、不报告和不管制(IUU)捕捞部长级会议在西班牙托雷莫利诺斯召开。农业农村部副部长于康震代表中国政府在大会上发言，并签署了《托雷莫利诺斯声明》。

22 日 农业农村部渔业渔政管理局分别在上海、西安、大连举办了 5 期全国渔政执法骨干人员能力提升培训活动，300 余名渔业执法骨干得到了培训。

23 日 农业农村部启动 2019 年渔业安全技能大比武活动。

24 日 农业农村部渔业渔政管理局邀请重点省份渔业部门、远洋渔业企业、有关协会和科研院校的专家，就“十四五”远洋渔业发展规划在深圳开展集中调研，并就部分重点项目和问题组织专家论证，渔业渔政管理局副局长刘新中参加调研论证。

28 日 农业农村部办公厅印发《关于成立渔业无线电管理专家委员会的通知》，成立渔业无线电管理专家委员会。

28 日 中阿渔业分委会第 11 次会议在北京举行。农业农村部渔业渔政管理局副局长刘新中和阿根廷农牧渔业部渔业和水产养殖副国务秘书胡安进行会谈。

31 日 第四届中国休闲渔业高峰论坛暨 2019 年渔业一二三产业融合人才培训班在福建省厦门市举办。农业农村部渔业渔政管理局联合全国水产技术推广总站、中国水产学会发布《中国休闲渔业发展监测报告(2019)》。农业农村部渔业渔政管理局二级巡视员江开勇出席。

11 月

1 日 农业农村部渔业渔政管理局在北京组织召开渤海综合治理攻坚战工作进展调度会，渔业渔政管理局局长张显良参加会议并对下一步工作进行了再部署、再动员。

4 日 正式实施南沙渔业生产综合保险，将渔船财产、渔民人身和涉外损失统一纳入南沙渔业生产综合保险范围，有效解决南沙渔业生产风险保障问题。

4 日 农业农村部办公厅印发《关于试行开展远洋渔业企业履约评估工作的通知》，决定试行开展远洋渔业企业履约评估工作，引导远洋渔业企业提高守法履约能力。

4—8 日 第十九届中韩渔委会第二次筹备会及年会在上海召开，双方就 2020 年两国专属经济区对方国人渔安排、作业条件和程序规则、维持海上作业秩序、中韩暂定措施水域内资源管理方案等议题进行了会谈并签署会议纪要。农业农村部渔业渔政管理局局长张显良出席会议。

6 日 江开勇任农业农村部渔业渔政管理局副局长。

11—14 日 中澳渔业对话第三次会议在陕西省西安市举行。双方就共同感兴趣的议题广泛交换了意见。

16—25 日 养护大西洋金枪鱼国际委员会(ICCAT)第 26 次年会在西班牙帕尔马召开，农业农村部会同外交部、中国远洋渔业协会、上海海洋大学组团参会。

20—22 日 中新(西兰)渔业对话第三次会议在浙江省宁波市举行。双方就共同感兴趣的议题广泛交换了意见。

12 月

3—12 日 中西部太平洋渔业委员会(WCPFC)第十六届年会及行政财务分委会在巴布亚新几内亚莫尔兹比港召开，巴新总理詹姆斯出席开幕式并致辞。农业农村部渔业渔政管理局会同中国远洋渔业协会、上海海洋大学组团参会。

9 日 中国珊瑚保护联盟成立大会在海南陵水召开，这是农业农村部渔业渔政管理局支持成立的第四个珍贵、濒危水生野生动物保护联盟，旨在凝聚社会各界力量，推动我国珊瑚资源保护与可持续发展。

11 日 全国海洋资源评估专家委员会成立大会及第一次全体会议在青岛召开，农业农村部渔业渔政管理局局长张显良参加会议。会议通过了委员章程，并对近海渔业资源状况公报等进行了审议和研讨。

13 日 农业农村部办公厅印发《关于开展沿海渔港污染防治工作的通知》，组织沿海各省开展渔港污染防治工作，指导二级及以上渔港配备污染防治设施设备并组织有关科研单位开展渔港环境监测评价工作。

23 日 农业农村部办公厅印发《关于渔业无线电管理

专项整治工作方案的通知》，部署开展为期半年的渔业无线电专项整治行动，全面加强渔船船载 AIS、应急示位标和北斗卫星终端监督管理，进一步规范渔船九位码和北斗 ID 号合法使用。

24 日 第十三届全国人大常委会第十五次会议第二次全体会议在北京召开。全国人大常委会副委员长武维华作全国人大常委会执法检查组关于检查《中华人民共和国渔业法》实施情况的报告。此次执法检查是渔业法自 1986 年颁布实施以来，全国人大常委会首次对该法开展执法检查。

24 日 农业农村部、生态环境部、国家林业和草原局印发《关于推进大水面生态渔业发展的指导意见》。

25 日 农业农村部公告第 248 号批准公布河北唐山大清河口海域唐山湾等 24 个海洋牧场为第五批国家级海洋牧场示范区。

26—31 日 首届全国渔业安全技能大比武活动在上海海洋大学成功举办。

27 日 《中华人民共和国渔业法（修订草案送审稿）》经农业农村部 2019 年第十二次常务会议审议通过。

（农业农村部渔业渔政管理局）

索　引

说　明

一、本索引采用分析索引方法，按汉语拼音顺序排列，同音字按声调排列。

二、“法律法规文献”“渔业经济统计”“领导讲话”“2019 年渔业大事记”栏目中的具体内容未作索引。“各地渔业”栏目中的条目按正文排列，不参与排序。

三、索引词条后的数字表示内容所在的正文页码。

J

L

N

Q

S

图书在版编目(CIP)数据

中国渔业年鉴. 2020 / 农业农村部渔业渔政管理局主编. --北京:中国农业出版社,2021.6
ISBN 978-7-109-28679-5

Ⅰ.①中… Ⅱ.①农… Ⅲ.①渔业经济-中国-2020-年鉴 Ⅳ.①F326.4-54

中国版本图书馆 CIP 数据核字(2021)第 160888 号

中国渔业年鉴 2020
ZHONGGUO YUYE NIANJIAN 2020

中国农业出版社出版
地址:北京市朝阳区麦子店街 18 号楼
邮编:100125
责任编辑:贾 彬 徐 晖
文字编辑:耿增强 贾 彬
印刷:北京通州皇家印刷厂
版次:2021 年 6 月第 1 版
印次:2021 年 6 月北京第 1 次印刷
发行:新华书店北京发行所
开本:787mm×1092mm 1/16
印张:21.75 插页:26
字数:736 千字
定价:300.00 元

服务电话:010-59195115 010-59194918

ISBN 978-7-109-28679-5

南京师范大学海洋科学与工程学院

南京师范大学于2018年4月成立海洋科学与工程学院。目前学院拥有2个省级重点实验室和2个省级工程研究中心；2个博士点（水生生物学、海洋地理学），2个一级学科硕士点（海洋科学、水产）和1个专业硕士点（渔业发展），2个本科专业（海洋资源与环境、海洋资源开发技术），具备本科—硕士—博士贯通培养的人才体系。其中水产学科是南京师范大学农业学科、动物学与植物学进入ESI 1%的主要依托学科，也是2个国家级科技联盟和7个省级科技联盟理事单位，先后获批8个省级研究生工作站。该学科在水产养殖学、水产动物医学、水产动物遗传育种三个研究方向颇具特色，2019年聘请中国工程院院士包振民教授为水产学科鸿国讲座教授。近两年学科承担国家级项目10余项，发表SCI收录论文近100篇，授权国家发明专利10余件，培育出国家级水产新品种2个（暗纹东方鲀中洋1号、杂交黄颡鱼黄优1号），获省部级科学技术奖3项。尤其在暗纹东方鲀、中华绒螯蟹、黄颡鱼和河川沙塘鳢等水产动物资源利用上具有一定的社会影响力。

2019年9月23日，包振民院士受聘南京师范大学水产学科鸿国讲座教授

2019年11月，水产学科团队与企业签约成立南京师范大学教学科研实践基地

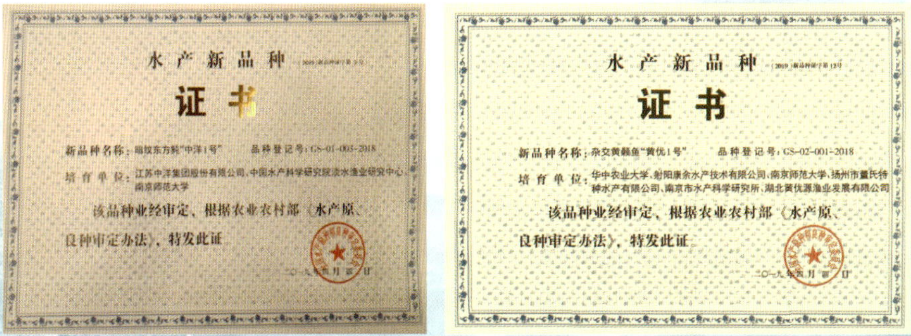

水产新品种

证书

新品种名称：暗纹东方鲀"中洋1号"　品种登记号：GS-01-003-2018

培育单位：江苏中洋集团股份有限公司、中国水产科学研究院淡水渔业研究中心、南京师范大学

该品种业经审定，根据农业农村部《水产原、良种审定办法》，特发此证

水产新品种　（2019）新品种证字第12号

证书

新品种名称：杂交黄颡鱼"黄优1号"　品种登记号：GS-02-001-2018

培育单位：华中农业大学、射阳康余水产技术有限公司、南京师范大学、扬州市董氏特种水产有限公司、南京市水产科学研究所、湖北黄优源渔业发展有限公司

该品种业经审定，根据农业农村部《水产原、良种审定办法》，特发此证

2019年以南京师范大学水产学科为技术支撑单位获批2个国家级水产新品种

中国水产科学研究院黄海水产研究所
国家海洋技术转移中心渔业分中心

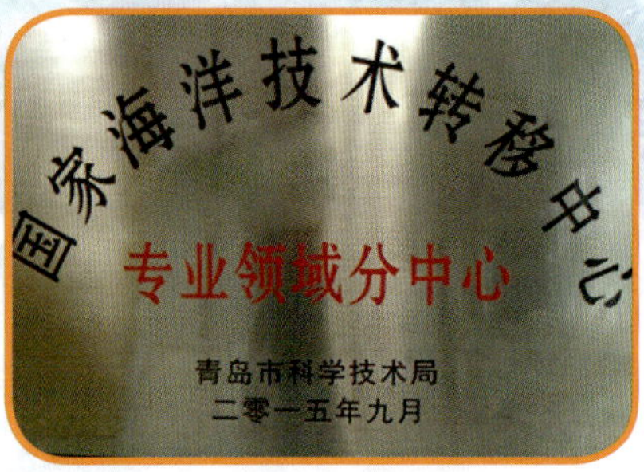

2014年，国家科学技术奖励工作办公室发布《关于开展二期科技成果评价试点工作的实施意见》（以下简称《实施意见》），将全面停止科技成果鉴定工作。随着《实施意见》的实施，在由国家科技部与青岛市人民政府共建的从事海洋科技成果转化的国家级技术转移平台“国家海洋技术转移中心”基础上，由中国水产科学研究院黄海水产研究所牵头组建国家海洋技术转移中心渔业分中心。其主旨是充分发挥第三方机构作用，促进渔业成果转移转化，创建渔业科技成果转移全产业价值链服务体系。渔业分中心主要在海洋渔业领域，面向全国渔业主管部门、社会团体、企事业组织、个人，重点开展科技评价与咨询、规划咨询、工程咨询、工程化开发、技术集成与转移、知识产权运营、科技金融服务和技术培训与宣传等工作，其中科技评价范围包括：科研管理类评价，包括科研立项类评价、科研项目监理评价和科研项目结题验收类评价等；科技成果管理类评价，包括自然科学成果评价、应用研究成果评价和软科学成果评价等；技术交易类评价，包括技术成果买卖评价、技术成果作价入股评价、技术成果质押融资评价等。

国家海洋技术转移中心渔业分中心现有专业团队成员15人，其中具有资质证书的技术经纪人7人、科技评估师4人。聘任王清印研究员为首席专家，由唐启升院士、赵法箴院士、陈松林研究员等21位海洋领域资深专家组成专家顾问团。为保障评价报告质量，兼顾各类学科领域，筛选吸纳专家200人以上。

2016年以来，该中心在全国范围内开展科技成果评价的工作，共计评价项目30余项，已获得包括国家、省级和市级等各级奖励15项。

地址：山东省青岛市市南区南京路106号

邮编：266071

电话：0532-85841893；13608984531

传真：0532-85811514

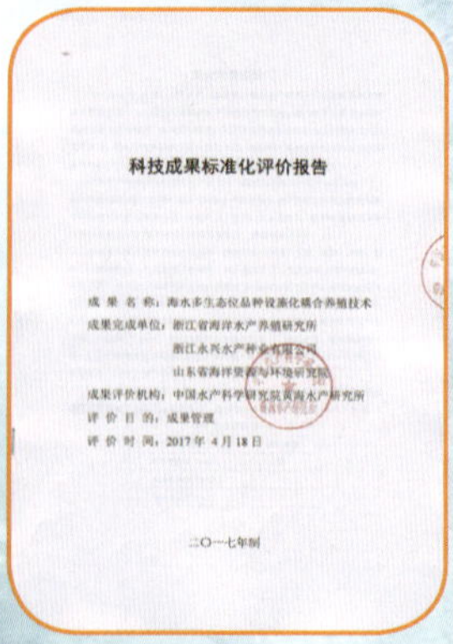

科技成果标准化评价报告

成 果 名 称：海水多生态位品种设施化耦合养殖技术
成果完成单位：浙江省海洋水产养殖研究所
浙江永兴水产种业有限公司
山东省海洋资源与环境研究院
成果评价机构：中国水产科学研究院黄海水产研究所
评 价 目 的：成果管理
评 价 时 间：2017年 4月 18日

二〇一七年制

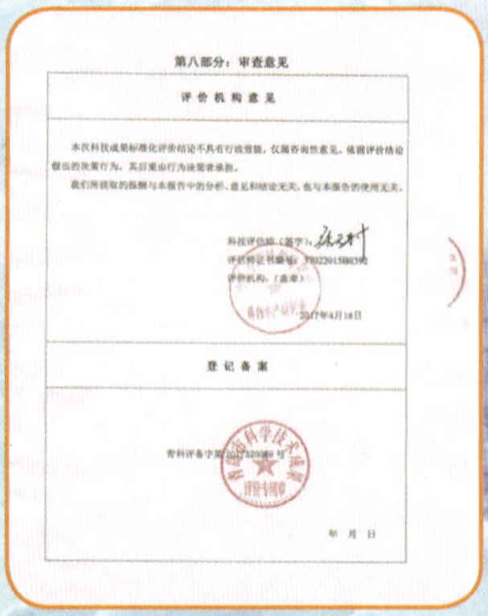

第八部分：审查意见

评 价 机 构 意 见

本次科技成果标准化评价结论不具有行政效能，仅属咨询性意见，依据评价结论做出的决策行为，其后果由行为决策者承担。

我们所获取的报酬与本报告中的分析、意见和结论无关，也与本报告的使用无关。

评价机构：（盖章）

2017年4月18日

登 记 备 案

年 月 日

农业产业化省级重点龙头企业
山东蓝色海洋科技股份有限公司

莱州湾畔，蓝潮涌动。

位于山东省莱州市的山东蓝色海洋科技股份有限公司，注册资金8 000万元，资产总额5.5亿元。公司是集海产品良种繁育、海产品加工、海洋牧场建设、海陆风光新能源、高新科技研发等为一体的省级农业产业化重点龙头企业。

2019年4月10日上午，“山东省院士工作站”落户山东蓝色海洋科技股份有限公司，中国工程院院士侯保荣出席揭牌仪式并为工作站揭牌

2011年以来，公司通过与中国科学院海洋研究所、中国海洋大学等国内科研单位合作搭建创新平台，组建成立了院士工作站、省级技术研究中心、山东海洋牧场工程与技术研究院，获批山东省海洋牧场生态环境修复工程实验室。

陆海统筹，向海发展。近年来，公司投资5.6亿元，建成了陆海统筹的海洋生态牧场，作为我国第一批国家级海洋牧场顺利通过农业农村部验收，其渔业发展创新模式得到农业农村部、科技部及山东省政府的充分肯定。

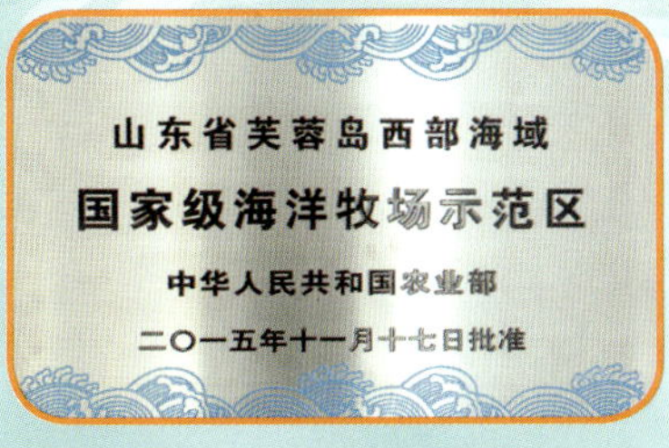

国家级海洋牧场示范区牌子

核心示范企业

经略海洋，筑梦深蓝。公司在全国首创“海洋牧场观测网”“四个一建设”“海洋牧场多功能管护平台”“海洋牧场与海上风电融合发展”等模式，打造了山东名牌产品——“六十里”海参，并带动全国几十家海洋牧场企业进行技术革新，承担了国家重点研发计划、省市重点研发计划20多项，海洋牧场模式在全国范围内推广，引领山东乃至全国海洋牧场工程高效、安全、健康、持续发展。

经过近10年的探索与实践，公司被认定为国家级休闲渔业示范基地、国家级水产健康养殖示范场、国家级首批海洋牧场示范区、第七批农业产业化省级重点龙头企业，海洋牧场建设相关成果获山东省技术发明一等奖、科技进步一等奖，并入选中国科学院改革开放40年40项标志性重大科技成果。

山东名牌产品——六十里海参

中国科学院海洋所专家科研攻关

六十里海洋牧场多功能海上平台

赤水市月亮湖生态渔业有限公司

赤水市月亮湖生态渔业有限公司成立于2011年，注册资本金1 000万元。主要从事湖泊、水库等淡水鱼的规模化生态养殖、有机水产品的加工与销售等业务。

2015年公司与贵州省水产研究所、贵州省特种水产研究中心合作，加大科技水产养殖的发展与研究，重点发展技术型水产养殖项目，分析贵州特有地形与水资源条件，发展适合贵州地区的养殖模式，与贵州省水产研究所合作研发出了适合山地实施的养殖模式：易位循环水生态养殖系统。公司目前有四个养殖基地，现已开展的科技水产项目有易位循环养殖、内循环养殖和鱼苗繁育等。

1.月亮湖原名七里坝水库，养殖水域面积648亩，位于赤水市东部长期镇七里坝，天然生态资源丰富，周边无任何污染源，水质达到一类标准，早在2015年获得有机认证，是贵州最早通过有机养殖的淡水鱼企业。主要养殖品种有花白鲢、草鱼、鲤鱼、鲫鱼。月亮湖有机鱼来自有机生产体系，严格按照《有机产品认证管理办法》标准和要求生产，有完整的跟踪记录，并通过有机食品认证机构认证。

2.易位循环养殖基地养殖面积100亩，养殖方式为山地易位循环水养殖，计划共拟建易位循环生态养殖系统10套，目前已全面建成5套养殖系统，主要养殖加州鲈鱼。

易位循环水生态养殖系统是一种高度工业化、生态化的创新型水产养殖模式，利用山区零星地块，破解山区渔业发展缺乏平地的瓶颈。通过建造深水旋流高效养殖池、安装微孔曝气系统和推水增氧设备，形成鱼类高效养殖单元。养殖用尾水易位输送到多层级净化单元，通过净化处理后再返回养殖单元。把传统的静态水体养殖改变为易位流动循环水养殖。

3.内循环养殖模式是传统的池塘养鱼与流水养鱼技术的有机结合，通过建造养殖槽（流水池）和安装推水曝气设备，使原有的静态池塘通过空气推水设备使池塘形成动态循环流水“生态式圈养”模式养鱼。

4.鱼苗繁育场基地占地面积约30多亩，繁育场各种基础设施和设备齐全。目前具有500平方米管理房一栋，约1 100平方米种苗繁育车间一处，催产池、孵化池、苗种培育池、养殖池等近80口，大规格鱼种养殖区域20余亩。

以长江上游地区及赤水河珍稀鱼类、名特优鱼类繁育生产、科研、技术服务与推广、鱼病监测与防治、新品种引进与开发、原种保护为一体的赤水河特色水产繁育基地，为本地区及周边提供优质鱼苗和技术服务，从而促进地区渔业养殖结构调整。

中国水产科学研究院
东海水产研究所

党委书记刘云泽讲党课

中国水产科学研究院东海水产研究所创建于1958年10月，前身是中国科学院上海水产研究所，1963年1月更名为中华人民共和国水产部东海水产研究所，1982年10月更名为中国水产科学研究院东海水产研究所。该所是面向东海区的国家非营利性综合渔业研究机构，以国家渔业发展需求为首要任务，根据学科优势和自身发展目标，建设成为国家远洋、东海及河口渔业科学中心。

全所现有职工约300人，其中研究员37人，副研究员66人，博士生导师9人，硕士生导师55人，国家新世纪百千万人才工程国家级人选3人，院首席科学家4人，农业农村部有突出贡献的中青年专家5人，享有政府特殊津贴的专家28人，上海市领军人才6人。

全所设8个研究室，4个支撑机构，7个管理部门。在上海奉贤、海南琼海、福建福鼎、江苏赣榆和浙江宁海分别建有实验研究基地。拥有科学调查船4艘。所内鱼类标本馆由第一任所长、我国著名鱼类学家朱元鼎先生创建，收藏的海洋鱼类标本量居国内前列，系全国科普教育示范基地。编辑出版《海洋渔业》（CSCD核心期刊）、《渔业信息与战略》等学术期刊。

建所60余年来，为我国渔业科技发展做了大量开创性工作，取得了一大批科研成果，先后获国家级科技奖励22项，省部级科技奖励140余项，突出体现了科技创新在服务“三农”、推进渔业现代化建设中起到的支撑保障作用。

地址：上海市杨浦区军工路300号

邮编：200090

联系电话：021-65684690

网址：www.ecsf.ac.cn　　微信关注：

与宁德师范学院共建宁德海洋渔业振兴学院

副所长王鲁民研究员领衔完成的成果获2019年度上海海洋科技进步奖特等奖

与宁德师范学院共建宁德海洋渔业振兴学院

与荣成市人民政府签订战略合作协议

广州市南沙区农业农村局

水产种业博览会暨第二届广东水产种业博览会　12月4—6日，首届中国水产种业博览会暨第二届广东水产种业博览会在广州市南沙区开幕，博览会以“水产‘芯’动力，种业创未来”为主题，汇聚国内水产种业创新成果，以原良种为载体，以良技、良法、良品为延伸和拓展，充分展示我国水产新品种、新技术、新模式、新装备、新业态。此次博览会参展单位300个，活体展示超200个水产品种，参展商来自19个省份，参观人数超3万人次，现场签约意向订单额约7.1亿元。

同期，第二届中国(南沙自贸区）智慧渔业峰会以“引领数字渔业，融入现代湾区”为主题，采用线上线下相结合，多平台直播方式举行。

刘少军院士专家工作站和广州南沙水产种业创新中心揭牌　8月28日，刘少军院士专家工作站和广州南沙水产种业创新中心揭牌仪式在南沙举行，这是南沙渔业产业园继引进国家数字渔业创新中心后，迎来的又一“大脑”平台。中国工程院院士林浩然、麦康森、刘少军，中国科学院院士朱作言，多位水产领域知名专家及政府部门代表等200多人出席了此次活动。

广州市南沙区庆祝中国农民丰收节活动　9月22日—10月8日，南沙区举办庆祝中国农民丰收节活动，包括了农民丰收节活动开幕式、南沙区乡村振兴成果展、南沙农业嘉年华等活动。

9月22日，广州市南沙区庆祝中国农民丰收节活动开幕式在明珠现代都市农业实验园举行。当天还进行了首届中国渔业种业博览会暨广东国际渔业种业创新示范基地建设、中国智慧渔业总部产业园项目、生猪保障基地合作项目、中国热带农业（广州）科技创新中心、南沙青蟹产业化项目、陆基池塘智慧养殖场关键技术研究与示范项目等6个现代农业项目现场签约。

威海沙窝岛国家远洋渔业基地

威海沙窝岛国家远洋渔业基地实景图

靖海集团有限公司2016年获批建设的威海沙窝岛国家远洋渔业基地，位于东北亚经济圈核心区域，是全国第二个国家级远洋渔业基地，是国家发改委、农业农村部和山东省新旧动能转换重点项目。

基地总投资50亿元，占地面积3.5千米^2，突出产业集聚、产品集散、资源整合、产业升级等功能，坚持信息化理念、工业化思路、产业化方向、服务化体系，突出“互联网+”“海洋+”“标准化+”的运作模式，主要建设中心渔港、精深加工、交易市场、综合服务四大功能区。建成后年可停靠国内外渔船1 000余艘，年水产品交易量达60万吨，实现海产品销售收入100亿元以上，成为具有广泛影响力和竞争力的国际性远洋渔业综合基地。

目前，基地已完成一期投资20亿元，并通过了国家级中心渔港的整体验收，中心渔港区、精深加工区、综合服务区三大板块已投入使用，建成了港池面积42公顷的中心渔港、年修造能力100万载重吨的船舶修造中心、库容35万吨的冷链物流园、年生产能力20万吨的鱿鱼精深加工车间、总面积6万米^{2}的干海产品加工园、年产量20万吨的海洋生物高效综合利用等项目。

基地正在全力打造的威海东北亚水产品交易中心，充分发挥威海的区位、资源、产业等优势，搭建高水平开放合作平台，有效聚集产业、科技、人才、资本等资源，全面融入国际国内双循环相互促进的新发展格局中，对进口海产品、自捕渔获物以及大宗水产品进行现货交易、期货交易等，整合集聚全球水产品资源，大力发展资源回运、转口贸易、保税加工、流通交易等业务，建成威海与东盟、俄罗斯、日本、韩国等国家和地区鲜活、冷冻等水产品进出口的中转站和分拨站，将基地打造成全国人民的“菜篮子”和“鱼篮子”。

威海沙窝岛国家远洋渔业基地规划图

威海沙窝岛国家远洋渔业基地鸟瞰图

靖海集团远洋渔船

上海水产集团有限公司

参展国际渔业博览会，展示优质水产品

上海水产集团有限公司是光明食品（集团）有限公司旗下，专业从事海洋食品资源开发和利用的全资子公司，注册资本15亿元，总资产为52.83亿元。

集团自1985年走出国门发展远洋渔业，至今已有35年，目前拥有各类专业远洋渔船约80艘，船舶总吨位8.45万吨，主机总功率9.94万千瓦，常年作业于太平洋、大西洋和南极公海海域及有关国家专属经济区海域，年捕捞产量约15万吨。集团下属有30多家全资、控股和参股企业，通过战略布局，在欧洲、非洲、北美洲、南美洲和大洋洲等10多个国家和地区，设立了远洋渔业基地和陆上独资、合资或合作企业及办事处。海外投资与经营规模居国内远洋渔业企业前列。已发展成为一家利用国际渔业资源进行远洋捕捞和水产品精深加工及贸易为核心业务的跨国企业集团，形成了外向型经济格局。

一是不断提升远洋渔船装备水平，为远洋渔业持续发展奠定坚实基础。集团加快老旧渔船更新改造步伐，自主研发、首次建造了1 700吨级大型金枪鱼围网船、西非双甲板拖网船、机电混推型金枪鱼延绳钓船和5 200吨级渔业冷藏运输船等共34艘，平均船龄已从24年下降至17年。渔船装备技术得到全面提升，安全系数大为提高，产能效率上了新的台阶。大部分船载关键设备和部件实现国产化，渔船信息化水平显著提高。

二是加快转变远洋渔业发展方式，境外收购项目取得新突破。集团产业结构日趋优化。产业链进一步延伸，在国际渔业资源获取上，集团从单一远洋捕捞转向捕捞、品牌、海外市场销售渠道等全方位获取资源。集团加强与资源国政府的合作力度，努力建设和完善海外远洋渔业基地。获得斐济、马绍尔、基里巴斯及周边岛国的入渔许可；集团先后成功收购了摩洛哥希斯内罗渔业公司等多家海外公司，进一步提升了跨国经营比例。

三是提高自捕水产品运回比重，满足消费者对优质水产品的需求。在提高捕捞能力的同时，不断提高自捕水产品运回国内比例，丰富和调剂国内水产品市场，每年运回数量占捕捞总产量的50%以上。

传承150年，原装西班牙进口ALBO海鲜罐头

加大拿FCS公司加工车间

西非毛塔项目第二批新建的单拖冰鲜渔船

大型金枪鱼围网生产作业场景

金枪鱼系列主题品鉴秀

“草鱼健康养殖营养技术创新与应用”项目

完成人：周小秋、邝声耀、冯琳、戈贤平、刘辉芬、姜维丹、米海峰、吴培、刘扬、唐凌

本项目瞄准我国养殖量最大的鱼类——草鱼存在的“一高”（器官和组织中不饱和脂肪酸含量高）、“两低”（抗病力和抗应激力低），人工养殖中发病率高和肉质下降等威胁草鱼安全优质生产的产业难点问题，紧紧围绕增强草鱼器官健康和改善鱼肉品质的营养和饲料调控理论与技术进行研究创新并应用，取得了系列创新性成果：①率先系统揭示了35种营养物质增强草鱼器官健康和改善鱼肉品质的作用及机制，丰富了鱼的健康营养理论；②突破了国内外主要以生产性能为营养和关键饲料技术目标的模式，以器官健康和鱼肉品质为营养技术和关键饲料技术目标，研究确定了35种营养物质营养需要量参数8套，关键饲料技术23项，创新了保证草鱼器官健康和改善鱼肉品质的营养技术和关键饲料技术体系；③突破国内外主要以生产性能为鱼饲料产品技术目标的模式，以器官健康和鱼肉品质为饲料产品目标，集成创新了保证草鱼器官健康和改善鱼肉品质的营养和关键饲料技术，研制了水产专用的饲料产品36个和配套技术14项。

国家科学技术进步奖

证 书

为表彰国家科学技术进步奖获得者，特颁发此证书。

项目名称：草鱼健康养殖营养技术创新与应用

奖励等级：二等

获 奖 者：周小秋

2019年12月18日

证书号：2019-J-203-2-06-R01

获得了一批重要的知识产权：①获国家新饲料添加剂产品证书1个；②SCI收录论文123篇（总IF=367.139，在27个国家209种期刊被引1658次），其中JCR一区期刊论文105篇（占85.4%），中国科学院TOP期刊论文83篇（占67.5%），ESI高被引用前沿论文6篇，ESI全球热点论文3篇；③制定国家、行业和企业标准15项；获授权专利34件，申请受理国际专利2件；④获有机、无公害鱼和产地认证证书32个。创建了“三融合三突破”的推广应用模式，成果在全国16个地区45家企业推广应用，创造了重大的经济、社会和生态效益。

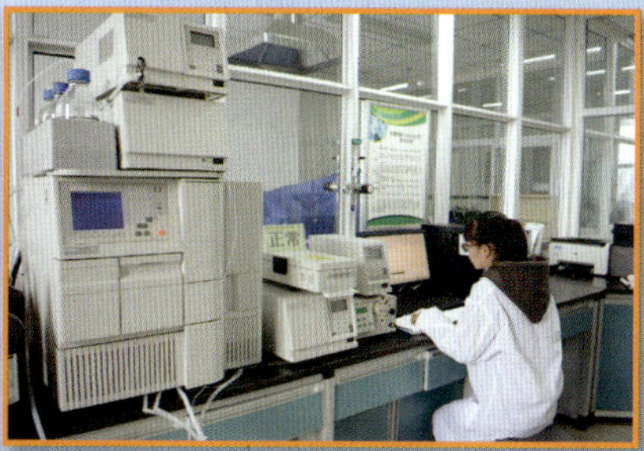

香港渔民互助社

把握“一带一路”建设及“粤港澳大湾区”规划 为行业走出康庄大道。

适逢国家推出“一带一路”建设及“粤港澳大湾区”规划，同时在香港确实不缺勇于尝试新事物的流动渔民朋友，流动渔民朋友们理应争取国家立项，协助香港流动渔民参与“一带一路”建设及“粤港澳大湾区”规划，为渔业寻找新出路。

善用“粤港澳大湾区”建设契机 促进业界发展。

现时，在邻近香港的内地水域有不少优良的养殖空间、渔场及岛屿，有鉴于地方较为偏远，故仍未被国家开发，然而有关位置却极为适合本已在较偏远地区生产的流动渔民做出尝试。流动渔民应争取国家在规划“粤港澳大湾区”时参考“横琴”及河套区等的深港合作模式，研究划出部份邻近香港的内地水域及岛屿，以内地与特区政府共管形式，让香港渔民及流动渔民可转型从事捕捞、养殖渔业，或试验创新渔农业等生产作业。这既可维持香港渔民的生产作业空间，也可促进香港与各省份在渔业科研及技术上的交流，强化香港渔业内涵。

渔业的持续发展，永远不可能是一成不变的，而是要经过大大小小的不断变化和进步。望各位渔民朋友继续保持活力，让行业可以创出与过往不同的精彩和辉煌！

香港渔民团体联会

2018年是香港渔民团体联会成立20周年纪念日子，感谢国家、省政府、地方政府、特区政府及各社会贤达廿年来长期支持，细心聆听渔民的意见，促进渔业持续发展，并让该行业可以继续为国家发展壮大及香港的繁荣稳定，作出贡献。

香港渔民团体联会由来自全港110多个渔民团体所组成，多年来为爱国爱港、团结渔民、维护渔业界权益，推动业界持续发展而努力。团结就是力量，香港渔民团体联会成立20年以来，真真正正见证着渔民强大的团结精神。再次感激各位渔民多年来一直众志成城联系渔业同仁，亲力亲为为渔业界贡献力量，为渔业可持续发展奠下了坚实的基础，让这股爱国爱港力量继续为国家和香港发光发热，同时，让香港渔民团体联会不断向前迈进。

山东省东营市垦利区海洋发展和渔业局

黄河大闸蟹开捕节现场

东营市垦利区海洋发展和渔业局理想信念坚定，坚持以习近平新时代中国特色社会主义思想和党的十九大精神为指导，积极开展政治理论学习，扎实开展“不忘初心、牢记使命”主题教育，模范遵守国家各项法律法规，积极投身海洋发展和渔业事业。

完成区海洋科技开发有限公司组建。完成工厂化循环水养殖产业园规划，编制完成《垦利区海洋强区建设三年行动计划方案（2020—2022）》。

黄河口大闸蟹产业，成功举办第二届大闸蟹开捕节和第五届中国河蟹产业暨东营海洋经济发展高峰论坛，标准化养殖面积达到3万亩，产值约9亿元，品牌价值达26.12亿元；海参产业，养殖面积8万亩，海参全部安全度夏；南美白对虾产业，工程化养殖10万米^2，产量达484吨，同比增长40.29%；贝类产业，增养殖面积37万亩，产量67 438吨。

水产品质量安全监管得到加强。一是发放农产品质量合格证4 353份，完成全年任务的210%。二是完成水产品抽检121个，完成快检黄河口大闸蟹样品287个、对虾样品80个、海参样品69个。三是实施水产品质量安全追溯体系建设，实现名优水产品上市前批批检，信息采集已完成，共采集信息485户。

扎实开展双招双引和“三争”。围绕黄河口大闸蟹产业研究院、海洋牧场等产业建链补链积极“走出去、请进来”20余次，完成招商引资任务近8 000余万元，完成协税任务56万元。争取东营市政府出台支持黄河口大闸蟹产业政策，争取上级无偿资金6 985.24万元。

抓铁有痕，踏石留印

——福建省海洋与渔业执法总队全面推进执法工作

加强渔民宣传教育工作

渔船救生设备检查

全面加强渔船管控推进渔业安全生产。以“蓝剑”执法行动为依托，加强重点时段渔船管控。先后组织开展全国“两会”期间渔业安全隐患排查专项整治，国庆节期间、党的十九届五中全会期间相关海域管控等专项行动16次，查办各类渔业违法违规案件1 388起，行政处罚2 025.062万元，清理禁用渔具1.8万张；不断加大渔业船员持证检查力度，严厉查处船员未持证上船等违规行为，加大渔业船员教育培训力度；加强情报线索摸排，坚决遏制非法采捕红珊瑚行为。

有效整治涉渔“三无”船舶。按照“存量年底前清零、增量零容忍”工作目标，如期完成2015年福建省政府下达的1 948艘大中型涉渔“三无”船舶清理整治任务。

持续加强渔业资源保护。认真贯彻福建省实施《中华人民共和国渔业法》办法，坚决落实“最严格的伏休制度”和“最严格的闽江禁渔监管”要求，加强海陆联动和部门协同，严厉查处各类违法行为，有效保障全省12 089艘海洋伏休渔船和闽江1 287艘禁渔渔船正常休渔，圆满完成海洋伏休和闽江禁渔执法监管任务，伏休和禁渔取得历年来最好执法成效。

扎实推进水产养殖执法。通过严格执法检查、从严查处、无害化销毁、推动行刑衔接等举措，有力打击违规使用禁用药物行为，规范水产养殖生产秩序，切实维护群众“舌尖上的安全”。

滨州市举办首届中国南美白对虾自主选育创新论坛暨新品种推介会

2019年，滨州市海洋发展和渔业局围绕虾、贝、虫、藻四大优势品种，深入落实“品牌之策”，召开“滨州对虾”地理标志证明商标新闻发布会，举办首届对虾节、盐田虾品鉴会、种苗创新论坛等活动，推动滨州水产品知名度进一步提升，渤海水产盐田牧场获全球水产标杆认证，有机盐田虾畅销日本市场。

12月31日，首届中国南美白对虾自主选育创新论坛暨新品种推介会在滨州市北海经济开发区举办。此次推介会由滨州市海洋发展和渔业局、水产前沿、中国水产频道联合主办，渤海水产股份有限公司协办，旨在打造全国首个国产种虾商业化推广平台，对国内前沿选育成果进行集中展示。

渔业是滨州的传统优势产业，对虾是滨州渔业的主导品种，种苗更是对虾产业链条的基础保障。目前，全市养殖对虾面积80万亩，年产量达11万吨，占全省总产量的60%，稳居山东省第一，“滨州对虾”获国家地理标志认证，也成长出一批优秀的对虾养殖企业。

福州市海洋与渔业局

2019年福州市渔业经济总产值1 223.49亿元，同比增长3.9%，占福建省35%，居福建省首位。全市水产品总产量达271.52万吨，同比增长5.1%；渔业产值503.88万元，同比增长5.1%。水产品加工产量195.96万吨，产值396.02亿元。

开展福建省“6·6八闽放鱼日”福州主会场等19场放流活动，并尝试在内河开展放鱼活动，全年放流海淡水苗种18种、14.4亿尾（粒），种类、数量均居全省前列，创历年新高，其中曼氏无针乌贼（卵）放流为全省首例。

2019年全市建成并通过验收普通工厂化养殖2万多$米^2$、深水抗风浪养殖网箱69口、全塑胶养殖渔排4 690口，累计发展稻（农）渔综合种养3 000多亩。拓展深远海装备养殖试验，上海振华重工的“振鲍1号”“振渔1号”和福船集团的“福鲍1号”项目在连江开展深海养殖试验。积极引导推动海上养殖泡沫浮球升级改造工作，全市已建成下海HDPE塑胶浮球约46万粒。

2019年渔业周·渔博会吸引34 个国家和地区的近400家企业参与；现场零售额6 954万元，经贸配对额5.1亿元，签约重点项目13个，签约金额超227亿元。

落实水产品质量安全工作，2019年全市渔业执法检查238次，立案查处1起，药残超标案件查处率100%。推进水产品质量“一品一码”全程追溯体系建设，全市已纳入监管水产生产主体806家，已生成追溯码529张，上传台账信息18 242条。

虎龙杂交斑

品种名称：虎龙杂交斑

品种来源：以来自中国台湾的棕点石斑鱼（Epinephelus fuscoguttatus）经2代群体选育后为母本，以来自中国台湾的鞍带石斑鱼（Epinephelus lanceolatus）经2代群体选育后为父本，通过杂交而得到的具有多种优良性状的子一代。

审定情况：2017年通过全国水产原种和良种审定委员会审定。

审定编号：GS-02-004-2016

特征特性：虎龙杂交斑生长速度快，平均体重增长比母本快114.52%，养殖周期缩短了一半以上，显著降低了养殖风险；育苗成活率可达9.28%～19.75%，显著高于父本（1.5%），略高于母本（17.2%）；受精卵及鱼苗价格显著低于父本，有效改善了石斑鱼养殖效益。

产量表现：工厂化养殖每立方米水体产量可达30千克以上，池塘养殖亩产可达1 100千克以上。

推广情况：虎龙杂交斑适应性强，目前已在我国广东、海南、福建、广西、浙江、山东、天津、辽宁等省份示范养殖。

选（培）育单位：广东省海洋渔业试验中心

地址：广东省惠州市大亚湾区澳头镇衙前村边　**邮编**：516081

电话：0752-5575664　**联系人**：张海发

邮箱：hzgdfdc@163.com

互助共济　服务渔业
——广东省渔业互保协会

广东省渔业互保协会是由广东省农业农村厅主管、经广东省民政厅批准成立，由从事渔业生产、经营、管理以及服务的单位和个人自愿组成，实行渔业互助保险的全省性、非营利性社会组织。服务网点遍布全省各大渔港，为渔民群众提供全天候、便利的渔业互助保险服务，是广东省渔业保险领域的主力军。主要开设的险种有：雇主责任互助保险、渔民人身意外伤害互助保险、渔船财产互助保险、水产养殖保险等。

协会始终坚持党的领导，不忘初心，牢记使命，坚持“互助共济，服务渔业”的宗旨，积极推进政策性渔业保险工作开展。2008—2016年，连续多年承担农业部渔业政策性保险试点项目广东分项目的实施工作；2013—2014年，作为广东省政策性渔业保险（试点）的主承担机构，负责实施广东省政策性渔业保险试点工作；2017—2018年，负责农业部特定水域涉外责任保险在广东的实施工作；2019年8月1日起，被确定为广东省政策性渔业保险和水产养殖保险（试点）的主承保人，负责政策性渔业保险和水产养殖保险开单、收费、理赔等工作。

协会为渔区安定和渔业经济发展发挥了重要的积极作用，获得渔民群众的信赖和上级有关部门的表彰，先后获得全省先进民间组织、全国先进民间组织、广东省5A级社会组织、广东省海洋与渔业安全生产管理先进单位、广东省优秀社会组织等荣誉称号。

海南省水产品质量安全检测中心

2019年8月迎接飞行检查

2019年9月在琼中开展水产品质量安全培训

海南省水产品质量安全检测中心成立于2011年1月，是海南省农业农村厅下属的正处级全额拨款事业单位。核定编制18名，现有在编人员16人，其中本科及以上学历15人，大专学历1人；高级职称6人（正高1人），中级职称5人，高、中级职称人员占现有在编人员总数68.75%。内设办公室、检验检测科、质量安全科3个科级机构。该中心实验室面积约1 000米^2，仪器设备约有80套（台），主要开展水产品、水质、底质和投入品等项目的检验检测。主要职责：对海南省水产品质量安全监督调查及安全风险隐患排查；对海南省水产品质量安全监督进行抽查；对海南省水产品质量进行安全检测、技术咨询、技术服务；对水产品养殖进行全过程的检验检测和强制性检疫；对水产品质量安全进行评价鉴定检验；对市、县水产品质量安全检测站进行技术指导；配合农业农村部做好例行监测，产地、苗种的监督抽查工作。

中国水产科学研究院黑龙江水产研究所

中国水产科学研究院黑龙江水产研究所（以下简称“黑龙江水产研究所”）位于黑龙江省哈尔滨市，创建于1950年6月，隶属于农业农村部中国水产科学研究院。主要职责为立足于黑龙江流域、三北地区和全国冷水资源分布区，面向世界科技前沿、国家重大需求和经济主战场，围绕渔业科技创新和渔业产业高质量发展开展淡水渔业公益性、基础性研究和应用技术研发，为我国淡水渔业技术进步和产业发展提供支撑。

黑龙江水产研究所现有在职职工为141人，其中专业技术人员为127人，拥有高级专业技术职称51人，博士学位42人，硕士研究生导师24人；设有博士后工作站1个。构建起水产养殖技术、遗传育种、水产生物技术、渔业资源保护与利用、渔业生态环境与水产品质量安全等8大学科体系；组建科技创新团队9个；建有国家、省部和院级科技平台13个。内设7个职能部门和8个业务部门，在哈尔滨市、牡丹江市和丹东市设有科学试验基地3个。出版《水产学杂志》，拥有国内外先进的科学仪器设备80余台（套），总资产近亿元。

黑龙江水产研究所历经70年的发展，已经形成以冷水性鱼类为特色、以鲤科鱼类为优势的集种质资源、遗传育种、病害防控、营养饲料、绿色养殖和质量安全为一体的全产业链科技创新体系，取得了一大批重大科技成果，集成了一大批关键技术。累计承担国家、省部级项目900余项，获得各级科技奖励300余项，其中获得国家级奖励8项、省部级奖79项，经国家审定水产新品种13个，收集保存了土著名优经济鱼类50余种。

边境水域调查

中国·菱湖渔校范蠡大讲堂

一直以来，作为“中国淡水渔都”的菱湖从未停止过奋进的步伐，与时俱进、蓬勃发展至今。全镇区域水产养殖面积达75 000多亩，渔业总产值20亿元，是全国三大淡水养殖基地之一。

菱湖渔业拥有成熟的鱼苗繁殖、苗种培育和成鱼养殖技术，输出淡水养殖技工2万余人，所产的淡水鱼苗发往全国20多个省份。

2012年10月成立了菱湖渔业协会，积极推广“跑道养鱼”鱼菜共生、立体套养等新型生态集约化养殖技术。

2017年，菱湖渔业协会建立渔业标本展示馆和渔文化展览馆，让千年渔文化根脉永续。

2020年，为适应菱湖渔业发展需要，在菱湖镇委镇政府高度重视和菱湖渔业协会的推动下，选址于菱湖渔都渔业科学研究中心，占地2 570米^2，创建新的菱湖渔校，分设范蠡大讲堂、数字渔业发展培训中心、绿色水产养殖培训中心、西施湖蠡岛渔文化传承教育堂。

菱湖渔校将成为菱湖绿色水产养殖技术培训基地、渔文化传承基地、绿色水产养殖科普基地、绿色水产养殖学术交流中心、渔业渔政政策法规宣讲基地。

随着菱湖渔校的创办，将促进绿色渔业产业的发展，满足渔民专业养殖技术的渴望和需求，培育出越来越多的新型渔业生产经营主体和高素质渔民。

依法治渔　科技兴渔　品牌强渔
会泽渔业演绎绿色生态新精彩

会泽县地处滇东北乌蒙山主峰地段三省八县交界之处，全县河流属长江流域，金沙江水系，共有大小河流155条，其中较大河流44条。全县有江、河、沟渠1万余条，有各类水库35座，冷泉眼131个，水温常年在10～19℃，水质清晰无污染，是冷水鱼种苗繁殖及养殖的绝好地区，是冷流水行业投资的沃土。

会泽渔业以“五大发展理念”为指引，把发展“冷流水渔业”作为调整优化会泽渔业产业结构的战略重点，建立了一批以集约化冷流水养殖为主的产业基地，冷流水养殖规模、养殖产量产值均占云南省冷水鱼产量产值的50%以上，已成为云南省名副其实的外向型优质冷水鱼产业基地县。2019年冷水鱼养殖面积1 170亩，产量12 898吨，产值52 640万元，其中鲟鱼9 339吨，虹鳟3 559吨。

会泽虹鳟鱼、会泽鲟鱼具有营养价值高、口感有韧性的上乘品质，在业内享有良好口碑，产品畅销省内外。鲟鱼还远销越南、缅甸等周边国家。在布鲁塞尔国际渔博会鱼子酱盲品比赛中，会泽鲟鱼鱼子酱独占鳌头，让资深品鉴师惊呼找到几十年前世界顶级鱼子酱的回忆，呼吁要对会泽鲟鱼鱼子酱进行产地保护，在米其林级餐厅厨师中享有盛誉。2019年加工鱼子酱20吨，出口7.5吨，实现创汇收入205万美元。

创新驱动发展，深耕蓝色粮仓
——莱州明波水产有限公司

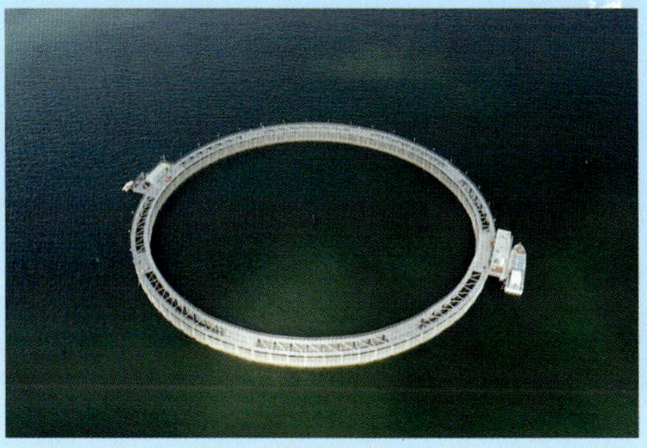
远海大型生态围网

莱州明波水产有限公司聚焦海水鱼、贝良种开发和健康养殖，位于山东省莱州市三山岛街道，注册资金3 000万元，占地300亩，确权海域22万亩，员工200人。公司建成5万米^{2}工厂化循环水养殖车间、1万米^{2}现代化育苗车间，在莱州湾远建成1座400米周长大型生态围网，在三山岛海域建成1座160米周长大型休闲围网，建成200个深水抗风浪网箱，集成陆基工厂化循环水、深水网箱、大型生态围网优势构建陆海接力创新模式，实现陆海统筹。公司深耕海洋，建设完成1万亩人工鱼礁区，获批国家级海洋牧场示范区，在建莱州明波蛤蜊产业园，打造鱼、贝、参生态海洋牧场示范。

公司是斑石鲷育苗基地、石斑鱼繁育基地和陆海接力养殖示范基地，年产石斑鱼、斑石鲷等优质苗种1 000万尾以上、商品鱼1 000吨，苗种和商品鱼不仅销售到国内沿海省市，还出口日本、韩国，受到市场青睐。

公司与中国水产科学研究院黄海水产研究所、中国海洋大学、中国农业大学、中国科学院海洋研究所等8家科研单位共建良好的产学研合作平台，承担国家重点研发计划、省重大科技创新工程等省部级课题30余项，完成国际领先、国际先进成果9项，获得国家科学技术进步奖二等奖2项，山东省科学技术进步奖一等奖等省部级奖励16项，授权专利31项。公司被认定为国家级水产原种场、全国现代渔业种业示范场、农业农村部水产健康养殖示范场等。

连江县海洋与渔业局

2019年，连江县水产品总产量117.13 万吨，同比增长6.2%，渔业总产值226.4亿元，同比增长5.6 %。其中远洋渔业18.71万吨，同比增长22.04%；近海捕捞21.32万吨，同比增长-4.69%；海水养殖76.5万吨，同比增长6.26%；淡水捕捞640吨，与上年持平；淡水养殖5 391吨，与上年持平。水产品加工量66.1万吨，同比增长6.0%；产值71.67亿元，同比增长7.0%。全县水产品总产量连续40多年居全国县级第二位，全省、全市第一位，获得中国鲍鱼之乡、中国海带之乡、全国水产品质量安全示范县、全国平安渔业示范县称号。“连江丁香鱼”“连江虾皮”“连江海带”获得福建省十大渔业品牌称号。2019年获批建设全国第三个国家远洋渔业基地——福州（连江）国家远洋渔业基地。

清新桂花鱼

清新桂花鱼，又称“鳜鱼”，是指亲本经清新区本地养殖驯化选育，且采取生态养殖模式养殖的桂花鱼。一直以来，广东地区的人们习惯将鳜鱼称为“桂花鱼”。

清新桂花鱼体色鲜艳，体扁腹阔，体侧带纹显著，肉中无细刺，肉质紧实细嫩，口感爽滑，味道鲜美，无泥腥味，鱼香浓郁，是高蛋白低脂肪的健康、安全、优质的高档水产品。

水产养殖强调的是七分环境三分养，清新桂花鱼具有如此出众的品质，与独特的地理环境息息相关。清新区属典型的南亚热带季风气候区，光热充足，降水丰富；县域水系纵横交错，干支流共有12条，江川水面面积大，集水面积在100千米^{2}以上，水质优良，水体溶解氧较高，达到了国家Ⅱ类地表水水质标准，区内江河浮游生物充足，极适合桂花鱼生长，是发展桂花鱼养殖的一块宝地。

清新桂花鱼品质优良、质量安全、地域特点突出，颇得消费者青睐，市场供不应求，具有良好的市场前景。截至2019年年底，清新桂花鱼产值超5亿元，清新桂花鱼已是该区主导养殖品种，桂花鱼养殖更成为该区农业和农村的支柱产业。为进一步提升清新桂花鱼的知名度和美誉度，清新区还举办了清新桂花鱼logo和卡通形象设计大赛、网络直播、美食节等活动。

清新区已启动建设省级现代农业产业园——桂花鱼产业园，规划总面积486.1千米^2，正在将特色资源优势通过一二三产业融合转化为经济发展优势，促进桂花鱼全产业链提升，实现产业一体化发展，提高产业集约化经营水平。

三亚蜈支洲岛海洋牧场

蜈支洲岛坐落于三亚市北部海棠湾内，岛上森林覆盖率达90%以上，风光旖旎，海岸线绵长，海水清澈透明，最高能见度可达20多米。自2001年开园伊始，景区就高度重视海洋环境保护，始终坚持“在保护中开发，在开发中保护”的发展理念，并定期组织工作人员开展海洋科普宣传、海洋论坛、海洋和海岸垃圾清理等公益活动。

2010年，蜈支洲岛邀请海南大学海洋学院王爱民教授，在数据分析与监测总结的基础上，开始海洋牧场建设工程，并先后开展了人工鱼礁投放、海洋环境修复、珊瑚移植等工作，以此来推进海洋生态系统的恢复和保护。蜈支洲岛海洋牧场建设已初具成果，人工鱼礁表面附着珊瑚、贝类、藻类等生物种类达120余种，鱼礁区比非鱼礁区鱼类种类数量提高5～10倍。随着海洋生态环境的改善，蜈支洲岛的潜水、海钓、海洋运动等项目也大受游客欢迎，目前已开辟了“海底、水上、空中、陆地””四栖产品体系，每年吸引着超过60万人次游客前来体验水上运动的乐趣。

2019年12月27日，农业农村部发布公告，公布国家级海洋牧场示范区名单（第五批），海南省三亚蜈支洲岛海域海洋牧场符合国家级海洋牧场示范区创建条件，获评第五批国家级海洋牧场示范区。

深圳渔业服务与水产技术推广总站

开展海洋水生动物养护。6月6日全国“放鱼日”在大鹏新区中国水产科学研究院南海水产研究所深圳试验基地开展渔业资源增殖放流活动。网箱导引入海，为放流鱼苗搭起自然步道。从1987年放流起，累计完成虾类39 737.11万尾、海水鱼苗2 567万尾、贝类花蛤196吨、扇贝2 500万粒、鲍鱼47.1万粒放流；全面完成人工鱼礁区建设，继续在南海伏季休渔期前后开展东部海洋生物资源调查，维护人工鱼礁区生态功能。

落实全国水产绿色健康养殖“五大行动”。开展水产品质量安全宣传活动；举办渔业高质量发展论坛和渔业技能培训班；推行食用农产品合格证制度；开展渔业区域水环境监测和水产养殖品种药物残留监测；对接深汕合作区渔业管理部门，正式开展深汕合作区水产养殖基地的调查和指导工作；全年发放重要水生动物疫病防控常识系列挂图及相关资料33种、16 500余份。

参加全国水产技术推广总站水生动物防疫系统实验室检测能力验证，一次性通过了11个能力验证项目，位居全国前列。

开展渔业安全管理，改造了港口台风安全庇护场所，除了原有的物质供给外，增加了电脑、上网、卫生设施。

虾蟹多营养层次绿色养殖关键技术与示范

完成单位：中国水产科学研究院黄海水产研究所、中国海洋大学、青岛农业大学、盐城天邦饲料科技有限公司、广东恒兴饲料实业股份有限公司

主要完成人：李健、王芳、马甡、何玉英、李玉全、常志强、高保全、李吉涛、单洪伟、张振东、陆裕肖、李色东

项目主要创新点：（1）解析虾蟹养殖生态系统特征，率先阐明主要营养物质高效利用途径与效率；“中国对虾-三疣梭子蟹-菲律宾蛤仔-半滑舌鳎”养殖系统由3个营养层级构成，40%悬浮有机物被滤食性贝类转化，氮利用率达43.8%，较传统对虾单养模式提高1倍；“虾-草-鲢”低盐水养殖系统氮利用率提高45%、有机碳积累量降低60%、养殖动物二氧化碳排放量的66%被浮游植物利用。（2）阐明虾蟹对氨氮等5种环境胁迫因子的生态适应机制，发明虾蟹抗病力评估模型，发现三疣梭子蟹和脊尾白虾对逆境的适应性较强；采用“大群体、高强度、多区域”策略，培育出耐氨氮胁迫能力强的中国对虾黄海3号等国家审定新品种。（3）研发出营养物质高效利用、免疫功能营养强化、基础饵料生物应用和药物安全使用等关键技术；创建海水池塘多营养层次生态养殖、滨海型盐碱池塘生态养殖和对虾工厂化养殖等模式；创新基于微生物、藻类和滤食性贝类等的养殖污染物资源化高效利用技术，尾水排放符合《海水养殖水排放要求》行业标准。

脊尾白虾黄育1号水产新品种

获授权国家发明专利24件，实用新型9件，软件著作权4件；培育国家审定水产新品种3个；制定国家标准5项，行业标准3项，地方标准5项；出版专著3部，发表论文331篇（SCI收录105篇）。中国对虾黄海3号、海水池塘多营养层次生态健康养殖技术和对虾工厂化循环水养殖技术2016年被农业部遴选为主导品种和主推技术。

三疣梭子蟹黄选1号水产新品种

中国水产科学研究院渔业工程研究所

中国水产科学研究院渔业工程研究所1978年由国家批准成立，是我国从事渔业工程研究的科学研究单位，承担着我国渔业工程与装备学科领域的基础性、关键性和方向性重要科技任务；是农业农村部相关部门渔业工程技术重要支撑单位，是中国水产科学研究院十大优势学科中“渔业工程与装备”学科的重要实施单位，是中国水产学会渔业工程专业委员会的技术服务单位。经过30多年建设和发展，取得研究设计成果140余项，其中获得国家级奖励2项，省部级奖励11项，院级奖励6项。在渔港与渔场工程、设施渔业工程、渔业船舶工程、渔业防灾减灾、渔业信息工程等专业领域中学科特色突出，在渔业工程、渔业生态环境修复研究、科技咨询、学术交流和国际合作等方面开展了卓有成效的工作。在全国渔业工程科技攻关，服务宏观决策，实现渔业大国向渔业强国转变等重要方面，发挥了不可替代的作用。渔业工程研究所现有编制80人。科技人员77人，在编在职人员61人，科技人员中，高级职称20人，本科以上59人。

天津市换新水产良种场

育种创新63年，推广良种遍神州

天津市换新水产良种场（以下简称换新场）是淡水鱼类良种育、繁、推一体化的科技型种业企业，国家级场。场内建有农业农村部天津鲤鲫鱼遗传育种中心等5大科研平台。被评为农业农村部全国现代渔业种业示范场、水产健康养殖示范场；“换新”牌苗种获天津市知名农产品企业品牌和产品品牌。新品种分别获得天津市金农奖、农产品金奖和最佳创新奖。

多年来致力于淡水鱼类良种选育和新品种、新技术创新，先后育成11个国家审定新品种（黄金鲫、津新乌鲫、津鲢、津新鲤、津新鲤2号、乌克兰鳞鲤、墨龙鲤、津新红镜鲤、芦台鲂鲌、红白长尾鲫、蓝花长尾鲫）。拥有国家发明专利12项。

年生产13～15个品种的淡水鱼类优质苗种30亿尾以上，推广到全国30个省（自治区、直辖市）。长期销售推广的优良品种主要有：黄金鲫、津新鲫、津新乌鲫、津新鲤2号、框鳞镜鲤、芦台鲂鲌等；名特珍稀鱼类：中华胭脂鱼；观赏鱼：红白长尾鲫、蓝花长尾鲫、晶体红白鲫、虎皮鲫、日本锦鲤等苗种。

换新场拥有自主创新的苗种批量化繁育技术和产业化生产技术体系，实现标准化培育、规范化操作、规模化生产、工厂化育苗。获得省部级科技进步奖二等奖2项、三等奖9项。

海上“绿水青山”看威海

——高质量建设全国水产养殖绿色发展示范区

近年来，威海市依托得天独厚的海洋资源禀赋，坚持科学用海、科技兴海、产业强海、生态护海、开放活海“五个导向”，努力争当水产养殖业绿色发展走在前列排头兵。一是坚持政策引领。先后出台《威海市养殖水域滩涂规划》《威海市关于加快推进水产养殖业绿色发展的若干意见》《威海市水产养殖绿色发展示范区建设实施方案》一系列指导性政策，规划总面积100多万公顷的生态养殖区。完成市、县养殖水域滩涂规划编制发布，实现规划全覆盖，着力打造“一核引领、两翼延伸、多园支撑”的水产健康养殖示范区。二是创新发展模式。成功推广唐启升院士首创的桑沟湾多营养层次综合养殖模式，利用品种互补发展立体养殖，亩产量达到以前3倍，年固碳11万吨。创新推出北黄海冷水团大西洋鲑深远海养殖、牡蛎生态高效养殖、海参全产业链生态养殖等多元化发展模式，创建省部级健康养殖示范场65家、示范面积超过4.8万公顷。在全国率先开展海上养殖生态浮漂更新行动，更换PE新材料环保浮漂500万个，积极探索发展“碳汇渔业”，开展海藻床修复，打造全国“无废城市”海洋绿色发展亮点。启动“深蓝行动”，建设一批深远海养殖装备，加快推进水产养殖由近海向深远海拓展。三是促进融合发展。构建海参、牡蛎、海带等9个产业链条。积极开拓电商市场，推进“渔超对接”，建设海鲜一条龙服务。大力发展休闲渔业和旅游观光渔业，现拥有国家级休闲渔业示范基地21处、省级休闲海钓示范基地8处。

温州市海洋与渔业执法支队

自2019年7月4日重新挂牌成立以来，温州市海洋与渔业执法支队始终秉持以人民为中心的执法理念，积极践行海上“两山理念”，推动浙南渔场修复振兴取得积极成效。荣获第二批全国农业综合行政执法示范窗口和农业农村部中国渔政“亮剑”优秀单位。

一是坚持党建引领，在治理模式上创新。通过党建引领加强海上治理，做好顶层设计，提出“保资源护安全”的初心使命，明确“党建领航、科技导航、执法护航”的指导思想，打造“渔政铁军、海上先锋”的党建品牌，并结合“海”的特点，设立海上党支部，下设三个党小组，使党建工作融入各项工作，克服党建与业务两张皮问题。

二是坚持主责主业，着力在依法行政上作示范。成立以来，坚持以涵养“海上绿水青山”为己任，严厉打击涉渔违法行为，保护渔业资源。科学建立海巡、港清、陆查“三位一体”综合防控机制，强力推进“渔政亮剑”和“一打三整治”工作，依托“海上执法市民观察员”和“两级案审”制度，确保执法工作规范有效、公开透明。

三是坚持宗旨意识，着力在执法为民上作示范。着眼服务解决忧急愁盼问题，针对老式救生衣不适应海上作业的问题，支队筹集协调资金323万元，向全市渔民配发新式救生雨裤1.08万余套，让渔民海上临水作业多一分安全保障。大力培育护渔志愿组织，成立“护瓯水、保生态”志愿服务队，开展巡河涉渔违法行为劝阻工作。

四是坚持塑型炼魂，着力在打造铁军上作示范。制度化、常态化开展“渔政铁军”军事集训活动，通过准军事化训练，锻炼提升综合能力素质。成立以来，已有2个案卷获部级优秀，8个案卷获省级优秀。

中国水产科学研究院淡水渔业研究中心

中心主任：徐跑

中国水产科学研究院淡水渔业研究中心成立于1978年，隶属农业农村部，是农业农村部淡水渔业与种质资源利用学科群建设依托单位及国家大宗淡水鱼、特色淡水鱼两个产业技术研发中心。

现有在职在编职工193人，其中高级专业技术人员65人，博士生及硕士生导师54人，全国农业科研杰出人才及其团队3个，中国水产科学研究院首席科学家4人，国家现代农业产业技术体系首席科学家2人、岗位科学家10人。2020年，共承担项目373项，合同总经费2.6亿元；发表学术论文232篇，其中SCI或EI收录104篇，出版专著1部；获国家授权专利29项，软件著作权5项，制修订标准4项；转让专利6项；获科技奖励10项，其中，参加完成的"草鱼健康养殖营养技术创新与应用"成果获国家科技进步二等奖；建鲤2号、皖鲈1号新品种培育有序推进；"缅甸标准化稻田养鱼技术示范项目"入选联合国南南合作优秀案例。

作为联合国粮农组织（FAO）水产养殖及内陆渔业研究培训参考中心，2020年共承担国家技术援外培训及留学生项目等9项，同时完成了2项留学生教育项目和4项国际培训项目，参加了6项国际合作专题研讨，与28个国家175名渔业官员和学者开展知识分享和技术交流。中心与南京农业大学共同创办的南京农业大学无锡渔业学院，现拥有水产学博士学位授权一级学科点、水产养殖学和水生生物学2个博士、硕士学位授权点和1个水产养殖学博士后科研流动站。

重点学科领域

- 水产养殖基础生物学和生物技术
- 种质资源保存和遗传育种
- 内陆水域渔业资源养护
- 渔业水域生态环境监测与保护
- 渔业重大病害灾变预警与控制
- 水产养殖容量和健康养殖
- 水产动物营养与饲料
- 渔业经济信息技术

国家科技进步二等奖

红河哈尼梯田
稻渔综合种养产业扶贫

中国-FAO
"南南合作"特别贡献单位

南京农业大学无锡渔业学院
2018年毕业典礼

地址：江苏省无锡市山水东路9号；电话：0510-85551424；http://www.ffrc.cn

海南省渔业船舶协会

海南省渔业船舶协会（原海南省渔船渔机渔具行业协会），自2014年6月18日成立以来，始终秉承助力改革，服务渔民的宗旨，2015年分别在儋州、临高、琼海等市县设立服务站，为渔民提供便捷、免费的一条龙服务。

兴化市农业农村局

江苏省农业农村厅
http://nynct.jiangsu.gov.cn

首页 三农新闻 政务公开 办事服务 互动交流

2020年江苏省特色农产品优势区名单公示

根据省农业农村厅、省林业局、省发展改革委、省财政厅、省科技厅、省自然资源厅、省生态环境厅、省水利厅联合印发的《江苏省特色农产品优势区建设三年计划》（苏农市[2020]2号）及2020年申报认定工作方案，经县（市、区）申报、各设区市推荐，共收到申报材料31份，我厅会同省有关部门采取"专家与部门共同会商"形式，组织种植业、畜牧业、林业、渔业、农业经济等领域专家进行综合评审并会商，提出了2020年省级特优区建议名单，共14家，名单如下：

1. 新沂市——新沂水蜜桃
2. 连云港市——连云港紫菜
3. 沭阳县——沭阳花木
4. 高邮市——高邮鸭蛋
5. 兴化市——兴化大闸蟹
6. 溧阳市——天目湖白茶

"兴化大闸蟹"成功入选2020年江苏省级品牌目录名单

兴化市农业农村局围绕实施乡村振兴战略，落实高质量发展新要求的目标，加快渔业产业结构调整，优化养殖品种、技术、模式，大力发展优质、高效、市场畅销水产品生产，培强河蟹、青虾、小龙虾等优势主导产品。2019年，全市水产品总产量28.67万吨，连续30年位居江苏内陆各县（市）之首；渔业经济总产值209.9亿元，同比增长6.69%。

全市渔业生产坚持以绿色生态高质量发展为主线，积极推进养殖池塘生态化改造工作。在全市设置30个尾水排放监测点，定期进行取样监测，确保水产养殖尾水达标排放。按照因地制宜、分类指导、试验示范的要求，积极推广养殖尾水异位修复技术，开展养殖尾水集中处理示范基地的建设。全年完成池塘生态化改造3.68万亩，其中异位修复基地1万亩。

积极打造兴化大闸蟹区域公用品牌，举行兴化大闸蟹区域公用品牌战略发布会，公布"足斤足两足够肥"的品牌承诺。举行"兴化大闸蟹"沪宁线高铁冠名首发暨河蟹开捕季启动仪式，借力高铁品牌营销阵地，打响兴化大闸蟹的品牌知名度。在海南镇刘泽村中国农民丰收节泰州主会场，以"醉美刘泽、蟹逅兴化"为主题，展示"兴化大闸蟹"知名品牌产品，突出区域品牌特色，提升兴化大闸蟹的品牌影响力。

"兴化大闸蟹"沪宁线高铁冠名首发暨河蟹开捕季启动仪式

兴化市水产养殖尾水生态化处置及养殖技术培训会

兴化大闸蟹牵手天猫举行正宗原产地丰收购物节

兴化大闸蟹区域公用品牌战略发布会

治理河蟹养殖污染
打造生态水美乡村

水产养殖尾水处置异位修复模式